STUDIES ON VOLTAIRE AND
THE EIGHTEENTH CENTURY

268

General editor

PROFESSOR H. T. MASON
Department of French
University of Bristol
Bristol BS8 1TE

RENATO GALLIANI

Rousseau, le luxe et l'idéologie nobiliaire

étude socio-historique

THE VOLTAIRE FOUNDATION

AT THE TAYLOR INSTITUTION, OXFORD

1989

© _1989 University of Oxford_

ISSN 0435-2866

ISBN 0 7294 0388 2

The publications of the
Voltaire Foundation are printed
on durable acid-free paper

British Library cataloguing in publication data

Galliani, Renato
Rousseau, le luxe, et l'idéologie nobiliaire: étude socio-historique.
— (Studies on Voltaire and the eighteenth century,
ISSN 0435-2866; 268)
1. French philosophy. Rousseau, Jean-Jacques, 1712-1778
I. Galliani, Renato II. Voltaire Foundation III. Series
301'.092'4

ISBN 0-7294-0388-2

Printed in England at The Alden Press, Oxford

Table des matières

Introduction

CETTE étude se propose de contribuer à une meilleure compréhension de l'œuvre de Rousseau, dont l'interprétation a été jusqu'ici entachée d'un anachronisme systématique qui consiste à analyser l'œuvre de cet auteur selon des valeurs qui appartiennent en propre à notre époque. Bien que quelques critiques aient pris conscience de la situation, il ne semble pas que leurs avertissements, dans leur ensemble, aient porté fruit. R. Trousson a ainsi fait remarquer que l'erreur en question se répand d'autant plus que la quantité d'études consacrées à Rousseau prend une ampleur exceptionnelle: 'La vague a pris, ces dernières décennies, les proportions d'un raz de marée', dit-il.[1] R. Trousson note qu'une partie de la recherche actuelle s'applique à établir la 'cohérence' de la pensée de Rousseau, tantôt à partir d'une 'permanence', tantôt d'une 'dialectique des contraires'. Il relève que les critiques insistent sur l'unité de la pensée rousseauiste, en discernant dans une œuvre l'annonce de la suivante et en mettant en évidence la continuité de certains thèmes. Peut-être, ajoutons-nous, ce courant est-il une réponse aux jugements trop contradictoires portés actuellement sur Rousseau et qui laisseraient supposer un défaut de clarté dans l'œuvre de cet auteur.

R. Trousson est également préoccupé par la tendance de la critique à moderniser Rousseau. Selon celle-ci, Rousseau aurait prévu ou annoncé les préoccupations de notre temps. L'on sait, par exemple, que cet auteur est associé parfois aux protestations à l'encontre de la société de consommation, et au mouvement écologiste. R. Trousson se demande alors si certaines interprétations ont encore quelque chose à voir avec Rousseau et conclut ainsi: 'L'actualisation brutale, la "transposition", risquent de conduire à l'anachronisme, tout comme lorsqu'une certaine critique invente en Phèdre une tragédie existentialiste. Rousseau doit s'étudier dans son temps et dans ce qu'il a explicitement prétendu faire' (p.362).

Ch. Wirz est préoccupé par une autre forme d'anachronisme.[2] Il s'agit de celui que crée l'interprétation psychanalytique utilisée par certains auteurs pour atténuer le caractère 'totalitaire' de la doctrine politique de Rousseau qu'ils rejettent. Ces auteurs ont en effet mis l'accent sur l'attitude morbide de

---

1. R. Trousson, 'Quinze années d'études rousseauistes', *Dix-huitième siècle* 9 (1977), p.243-386 (p.243).
2. Ch. F. Wirz, 'Rousseau, les éditions, les recherches biographiques', *Revue d'histoire littéraire de la France* 79 (1979), p.351-73.

Rousseau, 'dont les penchants sadiques, associés au masochisme, s'affirment dans les théories pédagogiques et politiques par la soif de dominer' (p.370). Et Ch. Wirz conclut: 'Il est superflu d'insister sur le danger de déduire de la sorte le comportement et les écrits de Rousseau d'un inconscient construit précisément à partir de leurs données' (p.370).

B. Baczko[3] mentionne, lui aussi, la masse accablante d'études sur Rousseau, qui, imposées parfois par des besoins de promotion académique, n'apportent pas toutes une contribution réelle à la compréhension de l'œuvre. Il note qu'une grande place est consacrée par la critique au débat sur Rousseau 'totalitaire' et il le dénonce en ces termes: 'Le phénomène totalitaire, c'est notre siècle à nous qui l'a inventé et mis en place' (p.381). Il ajoute: 'Certes, la portée des idées de Rousseau ne s'enferme pas dans l'époque où elles sont nées. Mais éviter les anachronismes et leurs écueils est-ce diminuer cette portée?' (p.381).

Quant à l'interprétation psychanalytique, il trouve que certains auteurs témoignent de trop d'assurance en discernant un phénomène morbide chez Rousseau qui, selon eux, 'se caractérise par un mélange de sadisme et de masochisme de même que par un fort sentiment de culpabilité' (p.382). Par le mécanisme des 'transferts', Rousseau souffrirait du complexe du martyre, tout en éprouvant l'admiration devant le désir de l'ordre, du pouvoir fort. Or, B. Baczko doute que l'on puisse définir en ces termes une personnalité aussi complexe que celle de Rousseau: 'On dirait que c'est un patient particulièrement rebelle et qu'il n'est pas facile de le faire allonger sur le divan' (p.382).

Ce critique fait aussi remarquer qu'on attribue à Rousseau le mérite d'avoir fondé la sociologie, l'anthropologie et l'ethnologie, ce qui, nous semble-t-il, est beaucoup pour un seul individu. B. Baczko termine ainsi: 'Rousseau n'est pas un homme de notre temps, il appartient au passé. Ce ne sont que ses lecteurs d'aujourd'hui qui l'arrachent au passé et l'insèrent dans le présent' (p.386).

Les remarques des critiques que nous venons de mentionner nous paraissent justes. Aussi notre étude va-t-elle interpréter l'œuvre de Rousseau d'après les valeurs qui appartiennent à son époque, et non à la nôtre, ce qui nous obligera à donner à notre travail une dimension socio-historique très importante. On peut se demander, sur le chapitre des anachronismes, si les contradictions que remarquent les critiques dans l'œuvre de Rousseau et que certains cherchent à résoudre, ne résident pas dans la façon dont ils appréhendent cette œuvre, et si les critères de 'cohérence', d''unité', de 'logique' qu'ils emploient ne relèvent pas d'un ordre abstrait qui n'a rien de commun avec les écrits de Rousseau. Ces questions sont d'autant plus à propos que la sociologie de la connaissance a montré que les idées ne se plient pas au classement que nous leur imposons.

3. B. Baczko, 'Rousseau: le penseur', *Revue d'histoire littéraire de la France* 79 (1979), p.374-87.

L'on sait, par exemple, que, pendant longtemps, l'univers naturel a été expliqué dans une perspective anthropomorphique et qu'il a fallu un grand effort pour qu'on lui reconnaisse des lois propres et pour qu'il devienne objet de science. Il a fallu un effort comparable pour que les faits sociaux soient appréhendés scientifiquement. C'est du moins ce qui ressort de l'ouvrage de E. Durkheim paru en 1894 et intitulé *Les Règles de la méthode sociologique*. Nous devons donc opérer, dans le domaine des idées, cette révolution copernicienne qui consiste à les considérer comme relevant d'un ordre autre que celui que nous leur avons imposé. Le critique qui entreprendrait d'établir cet ordre et d'étudier les idées dans leurs rapports avec les situations sociales aurait alors une démarche analytique plus féconde et plus scientifique.

On objectera peut-être que les idées de Rousseau lui appartiennent en propre. C'est du moins ce que pense la critique rousseauiste moderne, selon laquelle Rousseau serait un esprit absolument original, en conflit avec une société qu'il marquerait de son génie. Ainsi B. Gagnebin affirme-t-il: 'Si Rousseau est l'objet de jugements aussi contradictoires, c'est qu'il a pris dans tous les domaines qu'il a abordés, une position résolument novatrice, pour ne pas dire révolutionnaire'.[4] Il nous semble que, dans le domaine des idées, les hommes sont plus façonnés par la société qu'on ne l'admet ordinairement, et que leur liberté est beaucoup plus limitée qu'on n'a tendance à le croire. La sociologie a montré, d'ailleurs, qu'il n'y a pas de séparation et encore moins de rupture entre l'individu et la société, mais qu'il y a une continuité, ce qui revient à dire que le penseur le plus génial ne peut créer sans utiliser un apport collectif. Il doit énormément à la société, dont il accepte par nécessité certaines valeurs, dans la mesure où il cherche son approbation, ce qui est le cas de tout écrivain célèbre et, donc, de Rousseau lui-même.

La sociologie a aussi montré qu'on ne peut séparer les sciences de l'individu et celles du social, si l'on veut ne pas perdre de vue les points de repère nécessaires pour atteindre le fond d'une œuvre. Sans doute le cloisonnement excessif des disciplines que l'on remarque aujourd'hui à tous les niveaux des sciences humaines est-il responsable d'un grand nombre d'anachronismes. Pour les éviter et pour situer l'œuvre de Rousseau dans sa juste perspective, nous aurons amplement recours à des éléments d'interprétation empruntés à l'histoire et à la sociologie. Un point important de notre étude consistera à établir la signification du débat sur le luxe dans son contexte socio-historique, pour mieux apercevoir ensuite l'incidence qu'il a eue sur l'œuvre de Rousseau, ce qui n'a pas été déterminé par nos prédécesseurs, prisonniers de leur discipline et résolus à ne pas franchir les limites de leur siècle de spécialisation.

4. B. Gagnebin, *A la rencontre de J.-J. Rousseau* (Genève 1962), p.7.

Le lecteur ne devra donc pas s'étonner de voir plusieurs chapitres de cette étude ne faire aucune allusion à Rousseau. Si les thèmes traités par cet auteur se rattachent à des valeurs collectives relevant de l'histoire de France, c'était dans ce domaine qu'il nous fallait tout d'abord orienter notre recherche.

Pour présenter les faits dans leur contexte historique, nous tiendrons compte en particulier des travaux des historiens des mentalités. Les références que nous ferons ici à leurs travaux seront d'autant plus à propos qu'ils ont adressé des reproches, que nous partageons, aux critiques littéraires. Ces historiens ont été très attentifs aux changements de l'esprit humain à travers les siècles et ont réagi contre une pratique très fréquente aujourd'hui qui consiste à attribuer à des situations du passé des préoccupations tout à fait modernes. Ils ont pris conscience que les événements perçus traditionnellement comme essentiels au devenir historique, et qui relèvent souvent de l'action des individus, n'expliquent l'histoire que très partiellement. Ils ont donc montré que les valeurs collectives agissent sur la société d'une façon plus profonde et plus durable. Ces historiens ont ainsi été amenés à élargir le champ de leur investigation, à dépasser l'histoire dite 'politique' et celle qu'on appelle péjorativement 'événementielle', en interrogeant les autres sciences sociales, comme l'ethnologie, la sociologie, la psychologie, l'archéologie et la linguistique.

L'histoire s'est voulue totale. L. Febvre, qui a engagé tant d'historiens dans cette voie, notait déjà la résistance des littéraires à adopter pareille démarche: 'Décidément, j'en ai peur: les historiens et les professeurs de littérature française ne parlent pas le même langage.'[5] Cet historien fait allusion à la démarche des critiques littéraires qui tendent à juger le passé sans tenir compte de l'évolution des mentalités. R. Mandrou renchérit, et remarque que les 'philosophes et les littérateurs' supposent une nature humaine permanente, tandis que les historiens prouvent que 'chaque époque présente un être humain passablement différent de ses prédécesseurs et successeurs'.[6] G. Duby, dans son 'Histoire des mentalités',[7] insiste sur la nécessité de l'approche pluri-disciplinaire pour éviter de tomber dans l'anachronisme. Il note ainsi l'importance des symboles, des formules, des insignes, comme révélateurs des mentalités, et met en évidence que les systèmes de valeur changent, mais que ceux-ci ignorent les mutations brusques. Quelles que soient les transformations économiques et sociales, il reste un bloc de traditions inscrites dans l'éducation, dans la langue, et dans les autres aspects de la culture, qui tendent à freiner le changement.

Le structuralisme s'est révélé fécond dans la recherche historique. La

5. L. Febvre, *Combats pour l'histoire* (Paris 1953), p.263.
6. R. Mandrou, *Introduction à la France moderne* (Paris 1961), p.13.
7. G. Duby, dans *L'Histoire et ses méthodes* (Paris 1961), p.937-65.

4

perspective structurale oppose, en effet, aux changements de surface la permanence d'une structure. F. Braudel dans son livre *La Méditerranée et le monde méditerranéen à l'époque de Philippe II*[8] distingue entre l'action dynamique de l'histoire et les forces d'inertie qui en retardent la marche. Il note la lenteur de l'évolution des mentalités, qui sont toujours en retard par rapport aux mutations politiques et sociales. J. Le Goff va dans le même sens et note: 'L'archaïsme éclate dès qu'on scrute la psychologie et le comportement collectif.'[9] Il aboutit à la conclusion que les goûts et les modes, révélateurs des mentalités, ne peuvent être étudiés que par la collaboration interdisciplinaire, où 'l'esthéticien, le sémiologue, l'historien de l'art devraient se joindre à l'historien et à l'ethnologue'.[10]

En 1984, D. Roche fait le bilan de la révolution qui s'est amorcée il y a une quarantaine d'années et qui a consisté à déplacer l'attention de l'historien de l'individuel au collectif. Il note que l'histoire est devenue culturelle, qu'elle embrasse toutes les manifestations de l'esprit humain: 'Tout est devenu historique, et pas seulement les manifestations superficielles du changement.'[11] Cet auteur insiste sur la nécessité d'éviter de porter un jugement préétabli dans les faits examinés, ce qui est un anachronisme, et de connaître 'l'outillage mental', c'est-à-dire les modes de perception rationnelle et affective de la réalité chez les hommes du passé.

Dans la mesure où les historiens des mentalités ont mis en évidence que les valeurs collectives exercent une fonction de frein sur le changement social, on peut se demander si les valeurs proclamées par Rousseau dans son œuvre ont aussi cette fonction et si elles se rattachent à une idéologie quelconque. Notre problème le plus important est alors de savoir comment reconnaître une idéologie avant de pouvoir établir son rapport avec une œuvre littéraire. Il nous a paru que l'analyse des prises de position officielles des divers ordres de l'Etat au sein d'assemblées représentatives serait un bon point de départ pour résoudre ce problème. Il est aisé, en effet, de saisir le lien entre les idées et leurs bases sociales, à partir des interventions des orateurs autorisés s'exprimant publiquement au nom des groupes qu'ils représentent. Il est bien plus difficile en dehors de cette situation de voir le lien en question. Or, depuis l'époque de Louis XIII il n'y avait plus en France d'assemblées politiques représentatives. Il nous fallait donc, pour retrouver une idéologie clairement exprimée, remonter

8. F. Braudel, *La Méditerranée et le monde méditerranéen à l'époque de Philippe II* (Paris 1949 et 1966).

9. J. Le Goff, 'L'historien et l'homme quotidien', dans *L'Historien entre l'ethnologue et le futurologue* (Paris 1972), p.242.

10. J. Le Goff, *Pour un autre moyen âge* (Paris 1977), p.344.

11. D. Roche, *Les Français et l'ancien régime* (Paris 1984), ii.8.

aux Etats-généraux, dont les derniers ont été tenus en 1614. C'est aux Etats-généraux que le débat sur le luxe, si important pour la compréhension de l'œuvre de Rousseau, a une évidente portée idéologique, ainsi que nous aurons l'occasion de le montrer dans ce travail. Nous suivrons d'ailleurs ce débat sur le luxe en d'autres lieux et d'autres circonstances et c'est ainsi que nous serons amené à examiner les lois somptuaires, très liées au luxe, à partir du treizième siècle.

On objectera peut-être qu'il nous suffisait de limiter notre étude au dix-huitième siècle, au lieu de remonter si loin dans le temps, pour retracer ce débat. Il nous a paru toutefois absolument nécessaire de ne pas en limiter l'analyse à sa phase tardive et à l'époque de Rousseau, mais d'en suivre le développement depuis ses origines pour mieux en saisir la signification profonde.

Par idéologie, il suffit d'entendre, pour les besoins de cette étude, la vision de la société propre à tout groupe organisé. Ceci dit, les principes d'interprétation de l'œuvre littéraire que nous préconisons seront mis en pratique particulièrement à propos de l'ouvrage que nous considérons comme le plus important dans l'œuvre de Rousseau, dans la mesure où il lui a apporté le succès, à savoir le *Discours sur les sciences et les arts*. Sans ce *Discours* et la célébrité qu'il a apportée à son auteur, l'œuvre entière de Rousseau aurait sans doute été différente, peut-être même n'aurait-elle jamais existé.

Avant d'aborder le débat sur les sciences et les arts tel qu'il s'est passé au dix-huitième siècle, il faut se rappeler que les arts, selon l'acception de l'époque, comprennent à la fois les beaux-arts, les arts libéraux, et les arts mécaniques, c'est-à-dire les métiers et les techniques industrielles. Or, les progrès des sciences et des arts et des activités qu'ils favorisent, comme le commerce (celui-ci contribuant à l'essor du luxe), ont secoué les structures de l'ancien régime. Ils ont contribué à l'ascension de la grande bourgeoisie, dont l'influence sur l'évolution des valeurs sociales est devenue de plus en plus marquée. Mais comme les sciences et les arts, ou, plus généralement, les activités techniques, étaient méprisées par la société aristocratique, cette bourgeoisie se devait donc de les réhabiliter.

Certains écrivains semblent se faire les interprètes des préoccupations de la bourgeoisie. D'autres, par contre, au nombre desquels se trouve Rousseau, font preuve d'indifférence, voire même de mépris à l'égard de ces mêmes préoccupations. Aussi bien cette attitude négative à l'égard des sciences et des arts, qui nous semble incompréhensible à notre époque, était-elle tout à fait logique en 1750.

Notons que les sciences, les arts, le luxe et le commerce sont étroitement liés dans l'esprit de ceux qui s'affrontent dans ce débat. Voltaire, dans ses *Lettres philosophiques* (1734) a fait l'éloge du commerce (lettre x) et il s'est plaint du peu de considération accordée aux gens de lettres (lettre XXIII). Dans *Le Mondain ou apologie du luxe* (1736) et dans la *Défense du Mondain* (1737), il célèbre les bienfaits des sciences, des arts et du commerce qui favorisent le luxe. Cette notion du luxe se réfère à une conception nouvelle de la vie: il s'agit pour l'homme de proclamer son droit au bonheur sur terre, par la libération de ses passions et la légitimation de son plaisir. Le luxe contribue directement à la réalisation de cet objectif. Voltaire s'inspire de l'œuvre de Mandeville, qui, dans la *Fable des abeilles* (1714), a propagé, non sans scandale, l'idée selon laquelle les passions humaines, quoique condamnées par la morale chrétienne, sont la base du bonheur public. Sans elles, il n'y aurait ni travail ni industrie. Le luxe joue un rôle très positif sur le plan économique et politique chez Mandeville. Voltaire se rattache également à Melon et à son *Essai politique sur le commerce* (1734), qui a fait aussi l'éloge du luxe (ch.9).

Au moment où Rousseau va participer au concours de l'Académie de Dijon (1749), un autre débat est engagé pour savoir si la noblesse pauvre, qui risque à jamais d'être exclue du processus productif de la société moderne, doit s'adonner au commerce. Le point culminant de ce débat se situe en 1756, avec la publication de *La Noblesse commerçante* de l'abbé Coyer et de *La Noblesse militaire* du chevalier d'Arcq. Celui-ci repoussera le commerce comme responsable du luxe corrupteur et destructeur de l'esprit guerrier de la noblesse française. Notons que la discussion sur ce point est déjà engagée. Montesquieu, en effet, dans *L'Esprit des lois* (1748) a déconseillé à la noblesse d'avoir recours au commerce. Il s'est employé, dans l'éloge qu'il a fait de l'antiquité et de ses vertus frugales, à avilir le commerce et tout ce qui conduit à la richesse.

En 1749, l'Académie de Dijon annonce le concours pour le prix de morale de 1750, en posant la question de savoir *si le rétablissement des sciences et des arts a contribué à épurer les mœurs*. Il est légitime de se demander pourquoi Rousseau et les participants au concours n'ont pas fait état du débat idéologique sous-jacent à la question. La raison en est qu'à l'époque on ne pouvait pas traiter de tels problèmes dans le cadre d'un concours académique et que la question elle-même était posée dans un contexte strictement moral.

Le succès considérable du *Discours* de Rousseau, qui déborde largement l'auditoire d'une académie de province, suggère, en tout état de cause, que le rapprochement entre la situation sociale et la question du concours a été fait. Mais comment? Pour la critique moderne la réponse à cette question n'était pas aisée. Il était pourtant urgent, afin de comprendre la signification essentielle du *Discours* et même de l'œuvre ultérieure, de faire le rapprochement dont nous avons parlé. L'idéologie pouvait très bien expliquer la soudaine célébrité de Rousseau. Aussi étrange que cela puisse paraître, ce fait a été ignoré. La critique rousseauiste est tombée dans l'anachronisme.

Il est vrai que l'explication que nous proposons n'est pas évidente au plan littéral du *Discours*. Elle s'impose davantage à travers la fonction symbolisante de certains thèmes évoqués. Ainsi, par exemple, la condamnation des sciences et des arts, et du luxe, pouvait évoquer dans l'esprit des lecteurs la situation sociale correspondant à la montée de la bourgeoisie. Il en va de même pour l'évocation de valeurs morales comme la vertu, la vérité, la sincérité, qui pouvaient être interprétées différemment selon l'appartenance sociale des lecteurs. Autrement dit, chaque groupe social pouvait avoir sa morale propre.

Un sociologue, que l'on peut considérer comme une autorité en la matière, s'est penché sur le problème de la morale et de sa relation aux groupes sociaux, et il est parvenu, par la comparaison historique, à définir une typologie de la morale.[12] Parmi les divers types de morale, cet auteur en définit deux qui nous intéressent de près. Il s'agit, d'une part, de ce qu'il appelle la 'moralité des vertus', qui se fonde sur des vertus telles que le courage, la sincérité, la fidélité, la modestie, l'humilité, la loyauté, l'équité, et, d'autre part, de la 'moralité finaliste', qui a pour objectif le bonheur, l'ordre, le progrès, la puissance, la sécurité. Il observe que la première a joué un rôle très important dans la cité antique, chez les nobles, les féodaux et les chevaliers. Quant à la 'moralité finaliste', il nous apprend qu'elle a été dominante dans la bourgeoisie et dans le capitalisme concurrentiel. En tenant compte de ces remarques, il conviendra de se demander si la morale de Rousseau, qui est sans conteste du type 'moralité des vertus', a des rapports avec l'idéologie nobiliaire. Par exemple, dans le premier *Discours*, Rousseau proclame l'exigence de la sincérité, qu'il oppose à la politesse trompeuse. Du point de vue social, cette morale fondée sur la sincérité fait référence probablement à des valeurs existantes menacées. Ces valeurs doivent être considérées par l'auteur comme absolues puisqu'elles privilégient l''être' par rapport au 'paraître'. 'On n'ose plus paraître ce qu'on est,' dit-il.[13]

On sait qu'il existe des témoignages historiques faisant de la cour le centre de la politesse et qu'il existe également des interventions condamnant le 'paraître' de la cour et l'hypocrisie qu'elle comporte. Ces propos semblent émaner de plusieurs nobles de province. Y aurait-il des rapports entre la noblesse provinciale et le premier *Discours* de Rousseau? Celui-ci, dans le contexte de la critique de la politesse, fait état de l'opposition entre la 'dorure' du courtisan et 'l'habit rustique' du laboureur. Si ces expressions ont une fonction symbolique, elles établissent bel et bien le rapport entre la noblesse

12. G. Gurvitch, 'Problèmes de la sociologie de la vie morale', dans *Traité de sociologie*, éd. G. Gurvitch (Paris 1968), ii.137-72.

13. *Œuvres complètes de Jean-Jacques Rousseau*, éd. B. Gagnebin et M. Raymond, Bibliothèque de la Pléiade (Paris 1959-1969) [ci-après *O.C.*], iii.8.

provinciale et certaines valeurs exprimées dans le *Premier Discours*. L'on sait que la noblesse provinciale reproche à la cour son luxe et son gaspillage et lui oppose son idéal d'austérité. D'autre part, comme nous le verrons dans la suite de cette étude, l'habit est un symbole essentiel à la noblesse, qui voit en lui le signe distinctif des rangs et des ordres. De même, le laboureur est devenu dans l'esprit de la noblesse de campagne le symbole de la pureté opposée à la corruption de la cour.

Cette opposition est bien illustrée dans un ouvrage très prisé au dix-septième siècle. Il s'agit des *Aventures du baron de Faeneste* (1617) d'Agrippa d'Aubigné. Faeneste est un gentilhomme provincial qui s'est rendu à la cour et qui emploie toutes ses ressources à y briller. Faeneste signifie en grec 'paraître'. Il est l'antithèse d'Enée, qui signifie en grec 'être', lequel est resté fidèle aux valeurs traditionnelles de vertu et d'austérité. Cet ouvrage fait allusion à la transformation qu'a subie la société féodale, surtout aux seizième et dix-septième siècles, en l'état centralisé et absolu de la monarchie. Pendant cette transformation la noblesse a vu sa décadence s'accentuer et son indépendance disparaître. A partir du moment où elle a quitté ses terres pour se rendre à la cour, elle a perdu sa liberté. Elle s'est en effet habituée à flatter le monarque, à s'épuiser en frais de luxe, à solliciter des pensions, à évoluer dans un monde poli mais faux. Quant à la noblesse provinciale, souvent pauvre et délaissée, elle aime à croire qu'elle vit dans un monde simple mais vrai. Cette rivalité entre la noblesse de cour et la noblesse provinciale, qui est donc de nature sociale et politique, s'est manifestée souvent en termes moraux, par une opposition entre la sincérité et la politesse, entre la frugalité et le luxe. Ce qui pourrait nous amener à conclure que, si Rousseau s'est en effet engagé dans la polémique entre la noblesse provinciale et la noblesse de cour, les critiques modernes, qui considèrent l'opposition de l''être' et du 'paraître' comme un thème évoqué en propre par Rousseau, se sont trompés de perspective.

Si la morale de Rousseau semble proche de certaines positions nobiliaires, elle se définit aussi par opposition à une 'morale finaliste' qui appartiendrait à un groupe différent. Le luxe, condamné par Rousseau mais défendu par Voltaire, s'associe tout naturellement aux idées de progrès, de bonheur, qui finiront par devenir les mots d'ordre de la grande bourgeoisie. Celle-ci ne peut pas se réclamer d'une 'moralité des vertus' dans la mesure où elle imite le comportement aristocratique et est accusée d'usurper les titres de noblesse, les noms et l'habit nobles. F. Nietzsche a d'ailleurs expliqué dans sa *Généalogie de la morale* (1887) que la sincérité est une qualité de la noblesse. La sincérité suppose la liberté. La soumission exclut la franchise. Il a remarqué aussi la grande emprise que la noblesse a exercée idéologiquement sur la morale. En proposant une recherche sur l'origine des idées morales, il commençait par une étude linguistique et montrait qu'en grec, en latin et en allemand, ce qui est bon est synonyme de noble, et ce qui est mauvais de roturier. Nous pouvons ajouter que la noblesse française, qui se réclame des conquérants francs, a contribué à imposer au mot *franc* le sens de 'libre', 'pur' et 'sincère', tandis que des mots désignant l'infériorité sociale, tels que *vilain* et *roturier*, désignent ce qui est faux et laid. Pour en revenir à la bourgeoisie, elle ne peut se réclamer de valeurs telles que la vertu et l'honneur, consacrées par l'histoire à la noblesse, et de bien d'autres qui sont déjà associées à l'Eglise. Si chaque groupe social a besoin de symboles qui lui appartiennent en propre, la bourgeoisie devra donc chercher ailleurs. Elle sera forcée de se rabattre sur des symboles qui désignent des buts à réaliser dans l'avenir, tels que le progrès, la raison, le bonheur. Or, Rousseau s'est attaqué, dans son *Discours*, à quelques-uns de ces symboles bourgeois.

La typologie de la morale proposée par G. Gurvitch nous semble jusqu'ici pertinente. Il est vrai, en effet, que la 'moralité des vertus' a joué un grand rôle dans la cité antique, dans les classes sociales nobles, dans les hiérarchies féodales et chevaleresques. Mais cet auteur n'explique pas pourquoi ces groupes auraient eu besoin, plus que d'autres, de la 'moralité des vertus'. Nous pouvons peut-être tenter d'en rendre compte en examinant ce que les groupes mentionnés ont en commun. Ce sont des aristocraties militaires. Celles-ci exercent une domination sur des groupes inférieurs, dont le contrôle exige une forte discipline. Or, celle-ci n'est possible que si l'on attache un grand prix au dévouement et au sacrifice de l'individu envers la communauté. C'est le sens de la vertu antique. L'austérité en fait partie, car la satisfaction des besoins matériels et les plaisirs auraient comme effet de détacher l'individu de la communauté.

Or, dans la cité antique, la notion du luxe a une signification précise. L'individu qui cède à l'attrait de la jouissance personnelle, en s'habillant élégamment, par exemple, ou en jouissant des commodités de la vie, n'est plus capable de cette discipline si nécessaire à la cohésion du groupe. Si l'individu se tourne vers son propre intérêt, il renie la communauté. Voilà pourquoi le luxe et la richesse en général étaient considérés autrefois comme des facteurs de corruption d'abord morale, et ensuite politique. D'autre part, comme les arts favorisant le luxe et la richesse étaient exercés par des groupes inférieurs, et souvent antagonistes, le fait de s'adonner au luxe devait être considéré, de la part d'un membre de la cité, comme une trahison. On comprend dès lors pourquoi à Sparte la domination exercée sur les nombreux ilotes comportait une discipline ascétique. On comprend également pourquoi Platon, qui admire Sparte, sépare les guerriers, dans sa *République*, de tout ce qui a trait à l'argent et au luxe. La morale et la politique étaient alors indissolublement liées. Platon est un auteur d'esprit aristocratique, condamnant, sans ménagement, tout le monde de l'argent à une époque où celui-ci régnait à Athènes.

La noblesse française, luttant pour se préserver en tant que système social, et s'identifiant à l'appareil militaire de l'Etat, s'est rattachée, par des ressemblances évidentes, au mythe de la cité antique. La richesse bourgeoise menaçant ce système, l'on comprend pourquoi des nobles ont fait par réaction l'éloge de la cité antique. Or, à mesure que la richesse augmente et que le luxe s'impose comme mode de vie, les valeurs propres à une aristocratie militaire tombent en décadence et, avec elles, les groupes qui en dépendent. Il semble que cela se soit produit de nombreuses fois au cours de l'histoire. Un auteur moderne, J. Sekora, a montré que ce processus a eu lieu chez les Juifs anciens, en Grèce, à Rome et en Angleterre.[14] A mesure que la bourgeoisie s'est imposée, une nouvelle conception de la liberté individuelle a été possible. La domination aristocratique dont nous parlions ayant cessé, la 'moralité des vertus' n'a plus joué le même rôle. Dans la société bourgeoise, ce ne sont pas la vertu, l'austérité, le sacrifice qui sont essentiels, mais la capacité technique, le savoir. On comprend mieux pourquoi Rousseau constate qu'on 'ne demande plus d'un homme s'il a de la probité, mais s'il a des talents'.[15]

Dans la communauté antique, chaque famille tire de la terre le peu dont elle a besoin. La division du travail est rudimentaire et la production des biens très réduite. Cela limite la population. Comme tout le monde se connaît, on est immédiatement censuré si l'on manque de façon manifeste au devoir envers la communauté. En outre, l'individu est fort intégré dans sa famille très étendue, qui est respectueuse de son propre honneur. Cela explique l'efficacité de la 'moralité des vertus'. Par ailleurs, le citoyen conçoit sa liberté comme participation à la vie politique. En tant qu'individu, il se doit entièrement à la cité. Nous renvoyons, sur cette notion de liberté, à l'ouvrage classique de Fustel de Coulanges, *La Cité antique*.

Dans la société de transition au capitalisme, où la bourgeoisie s'est largement imposée, la division du travail très poussée a permis une certaine abondance des biens produits et une augmentation de la population. Les individus, beaucoup plus mobiles, ne se connaissant plus, subissent moins les contraintes directes de la société. Ceux qui occupent un rang inférieur, et qui disposent de l'argent, donnent libre cours à leur désir du luxe. Comme ils subissent l'ascendant des valeurs des nobles, ils s'habillent et vivent comme eux. C'est ainsi que le luxe s'est répandu, selon bien des auteurs, dont nous parlerons dans ce travail. Le noble, confondu avec le roturier, notamment en ce qui concerne l'habit, qui revêt une fonction symbolique, aura l'impression qu'une grande

---

14. J. Sekora, *Luxury: the concept in western thought* (Baltimore, London 1977), p.23ss.
15. Rousseau, *Œuvres complètes*, iii.25.

corruption s'est répandue dans la société, d'où son amertume et son indignation à l'égard du luxe.

La société du dix-septième et du dix-huitième siècles a saisi le sens du grand changement qui s'opérait en elle, et les esprits conservateurs ont tenté de le ralentir, par l'exaltation de l'esprit de communauté caractéristique de la cité antique, mais aussi en insistant sur les valeurs de la société patriarcale, de la société féodale, et de la communauté rurale pré-industrielle. Fénelon, Montesquieu, Mirabeau et d'autres ont contribué à cette entreprise.

Nous examinerons donc si l'œuvre de Rousseau a été conçue dans ce contexte. Le fait que la pensée de Rousseau puisse être appréciée, dans une perspective collective, a été d'ailleurs pressenti par un auteur, le perspicace A. Adam qui, en constatant l'ascendant de la cité antique et de son esprit de communauté sur Montesquieu, Rousseau, Diderot et d'autres philosophes, se demandait si l'on ne pourrait pas expliquer le débat sur les sciences et les arts en termes idéologiques. Il voyait l'esprit de communauté opposé à l'individualisme bourgeois.[16]

Il y a encore un fait important à remarquer sur les rapports entre la cité antique et la société du dix-huitième siècle. Dans la cité antique, l'ordre politique est tantôt fondé sur le privilège de la naissance, et il s'agit alors d'une aristocratie, tantôt, c'est une démocratie, mais une démocratie restreinte, dans la mesure où il y a des groupes inférieurs privés des droits politiques, représentés par ceux qui ne possèdent pas de terre: les marchands, les artisans, et les esclaves. On peut parler de l'égalité politique dans la cité antique, à condition, cependant, de ne considérer que les 'citoyens': c'est-à-dire, en fait, une élite. 'L'égalitarisme' de Sparte est célèbre. Sparte et la Rome républicaine, les cités les plus admirées au dix-huitième siècle, ont été égalitaires en ce qui concerne les aristocraties militaires au pouvoir. Cette égalité dépend de la propriété foncière. Tout citoyen qui n'aurait pas de terre ni par conséquent de moyens de subsistance ne pourrait exercer ses fonctions politiques. Aussi bien l'équilibre de la cité est-il menacé par l'inégalité des fortunes. La richesse, cause du luxe, est de nature à modifier l'ordre politique. D'où l'acharnement de la cité à contenir le rôle de l'argent et à diminuer l'inégalité des fortunes. L'interdiction aux citoyens d'exercer les arts mécaniques et le commerce, la réforme agraire, concourent à ce but. Cette notion d'inégalité des fortunes était connue, dans la société du dix-huitième siècle, par l'œuvre de Platon pour l'antiquité et par Fénelon et Montesquieu pour leur époque. Dans sa *République*, Platon, qui pense toujours à Sparte quand il jette les bases de la cité idéale, prescrit la communauté des biens pour préserver les vertus de ses guerriers. Quand il se

---

16. A. Adam, 'Rousseau et Diderot', *Revue des sciences humaines* 53 (1949), p.21-34 (p.25).

résigne à un projet plus réaliste dans ses *Lois*, il spécifie que chaque famille aura la propriété nécessaire à sa subsistance et rien de plus. Fénelon, dans son *Télémaque*, veut que l'ordre politique de Salente soit fondé sur le privilège de la naissance. Il y aura sept classes de citoyens. La stabilité de la cité sera garantie par des propriétés à peu près égales permettant à chaque famille de subsister selon les besoins de son rang. Montesquieu, dans *L'Esprit des lois*, voit dans l'égalité des fortunes la condition de la vertu des citoyens et du maintien de la république. Cette idée est illustrée par d'autres auteurs que nous aurons l'occasion de citer.

Cette conception de la cité antique a conduit la société du dix-septième et du dix-huitième siècles à établir le rapport entre sa décadence, les grandes fortunes bourgeoises, et les transferts des terres des nobles aux bourgeois. En définitive, la dénonciation de l'inégalité dérive d'une situation où un groupe appauvri dont le revenu provient de la terre proteste contre la richesse mobilière détenue par de nouveaux venus. Or, l'inégalité condamnée au dix-huitième siècle est surtout évoquée en termes qui mettent en cause l'inégalité économique. Montesquieu s'est exprimé en ce sens en se référant à l'antiquité. Le marquis d'Argenson en a fait autant en 1754, en participant au concours de l'Académie de Dijon, en même temps que Rousseau. Dès lors, n'est-il pas logique de penser que Rousseau se rattachait au même débat et qu'il ne pouvait pas traiter le problème autrement que par rapport à ses contemporains? Pouvait-il traiter la question dans l'absolu, ou, ce qui paraît encore plus invraisemblable, pouvait-il exprimer une révolte contre le système politique de l'époque, en s'adressant aux juges d'une académie? La critique rousseauiste moderne est-elle tombée dans un anachronisme en attribuant au *Discours sur l'inégalité* une portée révolutionnaire? J. Starobinski affirme que

Cet homme, qui se rend étranger à toutes les sociétés instituées, devient, dans le second *Discours*, le porte-parole des humiliés et des offensés, l'interprète de tous ceux que l'ordre social, tant à Genève qu'en France, condamne à vivre en situation d'étrangers. [...] Il ne s'est séparé et singularisé que pour mieux désigner l'universel, l'indiquant à la fois dans l'ordre des faits et dans celui du devoir.[17]

On peut se demander si le *Discours* a une portée conservatrice, dans la mesure où Rousseau ne parle pas, comme il le devrait, de l'inégalité des ordres de l'Etat, la plus voyante, la plus avilissante pour les bourgeois. Elle fait de ceux-ci, sur le plan juridique et moral, des êtres inférieurs. Rousseau affirme que les diverses formes de l'inégalité se ramènent toutes à l'inégalité des fortunes, et

17. J. Starobinski, Introduction au *Discours sur l'origine de l'inégalité*, dans Rousseau, *Œuvres complètes*, iii.L-LI.

c'est bien celle-ci qu'il condamne. C'est ce que nous nous proposons de montrer au cours de cette étude.

Quant à la propriété que Rousseau dénonce, on peut se demander si ce n'est pas la propriété bourgeoise qu'il désigne, car elle est présentée comme une usurpation de la part des riches. Or, on sait que la propriété noble est dans son principe la récompense du service militaire prêté au suzerain et qu'elle est antérieure à la formation de la richesse. Quand la propriété noble s'est formée, l'économie demeure primitive, et l'argent ne joue pas encore un rôle important. Il se peut donc que les deux *Discours* aient été mal compris et que, en attribuant au mot de *propriété* une signification voisine du concept moderne, la critique rousseauiste soit tombée encore une fois dans l'anachronisme.

Nous nous pencherons également dans cette étude sur d'autres problèmes d'interprétation de l'œuvre de Rousseau. L'on sait qu'actuellement la critique rousseauiste, en général, estime que le succès du premier *Discours* est dû à son éloquence, à ses beautés formelles et à la révolte personnelle que l'auteur y aurait exprimée. Rousseau, selon elle, se serait élevé contre une société hypocrite et corrompue, et, prenant conscience de ses moyens, il y aurait proclamé sa profonde exigence de sincérité et de justice. Mais peut-on parler de protestation, de révolte? Pouvait-on, au dix-huitième siècle, exprimer de tels sentiments dans un discours d'académie? A peine une protestation quelconque serait-elle concevable de nos jours dans un tel contexte. On se demandera donc s'il n'y a pas là encore un anachronisme.

D'autre part, c'est à l'occasion de ce concours d'académie que se serait produite la grande crise morale de Rousseau. Mais le *Discours* témoigne-t-il véritablement d'une crise, d'une rupture par rapport au passé? Il est vrai que l'auteur a permis cette interprétation de sa vie par le récit de ce qu'on a appelé l''Illumination de Vincennes'. Mais a-t-on examiné si cette 'illumination' désigne une expérience vraiment vécue? Ne s'agit-il pas d'une figure symbolique, imitée de certains textes apologétiques, médités beaucoup plus tard qu'en 1749, et témoignant d'un état d'âme bien postérieur? Au moment où il nous parle pour la première fois de l'illumination de Vincennes (1762), Rousseau semble se replier sur lui-même et faire en quelque sorte le bilan de sa vie. Il n'est pas disposé à admettre que le hasard y ait joué un rôle prépondérant, quoiqu'il soit conscient que sa liberté ne s'y est pas exercée autant qu'il aurait désiré. Au contraire, il voudrait y discerner l'expression d'une finalité supérieure. L'illumination de Vincennes traduit parfaitement cette exigence. Nous montrerons que cela ne signifie pas qu'il s'agit d'une donnée biographique réelle. Elle appartient à sa maturité, et elle marque un retour à des valeurs qui lui sont étrangères en 1749. Nous avons trouvé, au cours de nos recherches, des données d'archives de nature topographique et climatique qui contredisent formellement la version de l'illumination faite par Rousseau. S'est-il placé, au contraire, dans une longue tradition qui fait de l'illumination une étape importante mais fictive de l'autobiographie, qui se rapproche du *'Tolle lege'* ('prends et lis') de la conversion de saint Augustin? C'est une question que nous approfondirons parce qu'elle est importante pour l'interprétation de l'œuvre.

Nous avons avancé que le *Discours* gagnerait à être apprécié dans un contexte collectif. Nous chercherons donc à savoir si la démarche de Rousseau n'est pas plus significative si elle est étudiée en relation avec ses contemporains les plus prestigieux, comme Voltaire, Montesquieu, Diderot, évoqués directement ou indirectement dans le *Discours*. Diderot a conseillé à Rousseau de participer au concours de l'Académie de Dijon. Nous verrons pourquoi il a encouragé la thèse négative qui consistait à condamner les sciences et les arts, lui qui s'apprête à élever un monument aux sciences et aux arts, l'*Encylopédie*, et s'il a été sensible à la même idéologie que Rousseau. Comme l'on convient généralement que la thèse négative va à l'encontre de l'opinion commune, qu'elle est paradoxale, qu'est-ce qui fait penser à Rousseau et à Diderot que l'Académie de Dijon aimera ce genre de réponse? Il faut bien qu'ils connaissent l'orientation de l'Académie. Pourquoi les juges ont-ils prisé la thèse négative? On a répondu que l'éloquence de Rousseau a été déterminante. Mais l'Académie s'est exprimée à ce sujet sans équivoque. Ce n'est pas la beauté formelle du *Discours* qu'elle a appréciée, mais la thèse elle-même. Le mystère resterait total, sans l'explication que nous avons proposée. Les symboles désignant des valeurs sociales appelaient l'adhésion des juges. Mais comment Rousseau et Diderot savaient-ils que les académiciens y seraient sensibles? Et que dire de la fameuse dispute selon laquelle Rousseau devait la thèse de son *Discours* à Diderot? L'on sait que ce dernier, par l'intermédiaire de ses amis, a appuyé cette idée.

La critique rousseauiste a examiné les divers témoignages, séparés du contexte dont nous parlons, et a décidé, par respect pour la mémoire de Rousseau, que celui-ci a été original. Là aussi il faut partir d'une perspective toute différente, pour tenter de savoir pourquoi et comment cette fameuse thèse négative s'est imposée d'abord à l'un et à l'autre de ces deux amis. Nous avons repéré dans le *Mercure de France* quelques faits passés inaperçus qui laissent deviner l'inclination des juges de l'Académie de Dijon. Il semble que ceux-ci aient désiré un rejet de la philosophie des Lumières. Dès lors, c'était une attaque contre cette philosophie qui avait le plus de chance de gagner le concours. Les deux amis devaient être au courant. Par conséquent, la forme négative et paradoxale n'était plus qu'une question secondaire. Le concours pouvait être gagné, à la rigueur, si on adoptait la thèse affirmative, mais opposée à la pensée des Lumières. Les détails de cette question se trouveront dans un chapitre consacré à ces deux personnages.

Quant aux rapports entre Rousseau et Voltaire au sujet du *Discours*, la critique n'a pas tenté sérieusement de les approfondir, semblant éprouver une gêne, comme si elle s'aventurait là sur un terrain dangereux. Il s'agit de prendre acte que l'engagement de Rousseau contre les Lumières supposait une rupture entre les deux hommes. A cette époque, Voltaire est connu par ses interventions en faveur des sciences, des arts, et du luxe. Il est célèbre. Rousseau lui fait des avances dans une lettre envoyée pendant la préparation du *Discours*. Si Voltaire les avait acceptées, Rousseau n'aurait peut-être pas participé au concours de l'Académie de Dijon. L'histoire littéraire aurait alors été différente.

Que dire du fait que Rousseau emprunte plusieurs passages à Montesquieu, sans même le nommer? Pourquoi l'a-t-il fait? Actuellement, on ne connaît ni l'exacte étendue de ces emprunts ni leur signification. On a dit que Rousseau ne voulait pas défier Montesquieu ouvertement. En réalité, il ne s'agit pas d'un défi, mais d'un ralliement. Nous le montrerons dans un chapitre particulier. Nous parlerons brièvement des personnages secondaires qui ont participé au concours. Ce sont pour la plupart des ecclésiastiques, ce qui prouve qu'on connaissait le conservatisme de l'Académie de Dijon. Nous parlerons aussi très brièvement des juges de l'Académie, et du public qui a rendu possible l'essor du *Discours*.

Tels sont les problèmes que nous nous proposons de résoudre et l'esprit dans lequel nous les aborderons. Nous aurons recours le plus souvent possible aux documents historiques pour appuyer notre démonstration. Nous donnerons de nombreux extraits des témoignages les plus sûrs de manière à laisser au lecteur le soin de juger par lui-même. Le premier chapitre de cette étude sera consacré à 'Rousseau, l'illumination de Vincennes et la critique moderne', et il aura comme objectif d'accréditer l'idée selon laquelle le Rousseau que nous a fait connaître la critique moderne est extrêmement éloigné du personnage historique. En tenant compte de l'importance de cette idée, le lecteur sera invité à nous suivre dans notre analyse historique, qui pourra lui paraître prolixe, mais qui est, en fait, indispensable à notre thèse. Si nous réussissons à montrer que les thèmes caractéristiques de Rousseau – par exemple, sa critique des sciences et des arts, du luxe et de la politesse, et sa défense de la vertu, de la frugalité et de l'ignorance – ont une signification, non pas personnelle, comme le croit la critique moderne, mais idéologique, nous n'aurons pas abusé de l'attention que le lecteur aura bien voulu nous accorder. Nous remercions de leurs conseils les collègues G. Cornillac, P. Siguret, M. Rochefort, M. Lebel et P. Clive, et tout particulièrement la Fondation Voltaire des modifications qu'elle a bien voulu nous suggérer.

N.B. Les tendances critiques illustrées dans cette introduction, qui font de Rousseau un penseur original et isolé, se poursuivent dans les ouvrages les plus récents (voir p.370, n.15). On y juge l'œuvre de notre auteur dans l'abstrait.

1. Rousseau, l'illumination de Vincennes et la critique moderne

ROUSSEAU nous a décrit, avec une vive émotion, la scène de l'inspiration qu'il aurait reçue en 1749 et qu'il est convenu d'appeler l'"Illumination de Vincennes'. La critique rousseauiste, considérant celle-ci comme un fait réellement vécu et, aux dires de Rousseau lui-même, comme une étape marquante de sa vie, y a situé la genèse de l'œuvre. Or, l'illumination de Vincennes représente-t-elle une donnée biographique réelle, et, si elle n'est qu'une figure symbolique et traditionnelle, n'est-il pas abusif d'y fonder l'explication de toute une œuvre ou d'une grande partie de l'œuvre? La critique rousseauiste se serait-elle donc méprise sur l'importance de cet épisode? Dans l'affirmative, quelles en sont les conséquences pour l'appréciation de la pensée de Rousseau? Nous entreprenons ici de répondre à ces questions.

i. Les circonstances temporelles et spatiales

Rousseau allait voir Diderot, emprisonné au château de Vincennes. C'est au cours d'un de ses déplacements, entre Paris et le lieu de détention de son ami, que Jean-Jacques aurait entrevu, en 1749, les vérités sublimes qui devaient inspirer son *Discours sur les sciences et les arts* et l'œuvre à venir. Les circonstances de l'illumination sont relatées dans la deuxième lettre à Malesherbes, du 12 janvier 1762, et dans le huitième livre des *Confessions*. La *Lettre à Christophe de Beaumont*, le deuxième *Dialogue* et la troisième *Promenade* parlent de l'illumination mais ne mentionnent pas les circonstances qui nous intéressent ici. Par conséquent, nous examinerons seulement la deuxième lettre à Malesherbes et les *Confessions*. La partie concernant l'illumination dans ce dernier ouvrage ayant été composée vraisemblablement entre 1769 et 1770, selon la critique,[1] un laps considérable de temps se serait écoulé entre les deux rédactions. Remarquons que les *Confessions* reconnaissent l'antériorité de la lettre à Malesherbes. Confrontons les deux textes:

1. H. de Saussure, *Rousseau et les manuscrits des Confessions* (Paris 1958), p.223, 266; J. J. Rousseau, *Confessions*, éd. J. Voisine (Paris 1964), p.xxxi.

Lettre à Malesherbes (12 janvier 1762)

Après avoir passé 40 ans de ma vie ainsi mécontent de moi même et des autres, je cherchois inutilement à rompre les liens qui me tenoient attaché à cette société, que j'estimois si peu, et qui m'enchainoient aux occupations le moins de mon goût, par des besoins que j'estimois ceux de la nature, et n'étoient que ceux de l'opinion. Tout à coup un heureux hasard vint m'éclairer sur ce que j'avois à faire pour moi-même, et à penser de mes semblables, sur lesquels mon cœur étoit sans cesse en contradicton avec mon esprit, et que je me sentois encore porté à aimer avec tant de raisons de les haïr. Je voudrois, Monsieur, vous pouvoir peindre ce moment qui a fait dans ma vie une si singulière époque et qui me sera toujours présent quand je vivrois éternellement. J'allois voir Diderot alors prisonnier à Vincennes; j'avois dans ma poche un Mercure de France que je me mis à feuilleter le long du chemin. Je tombe sur la question de l'Academie de Dijon qui a donné lieu à mon premier écrit. Si jamais quelque chose a ressemblé à une inspiration subite, c'est le mouvement qui se fit en moi à cette lecture: Tout à coup je me sens l'esprit ébloui de mille lumières; des foules d'idées vives s'y présenterent à la fois avec une force et une confusion qui me jetta dans un trouble inexprimable; je sens ma tête prise par un étourdissement semblable à l'ivresse. Une violente palpitation m'oppresse, soulève ma poitrine; ne pouvant plus respirer en marchant, je me laisse tomber sous un des arbres de l'avenue, et j'y passe une demi heure dans une telle agitation qu'en me relevant j'aperçus le devant de ma veste mouillé de mes larmes sans avoir senti que j'en repandois. Oh Monsieur si j'avois jamais pu écrire le quart de ce que j'ai vu et senti sous cet arbre, avec quelle clarté j'aurois fait voir toutes les contradictions du système social,

Confessions (livre VIII)

Cette année 1749, l'été fut d'une chaleur excessive. On compte deux lieues de Paris à Vincennes. Peu en état de payer des fiacres, à deux heures après-midi j'allois à pied quand j'étois seul et j'allois vite pour arriver plus tôt. Les arbres de la route toujours élagués à la mode du pays ne donnoient presque aucune ombre, et souvent, rendu de chaleur et de fatigue, je m'étendois par terre n'en pouvant plus. Je m'avisai pour modérer mon pas de prendre quelque livre. Je pris un jour le *Mercure de France* et tout en marchant et le parcourant, je tombai sur cette question proposée par l'Académie de Dijon pour le prix de l'année suivante: Si le progrès des sciences et des arts a contribué à corrompre ou à épurer les mœurs. A l'instant de cette lecture, je vis un autre univers et je devins un autre homme. Quoique j'aie un souvenir vif de l'impression que j'en reçus, les détails m'en sont echappés depuis que je les ai déposés dans une de mes quatre lettres à M. de Malesherbes. C'est une des singularités de ma mémoire qui méritent d'être dites. Quand elle me sert, ce n'est qu'autant que je me suis reposé sur elle; sitôt que j'en confie le dépôt au papier, elle m'abandonne et dès qu'une fois j'ai écrit une chose, je ne m'en souviens plus du tout [...] Ce que je me rappelle bien distinctement dans cette occasion, c'est qu'en arrivant à Vincennes j'étois dans une agitation qui tenait du délire. Diderot l'aperçut; je lui en dis la cause, et je lui lus la prosopopée de Fabricius, écrite au crayon sous un chêne. Il m'exhorta de donner l'essor à mes idées et de concourir au prix. Je le fis, et dès cet instant je fus perdu. Tout le reste de ma vie et de mes malheurs fut l'effet inévitable de cet instant d'égarement.[2]

2. *Confessions*, éd. Voisine, livre VIII, p.215-16.

avec quelle force j'aurois exposé tous les abus de nos institutions, avec quelle simplicité j'aurois démontré que l'homme est bon naturellement et que c'est par ces institutions seules que les hommes deviennent méchants. Tout ce que j'ai pu retenir de ces foules de grandes vérités qui dans un quart d'heure m'illuminerent sous cet arbre, a été bien faiblement épars dans les trois principaux de mes écrits, savoir ce premier discours, celui sur l'inégalité, et le traité de l'éducation, lesquels trois ouvrages sont inséparables et forment ensemble un même tout. Tout le reste a été perdu, et il n'y eut d'écrit sur le lieu même que la prosopopée de Fabricius. Voilà comment lorsque j'y pensois le moins je devins auteur presque malgré moi.[3]

Le premier texte décrit davantage le phénomène intérieur, le second le décor où il s'est déroulé. Les deux versions s'intègrent et se complètent. Remarquons, par exemple, que, dans la lettre à Malesherbes, Rousseau dit qu'il s'est reposé sous un arbre. Dans les *Confessions*, il ajoute qu'il s'agit d'un chêne. On peut se demander pourquoi Rousseau insiste sur le fait que sa mémoire est sujette à certaines défaillances. Veut-il se justifier à l'avance d'une éventuelle incohérence entre les deux versions de l'illumination? Dans ce cas, il faut supposer qu'au moment où il rédige ce passage des *Confessions* il n'a plus sous la main la lettre à Malesherbes. Ici il faut remarquer quelque chose d'intéressant. Rousseau s'adresse en ces termes à monsieur de Malesherbes le 26 octobre 1762:

L'hiver dernier je vous écrivis quatre lettres consécutives sur mon caractère et l'histoire de mon âme dont j'espérois que le calme ne finiroit plus. Je souhaiterois extremement d'avoir une copie de ces quatre lettres, et je crois que le sentiment qui les a dictées mérite cette complaisance de votre part.[4]

Le 13 novembre 1762, Malesherbes les lui envoie (lettre 2298). Le 7 décembre de la même année, Rousseau les a reçues (lettre 2372). On peut en déduire qu'au moment où Rousseau a rédigé l'illumination (*Confessions*) il ne disposait pas du texte de sa deuxième lettre à Malesherbes et qu'il a craint, en effet, de tomber en contradiction. En recevant les copies demandées, pourquoi a-t-il laissé, dans le texte des *Confessions*, la remarque relative à la faiblesse de sa mémoire? Cette remarque était superflue à partir du moment où il pouvait

3. Deuxième lettre à M. de Malesherbes, le 12 janvier 1762, *Correspondance complète*, éd. R. A. Leigh (Genève, Banbury, Oxford 1965-), lettre 1633.
4. *Correspondance*, éd. Leigh, lettre 2253.

vérifier s'il y avait contradiction ou non entre les deux versions de l'illumination. On ne peut savoir la raison de ce comportement. On peut supposer que la phrase dont nous parlons, tout en n'étant plus nécessaire, ne nuisait pas non plus au texte et qu'il ne valait pas la peine de l'effacer. En tout cas, on peut en conclure que les deux versions de l'illumination (lettre à Malesherbes et *Confessions*) appartiennent à la même année et s'inscrivent logiquement dans le même contexte. Cela peut avoir de l'importance pour la suite de notre étude.[5]

Quelle est la différence entre les deux textes principaux? L'auteur peint d'abord l'émotion qu'il a ressentie sur le chemin de Vincennes. Par la suite, il a cru bon de préciser les circonstances climatiques et topographiques, sans doute pour rendre son récit plus complet et, par conséquent, plus vraisemblable. La grande chaleur de l'été, mentionnée seulement dans les *Confessions*, est de nature à rendre plus concevables les phénomènes physiologiques qui accompagnent les états d'extase, tels que l'essoufflement et la palpitation. En ajoutant des détails précis, longtemps après les événements, Rousseau s'est-il trompé? Dans le cas affirmatif, s'agit-il de détails qu'on puisse négliger? Remarquons dans le texte des *Confessions* que la chaleur accablante est la condition déterminante de l'illumination. Sans la chaleur, Rousseau n'aurait pas pris un livre à lire pendant son trajet, il n'aurait pas ralenti son pas, il n'aurait pas remarqué l'annonce du concours de l'Académie de Dijon. Or, celle-ci a déclenché l'illumination. Il ne s'agit donc pas d'un détail insignifiant. On verra dans la suite de cet exposé combien cette donnée sera significative. Elle finira par mettre en cause la réalité de l'illumination et l'interprétation que la critique a donnée de l'œuvre de Rousseau.

Pendant longtemps, on a cru que l'illumination a eu lieu dans le plein de l'été de 1749. Voici comment on a rapporté cet épisode de la vie de Rousseau autrefois et comment on le relate exceptionnellement à une époque récente:

C'était dans l'été de 1749, Rousseau, un jour qu'il allait voir son ami en prison, fatigué de la marche et de la chaleur, ouvrit pour se distraire, un journal littéraire du temps, le *Mercure de France*; il tomba sur cette question mise au concours par l'Académie de Dijon:

---

5. Nous rapportons ici le passage relatif à l'illumination contenu dans le deuxième *Dialogue* comme exemple des textes peu importants que nous avons écartés: 'Une malheureuse question d'Académie qu'il lut dans un Mercure vint tout à coup dessiller ses yeux, débrouiller ce cahos dans sa tête, lui montrer un autre univers, un véritable âge d'or, des sociétés d'hommes simples, sages, heureux, et réaliser en espérance toutes ses visions, par la destruction des préjugés qui l'avoient subjugué lui-même, mais dont il crut en ce moment voir découler les vices et les misères du genre humain. De la vive effervescence qui se fit alors dans son âme sortirent ces étincelles de génie qu'on a vu briller dans ses écrits durant dix ans de délire et de fièvre, mais dont aucun vestige n'avoit paru jusqu'alors et qui vraisemblablement n'auroient pas brillé dans la suite si, cet accès passé, il eût voulu continuer d'écrire. Enflammé par la contemplation de ces grands objets, il les avoit toujours présents à sa pensée, et les comparant à l'état réel des choses, il les voyait chaque jour sous des rapports tout nouveaux pour lui' (*O.C.*, i.829).

1. Rousseau, l'illumination de Vincennes et la critique moderne

Le progrès des sciences et des arts a-t-il contribué à corrompre ou à épurer les mœurs?[6]

Un jour donc que, par une chaleur accablante, il arpentait péniblément la route de Vincennes, un numéro du *Mercure de France*, qu'il avait emporté pour se distraire, lui apprit que l'Académie de Dijon proposait pour sujet du prix la question suivante: Le rétablissement des sciences et des arts a-t-il contribué à épurer les mœurs?[7]

Un jour de l'été de 1749, par une chaleur accablante, Jean-Jacques allait voir Diderot prisonnier à Vincennes. Il feuilleta pendant la route un numéro du *Mercure de France* et lut cette question que l'Académie de Dijon proposait comme sujet de prix: Le rétablissement des sciences et des arts a-t-il contribué à épurer les mœurs?[8]

Ce fut en s'y rendant pour l'y visiter, par un jour d'été d'une chaleur excessive que Rousseau lut par hasard, dans le *Mercure de France*, que l'Académie de Dijon avait mis au concours la question de savoir [...] Haletant à la fois de fatigue et d'enthousiasme, il s'assit à l'ombre des arbres qui bordaient la route et se mit à crayonner la prosopopée de Fabricius.[9]

Le soleil brille, la route blanche miroite; le pèlerin solitaire est en nage. Comment refroidir cette ardeur qui le pousse en avant? Il tire de sa poche le *Mercure de France* et le feuillette en ralentissant le pas [...] Les idées se pressent au-devant de lui avec des visages et des voix. Elles l'assaillent, elles exigent, elles lui barrent le passage. Il s'est traîné sous un chêne où il se livre à leur assaut.[10]

Plus d'une fois, il aura fait à pied les deux lieues qui séparaient Paris de Vincennes. C'était par un été brûlant. Jean-Jacques tout en cheminant lisait le *Mercure* et il lui arrivait de s'étendre au pied d'un arbre. Ce fut ainsi qu'un jour il découvrit le sujet du concours institué par l'Académie de Dijon pour le prix de morale de 1750 [...] Le voici aussitôt transporté et bouleversé.[11]

On s'est aperçu enfin que le *Mercure de France* a publié l'annonce du concours de l'Académie de Dijon dans le numéro d'octobre 1749. L'on sait que dans la région parisienne il ne fait pas chaud en cette saison. Comment concilier donc cette date avec la description climatique des *Confessions*? La critique rousseauiste, qui relie naturellement l'œuvre de Rousseau à l'illumination, s'est montrée très soucieuse de préserver la réalité de celle-ci. Comment expliquer l'incongruité dont nous parlons? Quelques critiques ont conclu qu'il ne s'agissait que de détails. Ils ont pris acte de cette erreur sans en tirer de conclusion, ou bien ils l'ont mise sur le compte de la mémoire de Rousseau.

La question du Mercure est d'octobre, et octobre n'est pas l'été; mais peu importe. Rousseau écrit cela vingt ans après les événements.[12]

Relevons d'abord, pour n'en plus parler, deux erreurs toutes matérielles dans le récit de

6. L. Ducros, *J. J. Rousseau* (Paris 1888), p.62.
7. H. Beaudoin, *La Vie et les œuvres de J.-J. Rousseau* (Paris 1891), i.218-19.
8. A. Chuquet, *Jean-Jacques Rousseau* (Paris 1893), p.30-31.
9. J. F. Nourrisson, *Jean-Jacques Rousseau et le rousseauisme* (Paris 1903), p.114.
10. N. Roger, *Jean-Jacques, le promeneur solitaire* (Paris 1933), p.85-86.
11. A. Dhôtel, *Le Roman de Jean-Jacques* (Paris 1962), p.89-90.
12. J. Lemaître, *Jean-Jacques Rousseau* (Paris 1907), p.78.

Rousseau: le sujet mis au concours par l'Académie de Dijon parut, non pas en été, mais dans le numéro d'octobre du *Mercure*; et le texte exact était le suivant: 'Si le rétablissement des sciences et des arts a contribué à épurer les mœurs'.[13]

C'est à un de ces voyages qu'il fut frappé d'une vision. Il avait lu dans un journal un programme de concours proposé par l'Académie de Dijon: Si le progrès des sciences et des arts a contribué à épurer les mœurs. NOTE: La question telle que posée dans le *Mercure* d'octobre (donc ce n'était pas en été comme le pensait plus tard Rousseau), était: Si le rétablissement des sciences et des arts a contribué à épurer les mœurs.[14]

Nous voulons bien croire que l'été de 1749 fut très chaud, comme disent les *Confessions*, mais ce n'est sûrement pas en allant à pied de Paris à Vincennes, par la grande chaleur, voir Diderot, que Jean-Jacques connut le sujet proposé par l'Académie de Dijon: car le *Mercure* ne le publia qu'en octobre.[15]

Peu importe l'exactitude matérielle des faits et de leur cause fortuite; il reste toujours à considérer l'essentiel, c'est-à-dire la commotion qui se produit alors dans la conscience de Rousseau.[16]

Remarquons qu'un critique a vu plus juste, quoiqu'en brodant beaucoup (et ironiquement), en insistant sur l'impression très subjective de Rousseau:

Du plus loin qu'il a aperçu Diderot, il a brandi à son intention le numéro d'une gazette qu'il a en main. Il transpire comme en plein été, quoique l'automne soit assez avancé déjà. C'est qu'il a marché vite et peut-être, par accès, couru.[17]

La solution consistant à considérer la grande chaleur comme un détail sans importance n'a pas été suivie. Après tout, quoique la description de l'illumination soit très éloignée de l'événement lui-même, c'est un fait trop marquant, trop décisif, pour que les circonstances où elle s'est produite puissent être, à tel point, oubliées. La plupart des critiques acceptent la description de Rousseau telle qu'elle est. Ils n'admettent pas qu'il y ait erreur. Ils estiment qu'il peut faire chaud, exceptionnellement, au mois d'octobre. Il suffira donc de supposer que la chaleur de l'été s'est prolongée au mois d'octobre cette année-là.

Au mois d'octobre 1749 – car le *Mercure de France* ne publia qu'à cette date le programme du concours littéraire, institué par l'Académie de Dijon – et par une journée très chaude néanmoins, Rousseau subit la crise quasi extatique qui fit de lui un publiciste, un homme de lettres et bientôt un écrivain célèbre.[18]

En Octobre 1749, Rousseau allait voir son ami Diderot emprisonné à Vincennes. Il faisait encore très chaud et les arbres élagués ne donnaient aucune ombre. Ce jour-là, lisant, tout en marchant, le *Mercure de France*, Rousseau tombe sur la question posée par

---

13. L. Ducros, *Jean-Jacques Rousseau* (Paris 1908), i.167. Voir ci-dessus n.6.
14. A. Schinz, *La Pensée de Jean-Jacques Rousseau* (Paris 1929), p.137.
15. R. Trintzius, *La Vie privée de J. J. Rousseau* (Paris 1938), p.138.
16. L. Emery, *Rousseau l'annonciateur* (Lyon 1954), p.9.
17. J. Charpentier, *J.-J. Rousseau ou le démocrate par dépit* (Paris 1931), p.170.
18. E. Seillère, *Jean-Jacques Rousseau* (Paris 1921), p.61.

l'Académie de Dijon. Il a brusquement une sorte d'illumination: il voit un autre univers, et devient un autre homme.[19]

C'était un été très chaud, et la route n'était pas bien ombragée. Il s'arrêtait deux ou trois fois pour se reposer sous un arbre et lire un livre, afin de ralentir son pas. Un jour d'octobre, il avait apporté avec lui le dernier numéro du *Mercure de France* et il le lisait en marchant.[20]

Par un beau jour chaud d'octobre, il se rendait à Vincennes; on était au milieu de l'après-midi. Il marchait sans se presser et de temps en temps se reposait car l'automne était torride. Pour se distraire, il avait pris un *Mercure de France*. Etendu sur le sol, il feuilletait la revue, quand il aperçut: Académie de Dijon ... A l'instant un mirage l'enveloppa; une foule d'idées étincelantes comme des étoiles filantes traversant le ciel envahirent son esprit et sa vision.[21]

Au cours des semaines qui suivirent, Rousseau, visiteur assidu, fit la route de Paris à Vincennes tout les deux jours, à pied, à deux heures de l'après-midi, malgré la chaleur et l'absence d'ombre, les arbres étant 'élagués à la mode du pays'. Feuilletant un jour, tout en cheminant, le numéro d'octobre 1749 du *Mercure de France*, il put y lire l'annonce faite par l'Académie des Sciences et Belles Lettres de Dijon, d'un prix de morale pour l'année 1750 ... Dans son trouble, il s'assit sous un chêne, au bord du chemin, tandis qu'il se revoyait enfant, lisant Plutarque, près de l'établi paternel.[22]

Depuis le 24 juillet 1749, Diderot était enfermé au donjon de Vincennes pour répondre de quelques écrits subversifs. Tous les deux jours, Rousseau rendait visite à l'ami prisonnier. Ne pouvant s'offrir le luxe d'un fiacre, il venait à pied sous le soleil fort rude de cette année-là. Pour 'modérer son pas' il s'avisa un jour d'emporter le *Mercure de France* du mois d'octobre; il y apprit que l'Académie de Dijon proposait pour le prix de morale de 1750 la question suivante: 'Si le rétablissement des sciences et des arts a contribué à épurer les mœurs'.[23]

C'était donc au début d'une après-midi d'octobre de l'année 1749. En vérité, jamais la chaleur n'avait paru si excessive pour la saison.[24]

Nous avons cité plusieurs exemples de cette tendance, non seulement parce qu'elle est majoritaire, mais aussi parce qu'elle s'expose le plus à une éventuelle réfutation. Et si on pouvait prouver qu'il a fait froid à cette époque dont on parle tant et avec assurance? Quelques critiques, dans leur désir assez touchant de protéger la mémoire de Rousseau, sont allés jusqu'à préciser qu'il s'agissait du début du mois d'octobre, ce qui renforcerait la thèse de la grande chaleur. Apparemment, sans aucune preuve.

19. G. Pire, 'Du bon Plutarque au citoyen de Genève', *Revue de littérature comparée* 32 (1958), p.539-40.

20. L. G. Crocker, *Jean-Jacques Rousseau: the quest* (New York, London 1968), p.200. (Texte original: 'It was a very hot summer and the road was not well shaded. He would stop two or three times to rest under a tree, and read a book in order to slow his pace. One day in October he had brought with him the last number of the *Mercure de France* and was reading it as he walked.')

21. B. Fay, *Jean-Jacques Rousseau, ou le rêve de la vie* (Paris 1974), p.157-58.

22. O. Marty, *Rousseau, de l'enfance à quarante ans* (s.l. 1975), p.279-80.

23. R. Trousson, *Rousseau et sa fortune littéraire* (Paris 1977), p.10.

24. H. Babel, *Jean-Jacques Rousseau et notre temps* (Genève 1978), p.1.

Dans les premiers jours d'octobre 1749, vers deux heures de l'après-midi, par un temps qui prolongeait les chaleurs d'un été excessif, Jean-Jacques Rousseau partait de Paris pour aller à pied à Vincennes. C'est là que depuis le 24 juillet, son ami le plus intime, Diderot, était emprisonné ... Rousseau avait couru voir Diderot dès le 25 août. [Note:] Ces chaleurs d'été se renouvellent souvent en septembre et en octobre, mois pendant lesquels Rousseau faisait ses visites à Diderot. Quand il parle de la chaleur, Jean-Jacques ne pense pas à cette seule journée d'octobre. Il garde le souvenir général de ces chauds après-midi de promenade sans se rappeler exactement si, selon le calendrier, ce fut en été ou en automne qu'il fit sa visite célèbre à Diderot. Remarquer dans les *Confessions* l'emploi significatif de l'imparfait: j'allois ... je m'étendois ... je pris un jour le *Mercure de France* ...[25]

Un jour du commencement d'octobre ... Cet 'instant d'égarement' fut l'instant de la plus profonde conscience. Ces mille lumières qui l'éblouirent le révèlerent à lui-même.[26]

La question posée pour le prix de morale de 1750 par l'académie fut publiée dans le numéro d'octobre 1749 du *Mercure*, qui reçut l'approbation en date du 28 septembre. L'Illumination de Vincennes se placerait donc dans les premiers jours d'octobre.[27]

Les premiers jours d'octobre, en 1749, laissent peser encore la chaleur d'un été accablant. La route, de la barrière du trône au donjon de Vincennes, offre peu d'ombre. Un homme pauvre y chemine, et, pour modérer son pas, il feuillette la récente livraison du *Mercure de France*.[28]

Se rendant à Vincennes, dans les premiers jours d'octobre 1749, Rousseau a lu dans le *Mercure* l'annonce du concours de Dijon; frappé d'une 'Illumination' foudroyante, il a composé, assis sous un chêne, la prosopopée de Fabricius.[29]

Un jour du début d'octobre, dans le *Mercure de France*, cette question proposée en prix par l'Académie de Dijon lui saute aux yeux ... Sous un chêne, Jean-Jacques écrit au crayon la prosopopée de Fabricius.[30]

Cette tendance se fonde sur le fait que l'approbation de la censure est du 28 septembre, ce qui fait penser à une livraison rapide du *Mercure de France*. L'un des critiques mentionnés s'exprime ainsi: 'L'approbation de ce numéro est datée du 28 septembre. Ce n'est donc que quelques jours après, au plus tôt, que Rousseau put lire le programme du concours.'[31] On oublie que la signature du censeur est apposée sur le manuscrit avant l'impression. Quoique le *Mercure* du mois d'octobre 1749 ne le mentionne pas, cela est évident. D'autres numéros précisent ce fait important. Par exemple, dans le *Mercure* du mois de janvier 1743 on lit: 'J'ai lu par ordre de Monseigneur le Chancelier le *Mercure de France*

25. G. R. Havens (éd.), Jean-Jacques Rousseau, *Discours sur les sciences et les arts* (New York 1946), p.1-2.
26. J. Guéhenno, *Jean-Jacques*, i: *En marge des Confessions* (Paris 1948), p.271, 273.
27. *Confessions*, éd. Voisine, p.415n.
28. J. J. Rousseau, *Discours*, éd. J. Normand (Paris s.d.), p.7.
29. R. Trousson, *Socrate devant Voltaire, Diderot et Rousseau: la conscience en face du mythe* (Paris 1967), p.116.
30. P. Guth, *Histoire de la littérature française* (Paris 1967), p.553-54.
31. Havens (éd.), p.1 n.3.

du mois de janvier et j'ai cru qu'on pouvait en permettre l'impression. A Paris le premier février 1743. Signé Hardion'. D'autre part, selon un auteur qui s'est penché sur le problème de la censure au dix-huitième siècle, aucun ouvrage n'était imprimé avant d'être approuvé: 'Il était défendu de commencer à faire imprimer avant d'avoir obtenu le privilège ou la permission en bonne et due forme, ou on risquait alors de se voir refuser l'autorisation demandée, même si le censeur avait déjà donné son approbation orale.'[32]

L'on sait qu'il y avait, cependant, des permissions 'tacites' accordées à des ouvrages peu orthodoxes, déjà imprimés, souvent à l'étranger. Mais ces ouvrages, parce qu'ils bénéficiaient d'une approbation non officielle, ne portaient pas la signature du censeur (Belin, p.25). Or, le *Mercure de France* du mois d'octobre 1749 porte bel et bien la signature du censeur Maignan de Savigny (28 septembre 1749) et, par conséquent, il a suivi la procédure ordinaire, c'est-à-dire qu'il n'était pas imprimé le 28 septembre. Un autre fait peut contribuer à nous convaincre. Le numéro d'octobre du *Mercure de France* (214 pages imprimées) contient une annonce à la page 204, concernant le mois de septembre: 'Le 18, les actions de la compagnie des Indes étoient à dix sept cens cinquante cinq livres, les billets de la première lotterie royale, à six cens vingt, et ceux de la seconde à cinq cens quatre vingt neuf.' On peut en déduire que le 18 septembre le journal n'était pas encore imprimé et que dix pages restaient aussi à rédiger. Il faut admettre qu'il reste juste assez de temps pour que le censeur lise le manuscrit et le remette, avec son approbation, le 28 septembre. A cette date, le *Mercure* du mois d'octobre n'est pas imprimé. Combien de temps fallait-il pour le composer? L'imprimeur est Joseph Bullot, d'après la note apposée dans le numéro d'octobre. Il dirige une petite entreprise. Etabli libraire en 1717, imprimeur en 1727, il s'est démis de l'imprimerie en 1754.[33] En 1749, à quelques années de la retraite, il ne semble pas en mesure de faire mieux que ses confrères. La transaction passée entre lui et l'un de ses anciens employés, que nous avons consultée aux Archives nationales, confirme la modestie de ses moyens.[34] D'après les ouvrages que nous avons consultés sur la question,[35] et l'avis de madame Vérin-Forrer, spécialiste de ce domaine à la Bibliothèque nationale (que nous remercions ici vivement), la composition à cette époque ne pouvait pas dépasser une feuille par jour, c'est-à-dire seize pages par jour. Comme le numéro du *Mercure* dont nous parlons contient 214 pages, cela signifie qu'il a fallu treize jours pour la composition. En considérant le temps

32. J. P. Belin, *Le Commerce des livres prohibés à Paris de 1750 à 1789* (Paris 1913), p.18.
33. *Catalogue chronologique des libraires et des libraires-imprimeurs de Paris* (Paris 1789).
34. Archives nationales, Minutier central des notaires, étude LXXIII, 801 (15 avril 1757).
35. J. Sgard, 'La multiplication des périodiques', et J. Rychner, 'Le travail de l'atelier', dans *Histoire de l'édition française* (Paris 1984).

nécessaire à toutes les opérations (composition, tirage, distribution), la livraison a pu avoir lieu vers la mi-octobre au plus tôt. Comme les périodiques sont vendus à cette époque par souscription, leur livraison est assez lente.[36]

Rousseau a-t-il pu apprendre la nouvelle du concours de l'Académie de Dijon autrement que par le *Mercure* et plus tôt qu'en octobre? Cela est à exclure pour les raisons suivantes: Rousseau nous assure lui-même qu'il s'agit du *Mercure de France*, et il n'y a aucune raison de penser qu'il se trompe ou qu'il veut nous induire en erreur sur ce point particulier. Il est abonné au *Mercure* depuis 1735,[37] il le suit avec intérêt et il est normal qu'il y ait trouvé l'annonce du concours. Enfin, il ne semble pas qu'une autre feuille l'ait publiée avant octobre. Le sujet du concours de l'Académie de Dijon a été choisi le premier août 1749.[38] Compte tenu des délais imposés par la communication et l'impression des nouvelles au dix-huitième siècle, il est vraiment peu probable que l'annonce dont nous parlons ait été publiée en septembre, et encore moins en août. Cela mérite, cependant, d'être vérifié. Selon une publication récente,[39] il y avait à Paris (ou circulant à Paris), en 1749, les périodiques littéraires suivants: le *Mercure de France* (1672-1791), le *Journal des savants* (1665-1792), le *Journal de Trévoux, ou mémoires pour servir à l'histoire des sciences et des arts* (1701-1767), la *Suite de la clef, ou journal historique* (1717-1776), les *Nouvelles littéraires* (1747-1755) de l'abbé Raynal, *Les cinq années littéraires* (1748-1752) de P. Clément, les *Lettres sur quelques écrits de ce temps* (1749-1754) de Fréron et les *Nouveaux mémoires d'histoire, de critique et de littérature* (1749-1756) de d'Artigny. Seul le *Mercure de France* contient l'annonce de l'Académie de Dijon au mois d'octobre 1749. Aucun de ces périodiques ne contient cette annonce avant octobre 1749. Seule la *Suite de la clef, ou journal historique*, la rapporte après octobre 1749, précisément dans son numéro de novembre, ce qui fait penser que la nouvelle peut avoir été tirée du *Mercure* et non directement de l'Académie de Dijon. Ni le *Journal des savants* ni le *Journal de Trévoux*, qui possèdent des rubriques intitulées 'Nouvelles littéraires', ne mentionnent aucune nouvelle en provenance de Dijon, pendant toute l'année 1749, malgré le fait qu'ils rapportent des annonces littéraires des autres villes et des autres académies. Comment expliquer cela? C'est que l'Académie de Dijon s'adresse exclusivement au *Mercure de France*. Cela est confirmé par les quelques bribes du procès-verbal des

36. M. Zéphir, 'Les Libraires et imprimeurs parisiens à la fin du dix-huitième siècle (1750-1789)', thèse non imprimée, B.N.

37. P. M. Masson, *La Religion de J.-J. Rousseau* (Paris 1916), i.102.

38. M. Bouchard, *L'Académie de Dijon et le premier Discours de Rousseau* (Paris 1950), [ci-après B.] p.45.

39. J. Sgard, 'Table chronologique des périodiques de langue française publiés avant la Révolution', *L'Etude des périodiques anciens: colloque d'Utrecht* (Paris 1972), p.172-211 (vol. dédié à M. Couperus).

séances de l'Académie de Dijon publiées par M. Bouchard. A la date du 19 juin 1750, il y a dans ce procès-verbal: 'Monsieur Fromageot, pensionnaire pour la morale, a fait lecture d'une exposition de l'état présent de l'académie qui a été approuvé et M. Fromageot remercié. Il a été délibéré qu'elle serait mise au net, inscrite sur le registre et envoyée incessamment au *Mercure*' (B., p.55-56). Cette communication a été publiée dans le *Mercure de France* en août 1750. En outre, le 16 juin 1752, l'Académie de Dijon nie que l'un de ses membres ait publié une réfutation du *Discours* de Rousseau. L'auteur en est Le Cat, qui a cru bon de se faire passer pour un membre de l'Académie. Le communiqué sera publié dans le numéro du *Mercure* d'août 1752. Il porte la date du 22 juin: 'Il a été délibéré que cette réfutation ayant été attribuée faussement à l'un des académiciens de cette ville, elle sera désavouée par un écrit qui sera annoncé dans le *Mercure*, et Monsieur Lantin a été prié de faire ce récit' (B., p.74-75).

On peut dire que Rousseau n'a pu connaître l'annonce du concours que par le *Mercure*. Mais la nouvelle est arrivée à la rédaction bien avant la publication. Elle a pu y parvenir pendant le mois d'août. On déduit de l'examen du *Mercure* et des dates des communications qu'il s'écoule deux mois entre l'envoi des nouvelles et leur parution dans le journal. Est-il possible que l'annonce du concours de l'Académie de Dijon ait été communiquée directement à Rousseau par le *Mercure*, avant l'impression? Si cela était, l'illumination a pu avoir lieu en plein été. Qu'est-ce qui peut nous autoriser à penser que Rousseau entretenait des rapports directs avec les rédacteurs du *Mercure*? Il y a peut-être le fait suivant, rapporté par M. Bouchard, mettant en évidence que la victoire de Rousseau a été annoncée d'abord par le *Mercure de France* (B., p.98):

C'est encore le *Mercure* qui ouvrit la polémique autour du *Discours* de Rousseau en publiant en juin 1751 des observations d'un anonyme et la réponse de Rousseau. Comme l'observe très justement M. Havens pour publier en même temps la critique et la réponse à la critique, il fallait que l'abbé Raynal eût communiqué à Rousseau l'article qu'on lui avait envoyé.

On peut en déduire que le directeur du *Mercure* a remis à Rousseau un écrit qui le concernait avant qu'il soit imprimé. L'on sait que Rousseau connaissait personnellement Raynal. Mais celui-ci a pris la direction du *Mercure* en juillet 1750 et, par conséquent, il ne pouvait pas prévenir notre auteur dans le courant de 1749. Rémond de Saint-Albine était alors à la tête du journal, et il ne semble pas que Rousseau l'ait connu. D'autre part, en 1751 Rousseau était déjà célèbre, et il fallait bien le mettre au courant de l'écrit qu'on venait de lui adresser par l'intermédiaire du *Mercure*. La publication de la critique et de la réponse s'imposait dans le même numéro du journal. En 1749, au contraire, le directeur ne pouvait pas savoir que l'annonce du concours de l'Académie de Dijon intéresserait Rousseau et, en tout cas, il n'était pas tenu de lui communiquer la nouvelle. Supposons, cependant, par l'absurde, que Rousseau ait connu dans l'entourage du *Mercure* quelqu'un qui lui aurait communiqué la nouvelle du concours avant son impression dans ce périodique. Supposons même que l'un des académiciens de Dijon ait écrit à Rousseau pour lui parler de ce concours. Dans ce cas, il aurait été renseigné autrement que par un livre, et ailleurs que sur le chemin de Vincennes, et, par conséquent, l'illumination serait détruite. Si l'on change le lieu et le moyen d'information, toute l'illumination s'écroule. Jusqu'à preuve du contraire, nous considérerons comme acquis que Rousseau a pris connaissance du concours de l'Académie de Dijon, comme l'affirme lui-même, dans le *Mercure de France*. Quel jour du mois ce périodique paraissait-il? Nous avons entrepris de consulter le dossier du *Mercure de France* qui se trouve au cabinet des manuscrits de la Bibliothèque nationale, pour y vérifier la date de livraison du numéro en question. Notre recherche n'a pas abouti. Nous avons eu plus de succès en ce qui concerne la vérification historique des données climatiques et topographiques de l'illumination.

Malgré l'importance attachée à la réalité de l'illumination de Vincennes, et dont nous tenterons plus loin de dégager les raisons, aucun critique n'a pensé à en vérifier les données climatiques et topographiques mentionnées par Rousseau. Il s'agit, en particulier, de la grande chaleur, qui semble si déterminante dans le récit des *Confessions* et que la critique rousseauiste a décidé de préserver, malgré l'incohérence dont nous avons parlé. Cela est en partie compréhensible. Le thermomètre n'était pas d'usage très courant à l'époque et on n'a pas pensé que les températures pouvaient avoir été relevées régulièrement pendant le temps dont on parle. Nous les avons trouvées à l'Observatoire de Paris. Nous les devons à l'astronome Delisle. Celui-ci les a relevées régulière-ment de 1747 à 1761, à l'hôtel de Cluny, en plein cœur de Paris. Il a utilisé deux thermomètres différents, l'un à l'alcool de vin, l'autre à mercure. L'échelle de Delisle place zéro à la température de l'eau bouillante et 150 (ou 1500) au point de congélation. Delisle a relevé trois ou quatre fois par jour la température. Sa première colonne marque les valeurs du thermomètre à alcool, la deuxième à mercure, la troisième et quatrième concernant le baromètre. Nous rapporterons seulement les températures du thermomètre à mercure, avec l'équivalence en centigrades (voir Appendice 1).

A-t-il fait chaud à Paris pendant le mois d'octobre 1749? Non, si nous faisons confiance aux données relevées par Delisle (et nous n'avons aucune raison d'en douter), il n'a pas fait chaud durant le mois d'octobre 1749. Si nous nous en tenons à un classement de l'époque, les températures du mois d'octobre 1749 sont comprises dans la zone dite 'tempérée' ($126°$-$143°$ Delisle, $16\frac{1}{4}°$-$5°$ centigrades) et dans celle de congélation ($144°$-$150°$ Delisle, $3\frac{1}{4}°$-$0°$ centigrades). A aucun moment, ces températures ne peuvent se classer dans 'chaleur agréable' (115°-122° Delisle, 22°-18° centigrades), ni simplement dans 'chaud' (105°-110° Delisle, 30°-26° centigrades), et encore moins dans 'grande chaleur' (99°-104° Delisle, 33°-31° centigrades).[40] L'on ne peut parler de grande chaleur au-dessous de 20 degrés centigrades. Comme le maximum d'octobre 1749 se situe à 16 degrés centigrades (le 2 octobre à midi et trois quarts), nous sommes loin du compte. Précisons que l'été de 1749 n'a pas été plus chaud que ceux des années qui le précèdent ou le suivent immédiatement. On peut le constater en comparant les données transmises par Delisle. En 1748 et 1750, les mois de juin, juillet, août ont été dans l'ensemble légèrement plus chauds qu'en 1749. Il faut dire, cependant, que du 7 au 13 juillet 1749 la température a atteint souvent les 26 degrés centigrades et que le 13 juillet, jour absolument exceptionnel, elle est parvenue, de 4 heures à 5 heures de l'après-midi, à 35 degrés. Il est possible que Rousseau se rappelle cette journée étouffante, quoique isolée, qui précède largement la date de ses visites à Diderot. Si nous consultons d'autres sources, nous remarquons encore que 1749 n'a pas été une année excessivement chaude.[41] D'autre part, selon le relevé du mouvement des glaciers au dix-huitième siècle, la série 1740-1751 correspond à une période d'étés frais. Il semble, en effet, que dans la décennie 1740-1751 les glaciers aient été les plus étendus.[42]

Diderot a été emprisonné le 24 juillet 1749, et libéré le 3 novembre. Après un mois environ d'emprisonnement, il a été autorisé à recevoir des visites (21 août).[43] Rousseau peut avoir rendu visite à Diderot la dernière semaine d'août au plus tôt. Du 20 au 31 août 1749, il a fait relativement chaud. La température a varié entre 8 et 27 centigrades. Il n'est pas étonnant que Rousseau ait été incommodé par la chaleur, quoique non excessive, si l'on tient compte qu'il voyage pendant les heures les plus chaudes de l'après-midi. En septembre, Rousseau peut avoir continué ses visites. En ce mois, il a fait chaud, entre 8 et 27 degrés centigrades pendant les dix premiers jours, entre 4 et 27 degrés pendant les dix suivants, avec un refroidissement très net entre le 21 et le 30 (5°-16°). Précisons que le 16 septembre la température est parvenue presqu'à

---

40. M. Hennert, *Traité des thermomètres* (La Haye 1768), p.166-67.
41. Voici un tableau des températures maximum à Montmorency, localité à 15 km de Paris:

1744	25	1748	29½	1752	27
1745	24½	1749	29½	1753	30½
1746	26½	1750	27½	1754	27½
1747	27½	1751	29½		

Cotte (le père), *Traité de météorologie* (Paris 1774), p.240. (Le père Cotte est curé de Montmorency.)
42. R. Leroy-Ladurie, 'Climats et récoltes aux XVIIe et XVIIIe siècles', *Annales* 3 (1960), p.434-65.
43. J. Delort, *Histoire de la détention des philosophes* (Paris 1829), ii.210, 227.

27 degrés centigrades (110° Delisle) à 4 heures de l'après-midi. Après cette date, elle est tombée brusquement et elle n'a plus atteint les 20 degrés centigrades nécessaires pour qu'on puisse parler de chaleur. En fait, la température du mois de septembre n'a plus dépassé, après le 16 septembre, les 16$^1_4$ degrés centigrades (126° Delisle). Compte tenu du fait (déjà mentionné) que le *Mercure* du mois d'octobre rapporte un fait relatif au 18 septembre, ce qui exclut certainement la parution du *Mercure* d'octobre avant cette date, on peut conclure que la scène peinte par Rousseau dans son illumination n'a pu se produire pendant le mois de septembre. Nous précisons cela au cas où l'on persisterait à penser que le numéro du *Mercure* du mois d'octobre pouvait être déjà imprimé le 28 septembre et donc susceptible de parvenir aux abonnés le 29 et le 30 de ce mois. En ce qui concerne le mois d'octobre, la température s'est maintenue entre 4 et 16 degrés centigrades pendant les dix premiers jours, entre 2 et 12 pendant les dix suivants, et entre -6 et 8$^3_4$ le reste du mois. Dans cette dernière période, il a fait un froid hivernal, comme on peut le vérifier en consultant Delisle. Remarquons que, selon le même auteur, le mois d'octobre, au lieu de ressembler à l'été, s'approche des températures d'avril (Appendice 2). Une comparaison entre les températures d'octobre 1749 et les moyennes en général, établies sur plusieurs années par un autre expert, montre que ce même mois de 1749 a été normal, sauf pour la dernière semaine (Appendice 3).

A aucun moment il n'a fait assez chaud au mois d'octobre pour que la scène peinte par Rousseau soit vraisemblable. Il s'agit d'une scène d'été. Pourquoi Rousseau a-t-il lié l'illumination à la grande chaleur? Peut-être parce que les premières visites rendues à Diderot avaient été les plus émouvantes, selon les *Confessions*, et qu'elles étaient restées le plus nettement dans sa mémoire. Or, il a fait chaud à cette époque. La grande chaleur dont il parle lui était nécessaire peut-être pour d'autres raisons. Remarquons que la lumière dont il est question dans son récit s'associe naturellement aux mois chauds d'été. D'autre part, les phénomènes physiologiques décrits par Rousseau dans le cours de l'illumination, tels que l'essoufflement et la palpitation, s'accordent particulièrement avec la chaleur. Ce qui est certain, c'est qu'en élaborant son illumination, il a complètement oublié que le *Mercure* portant l'annonce du concours de l'Académie de Dijon avait paru au mois d'octobre. S'il s'en était souvenu, il se serait rendu compte que la lecture de ce numéro du *Mercure* et la grande chaleur étaient chronologiquement inconciliables. Le récit de l'illumination aurait été vraisemblablement tout différent. C'est une faute d'inattention bien compréhensible si l'on tient compte du fait que notre auteur écrit bien longtemps après l'époque où il tente de situer son récit. Si les contemporains s'étaient rendu compte de cette faute de Rousseau, ils l'auraient relevée au moment où ils ont pris connaissance des *Confessions*. Elle leur a complètement échappé aussi.

L'illumination de Vincennes a été donc imaginée quelque treize ans après. Elle ne s'est jamais produite en tant que donnée biographique réelle, du moins pas dans les circonstances mentionnées.

Venons-en maintenant à une donnée topographique de l'illumination de Vincennes. Rousseau dit dans le passage cité de la lettre à Malesherbes (1762) qu'il s'est laissé tomber sous un arbre de l'avenue. Dans les *Confessions*, il a précisé qu'il s'agit d'un chêne (voir passage cité). Là aussi Rousseau a commis une erreur. Il y a quatre rangées d'ormes et pas de chêne le long de l'avenue de Vincennes. Un chêne ne se prête ni par sa forme ni par sa taille à l'alignement d'une avenue. Voici des descriptions de l'époque:

Le château de Vincennes est situé dans l'isle de France à plus d'une lieue de Paris, du côté de l'orient [...] Ce château se trouve aujourd'hui à l'extremité d'une longue avenue, plantée de quatre rangées d'ormes, qui commencent à l'endroit où étoit l'arc de triomphe.[44]

Vincennes. Château et maison royale à deux lieues de Paris. Ce qu'il y a de remarquable est, 1) La belle avenue formée de quatre rangs d'ormes [...][45]

Château royal situé à une lieue de Paris, attenant à un bois du même nom. L'avenue qui commence à la barrière du Trône est formée de quatre rangs d'ormes plantés dans un terrain inégal qu'on a soutenu pour le rendre de niveau, par un mur de terrasse fort élevé [...] Saint Louis y séjournait souvent. Joinville nous apprend que ce roi rendoit lui-même la justice à ses sujets dans le bois; 'maintes fois, dit cet historien, ai vu que le bon saint après qu'il avoit oui Messe en été, il se alloit esbattre au bois de Vincennes, et se seoit au pied d'un chesne et nous faisoit asseoir tous emprès de lui, et tous ceux qui avoient affaire à lui, venoient à lui parler, sans qu'aucun huissier ne autre leur donnast empeschement'.[46]

Ce détail est important. Pourquoi Rousseau a-t-il choisi un chêne? Lui attribue-t-il un caractère symbolique? Se rappelle-t-il, lui qui est lecteur de Plutarque, que cet écrivain rapporte que les anciens Grecs considéraient le chêne et le figuier comme sacrés?[47] Puisque, dans l'imagerie populaire, c'est sous un chêne que saint Louis rendait la justice, Rousseau s'est-il souvenu de ce détail?

ii. Rousseau et saint Augustin

L'illumination de Vincennes a-t-elle été créée d'après le modèle traditionnel de conversion dans les biographies des saints? On a remarqué une certaine

---

44. *Les Curiosités de Paris, de Versailles, de Marly, de Vincennes, de Saint-Cloud, et des environs*, par M.L.R. (Paris 1753), p.256.

45. *Almanach parisien en faveur des étrangers* (Paris 1765), p.148.

46. *Nouvelle description des environs de Paris*, par J. A. Dulaure (Paris 1786), p.321-22.

47. Plutarque, *Les Œuvres morales* ('Des propos de table', livre VIII, question iv). tr. J. Amyot (Lyon 1611), p.171.

ressemblance entre la conversion de saint Augustin et l'illumination de Rousseau. On s'est demandé: 'Qui ne voit dans cet arbre de l'avenue de Vincennes le figuier de Milan, sous lequel tombent brisés de repentir et d'amour, Augustin et son ami?'[48] Cet auteur ayant adressé à Rousseau une critique assez malveillante, sa remarque n'a pas été accueillie. La ressemblance entre saint Augustin et Rousseau a paru trop vague pour qu'on puisse en tirer des conclusions. Un autre critique, sans signaler de ressemblance particulière entre l'illumination de Rousseau et la conversion de saint Augustin, remarque cependant des similarités entre ces deux auteurs. Il note que Rousseau, comme saint Augustin et les chrétiens primitifs, se soumet à une confession publique, laquelle est l'histoire des êtres faibles qui font retour vers le bien. Il montre que Rousseau et saint Augustin, après une période de dissipation et d'incertitude, aboutissent à une réforme de leurs mœurs. Augustin, terriblement agité, se couche sous un figuier et entend une voix qui lui ordonne de lire l'écriture sainte. Il se convertit. Il quitte les rhéteurs pour la solitude chrétienne. Rousseau, à la suite de l'illumination, opère sa réforme morale et quitte les philosophes et le monde. Et l'on s'écrie: 'Pauvre grand homme, toujours persécuté durant la vie comme après la mort! Espérons que le temps approche où la même justice se fera pour Rousseau que pour Saint-Augustin, et où l'auteur d'*Emile*, dans sa croyance évangelique différente, sera proclamé aussi un père et un martyr.'[49] Un autre auteur soutient que les *Confessions* de Rousseau s'expliquent par rapport à saint Augustin.[50]

La critique moderne penche pour une interprétation laïque de l'illumination. Elle ne croit pas que Rousseau se soit inspiré de saint Augustin. Un éditeur récent des *Confessions* de Rousseau s'exprime ainsi: 'Il n'est pas sûr que Rousseau connaisse directement Saint-Augustin, qu'il cite de façon très approximative à la fin de la deuxième *Promenade* et n'a peut-être jamais pratiqué autrement qu'à l'état d'extraits dans Le Sueur comme il l'indique au livre ii.'[51] La ressemblance entre Rousseau et saint Augustin n'est pas évidente, malgré quelques faits troublants: par exemple, la coïncidence du titre des *Confessions* chez les deux auteurs et, surtout, le fait que la conversion de saint Augustin a lieu dans le livre VIII et que l'illumination de Rousseau se passe également dans le livre VIII. Il est vraisemblable que Rousseau n'a pas voulu, d'une façon explicite, se réclamer de la religion, peut-être par discrétion. Il n'a pas voulu se comparer directement à saint Augustin. Y a-t-il moyen, en renonçant au critère trop vague de la ressemblance, de déterminer

48. L. Moreau, *J. J. Rousseau et le siècle philosophe* (Paris 1870), p.36.

49. Dessalles-Regis, 'Les Confessions de saint Augustin et de Jean-Jacques Rousseau', *Revue de Paris* (nouvelle serie) 2 (1842), p.44.

50. A. Hartle, *The Modern self in Rousseau's Confessions: a reply to St Augustine* (Notre Dame, Indiana 1983).

51. *Confessions*, éd. Voisine, p.ix.

s'il y a, entre la conversion de saint Augustin et l'illumination de Rousseau, un rapport réel d'influence, voire d'imitation? Est-il possible de réduire cette ressemblance, aussi vague soit-elle, à ses éléments constitutifs les plus simples? Est-il possible de cerner des éléments logiques et lexicaux qu'on puisse comparer et mesurer? C'est ce que nous tenterons de faire. Nous décomposerons les deux textes et nous analyserons leurs dénominateurs communs. La coïncidence ou le manque de coïncidence de certains éléments symétriques dans les deux textes devrait nous aider à répondre aussi exactement que possible à cette question. Voici des passages essentiels du texte de saint Augustin, qui est beaucoup plus étendu que celui de Rousseau, dont nous avons déjà pris connaissance:

Tel étoit le combat qui se livroit dans mon cœur; et Alype, toujours près de moi, attendoit sans me rien dire, quelle seroit la fin de cette agitation extraordinaire. [Saint Augustin, très agité et en pleurs, s'éloigne d'Aylpe.] Voila l'état où j'étois dont il s'aperçut [...] Je me couchai par terre sous un figuier; je ne saurois dire en quelle manière; et ne pouvant plus tenir mes larmes, il en sortit de mes yeux des fleuves et des torrents, que vous reçutes comme un sacrifice agréable. [Saint Augustin entend une voix qui lui dit 'Prenez et lisez'.] Je retournai donc aussitôt vers le lieu où Alype étoit assis, parce que j'y avois laissé le livre de l'apôtre lorsque j'en étois parti. Je pris le livre, je l'ouvris, et, dans le premier endroit que je rencontrai, je lus tout bas ces paroles sur lesquelles d'abord je jetai les yeux: 'Ne vivez pas dans les festins' [...] Je n'en voulus pas lire davantage, et aussi n'en étoit-il pas besoin, car avec cette pensée il se répandit dans mon cœur comme une lumière calme qui dissipa toutes les ténèbres de mes doutes. Alors, après avoir marqué cet endroit du livre avec le doigt ou je ne sais quelle autre marque, je le fermai, et, avec un visage tranquille, je fis entendre à Alype ce qui m'étoit arrivé [...] Il désira de voir ce que j'avois lu. Je le lui montrai, et, considérant avec attention ce qui suivoit dans ce passage, à quoi je n'avois pas pris garde, il trouva ces mots: 'Assistez celui qui est faible dans la foi'. Ce qu'il prit pour lui, et me le déclara aussitot; et, fortifié par cette exhortation, sans hésiter ni retarder, il se joignit à moi par une bonne et sainte résolution.[52]

Voici les éléments logiques les plus simples communs aux deux textes:

1. Contradiction intérieure
2. Lecture d'un livre
3. Crise
4. Affliction
5. Résolution de la crise
6. Repos
7. Présence d'un ami
8. Confidence à cet ami
9. Sympathie de cet ami

Comparaison des textes:

1. Contradiction intérieure

St Augustin: Ce combat qui se passoit dans *mon cœur* n'étoit que de moi-même contre moi-même [p.296]

52. Saint Augustin, *Confessions*, tr. Arnauld d'Andilly (Paris 1735), p.296-99.

33

Rousseau: *mon cœur* étoit sans cesse en contradiction avec mon esprit
                [Lettre à Malesherbes, 12 janvier 1762]

Observation: Saint Augustin est tiraillé entre l'appel de la chair et celui de
                l'esprit; Rousseau parle de la contradiction entre l'appel de la
                nature et celui de la société. Malgré cette différence, il s'agit
                d'un conflit moral nécessitant une solution et une aide exté-
                rieure.

2. Lecture d'un livre

St Augustin: *Je pris* le livre, je l'ouvris, et, dans le premier endroit que je
                rencontrai, je lus tout bas ces paroles, sur lesquelles d'abord
                je jettai les yeux: 'Ne vivez pas dans les festins' [p.298-99]

Rousseau: j'avois dans ma poche un *Mercure de France* [...] Je tombe sur
                la question de l'Académie de Dijon [Lettre à Malesherbes]

                Je pris un jour le *Mercure de France* et [...] je tombai sur cette
                question proposée par l'Académie de Dijon [*Confessions*, Livre
                VIII]

Observation: Saint Augustin décrit quelques circonstances préliminaires. Il
                entend une voix: 'Prenez et lisez' ('*Tolle lege*'). Il s'agit des
                Epîtres de saint Paul, qu'Augustin a laissées près d'Alype.
                Rousseau a éliminé cette étape du '*Tolle lege*', qui ne lui est
                pas essentielle et qui rendrait trop évident le rapport entre lui
                et son modèle. D'autre part, en incluant une voix céleste lui
                ordonnant une lecture, Rousseau aurait mis l'accent sur le
                sens religieux de la scène, sur quoi il ne semble pas vouloir
                insister. Cependant, le 'je pris' s'accorde avec le commande-
                ment 'Prenez et lisez'.

3. Crise

St Augustin: et Alype, qui étoit toujours près de moi, attendoit sans me
                rien dire quelle seroit la fin de cette *agitation* extraordinaire
                [p.296]

                je sentis s'élever dans mon cœur une grande tempête [p.297]

Rousseau: Une violente palpitation m'oppresse, soulève ma poitrine; ne
                pouvant plus respirer en marchant, je me laisse tomber sous
                un des arbres de l'avenue et j'y passe une demi-heure dans
                une telle *agitation* [Lettre à Malesherbes]

                j'étois dans une *agitation* qui tenoit du délire [*Confessions*]

1. Rousseau, l'illumination de Vincennes et la critique moderne

Observation: Le mot d'*agitation* a chez Rousseau le même sens que chez saint Augustin ('violence', 'tempête', 'oppression').

4. Affliction

St Augustin: je sentis s'élever dans mon cœur une grande tempête qui fut suivie d'une grande pluie de *larmes* [p.297]

Rousseau: j'aperçus le devant de ma veste mouillé de mes *larmes* sans avoir senti que j'en répandois [Lettre à Malesherbes]

5. Résolution de la crise

St Augustin: il se répandit dans mon cœur comme une *lumière* qui me mit dans un plein repos, et dissipa toutes les ténèbres de mes doutes [p.299]

Rousseau: Tout à coup je me sens l'esprit ébloui de mille *lumières* [Lettre à Malesherbes]

6. Repos

St Augustin: Je me couchai par terre sous un *figuier*, je ne saurois dire en quelle manière; et ne pouvant plus tenir mes larmes, il en sortit de mes yeux des fleuves et des torrents [p.297]

Rousseau: je me laisse tomber sous un des *arbres* de l'avenue [Lettre à Malesherbes]

je lui lus la prosopopée de Fabricius, écrite au crayon sous un *chêne* [*Confessions*]

Observation: Rousseau ne pouvait pas choisir un figuier, même s'il avait voulu, puisqu'il s'agissait de la région parisienne.

7. Présence d'un ami

St Augustin: Voilà l'état ou j'étois dont il *s'aperçut* [p.297]

Rousseau: Diderot l'*aperçut* [*Confessions*]

8. Confidence à l'ami

St Augustin: Il désira de voir ce que j'avois *lu*. Je le lui montrai [p.299]

Rousseau: je lui en dis la cause et je lui *lus* la prosopopée de Fabricius, écrite au crayon sous un chêne [*Confessions*]

Observation: Rousseau sous-entend le stade de la question qui se trouve chez saint Augustin ('il désira de voir') et celui du geste ('je le lui montrai') mais garde le verbe *lire*.

9. Sympathie de cet ami

St Augustin: Aussi, il se trouva fortifié par cette *exhortation* du Saint Esprit et sans hésiter, ni retarder, il se joignit à moi [p.299]

Rousseau: Il *m'exhorta* de donner l'essor à mes idées et de concourir au prix [*Confessions*]

Observation: Pour décrire le ralliement de Diderot, Rousseau utilise l'idée d'exhortation qui se trouve dans le même contexte chez saint Augustin avec une fonction différente. On dirait qu'il y a eu un glissement de sens d'un mot à l'autre et que 'm'exhorta' de Rousseau signifie, au fond, 'se joignit'. On sait que Diderot prit une part active à l'entreprise de son ami.

L'analyse lexicale nous permettra de mettre en évidence quelques faits intéressants. Examinons les mots soulignés dans les deux textes:

1. *mon cœur.* Le même mot se trouve dans le texte latin de saint Augustin: 'Ista controversia in *corde meo* non nisi de me ipso adversus me ipsum'. La traduction ne comporte pas de choix.

2. *je pris.* Rousseau n'était pas obligé d'employer ce verbe. Le texte latin de saint Augustin porte: '*Arripui*, aperui et legi.' *Arripui* doit se traduire par 'tirer à soi', 'saisir', 'arracher' (*Nouveau dictionnaire latin-français*, par Benoist et Goelzer, Paris s.d.). On peut traduire les quelques mots latins cités de saint Augustin par: 'Je l'ai saisi, je l'ai ouvert et je l'ai lu'. Remarquons que Rousseau s'est servi du même mot qu'Arnauld d'Andilly.

3. *agitation.* Selon le dictionnaire cité, le mot de saint Augustin ('inusitati *motus*') devrait se traduire par (dans l'ordre): 'mouvement', 'agitation', 'secousse', 'ébranlement'. Une traduction antérieure à celle d'Arnauld d'Andilly (A. Hennequin, Lyon 1609) traduit 'mouvemens de corps et d'âme'. Quoique ce mot *agitation* soit particulièrement propre à décrire une émotion violente et qu'il puisse avoir été employé par Rousseau indépendamment d'Arnauld et de saint Augustin, la coïncidence est frappante. Remarquons qu'un autre traducteur (R. P. de Ceriziers, Paris 1680) a traduit par 'émotion'.

4. *larmes.* Cette métaphore exprime naturellement l'affliction et l'angoisse. La traduction d'Arnauld d'Andilly du texte de saint Augustin et la version de Rousseau ne comportent pas de choix.

5. *lumière.* Même remarque que pour la note précédente en ce qui concerne le choix.

6. *arbre. (figuier, chêne).* Le thème de l'arbre revêt probablement une signification symbolique. Le fait que Rousseau ait d'abord substitué au figuier de saint Augustin le mot plus vague d'*arbre*, puis celui de *chêne*, suggère une recherche. Remarquons que l'expression de Rousseau 'je me laisse tomber' diffère de celle

d'Arnauld d'Andilly, 'je me couchai par terre', et qu'elles traduisent bien les mots de saint Augustin 'stravi me' (*sterno, stravi, stratum, ere* = étendre sur, étaler, mettre dessus, coucher, déposer, s'abattre, jeter à terre).

7. *aperçut*. Cette coïncidence est peut-être la plus frappante, si l'on tient compte du texte latin de saint Augustin, 'Sic tum eram et ille *sensit*' (*sentio, sensi, sensum, ire* = sentir, percevoir, ressentir, subir, essuyer, avoir le sentiment, remarquer, comprendre). Cette forme 'aperçut' n'allait pas de soi, quoiqu'elle traduise bien l'original latin. Des traducteurs, l'un antérieur l'autre postérieur à Arnauld d'Andilly, mettent: 'Voilà l'état où j'étois pour lors. Alypius *se douta* bien' (Hennequin), et 'Il *comprit* ma pensée' (J. Martin, Paris 1741). Cela ferait penser que Rousseau a non seulement suivi saint Augustin, mais qu'il a utilisé la traduction d'Arnauld d'Andilly.

8. *lu, lus*. Ces deux formes traduisent le 'legi' de saint Augustin.

9. *exhortation, m'exhorta*. Saint Augustin dit que son ami Alype est fortifié par le ciel ('firmatus est') et qu'il se joint à lui ('conjunctus'). Arnauld d'Andilly traduit: 'fortifié par cette exhortation du Saint-Esprit' et 'se joignit'. Comme le mot d'*exhortation* appartient à Arnauld d'Andilly, le fait que Rousseau l'ait utilisé aussi, quoique dans une position différente, révèlerait sa connaissance de ce texte.

Quelle est la conclusion que nous devons tirer de tout cela? Il se peut que Rousseau se soit servi des mêmes idées et des mêmes images que saint Augustin par hasard ou par référence à un modèle antérieur. Mais Rousseau ne pouvait pas exprimer les mêmes concepts symétriquement aux mêmes images. Les éléments lexicaux que nous avons mis en évidence ne pourraient pas se trouver exactement dans l'élément logique correspondant sans l'imitation d'un texte par l'autre. Autrement dit, Rousseau n'aurait pu employer, sans saint Augustin, l'idée de contradiction et le mot *cœur*, l'idée de lecture et le mot *je pris*, crise et *agitation*, affliction et *larmes*, résolution de la crise et *lumière*, repos et *arbre*, présence et *aperçut*, confidence et *lu*, sympathie et *exhortation*. Cette association d'idées et de mots n'est pas automatique dans des conditions ordinaires. A vrai dire, la liaison entre affliction et *larmes* peut se présenter facilement à l'esprit. On peut en dire autant, peut-être, pour crise et *agitation*, résolution de la crise et *lumière*. Mais il n'en est pas de même pour les autres combinaisons. Rousseau a été influencé par saint Augustin. Malgré les transformations qu'il a fait subir à son modèle, il n'a pu s'en rendre tout à fait indépendant. Il reste une structure symétrique commune aux deux textes qui prouve l'emprunt. On peut dire donc, sans pourtant parler de certitude, que Rousseau a suivi saint Augustin et qu'il a probablement utilisé la traduction d'Arnauld d'Andilly. Pourquoi l'a-t-il fait? Si Rousseau est effectivement parti d'un sentiment chrétien, s'il a voulu, par l'exemple de son repentir, édifier le public et le rappeler à des sentiments religieux, tout s'explique dans les *Confessions*, et on ne saurait lui reprocher d'avoir soumis sa biographie aux modifications exigées par ce genre de littérature. D'autre part, comme la référence au divin n'est pas explicitement exprimée, peut-on avancer une explication laïque de l'illumination de Vincennes, comme le veut la critique moderne? Ce n'est pas impossible, mais il faut tenir compte que Rousseau a choisi d'inscrire sa biographie dans le cadre traditionnel de la confession religieuse et, par conséquent, il s'agit d'une interprétation plus que d'une biographie. Parce que Rousseau est un homme de tradition ses *Confessions*, loin d'être le pur épanchement du moi individuel, selon l'exemple romantique, s'intègrent dans une perspective essentiellement collective. Dans les deux cas, on ne saurait lui reprocher ses 'écarts' biographiques. Il faudrait simplement en prendre note et modifier les chronologies.

Il reste à savoir pourquoi Rousseau a choisi de ramener toute sa vie et toute son œuvre à ce point central et fictif de l'illumination de Vincennes. Si l'on accepte le mobile religieux et édifiant, la question ne se pose pas. Dans une perspective laïque, on peut expliquer la démarche de Rousseau par une recherche en quelque sorte existentielle, au fond assez proche de la quête religieuse. A l'époque où notre auteur a rédigé le texte de l'illumination, il tente de discerner un fil conducteur dans sa vie et dans son œuvre. Il se refuse à les voir comme les produits du hasard et des circonstances. Sa démarche est celle de l'homme qui cherche une justification à sa propre existence et qui refuse de croire qu'elle est dénuée de sens. Les propos de Rousseau témoignent de la quête qui, chez bien des personnes, aboutit souvent à la religion. Or, la référence implicite à la religion, et les textes qu'il a médités, indiquent que Rousseau y a trouvé, au moins partiellement, une solution à ses angoisses. D'autre part, l'attitude de Rousseau comporte l'expérience de l'homme mûr qui se penche sur son passé et en fait le bilan. L'illumination de Vincennes permettait à Rousseau d'unifier son œuvre, de lui imprimer une direction et une valeur exemplaire. Pour ces raisons, il fallait que l'illumination fût un aboutissement. Elle ne pouvait pas se concevoir en 1749, quand l'œuvre n'existait pas encore, pour l'essentiel, et que l'homme, relativement jeune, n'avait ni assez vécu ni assez mûri pour la produire.

Il y a un autre fait qui indique que l'illumination ne représente pas une donnée biographique réelle. Rousseau nous dit que celle-ci a produit directement le premier *Discours*. Dans le livre huitième des *Confessions*, il nous raconte que sa vie a continué, après l'illumination, comme si celle-ci n'avait jamais existé. Entre octobre 1749 et juillet 1750, date où il a remporté le prix de l'Académie de Dijon, le récit assez détaillé de la vie de Rousseau ne fait état d'aucune conséquence du phénomène dont nous parlons. Sa vie n'a été nullement influencée par le grand bouleversement ressenti sur le chemin de Vincennes.

1. *Rousseau, l'illumination de Vincennes et la critique moderne*

Quand Rousseau recommence, à la suite du prix qui lui a été décerné, à penser aux idées qu'il a agitées dans son *Discours*, tout se rattache à ses souvenirs d'enfance et rien à la commotion dont il nous a parlé:

L'année suivante, 1750, comme je ne songeois plus à mon *Discours* j'appris qu'il avoit remporté le prix à Dijon. Cette nouvelle réveilla toutes les idées qui me l'avoient dicté, les anima d'une nouvelle force, et acheva de mettre en fermentation dans mon cœur ce premier levain d'héroisme et de vertu, que mon père, et ma patrie et Plutarque y avoient mis dans mon enfance.[53]

Pourquoi donc la critique rousseauiste n'a-t-elle pas tenu compte de tout cela? Pourquoi n'a-t-elle pas placé l'illumination dans son vrai contexte? Pourquoi a-t-elle axé l'œuvre de Rousseau sur cet événement fictif? Pourquoi n'a-t-elle pas considéré l'œuvre de Rousseau comme le produit d'un long mûrissement, selon le mode ordinaire? Avant de répondre à ces questions, nous voudrions suggérer que l'illumination a peut-être eu un but polémique. Comme Rousseau affirme, dans ce récit, qu'il a composé la prosopopée de Fabricius, axée sur la thèse négative, avant de rendre visite à Diderot, il s'ensuit qu'il ne la devait pas à ce dernier. L'on sait que Diderot a laissé entendre qu'il aurait influencé Rousseau en ce sens. Nous aurons l'occasion, dans un autre chapitre (17), d'évoquer cette question. Remarquons que l'illumination garantissait l'originalité et la sincérité de Rousseau, et qu'elle s'exposait, dès le dix-huitième siècle, à quelques critiques. La postérité a pris la défense de Rousseau d'une façon passionnée:

C'est dire que je crois à la lettre au récit dramatique de Rousseau; et je crois même à la prosopopée de Fabricius, écrite sous le chêne désormais célèbre de Vincennes, et écrite, non pas sans doute, sous sa forme actuelle, mais tout de même sous une forme oratoire.[54]

Une grande œuvre qui a exercé une action si formidable sur la pensée humaine, peut-elle s'expliquer par un mensonge initial?[55]

Rousseau est, de façon, très typique, l'homme fait pour se-sentir-devenir-tout-autre. Mais il est revenu trop souvent sur 'l'illumination' de la route de Vincennes et ses suites pour qu'il soit question de mettre en doute le bouleversement de ce mois d'octobre 1749.[56]

Il n'est pas question de douter si Rousseau a eu la grande Illumination de Vincennes: elle lui appartient, elle est son être même.[57]

Nous avons vu pourquoi l'illumination et d'autres faits rapportés dans les

---

53. *Confessions*, éd. Voisine, p.422.
54. Ducros, *Jean-Jacques Rousseau*, i.168.
55. P. Seippel, 'La personnalité religieuse de Jean-Jacques Rousseau', *Annales Jean-Jacques Rousseau* 8 (1912), p.213.
56. B. Gagnebin, M. Raymond, dans *O.C.*, i.1427.
57. Trousson, *Socrate devant Voltaire, Diderot, et Rousseau*, p.123-24.

Confessions ne peuvent pas être taxés de mensonge. Rousseau s'est placé, comme saint Augustin, dans la longue suite de ceux qui se sont inspirés du thème du '*Tolle lege*', qui remonte à la plus haute antiquité biblique, semble-t-il.[58] Rousseau n'a pas menti, non plus que ses prédécesseurs.

La critique rousseauiste actuelle place l'illumination au centre de l'œuvre de Rousseau et interprète le premier *Discours*, sa manifestation la plus immédiate, comme l'expression d'une conversion, ou d'une prise de conscience, ou d'une révolte, toujours comme une rupture entre le passé et le futur de l'auteur. Examinons, d'abord, quelques exemples de l'interprétation religieuse:

Une après-midi d'octobre, qu'il allait à Vincennes distraire Diderot prisonnier, comme la chaleur était lourde, il marchait lentement, le dernier Mercure à la main [...] De quel mot nommer cette crise qui va décider de son rôle et de sa vie? Rousseau lui-même a parlé d'inspiration; ce qu'il y a de sûr, c'est que nous devons, comme lui, choisir un mot religieux.[59]

H. Guillemin retrace le chemin parcouru par Jean-Jacques et y observe la pré-éminence du chrétien. Il note dans sa jeunesse des élans spontanés vers la religion, il reconnaît les mauvaises années, Lyon, Paris, le désir de parvenir qui l'éloignent de son véritable chemin. La crise de Vincennes, c'est le retour à la religion: 'Ce jour d'automne, en 1749, sur la route de Vincennes, lorsque Jean-Jacques a lu dans le *Mercure* la fameuse question posée par l'académie de Dijon, il a reçu au cœur un coup sourd; une main l'a saisi en dedans, au plus profond de sa poitrine et il ne cesse plus d'en connaître l'irrésistible traction.'[60] On fait remarquer que la tendance critique moderne à considérer l'illumination comme une expérience non religieuse trahit peut-être le vrai Rousseau: 'Cette expérience repose en effet sur une véritable conversion – la "crise de Vincennes" – conversion apparemment "laïque" mais accompagnée de violentes manifestations physiologiques qui peuvent entourer un "transport' mystique'.[61] Un critique a remarqué le symbole religieux dans les *Confessions* sans pourtant le discerner dans l'illumination: 'L'histoire sainte et l'autobiographie confluent. Lorsque Rousseau parle de sa destinée il y situe sans peine l'Innocence, le Paradis, la Chute, l'Exil, le Martyre.'[62] Mais il fait de celle-ci une donnée réelle et la considère comme à l'origine du mouvement qui finira par mettre en accusation toute la société: 'Dans toutes ses activités d'écrivain et de philosophe, Rousseau a senti, en arrière de lui, cette lumière qui avait éclairé d'un seul

58. P. Courcelle, *Les Confessions de saint Augustin dans la tradition littéraire* (Paris 1963), p.544.
59. Masson, *La Religion de Jean-Jacques Rousseau*, i.165-66.
60. H. Guillemin, *Un homme, deux ombres* (Genève 1943), p.18.
61. Voisine (éd.), *Confessions*, p.vii.
62. J. Starobinski, 'J. J. Rousseau et le péril de la réflexion', *Annales J. J. Rousseau* 34 (1956-1958), p.142.

coup toute l'histoire de l'homme, toute la réalité sociale actuelle.'[63]

Une école critique admet que l'interprétation religieuse ne va pas de soi, mais elle estime que l'illumination de Vincennes a eu pour Rousseau une importance aussi décisive qu'une conversion religieuse:

Depuis l'instant où, sur la route de Vincennes, un rayon de lumière vint le frapper, Rousseau a toujours eu le sentiment de garder le contact avec un plus Grand que lui, qui lui dictait ce qu'il avait à dire. On peut bien interpréter comme l'on veut cette source d'inspiration, mais non pas méconnaître la force prodigieuse qu'elle a conféré à un homme obscur, peu instruit, peu honorable. Ce chétif a osé se dresser, seul, contre toutes les puissances de son temps.[64]

A l'épisode tragique de la fuite de Genève (en 1728) correspond exactement au point de vue psychologique l'Illumination de la route de Vincennes (1749). Les deux événements sont aussi soudains l'un que l'autre, mais en même temps, aussi fatals l'un que l'autre, résultats tous deux d'un long et profond travail de préparation intérieure.[65]

Il reste vrai pourtant que sur la route de Vincennes un fait s'est passé, analogue à une crise religieuse en ce sens qu'il ébranla toutes les puissances d'un homme, lui donna le sentiment d'être délivré, unifié, orienté.[66]

Un critique voit dans l'illumination de Vincennes une expérience intellectuelle à la manière de Descartes, Spinoza, Nietzsche, et note qu'elle ressemble à un événement ultérieur de la vie de Rousseau:

Déjà en 1749 (il le raconte au livre viii des *Confessions* et dans une lettre du 12 janvier 1762 à Malesherbes), il avait sur la route de Vincennes une première 'Illumination' [...] Mais il lui faudra attendre 1776, c'est-à-dire la 'chute de Ménilmontant' pour comprendre vraiment de quel ordre était la certitude qui s'était alors imposée à lui. (Le 24 octobre 1776, à Ménilmontant, en rentrant de promenade, il est renversé par un chien et tombe évanoui. Revenu à lui, il a l'impression étrange qu'il 'naît à la vie').[67]

En s'éloignant de l'interprétation religieuse, on explique l'illumination comme la manifestation du subconscient, qu'un fait fortuit a provoquée. La question de l'Académie de Dijon a agi comme un choc. Elle a opéré une brèche par où le subconscient libère les énergies longtemps contenues: 'Tel était le bouillonnement qui agitait l'âme de Rousseau tandis que, par cette chaude journée de juillet, il se dirigeait vers Vincennes, le *Mercure de France* à la main, et que ses yeux tombèrent sur la question proposée par l'Académie de Dijon.'[68]

Un auteur note que le *Discours* ne pouvait pas être le résultat d'une conversion,

63. J. Starobinski, 'La mise en accusation de la société', *J.-J. Rousseau: quatre études* (Neuchâtel 1978), p.15.
64. Seippel, 'La personnalité religieuse de J.-J. Rousseau', p.231.
65. Schinz, *La Pensée de J. J. Rousseau*, p.138.
66. F. Bouchardy, Introduction au *Discours sur les sciences et les arts*, dans *O.C.*, iii.XXXII.
67. A. Goldschmidt, *Jean-Jacques Rousseau ou l'esprit de solitude* (Paris 1978) p.13-14.
68. G. Gran, 'La crise de Vincennes', *Annales J.-J. Rousseau* 7 (1911), p.12.

qu'au contraire il témoigne de beaucoup d'ambition, selon le programme de *l'Epître à monsieur Parisot* et les efforts des années quarante vers le succès et la gloire. Il fait remarquer que la réforme morale de 1750-1751 ne peut être liée à l'inspiration du *Discours*, qu'elle est la conséquence de son succès, car Rousseau a été obligé de se conformer aux principes qu'il a exposés dans son *Discours*. Ce critique porte donc un démenti à Rousseau. Cependant, il maintient la réalité de l'illumination, séparée du *Discours*, et voit en celle-ci le conditionnement de la vie de son auteur: 'Attribuant dans cet ouvrage la corruption morale de l'homme civilisé aux formes extérieures de la civilisation, il s'enfermait dans un cercle vicieux dont il allait passer le reste de sa vie à essayer de sortir. C'est sous le chêne de Vincennes qu'il a scellé tout son destin.'[69] La critique s'accorde pour voir dans l'illumination et dans le premier *Discours* une prise de conscience. Rousseau se découvre lui-même, parce qu'il a ignoré sa vraie nature jusqu'à ce moment. Un auteur nous présente Rousseau sur le chemin de Vincennes: 'Un jour du commencement d'octobre ... Ces mille lumières qui l'éblouirent le révélèrent à lui-même. Il se réveillait de vingt années de rêves et d'erreurs et reconnaissait sa vraie nature.' Cet auteur note que Rousseau a découvert ce jour-là l'exigence de la sincérité qui va l'animer dans l'avenir et qui le fait entrer en conflit avec la société hypocrite:

Mais il dénoncerait, lui, tout ce vaste mensonge, ce système d'hypocrisie qu'était la société, d'autant plus cruelle qu'elle était plus brillante, toute pareille à ses grands seigneurs dont les habits de soie cachaient le cœur dur et rusé et dont tout l'art de plaire n'était qu'un art de tromper.[70]

On met en relief chez Rousseau l'aspiration à la sincérité qui l'oppose de plus en plus à la société et qui fait de lui un révolté:

Le voilà bien, profond et indéniable, l'accent de la sincérité, et c'est cet accent-là, si on y prête attention, qui règne dans tout le discours de Rousseau, mais de plus, on surprend par endroits, comme ici, je ne sais quel cri du cœur: c'est le cri qui échappe à ses rancunes accumulées contre une société si mal faite, une société dans laquelle un ambassadeur comme Montaigu peut être un parfait imbécile, tandis qu'un homme de talent, s'il est pauvre, court risque de commencer par être laquais.[71]

Le riche écrase le pauvre, le fort opprime le faible, le malheureux ne peut faire valoir son droit, tandis que le privilégié de la fortune ou du rang règne sans discussion dans une société dont il a détruit l'harmonie. Hanté par ces idées, Rousseau va connaître cette illumination qui lui révélera sa destinée sur le chemin de Vincennes.[72]

Pourtant quand Rousseau rencontre l'éblouissement de la vérité sur la route de Vincen-

---

69. G. May, *Rousseau par lui-même* (Paris 1961), p.53.
70. Guéhenno, *Jean-Jacques*, i: *En marge des Confessions*, p.271, 273, 275-76.
71. Ducros, *Jean-Jacques Rousseau*, i.187.
72. B. Gagnebin, dans *O.C.*, iii.XII.

nes, et pendant les nuits d'insomnie où il 'tourne et retourne' les périodes de son discours, le lieu commun reprend vie: il s'enflamme, il devient incandescent. L'opposition de l'être et du paraître s'anime pathétiquement et confère au discours sa tension dramatique.[73]

Cette révolte est transposée en termes psychologiques et psychanalytiques. On avance que la prise de conscience de Rousseau sur le chemin de Vincennes concerne ses tendances homosexuelles. Il ressent de l'amour pour Diderot de la même façon qu'il a ressenti, plusieurs années auparavant, de l'attirance pour son cousin Abraham. Les deux enfants, Jean-Jacques et Abraham, se sont embrassés et se sont épris l'un de l'autre à cause de leurs souffrances mutuelles. Quand il embrasse Diderot, prisonnier à Vincennes, Rousseau sent qu'il pourra encore se rapprocher de son ami, s'il se fait persécuter à son tour. D'où la révolte de Rousseau contre la société. Les arts, la civilisation et les sciences représentent la soumission féminine. La révolte signifie la masculinité, et c'est pourquoi Rousseau se révolte: 'Sa réponse négative à la question de l'Académie est venue en partie de son désir de défier l'autorité et les valeurs établies, comme l'avait fait son ami Diderot.'[74] Une explication semblable est avancée par un critique qui examine les manifestations physiologiques de la crise de Rousseau sur la route de Vincennes 'un beau jour ensoleillé d'octobre 1749'. L'angoisse qui a empêché Rousseau, jusqu'a ce moment, d'affirmer sa person-nalité s'estompe. Il sent en lui 'un pouvoir phallique'. Il se libère de la timidité qui l'a toujours paralysé. Il saura affronter les Philosophes et leur parti dominateur:

Mais une sorte de 'jaculation lyrique' l'arrache à sa passivité à l'instant où il voit la possibilité d'inverser le mouvement et de prendre l'offensive, en disant Non. De timide, il deviendra audacieux, voire provocateur, et ses tendances 'feminines' vont faire place à une affirmation 'virile' dont il n'était guère coutumier.[75]

Citons quelques exemples de la tendance qui fait de l'illumination la source des grands thèmes rousseauistes, notamment de l'idée de la bonté de la nature et de la méchanceté de la société:

La prise de conscience de ce problème et de sa réponse, peut-être même du problème dans sa réponse, voilà, sans doute, ce que signifie la fameuse Illumination d'octobre 1749, d'où jaillit la prosopopée de Fabricius, noyau du *Discours* sur la question: Si le rétablissement des sciences et des arts a contribué à épurer les mœurs.[76]

73. J. Starobinski, *Jean-Jacques Rousseau: la transparence et l'obstacle* (Paris 1971), p.14.
74. W. Blanchard, *Rousseau and the spirit of revolt: a psychological study* (Ann Arbor 1967), p.54. (Texte original: 'His negative answer to the question posed by the Academy came in part from his desire to stand as the lonely and defiant one, the one who, like his friend Diderot, had struck out against established authority and accepted beliefs.')
75. P. P. Clément, *J.-J. Rousseau: de l'éros coupable à l'éros glorieux* (Neuchâtel 1976), p.243, 253.
76. H. Gouhier, *Les Méditations métaphysiques de Jean-Jacques Rousseau* (Paris 1970), p.26.

Sa méditation sur la route de Vincennes détermina l'orientation de toute sa recherche intellectuelle.[77]

Accroupi au bord de la route il rédigea sans hésiter la prosopopée de Fabricius. Il apercevait comme si c'était inscrit dans les cieux et dans son esprit 'L'homme est bon; les institutions le corrompent' [...] Son exaltation durait encore quand il arriva à Vincennes.[78]

En proie à une véritable illumination, Rousseau affirme que l'homme est né bon et que ce sont les institutions qui le corrompent. Sous un chêne, il écrivit la prosopopée de Fabricius, fragment important de ce premier *Discours*.[79]

Un critique fait remarquer que, si Rousseau n'a pas trouvé dans l'illumination de Vincennes l'idée de toute son œuvre, il lui doit, cependant, l'essentiel de celle-ci:

Quoi qu'il en soit, même si Rousseau n'était peut-être pas, dès l'origine, dès ce jour exceptionnel d'octobre 1749, en possession de son idée jusqu'en ses plus extrêmes exigences et conséquences [...] il a vite compris le sens profond, unique, de ce qu'il disait, sans peut-être, si l'on veut, trop savoir exactement jusqu'alors pourquoi, en fonction de quel but et de quelle justification dernière, il le disait.[80]

Sur le plan littéraire, W. Acher s'attache à montrer que l'œuvre de Rousseau est d'essence orale, qu'elle prend son origine dans une espèce de délire discursif. Il s'appuie en grande partie sur l'illumination de Vincennes et sur le premier *Discours*, produit direct de celle-ci: 'Premier en date parmi les chefs-d'œuvre d'une écriture traduite de la parole, le *Discours sur les sciences et les arts* a été composé de cette façon orale ou pseudo-orale.'[81]

En terminant ce résumé des principales tendances critiques, notons qu'on a avancé une idée qui peut être significative pour la suite de notre étude. L'illumination de Vincennes a été décisive pour Rousseau et importante pour les écrivains ayant eu des rapports avec lui: 'A l'origine de ce *Discours sur les sciences et les arts* il y a la célèbre scène de Vincennes. Elle marque dans la vie et la pensée de Rousseau un tel tournant que nous devons en tenir compte lorsque nous essayons de comprendre l'histoire de ses rapports avec Voltaire.'[82]

Ce qui frappe le plus parmi les diverses tendances interprétatives de la critique rousseauiste est l'insistance sur la notion de révolte. Mais pouvait-on étaler publiquement un tel sentiment à cette époque-là? Placer l'expression de la révolte personnelle, ou de quelque nature que ce soit, dans le contexte d'un

---

77. J. Terrasse, *Jean-Jacques Rousseau et la quête de l'âge d'or* (Bruxelles 1970), p.31.
78. B. Fay, *Jean-Jacques Rousseau, ou le rêve de la vie* (Paris 1974), p.157.
79. B. Gagnebin, *Album Rousseau* (Paris 1976), p.62.
80. P. Daguerressar, 'Jean-Jacques Rousseau ou la fonction d'un refus', *Archives des lettres modernes* 177 (1977), p.8.
81. W. Acher, *Jean-Jacques Rousseau créateur et l'anamorphose d'Apollon* (Paris 1980), p.69.
82. H. Gouhier, *Rousseau et Voltaire: portraits dans deux miroirs* (Paris 1983), p.27.

concours d'académie, au dix-huitième siècle, c'est un très grand anachronisme.
A peine un phénomène semblable serait-il concevable aujourd'hui. En réalité,
Rousseau est un homme de tradition, comme nous avons tenté de le montrer
en analysant l'illumination de Vincennes. Son adhésion au modèle traditionnel,
peut-être au thème du '*Tolle lege*', n'entraîne pas obligatoirement la motivation
religieuse. C'est l'expression d'une culture par laquelle Rousseau est aussi
conditionné que ses contemporains. Notons que Diderot, ancien élève de
théologie, a écrit, dans la dédicace des *Pensées sur l'interprétation de la nature*
(1754): 'Jeune homme, prends et lis.'[83] Rousseau se rattache idéalement à tous
ceux qui l'ont précédé dans la formule de la conversion et de la confession.
L'interprétation religieuse de l'illumination de Vincennes ne va pas de soi, mais
elle est plausible, à condition de la placer longtemps après, c'est-à-dire, non
pas en 1749 mais à l'époque de sa rédaction. Nous avons constaté la dette de
Rousseau envers saint Augustin. Nous avons montré que Rousseau s'est
conformé à la tradition. Il est, en effet, fort improbable qu'il soit parvenu à
concevoir l'illumination indépendamment de ses prédécesseurs. Il s'ensuit que
celle-ci n'est pas un événement chronologiquement vécu, ce qui entraîne des
conclusions importantes pour une correcte appréciation de l'œuvre de Rousseau.
Avant de passer à ces conclusions, nous croyons utile d'approfondir les significations symbolique et traditionnelle de l'illumination de Vincennes, que la
critique rousseauiste n'a pas remarquées.

iii. L'explication symbolique

Nous avons déjà relevé dans l'illumination de Vincennes quelques images qui
pouvaient faire office de symbole. Nous avons cité le chêne. Il s'agit maintenant
d'approfondir cet aspect de l'illumination.

Arbre. Dans sa lettre à Malesherbes, Rousseau parle d'un arbre sur le chemin
de Vincennes. L'arbre, dans la tradition juive et chrétienne, symbolise la vie de
l'esprit. La Bible mentionne l'arbre de vie, c'est-à-dire de la vie éternelle, et
l'arbre de la connaissance du bien et du mal.[84]

Chêne. Rousseau a remplacé l'arbre par le chêne dans les *Confessions*. Le chêne
est sacré dans de nombreuses traditions. Il est synonyme de force, comme
l'indique le latin 'robur', qui signifie à la fois 'chêne' et 'force'. C'est auprès
des chênes de Mambré qu'Abraham a reçu la révélation de Yahvé (Genèse

83. Cité par W. Acher, *Jean-Jacques Rousseau créateur et l'anamorphose d'Apollon*, p.42.
84. J. Chevalier, A. Gheerbrant, *Dictionnaire des symboles* (Paris 1969) [ci-après C.G.].

xviii). Le chêne symbolise la communication entre ciel et terre. Il désigne la sagesse et la force (C.G.).

Chiffre huit. Rousseau décrit son illumination dans le livre VIII de ses *Confessions*, comme saint Augustin. L'Ancien Testament accordait une grande valeur symbolique au chiffre sept, en souvenir des sept jours de la création du monde (à moins que les sept jours de la création du monde n'aient été conçus à la suite du symbolisme du chiffre sept, qui appartenait déjà à d'autres cultures). Dans le Nouveau Testament c'est le chiffre huit qui revêt une valeur suprême, car il marque la résurrection du Christ, advenue le huitième jour, immédiatement après le sabbat.[85] Le huitième est le jour du jugement et de la résurrection ('octo dies judicii et resurrectionis') selon une ancienne *Clef du symbolisme* attribuée à saint Méliton, évêque de Sardes et Père de l'Eglise.[86] Ce symbolisme guide l'inspiration de l'évêque d'Hippone, saint Augustin, lorsqu'il situe au huitième livre de ses *Confessions* l'illumination qui doit régénérer sa vie spirituelle, en transformant son existence, le faire 'renaître de Dieu', pour employer la terminologie chrétienne. Le *Dictionnaire des symboles* (C.G.) précise que le sept est le nombre de l'Ancien Testament, que le huit désigne couramment le Nouveau et annonce aussi l'ère nouvelle. Rousseau n'ignore probablement pas la signification du nombre huit, et, s'il l'ignore, il a suivi l'exemple de saint Augustin en situant l'illumination dans le livre VIII de ses *Confessions*. Il serait fort étonnant qu'il s'agisse d'une coïncidence due au hasard.

Larmes. Les larmes désignent l'affliction et l'intercession (C.G.).

Livre. Le livre symbolise naturellement la sagesse et, pour les chrétiens, la vérité, la révélation (C.G.).

Lumière. La lumière symbolise le salut, le bonheur consenti par Dieu. La loi de Dieu est une lumière sur le chemin des hommes. Le Christ apporte la lumière, il est lui-même la lumière: 'Le peuple assis dans les ténèbres a vu une grande lumière et ceux qui sont assis dans le pays à l'ombre de la mort, une lumière s'est levée pour eux' (Mathieu iv.16).[87] La lumière a joué un rôle dans l'antiquité.

85. A. Luneau, *Histoire du salut chez les Pères de l'Eglise* (Paris 1964), p.38.
86. J. B. Pitra, *Spicilegium solesmense* (Paris 1854), iii.285.
87. D'autres passages tirés au Nouveau Testament: 'Et il fut transfiguré devant eux, sa face brilla comme le soleil, ses vêtements devinrent blancs comme la lumière' (Mathieu xvii.2); 'Lumière de dévoilement pour les nations et gloire de ton peuple Israel' (Luc ii.32); 'En elle [la parole de Dieu] était la vie et la vie était la lumière des hommes' (Jean i.4); 'La lumière véritable qui illumine tout homme venait dans le monde' (Jean i.9); 'Jésus leur parla encore, il disait: Je suis la lumière du monde' (Jean viii.12); 'Tant que je suis dans le monde, je suis la lumière du monde' (Jean ix.5); 'Moi, la lumière du monde, je suis venu en ce monde pour que quiconque se fie à moi ne demeure pas dans les ténèbres' (Jean xiii.46); 'Lumière de l'évangile' (Aux Corinthiens iv.4); 'Car le Dieu qui a dit: que brille la lumière dans les ténèbres' (Aux Corinthiens iv.6): 'Le Christ t'illuminera'

Platon, les stoïciens, les alexandrins, les gnostiques font appel à la lumière pour désigner la divinité. Saint Augustin recueille l'enseignement des néo-platoniciens et leurs symboles de la lumière. Dans la tradition celtique, la lumière désigne l'intervention de Dieu. Il est peu probable que le chrétien Rousseau n'ait pas senti ce que pouvait signifier dans la tradition religieuse la présence de la lumière. L'illumination sur le chemin de Vincennes rappelle naturellement la grande lumière sur le chemin de Damas dans le récit de la conversion de saint Paul: 'Je poursuivais donc ma route et j'approchais de Damas, quand soudain, vers midi, une grande lumière venue du ciel m'enve-loppa de son éclat' (Actes des apôtres xxii.6). Or, Rousseau connaît très probablement saint Paul. A l'époque où il rédige l'illumination de Vincennes, il l'utilise abondamment, semble-t-il: 'La plupart des thèmes et des concepts contenus dans les épîtres de Saint-Paul sont repris dans la *Nouvelle Héloïse*'.[88]

Voyage. Le voyage symbolise la quête de la vérité. Dans toutes les littératures et les traditions, il sous-entend la recherche d'une connaissance concrète ou spirituelle. Il désigne le désir d'un renouveau ou d'un changement profond (C.G.).

De tous ces symboles, il y en a trois qui ne pouvaient pas être ignorés de Rousseau, dans cet ordre, la lumière, le chiffre huit, et le chêne. Comme à l'époque de Rousseau le symbolisme jouait un rôle très important dans tout ce qui concernait les grandes étapes de la vie spirituelle, il serait tout à fait étonnant qu'il ait évité d'assigner à certaines images de son illumination la signification que le public n'aurait pas manqué de leur attribuer. Pourquoi Rousseau a-t-il utilisé des symboles? Les symboles ont une grande signification affective. Ils permettent d'établir avec les personnes susceptibles de les reconnaître une communication efficace. Ils facilitent l'adhésion aux valeurs qu'ils sous-enten-dent. Le fait de discerner des symboles dans le monde qui nous entoure est une tentative d'interpréter la réalité, de la soumettre à un ordre de valeurs. Le langage des symboles est rassurant. Celui qui utilise le symbole est comparable à une personne ayant perdu son chemin et parvenant à s'orienter dans des sentiers battus. Il est peu probable que les symboles coïncident avec des faits chronologiquement vécus.

(Aux Ephésiens v.14); 'Père des lumières' (Jacques i.16); 'C'est que Dieu est lumière' (Première épître de Jean i.5); 'Les nations marchèrent à sa lumière' (Apocalypse xxi.24).
    88. A. Srabian de Fabry, *Jeux de miroir: saint Paul, La Fontaine, Mao, Genet, et Jean-Jacques Rousseau* (Sherbrooke 1982), p.47.

iv. '*Tolle lege*' ('prenez et lisez'), ou la tradition

La conversion de saint Augustin est-elle une expérience historique? S'inscrit-elle dans la tradition? Et si Rousseau ne s'est pas inspiré de saint Augustin, se rattache-t-il à un procédé littéraire traditionnel? L'idée de présenter sous la forme autobiographique la quête de la vérité n'est pas spécialement chrétienne. A l'époque impériale, Dion Chrysostome a pris conscience de la frivolité de l'éloquence et il s'est converti à la philosophie (*Oratio*, XIII).[89] Le médecin Thessalos, au premier siècle, est passé par une suite considérable d'expériences spirituelles avant d'obtenir la révélation divine (C., p.92). Au deuxième siècle, Vettius Valens (*Florilegium*) a voyagé longuement à la recherche de la vérité avant de connaître la révélation. Lucien, par le truchement de Ménippus (*Ménippus*, 3) ayant constaté que les philosophes se contredisent, recherche la communication avec l'au-delà. Les Pères grecs et latins suivent le schéma de cette quête du vrai et l'appliquent à la découverte de la révélation chrétienne. Justin (*Dialogue avec Tryphon*, II, 6) décrit ses péripéties avant de parvenir à l'amour du Christ (C., p.93). Clément (*Recognitiones*, I, 1) décrit ses hésitations devant les nombreuses écoles philosophiques avant de se rallier au message chrétien. Saint Hilaire (*De Trinitate*, I, 3) est aussi affligé par les contradictions de la philosophie et c'est en tombant par hasard sur la Bible qu'il conclut sa quête de vérité. Augustin connaît cette tradition et s'en inspire (C., p.95-96).

Saint Cyprien d'Antioche (*Confessions*) s'accuse d'avoir, par curiosité, approché de la superstition. Il a pratiqué la divination et l'astrologie jusqu'au moment où il se convertit (C., p.102-103). Apulée (*Métamorphoses*, V, 19.3) insiste sur le fait que la *curiositas* l'a poussé à de vaines recherches, avant sa conversion. Le thème de la vaine curiosité intellectuelle se rattache au stoïcisme romain (C., p.103-105). Saint Augustin s'est peut-être inspiré d'Apulée.

La conversion psychologique et morale a intéressé le monde grec-romain. La conversion de Polémon et de Cratès, thème de la diatribe cynico-stoïcienne, a attiré l'attention des Pères de l'Eglise (C., p.111ss). Saint Augustin a connu Perse (*Satires*, V) qui montre l'homme déchiré entre l'aspiration à la liberté et l'appel de l'avarice et de la luxure. Augustin insiste sur l'opposition entre sa concupiscence et le désir de pureté qu'il ressent avant sa conversion (C., p.112ss). Augustin semble avoir suivi la conversion de Cyprien de Carthage (*A Donat*, I), où saint Cyprien décrit le déchirement qu'il éprouve entre le désir de la spiritualité et la force des passions, avant de recevoir l'illumination divine. Saint Cyprien, dans un jardin à l'époque des vacances des vendanges ('feriae vindimiarum'), en septembre, parle à son ami Donat de sa conversion et lui

---

89. Courcelle, *Les Confessions de saint Augustin* [ci-après C.], p.91.

décrit le conflit des passions qu'il ressent. Le péché où il est plongé est assimilé aux ténèbres, la conversion est décrite en termes de lumière. Remarquons que les vacances des vendanges sont la date traditionnelle pour la conversion. C'est la date de la conversion de Minucius Félix (*Octavius*, II, 3), qui semble avoir été suivi par Cyprien de Carthage. L'entretien spirituel se place idéalement dans le cadre des 'feriae vindimiarum', selon Ennode (*Epist. ad Maximum*, VII, 20: C., p.119-25). Augustin spécifie dans ses *Confessions* (livre IX) que sa conversion a eu lieu un peu avant les vacances des vendanges (vers la fin du mois d'août). Une tradition autobiographique suivie en Afrique aux troisième et quatrième siècles veut qu'une vision prélude à la conversion (*Passio Perpetuae, Passio sanctorum Montani et Lucii, Vita Cypriani*). L'on voit ou l'on entend un ange ou un martyr ou un enfant prononçant '*Tolle lege*' ('prends et lis'). Augustin a entendu un enfant chanter '*Tolle lege*'. Ce n'est pas un fait réel (C., p.133). Quant au détail d'Augustin sous le figuier, qui ne se trouve pas dans les traditions mentionnées, ce n'est pas non plus un détail historique. Il s'inspire de Nathanael sous le figuier dans l'évangile de saint Jean (i.48). Le '*Tolle lege*' désigne le procédé par lequel on a recours à l'arbitrage du sort pour être éclairé sur une décision à prendre. Chez les Romains *tollere* était le terme technique pour indiquer le tirage au sort de la tablette ('sors') qui rendait le message de l'oracle (Cicéron, *De divinatione*, II, 86; Tibulle, *Elegiae*, I, 3, 11-12). Ce terme peut aussi exprimer l'ordre de choisir un livre dans une bibliothèque (Eusèbe, *Histoire de l'Eglise*, III, 6; Isidore de Séville, *Carmina*, 1107c: C., p.156ss). Sur le plan de la philosophie, 'prendre et lire' symbolisait la découverte de la vérité (Platon, *Phédon*, 98b; Epictète, *Entretiens*, I, 4). A l'époque chrétienne, on a eu recours à cette formule, en l'appliquant à la Bible. Le christianisme est la religion du livre. Moïse, Isaïe, Jérémie entendent Yahveh dire 'Prends un rouleau et écris' (Pentateuque). Des commandements semblables au '*Tolle lege*' se trouvent dans Ezéchiel (ii.9-iii.1), dans les milieux héllenistes (Elius Aristide, *Orat.*, L. 69), dans l'Apocalypse (v.7-8, x.8-10), dans les Apocryphes testamentaires (*Ascensio Isaïae*, ix.21), à l'époque patristique et médiévale. Dans le *Pasteur* d'Hermas, une vieille femme dit à Hermas en lui tendant un livre: 'Prends et rends-le-moi' (*Visions*, II: C., p.160ss). Le tirage au sort par '*apertio libri*' considère comme un oracle le premier verset que le consultant trouve en ouvrant la Bible (Athanase, *Vita sancti Antonii*; saint Cyprien d'Antioche, *Acta sancti Cypriani et sanctae Justinae*: C., p.161). Dans les *Vies des Pères* (*Vitae patrum*, V, 5) un ange remet à Ephrem un rouleau. Sainte Thècle tend un livre à Basile de Séleucie (*De vita et miraculis Theclae*). Saint Porphyre raconte qu'on lui a offert l'Evangile avec la formule 'Prends et lis' (Marc le Diacre, *Vie de Porphyre*, 45, 14). Saint Grégoire le Grand voit un ange qui lui tend une lettre: 'Ouvre et lis' (Grégoire le Grand, *Dialogi*, IV, 26). Selon P. Courcelle, auquel nous empruntons ces données sur le '*Tolle lege*' (p.155-63), presque toute la conversion de saint Augustin est ainsi redevable à la tradition. Cependant, il croit qu'il y a un fond de vérité, enveloppée dans un cadre fictif.

Revenons maintenant à Rousseau. Quels éléments traditionnels de la quête de vérité et du '*Tolle lege*' se trouvent chez lui? Voici les étapes essentielles remontant à la tradition:

1. conflit des volontés
2. tirage au sort
3. formule d'admonition: '*Tolle lege*'
4. *apertio libri*
5. conversion ou inspiration

1. *Conflit des volontés.* Cette étape essentielle de la quête de vérité, marquant la lutte des passions contradictoires, se trouve chez Rousseau. Dans la lettre à Malesherbes, il s'exprime ainsi: 'Tout à coup, un heureux hasard vint m'éclairer sur ce que j'avois à faire pour moi-même, et à penser de mes semblables sur lesquels mon cœur était sans cesse en contradiction avec mon esprit, et que je me sentois encore porté à aimer avec tant de raisons de les haïr.' C'est bien la situation classique de l'incertitude et du conflit intérieur (chez Rousseau elle dure depuis quarante ans, entre l'appel de la société et celui de la nature), qui paraissent sans issue et qui se décident enfin par l'intervention d'un facteur extérieur, souvent d'origine métaphysique.

2. *Tirage au sort.* Il n'y a pas de tirage au sort chez Rousseau, du moins pas formellement. Il fait intervenir le hasard pour qu'il y ait conjonction entre le conflit des volontés et l'*apertio libri*. Que signifie le hasard et peut-il s'assimiler au tirage au sort? On nous explique que la notion du hasard se rattache au désir typiquement humain d'attribuer une signification aux événements les plus décousus.[90] Le hasard comme entité arbitraire et inexplicable est une notion tardive dans le développement de la civilisation. L'humanité aurait une tendance spontanée à voir dans le hasard l'intervention d'un pouvoir métaphysique. Que signifie le hasard pour Rousseau? Dans la mesure où il parle d'un 'heureux hasard', menant à l'illumination, on peut conclure qu'il évoque une volonté surhumaine. C'est bien le sens du '*Tolle lege*'. Aussi le sort intervient-il au moment décisif, quoiqu'il n'ait pas été appelé formellement par Rousseau. La situation de notre auteur se rapproche donc beaucoup de celle de 'Prenez et lisez'.

3. *Formule d'admonition*: '*Tolle lege*'. Cette étape est liée à la précédente car elle représente la réponse au tirage au sort. Le '*Tolle lege*', l'ordre amenant la

90. J. Cohen, *Hasard, adresse et chance* (Paris 1963).

consultation du livre, ne se trouve pas chez Rousseau. Qu'est-ce qui en fait la fonction chez lui? C'est le hasard. Ici il y a quelque chose de très intéressant et de très décisif pour l'interprétation de l'illumination. Peut-être a-t-il semblé invraisemblable à Rousseau de se mettre à lire pendant la marche sur le chemin de Vincennes. S'il va voir Diderot, n'est-il pas impatient d'arriver? S'il doit marcher, comment pourra-t-il marcher et lire en même temps? Le hasard ne lui a peut-être pas paru assez contraignant pour que soit amenée la consultation du livre. Et, tout d'abord, pourquoi a-t-il un livre dans sa poche? S'il est parti de chez lui avec le *Mercure de France*, on peut en déduire qu'il veut le montrer à Diderot. Par conséquent, il en connaît déjà le contenu, et il a déjà eu l'illumination avant de sortir. S'il n'en connaît pas encore le contenu, il faut que la présence du volume lui soit nécessaire pour d'autres raisons. Voilà. Il suffit d'évoquer la chaleur pour que le ralentissement de la marche et le repos s'imposent absolument. Le repos invitera à la lecture et il y aura un livre pris avant de partir. La lecture du volume et de l'annonce du concours de l'Académie de Dijon amènera l'illumination. La chaleur est ainsi introduite dans l'illumination de Vincennes, version des *Confessions*. Par conséquent, la chaleur est un élément étranger au décor. C'est un facteur logique. Elle fait partie d'un mécanisme, elle en est la pièce principale et le support. Sans elle, tout le reste tombe, comme un château de cartes. D'autre part, la chaleur, avec la série d'actions qu'elle conditionne et qu'elle enchaîne, exprime mieux que le hasard la nécessité de la conversion et l'inévitabilité du destin. Aussi la chaleur amène-t-elle la lecture du livre aussi impérieusement que le commandement 'Prenez et lisez'. Il est vraisemblable que Rousseau n'ignore pas que la conversion traditionnelle a lieu en été et que, par conséquent, la chaleur convient à la scène de son illumination. Pourquoi Rousseau n'a-t-il pas mentionné le '*Tolle lege*' s'il s'est placé dans la tradition? Vraisemblablement parce qu'il désire se rendre indépendant de son modèle, sur le plan formel du moins et pour les mêmes raisons qu'il n'a pas nommé saint Augustin, s'il s'est inspiré de cet auteur. Pétrarque aussi a utilisé le procédé du '*Tolle lege*' sans le mentionner. Le livre qu'il consulte est les *Confessions* de saint Augustin, ce qui prouve qu'il connaît la conversion de celui-ci. Voici comment Pétrarque évoque la scène de sa conversion, advenue durant l'ascension du mont Ventoux. Qu'est-ce qui remplace le '*Tolle lege*'? C'est le hasard. Pétrarque a dans sa poche ce livre qu'il médite habituellement. Ce n'est pas le hasard qui le lui a fait choisir, mais c'est lui qui amène la lecture sur un passage significatif. Pétrarque admire le paysage qu'on aperçoit de la montagne (*Lettres familiales*, 4):

Pendant que j'admirais ces choses une à une et je m'occupais tantôt des choses terrestres, tantôt j'élevais mon âme comme le corps à des pensées supérieures, j'ai vu le livre des *Confessions* de Saint-Augustin ... Je l'ouvre pour lire au hasard, et qu'est-ce que le hasard aurait pu me proposer qui ne soit plein de piété et de dévotion? Je tombe sur le livre dix. Mon frère, attendant une phrase d'Augustin, par mon truchement, m'écoutait attentivement. Je prends Dieu à témoin que ce que je lus fut d'abord: 'Les hommes vont admirer les hautes montagnes et les ondes de la mer, les longs lits des fleuves, l'immensité de l'océan, les cours des étoiles, et s'oublient eux-mêmes'. Je fus émerveillé.

A la suite cette lecture, Pétrarque a eu une prise de conscience qui élève son âme aux sphères supérieures de l'esprit.

4. *Apertio libri.* Dans la mesure où la consultation du livre était traditionnelle et qu'elle ne comportait pas nécessairement la présence de la Bible, le *Mercure de France* remplit bien la fonction d'intermédiaire entre le consultant et la vérité, étape caractéristique du '*Tolle lege*'.

5. *Conversion ou inspiration.* La découverte de la vérité dont parle Rousseau dans l'illumination se rattache bien au procédé conventionnel de la quête du vrai et de la conversion religieuse, philosophique, ou morale.

Jusqu'ici tous les aspects de la quête de vérité se trouvent chez Rousseau. Il y a, pourtant, un détail chez lui qui ne se trouve pas dans la tradition telle qu'elle a été présentée par P. Courcelle. Il s'agit du moment où Rousseau écrit à la hâte, sur le lieu de l'illumination, quelques-unes des vérités qui se sont révélées à lui et qu'il n'est pas capable de fixer totalement dans son souvenir. Il a pu s'inspirer d'une conversion célèbre du dix-huitième siècle. Il s'agit de l'expérience de Carré de Montgeron sur le tombeau de Jean de Pâris. Ce tombeau a été le théâtre de plusieurs miracles qui ont attiré la foule, provoqué des convulsions, suscité les passions les plus extrêmes et divisé profondément la France à partir des années trente et quarante. Ceux qui croient ici aux miracles s'opposent à la bulle Unigénitus, aux jésuites et à la cour de Rome. Ils en appellent au roi et au public pour qu'ils se rendent à l'évidence de ces miracles et à la justesse de leur cause. Carré de Montgeron, membre du parlement, présente l'histoire de sa conversion dans un ouvrage en trois volumes, dont l'essentiel est consacré aux pièces authentiques, des témoignages émanant de médecins et d'autres personnes, attestant la vérité des miracles accomplis par Jean de Pâris. Cet ouvrage, condamné par le pape, a irrité le roi, qui fait embastiller l'auteur, d'où la réaction du parlement de Paris. Tout le monde en parle. Dans ces circonstances on a évoqué le '*Tolle lege*'. L'évêque de Montpellier a écrit une lettre publique en faveur de Carré de Montgeron, qui, avant de se convertir, était déiste. L'évêque s'exprime ainsi:

Que fait Dieu? Par un excès de bonté pour des ingrats, il met dans le cœur d'un de ses serviteurs de publier un nombre prodigieux de pièces qui démontrent la vérité de plusieurs miracles. Mais pour donner à l'ouvrage tout le poids qu'il mérite et faire naître aux plus indifférents l'envie de le lire, Dieu choisit l'homme le plus propre à arrêter les esprits et à fixer les regards: Ce qu'il a été, ce qu'il est, ce qu'il souffre, sa demarche à la Cour, les suites qu'elle a eue, tout dit aux gens du monde: 'Prenez et lisez'.[91]

Dans sa lettre au roi, Carré de Montgeron décrit sa conversion, au terme de laquelle il a reçu une illumination avec les vérités de la religion chrétienne: 'Frappé moi-même tout à coup de mille traits de lumières, je suis tombé à ses pieds; j'ai été abattu, terrassé et heureusement vaincu' (p.iii). Il est resté longtemps indécis entre ses passions et la religion. En relatant sa conversion, il attaque le déisme, ce qui rend son intervention particulièrement actuelle: 'La plaie la plus dangereuse qui puisse infecter les hommes, c'est l'incrédulité, c'est le déisme. Les miracles sont les moyens que Dieu a employés dans tous les temps pour détruire un mal si pernicieux' (p.xix). Les vérités que l'auteur a reçues au cours de sa conversion sont si nombreuses qu'il n'a pu les retenir toutes. Il s'est hâté d'en déposer le plus grand nombre possible sur du papier qui lui est tombé sous la main: 'Je me hâtai donc d'écrire toutes celles dont je pus me ressouvenir. J'étois si pressé de les mettre sur le papier que je les écrivis sur toutes les feuilles que je trouvai alors sous ma main, tant que ma plume pouvait aller' (p.32).

Rousseau a-t-il connu Carré de Montgeron? C'est fort possible. Il se prononce sur les miracles, sur les attestations qu'on en donne, et mentionne Jean de Pâris, dans la lettre qu'il a écrite à Christophe de Beaumont, archevêque de Paris, le 18 novembre 1762.[92] C'est l'époque où notre auteur s'occupe à fond des miracles et du déisme, notamment dans l'*Emile* (*Profession de foi du vicaire savoyard*). C'est aussi l'époque de son illumination. En s'occupant de ces questions, il était naturel de lire un livre comme *La Vérité des miracles opérés par l'intercession de M. de Pâris*, de Carré de Montgeron.

Ainsi donc, tous les aspects les plus significatifs de l'illumination de Vincennes se trouvent documentés chez les prédécesseurs de Rousseau: la quête de la vérité, le conflit des volontés, l'*apertio libri*, les lumières, l'arbre sous lequel on reçoit la conversion, les vérités jetées à la hâte sur le papier et partiellement retenues. Or, toutes ces données ne peuvent pas se trouver chez Rousseau indépendamment de la tradition. Elles ne peuvent pas représenter des données biographiques réelles. Leur coïncidence avec la tradition ne peut pas être le produit du hasard. Rousseau est un chrétien. Il s'instruit, il lit, il se tient au courant de l'actualité. Les notions dont nous parlons ne pouvaient pas lui échapper. Même s'il n'a pas connu saint Augustin, il s'est rattaché à la tradition. L'illumination de Vincennes n'est pas un événement chronologiquement vécu.

---

91. *La Vérité des miracles opérés par l'intercession de M. de Pâris et autres appellans*, démontrée contre M. l'archevêque de Sens, ouvrage dédié au roi, par Carré de Montgeron (Cologne 1745), p.xi.
92. J. J. Rousseau, *O.C.*, iv.988.

La participation à la tradition exclut-elle donc l'historicité des faits rapportés par l'individu? Nous croyons pouvoir répondre affirmativement, même si, à la rigueur, quelques détails peuvent être réellement vécus. Si Rousseau avait voulu nous donner l'illumination comme un fait vécu, il aurait fait jouer à celle-ci un rôle important dans la suite des événements tels qu'il les rapporte dans les *Confessions*. Une telle expérience aurait dû exercer une influence dans la vie quotidienne de Rousseau, surtout dans les jours et les mois suivants. Or, il n'en est rien, comme nous l'avons déjà fait observer. L'illumination est tout à fait isolée. C'est un argument important, croyons-nous.

Une fois parvenu à la certitude que l'auteur n'a pas voulu, contrairement aux apparences, nous rapporter des faits vécus, mais seulement une interprétation de sa vie conformément à la tradition, quelle sera l'attitude de l'historien? Va-t-il tout retrancher, comme s'il n'y avait rien de réel dans l'illumination? Il n'y a qu'une méthode qu'on puisse adopter. Il s'agit de ne rien admettre qui ne soit documenté dans un contexte plus objectif, moins symbolique que l'illumination et que les *Confessions*. Peut-il y avoir un fond de vérité historique dans l'illumination de Vincennes? Cela est possible, mais il manque des preuves pour le situer en 1749. Il faut chercher à d'autres dates. Il importe ici, pour le moment, de déterminer les faits réels contenus dans l'illumination. Nous avons vu que presque toutes les données de celle-ci, étant conditionnées par la chaleur, tombent avec elle. Maintenant considérons ces mêmes données dans leur rapport avec la tradition, comme si elles étaient indépendantes de l'élément dont nous avons parlé. Le chemin de Vincennes comme lieu de l'illumination ressemble beaucoup trop au jardin de saint Augustin, au chemin de Damas de saint Paul et au parcours de la quête de vérité pour être réel. On peut en dire autant des lumières, qui ont une valeur bien symbolique et bien traditionnelle. Quant à la prosopopée de Fabricius, sa genèse ressemble à la conversion de Carré de Montgeron en ce qu'il s'agit de vérités recueillies à la hâte et partiellement retenues sur le lieu de ce grand événement. D'ailleurs, la prosopopée ayant été écrite sous un chêne dont nous avons montré qu'il n'est pas réel, elle n'existe pas non plus dans le contexte mentionné. Le chêne est essentiellement symbolique. L'idée de l'arbre se trouve chez saint Augustin et remonte au figuier de l'évangile. Il reste peu de chose. Rousseau est allé voir Diderot, en empruntant le chemin de Vincennes, et il lui a parlé du concours de l'Académie de Dijon, probablement pendant le mois d'octobre 1749. Même si on s'obstine à maintenir la vérité d'une illumination, comme un fait réel, dégagé des circonstances mentionnées, il serait abusif de la situer avec certitude en 1749 et sur le chemin de Vincennes. Il faut donc modifier les nombreuses chronologies qui se trouvent en tête des ouvrages de Rousseau et dont nous rapportons ici quelques exemples:

1749. Rousseau lit ce programme sur la route de Vincennes, *devient un autre homme*, s'assied sous un chêne et compose au crayon la prosopopée de Fabricius dont il va donner lecture à Diderot sur l'heure.[93]

1749. Octobre. Sur la route de Vincennes, Rousseau lit dans le *Mercure de France* la question proposée par l'Académie de Dijon pour le prix de morale de 1750 [...] Il compose sur le champ la prosopopée de Fabricius qu'il lit à Diderot au cours de sa visite.[94]

1749-1750. Allant voir Diderot prisonnier au château de Vincennes, il a l'idée du *Discours sur les sciences et les arts*, qui reçoit le prix de l'Académie de Dijon.[95]

1749. Octobre. J. J. Rousseau reçoit l'Illumination sur le chemin de Vincennes.[96]

v. L'explication psychologique

Est-il concevable que l'individu ne soit pas libre de ne pas réagir d'une certaine façon dans certaines circonstances? Existe-t-il des mécanismes qui conditionnent le comportement humain? C'est bien ce que suppose la psychologie. Y a-t-il une explication scientifique d'un phénomène tel que l'illumination? Oui, il est possible de relever chez Rousseau des indices d'un phénomène étudié par les psychologues, la conversion. Celle-ci représente quelque chose de relativement courant. Comme l'illumination est présentée comme le souvenir d'un fait décisif éloigné dans le passé, que pouvons-nous apprendre sur le processus de cette évocation? Selon la psychologie,[97] le souvenir ne se présente pas comme un fait objectif, imprimé une fois pour toutes dans la mémoire. Il comporte une sélection et une participation affective. Il semble bien que le souvenir vient à l'appui des situations où l'individu se trouve engagé. En passant d'une situation psychique à une autre, le souvenir en est fonction de la nouvelle. Les valeurs présentes de l'individu ont tendance à se justifier par une certaine interprétation du passé. Tout enchaînement d'expériences et toute étape de la vie se rattachent au passé. Toute expérience psychique est perçue par rapport à des faits déjà connus, qu'ils soient personnels ou non. La prise de conscience, la conversion correspondent à des moments critiques, à des mises en cause, à de nouvelles définitions, à des changements, à des choix. Ces phénomènes se rattachent au passé et l'interprètent pour se rendre compte d'eux-mêmes. Le souvenir est donc une interprétation de soi par le recours au passé. L'image du passé doit illustrer le présent. Il s'agit d'un passé romancé ayant comme but de

---

93. L. Courtois, *Chronologie critique de la vie et des œuvres de J.-J. Rousseau* (Paris 1924), p.57.
94. *O.C.*, i.CVI.
95. J.-J. Rousseau, *Emile*, éd. M. Launay (Paris 1966).
96. J.-J. Rousseau, *Julie ou la nouvelle Héloïse*, éd. M. Launay (Paris 1967).
97. G. Gusdorf, *Mémoire et personne* (Paris 1951).

consolider les mythes liés à la personnalité. Cela est ordinaire, semble-t-il. G. Gusdorf s'exprime ainsi au sujet de Rousseau: 'L'existence entière de Rousseau semble se concentrer dans ce qu'il ressent' (i.230). Il ajoute plus loin, en constatant certaines inexactitudes des *Confessions*: 'Nous pouvons excuser, justifier Rousseau, infidèle chroniqueur de sa vie passée dans les *Confessions*. Mais l'historien de Rousseau devra d'abord rétablir les faits contre le témoignage même des *Confessions*' (i.234). La psychologie nous rend compte ainsi du processus de l'illumination et nous explique qu'il s'agit non pas d'un mensonge, mais d'un souvenir romancé qui s'est imposé dans une situation psychique toute spéciale. Les événements très importants des années soixante jettent Rousseau dans le désarroi. Ils créent chez lui, vraisemblablement, un désir de changement susceptible de susciter ce qu'on peut appeler une conversion. Celle-ci représente une issue à un état d'incertitude et de doute. Elle comporte une ré-définition de soi. La conversion, d'autre part, s'accompagne d'une tendance très nette à partager son expérience avec d'autres, ce qui amène souvent à l'autobiographie. Selon les psychologues qui se sont occupés particulièrement du phénomène religieux,[98] la conversion comprend les étapes suivantes: tension, désir de changement, auto-critique, confession publique, réforme. Elle permet la libération de l'angoisse et l'acceptation de soi-même. Tout cela se trouve chez Rousseau au moment où il écrit (1762). Ce serait donc au moment de la rédaction qu'il aurait conçu son illumination. En 1749, il n'y a aucune trace d'une pareille expérience et des conséquences qu'elle entraîne. Aucune volonté de partager avec les autres cette expérience unique. Aucune confession, aucune donnée autobiographique. Même en interprétant l'illumination comme un phénomène laïque, on ne trouve aucune trace du désir de partager. Il semble bien que le *Discours sur les sciences et les arts* ne témoigne pas d'une telle attitude. La fameuse réforme morale du début des années cinquante est rapportée dans les *Confessions* et s'explique par ce que nous avons signalé au sujet de l'illumination. Pourquoi Rousseau a-t-il situé celle-ci en 1749? Probablement parce que c'est à cette date que commence véritablement son œuvre et qu'il était essentiel de l'inclure dans la ré-évaluation de sa vie. Cela ne signifie pas, à vrai dire, que Rousseau n'a pas pu éprouver un état d'âme semblable à une conversion, en 1749. Nous disons simplement qu'elle n'est pas suffisamment attestée en cette année-là. L'illumination de Vincennes, telle que l'a conçue notre auteur, s'intègre plus naturellement dans les événements du début des années soixante. Quant aux conversions précédentes au catholicisme et au protestantisme, elles ne nous intéressent pas, parce qu'elles ne sont pas reliées à l'illumination de Vincennes.

98. V. Herr, *Religious psychology* (New York 1964); M. T. Kelsey, *Christo-psychology* (New York 1968).

vi. L'explication sociologique

Quoique Rousseau ait eu conscience d'être unique, il s'est inséré dans la tradition. Il sentait les liens qui l'unissaient à ses prédécesseurs. Il est certain que la situation qu'il nous présente, notamment dans l'illumination, ressemble très fort à celle d'autres individus, et elle n'est pas rare. Cette situation a attiré l'attention de la sociologie, qui a entrepris d'en mettre au clair les modes de la réalisation. La conversion, de quelque nature qu'elle soit, est-elle liée à des facteurs sociaux qui la conditionnent? Serait-elle soumise à des mécanismes? Un sociologue explique:[99] tout individu qui agit dans une société se définit par une adhésion à des modèles et à des valeurs, sans lesquels son action n'aurait pas de raison d'être. La société assigne un rôle à chacun de ses membres, de sorte que l'individu est en quelque sorte le résultat de son adaptation au cadre collectif. La collectivité exerce donc une force contraignante pour que s'opère la spécialisation des fonctions. Cette contrainte n'annule pas la liberté individuelle, mais elle exige néanmoins une conformité aux normes d'autant plus étroite que le rôle joué est important pour l'ordre social. Quand l'individu joue parfaitement son rôle, il s'y trouve intégré et témoigne de beaucoup d'équilibre et de motivation. Quand il joue un rôle auquel il n'est pas adapté, il aspire à en sortir pour en jouer un autre qui sera plus en accord avec ses possibilités. Entre-temps, il éprouve un malaise, parfois il ressent de l'angoisse. Sa délivrance comporte un changement de rôle et, bien souvent, une adhésion à de nouvelles valeurs. Quand le sujet parvient à cette étape du processus, il la perçoit comme une libération et, souvent, comme une conversion, dans le sens religieux. Que cette conversion soit religieuse, morale, politique, ou philosophique, elle se réalise sur le plan affectif, et à un degré tel que toute la personnalité en est bouleversée. A ce moment, le sujet revient sur son passé et y cherche les causes et les étapes qui ont contribué à sa nouvelle orientation. Des faits qui lui semblaient tout à fait décousus et gratuits lui semblent maintenant reliés entre eux et convergeant vers un but unique. L'état d'exaltation qui accompagne la conversion ne lui permet pas de voir son passé aussi froidement que le ferait un témoin étranger. Son esprit critique se trouve singulièrement affaibli. L'autobiographie qu'il ressent souvent le besoin de rédiger s'ordonne par rapport à cette conversion et il en altère l'objectivité, sans qu'on puisse jamais taxer l'auteur de mensonge. Ce phénomène a lieu surtout quand on passe d'un niveau social à l'autre. Il est lié à ce qu'on appelle 'mobilité sociale'. L'adaptation sociale dont nous avons parlé s'exerce spécialement au passage d'une société à

---

99. P. L. Berger, *Invitation to sociology: a humanistic perspective* (New York, 1968); *Comprendre la sociologie: son rôle dans la société moderne* (Paris 1973).

une autre. Les individus qui se déplacent doivent modifier leurs critères d'appréciation personnelle. En changeant de pays ou de ville, on doit tenir compte des valeurs de l'endroit où l'on doit vivre. Avec le déplacement, on ressent la relativité des croyances et on perd l'assurance que donnent les valeurs absolues et indiscutées. La nécessité de se définir par rapport à une réalité qui change se prête aisément aux conversions. L'interprétation de soi est donc continuelle au cours de la vie, mais elle est rarement aussi radicale que dans les conversions. Celui qui se convertit comprend sa vie entière comme un mouvement providentiel. Saint Augustin en offre l'exemple. L'expérience d'une conversion, qui peut être laïque, est profondément satisfaisante. Elle répond à un besoin d'ordre, profondément enraciné dans l'homme.

Revenons à Rousseau. Il s'est déplacé souvent: Genève, Turin, Lausanne, Neuchâtel, Chambéry, Paris, Venise, Paris ... autant de tentatives de s'intégrer dans des sociétés différentes et très fermées. Avant sa participation au concours de l'Académie de Dijon, Rousseau ne s'est pas encore inséré dans la société où il aspire à jouer le rôle de l'homme de lettres, mais il y tend de toutes ses forces. Une fois célèbre, il se trouve dans le rôle de l'auteur à succès, auquel, pour des raisons complexes qu'il n'est pas possible d'approfondir ici, il n'est pas adapté. D'où ses angoisses et ses déboires. Il peut avoir été, à plusieurs reprises, au bord d'une crise, tout près de s'effondrer, et avoir essayé chaque fois de s'intégrer, ou de fuir. Ces crises se succèdent au cours des années. Les événements tels que la condamnation de l'*Emile*, la menace d'arrestation, la saisie du *Contrat social*, l'expulsion de Berne (1762) les expliquent assez. A cette date, comme l'attestent les lettres à Malesherbes et les *Confessions*, il s'est produit vraisemblablement chez Rousseau la crise la plus profonde et la tentative de conversion à des valeurs pouvant l'insérer dans la société. Il ressent alors le besoin de ré-interpréter toute sa vie et la propose en exemple en rédigeant les *Confessions*. Le fait qu'il s'insère dans le cadre de la religion, même d'une façon toute personnelle, représente probablement pour lui la sécurité. L'illumination de Vincennes, située en 1749 mais conçue en 1762, se trouve assez bien expliquée par l'analyse sociologique.

vii. Conclusion

Nous avons développé quatre arguments principaux dont nous résumons ici l'essentiel.

1. L'illumination de Vincennes ne s'est pas produite dans les circonstances temporelles et spatiales dans lesquelles elle a été présentée. Si la chaleur avait été un simple détail du décor, elle aurait pu disparaître sans nuire au reste du

tableau. Elle ne représente pas un élément climatique, mais logique. Sans la chaleur, tous les faits qu'elle conditionne tombent sans remède. La présence du *Mercure de France*, le ralentissement de la marche sur l'avenue de Vincennes, la consultation du volume, la prise de conscience, tout s'efface. Il semble que Rousseau ait voulu par l'introduction de la chaleur, véritable condition des événements, accentuer la nécessité de sa démarche et l'inévitabilité de son destin. Cela sous-entend peut-être l'intervention de la Providence. Parmi les autres éléments de l'illumination, il faut retrancher le chêne et, avec lui, la prosopopée de Fabricius. Il reste ceci: Rousseau a pris connaissance du concours de l'Académie de Dijon, dans le *Mercure de France*, au cours du mois d'octobre 1749. Ce n'est pas sur le chemin de Vincennes, mais ailleurs, peut-être chez lui. Au moment où il conçoit le projet de participer au concours, il ressent le besoin d'en parler à son ami Diderot enfermé au château de Vincennes. C'est ce qu'il a fait, en octobre. C'est tout. Quant à l'intuition de son système général de pensée, elle n'est pas attestée en 1749, surtout pas par le *Discours sur les sciences et les arts*. On ne peut pas dire que Rousseau a eu ou cru avoir, en 1749, en allant voir Diderot, enfermé à Vincennes, une illumination. Celle-ci a été conçue en 1762, c'est-à-dire au moment de sa rédaction. On peut dire, à la rigueur, que Rousseau a imaginé, en 1762, une illumination qu'il a attribuée à 1749.

2. Comme saint Augustin s'est inspiré, dans la description de sa conversion, de celles de ses prédécesseurs, on peut dire que l'illumination de Vincennes est une imitation d'une imitation, du moins en grande partie.

3. La signification symbolique de l'illumination abonde dans le même sens. Les symboles ne représentent pas des données biographiques réelles. L'individu adhère par les symboles à des valeurs collectives.

4. Le procédé traditionnel discernable dans l'illumination de Vincennes montre que Rousseau s'est inscrit dans un contexte collectif et que, par conséquent, celle-ci n'est pas un événement vécu.

Ces quatre arguments autorisent la conclusion selon laquelle l'illumination de Vincennes ne peut pas se placer dans la réalité historique. Nous ne parlerons cependant pas de certitude. Nous nous remettons au jugement du lecteur et de ceux qui disposent des lumières nécessaires pour trancher la question. Mais, dira-t-on, une expérience authentique ne peut-elle pas se revêtir des formes extérieures consacrées par la tradition et se présenter sous les formes imposées par l'art? Oui, cela est possible. Une conversion, ou un phénomène semblable, une prise de conscience soudaine ou l'aboutissement d'un long processus de gestation, a pu se produire chez Rousseau. Il s'agit non seulement de lui rendre justice mais encore de respecter l'histoire. Puisque le cadre de l'illumination de Vincennes est conventionnel, quand le phénomène authentique s'est-il produit? Très probablement au moment où l'illumination de Vincennes a été rédigée, c'est-à-dire au début des années soixante. A cette époque Rousseau témoigne d'un état d'âme qui se prête à une réinterprétation de sa vie. La psychologie et la sociologie nous le confirment. Bien que Rousseau ait eu conscience de son unicité, il est vraisemblable que son expérience se rattache à celle d'autres individus qui sont passés par là. Les confessions, l'autobiographie sont les signes les plus évidents d'une renaissance, ou d'une conversion, ou d'un renouveau, ou d'une nouvelle façon de s'envisager et de se valoriser. L'évocation de la vie de Rousseau devait remonter naturellement assez loin dans le temps. Elle devait définir en particulier le sens de l'œuvre, et, comme celle-ci avait obtenu son premier succès en 1749, cette date devenait essentielle, peut-être même la plus importante. Mais en 1749-1750, il n'existe aucune donnée biographique qui atteste une conversion. Mais il y en a à l'époque de la rédaction de l'illumination de Vincennes. Par conséquent, quoique celle-ci n'ait jamais existé telle qu'elle a été décrite par Rousseau, elle n'en constitue pas moins l'une des manifestations d'une crise profonde qu'il traverse au début des années soixante. L'illumination de Vincennes illustre la situation actuelle de Rousseau, reflète ses préoccupations immédiates, et traduit bien son désir de s'intégrer dans un système de valeurs susceptibles de lui apporter la sérénité et la motivation néccésaires à cette époque tardive de sa vie. Le problème de savoir s'il a menti en attribuant à 1749 quelque chose qui appartient à sa situation de 1762 ne se pose pas. Rousseau a été soumis à des mécanismes auxquels il ne pouvait pas se soustraire. Son état d'âme pénible, la situation sociale très défavorable qui limite étroitement sa liberté, le justifient et lui attirent notre sympathie. Placé dans un contexte ordinaire, il se rapproche de nous et partage avec nous les contraintes de la condition humaine.

Ce n'est pas à Rousseau qu'il faut reprocher quoi que ce soit. C'est plutôt à la postérité que des reproches doivent s'adresser. Comment expliquer les phénomènes dont nous avons parlé? Pourquoi la critique rousseauiste s'est-elle si facilement méprise sur le sens de la fameuse illumination, comme sur celui du *Discours sur les sciences et les arts*? Nous pouvons peut-être avancer une explication, et elle s'approche de ce que nous disions pour rendre compte de la démarche de Rousseau. Cela tient peut-être à un trait de la nature humaine.

Nous nous plaisons à opposer, à l'opacité du monde, une vision claire des choses, une explication rationnelle des événements. Dans le désordre qui nous entoure nous cherchons à discerner les traces d'un ordre et d'une justice immanents. A la conscience de notre faiblesse, nous substituons notre désir du pouvoir. L'exigence de liberté se traduit chez nous par le culte des grands hommes, capables de forger leur destin et de soumettre la réalité à l'idéal. Le mythe des grands hommes a une fonction rassurante. Il crée un univers à la mesure de l'homme, il l'exalte, il l'inspire. En montrant que Rousseau, malgré ses faiblesses d'homme, réalisait une œuvre d'une grande portée et qu'il la réalisait presque par miracle, comme s'il était poussé par une force supérieure, à partir de sa promenade sur le chemin de Vincennes, la postérité satisfait son désir de certitude. En montrant en Rousseau un homme capable de défier la société entière et de lui imposer en quelque sorte sa volonté, la postérité cultive le mythe du héros. L'illumination de Vincennes peut être en quelque sorte assimilée au miracle. Elle est édifiante, surtout si l'on est croyant. Dans une perspective laïque, elle peut être rapprochée de l'acte magique, grâce auquel l'humanité se branche sur le surnaturel et exorcise la peur de l'inconnu et du néant. Tout cela est bien, tout cela est beau. Cela fait notre force. Notre force, parce que nous nous protégeons du désespoir et que nous nous stimulons à l'action, à la vie. Mais cela a son côté bien négatif. C'est aussi une faiblesse. Notre faiblesse, parce que nous avons tendance à nous faire illusion. Cela explique qu'au lieu d'une biographie de Rousseau, et d'une histoire de ses idées morales, sociales et politiques, nous ayons, dans une large mesure, une mythologie sur Rousseau.

Il y a une autre explication qui ne contredit pas nécessairement celle que nous venons de proposer. La méprise de la critique rousseauiste tient à la différence de culture et de sensibilité entre le dix-huitième siècle et notre époque. Celui-là était bien ancré dans le passé et bien relié à l'enseignement de l'antiquité. Notre époque tend vers l'avenir et reste peu en communion avec la pensée antique. La critique rousseauise a-t-elle commis un anachronisme? Elle semble s'être laissé conduire dans l'appréciation de l'œuvre de Rousseau par des valeurs de la modernité et elle a jugé sans se douter de l'évolution des mentalités. Notre époque exalte la nouveauté et l'originalité. Elle n'apprécie guère ce qui s'insère dans les sentiers battus. Cette attitude s'oppose à celle d'autrefois, où le changement était ressenti comme une corruption. La critique rousseauiste n'a pas aperçu la signification symbolique et traditionnelle de l'illumination de Vincennes. Elle a fait de celle-ci la manifestation d'une volonté innovatrice, voire d'une révolte, tandis qu'elle s'apparentait au passé. On a fait, d'une démarche à bien des égards conservatrice, une attitude moderne, voire révolutionnaire. Quand Rousseau a composé son œuvre et redigé son illumination il a adhéré à des valeurs contemporaines. En ayant recours aux symboles, à l'allégorie et à d'autres procédés traditionnels, il comptait sur les affinités qui le liaient à ses lecteurs et il savait que son message serait d'autant mieux compris qu'il serait livré par des modes d'expression éprouvés. Il ne pouvait pas prévoir le malentendu qui surviendrait plus tard.

S'il ne s'agissait que d'une donnée biographique, cela ne tirerait pas à conséquence. Mais il s'agit de toute une œuvre et d'une œuvre essentielle à l'histoire des idées. En ramenant la pensée de Rousseau à une source unique d'inspiration, à l'illumination de Vincennes, on a coupé de la réalité concrète son œuvre entière. En attribuant à 1749 ce qui a été conçu à d'autres dates, on n'a pas seulement altéré les données chronologiques de l'œuvre, on a surtout confondu les rapports entre celle-ci et les événements historiques, politiques et sociaux. En situant en un lieu unique cette inspiration, on a sous-évalué les repères divers dont elle dépendait. En unifiant l'œuvre autour d'une certitude, on a eu tendance à négliger les éléments qui paraissaient excentriques par rapport à ce point, à méconnaître les doutes et les hésitations de l'auteur. On a altéré le cours du mûrissement de la pensée. On a surtout sous-estimé l'apport des valeurs collectives dans les œuvres les plus personnelles. On a changé la signification de l'œuvre. Nous ne disons pas que tout est faux dans l'interprétation que la critique moderne a donnée de l'œuvre de Rousseau. Nous disons qu'une erreur de perspective peut déformer un tableau. Peut-être l'extrême diversité des jugements portés aujourd'hui sur Rousseau et leur caractère contradictoire s'expliquent-ils par l'anachronisme.

S'il ne s'agissait que de l'œuvre de Rousseau, on trouverait peut-être un remède. Mais l'œuvre de Rousseau n'est pas isolée. Elle appartient à l'histoire des idées. Pour ne rester que sur le plan des individus, la pensée de Rousseau s'est opposée à celle de Voltaire. Leurs rapports sont extrêmement significatifs. Une erreur sur l'attitude de Rousseau en comporte une autre sur celle de Voltaire. Nous pouvons en dire autant de Rousseau et de Diderot, de Rousseau et de Montesquieu, des écrivains dont l'œuvre a eu de profondes répercussions sur la vie sociale et politique. En descendant à des figures moins éminentes on finira, d'étage en étage, par embrasser toute une époque, une culture.

Mais, dira-t-on, les critiques rousseauistes ne s'appuyent pas tous sur l'illumination de Vincennes. Plusieurs d'entre eux n'en parlent même pas. C'est vrai. Mais chacun voit en Rousseau un individu essentiellement isolé. Or, l'illumination de Vincennes a été déterminante en ce qu'elle a privilégié l'individu au détriment du milieu où il s'exprimait. L'illumination tendait à valoriser un homme, à faire de lui un être extraordinaire dont l'œuvre exprimait l'unicité. Il semble, au contraire, que la signification la plus profonde, encore ignorée, de l'œuvre de Rousseau s'inscrive dans un autre contexte. La pensée de Rousseau ne peut être comprise que par rapport à un débat collectif, paraît-il.

2. L'idéologie dans les cahiers de remontrances des Etats généraux

Comme nous l'avons annoncé dans l'introduction, il est indispensable que nous remontions jusqu'aux Etats-généraux pour établir la signification idéologique du débat sur le luxe, avant d'étudier les rapports entre le contexte socio-historique de ce débat et l'œuvre de Rousseau. Il faudra aussi relever aux Etats-généraux d'autres questions qui joueront un rôle important dans les débats de la société du dix-huitième siècle sur les sciences et les arts, les universités, la vertu, le peuple (ou le laboureur), le financier, le commerce ... Pour étayer notre thèse, susceptible de modifier considérablement le sens de l'œuvre de Rousseau par rapport à la critique moderne, nous serons appelé à citer bon nombre de documents historiques et à faire état de ce qui pourrait les contredire ou diminuer leur caractère représentatif. Nous citerons parfois des détails qui ne concernent pas immédiatement les questions que nous avons choisi d'aborder mais qui contribueront à évoquer le contexte général où elles ont été débattues, ce qui nous permettra de les situer dans leur juste perspective.

Le débat sur le luxe, commencé bien avant les Etats-généraux, n'a pas trouvé uniquement là son lieu d'élection. Pourtant, s'il doit avoir une portée idéologique, c'est là qu'il aura le plus d'occasions de se manifester, étant donné que les divers ordres de l'Etat y trouvent l'expression de leurs revendications et de leurs conceptions de la société. A vrai dire, les documents sur les plus anciens Etats-généraux sont trop rares et nous renseignent peu sur ce sujet qui n'est pas aussi urgent que les motifs de leur convocation, tels que la levée des impôts ou la minorité d'un roi. C'est la raison pour laquelle nous avons choisi d'étudier les cahiers de remontrances des Etats-généraux à partir de 1560.

i. Les Etats-généraux d'Orléans (1560)

Le clergé. Aux Etats-généraux de 1560, sous Charles IX, le cahier de remontrances du clergé témoigne de la préoccupation constante de cet ordre, qui consiste à maintenir ses prérogatives. Le clergé insiste sur la confirmation de son monopole sur l'Université et sur l'enseignement en général:

Et pour ce que des universités et écoles procède toute lumière de bonne doctrine, tant pour le regard de la religion, que autres bonnes lettres servant à l'administration de la République quand elles sont conduites au bon ordre et discipline; et au contraire, s'il y

63

a mauvaise administration, en advient corruption de la jeunesse, laquelle se multiplie avec l'âge, en tous vices, tellement que c'est une des principales à quoi est nécessaire de donner bon ordre.[1]

On remarquera dans cette citation l'importance que le clergé accorde à l'instruction comme moyen de gouvernement. Il recommande la fondation de nouvelles écoles pour que les enfants puissent un jour 'servir tant à l'ordre ecclésiastique que gouvernement de la République' (L. D., i.25-26).

Le clergé prend position contre la vénalité des charges et en faveur d'une réforme qui accorderait celles-ci au mérite et au savoir. En ce qui concerne la noblesse, il dénonce l'usurpation des titres de la part des roturiers. Il se montre favorable à la noblesse, en ce qu'il recommande plusieurs mesures considérées essentielles par les gentilshommes, comme, par exemple, le droit de chasse, que ces derniers revendiquent pour eux seuls. L'intérêt que le clergé porte à la noblesse paraît net, quoiqu'il puisse s'opposer à celle-ci sur quelque point particulier. Ainsi, par exemple, le premier ordre de l'Etat voudrait-il qu'on interdise au second le duel.

Le clergé recommande également des mesures en faveur du peuple: il veut réduire les tailles qui l'appauvrissent et le protéger contre les pillages des gens de guerre. Sur la question du luxe (ou superfluité vestimentaire), on remarquera que le clergé ne semble pas préoccupé par son aspect moral, mais plutôt par le fait que le luxe de l'habillement tend à ne plus respecter les costumes traditionnels, qui avaient pour fonction de distinguer le noble du roturier; tel est le sens de l'appel que cet ordre adresse au monarque: 'Semblablement lui plaise faire entretenir l'édit fait par le roi Henry son père sur la différence des habits des nobles et gens du tiers état: de défendre, sous fortes peines, les superfluités, et en faire une loi somptuaire tant pour les dits habits, banquets, que autres dépenses superflues' (L. D., i.52).

La noblesse. La noblesse a présenté trois cahiers séparés, qui visent les mêmes objectifs. Ce qui frappe, c'est le caractère revendicatif des propositions qu'ils contiennent. Celles-ci tendent au maintien des privilèges nobiliaires. On invoque des mesures contre l'achat de fiefs de la part des roturiers. C'est sans doute un écho de l'appauvrissement dont souffre la noblesse.

Ce qui est remarquable, c'est que les nobles voient dans le luxe l'inconvénient déjà dénoncé par le clergé, lequel consiste dans le fait que le luxe (surtout bourgeois) empêche qu'on distingue le noble du roturier. C'est le sens que prend l'expression 'encore plus éclaircis de qualité d'état' dans les mesures demandées au roi dans le texte suivant (L. D., i.72-73):

1. Lalourcé et Duval, *Recueil des cahiers généraux des trois ordres aux Etats-généraux* (Paris 1789) [ci-après L. D.], i [*Etats d'Orléans en 1560*].24.

Aussi ordonnera sa majesté que les édits et ordonnances faites sur la superfluité et discrétion des accoutremens soient observés plus étroitement, encore plus éclaircis de qualité d'état, et autre, comme aussi les ordonnances faites sur la chasse contre les roturiers, contre les blasphémateurs, usuriers, faux témoins, larrons, domestiques et hôteliers et semblablement pour les jeux prohibés et tavernes contre les domiciliés. (Remontrances de la noblesse. Articles accordés par les nobles et gentilshommes des baillages de Troyes, Chaumont, Vitry, Meaux, Provins, Sézanne, Sens, etc.)

L'appauvrissement de la noblesse explique sans doute pourquoi cet ordre s'acharne contre la vénalité des charges, dans la mesure où celle-ci exclut les nobles de l'administration de l'Etat. Remarquons que ceux-ci insistent pour qu'il y ait une participation active du pays au gouvernement de l'Etat: ils s'opposent ici à la politique de la monarchie. Ils veulent faire convoquer des Etats provinciaux tous les cinq ans et des Etats-généraux du royaume tous les deux ans. Il faut noter aussi que les nobles semblent fort préoccupés par le sort du peuple. Ils demandent que les dîmes et autres redevances des ecclésiastiques qui ne résident pas dans leurs diocèses soient distribuées aux pauvres, et ajoutent que les seigneurs aussi bien que les habitants aisés devraient nourrir les indigents.

Un deuxième cahier contient des recommandations semblables. Ce texte réclame des mesures qui empêcheront l'importation de luxe, cause de la ruine du pays. Notons que le luxe a trait principalement aux superfluités d'habits et que, dans l'esprit des auteurs de ce texte, il nuit à la différenciation des rangs, jugée nécessaire à l'Etat (L. D., i.144-45):

Au surplus, plaise à votre majesté donner ordre au grand luxe et superfluité d'habits pour tous états, et spécialement pour le tiers état. Autrement, si bientôt n'y est pourvu de remède, le peuple s'en va ruiné et détruit pour la plupart. Car l'or et l'argent de votre royaume est transporté aux nations étrangères pour le recouvrement de soie, drap de soie, fil d'or et d'argent, passemens, broderies et cannetilles, qui n'engendre que superfluités. Pour ces causes requièrent que pour la différence de l'état desdits nobles et celui du tiers état, soit défendu audit tiers état de ne porter drap de soie et cappes, et le semblable soit fait pour le regard de leurs familles. (Remontrances de la noblesse aux Etats d'Orléans en 1560. Articles accordés par les nobles et gentilshommes de la prévôté et vicomté de Paris, baillage de Vermandois, Senlis, Melun, duché et baillage de Nemours; Chateau Landon, Grez, Pont sur Yonne, etc.)

Les gentilshommes qui s'expriment dans le second cahier se prononcent avec insistance sur le problème des terres nobles aliénées souvent au profit des bourgeois. Ils demandent que les nobles ayant prêté le service au roi puissent racheter leurs terres pendant cinq ans après leur cession. Le troisième cahier combat en même temps l'usurpation des titres nobiliaires et le luxe (L. D., i.211-12):

Afin que la dite noblesse soit maintenue en sa dignité et qu'elle ne soit confondue, sera le bon plaisir de sa majesté d'ordonner que dorénavant nul autre que ceux de leur état, encore qu'ils fussent officiers ou issus d'officiers de justice ou financiers, ne se pourront intituler nobles ou écuyers en aucun acte de cour ou contrat; ne leurs femmes demoiselles, ne s'attribuer armoiries, si ce n'est qu'ils ayent exprès privilège du roi des choses susdites par lettres patentes, qu'ils ayent par succession depuis la quatrième génération, à peine de cinq cents écus applicables, moitié au roi, l'autre au dénonciateur; et qu'à nul autre qu'aux nobles sera loisible de porter bonnets de velours, ceintures, souliers et fourreaux d'épées de velours, ne marque d'or au bonnet et cappeau. (Remontrances des députés de la noblesse des baillages, sénéchaussées et pays de Rouen, Caen, Evreux, Sens, Meaux, Touraine, Vitry, Sezanne, Amiens, etc.)

Le tiers état. Le Tiers-état reproche au clergé son ignorance et l'abandon de son ministère. Pour y porter remède, le Tiers-état propose une réforme générale de l'Eglise, qui en rendrait les postes électifs et mettrait un terme à la corruption. Ce qui frappe dans le cahier du Tiers-état, c'est l'importance que cet ordre accorde à la culture et au savoir. Tout un chapitre y est consacré. Le Tiers-état y déplore le déclin de l'instruction, tout en proposant des mesures pour y remédier. On remarquera le rôle important qu'on y accorde aux savants (L. D., i.308):

Quant aux universités de ce royaume, il est sûr qu'elles ont été fondées par les anciens rois de France, pour leur service de pépinières des gens doctes et savans, sans lesquels ne se peuvent maintenir les royaumes et républiques; et à cette fin les avoient lesdits fondateurs doués et honorés de grands privilèges, libertés, exemptions et immunités, qui par la rigueur des temps, et nécessités des guerres, ont été presque anéantis.

C'est dans ce contexte que le Tiers-état propose la fondation de nouvelles écoles pour permettre à un plus grand nombre d'élèves de s'initier aux humanités. C'est donc un acte de foi en la culture (L. D., i.311):

Le point principal pour maintenir tous états est l'institution de la jeunesse, de laquelle dépend le succès des républiques, mais pour ce que tous les sujets du dit seigneur n'ont le moyen et la faculté de faire instruire leurs enfans ès universités fameuses, pour la dépense qui y est requise; supplie très humblement sa majesté, qu'il lui plaise permettre à tous les manans et habitans des bonnes villes de son royaume, d'ériger et entretenir en chacune des dites villes des collèges pour instruire la jeunesse ès langues et arts libéraux, c'est à savoir, y enseigner la grammaire, la rhétorique et la philosophie, nonobstant privilèges des universités, et autres titres à ce contraires.

Le Tiers-état se livre à une critique amère de la noblesse. Il reconnaît que celle-ci tire son 'origine et dénomination de la vertu' (L. D., i.313), mais il soutient que son comportement laisse maintenant à désirer (L. D., i.314):

Ce néanmoins bon nombre des nobles de ce royaume dégénérant de l'honnêteté et vertu de leurs ancêtres, et oubliant leur propre devoir, font plusieurs actes indignes de leur nom et race, abusent des dites armes et de la faveur qu'ils rencontrent à l'endroit des princes et grands seigneurs, à l'oppression de leurs sujets et inférieurs, et parfois à faire force et violence aux ministres de la justice.

66

2. L'idéologie dans les cahiers de remontrances des Etats-généraux

Le Tiers-état dénonce les abus commis par les seigneurs envers leurs sujets, notamment sous forme de corvées. Les nobles imposent des corvées, de sorte que le laboureur ne peut pas travailler à sa terre et entretenir sa famille. On demande au roi qu'on empêche les seigneurs de vexer le peuple, plusieurs nobles ayant tendance à envahir les terres labourées pour y chasser, au grand dam des pauvres gens, qui voient leurs récoltes détruites (L. D., i.320):

Que les gentilshommes et autres, encore que les terres soient ensemencées, les vignes et grains prêts à cueillir, chassent ordinairement en tous temps à pied et à cheval avec nombre de gens, chiens et oiseaux, qu'ils mènent avec eux, ne faisant difficultés de passer et repasser dedans les vignes et graignages, ce qui fait un grand dégat, et apporte grand dommage et grandes ruines aux propriétaires, laboureurs et vignerons, sans qu'eux en osent faire poursuite.

Le Tiers-état en vient à une conclusion qui ne manque pas d'étonner. Au lieu de réclamer des mesures coercitives à l'encontre des nobles, il attribue leurs abus à leur grande ignorance, à laquelle il voudrait porter remède (L. D., i.325-26):

A cette cause, supplient sa majesté pourvoir à en chasser l'ignorance, cause de tous maux, prévoyant que les nobles soyent doresnavant dressés aux armes et instruits aux lettres, par lesquels [*sic*] ils prendront connaissance du devoir et obligation qu'ils ont envers Dieu, le roi et son peuple, en quoi ils se trouveront plus capables à faire service, au dit seigneur et son royaume, plus traitables et raisonnables envers leurs sujets; car il est certain que l'amour de la vertu, connaissance et honte du mal les gardera plus d'entreprendre qu'aucune contrainte.

Les députés du Tiers-état ne parlent que du luxe de l'ordre auquel ils appartiennent (L. D., i.400):

En ce royaume, les gens du Tiers-état et les marchands, artisans et mécaniques, leurs femmes et enfans, font telles dépenses superflues en habits et vêtemens, qu'ils sont contrains, pour entretenir la dite superfluité d'habits, mal user en leurs états et marchandises, et survendre leurs manufactures. A cette cause, seroit bon d'ordonner que toute sorte de soie sur soie soient défendus aux dessusdits à ce que la dépense superflue ne soit cause d'encherir les denrées, et rançonner le peuple, aussi qu'ils font pour chacun jour, à tous le moins en user selon la qualité.

On remarquera que cette déclaration du Tiers-état diffère profondément de celle de la noblesse et du clergé.

Les conclusions qu'on peut tirer de ces textes, en tentant un premier bilan à l'issue des Etats-généraux d'Orléans, sont les suivantes: le luxe apparaît comme le reflet d'un changement profond dans la société; les nobles, appuyés par le clergé, insistent pour que les différences de rangs soient maintenues dans les habillements et invoquent des lois dirigées surtout contre le Tiers-état; celui-ci condamne les superfluités, mais seulement au sein de son ordre, n'osant pas apparemment défier la noblesse sur ce terrain. Le Tiers-état, tout en ayant des intérêts différents de ceux de la noblesse et n'hésitant pas à critiquer certains abus nobiliaires tels que les corvées illégales et les atteintes à la propriété, ne critique pas la structure sociale elle-même, c'est-à-dire le principe des rangs et des signes distinctifs. La condamnation du luxe reflète donc un courant social très conservateur. Les mesures visant à empêcher l'importation d'articles de luxe favorisent, directement, la noblesse en diminuant sa dépense somptuaire. Notons aussi qu'elles encouragent la production économique locale et qu'elles permettent la prospérité des paysans, dont la noblesse tire l'essentiel de son revenu. C'est ce que les députés de la noblesse font remarquer quand ils disent, en parlant des paysans: 'la pauvreté et nécessité desquels redonde sur votre noblesse' (L. D., i.164).

Ce qui frappe, c'est la foi du Tiers-état dans le pouvoir de l'instruction et l'enseignement des lettres. Il pense corriger les hommes, et, dans ce cas précis, les gentilshommes, grâce à l'étude. En fait, le Tiers-état sait que la culture est un grand moyen de promotion sociale, dont il profite largement. C'est ce qui explique probablement la silence de la noblesse à propos des universités, tandis que le clergé, grâce au monopole qu'il détient sur l'éducation, s'en préoccupe assez.

Il s'agit maintenant de savoir si ces tendances se maintiennent ou si elles vont évoluer. Remarquons que la signification socio-historique des thèmes qui font l'objet de notre étude se précise: le *luxe* se rapporte à l'émulation, laquelle tend, dans l'habillement, à effacer les rangs; la *vertu* se trouve associée à la noblesse; les *universités*, les *écoles* et les *lettres* sont considérées comme des moyens de promotion sociale; l'*ignorance* est associée à la noblesse; la défense du *laboureur* justifie les prises de position contre le luxe.

ii. Les premiers Etats-généraux de Blois (1576)

Le clergé. Aux Etats-généraux de Blois (1576) sous Henri III, le clergé insiste sur la nécessité de protéger la religion de l'Etat, 'premier lien pour retenir les sujets en l'obéissance du Prince' (L. D., ii.2). Le clergé se penche sur la situation des universités, qu'il voudrait ramener à la discipline sévère d'autrefois. Il définit ainsi le rôle de la noblesse: 'Aux nobles appartient de servir le Roi de leurs personnes et biens, et de défendre le demeurant du peuple, au danger de leur vie; en considération de quoi, ils ont toujours été exempts de toutes gabelles, aides, tailles, subsides et impositions' (L. D., ii.70). Le clergé se rallie là aussi aux intérêts des nobles en revendiquant pour eux d'importantes charges de l'Etat (maison royale, capitaineries des places fortes ...). Il n'hésite pas cependant à critiquer de nouveau certaines pratiques des gentilshommes, telles que les duels, ou l'abus qui consiste à imposer des mariages à leurs sujets. Le clergé se prononce contre le désir des nobles d'exercer le commerce. Dans le cadre de la protection qu'il sollicite pour le peuple, le premier ordre de l'Etat demande que les nobles répondent des abus des gens de guerre qui sont sous leur autorité. Il insiste pour que les gens de guerre reçoivent assez de gages, et ponctuellement, afin qu'ils puissent se tenir dans la discipline sans ruiner les laboureurs. Quant au luxe, le clergé se limite à recommander le respect des édits somptuaires déjà existants.

La noblesse. Les remontrances de la noblesse tendent toujours, comme l'on pouvait s'y attendre, au maintien de ses privilèges. En effet, elle propose la nomination d'un syndic qui examinera les titres de ceux qui s'attribuent la qualité de gentilhomme. Démasquer les faux nobles est une nécessité absolue pour la noblesse si elle tient à se distinguer. Remarquons encore une fois combien la critique du luxe, et les lois qui le répriment, sont conçus dans le cadre des revendications de ce groupe (L. D., ii.133-34):

Afin aussi que les gentilshommes soient remarqués et connus parmi le peuple, ne puissent les roturiers et peuple se vêtir de semblables habits, ni leurs femmes porter chaperons de velours, usurper titres et noms des nobles et écuyers; avoir armoiries, mettre panonceaux sur leurs maisons, icelles clore, et remparer de tours, flancs, guérites, marchecoulis, créneaux, et autres défences, ni avoir, sans permission des seigneurs des lieux, colombiers, volières, garennes ni chasser à quelque chasse que ce soit, à peine de mille écus d'amende ou autre plus grande si elle y échet [...] A cette occasion, plaira à votre majesté faire une bonne réformation sur la superfluité des habits, tant des hommes que des femmes, et par icelle séparer et discerner le gentilhomme du roturier et plébéien.

Au fond, la condamnation du luxe est le plus important des arguments que la noblesse utilise pour tenter de renforcer son pouvoir, comme le montrent les passages suivants (L. D., ii.167, 168):

Ne sera loisible, sinon aux princes et princesses, porter ès habits, draps et toiles, passemens et cannetilles d'or et argent, à peine de 10.000 livres d'amende; et à ces fins seront faites inhibitions et défences à tous marchands d'apporter en votre royaume, drap, toile, passemens et cannetilles d'or et d'argent, à peine de confiscation des dites marchandises.

Semblablement ne sera loisible à quelques personnes de quelque état et qualité qu'elles soient, s'ils ne sont princes ou princesses, de porter pierreries ou perles, dorures, carcans, liens de tête, ceintures, brasselets, ou chaînes, à peine de milles écus, sauf que les gentilshommes et demoiselles pourront porter pierreries et bagues pendues au col et au doigt.

Les gentilshommes se font ici, comme par le passé, les protecteurs du 'pauvre laboureur' et du 'pauvre peuple'. Ils recommandent, en effet, que les laboureurs ne puissent pas être privés de leur bétail sur injonction du marchand et expriment le souhait que les paroisses nourrissent les pauvres. Mais ce qui les préoccupe surtout est la cherté de la vie, dont ils rendent responsables les hommes qui manient l'argent, financiers ou hommes d'affaires. L'intervention des nobles en ce domaine témoigne à la fois d'indignation et d'anxiété (L. D., ii.171):

Aussi parce que tant par la fraude de vos financiers, que par la malice des marchands, la petite monnaie a été affaiblie, et celle d'or et d'argent mise à si haut prix que le commerce commence à cesser, et les choses nécessaires à la vie montent à un prix si déraisonnable qu'il n'est personne, qui ne soit réduit à extrême nécessité; vous plaise, sire, priser vos écus à certain prix.

La violence avec laquelle les gentilshommes mettent en cause les financiers trahit sans doute un sentiment de frustration longtemps retenu devant l'incessante augmentation des fortunes bourgeoises à laquelle correspond le déclin des ressources des seigneurs. Remarquons que l'attaque déclenchée contre les financiers est présentée comme une défense du pauvre laboureur, auquel les gentilshommes se croient obligés de porter secours. Le passage suivant mérite sans doute d'être retenu (L. D., ii.175-76):

C'est chose très certaine que vos finances sont si mal ménagées, tant pour le nombre excessif des officiers inutiles qui en ont le maniement, que par les larcins et pilleries qu'ils vous en font journellement, que le tiers des levées que vous faites sur votre royaume, ne vient à votre profit et qui est encore le pis, les dits officiers, sous prétexte des dites levées, brigandent et assassinent votre pauvre peuple en tant de façons, qu'étant réduit en extrême pauvreté, il ne peut ni payer vos tailles, ni satisfaire aux devoirs qu'il doit à ses seigneurs, ains il est contraint [...] abandonner le lieu de sa naissance, et aller vagabond, et errant par le monde, quêter sa misérable vie, sans que pourtant ces cruels et barbares officiers radoucissent leurs inhumanités envers lui; par quoi, Sire, pour purger votre royaume de cette vermine et sangsue insatiable de votre substance, et de celle de votre pauvre peuple; vous plaira dès à présent casser et abolir entièrement tous les officiers de vos finances, sans nul excepter, et par loi irrévocable en éteindre et abolir l'usage, de sorte qu'ils ne puissent jamais être remis par quelque cause que ce soit, et faire punir de mort, comme traître et criminel de lèse-majesté, celui qui premier parlera de les rétablir et remettre.

Pour les nobles, le système des finances doit être organisé tout autrement. Ils proposent ainsi quatre 'gentilshommes d'honneur' pour une nouvelle surintendance et pour une administration générale des finances, et affirment que les fermes générales devraient être prises en charge par des représentants de chaque ordre au niveau des diocèses et des baillages. Enfin, les nobles se contentent d'une simple allusion aux universités où l'on apprend que celles-ci sont 'le jardin dont les sciences sont prises comme fleurs précieuses et rares' (L. D., ii.227).

2. L'idéologie dans les cahiers de remontrances des Etats-généraux

Le Tiers-état. Le Tiers-état a aussi des revendications à faire valoir. Il demande une réforme de l'Eglise qui consiste à rendre électives les charges ecclésiastiques et à imposer aux prélats et aux abbés de vivre sur les lieux de leurs bénéfices. Il se prononce également contre la vénalité des charges de judicature. Il semble sensible aux requêtes de la noblesse. En effet, il demande que les anoblissements obtenus moyennant finance soient annulés et que le commandement des compagnies de gens d'armes soit confié aux gentilshommes. Le Tiers-état adresse, cependant, des critiques à la noblesse et se prononce notamment pour que le peuple soit protégé contre les seigneurs qui, sans avoir les titres requis, lui imposent des corvées. Il ajoute que le commerce devrait être interdit à la noblesse. Le Tiers-état désire, en outre, qu'on supprime les offices des financiers et les pensions accordées aux courtisans.

Sur le chapitre du luxe, le Tiers-état constate l'émulation qui pousse les divers membres de l'Etat à s'habiller mieux que leur rang ne le permet et à se ruiner en frais de luxe. Il expose les conséquences morales et économiques du phénomène dénoncé en ces termes (L. D., ii.348-49):

D'autant que tous les états du royaume, depuis le plus grand jusqu'au plus petit, sont venus en tel luxe et somptuosité, voulant le gentilhomme simple être habillé et vivre en roi et en prince; le justicier, financier, et marchand, être vêtus et vivre comme les plus grands seigneurs; et le manouvrier faire autant comme le bien riche marchand; le serviteur être vêtu, et tenir train de maître, ce qui est cause de la ruine et destruction de gens infinis, et que beaucoup d'hommes sont voleurs et larrons, les femmes paillardes pour entretenir ce train; que à cette cause, il soit pourvu à telles somptuosités et excessives dépenses, réduisant le tout à quelque raison honnête, selon le degré de chacun, et à cette fin constituer à chacun une forme d'habit et l'étoffe dont l'on se pourra vêtir, selon l'état duquel on fait profession; et si possible est, de faire en sorte que l'homme ne soit habillé que de laine ou soie manufacturée en France, ce qui sauvera un bien grand denier au royaume.

Quoique ce texte vise le luxe dans tous les ordres, le Tiers-état s'applique à sanctionner le luxe du peuple (L. D., ii.349):

Pour remettre ce pauvre peuple en son ancienne humilité, vous plaise ordonner que les gens de labeur, vignerons et autres gens de villages, ne porteront aucun habit de couleur que de gris sans teinture, comme il vient sur les bêtes; comme aussi nul artisan ne sera vêtu de noir, d'écarlate, ni de couleur de pourpre, encore ni eux ni leurs serviteurs ou servantes domestiques, encore que ce soit des villes; ne porteront aucune soie en quelque chose que ce soit, à peine de confiscation des habits, grosses mulletes et amendes pécuniaires, applicable partie à vous partie aux pauvres, et partie aux dénonciateurs, et de prison; lesquelles amendes et muletes pécuniaires seront converties et changées en peines corporelles, en cas que les délinquants et contrevenans n'eussent de quoi en leurs biens, afin que leur pauvreté ne leur donne impunité du méfait.

On remarquera que dans ce dernier texte les couleurs sont interdites pour l'habillement du peuple, non seulement parce qu'elles supposent quelque chose de superflu, mais probablement parce qu'elles servaient traditionnellement à distinguer les rangs et que certaines d'entre elles désignaient les classes supérieures. C'est le cas de l'écarlate et de la pourpre, réservées aux rois. Le fait donc que le Tiers-état recommande une forme, une étoffe et une couleur pour chaque condition sociale signifie qu'il accepte les valeurs aristocratiques les plus traditionnelles. Le texte montre que le Tiers-état ramène le peuple à la place inférieure qui est la sienne dans la hiérarchie aristocratique.

Ce qu'il faut donc retenir des premiers Etats-généraux de Blois, c'est la grande sollicitude des nobles pour le 'pauvre peuple', dont ils prennent la défense probablement parce que cela convient aux intérêts de leur groupe. En réalité, ce qui préoccupe la noblesse, c'est la dévaluation de ses rentes fixes à cause de l'enchérissement de la vie. Les bourgeois qui profitent largement de la croissance économique, et surtout les financiers qui manient l'argent de l'Etat, deviennent la cible des nobles. C'est dans ce contexte que la noblesse fait une tentative pour participer au contrôle de la finance et de la richesse dont elle se sent exclue.

iii. Les seconds Etats-généraux de Blois (1588)

Le clergé. Aux Etats-généraux de Blois en 1588, sous Henri III, le clergé reprend dans l'ensemble les arguments de la session précédente. Il recommande des mesures en faveur de la noblesse qui tendront à maintenir les privilèges de celle-ci. Il prend la défense du peuple en ce qui concerne les corvées et d'autres abus fréquents.

La noblesse. La noblesse présente ses revendications traditionnelles pour maintenir ses privilèges. Elle demande que le conseil du roi soit composé exclusivement de gentilshommes et que des nobles soient admis à l'administration de l'Université. Dans le domaine de la police, les gentilshommes demandent les mesures les plus sévères contre les oppresseurs du peuple: 'Toutes personnes qui seront trouvées tenant les champs pillant et rançonnant le peuple seront pendus et étranglés, sans espérance de grâce, et permis à tous juges d'en avoir connaissance' (L. D., iii.122). La noblesse demande aussi que des mesures de police soient prises contre le luxe (L. D., iii.105-106):

Plaise aussi à votre majesté réprimer le luxe insupportable qui a cours en ce votre royaume et établir l'ancienne modestie et simplicité des François, renouveler vos édits et ordonnances faites pour le règlement des habits, et les défenses de porter soie sur soie, passemens d'or ou d'argent, d'user de broderies, perles et pierreries; et en emplifiant la dite ordonnance, prescrire à chacun état tel habit que, par l'accoutrement, on puisse faire distinction de la qualité de toutes personnes. Qu'il ne soit loisible à ceux du tiers-état de porter velours ou satin, en leurs habits, ne porter aucuns bas de soie, à peine de milles livres d'amende pour la première fois.

Les nobles demandent qu'on interdise aux marchands d'importer les étoffes de soie de l'étranger et qu'on fonde des manufactures sur place. Ils insistent de nouveau sur la nécessité de démasquer les usurpateurs de titres de noblesse et d'arrêter les anoblissements qui ne seraient pas fondés sur la valeur militaire. Malgré les mesures qu'ils réclament en faveur du peuple, les nobles ne vont pas jusqu'à lui permettre une participation politique. En effet, ils n'approuvent pas que certains paysans aient pris les armes pour résister aux gens de guerre; ou, plutôt, ils admettent leur résistance aux abus les plus criants, mais ils redoutent le pouvoir que le peuple pourrait se donner par la force des armes: 'Toutefois, hors que le sujet de soi soit très juste seroit très périlleux d'attendre que la force du peuple prît plus grand accroissement, étant le seul moyen d'entrer en démocratie et gouvernement populaire, et partant, ruine de l'état' (L. D., iii.145-46). D'où l'avis qu'ils donnent au roi de désarmer les paysans. Les gentilshommes insistent pour que le roi protège le laboureur contre les pillages des gens de guerre. Leur sollicitude, cependant, ne paraît pas toute désintéressée. Ils établissent clairement le lien entre leur prospérité matérielle et celle des paysans (L. D., iii.153):

Et d'autant que la plus grande foule et ruine du pauvre peuple provient de la licence et permission donnée aux gens de guerre de tenir les champs, et loger ès maisons des laboureurs, n'y ayant espèce de tyrannie qu'ils n'exercent par ce moyen avec infinis violemens et rançonnemens, ce qui est occasion que la plupart abandonnent leurs maisons, terres et héritages, au grand préjudice de votre noblesse et du public.

L'offensive qu'ils mènent contre les financiers au nom du peuple et du roi relève probablement de la défense de leurs intérêts (L. D., iii.160):

D'autant que le larcin des financiers et de leurs adhérens et associés, et le mauvais devoir qu'ils ont fait par ci-devant en leur charge, sont cause principalement de la foule et oppression du peuple, et épuisement de vos finances, votre noblesse supplie très humblement votre majesté qu'il lui plaise, au plus tôt que faire se pourra, composer et établir une chambre ambulatoire pour en connoître suivant la supplication que lui en a été faite conjointement par les trois états, et la requête que pour ce ils lui ont présentée, et que l'on en poursuive la justice jusqu'au bout, sans entrer en composition avec eux, comme on a fait par le passé.

Le Tiers-état. Sur le chapitre de la noblesse, le Tiers-état demande qu'on réduise, par mesure d'économie, le nombre des officiers de la maison royale. Il approuve bien des revendications de la noblesse. Aussi estime-t-il que les anoblissements achetés devraient être révoqués et que les capitaineries et d'autres charges similaires ne devraient pas être vendues. Il insiste, cependant, pour qu'on protège le peuple contre les vexations des seigneurs. En ce qui concerne le luxe, le Tiers-état ajoute peu aux positions de ses prédécesseurs (L. D., iii.242).

Observons, en ce qui concerne les seconds Etats-généraux de Blois, que le clergé et le Tiers-état accordent moins d'importance que la noblesse à la condamnation du luxe. Celle-ci adresse surtout ses reproches au Tiers-état, en lui interdisant le port des articles d'habillement et d'ornement propres à la noblesse. Elle insiste pour que soient prises des mesures qui tendront à créer une industrie nationale. L'attaque qu'elle déclenche contre les financiers, de même que la défense du pauvre peuple, concerne le luxe dans la mesure où les financiers font étalage de leur richesse et que celle-ci contraste avec la misère du peuple. Dans le domaine de l'éducation, le second ordre de l'Etat semble se rendre compte de l'importance de la culture en souhaitant participer à l'administration de l'Université.

iv. Etats-généraux de Paris (1614)

Les Etats-généraux de 1614, sous Louis XIII, sont très intéressants, car ils nous fournissent l'aperçu le plus récent et le plus complet de l'affrontement des groupes sociaux institués. On sait que les Etats-généraux ne seront plus convoqués jusqu'en 1789.

Le clergé. Le clergé consacre un chapitre entier de son cahier de remontrances aux universités. Une position bien différente de celle du Tiers-état y est prise. Le clergé y observe que les rois de France ont respecté deux idées essentielles, l'une selon laquelle (L. D., iv.75)

il n'y a plus grand ornement en un Etat que celui des Lettres: l'autre que ce riche ornement, s'il passe indifféremment par toutes mains, non seulement s'abastardit, mais encore en peu de temps, remplit l'état de trop de gens de lettres, affaiblit la milice, détruit le commerce et les arts, dépeuple l'agriculture, remplit le Palais d'ignorance, surcharge les Princes et leurs Estats d'inventions pernicieuses, diminue les tailles, oppresse l'Eglise de simonie, l'Estat d'offices supernuméraires, les Finances de gages, pensions et dons, bref pervertit tout bon ordre.

Le clergé demande des réformes pour corriger cet état de fait. Il consacre ensuite son attention à la noblesse et prend position en faveur de celle-ci. La vertu se trouve étroitement associée à cet ordre (L. D., iv.96):

Comme la noblesse de France s'est toujours fait signaler pardessus toutes les nations de la terre, en prouesses, en fidélité, et en invincible courage; aussi les Rois vos prédécesseurs, Sire, se sont plus grandement à les gratifier et reconnaître leurs services par plusieurs droits, prérogatives et franchises, comme estant l'honneur la plus digne récompense de la vertu.

2. L'idéologie dans les cahiers de remontrances des Etats-généraux

Le clergé demande, toujours dans le cadre de la défense des intérêts nobiliaires, les charges de la maison royale, ainsi que d'autres emplois, pour les gentilshommes. Il justifie cette démarche en insistant sur l'idée que les charges publiques représentent un honneur qui doit être accordé à ceux qui ont fait preuve de vertu, celle-ci étant, bien entendu, opposée à la richesse (L. D., iv.97):

Les offices de votre couronne, Sire, les estats de votre maison, les capitaineries des places, et les charges de la milice, qui ne se donnoient anciennement qu'à ceux qui par leur valeur s'estoient fait signaler au péril de leurs vies, sont maintenant à l'enchère, non de la vertu, mais des moyens et richesses, en sorte que les honneurs et les charges qui estoient autrefois la récompense et le prix des long travaux et du sang répandu pour le service des Rois, sont prostituez chaque jour à un désonneste trafic; et dont il ne peut arriver que de très pernicieux accidens, s'il ne plaist à votre Majesté y pourvoir, estant difficile que la vénalité et fidélité subsistent toujours ensemble.

Le clergé demande qu'on cesse d'attribuer les titres de noblesse pour de l'argent, 'ce qui tourne au mespris des anciens gentilshommes, et à la foule du peuple, lequel porte le faix de cette démérité noblesse' (L. D., iv.98). Les gentilshommes, selon lui, ne devraient pas être taxés, surtout pas sur les produits de leurs terres (L. D., iv.99):

Les gentilshommes honnorez, par vos prédécesseurs rois, de plusieurs privilèges, exemptions et immunitez, sont aujourd'hui tellement ravallez, qu'il ne leur reste presque aucune marque qui les sépare du vulgaire: les Fermiers de vos devoirs, Sire, s'estant puis quelques années advancez de les assujettir aux impositions ordinaires, mesmes pour les vins et cidres provenus de leur crû, rendant en cela leur condition égale à celle du commun peuple, ce qui est honteux à ceux que la naissance a rendu francs et quittes de toutes contributions populaires.

Le clergé, sans entrer dans le débat contre le luxe, condamne néanmoins le port de l'habit noble par les roturiers, comme le montre le passage suivant (L. D., iv.99):

D'autant plus que la qualité de Noblesse est relevée, plus aussi les usurpateurs d'icelle doivent estre punis et condamnés en grosses amendes. Comme ceux qui n'estant que de condition commune, font néantmoins porter les marques de la Noblesse à leur femme et famille; ce qui est venu aujourd'hui à un tel excès et abus, que pour les réformer V. M. est suppliée enjoindre à tous ses procureurs dans le ressort de leurs jurisdictions, faire diligemment informer contre ceux qui s'attribuent et prennent faussement le nom, les droits, marques et habits de Noblesse, afin de les faire condamner en mil livres d'amende, dont aucun ne pourra estre dispensé.

Le clergé proteste contre le fait que certains bénéfices ecclésiastiques sont accordés à des roturiers: selon lui, les nobles devraient obtenir la préférence. Mais il n'approuve pas tous les agissements de la noblesse. Il demande que les gens de guerre cessent leur pillage des laboureurs, que le roi interdise aux seigneurs de fief d'imposer à leurs vassaux de nouveaux impôts, et de marier les filles de leurs sujets, contre leur volonté. Finalement, le clergé se penche sur le sort du Tiers-état. Il souhaite un allègement des taxes pour soulager le peuple et demande que les communautés elles-mêmes fassent la levée des impôts sans les faire passer par les officiers de la couronne, responsables de beaucoup d'exactions. Le clergé condamne le luxe et, particulièrement, l'importation de tissus d'or et d'argent, de perles, de diamants et d'autres pierreries, 'qui ne peuvent servir aux nécessités de vostre Estat, mais seulement au luxe, dépenses superflues et ruineuses de vos sujets' (L. D., iv.117). La mode a rendu l'usage de la soie si dispendieux qu'une quantité excessive d'or et d'argent français s'en va enrichir l'étranger, ce qui exige un prompt remède (L. D., iv.117):

L'usage des soyes, tant en estoffes qu'en bas de chausses, qui est si excessif et désordonné en votre royaume, est cause qu'on en tire la meilleure partie de l'or et de l'argent qui y est, et qu'on le transporte aux pays étrangers, avec si grand désordre, et si incroyable, qu'il se trouve que depuis la mort du Roy Henry II, les seuls bas de soye ont cousté a vostre Royaume vingt millions d'or: et partant il est très nécessaire de faire des loix et réglemens fort rigoureux pour réprimer ce luxe venu à si grande extrémité, et deffendre aux marchands estrangers d'apporter draps, estoffes et bas de soye en vostre dit Royaume, qui en peut fournir plus qu'il n'en sera besoin, lors que les dits reglemens seront faits et observés, et qu'il ne sera permis à toutes personnes d'en porter et d'en user indifféremment.

Le clergé recommande comme par le passé des mesures pour éliminer la vénalité des charges.

La noblesse. La noblesse, poursuivant l'action déjà entreprise par le clergé, qui tend au maintien des prérogatives nobiliaires, concentre sa critique sur la vénalité des charges. Les nobles blâment la richesse, à laquelle ils attribuent un rôle corrupteur (L. D., iv.172):

La vénalité qui s'est glissée et introduite dans les charges de la guerre, de la maison de votre Majesté, celle de la reine, de Messiers et de Mesdames, ôte le courage à tout le monde de bien faire, et ne leur laisse que le soin de devenir riches par toutes sortes de moyens. Ravissant l'espérance à ceux qui, par serment, se sont voulu rendre dignes de telles récompenses, c'est pourquoi vostre Majesté est très humblement supplié d'en ôter entièrement l'usage, et déclarer indignes d'en posséder jamais, ceux qui par telles voies y voudront parvenir, et, que ne pourront les dites charges être possédées que par gentilshommes d'extraction.

La noblesse n'oublie pas la cause du peuple: 'Que tous ceux qui proposeront nouveaux moyens d'imposer et charger le Peuple, création de nouveaux édicts et offices, V. M. est très humblement suppliée de les déclarer criminels et perturbateurs du repos public, et comme tels punis exemplairement' (L. D., iv.176).

Les nobles se plaignent de ce que la monnaie s'est dépréciée et qu'elle diminue la valeur des rentes à un quart de ce qu'elles valaient auparavant. Si le roi prenait des mesures pour stabiliser la monnaie, les seigneurs en seraient grandement soulagés. Les représentants de la noblesse énumèrent leurs revendications (L. D., iv.188):

Que toutes charges de la guerre, gouvernemens des Provinces, Places, Ambassades et Etats de votre Maison, de celle de la Reine et de Monsieur, ne puissent être tenus que par Gentilshommes de race, comme de toute ancienneté, et conformément aux Ordonnances de Blois, art.276, étant la seule et plus digne récompense de laquelle ils peuvent être obligés, dont l'espérance leur fait mépriser leur vie pour s'en rendre dignes.

Selon les gentilshommes, le gouvernement devrait châtier les usurpateurs des titres de noblesse et devrait sanctionner le comportement des bourgeois qui achètent des terres nobles: 'Que les non nobles ayant acquis des terres et Seigneuries des plus nobles et anciennes maisons de votre Royaume, ne se puissent attribuer le nom et les armes des dites terres, ains de porter celui qui est le propre de leurs familles, à peine de confiscation des dites terres' (L. D., iv.193).

Les nobles voudraient interdire aux habitants des villes de chasser sur les terres de Sa Majesté. Selon eux, les roturiers ne doivent porter ni armes à feu, ni arquebuse, ni pistolet et ne doivent pas avoir de chiens de chasse. Enfin, les gentilshommes souhaitent reprendre les terres vendues depuis quarante ans 'par décret forcé ou à vil prix, pour payment de rançon, ou autrement servant les Rois, en remboursant les acquéreurs ou possesseurs du port principal' (L. D., iv.196). La noblesse exprime son désir de 'faire le grand trafique', c'est-à-dire d'entreprendre une carrière dans le commerce maritime, tout en conservant ses prérogatives: 'Que vaisseaux soient entretenus selon que votre Majesté le trouvera raisonnable et que nuls que gentilshommes ne puissent avoir la capitainerie ni gouvernement des navires' (L. D., iv.198).

Les gentilshommes, en prenant position en faveur du 'pauvre peuple', lient encore la protection de celui-ci à leurs propres intérêts (L. D., iv.226):

Que Votre Noblesse soit déchargée de tous impôts mis et à mettre, pour la distribution de ce qui est de leur crû et nourriture, conformément aux immunités de leur qualité. Que Votre Majesté, considérant la désolation du pauvre peuple des champs, sujet à tous les malheurs ordinaires, duquel la misère est la ruine du Clergé et de la Noblesse, ordonnera qu'à l'avenir, il ne soit permis aux gens du Tiers état de pouvoir faire imposer aulcuns deniers pour quelque cause que ce soit, excepté ceulx de Votre Majesté, sans le consentement du Clergé et de la Noblesse, demeurans dans l'estendue du ressort où telle levée auroit à se faire.

La noblesse ne perd pas de vue la nécessité de réprimer le luxe, car celui-ci confond les rangs (L. D., iv.229):

Que les ordonnances pour la réformation des habits soient exactement observées, et défendre de nouveau soye sur soye, passement d'or et d'argent, user des broderies, pierreries et perles, et prescrire à un chacun état tel habit, que par l'accoustrement, on puisse faire distinction de la qualité des personnes, et que les velours et satin soient défendus, si ce n'est aux Gentilshommes et que Reglement soit faict sur le trop grand nombre de carosses.

Enfin, elle attaque avec véhémence les manieurs d'argent, les partisans (les percepteurs des impôts) et leurs associés, au nom du 'pauvre peuple'! (L. D., iv.247):

Que les méchancetés et concussions que les dits officiers, leurs archers et suppôts font impunément sur le dit pauvre peuple, soient semblablement châtiés, n'y ayant cruauté qui ne soit commise sur icelui, sans espoir de justice, d'autant que les partisans intéressent subtilement, et par grosses pensions, plusieurs des principaux de votre conseil et des cours souveraines, tellement que les gémissemens du pauvre peuple sont repoussés avec toutes sortes d'inhumanités, et ainsi les partisans triomphent de votre réputation et de la substance du dit pauvre peuple.

La noblesse aurait tendance à rendre les partisans responsables de ses malheurs. Elle souffre de se voir humiliée par ceux qui la taxent au nom du roi et qui s'enrichissent par la même occasion, d'où l'intervention un peu intéressée en faveur du 'pauvre peuple', autre victime des partisans (L. D., iv.248-49):

C'est chose bien étrange à votre Noblesse, Sire, de se voir appeler par devant vos commissaires et là comme criminelle être contrainte de leur rendre compte du nombre d'enfans et serviteurs, qu'elle peut avoir, et combien de porcs elle fait tuer par an, pour sa provision, et autres viandes ou par-delà; elle est condamnée à très grosses amendes, et à prendre du sel au grenier, en telle quantité qu'il plaît au commissaire de lui imposer. Votre Noblesse n'étoit pas traitée de cette façon sous Clovis, Philippe Auguste, et Louis XII [...] C'est pourquoi d'abondant Elle sera très humblement suppliée par susdite Noblesse, lui faire cette grâce de la laisser vivre en ses anciennes libertés, ou du moins ne consentir que pour enrichir certaines harpies, partisans ennemis de cet Etat, et ceux qui les favorisent et soutiennent, elle soit réduite à porter un joug plein de dégoût et du tout insupportable à qui est né François et Gentilhomme.

Elle ajoute, toujours à l'encontre des partisans (L. D., iv.251):

Sire, votre Noblesse est contrainte de faire plainte sur plainte à l'encontre des partisans dont cet état n'est que trop rempli, au très grand dommage de votre pauvre peuple, sur lequel ils décochent toutes les flèches de leurs rapines et concussions, et particulièrement ceux qui se disent avoir commission de rechercher les droits de Franc-Fiefs et nouveaux acquêts, lesquels contre toute équité forcent et contraignent, par grandes vexations et saisies maudites des Sergens, les sujets de votre Noblesse pour les dits droits.

Le Tiers-état. Le Tiers-état demande une réforme de l'Université. Par exemple, il souhaite que les licences obtenues sans assistance aux cours soient nulles, qu'on interdise aux écoliers d'élire leurs chefs, de s'enrôler par nation et de provoquer des querelles. En somme, le Tiers-état vise à discipliner l'Université, sans toutefois partager la position du clergé sur ce sujet.

Le Tiers-état se penche aussi sur les finances du royaume et dénonce les partisans: 'Les partisans sont les vrayes sang-sues de Vostre majesté, et du peuple, et leurs desseins ne tendent qu'à la ruine de vos Finances, à la foule de vos Subjets, et à corrompre vos principaux officiers par des pensions secrètes et extraordinaires' (L. D., iv.270).

Sur le chapitre de la noblesse, le Tiers-état souhaite que les privilèges et les immunités des gentilshommes soient maintenus, mais il propose qu'on leur en refuse de nouveaux. Le Tiers-état se prononce contre les usurpateurs de noblesse et spécifie que les anoblissements accordés pour de l'argent, depuis Henri II, devraient être révoqués. Il demande aussi qu'on abolisse la vénalité des charges et qu'on interdise les exactions des gens de guerre. Selon le Tiers-état, les gentilshommes ne devraient pas faire le commerce. Il leur devrait être interdit d'imposer des corvées au peuple sans avoir des titres authentiques. Les gentilshommes ne devraient pas non plus exiger des impôts (banalités) sur les fours et les moulins, ni se mêler de marier les filles de leurs vassaux, ni se provoquer en duel.

Sur le chapitre du luxe, le Tiers-état fait une intervention très discrète, en justifiant sa proposition comme une mesure purement économique (L. D., iv.459):

L'édict fait par le feu Roy votre père (d'heureuse mémoire) sur les prohibitions de l'usage des draps d'or, d'argent et de soye, et passemens d'or, d'argent de Milan, et façon de Milan, soit gardé, et soient encore faites défenses à toutes personnes fors à celles qu'il plaira à vostre Majesté excepter par son Edict, de porter perles, diamans, et autres pierreries, d'avoir carosses dorez, ou enrichis de brodures ou passemens de soye, de faire dorer cheminées, lambris, ou autre chose, si ce n'est pour l'ornement des églises.

Tel est l'essentiel des remontrances du Tiers-état.

En résumé, on assiste, aux Etats-généraux de 1614, à une prise de position du clergé qui tend à restreindre l'étude des lettres et à limiter l'accès à l'instruction. C'est une position très conservatrice en ce qu'elle vise à maintenir les structures sociales existantes. On aura remarqué que la noblesse ne se prononce pas sur ce sujet. Quant au Tiers-état, il ne manifeste aucune réserve à l'égard de l'Université. Il se préoccupe de la renforcer et de la discipliner, sans manifester les mêmes craintes que le clergé. Celui-ci semble d'ailleurs épouser totalement les intérêts de la noblesse, quand il revendique pour les gentilshommes les principales charges publiques. Dans ce contexte, le clergé associe étroitement la vertu à la noblesse. La vertu signifie ici la valeur militaire et le dévouement à la communauté. En prenant fait et cause pour les gentilshommes et leurs revendications en ce qui concerne les charges publiques, la lutte menée contre la vénalité, contre l'usurpation des titres et des habits nobiliaires, le premier ordre de l'Etat se rallie au second. Leurs différences semblent négligeables. Ils tendent l'un et l'autre à préserver l'ancien régime. La condamnation du luxe renforce et protège les prérogatives des nobles, notamment les distinctions des rangs. En interdisant l'importation des soies, la noblesse tend, semble-t-il, à freiner le grand commerce international à l'avantage du produit local. Ces mesures protectionnistes, qui tendent à limiter la liberté du commerce, semblent politiquement conservatrices.

Les gentilshommes, en exprimant leur désir de récupérer leurs terres cédées sous la contrainte ('par décret forcé ou à vil prix'), manifestent le sentiment d'avoir subi une injustice: le passage des propriétés des nobles aux bourgeois. La dépréciation de la monnaie, en diminuant la valeur de leur revenu fixe (cens ou censive), les appauvrit de plus en plus à l'avantage du Tiers-état. Cela explique leur véhémence quand ils accusent les partisans et leurs associés de prévarication et qu'ils réclament des mesures répressives comme la création d'une chambre de justice. La défense du 'pauvre peuple' tend à donner plus de poids à leurs attaques contre les prévaricateurs. Remarquons que le Tiers-état seconde la noblesse dans sa lutte contre les financiers, mais, quoiqu'il les traite de 'sang-sues', il est moins militant, moins directement concerné qu'elle. Notons aussi que le Tiers-état appuie les revendications de la noblesse en ce qui concerne le maintien de ses privilèges. Il réclame des mesures contre les usurpations des titres de noblesse et contre la vénalité. Il ne conteste pas les droits légitimes et bien attestés des seigneurs, il ne s'oppose qu'à l'arbitraire. Quoiqu'il soit hostile à certaines requêtes de la noblesse, en ce qui concerne, par exemple, le grand commerce que celle-ci voudrait exercer, et quoiqu'il exprime sur le luxe des préoccupations protectionnistes plus proches de ses propres intérêts que des vues nobiliaires, le Tiers-état accepte les valeurs aristocratiques dont il subit l'ascendant.

v. Conclusion

La lecture des cahiers de remontrances des Etats-généraux de 1560 à 1614 montre la similarité et la constance des arguments qui y sont présentés et suggère que la plupart des revendications qui y sont exposées, spécialement celles de la noblesse, n'ont jamais obtenu de satisfaction durable. Devoir revenir continuellement, de façon presque obsédante, sur les mêmes revendications a dû susciter chez les gentilshommes une grande exaspération, d'où l'agressivité de certaines de leurs interventions à l'encontre des financiers. Pour mieux justifier aux yeux de tous la violence de ses attaques contre les financiers, la noblesse prend la défense du 'pauvre peuple', terme qui désigne presque exclusivement les laboureurs.

2. L'idéologie dans les cahiers de remontrances des Etats-généraux

Malgré la sollicitude dont la noblesse fait preuve envers le peuple, il est évident que le Tiers-état, si l'on en juge par le ton soumis des critiques qu'il adresse à la noblesse et par les violences qu'il essuie de la part de cet ordre (corvées abusives, pillages des gens de guerre, atteintes à la propriété au nom du droit de chasse, mariages forcés, péages et autres impôts abusifs), est un groupe dominé et, par conséquent, obligé de se rallier aux valeurs du groupe dominateur. Mais le Tiers-état est parvenu à atténuer la subjection dont il souffre dans la mesure où sa richesse tend à combler l'abîme qui séparait autrefois le noble du roturier. Le changement social dont la richesse bourgeoise semble être à l'origine, et dont le luxe dans l'habillement est le symptôme le plus évident, comportait un affaiblissement des principes propres à une aristrocratie militaire. Aussi la noblesse a-t-elle pris conscience de la nécessité de ralentir ce changement en proclamant les valeurs anciennes et en opposant, par exemple, la vertu et la distinction des rangs au luxe envahissant.

Comme nous l'avons vu dans les cahiers de remontrances des Etats-généraux, la vertu consiste dans la valeur militaire (prouesse, courage, fidélité, honneur) alliée au dévouement à la communauté. Cette vertu est attribuée à la noblesse par le clergé et le Tiers-état, quoique celui-ci fasse remarquer que la noblesse ne se comporte pas toujours conformément à la vertu. Cette valeur aristocratique s'oppose d'ailleurs, directement, à la richesse, et est utilisée par la noblesse pour justifier son opposition à la vénalité des charges, laquelle condamne la noblesse pauvre à renoncer à l'administration de l'Etat.

D'autre part, l'attitude de certains membres du Tiers-état qui consiste à emprunter le costume nobiliaire montre que ceux-ci subissent l'ascendant des conceptions nobiliaires de la société, tout en les mettant en cause, par leur émulation dans le domaine de l'habillement, dont l'effet est de confondre les rangs. Notons que le principe de la distinction de ceux-ci est maintenu par les représentants du Tiers-état comme par les deux autres ordres aux Etats-généraux.

Il y a donc un clivage très net entre les mœurs et les principes proclamés dans la société, ceux-ci étant plus conservateurs que les mœurs. Cet état de choses est illustré par l'échec de la tentative de la noblesse pour s'insérer dans le commerce, reconnu désormais par tous les ordres comme bénéfique et indispensable à la société, mais dont l'exercice est encore ressenti comme avilissant par le gentilhomme. De toute façon, on aura remarqué que le Tiers-état s'oppose à ce que la noblesse exerce le commerce, probablement parce qu'il lui doit sa richesse et qu'il ne désire pas partager avec un groupe concurrent les avantages qu'il en tire.

Même si tous les ordres de l'Etat se rallient aux valeurs nobiliaires, elles n'en sont pas moins menacées dans la pratique quotidienne. Il faut cependant souligner que cette menace ne vient pas d'une prise de conscience politique de la part du peuple ou d'une quelconque partie du Tiers-état, mais qu'elle découle du changement social. Par conséquent, le débat aux Etats-généraux ne peut que refléter ce changement et le conflit des idées qui en dérive, tout en exprimant un ralliement aux anciens principes.

Dans ces circonstances, il n'est pas étonnant que chaque ordre attribue une signification différente aux termes qu'il utilise, dans la mesure où il est impliqué différemment dans l'évolution sociale. Le commerce, les sciences et les arts, les universités, sont perçus généralement par la société comme des entités liées au progrès du Tiers-état. Il n'est pas étonnant donc qu'elles soient l'objet d'éloge de la part des uns, et d'indifférence, voire de réserves, de la part des autres. Elles se révèlent chargées d'une nette acception idéologique.

En ce qui concerne le débat sur le luxe, il faut noter que la condamnation de celui-ci s'inspire directement des valeurs nobiliaires menacées. En effet, quoique le luxe soit condamné par les trois ordres de l'Etat, c'est la noblesse (dont on peut dire qu'elle est secondée par le clergé et le Tiers-état) qui a déployé le plus d'énergies dans ce domaine, dans la mesure où le maintien de l'ordre des rangs, menacé par le luxe, lui est particulièrement nécessaire, puisqu'il appartient à la conception nobiliaire de la société.

Quoique nos conclusions demandent à être confirmées par l'étude d'autres documents provenant d'un contexte plus large que celui des Etats-généraux et d'une époque plus proche de l'œuvre de Rousseau, il est évident que les textes que nous avons cités autorisent ce premier bilan. Etant ce qu'il y a de plus officiel et de plus représentatif de l'opinion publique française de 1560 à 1614, les cahiers de remontrances des Etats-généraux nous permettent d'établir les rapports entre les idées débattues et les groupes institués. Il sera moins aisé de saisir ces rapports un siècle ou deux plus tard, quand la distinction entre les groupes sociaux sera moins marquée et que les idées exprimées publiquement, en reflétant le nouveau rapport des forces, ne se manifesteront plus comme caractéristiques d'un groupe déterminé, mais seront présentées au nom d'une entité plus large, telle que la nation, par exemple.

3. L'idéologie en marge des cahiers de remontrances

Dans ce chapitre nous examinerons l'idéologie qui sous-tend les positions prises par des individus ou par des groupes en dehors des Etats-généraux, à l'égard des sciences et des arts, des financiers, des laboureurs et, surtout, du luxe.

En ce qui concerne les sciences et les lettres, nous avons vu qu'aux Etats-généraux on cherche en vain une prise de position officielle de la part de la noblesse à ce sujet. C'est une autre assemblée, celle des notables de 1626, qui nous éclaire sur ce point:

Et d'autant que votre royaume, Sire, est aujourd'hui remply d'un nombre infini de collèges lesquels au dommage de l'Etat substrayent au public une infinité de gens qui abandonnent les arts, le commerce, le labourage et la guerre, tournent à charge au public, et qui, pour avoir passé leur jeunesse dans l'oisiveté des lettres, deviennent pour la plupart incapables de servir; V. M. est suppliée de retrancher le nombre excessif desd. collèges, et au lieu d'iceux d'avoir agréable d'ordonner et faire établir en chaque archevêché ou province des collèges militaires pour l'instruction de la jeune Noblesse, depuis la douzième année jusqu'à la dix-septième, dans lesquels les enfans des pauvres gentilshommes soient élevés en la connaissance et crainte de Dieu, nourris, entretenus et instruits aux lois et ordonnances de la guerre, aux exercices du corps autant qu'il sera besoin pour l'usage d'un soldat, et que l'on y dresse leurs esprits selon la force et le talent qu'ils auront de la nature aux parties des mathématiques servans à la guerre, à l'histoire et morale, et porteront lesd. collèges le nom de V. M.[1]

L'on voit que la noblesse rejette l'étude des lettres, ce qui nous rapproche beaucoup des sciences et des arts, comme étant dangereuse pour l'éducation de la jeunesse. On ne conseille qu'une étude restreinte des mathématiques, de l'histoire et de la morale, dans la mesure où elles jouent un rôle auxiliaire dans l'éducation des hommes de guerre. Il y a donc incompatibilité entre les lettres et la vertu militaire.

Dans cette même assemblée l'on voit la noblesse proposer de financer les académies militaires par le revenu de certains bénéfices ecclésiastiques. Notons que dans tous les baillages et les sénéchaussées, elle suggère l'institution d'un organe formé par deux gentilshommes. L'une de ses fonctions serait d'exercer une censure morale, l'autre de relever le revenu des nobles pour établir ceux

1. 'Articles présentés au roi par les notables du corps de la noblesse, le 2 décembre 1626', dans L. N. H. Chérin, *La Noblesse considérée sous ses divers rapports* (Paris 1788), p.274 (art.7).

d'entre eux qui seraient acceptés dans les collèges militaires. On assiste, en somme, à une véritable offensive pour que la noblesse puisse s'insérer dans l'administration de l'Etat et pour qu'elle puisse assurer sa survie, car ses conditions économiques sont de plus en plus déplorables.

La conception des collèges comme facteur de subversion sociale s'était déjà manifestée à l'occasion de l'assemblée des notables de 1617-1618. Un pamphlet intitulé *Advis à messieurs de l'assemblée* (1618), sans nom d'auteur, reflète les conceptions nobiliaires. On demande que la préférence soit accordée à la noblesse pour les charges de l'Etat, qui ne doivent pas comporter de vénalité, que le gouvernement supprime toutes les universités sauf quatre des plus réputées et que le revenu résultant de cette suppression soit accordé à des académies militaires au bénéfice de la noblesse. La science est de nature à diminuer l'obéissance des sujets et les collèges ont favorisé le désordre social (p.5-6):

Premièrement, ils ont fait quantité de lettrez, peu de savans et puis la facilité a faict que les moindres artisans et les plus pauvres laboureurs ont envoyé leurs enfans à ces escoles, où on monstre gratuitement. Ce qui a tout ruiné. Quiconque a mis le nez dans les lettres, dès l'heure s'est rendu incapable de toute autre vacation [...] Les sciences ne sont bonnes que pour les grands esprits: si elles en polissent quelques-uns, elles en affaiblissent mille autres. Ceux qui courent les rues parlent ordinairement latin.

Ce même auteur veut qu'on soulage le peuple. Selon lui, on devrait diminuer les impôts, les tailles, les aides, et protéger le laboureur des abus des gens de guerre. Il revient cependant sur ce qui touche directement les gentilshommes. Il faut que le roi cesse d'accorder des pensions à la noblesse, car celle-ci se transporte à la cour pour en solliciter et finit par s'y ruiner en frais de luxe (p.10):

Les pensions ont ruiné la noblesse. Tel qui vivoit commodément et doucement dans sa maison, et qui mesmes aux occasions pouvoit assembler ses amis, mange le revenu de tout son bien en trois mois pour venir demander sa pension. Un valet ou deux luy suffisoient; son village ne voyoit ny clinquant ny broderie. A la Cour, il a un écuyer, des gentilshommes, des pages; quantité de plumes, quantité de passemens d'or. Voilà où s'employe son bien, et ce qui luy revient de bon d'une pension mal payée, bien levée sur le peuple, et encore mieux, contée sur le Roy. Et pour preuve de ce que je dis, qu'on recherche curieusement s'il y a un seul Gentilhomme qui ne soit, ou ruyné, ou incommodé à ce mestier-là; sur un escu de fonds extraordinaire, ils desseignent dix escus de despense: Et c'est ce qui a mené le luxe à ce point où il est; comète malheureuse qui présage infailliblement la ruine des Estats qu'elle menace.

Les mêmes idées au sujet des collèges et de la confusion sociale qui en dérive se trouvent dans un autre pamphlet intitulé *Le Passevolant ou réformateur des abus qui se commettent aujourd'hui en France* (1623).

Les revendications de la noblesse pour avoir sa part dans l'administration de l'Etat se heurtent à son manque d'instruction. Un écrit intitulé *Advis, remonstran-*

3. L'idéologie en marge des cahiers de remontrances

ces et requestes aux Estats-généraux tenus à Paris par six paysans (1614) le montre bien. L'auteur, ou les auteurs, reconnaissent que la noblesse devrait exercer les charges de la judicature mais ils observent qu'il lui faut s'en rendre digne par les études: 'Messieurs de la Noblesse, vous estes dignes de ce reproche et on vous a donné là une staphilade à propos. Il est vrai qu'il y a plusieurs seigneurs et gentilshommes doctes, voire très doctes, de bon sens, capables de toutes grandes administrations: mais c'est le petit nombre et il y en a tant d'autres esloignés de ce port.'[2] La noblesse se consacre aux exercices corporels, qui, selon une idée traditionnelle, ne sont pas compatibles avec l'étude des lettres. On le lui reproche en ces termes dans une *Homélie des désordres des trois ordres de cette monarchie*:

[le] désordre que je vois parmi vous est celui de vos exercices. Non que je blasme les corporels qui sont nécessaires au maniement des armes, mais de vous y voir si entièrement attachés, que vous ne donniez presque aucune culture à votre esprit, ny de temps pour le meubler de coignoissances judicieuses et solides, c'est cela que j'improuve.[3]

L'Hercule françois déplore le même inconvénient. Les nobles français, entièrement voués aux armes, ont méprisé l'étude des sciences, 'mespris qui a coulé l'ignorance dans ces belles âmes' et permis l'essor du Tiers-état. Celui-ci, grâce à 'une estude pénible ou plustot par des montaignes d'or', s'est emparé de toutes les charges de la judicature.[4]

Un auteur moderne, A. Devyver, a fait remarquer qu'on peut citer de nombreux nobles qui se vantent de leur ignorance, mais aussi qu'il y en a plusieurs qui se rendent compte de la nécessité de s'instruire.[5] Aux seizième et dix-septième siècles, il arrive qu'on exprime de la méfiance envers les lettres et les collèges, et envers la culture en général, considérés comme inconciliables avec la vertu. Quoiqu'il ne nomme pas les personnes, le célèbre humaniste Jean Bodin nous parle de ceux qui pensent de la sorte. Dans le 'Discours de Toulouse' (1559), il fait l'éloge des sciences et des arts en recommandant aux Toulousains la protection d'un collège:

Il paraîtra sans doute invraisemblable à la postérité que dans une cité aussi fameuse, dans des temps aussi cultivés, il se soit trouvé des gens pour essayer de ruiner les lettres et les arts. Quelle cruauté inouie, quelle folie plutôt chez certains, que de chercher à détruire le collège que vous avez fondé, d'essayer sous prétexte de sauvegarder le trésor

---

2. *Recueil des principaux traitez escrits et publiez pendant la tenue des Estats-généraux du royaume assemblez à Paris l'an 1614 et 1615*, dans *Advis, remonstrances et requestes aux Estats-généraux* (s.l. 1614), p.95.

3. J. P. Camus, *Homélie des désordres des trois ordres de cette monarchie* (Paris 1615), p.52.

4. *L'Hercule françois: harangue au roy, pour la noblesse de France en l'assemblée des notables tenue à Rouen* (Rouen 1618), p.5.

5. A. Devyver, *Le Sang épuré: les préjugés de race chez les gentilshommes français de l'ancien régime (1560-1720)* (Bruxelles 1973), p.449-53.

public, de vous compromettre auprès d'un roi si cultivé. Puisqu'ils sont seuls à haïr les arts, seuls à abhorrer les sciences, qu'ils restent des barbares pour leur propre compte: pourquoi envient-ils aux autres la supériorité de la culture? [...] Ceux qui séparent la vertu et la science de la nature croient donc que la vertu peut se joindre à l'ignorance, ce qui est le comble de l'absurdité.[6]

La noblesse a cependant pris conscience du préjudice que lui cause le manque d'instruction. Déjà en 1568, Blaise de Montluc, dans son 'Discours au parlement et au jurats de Bordeaux', s'exprime ainsi: 'Je vous conseille, Seigneurs, qui avez le moyen, et qui voulez avancer vos enfans par les armes, de leur donner plustost les lettres. Bien souvent, s'ils sont appelez aux charges, ils en ont besoing, et leur servent beaucoup. Et croy qu'un homme qui a leu et retenu est plus capable d'exécuter de belles entreprinses qu'un autre.'[7]

Prenons note qu'il existe à cette époque un débat pour ou contre les sciences et les arts et qu'il existe une position de groupe. C'est la noblesse, ou plutôt certains membres de la noblesse, qui prennent le plus souvent un parti contraire à la cause de la culture, pour les raisons mentionnées. On peut citer Nicolas Faret, qui, dans son livre intitulé *L'Honnête homme ou l'art de plaire à la court* (1630) et dans le chapitre intitulé 'Des bonnes lettres et du mespris qu'en font les gentils-hommes', affirme: 'Il est certain que le nombre n'est pas petit dans la Cour de ces esprits malfaits, qui par un sentiment de stupidité brutale, ne peuvent se figurer qu'un gentilhomme puisse être savant et soldat tout ensemble.' Il cite dans une note en bas de page un traité célèbre à l'époque, le *Cortegiano*: 'Les François cognoissent seulement la noblesse des armes [...], de manière que tant s'en faut qu'ils estiment les lettres, que mesmes ils les abhorrent, et tiennent les hommes lettrez au rang des plus vils et infimes du monde.'[8] Nous reviendrons plus loin sur cette question pour voir si elle a cours au dix-huitième siècle et, en particulier, à l'époque de Rousseau.

Revenons pour l'instant au luxe et aux facteurs qui y sont étroitement liés. A l'assemblée des notables tenue à Rouen en 1596, sous Henri IV, on trouve ce texte émanant de la noblesse, qui exprime encore une fois les préoccupations des Etats-généraux:

Plaise à Votre Majesté pour ôter le luxe insupportable qui croît en ce royaume d'entretenir l'ancienne modestie des François, renouveller les édits et ordonnances faites pour le règlement des habits, et les deffences de porter soye sur soye, passement d'or et d'argent et d'user de broderies, pierreries et perles, et amplifiant icelles prescrire à chacun état tel habit que par icelui, on puisse faire distinction de la qualité de toutes personnes.[9]

6. *Œuvres philosophiques de Jean Bodin*, tr. P. Mesnard (Paris 1951), p.41-43.
7. B. de Montluc, *Commentaires* (Paris 1925), iii.126.
8. N. Faret, *L'Honneste homme ou l'art de plaire à la court* (Paris 1925), p.24.
9. Chérin, *La Noblesse considérée sous ses divers rapports*, p.184.

3. L'idéologie en marge des cahiers de remontrances

L'auteur, rapportant ce dernier texte, en mentionne un autre présenté aux Etats-généraux de Blois, en 1588, que nous n'avons pas trouvé dans le recueil de Lalourcé et Duval. Ici on considère le luxe comme un mal caractéristique de la noblesse (p.54-56):

L'une des plus grandes ruines de la Noblesse procède des somptuositées d'acoustrement en quoi s'oublient tant les hommes que les femmes pour tenir un équipage excédent à leurs moyens et qualité, tant en grand nombre de serviteurs et servantes, que pour l'usage de la pierrerye, drap d'or et d'argent, et de soie, qui se fait avec un tel excès que plusieurs maisons, qui étoient grandes et honorables se voient du tout perdues et ruinez, qui est chose fort à regretter, que pour une fumée de gloire, ils mettent toute leur substance en habis qui ne sont utiles ni profitables et feroient trop mieulx d'appliquer leurs moyens, en choses plus nécessaires, en quoi ce seroit fort requis que S. M. interdict telle profusion de vestemens, en leur limitant ce qu'ils doivent porter pour estre séant à leur qualité, et par même moyen faire ung reiglement sur les gens de ville qui sont effrenez en magnificences de leurs meubles et habis, en quoi les veulent imiter les paysans lesquels bien qu'ils soient pauvres et misérables, ne font difficulté de porter soye, et draps, et autres étoffes de haute couleur, estant fort nécessaire de prescrire à chacun l'acoustrement qui lui est convenable et qui soit du tout différent à ceux de la Noblesse, et ne devroit estre permis aux femmes des avocats, procureurs, trésoriers, bourgeois et autres femmes ignobles, de porter plus chapperon de velours, ni robbes et cottes de soye, dont la façon debvroit estre remise à l'usage des antiennes bourgeoises, et par ce moyen l'on verroit une différence entre les nobles et les ignobles.

Le luxe est-il donc particulièrement préjudiciable à la noblesse? C'est ce qui est apparu aux Etats-généraux. Déjà en 1484, aux Etats de Tours, Jean de Rely se plaignait des excès commis par les nobles qui, pour subvenir aux frais de leur luxe, opprimaient leurs vassaux et commettaient des abus sur les biens de l'Eglise: 'Le tiers désordre qui est en l'estat des Nobles est cause des autres devant dicts, c'est pour leur excessive despense en bastimens, vaisselle d'or, d'argent, d'habits et ceintures à homme et à femme, trop grande famille et trop somptueux banquets et conviz, car après prodigalité va rapine sa nourrice, et la suit par tout pié à pié.'[10]

La noblesse s'appauvrit en frais de luxe à l'avantage du Tiers-état et, particulièrement, des marchands qui pourvoient à la dépense somptuaire. Claude de Seyssel, théoricien politique et fonctionnaire royal, s'exprime ainsi, dans *La Monarchie de France* (1519):

Aussi quant au troisième exercice des gens dudit Etat moyen, qui est la marchandise, faut bien avoir regard qu'il ne détruise ou appauvrisse la Noblesse: ce qui advient par un seul moyen, à savoir des grandes pompes et bombances que les Nobles veulent faire et entretenir et de la dépense excessive qu'ils font, tant en leur vivre qu'en toutes autres

---

10. J. de Rely, *Ordre des Estats tenus à Tours soubs le roy Charles VIII*, harangue faicte devant le roy Charles VIII et son conseil par honorable homme maistre Jean de Rely, docteur en théologie, et chanoine de l'église de Paris, eslu et député par les trois estats à ce faire (Paris s.d.), p.24.

choses; mais surtout celle qu'ils font en habillements et autres pompes est la plus pernicieuse tant à eux qu'à la chose publique du royaume.[11]

Un homme politique, La Noue, s'exprime ainsi, en dénonçant les maux de l'Etat et en proposant les mesures propres à le rétablir, dans ses *Discours politiques et militaires*, composés vers la fin du seizième siècle et publiés en 1614:

> Au premier rang seront les superfluitez en habits qui surabondent par tout, dont dépend la pauvreté particulière à quoi il semble qu'il y ait petite difficulté; neantmoins si n'y peut-on toucher qu'on ne face crier deux millions de personnes [...] Il y a le tiers de la noblesse au moins qui voudroit bien qu'il y eust en cela un bon règlement, car elle en seroit plus accomodée d'argent et moins endettée.[12]

Antoyne de Montchrétien adresse au roi Louis XIII, avant la clôture des Etats-généraux de 1614, son *Traicté de l'œconomie politique*. Il insiste sur la nécessité d'une agriculture plus prospère. Le labourage est, selon lui, le fondement de toute richesse. Quand la noblesse vivait exclusivement à la campagne, elle était heureuse. 'Depuis que les villes ont été fréquentées, la malice s'est accrue, l'oysiveté s'est formée, le luxe s'est nourri, la fainéantise a pris vogue. Entre nous, maintenant, comme entre les Thespiens, c'est honte de manier la terre.'[13] L'auteur y déplore les ravages du luxe. Depuis que la vanité règne, des dépenses ruineuses dans l'habillement ont confondu les rangs: 'L'homme de boutique est vestu comme le gentilhomme. Cestuy-ci ne sçauroit plus estre connu que par la seule bonne créance et belle façon. Si cela manque, adieu toute différence. Au reste, qui n'apperçoit point comme cette conformité d'ornement introduit la corruption de nostre ancienne discipline?' (p.59). Montchrétien demande au roi d'intervenir dans ce domaine, car cette confusion provoquera peu à peu l'affaiblissement de toute discipline et la perte de l'Etat. Selon lui, le roi devrait diriger le développement de l'industrie en la soumettant à des fins morales et sociales. L'auteur reconnaît la nécessité du commerce et admet le profit, car la France ne doit pas rester enfermée dans une économie d'austérité. Il précise que le commerce intérieur est bon parce qu'il profite aux campagnes, l'extérieur plus dangereux parce qu'il peut menacer l'économie nationale. En général, cet auteur jette les bases de l'économie telle que la conçoivent les esprits conservateurs, dont plusieurs nobles, aux dix-septième et dix-huitième siècles.

Dans son *Discours politique au roy*, Pierre de Mouilhet indique au roi les maux de l'Etat, auxquels il faut promptement porter remède, en lui montrant que le peuple est sans doute mal gouverné

---

11. C. de Seyssel, *La Monarchie de France* (Paris 1961), p.160.
12. F. de La Noue, *Discours politiques et militaires* (Genève 1967), p.115-18.
13. A. de Montchrétien, *Traicté de l'œconomie politique dédié en 1615 au roy et à la reyne* (Paris 1889), p.41.

3. L'idéologie en marge des cahiers de remontrances

Quand il sort de ses rangs pour usurper ceux d'autruy: Quand les pécunieux en temps disetteux achètent les denrées pour les revendre à un haut prix, mettent tout à sec et les pauvres à la faim: Quand les faquins se couvrent comme les Seigneurs, et les mécaniques profanent la Soye et la Richesse: Quand les pères par dots excessifs ruinent leurs Maisons, et désolent leurs Familles.[14]

Cet auteur note que la soie et la richesse, et, par conséquent, le luxe, sont détournés de leur destination légitime, quand ils confondent les rangs au lieu de les distinguer. Il y a donc bien l'idée d'une profanation. Autrement dit, la soie et la richesse sont à leur place sur le corps du gentilhomme et deviennent une usurpation chez les roturiers. C'est une idée généralement sous-entendue, tant elle paraît naturelle. Ce même auteur dénonce deux folies caractéristiques des Français, qui leur causent deux grandes dépenses: ce sont les caprices de la mode ('l'inconstance des Français à s'habiller') et 'l'imprudence de ceux auxquels la vanité ou le luxe fait dépenser plus que ne souffrent leurs moyens, et consumer leurs fonds' (p.23).

Dans la *Pourmenade des bonshommes* (1619), on met en scène trois personnages 'd'honneur, de doctrine et de mérite'. Ils parlent de la grande décadence des mœurs de leur époque. Ils se plaignent du peu d'obéissance des gens du commun, du gain excessif des marchands, qui achètent des offices. Ils déplorent que les artisans alimentent le luxe par les superfluités qu'ils inventent. 'Mais si vous prenez garde au luxe, où toutes sortes de qualitez trempent, il est si excessif, si extraordinaire, si contre Dieu, qu'il y a de quoi s'étonner de n'y voir point mettre ordre.'[15]

En somme, le luxe est condamnable parce qu'il confond les rangs et sans ceux-ci l'Etat ne pourra pas subsister. Si le luxe était employé à distinguer les rangs, selon son ancienne et légitime fonction, tout rentrerait dans l'ordre. C'est une plainte générale. Un *Discours sur le luxe* (1617) insiste sur cette façon de concevoir les choses. Les Gaulois et les anciens Romains utilisaient l'or et l'argent pour marquer les rangs. Une fonction essentielle du vêtement est de signaler les dignités:

Jamais les roturiers n'eurent même avantage pour se parer, que les gentilshommes et patriciens: il est donc bien honteux que comme les titres d'honneur sont indifféremment usurpez aujourd'hui dans ce royaume, de même chacun se donne cette authorité de s'habiller comme il lui plaît: le roturier comme le noble, le pauvre comme le riche, prennent la qualité d'écuyer et portent l'habit magnifique et somptueux sans considérer l'inconvénient de cette confusion, ny apprehender le danger de cette profusion.[16]

---

14. P. de Mouilhet, *Discours politique au roy* (Paris 1618), p.22.
15. *La Pourmenade des bonshommes, ou jugement de nostre siècle*, dans Luynes, *Recueil des pièces les plus curieuses qui ont esté faites pendant le règne du connestable M. de Luynes* (s.l. 1622), p.194.
16. *Discours sur le luxe*, dans *Recueil* (Paris 1760), vol. K, p.145.

Une brochure dirigée contre Mazarin, attribuée à Dubosc de Montandré, *Le Tombeau du sens commun*, fait une large place au problème du luxe. L'auteur soutient la nécessité de soulager le peuple, mais, contrairement à ceux qui préconisent une diminution des impôts, il affirme qu'il faut en établir de nouveaux. Il s'agit d'imposer des taxes sur le luxe des roturiers qui, par des dépenses disproportionnées à leur rang, usurpent les habits propres aux conditions plus élevées. Si on taxait les riches, les pauvres seraient soulagés à proportion. Selon cet auteur, il faut sévir, 'parce que la liberté que le peuple prend de s'émanciper à ces magnificences extravagantes de l'extérieur' est la preuve de la faiblesse du roi et du mauvais comportement des ministres, qui devraient limiter 'ces pompes débordées des habits'.[17] Il s'agit de se conduire avec prudence en établissant les nouveaux impôts. Il faut examiner si les gens limitent 'leur ambition dans les termes de l'estat où Dieu les a fait naître, si toutefois ils ne sont eslevés plus haut par la capacité de leur génie' (p.35). Le peuple n'est pas aussi pauvre qu'on le prétend, car le luxe général prouve le contraire (p.35-36):

Si le peuple estoit pauvre, verroit-on des mouchoirs de col de vingt ou trente escus sur des simples femmes de rotisseur, verroit-on des laquais habillez de couleur, portans le carreau à la suite de certaines femmes de simple marchand: verroit-on des habits de trois ou quatre cens francs sur des lingeres et sur des filles de boucher: verroit-on les passemens d'or et d'argent honteusement abaissez jusques à estoffer des cottes des chandeleuses? Verroit-on des filles de chambre à la suite de celles qui ont autrefois esté servantes? Verroit-on des portes cochères dans les maisons des marchands? Verroit-on des chapeliers ou des tailleurs aller par les rues ou à cheval ou en carosse? [...] Il faut donc advouer que le luxe est bien extravagant, que le peuple a bien des richesses puisqu'elles desbordent avec tant d'excès, et que le Roy a beau jeu s'il veut s'en servir pour remplir ses espargnes vides: le passement, la soye, l'escarlate, l'or et l'argent sont les marques de la Noblesse.

Remarquons dans cette intéressante brochure que les passements d'or et d'argent sont considérés comme 'honteusement abaissez' à partir du moment où ils appartiennent aux roturiers, et que, d'autre part, ces matières précieuses sont 'les marques de la Noblesse', c'est-à-dire qu'elles doivent distinguer les rangs. On comprend ainsi l'agressivité des nobles envers les roturiers, qui se voient souvent remis à leur place sans ménagement. Il s'agit d'une usurpation évidente.

A cette époque très agitée de l'histoire de France, celle de la Fronde (1649-1651), la noblesse est particulièrement active. Elle insiste pour que la régente, Anne d'Autriche, convoque les Etats-généraux. La convocation a lieu le 8

---

17. Dubosc de Montandré, *Le Tombeau du sens commun, ou le renversement des idées de tous les Sages* (s.l. 1649), p.33, 34.

septembre 1651 mais, quoique des élections se soient tenues en quelques baillages, les Etats ne se réunirent pas. Il nous reste cependant quelques cahiers de la noblesse, qui reprend ses arguments désormais traditionnels. On y remarque toujours la lutte contre l'usurpation des titres de noblesse et des habits nobles, contre le luxe:

Après ces noms de Marquis et de Comte, vient le linge tant en despance superflue qu'à habillements et meubles et comme un chascun indifferemment s'habille de soye sans distinction de qualité de personne n'y ayant si petit clerc de financier, ou de conseiller, qui ne soit mieulx vestu que plusieurs gentilshommes de bonne maison. Et par le moyen des draps d'or et d'argent et passements d'or et d'argent, et aultres estoffes, et poinct de Gènes et Venise, et passements de Flandres, qui entrent en ce royaume des pays estranges, il en sort tous les ans plus de six millions d'or. Il vous plaise interdire à toute personne de quelque qualité qu'elles soient fors les princes et princesses de vostre sang, de n'user en leurs habits d'or ny d'argent, et à toute personne sinon aux gentilshommes.[18]

D'autre part, la condamnation du luxe semble liée à la dénonciation des financiers, ou partisans, qui profitent, de la façon la plus manifeste, des avantages de la richesse. On peut le déduire de plusieurs brochures. Il n'est pas possible de dire si les auteurs appartiennent à la noblesse parce que ces écrits sont souvent anonymes. Il s'agit pour le moment d'en examiner quelques passages, et nous tenterons plus loin d'établir l'origine sociale de l'attaque portée contre les financiers. Une brochure intitulée *La Chasse aux larrons* souligne l'origine roturière des financiers. Ce sont des individus de très basse naissance et, par conséquent, indignes des richesses dont ils font un étalage scandaleux:

On voit que leur train est plus splendide et plus reiglé que celui des grands seigneurs: On voit qu'il n'y a aujourd'hui gens au monde plus pompeux, plus respectez et plus honorez: On voit qu'ils bastissent les plus beaux palais: Qu'ils achetent les plus nobles terres et baronnies: Qu'ils donnent à leur enfans et alliez les Estats, Offices, et Dignités des plus hauts magistrats: Et que s'il y a quelque belle et rare pièce entre les mains des lapidaires, orfèvres et joyailliers: Quelque riche et sublime estoffe chez les marchands estrangers et françois: C'est pour les financiers et les financières.[19]

Le Financier réformé, aux occasions des affaires de ce temps, sans nom d'auteur, prend le ton inquisiteur et indigné caractéristique de ce genre de littérature. Il déplore le règne de l'argent, qui a tout corrompu:

Quelque grant veut-il espouser un riche party, où s'adresse-t-il? aux filles de messieurs les financiers. Et pourquoi cela? parce que l'on leur donne comptant, vingt, trente, quarante, mil, cent mil, et six vingts mil escus en mariage, leurs maisons sont des Palais,

18. R. Mousnier, J. P. Labatut, Y. Durand, *Problèmes de stratification sociale: deux cahiers de la noblesse pour les Etats-généraux de 1649-1651* (Paris 1965), p.103 (cahier de la noblesse de Troyes, art.44).

19. J. Bourgoin, *La Chasse aux Larrons ou avant-coureur de l'histoire de la chambre de justice* (Paris 1618), p.75.

et des Louvres, leurs chambres tapissées de tapisseries de fil d'or et d'argent, leurs lits flambent d'escarlate; le Marbre, le Jaspe et le Porphire reluysent en tous endroicts, et l'or de ducat est partout en leurs cheminées, qu'ils embellissent d'antiques médailles, d'où ils disent estre sortis voulant prouver par là l'ancienneté de leur maison: ô abus, ô luxe, ô vanitez non pareilles, hé que feront désormais les Roys et les Princes, qui les fera differer du commun? Puisque les Financiers ont un train approchant du leur?[20]

Le *Responsorium ou salve regina des financiers* insiste pour que les financiers soient traités sans ménagement:

Ainsi en estes-vous Messieurs les millours, jusques icy vous avez brigandé et vollé le Roy, vuidé ses coffres, consommé les finances en atours, diamans, perles, et affiquets pour vos femmes, et contraint mille bonnes familles de quitter leurs biens, et porter la besace: Et puis voyez vous l'orage prest à creuser sur vos testes: Le Roy tient-il la foudre en main pour vous réduire en poudre, comme des Titans eshontéz, qui avez voulu empieter sur l'authorité royale?[21]

La *Décision de la question du temps, à la reyne régente* proteste contre les exactions des partisans et de ceux qui sont à leur solde. Ils ont affamé le peuple:

On a veu dans la plus grande fertilité des années, les pauvres paisans manger l'herbe, et qui eussent creu d'estre à la noce, ayant du pain que l'on donne aux chiens, parce qu'ils n'avoient pas un sol pour en acheter [...] Parmy tant et de si rudes traitements, et durant tant d'années, qu'a-on dit? qu'a-on fait? L'Eglise et la Noblesse ont esté dans l'oppression comme les autres, quelle émotion a-on fait pour cela? on a fait ligue? s'est-on soulevé? a-on pris les armes, encore qu'il en eust juste sujet, contre ces sangsues humaines, qui de laquais et banqueroutiers sont devenus grand seigneurs, et possedent des biens immenses, qu'ils ont volé avec impunité, et ruiné l'Estat sou le nom du Roy et vostre authorité?[22]

Dans le *Catéchisme des partisans*, l'auteur soutient que les partisans doivent être forcés de rendre la richesse mal acquise. Les sommes immenses grâce auxquelles ils achètent les charges de l'Etat prouvent assez qu'elles ne sont pas légitimes:

Aussi ces sommes immenses que l'on donne en mariage à des filles de néant, qui excèdent celles des princesses; Ces grandes charges de prix presque inestimables que l'on voit acquises et possédées par des personnes tirées de la lie du peuple et dont les pères peut-être ont porté la mandille, ou sont venus à Paris avec des sabots, montrent bien la profession qu'ils ont exercée, de quelle sorte ces facultez sont acquises, sur qui elles ont esté pillées, et à qui elles doivent estre restituées, si l'on ne veut participer à la damnation éternelle de ceux qui les ont si injustement amassées.[23]

Le *Manuel du bon citoyen* considère que les partisans oppriment le peuple,

---

20. *Le Financier réformé, aux occasions des affaires de ce temps* (Paris 1623), p.11.
21. *Responsorium ou salve regina des financiers* (Paris 1624), p.6.
22. *Décision de la question du temps, à la reyne régente* (Paris 1649), p.57.
23. *Catéchisme des partisans, ou résolutions théologiques touchant l'imposition, levées et employ des finances*, par le R.P.D.P.D.S.I. (Paris 1649), p.32.

'offusquent la Noblesse', 'scandalisent l'Eglise', et se demande pourquoi on ne les prend pas en chasse comme des ennemis publics, comme 'des loups et des sangliers'. C'est bien sûr parce qu'ils ont des protecteurs. Le prince et le magistrat les reçoivent dans leurs maisons: 'Au temps passé ainsi que nous l'avons appris des vieilles gens, l'alliance de ces gens-là était prise pour une pollution et une dérogation à la Noblesse, maintenant on en fait le soustien des maisons, et de leur argent on en repare les familles ruineuses et délabrées.'[24]

La Vérité toute nue s'en prend à ceux qui ont fait des fortunes prodigieuses et rapides, et qui les dépensent pour le luxe le plus éhonté. Ils ont dépouillé tant de familles, ils ont ruiné tant de pauvres gens. Le cardinal Mazarin aurait pu remédier à cette situation et, au contraire, il l'a rendue encore plus dangereuse:

Fit-il, dis-je, par l'establissement d'une bonne chambre de justice, remettre dans les coffres du Roy, pour le soustien de l'Estat et le soulagement du peuple, ce que ces sangsues avoient desrobé? Abolit-il le luxe que ces voleurs avoient introduit, et qui a causé un luxe général, par la peine que chacun avoit de souffrir que des gens de néant parussent si fort au dessus d'eux?[25]

Le pamphlet assez connu, *Les Soupirs de la France esclave*, accuse la monarchie et la bourgeoisie riche de s'être liées pour ruiner la noblesse:

Toute l'ancienne noblesse de France est réduite à la mendicité. A la place des anciens nobles, il vient de nouveaux nobles, qui tirent leur origine de la faveur de la cour et des finances. Ces gens achètent et possèdent toutes les plus belles terres du royaume et exercent sur les anciens gentilshommes une espèce d'empire despotique.[26]

Ces quelques passages mettent l'accent sur les causes les plus voyantes auxquelles on attribue le déclin du pouvoir de la noblesse: la dépréciation du revenu des seigneurs, l'enrichissement de la bourgeoisie, le transfert des terres des nobles aux bourgeois, qui devaient provoquer, de la part du groupe perdant, la mise en cause de la richesse et du luxe.

Si l'on tient compte des débats des Etats-généraux, force est de constater que le groupe le plus agissant à l'encontre des financiers est la noblesse. C'est elle, d'ailleurs, qui entraîne les deux autres ordres de l'Etat. Remarquons que les attaques contre les financiers que nous avons relevées dans les cahiers de remontrances se poursuivent au niveau des interventions aux Etats-généraux. C'est aux Etats de Blois (1588), que le comte de Brissac prononce les propos suivants au nom de la noblesse:

24. *Manuel du bon citoyen, ou bouclier de défense légitime contre les assauts de l'ennemy* (Paris 1649), p.19.
25. *La Vérité toute nue ou advis sincère et désintéressé sur les véritables causes des maux de l'Estat et les moyens d'y apporter le remède* (Paris 1652), p.6.
26. *Les Soupirs de la France esclave* (Amsterdam 1689), p.8.

J'adjousteray, Sire, que les mauvais mesnages, les dérèglemens et larcins manifestes des deniers sacrés au soustentement du royaume, nous contraignent à exciter encore votre justice contre ceux qui, au maniement de vos finances, se sont par trop dispensés au préjudice du public. La pauvreté de vostre pauvre peuple, Sire, se conjoint à ces très humbles supplications, sa misère, sa disette, et l'oppression de son labeur, implore dans ses larmes et dans ses cris le soulagement de ses angoisses.[27]

C'est dans ce contexte également que nous trouvons la preuve formelle que la noblesse a entraîné le Tiers-état dans la persécution contre les financiers. Le procès-verbal indique que la noblesse a pris l'initiative pour la formation d'une chambre de justice à l'encontre des financiers: 'Fut apporté un billet de la part de la noblesse pour ériger une chambre composée de six de chacun ordre qui seroient tirés des chambres des Etats, avec six commissaires, que le Roy nommeroit pour faire la recherche et procès aux financiers, partisans, courtiers d'offices, et autres de la dite qualité' (*Recueil*, v.109). Aux Etats-généraux de Paris (1614), les députés du Tiers-état se sont déclarés disposés à sévir contre les financiers après avoir été sollicités par la noblesse: 'Six députés du Tiers-état sont entrés et ont dit que Mrs. de la Noblesse les ont requis de se joindre à eux en la supplication qu'ils prétendent faire, pour l'établissement d'une chambre pour la recherche des financiers' (*Recueil*, vi.194). Pendant la discussion au sujet de cette chambre de justice, un gentilhomme s'est présenté et a assuré l'assemblée 'que lui et cinq autres ses compagnons, avoient de bons et aisés moyens pour la faire réussir, et en retirer du fruit pour plus de douze millions d'or, sans y comprendre la peine du quadruple' (*Recueil*, vi.197). Il s'agit de Beaufort, lequel a présenté au roi son livre, *Le Trésor des trésors de France volé à la couronne par les inconnues faussetés, artifices et suppositions commises par les principaux officiers des finances, découvert et présenté au roi Louis xiii, en l'assemblée de ses Etats-généraux tenus à Paris en l'année 1615, par Jean de Beaufort, parisien avec les moyens d'en retirer plusieurs millions d'or, et soulager son peuple à l'avenir* (*Recueil*, vi.493).

Une brochure intitulée *A la noblesse de la part du tiers*, publiée probablement à l'époque des Etats-généraux de 1614, félicite la noblesse d'avoir eu l'idée de poursuivre les financiers. Le Tiers-état y promet son concours en ce domaine. Il ne semble pas cependant que tous les députés du Tiers-état suivent la noblesse dans cette entreprise. L'auteur ou les auteurs de cette brochure rendent les financiers responsables de la misère du peuple:

Hommes insatiables en la cupidité du bien d'autry, quand serez-vous contents? Jusques à quand continuerez-vous, en suggérant les moyens de retirer de nouvelles subventions, contributions et levées, à donner nouveaux subjets de mescontentement à tout le peuple

27. Lalourcé et Duval, *Recueil de pièces originales et authentiques concernant la tenue des Etats généraux* (Paris 1789) [ci-après *Recueil*], v.205-206.

de la France? Pauvre peuple françois despouillé de tes biens, et à qui ceste extreme avarice n'a laissé de reste qu'un juste despit et indignation. Quand rompras-tu ce silence qui augmente ta misère?'[28]

Une *Relation imprimée par un contemporain de tout ce qui s'est passé aux Etats-généraux convoqués en 1614* confirme que la noblesse a pris l'initiative à l'encontre des financiers: 'La Noblesse désirant l'établissement de la dite chambre de la recherche [des Financiers] pressa les autres chambres d'en réitérer la supplication.'[29] Un autre pamphlet représente la pensée nobiliaire, puisqu'il s'intitule *La Consultation de trois gentilshommes françois, présentée au roy sur les affaires d'Estat*. C'est une description de la misère du peuple, qui est exploité sans merci, battu, et obligé de s'exiler. On y apprend que les campagnes se dépeuplent, que les villages manquent de tout, que les paysans affamés périssent abandonnés. Les responsables de ces désordres sont les gens de guerre mais, surtout, les partisans, qui cachent la misère du peuple au roi: 'Mais tant s'en faut que les partisans et autres sangsues de l'Estat luy descouvrent ce malheur, qu'au contraire ils n'ont point de honte, ni peur de dire que les François ressemblent à des oizons, auxquels plus vous arrachez les plumes, plus vous en faictes repousser et renaistre d'autres.'[30]

Ayant montré que la noblesse est l'instigatrice de l'attaque contre les financiers, nous pourrions conclure qu'elle est également à l'origine de la condamnation du luxe, dans la mesure où les financiers et le luxe (nous l'avons vu) sont étroitement liés dans l'esprit des gentilshommes. Cependant, quel que soit le caractère représentatif de ces assemblées, il convient d'examiner d'autres documents importants. Les lois somptuaires, destinées à réprimer le luxe, sont essentielles à notre propos, en tant que reflet de la politique du gouvernement.

Avant d'examiner ces lois, on peut se demander si quelques personnages influents auprès du roi, si quelques ministres, par exemple, ont pris une position très nette en ce qui concerne le luxe. Il importe, en effet, de savoir si le roi et ses ministres partagent effectivement l'idéologie nobiliaire, bien que la politique oppose souvent la monarchie à la noblesse.

Il semble bien qu'aux Etats-généraux d'Orléans (1560) sous Charles IX c'est le chancelier Michel de L'Hospital qui s'est le plus employé pour formuler les lois somptuaires et pour les faire appliquer. Il a même insisté pour qu'on règle, outre l'habillement de chaque ordre, la cuisine et les repas. Il est intéressant de remarquer, dans sa *Satire contre le luxe*, qu'il déplore la décadence de l'ancien

---

28. *A la noblesse de la part du Tiers* (s.l.n.d.), p.52.
29. M. Collin, *Relation imprimée par un contemporain de tout ce qui s'est passé aux Etats-généraux convoqués en 1614* (Paris 1789), ii.7.
30. *La Consultation de trois gentilshommes françois, présentée au roy sur les affaires d'Estat* (s.l. 1623), p.17.

régime et la confusion des rangs: 'Quelle étrange aberration a égaré nos esprits et nous empêche tous d'aimer notre position, de respecter notre condition et les ancêtres dont nous sommes issus?' demande-t-il.[31] Un autre ministre, le duc de Sully, s'est déclaré le plus nettement contre le luxe, et il a concouru, avec le roi Henri IV, à l'établissement des mesures pour promouvoir l'agriculture, et diminuer le commerce de luxe. Il châtie sévèrement les financiers, qui ont contribué à établir le règne de l'argent et le luxe. Or, tout cela nuit à la noblesse et à ses vertus:

> Rien n'a plus contribué à pervertir parmi nous l'idée de la probité, de la simplicité, et du désintéressement, ou à tourner ces vertus en ridicule; rien n'a plus fortifié ce penchant malheureux au luxe et à la mollesse, naturelle à tous les hommes, mais qui devient chez nous une seconde nature, par le caractère de vivacité qui fait que nous nous attachons tout d'abord avec fureur à tous les objets qu'on offre à notre plaisir; rien en particulier ne dégrade si fort la noblesse françoise que ces fortunes si rapides et si brillantes des traitans et autres gens d'affaires, par l'opinion trop bien fondée qu'elles ont répandue, qu'il n'y a presque plus en France que cette voie pour parvenir aux honneurs et aux premières places, et qu'alors tout est oublié, tout devient permis.[32]

Le duc de Sully déplore les mésalliances et la confusion des rangs. Il constate que les chambres de justice établies pour juger les financiers n'obtiennent pas les résultats escomptés, car l'or, qui est à l'origine de leur condamnation, est aussi leur puissant allié. Grâce à l'or, les financiers trouvent des protections au niveau le plus élevé de l'Etat. L'éditeur des *Mémoires* de Sully fait remarquer que le cardinal de Richelieu, ministre de Louis XIII, s'est inspiré, dans ce domaine, de son prédécesseur: 'Ce ministre conclut en un autre endroit, après M. de Sully, que "le moyen de faire subsister la noblesse dans la pureté de cœur, qu'elle tire de la naissance (ce sont ses paroles) est de retrancher le luxe et les insupportables dépenses qui se sont introduites peu à peu" (I part. ch.3 sect.1).'[33] L'éditeur des *Mémoires* fait probablement allusion au *Testament politique du cardinal de Richelieu*. Celui-ci a reçu le 10 février 1627, de la part de la noblesse, un mémoire qui exigeait des mesures contre le luxe. Il veut bien que la noblesse soit soulagée et concourt à l'établissement d'un 'Règlement contre le luxe'. Il ajoute à ce sujet:

> Celle qui est à la cour [noblesse] sera notablement soulagée, si on retranche le luxe et les insupportables dépenses, qui s'y sont introduites peu à peu, étant certain qu'un tel règlement leur sera aussi utile que toutes les pensions qu'on leur donne. Quant à celle de la campagne, bien qu'elle ne reçoive pas tant de soulagement d'un tel ordre, parce que sa misère ne lui permet pas de faire des dépenses superflues, elle ne laissera pas de

---

31. *Poésies complètes du chancelier de L'Hospital*, éd. L. B. de Nalèche (Paris 1857), p.215.
32. *Mémoires de M. de Béthune, duc de Sully, principal ministre d'Henri le Grand* (Mémoires de 1601), par M.L.D.L.D.L. (Londres 1763), iv.13-14.
33. *Mémoires de M. de Béthune, duc de Sully*, iv.15, n.7.

ressentir l'effet de ce remède si nécessaire à tout l'état qu'il ne peut sans lui éviter sa ruine.[34]

Remarquons que, dans cet ouvrage, le cardinal de Richelieu est d'avis que l'étude des lettres doit être réservée à une élite et que, par conséquent, le nombre des collèges doit être considérablement réduit (chapitre 'Lettres').

Ces quelques propos émanant de ministres montrent que la noblesse, malgré la politique du gouvernement qui tend à repousser ses prétentions politiques, garde de puissants alliés au niveau le plus élevé de l'Etat et qu'elle est en mesure de défendre ses intérêts quand ils n'entrent pas en conflit direct avec ceux du roi.

En résumé, retenons de ce chapitre que l'étude des lettres est un facteur de subversion sociale et qu'elle est peu conciliable avec la vertu telle que l'entend la noblesse. Celle-ci souffre pourtant de l'ignorance où elle se trouve, ce dont elle prend conscience, puisqu'elle ne peut aspirer aux charges de l'Etat qui exigent des connaissances. Nous avons vu également que les sciences et les arts sont souvent évoqués dans le contexte des problèmes sociaux auxquels la noblesse attribue sa décadence. Le luxe représente une question essentielle pour le deuxième ordre de l'Etat quoiqu'elle soit aussi débattue par les autres ordres, car il s'appauvrit en frais de luxe qu'il considère comme indispensables à son rang. On aura noté au passage que la soie, l'or et l'argent sont condamnables quand ils ne concourent pas à leur but légitime, qui est la distinction des rangs. La condamnation du luxe est à mettre en rapport avec l'attaque véhémente contre les financiers, dont le luxe est le plus voyant. Il semble bien que cette attaque émane de la noblesse, qui tend à avilir tout ce qui manie l'argent et bénéficie de la grande richesse mobilière. Pour la noblesse, il y a incompatibilité entre la richesse et la vertu. Il nous faut étudier maintenant les lois somptuaires, qui remontent très loin dans le temps et qui peuvent, par conséquent, nous faire mieux comprendre la signification de la condamnation du luxe, dans la mesure où les valeurs qui expliquent cette condamnation appartiennent à la 'longue durée' de l'histoire.

---

34. *Testament politique du cardinal de Richelieu* (1ère éd., 1688; Paris 1957), p.220-21. La note 1 ajoute: 'Le 10 février 1627, les nobles lui firent remettre un mémoire qui expliquait les causes de la déchéance de leur ordre.'

4. L'idéologie dans les lois somptuaires

L'ÉTUDE des lois somptuaires, même les plus anciennes, est importante pour comprendre la genèse et le développement du luxe dans la société française. La première de ces lois de la monarchie française semble avoir été promulguée en 808 par Charlemagne dans le but de limiter le luxe de sa cour, devenu choquant, semble-t-il, à la suite des expéditions d'Italie. Delamare en donne le détail dans la partie consacrée au luxe dans son *Traité de la police*.[1] Cette partie s'intitule: 'Du luxe dans les habits, les meubles, les équipages et les bâtimens'. L'ordonnance de Charlemagne est cependant trop éloignée dans le temps, et le phénomène qu'elle concerne trop limité socialement, pour que nous en parlions ici. Nous examinerons les lois somptuaires à partir de celle promulguée par Philippe le Bel en 1294, car elle s'applique déjà à la situation qui nous intéresse ici et qui ne changera pas essentiellement jusqu'à la fin du dix-huitième siècle. Delamare nous apprend qu'il n'y a pas eu d'autres lois somptuaires entre celle de Charlemagne et celle de Philippe le Bel (i.418).

La loi en question commence ainsi:

1. Premièrement. Nulle bourgeoise n'aura char.
2. Item. Nul bourgeois, ne bourgeoise, ne portera vair, ne gris, ne ermines et se delivreront de ceux que ils ont, de Pâques prochaines en un an. Ils ne porteront, ne pourront porter or, ne pierres précieuses, ne couronnes d'or ne d'argent.
3. Item. Nul clerc, se il n'est prelat, ou establis en personnage, ou en dignité, ne pourra porter vair, ne gris, et ermines, fors en leurs chapperons tant seulement.
4. Item. Li duc, li comte, li baron de six mille livres de terre, ou de plus, pourront faire quatre robes par an, et non plus, et les femmes autant.

Cette loi prescrit, pour chaque catégorie sociale, le nombre et la qualité des vêtements. Après avoir interdit aux bourgeois les torches de cire, article de luxe, la loi règle le service de la table, le nombre et la qualité des plats. Elle se prononce surtout sur le port des étoffes, suivant qu'elles sont destinées aux nobles, aux ecclésiastiques et aux bourgeois. Voici ce qu'on ordonne au niveau le moins élevé de la noblesse (article 19) et au niveau le plus élevé de la bourgeoisie (article 25):

19. Les escuiers, fils de barons, bannerets, et chastelains ne pourront avoir robes de plus grand pris de quinze sols tournois de Paris.
25. Bourgeois qui auront la value de deux mille livres tournois, et au-dessus, ne pourront

1. (Paris 1722), i.417.

98

faire robe de plus de douze sols six deniers tournois l'aune de Paris, et leur femme de seize sols au plus.[2]

Les bourgeois les plus riches ne pourront bénéficier du luxe qu'autant que les nobles les plus modestes. C'est refuser aux riches le pouvoir que leur confère l'argent. On les ramène ainsi au bas de l'échelle sociale, quelqu'effort qu'ils fassent pour s'y élever. Peu importe que la loi ait été difficile à appliquer, ce qui importe, c'est que les bourgeois qui étalent le luxe seront en butte à des vexations de la part des autorités, des particuliers d'origine noble, et du public.

Cette loi veut faire distinguer les rangs, et même si elle limite la liberté des nobles en prescrivant et réglant leur dépense, c'est surtout la bourgeoisie qu'elle atteint. L'épargne qu'elle impose aux différents ordres sert surtout à soulager la noblesse et à lui éviter des frais ruineux de représentation. Quoique les bourgeois puissent aussi en bénéficier, parce qu'ils seront beaucoup moins tentés de s'égaler à la noblesse en ce qui concerne l'habillement et leur train de vie général, il n'en reste pas moins qu'ils sont ainsi ramenés au rang et à la place inférieure qu'ils occupent dans la hiérarchie sociale. Il n'y a pas, dans ces lois, de préoccupations à l'égard des marchandises importées de l'étranger, susceptibles de concurrencer le produit national. Il n'y a, non plus, aucune crainte en ce qui concerne la sortie de l'or de la France vers l'étranger, ce qui préoccupera plus tard quelques orateurs aux Etats-généraux. En 1294, ces situations n'existent pas encore. Ces premières lois somptuaires sont socialement et politiquement conservatrices. Le roi, qui reste à cette époque un seigneur féodal, n'a pas à s'appuyer sur le Tiers-état pour mener sa politique. Il devra changer de ton quand il voudra soumettre la féodalité.

i. Charles VIII

Le but de la loi somptuaire n'est pas près de changer, si l'on en juge par l'édit qui suivra en 1485, sous Charles VIII (édit portant défense à tous autres qu'aux nobles de porter des draps d'or et de soie, à peine de confiscation et d'amende).[3] Le roi déclare l'Etat fort menacé par la grande dépense en habillement somptueux de la part de 'plusieurs de nostre royaume', dont les frais sont considérés comme 'non convenables à leur estat'. Il ajoute que de tels abus 'sont desplaisans à Dieu nostre créateur' et qu'ils demandent un prompt remède. Charles VIII étant mineur, c'est la cour qui agit. Le roi interdit à tous ses sujets le port des

---

2. Isambert, Decrusy, Taillandier, *Recueil général des anciennes lois françaises depuis l'an 420 jusqu'à la révolution de 1789* (Paris 1833), i.697-99. (N.B. L'omission du mot *aune* à l'article 19 n'a pas d'importance.)

3. Isambert *et al.*, xii.155.

draps d'or et d'argent ainsi que celui de la soie, et les menace de très fortes amendes. Il fait une exception pour les nobles: 'sauf et réservé les nobles vivans noblement, nais et extraits de bonne et ancienne noblesse, non faisant chose derogeant à icelle, ausquels avons permis et permettons qu'ils se puissent vestir et habiller de draps de soye' (xi.156), et à certaines conditions. Observons que cette loi ménage les nobles qui ne disposent pas de revenu suffisant et qui pourraient, sans cette contrainte, se croire obligés de porter les passemens précieux. Les bourgeois, quelque riches qu'ils soient, n'auront pas le droit d'imiter la noblesse. A cette époque, l'économie est soumise ordinairement à des critères moraux et politiques. Le gouvernement ne tient pas compte des intérêts proprement économiques et intervient pour les discipliner.

ii. François Ier

Sensible aux plaintes des voyageurs à l'encontre des hôteliers, François Ier renouvelle les édits limitant les gains de ceux-ci. Il définit (1 juin 1532) ce que les tenanciers d'hôtels, de cabarets et tavernes pourront servir à leurs clients et les oblige à afficher leurs prix, qui doivent être approuvés par un juge local. Au cas où la liste des prix ainsi prescrite serait absente, le client aura le droit de prendre son repas sans payer. Le roi intervient aussi pour que les marchands de denrées soient empêchés de faire des gains excessifs, étant donné la différence entre ce qu'ils paient aux paysans et les prix qu'ils pratiquent (xii.359-61).

Ce peu de respect pour les riches et pour la richesse se remarque dans 'l'édit défendant aux financiers, gens d'affaires et comptables de porter aucuns draps de soie, et de constituer à leurs filles des dots excédant la dixième partie de leurs biens, etc. ... (8 juin 1532)'. Le roi désire punir 'les gros larrecins, abus, faussetez, desguisemens, exactions et pilleries' des financiers, contre lesquels ont été formées des chambres de justice. Plusieurs coupables ont déjà reçu leur châtiment et la sévérité des peines doit servir d'exemple aux autres. Ils ont été condamnés 'les uns à estre pendus et estranglez, les autres à privation de leurs offices, et condamnation en grosses amendes' (xii.361-62).

Le roi fait état du grand nombre de plaintes qui lui sont adressées chaque jour contre les financiers. Ceux-ci sont amenés à voler parce qu'ils font une dépense excessive en frais de luxe. Ils dépensent pour eux-mêmes, pour leurs femmes et enfants (xii.363),

tant en habillemens, fourreures, chaînes, bagues, multitude de chevaux et serviteurs, que pour leur mangeaille, bastimens, dons qu'ils donnent à leurs filles, et acquisitions, de trop plus que leur patrimoine, et les gages et bienfaits qu'ils ont de nous, ne le peuvent supporter, et pour l'entretenir, sont contrains de malverser.

Pour remédier à ces inconvénients, le roi interdit aux financiers leur luxe inconvenant (xii.363):

Avons ordonné et ordonnons que par cy-après nuls ayans office, estat, charge, commission et maniement de nos finances, en quelque estat, qualité ou condition que ce soit, ne pareillement leurs femmes et enfans n'ayent à porter draps de soye de quelque sorte ou qualité qu'ils soyent, en robbes, pourpoints, cottes, sayes et harnois de chevaux ou de mules: ny aussi fourreures de martres, zibelines ou de pays, loups cerviers ou genettes noires ou autres, ny aucunes bordures, encores qu'elles fussent assises sur drap, chaînes d'or pesans plus de dix escus, ne bagues et pierres excédans trente escus.

Dans la loi du 3 décembre 1543, François Ier n'établit pas de distinction entre nobles et roturiers. Il ne prend acte que de la dépense excessive de ses sujets 'à cause des habillemens tant de draps d'or, d'argent, pourfilleures, passemens, brodures d'or et d'argent qui se portent par plusieurs personnes' (xii.834). Le roi dit que le luxe fait perdre à son royaume beaucoup d'argent par l'importation de marchandises. C'est pourquoi il interdit le port des articles cités 'à tous princes, seigneurs, gentilshommes et autres hommes nos sujets, de quelques estat et qualité qu'ils soyent, sans exception de personne (fors de nos très chers et très aimez enfans le dauphin et duc d'Orléans)' (xii.835). Le fait que l'habillement luxueux soit défendu aussi bien aux nobles qu'aux roturiers marque une nouvelle orientation. Cependant, en interdisant les étoffes de luxe, on compte toujours protéger ceux pour lesquels cette dépense est la plus ruineuse, comme on pourra l'observer dans les édits suivants. La noblesse semble bénéficier le plus de ces interdictions. Notons que le motif protectionniste et économique dans le sens le plus large du terme prédomine ici. Le roi semble préoccupé par la sortie de l'or de son pays (xii.834):

Au moyen de quoi grandes sommes de deniers se tirent de cestuy nostre royaume, par les estrangers, qui après en secourent et aident à nos ennemis, comme nous sommes advertis: voulans à ce pourvoir et remedier, tant pour oster à nos sujets l'occasion de eux consommer en frais inutiles, qu'aux dits estrangers le moyen d'eux enrichir de la graisse de nostre royaume, ne d'en pouvoir ayder aux dits ennemis.

iii. Henri II

Ayant consulté sa famille et les membres de son conseil, le roi Henri II interdit à toute personne, quelle que soit sa qualité, le port des ornements d'or et d'argent. Il permet cependant la soie, qui aura comme fonction de distinguer les rangs (xiii.102; 12 juillet 1549):

Et afin qu'il demeure aux princes et princesses (comme il est très raisonnable) quelque difference en leurs accoustremens, nous voulons et leur permettons porter en robbes tous draps de soye rouge cramoisy, sans que nuls autres hommes et femmes soient si osez ne hardis d'en porter, sinon les gentilshommes, en pourpoint et en haut de chausses, et les dames et damoiselles en cottes et en manches.

Le roi permet en outre aux femmes de la cour de porter des robes de velours 'autre que rouge cramoisy'. Les autres femmes nobles pourront se parer exclusivement de velours 'noir ou tanné' et de soie 'des couleurs non défendues'. Il est interdit aux femmes des gens de justice 'et autres demeurans ès villes de nostre royaume' le velours et la soie de couleur. Quant aux gens d'église, ils n'auront pas de velours à moins qu'ils ne soient princes (xiii.102). La soie est interdite à tous ceux qui ne sont pas nobles. A plus forte raison sera-t-elle bannie de l'accoutrement des gens les plus humbles (xiii.103-104):

Et outre défendons pareillement à tous artisans méchaniques, paysans, gens de labeur et valets, s'ils ne sont aux princes, de ne porter pourpoint de soye, ne chausses bandées ne bouffées de soye. Et pour ce qu'une partie de la superfluité de l'usage de soye est provenue du grand nombre des bourgeoises qui se sont faites damoiselles de jour à autre, nous avons fait et faisons défenses comme dessus ausdites bourgeoises, que d'oresnavant pour l'advenir elles n'ayent à changer estat, si leurs maris ne sont gentilshommes.

On peut remarquer, au sujet de cette loi somptuaire, le désir de distinguer les rangs et d'imposer une vision aristocratique de la société. Suivent, dans le même esprit, des édits défendant le luxe des habits en 1561, 1563, 1565 (xiv.108, 178).

iv. Henri III

En août 1576, Henri III publie un 'Edit sur la réforme des habits, qui défend aux roturiers de prendre des titres de noblesse, et à leurs femmes de porter l'habit de damoiselles'. Cette loi montre bien que la lutte contre le luxe des habits va de pair avec le maintien des prérogatives nobiliaires (xiv.305, n.1):

Défendons très expressement à toutes personnes, roturiers, non nobles, ou qui n'auront pas été ennoblis, de prendre et usurper le titre de noblesse, soit en leurs qualités ou en habillemens. Ce que nous leur avons inhibé et défendu, inhibons et défendons, et mesmes aux femmes desdits non nobles, de porter l'habit et acoustrement de damoiselles et atour de velours.

Le 7 septembre 1577, Henri III défend l'usage 'des dorures sur bois, sur plâtre, cuir, plomb, cuivre, fer et acier, à tous autres qu'aux princes; la peine contre les ouvriers doreurs qui en vendraient à d'autres est une amende arbitraire' (xiv.327, n.1). Le 24 mars 1583, Henri III sévit encore contre le luxe ('Ordonnance du roy pour le règlement et réformation de la dissolution et superfluité qui est ès habillemens, et ornemens d'iceux: et de la punition de ceux qui contreviendront à la dicte ordonnance'). Le roi se plaint de ce que les édits précédents contre les superfluités n'ont pas été respectés. Il constate que l'or et l'argent du pays sont transportés à l'étranger pour le paiement des marchandises de luxe, ce qui cause un appauvrissement général:

De là vient, que toutes sortes d'estoffes encherissent de jour à autre, l'or et l'argent se transportent en grande quantité hors cestuy nostre royaume, nos subjects se détruisent et appauvrissent, et (qui pis est et dont nous portons le plus de déplaisir) Dieu y est grandement offensé et la modestie s'en va presque du tout esteincte: tellement que malaisément peult-on recognoistre aujourd'hui les qualitéz et conditions des personnes, pour le peu de différence qui est ès estoffes, valeur et somptuosité de leurs vestemens.[4]

Le roi défend à tous ses sujets, 'de quelque qualité ou condition qu'ils soient', de porter 'aucuns draps ny toiles d'or ou d'argent, profilleures, broderies, passemens, emboutissemens, cordons, canetilles, veloux, satin, taffetas, crespes, gazes, toiles et linges, barrez, meslez, couverts ou trassez d'or ou d'argent' (f.40). Il précise ceci: les amendes comportent cinquante écus la première fois, cent la seconde, deux cents la troisième, et ainsi de suite, dont la moitié ira aux pauvres et le reste au dénonciateur. Il va de soi qu'il y aura des exceptions (f.40):

Mais afin qu'il demeure aux Princes et Princesses, et aux Ducs et Duchesses, et aussi aux femmes des Officiers de la Couronne, et des Chefs des maisons, qui portent les ermines mouschetées (comme il est très raisonnable) quelque différence en leurs accoustremens: Nous leur permettons porter, et se parer de perles et pierreries, comme bon leur semblera [...] Est aussi permis aux Chevaliers, Seigneurs, Gentils-hommes et personnes de qualité, de porter chesnes au col, boutons et fers d'or devant, et sur capichon de capes.

Cet édit continue à énumérer les objets dorés (ceintures, armes, par exemple) qui sont permis aux gentilshommes et à leurs femmes, selon leur rang. En somme, quel que soit le motif invoqué, économique ou moral, le souci majeur de cette loi est encore de maintenir les distinctions traditionnelles. Non, certes, que l'économie ne soit pas importante, mais les mesures qu'on veut prendre ici tendent à limiter son développement, à le freiner, pour conserver l'ancien système.

v. Henri IV

Henri IV s'est montré particulièrement sensible au problème du luxe. En 1601, il a publié un 'Edict du roy portant défenses à toutes personnes, de quelques qualitez qu'ils soyent, de porter en leurs habillemens aucuns draps ny toylles

4. BN, Ms. Fr.21626, f.40.

d'or ou d'argent, clinquans et passemens'. Il constate la tendance générale de la part de ses sujets à étaler des ornements d'or et d'argent:

Et quelques-uns à l'exemple et envy des plus riches portent sur eux la meilleure partie de leurs fonds et héritages. Mesmement nostre Noblesse, laquelle deut conserver ses biens et moyens à eux delaissez par leurs ayeuls, pour l'employer avec honneur au service et bien de cest Estat, duquel elle est le principal soutien, et les autres à l'entretien et accroissement de leurs familles: gardant un chacun modestie en leurs vestemens, selon leurs estats, charges et vacations.[5]

Le roi, après délibération en son conseil, où étaient présents 'Princes, Grands et notables personnages de cestuy nostre royaume', défend à tous ses sujets le port des étoffes d'or et d'argent. Il est à remarquer qu'on ne prévoit ici aucune exception, ce qui devrait rendre la loi plus efficace. Apparemment, sans trop de succès, puisque Louis XIII doit affronter la même situation en 1613.

vi. Louis XIII

Louis XIII ('Edit du roy Louis XIII portant deffenses de porter passemens ny autres estoffes, où il y ayt or ny argent; et de passemens de Milan ny façon de Milan du mois de mars 1613') défend à tous ses sujets le port des passements d'or et d'argent, mais il semble qu'il pense surtout à la noblesse quand il affirme que ceux qui se ruinent en frais de luxe pourraient ne pas être en mesure de servir l'Etat. Il fait allusion au service militaire sous forme de ban et arrière-ban que la noblesse doit au roi:

Mais depuis quelque temps en ça, la pluspart de nos sujets se sont laissé emporter à cette vaine et inutile despense avec tant de licence et de désordre, que s'il n'y estoit pourvueu, ils demeureroient ou ruinez, ou tellement incommodez qu'ils n'auroient aucun moyen de servir, s'il s'en présentoit quelque occasion importante pour le bien de nostre Estat.[6]

En tout cas, c'est bien la noblesse qui est censée bénéficier le plus de cette loi somptuaire, si l'on en juge par la procédure d'application qui la suit ('Arrest de la cour sur l'exécution de l'édict et ordonnance du roy sur les habits, faict en parlement le huit octobre 1614'):

Sur la plainte faicte à la Cour, par le Procureur général du Roy, des contraventions aux edicts et ordonnances des habits: dont au préjudice de l'Edict, publié le deuxième avril 1613, le luxe est si grand que la Noblesse et autres en sont grandement diminuez de moyens et de facultez: suppliant la Cour y pourvoir: l'Edict veu, la matière mise en délibération.[7]

5. BN, Ms. Fr.17346, f.44.
6. BN, Ms. Fr.21626, f.43.
7. BN, Ms. Fr.17346, f.135.

4. L'idéologie dans les lois somptuaires

Les gentilshommes sont nommés dans l'ordonnance qui suit (f.40: 'Ordonnance du roy, portant prolongation à tous gentils-hommes et autres de porter passemens d'or et d'argent, jusqu'au premier jour de may, 1623'). L'"Ordonnance du Roy, portant défenses à tous ses subjets de quelque sexe, âge, condition et qualité qu'ils soient, de porter ny user doresnavant d'aucuns passemens, poincts coupez et dentelles, tant en leurs collets et manchettes qu'en tout leur autre linge, sur les peines y portées', du 22 juin 1626, constate l'aggravation du mal, auquel on tente vainement de porter remède (f.44):

Mais comme le luxe s'accroist de jour en jour en toutes choses, l'usage et le prix de ces ouvrages est monté à tel excès, que l'on recognoist que la dépense ordinaire des familles en est augmentée d'une bonne partie: Et ce qui importe le plus est, qu'outre l'incommodité que les particuliers en souffrent, le général du Royaume en reçoit un grand préjudice, en ce que les dits ouvrages qui sont inutiles, et qui ne durent point, espuisent de notables sommes de deniers nostre Royaume pour les porter aux estrangers, sans en tirer aucune commodité.

Le 18 novembre 1633, Louis XIII publie encore une 'déclaration' contre le luxe ('Déclaration du roy portant défenses de porter aucunes découpures, broderie de fil, soye, capiton, or ou argent, passemens, dentelle, poinct coupez, entretoiles et autres enrichissemens manufacturez tant dedans que dehors le royaume: et à tous marchands lingers de trafiquer des dits ouvrages, ni les exposer en vente'). Le roi explique pourquoi le luxe s'est accru dangereusement:

La licence née dans la confusion de la guerre a été suivie du luxe, qui a pris un tel accroissement, par la connivence des Magistrats, qu'il est pour réduire ce royaume à une langueur mortelle, car c'est un moyen très certain et ordinaire pour transporter l'or et l'argent hors de nostre Royaume, les estrangers fournissant volontiers à nos subjets avec grand avantage la cause de leur ruine par le débit qu'ils leur font des choses du tout inutiles à la vie, dont très sagement ils n'usent pas eux-mesmes.[8]

Le roi semble en vouloir aux magistrats, accusés de négligence, et aux marchands étrangers. Il blâme aussi les Français qui, en contrefaisant les marchandises étrangères, n'hésitent pas à les vendre aussi chèrement, ce qui augmente le désordre. Il fait allusion aux familles qui se ruinent 'par un vain désir de paroistre'. Il condamne ceux de ses sujets qui, par leur dépense excessive, 's'ostent le moyen de nous servir s'il survenoit quelque occasion de les employer'. Il poursuit (f.48):

Ne pouvant donc plus supporter sans une manifeste diminution de nostre authorité un si grand mespris de nos ordonnances et voulant prévenir la ruine qui menace nos subjets de toutes sortes de qualitez, par les grandes dépenses où la vanité les oblige, nous estimons devoir opposer de nouveaux remèdes à ce mal, qui s'est insensiblement accumulé dans le corps de l'Estat, et de faire des lois, non à la vérité, proportionnées à

8. BN, Ms. Fr.21626, f.48.

cette effrénée licence, à laquelle avec l'aide de Dieu, nous espérons peu à peu mettre ordre, mais tel qu'une partie du mal qui presse le plus sera réprimée.

Le roi interdit donc l'usage des articles en question, qu'ils soient produits 'tant dedans que dehors nostre Royaume', ce qui ne peut être interprété comme une mesure tendant à protéger l'industrie locale. Une brochure parue à la même époque encourage le gouvernement dans la même direction (*Remonstrance au roy sur la réformation des habits et de l'employ des estoffes d'or, d'argent, soyes, et autres, faites et manufacturés hors du royaume de France*). L'auteur s'élève contre la sortie de l'or et de l'argent de France, due à l'importation de marchandises étrangères. Il condamne les modes vestimentaires, où 'la pluspart des François, (plus que nation du monde), sont inconstans et pleins d'invention, qui en produisent tous les jours de nouvelles, soit par exemple, ou par un vain désir de paroistre'.[9] Le 16 avril 1634, Louis XIII revient sur le sujet ('Déclaration du roy portant règlement général sur la réformation des habits, vérifiée en parlement le 9 may 1634'). Le roi se dit choqué par l'empressement de ses sujets à se ruiner en frais de luxe:

Nous avons résolu de pourvoir présentement (ainsi qu'avec la grâce de Dieu, nous ferons ensuite à tout le reste) à ce qui regarde le luxe des habits, lequel est monté jusques à un tel excès, que mesmes les riches en ressentent l'incommodité: et les autres sont quelquefois contraincts de recourir à de mauvais moyens, pour soutenir une si grande et si vaine despense: l'imitation en semblables désordres estant un mal si contagieux, que la coutume autorise en peu de temps les superfluités que chacun blasme dans leur naissance, et force les plus sages de suivre, avec regret, un abus introduit par le dérèglement de l'esprit de quelques particuliers, et devenu public par la trop grande facilité avec laquelle on se laisse aller à leur mauvais exemple.[10]

Le roi se déclare bien décidé à frapper un grand coup et prévoit de très fortes amendes pour ceux qui ne respecteront pas sa volonté (quinze cents livres d'amende). Il interdit tout drap d'or, d'argent et de soie (f.49):

Aucuns draps ny toile d'or ou d'argent fin ou faux, pourfilleures, broderies de perles ou pierreries, boutons d'or ou d'argent d'orphevrerie. Ny pareillement, boutons, velour, satin, taffetas ou autres estoffes de soye, crespe, gaze, toiles et linges, barrez, meslez, couvertes ou passez d'or ou d'argent fin ou faux, comme dit est, ou choses equipollentes qui puissent servir sur les personnes.

Il y a ici une innovation importante susceptible de rendre la loi plus efficace. Le roi veille à ce que le luxe soit banni de la cour, de sa suite et de sa personne même. C'est une brochure parue à la même époque qui nous en informe (*L'Ordre de la nouvelle réformation de la cour dans l'usage des habits, suivant le commandement du roy, et le règlement de Sa Majesté*). L'auteur nous assure que

9. (Paris 1633), p.1.
10. BN, Ms. Fr.21626, f.49.

désormais les courtisans rivalisent de simplicité, qu'ils ont renoncé à tous les ornements superflus, à toutes les étoffes interdites, 'si bien que les plus beaux et exquis habits d'à présent ne peuvent revenir de pied en cap à la somme de cent livres'.[11] L'exemple du roi a donc été efficace. Mais pour combien de temps? Remarquons que cent livres représentent en 1634 une valeur considérable. On peut donc imaginer le prix de l'habit somptueux considéré parfois comme l'équivalent d'un patrimoine.

Le roi constate l'année suivante que le luxe n'a pas diminué autant qu'il le voulait et accuse les marchands d'en porter la responsabilité. Ceux-ci font venir de l'étranger les articles défendus et ils en font fabriquer aussi sur place à des prix contraires à ceux imposés par le roi. Celui-ci fera payer aux contrevenants dix mille livres d'amende, leur confisquera les marchandises et leur interdira la poursuite de leur commerce ('Déclaration du roy pour le règlement général des passemens et dentelles, avec défense d'en porter, vendre et trafiquer de celles des pays estrangers; ensemble de tenir aucunes academies ou brelands pour le jeu de hazard', 29 janvier 1635). Remarquons donc que la loi vise principalement le groupe qui tire un grand bénéfice du luxe et l'encourage. Elle vise les marchands, 'qui sont la principale cause de ce désordre'.[12]

Le 3 avril 1636, Louis XIII renouvelle sa précédente 'déclaration'. Il a fait payer des amendes à plusieurs marchands et brûler leurs marchandises. Cependant, ceux-ci continuent à vendre les passements plus cher qu'ils n'y sont autorisés. Le roi leur interdit de nouveau d'importer de l'étranger et également de vendre les passements produits en France plus cher que neuf livres l'aune. En cas de récidive, les marchands seront condamnés à cinq ans de bannissement, à la confiscation des marchandises, à six mille livres d'amende et à la privation, pour eux et leurs enfants, du droit d'exercer la profession. Le roi affirme 'qu'il n'est pas raisonnable de tolérer une entreprise et désobéissance si ouverte de nos subjets contre nos commandemens, qu'il semble que l'observation des Règlemens que nous avons faits dépend de leur volonté' (f.74). Le 17 juin 1636, une nouvelle ordonnance est dirigée contre les marchands qui cachent les passements et dentelles interdits et continuent à les vendre.[13] Le 24 novembre 1639, on publie encore une 'Déclaration du roy portant réformation des habits, et deffences de porter passemens d'or, d'argent, et toutes sortes de dentelles de fil, et point-coupé'. Louis XIII se plaint encore en ces termes (f.53):

Considérant les grandes et excessives despences où le luxe et les superfluités engagent

11. (Paris 1634), p.8.
12. BN, Ms. Fr.17346, f.70.
13. BN, Ms. Fr.21626, f.51.

nos sujets, et particulièrement notre Noblesse, nous aurions par diverses fois essayé d'apporter quelque remède à ce mal par nos Déclarations, qui portent deffences de se servir de broderies, et passemens d'or et d'argent, des dentelles, passemens, broderies de fil et autres ouvrages qui s'appliquent sur la toile: mais quelque soin que nous y ayons peû apporter, nous voyons (à notre grand regret) que nos bonnes intentions ont esté jusques icy sans aucun fruict, soit par une inclination naturelle de nos subjets à ces despences superflues, excitez par l'industrie des marchands avides de gain, soit aussi par une négligence des magistrats à faire observer nos Règlemens.

Il interdit de nouveau à toute personne, de quelque condition qu'elle soit, de porter tout drap et tout ornement d'or et d'argent, ainsi que toute pierre précieuse. Il prévoit une amende de mille cinq cents livres pour tout contrevenant, dont les deux tiers iront à l'hôpital et l'autre tiers au dénonciateur, en plus de la confiscation de l'habit, dont la moitié sera accordée au dénonciateur et l'autre aux commissaires, archers et sergents ayant effectué la prise. Il est défendu aux tailleurs et autres ouvriers de fabriquer les habits comportant des étoffes prohibées. S'ils se rendent coupables, la première fois il leur sera confisquée la marchandise et imposée une amende de trois cents livres; la seconde fois, en plus de la confiscation et de l'amende, ils seront privés de l'exercice de leur métier et punis corporellement. Des punitions sévères sont prévues pour les marchands. S'ils sont pris en défaut, la marchandise sera brûlée, ils paieront six mille livres d'amende et seront privés de leur profession. Il va de soi que tous les commerçants devront déclarer tous les articles dont ils disposent dans leurs magasins.

Malgré la sévérité des peines, la lutte contre le luxe piétine. Une ordonnance signée Laffemas, Chauvelin, Hubert, datée du 18 juin 1640, explique en partie les raisons de l'échec ('Ordonnance portant itératives défences à toutes personnes de porter sur leurs habits aucuns passemens d'or ou d'argent, comme aussi de porter aux collets, manchettes, chemises, etc. ..., aucunes dentelles de fil, passemens, poinct coupez et entre-deux toiles, sur les peines contenus'). Les commissaires chargés de l'exécution de la déclaration du roi du 24 novembre 1639, laquelle n'est pas bien respectée, disent que bien des gens ne mettent les passemens et les dentelles prohibés qu'aux endroits où ils ne peuvent pas être appréhendés. Ils observent, d'autre part, que, pendant l'absence du roi, ses sujets n'ont plus son exemple personnel pour les retenir (f.55). Nous avons des échos de cette dernière ordonnance dans l'une des historiettes de Tallemant Des Réaux. Cet auteur parle d'un certain Pardallan d'Escandecat qui mettait de la dentelle sur son costume, dans son carrosse, tout juste avant d'entrer dans les maisons où il se rendait.[14]

Un rapport en date du 2 avril 1642, émanant des commissaires au Châtelet,

14. Tallemant Des Réaux, *Historiettes* (Paris 1834), iii.85.

fait voir une autre difficulté que rencontrent les fonctionnaires dans l'exercice de leur devoir. Les personnes portant des articles défendus refusent de déclarer leur identité et les commissaires ne sont pas en mesure, manquant d'hommes, de les saisir physiquement: 'd'autant que les Seigneurs, gentils-hommes, Dames, Damoiselles, Bourgeois, Bourgeoises et autres gens qui ont accoustumé d'en porter refusent de dire et déclarer leurs noms, qualitez et demeures véritables ausdits commissaires'.[15] Le roi a ordonné aux commissaires de se transporter aux endroits où s'assemblent les gens, près des églises, par exemple, pour surprendre les contrevenants, et les saisir au cas où ils refuseraient de se faire connaître.

On peut croire qu'il est difficile d'appliquer la loi, puisque les gens sont à l'époque très susceptibles. Il est risqué parfois pour les commissaires d'interpeller certains seigneurs. C'est encore Tallemant Des Réaux qui nous le confirme. Il raconte l'histoire d'un certain Fontenay, appelé 'coup-d'épée' parce qu'il 'abattit une épaule à un sergent qui le vouloit mener en prison: il étoit sur un cheval de poste et revenoit de l'armée; il avoit de l'or sur son habit, et l'or avoit été défendu depuis quelques jours'.[16] Ce qui ajoute à cette difficulté, c'est qu'il est arrivé que des individus se soient fait passer pour des officiers de police afin de toucher les amendes infligées à ceux qui portaient de l'or et de l'argent et de confisquer les ornements en question. C'est un crime passible de la peine capitale, 'à peine de la vie' (7 novembre 1656).[17]

vii. Louis XIV

Louis XIV est bien décidé à sévir contre les superfluités. Au début de son règne, il publie une déclaration où, se rendant compte de l'importance de l'exemple qu'il peut donner, il prend sérieusement parti contre le luxe ('Déclaration du roy portant nouveau règlement, sur le fait tant des passemens, estoffes et broderies d'or et d'argent, et dorures sur les carosses, chaises, galleches, etc. ... que passemens, poinct-coupez, pontignats et autres ouvrages de fil, manufacturez tant dedans que dehors le royaume, le 20 may 1644'):

Nous nous sommes résolus, pour donner plus de force aux loyx, et en faire ressentir l'utilité au public, que nous nous proposons d'y ajouter notre exemple, en exécutant nous memes ce que nous commandons, afin que la mesme puissance qui le fait connoistre nécessaire à la raison, le rende désirable à la volonté, et que nos subjets ayent honte de mespriser une loy que nous observons nous-mesmes.[18]

15. BN, Ms. Fr.16747, f.116.
16. Tallemant Des Réaux, *Historiettes*, iii.86.
17. BN, Ms. Fr.16747, f.180.
18. BN, Ms. Fr.21626, f.57.

Le roi insiste sur le fait qu'il y a deux catégories de personnes impliquées dans le luxe, celles qui gagnent et celles qui s'appauvrissent: 'Et d'autant qu'il n'est pas juste que la passion des uns de s'enrichir et des autres de faire telles inutiles despenses, soit cause de la ruine de nostre Estat, laquelle ne se pourroit éviter s'il n'y estoit apporté un prompt remède' (f.57). En empêchant la vente des articles défendus et, en particulier, des étoffes de soie importées, on évitera la dépense inutile du public et la sortie du royaume de la richesse nationale. Il faut interdire les articles de luxe, qu'ils soient produits en France ou ailleurs, car il n'y a pas moyen de distinguer les uns des autres.

Un autre texte publié à peu près à la même date (31 mai 1644) met l'accent sur la nécessité d'interdire les importations ('Déclaration du roy portant défenses des passemens d'or, d'argent, dentelles et ouvrages de fil des pais estrangers et règlement sur les estoffes et façons d'habits'). Le roi considère le luxe comme une grande menace pour la vie de l'Etat. Il s'exprime ainsi dans le préambule de sa loi: 'Comme il n'y a point de cause plus certaine de la ruine d'un Estat que l'excès d'un luxe déréglé, qui par la subversion des familles particulières attire nécessairement celle du public' (f.58). Aussi veut-il prendre toutes les précautions nécessaires. Il fait remarquer qu'il serait malaisé de procurer à la France la gloire militaire si l'on tolérait le luxe. En effet, la guerre demande un sacrifice de la part des citoyens et il serait injuste qu'une partie de ceux-ci dépensent en superfluités ce qui pourrait être utilisé pour l'effort commun. Il s'agit donc d'empêcher la sortie de la richesse nationale, qui servirait à payer les importations, et de punir les marchands qui, pour se procurer l'or nécessaire à la dorure des vêtements, fondent des pièces de monnaie.

Le 26 octobre 1656, Louis XIV publie un 'Edit du roy portant reglement sur le fait tant des passemens d'or et d'argent, et dorures des carrosses, chaises et caleches, que passemens et dentelles de fil, et autres choses concernant la parure des vestemens'. Il condamne encore 'les dommages qu'apporte dans nostre Estat le luxe, qui en consume les meilleures familles, en produisant tous les jours des curiositez vaines et superflues en la parure des habits' (f.65). Il rappelle qu'en 1644 il avait entrepris de réprimer le luxe et que celui-ci s'est néanmoins maintenu, à la faveur des désordres qui attristaient les dernières années de sa minorité. Maintenant le roi est en mesure de mieux conduire cette affaire et il exprime ainsi sa détermination (f.65):

Il est principalement nécessaire de remettre en vigueur les sus dits Règlemens et de faire observer nos premières intentions pour la réformation du luxe, et des dépenses insupportables qui se font dans l'étoffe et la parure des vestemens, tant au préjudice de l'Estat, dont la richesse diminue notablement, par la consumption de l'or et de l'argent qui se perdent entièrement en ces ouvrages qu'à la ruine de nos sujets, qui se dépouillent imprudemment de leurs biens par ces dépenses excessives; et particulièrement de nostre

Noblesse qui par le mauvais exemple et par une fausse émulation se laisse engager à des profusions qui détruisent les maisons, et qui font que plusieurs deviennent à charge à l'Estat, perdant les moyens de soutenir le lustre de leur naissance et de nous rendre le service qu'ils nous doivent.

Le 27 novembre 1660, Louis XIV revient à la charge contre le luxe ('Déclaration du roy portant règlement sur le faict tant des passemens d'or et d'argent, dorures des carosses, chaises et caleches; que passemens, dentelles, broderies, quipures et autres choses semblables concernant la parure des vestemens'). Il fait remarquer que la guerre l'a empêché de s'occuper des affaires intérieures du royaume, particulièrement du luxe, qui demande beaucoup de surveillance. Ceux qui profitent du luxe et qui encouragent les dépenses qu'il entraîne, même quand ils renoncent à se servir de l'or et de l'argent, inventent d'autres ornements aussi coûteux et éludent ainsi la loi. Le roi est plus déterminé que jamais à faire obstacle à ces manœuvres (f.66):

Nous avons résolu de couper s'il se peut ce mal jusques en sa racine par des défenses plus exactes et qui soient mieux observez, nous y croyant d'autant plus obligés qu'il intéresse principalement ceux de nos sujets, auxquels il semble que nous devons une affection plus particulière, comme estant les personnes les plus qualifiéz de l'Estat, et toute nostre Noblesse, que ces sortes de dépenses incommodent notablement après celles qu'elle vient de faire dans nos armées, et qu'elle est obligée de continuer à la suite de nostre Cour.

Le roi a été averti cependant que beaucoup d'artisans de la soie sont menacés de ruine. Il autorise alors le port des passements, dentelles et autres ouvrages de fil, à condition qu'ils soient fabriqués dans le royaume et qu'ils ne dépassent pas des prix spécialement accordés par le roi (plus de quarante sols l'aune).[19]

Le régime semble bien déterminé à porter un coup décisif au luxe. La province, affectée aussi bien que la cour par le luxe, participe avec passion à cette réforme. Nous rapportons ici l'essentiel d'une lettre envoyée par les gens de loi de la ville de Poitiers au chancelier de France ('Lettre des gens du roy de la ville de Poitiers du dernier d'aoust 1660'). Les avocats et les procureurs de cette ville se disent indignés par les usurpations consenties par le luxe. Les rangs sont confondus, ce qui ne peut qu'amener la ruine de l'Etat. C'est un véritable cri d'alarme:

Ayant esté advertis que votre grandeur vouloit travailler à faire cesser les désordres que la licence des guerres avoient introduitez dans diverses provinces de ce Royaume et particulièrement dans cette province de Poitou, nous avons cru estre de nostre devoir, Monsiegneur, de advertir Vostre Grandeur, qu'il seroit nécessaire d'empêcher par

19. f.67: 'Déclaration du roy par laquelle Sa Majesté en interprétant celle du 27 novembre 1660 permet à tous ses sujets de porter des passemens et dentelles de fil et de soye, du prix et de la façon mentionnéz en la présente déclaration'.

quelque règlement général la ruine des subjets du Roy de cette province, lesquels, particulièrement les femmes, sont dans un tel luxe et pompe d'habits qu'il n'y a plus de distinction de condition, mesmes pour les qualitez d'escuyer, de chevallier, de damoiselle, elles sont usurpées indifféremment par toutes sortes de personnes, des armes timbrées paroissent publiquement quoy qu'elles soyent de personnes roturières; la coiffure ou le masque quy distinguoit les damoiselles d'avec les roturières sont aujourd'hui l'ornement des moindres femmes de la ville, les vestemens des hommes de justice, advocats et autres quy ne devroient paroistre qu'en habit long, sont mesprisez, et au lieu d'iceux l'on voit quelques personnes de cette profession marcher toujours en habit court, et avec quantité de rubans et vair de couleurs, les cheveux longs indiscrets aux officiers leur sont tous communs, de sorte que la justice est mesprisée.[20]

Cette lettre se termine par la promesse solennelle des gens de loi de Poitiers d'employer toutes leurs énergies à l'application des lois somptuaires.

Suivent des ordonnances contre le luxe en 1663, 1664, et 1673. Celle de 1664 est remarquable par la façon dont on parle de la noblesse. Le roi a été empêché encore une fois par la guerre (campagne des Flandres) de veiller à l'application de ses édits et le luxe est parvenu à des excès inouïs:

Et comme ils intéressent les principales familles de nostre Estat, et particulièrement nostre Noblesse, dont nous avons notable interest de conserver la splendeur et le bien, et d'empêcher qu'après les dépenses qu'elle vient de faire dans nos armées, elle ne devienne incommodée par ces superfluitez, dont le mauvais exemple ne se communique que trop, et se trouve enfin hors d'éstat de nous continuer le service que nous en recevons continuellement et que nous avons sujet de nous en promettre.[21]

Une ordonnance du 29 novembre 1673 fait état du succès relatif obtenu par les dernières mesures. Du moins pensait-on avoir porté remède à la situation quand 'des personnes de qualité' s'étaient déclarées prêtes à renoncer aux ornements d'or et d'argent, ce qui aurait donné l'exemple au reste des citoyens. C'était compter sans l'ingéniosité des marchands et des ouvriers, lesquels, ayant inventé de nouveaux objets d'ornement, aussi chers que les anciens, ne manquaient pas d'intéresser le public. C'est contre ceux-ci que la loi doit faire preuve de sévérité (f.76):

Et d'autant que ceux d'entre les marchands et ouvriers qui font travailler aux dites estoffes et ornemens, nonobstant les défenses, et qui continuent d'en vendre ou de les employer, sont les premières et presque les seules causes de ce désordre et de l'inexécution des Règlemens: Requeroit le Procureur du Roy que sur ce il fust pourvu.

On interdit aux marchands de disposer des produits contenant de l'or et de l'argent, de les vendre, et d'y travailler. On réitère les punitions les plus sévères. On défend aux tailleurs et aux brodeurs d'utiliser les matières précieuses sur

20. BN, Ms. Fr.17346, f.152.
21. BN, Ms. Fr.21626, f.70.

les habits, sous peine de confiscation de ces habits, de cinq cents livres d'amende pour la première fois et de privation de la maîtrise en cas de récidive. Les marchands sont tenus de faire l'inventaire de leurs articles et de le remettre aux autorités. On commence à critiquer les tailleurs pour la part qu'ils prennent à la propagation du luxe. Il paraît à cette époque une défense de la profession des tailleurs, document assez curieux, sous le titre: *La Réforme des habits superflus: remontrances à messieurs les tailleurs d'habits* (signé Ancelot). L'auteur y fait état des attaques menées contre cette profession: 'Il ne faut pas s'étonner si cet honorable mestier de tailleur d'habits a esté dans ces derniers temps attaqué de langues médisantes et impures,' dit-il. Il soutient que ce métier est de droit divin. Dieu lui-même s'est chargé de fabriquer le vêtement pour Adam et Eve. Il fait allusion à la Genèse iii.21: 'Or le seigneur Dieu fit à Adam et à sa femme des habillemens de peaux et les en vestit.' D'autre part, l'auteur fait remarquer que le vêtement a pour fonction de signaler la dignité des rois et des prélats. Il conclut ainsi: 'Qu'on cesse donc désormais de mépriser et de calomnier contre cet honorable mestier comme autrefois quelques impertinents l'ont voulu faire et relevons et l'exaltons jusqu'à son premier principe qui est Dieu, à qui appartient tout l'honneur et la gloire éternellement.'[22]

Le 5 juin 1677, une 'Ordonnance de monsieur le prévost de Paris' nous informe que la bataille contre le luxe est bien loin d'être gagnée:

Le luxe des habits se trouve porté aujourd'hui à un tel excès par ce relachement et par la facilité des marchands, qu'on void tous les jours plusieurs personnes, mesme d'une assez médiocre condition qui employent en estoffes précieuses pour leurs vestemens plus que la valeur de leurs revenus, et quelquefois au-delà du capital de leurs fortunes.[23]

Un édit du 20 mars 1679 interdit de dorer les meubles, un autre du 28 mai 1691 défend la dorure du bronze, du cuivre, du fer et du bois. En 1700 on étend l'interdiction de la dorure à la vaisselle, aux meubles, aux habits, aux carrosses ... En 1708 et en 1711 on insiste sur l'interdiction de dorer les carrosses.

viii. Louis XV

Le 4 février 1720, Louis XV interdit le port des diamants et déplore comme ses prédécesseurs les progrès du luxe (f.85: 'Déclaration du roy portant défenses de porter des diamans. Donné à Paris le 4 février 1720'):

Les Roys nos prédécesseurs ont fait différentes dispositions pour réprimer le luxe, et empêcher la dissipation des biens de nos sujets; mais malgré des loix aussi sages, nous

22. (s.l.n.d.), dans BN, Ms. Fr.21626, f.84.
23. BN, Ms. Fr.21626, f.79.

sommes informés qu'il a esté porté dans les derniers temps à un tel excès, qu'un grand nombre de personnes de tous estats ont employé dans l'achat des diamants, perles et pierres précieuses, une partie considérable de leur fortune.

Remarquons que l'achat des pierres précieuses n'est pas conçu comme un investissement, mais comme une nécessité de l'habillement ostentatoire, et qu'il peut être, en effet, une cause de ruine pour bien des familles qui désirent 'paraître'. Nous arrivons à la dernière loi somptuaire, ou à la dernière des plus significatives de ces lois. Si elles ont échoué dans leur objectif immédiat, comme l'affirment ceux qui les promulguaient, peut-on dire qu'elles ont été vaines? Si elles ont assuré une fonction importante, en quoi consiste-t-elle?

ix. Conclusion

Les lois somptuaires préconisaient une épargne, une réduction de la dépense vestimentaire individuelle. Cette dépense relevait d'une société fondée sur la distinction des rangs. Ces lois contribuaient à préserver cette distinction dans la mesure où elles tendaient à annuler la richesse dont bénéficiait la bourgeoisie. Si celle-ci avait pu étaler librement son luxe, il est vraisemblable que la transformation social qualifiée de 'confusion des rangs' aurait accéléré le déclin de l'ancien régime.

Les lois somptuaires, en visant l'habillement luxueux plutôt que les autres manifestations de la richesse, attribuaient à la parure une signification symbolique. Il est probable que ce symbolisme permettait au public privilégié de mieux prendre conscience que les valeurs aristocratiques étaient menacées, et que leur défense comportait une réaction au changement social. Comme l'ancien régime avait été florissant à l'époque où la terre était la principale richesse, les esprits conservateurs se devaient de favoriser le développement de l'agriculture plutôt que celui de l'industrie et du commerce. Ces deux dernières activités avaient produit la richesse mobilière qui paraissait la cause principale du déclin nobiliaire.

Or, les lois somptuaires refusent la liberté du commerce et de l'industrie. Elles soumettent toutes les activités économiques à des considérations politiques. Elles avilissent la notion du gain, découragent la consommation, frappent le luxe comme la cause de la ruine de la noblesse et freinent ainsi l'enrichissement de la bourgeoisie. C'est donc une fonction conservatrice qu'elles assurent, comme un auteur l'a fait remarquer: 'Si, au lieu d'être l'enseigne des richesses, le luxe servoit à marquer les rangs et les places, il offriroit moins de moyens de corruption, et peut-être n'auroit-il plus en cela que de bons effets. C'est encore là l'esprit de nos anciennes lois somptuaires.'[24]

24. Chérin, *La Noblesse considérée sous ses divers rapports*, p.51-52.

114

4. L'idéologie dans les lois somptuaires

Il faut tenir compte de l'évolution de ces lois. La volonté de préserver la distinction des rangs, si importante dans les plus anciennes lois, s'atténue à mesure que le gouvernement doit ménager la bourgeoisie. Le caractère discriminatoire de la loi somptuaire est destiné à disparaître. Cependant, quand on interdit le luxe à toute personne, quel que soit son rang, on tend encore à protéger la noblesse. Celle-ci est souvent la principale bénéficiaire des édits même les plus tardifs. Il s'agit d'éviter la ruine complète de cette catégorie appauvrie. Même quand la noblesse n'est pas mentionnée, le gouvernement insiste sur la nécessité d'éviter la ruine des familles. Or, il ne peut s'agir des familles de la bourgeoisie. Celle-ci s'enrichit, en effet, à mesure qu'elle bénéficie de l'essor de l'économie et, en particulier, de l'industrie du luxe. Lui refuser le port de l'or et de l'argent, ainsi que d'autres objets de luxe, c'est l'empêcher de se prévaloir de sa puissance. Les nobles, ou une grande partie d'entre eux, dont le revenu fixe provenant de la terre a été réduit par le coût croissant de la vie, sont, au contraire, soulagés. La loi leur permet de ne pas se croire obligés de porter les ornements les plus dispendieux et de ne pas entrer en concurrence, dans ce domaine, avec la bourgeoisie riche. Il est vrai aussi que les membres peu fortunés du Tiers-état bénéficient comme les nobles des mesures prises contre le luxe et peuvent éviter les excès financiers auxquels il conduit inévitablement.

Il y a, aussi, dans les lois somptuaires, des finalités qui ont peu à voir avec la noblesse et la défense de l'ancien régime. C'est le cas des mesures qui tendent à protéger le produit local de la concurrence étrangère, et qui ne paraissent pas dans les anciennes lois. On a écrit que c'est sous Henri IV que les arts et les manufactures fleurissent en France.[25] Après la mort de ce roi (1610), les importations tendent à diminuer. En 1633 c'est le produit local qui alimente le plus le commerce de luxe (i.427). Les artisans français imitent les produits étrangers et les marchands vendent chèrement les articles imités. A ce moment, le produit local n'a plus besoin de protection.

Le motif protectionniste n'inspire pas toujours les lois somptuaires. Il n'est pas essentiel puisque la loi interdit les articles de luxe, qu'ils soient fabriqués en France ou à l'étranger. Quand la loi autorise le produit local, elle lui impose une règlementation telle qu'elle gêne le commerce et limite le profit des producteurs. On a vu dans plusieurs textes des lois que l'on blâme les artisans et les marchands 'avides de gain'. Sous Henri IV, les marchands font une démarche auprès du gouvernement contre les lois somptuaires, sans beaucoup de succès, d'après le *Journal de L'Estoile* cité par F. Villepelet.[26] D'autre part,

25. Delamare, *Traité de la police*, i.426.
26. F. Villepelet, *Du luxe des vêtements au XVIe siècle* (Périgueux 1869), p.19.

la préoccupation protectionniste n'est pas étrangère à la noblesse. Celle-ci s'est prononcée nettement pour la protection du produit local parce que cela favorisait le commerce intérieur, plus lié à l'agriculture que le commerce de luxe étranger. Le protectionnisme n'était absolument pas coupé des intérêts nobiliaires.

Les lois somptuaires visent à empêcher que l'or et l'argent ne sortent du territoire national. L'endettement de la France vis-à-vis de l'étranger représente sans doute un facteur d'affaiblissement, surtout si l'on considère que l'Etat français possède une structure patrimoniale, c'est-à-dire que le roi considère l'exercice du pouvoir comme une activité domestique. Il ne fait pas de séparation entre les finances de l'Etat et celles de la maison royale. Il est évident que l'endettement de la cour et de la noblesse, dû en grande partie à la dépense somptuaire, affaiblit tout l'ancien régime, parce qu'il s'est exclu du processus productif de la richesse.

L'on sait que le fameux 'déficit' de la monarchie a précipité la Révolution française. Le rôle de l'argent comme adversaire du pouvoir absolu a été reconnu. Un pamphlet intitulé *De l'autorité de Montesquieu dans la révolution présente*, paru au début de la Révolution, repousse l'idée que la noblesse est nécessaire pour contenir le despotisme, d'après la théorie politique propagée par Montesquieu. Ce rôle est attribué à l'argent: 'L'argent a été tour à tour l'arme la plus dangereuse et le frein le plus puissant du despotisme. Les dépenses des états excèdent toujours leurs revenus. Ils ont bien un continuel besoin de crédit, qui soumis à l'opinion met le gouvernement dans la dépendance des gouvernés.'[27] Il est à peu près certain que l'industrie et le commerce de luxe ont favorisé l'essor du capitalisme, comme l'a montré le sociologue allemand Werner Sombart.[28]

Or, les lois somptuaires ont combattu l'accumulation de la richesse, en s'opposant à la liberté du commerce et des activités économiques en général. Elles ont surtout tenté de réprimer le luxe. Elles ont porté atteinte au droit de propriété et même à la liberté individuelle en réglant la dépense et l'habillement personnels. Elles ont rejeté les valeurs proclamées par la grande bourgeoisie financière et commerçante. Aussi bien, quand celle-ci pourra s'organiser et s'exprimer librement, repoussera-t-elle les lois somptuaires. C'est ce qu'on peut constater dans l'ouvrage attribué à Dumont, ou Butel-Dumont, *Théorie du luxe, ou traité dans lequel on entreprend d'établir que le luxe est un ressort non seulement utile, mais même indispensablement nécessaire à la prospérité des Etats*,[29] qui peut être considéré comme l'expression de l'idéologie de la grande bourgeoisie financière et commerçante.

27. Ouvrage attribué à Grouvelle (Paris 1789), p.98.
28. W. Sombart, *Luxury and capitalism* (Ann Arbor 1967).
29. (Paris 1771).

4. *L'idéologie dans les lois somptuaires*

Les lois somptuaires, malgré la multiplicité des intérêts et des finalités qu'elles renfermaient, étaient foncièrement conservatrices. Quoiqu'elles n'aient pu s'opposer durablement à la transformation de l'ancien régime, elles ont néanmoins retardé ce processus, jouant ainsi un rôle historique des plus importants. On comprendra mieux la signification de ces lois après avoir défini le luxe, qu'elles sont censées réprimer.

5. Pour une définition idéologique du luxe

i. Le paraître

LE luxe, dans le contexte historique où nous l'avons observé, est essentiellement perçu par l'ancienne société comme un facteur de nivellement social. Il est synonyme d'usurpation. Cette perception suppose des valeurs sociales menacées et leur défense se réfère à une situation de légitimité. Nous avons vu que le luxe est associé étroitement à la distinction des rangs. Tant qu'il sert à les marquer, à désigner la prééminence des uns sur les autres, le luxe est tout à fait légitime. C'est quand il n'assure plus cette distinction qu'il est condamnable.

Dans le passé, l'habit servait à distinguer, par sa magnificence, le noble du roturier. Avec l'aisance bourgeoise, nouvellement acquise, l'habit n'assure plus cette fonction. Le luxe des parvenus empêche la distinction. Les bourgeois riches s'accommodent de cette confusion, parce qu'ils annulent, dans l'habillement, l'écart qui les sépare de la noblesse. Ils ne semblent pas indignés à l'égard du luxe. Ils en sont même satisfaits, si l'on en juge par la somptuosité de leurs habits et de leurs équipages. On peut se demander comment il se fait que ceux-là mêmes qui jouissent du luxe, les nobles de la cour, par exemple, se prononcent contre lui. On le conçoit cependant lorsque l'on songe que bien des nobles s'appauvrissent en frais de luxe au bénéfice du marchand qui pourvoit à leur dépense. Les gentilshommes ne peuvent soutenir longtemps les frais qu'ils estiment indispensables à leur rang. Leur revenu, provenant de la terre, n'est pas comparable à celui du commerce et de la finance. Ils finissent par s'endetter et par aliéner leur domaine. D'où leurs condamnations du luxe, qui signifie pour eux abus et usurpation. Cette réaction d'origine sociale trouve cependant avantage à se manifester en termes moraux. Elle bénéficie ainsi de l'autorité de l'Eglise et de l'antiquité.

Comment se fait-il que bien des bourgeois – il s'agit, en fait, des moins fortunés – se rangent parmi les adversaires du luxe? Les bourgeois peu fortunés manifestent la même aversion que les nobles à l'égard de ceux qui, parce qu'ils ont de l'argent, se séparent d'eux. Aussi la distinction s'établit-elle souvent entre riche et pauvre, plutôt qu'entre noble et roturier. Il est évident que la noblesse riche, celle qui a su profiter du développement économique moderne, est moins concernée.

Au moyen âge, quand le pouvoir de l'aristocratie était à son apogée, la noblesse détenait les fortunes foncières. Le luxe, en tant que manifestation de la richesse, était un phénomène aristocratique. Vers la fin du moyen âge, avec l'essor de l'industrie et du commerce, les grandes fortunes ne sont plus l'apanage des nobles et elles ne peuvent plus concourir à relever les rangs. On peut placer le début des grandes fortunes bourgeoises aux treizième et quatorzième siècles et leur essor aux seizième et dix-septième siècles. W. Sombart nous a laissé des réflexions intéressantes sur cette transformation sociale. Il a montré que l'enrichissement de la classe moyenne prêteuse d'argent est dû à l'appauvrissement de la noblesse. Il a décrit le luxe ruineux des nobles qui tentent de faire face au luxe des bourgeois et distingue entre le luxe du moyen âge, essentiellement public, c'est-à-dire qu'il servait à relever les cérémonies publiques, surtout religieuses – il était donc en quelque sorte spiritualisé – et le luxe qui s'est développé plus tard, lequel est devenu privé et matérialiste parce que subordonné à la jouissance personnelle. W. Sombart souligne le rôle de la femme dans la mode et son importance dans le développement du luxe et, par la suite, du capitalisme, qu'il appelle 'l'enfant du luxe'.[1]

La grande transformation sociale amenée par le luxe devait tout naturellement susciter une réaction de la part du groupe au détriment duquel elle se produisait. La condamnation du luxe traduit bien cette réaction. Elle a eu lieu souvent au cours de l'histoire. Au début de plusieurs civilisations, des aristocraties militaires détenaient le pouvoir. Il est concevable qu'à des époques de violence, le pouvoir militaire se soit constitué dans l'Etat. Une fois la paix assurée, les activités économiques se sont peu à peu développées et ont permis aux groupes dominés qui les exerçaient de s'élever socialement jusqu'à menacer le pouvoir établi. Les aristocraties militaires se sont opposées au changement en le qualifiant de luxe. Cela s'est produit chez les Juifs anciens, dans la Grèce antique, à Rome et même en Angleterre, comme l'a montré J. Sekora dans son livre *Luxury: the concept in Western thought – Eden to Smollett*.[2] Signalons par parenthèse que l'idéologie dont parle J. Sekora a été dégagée par nous indépendamment de son étude, comme le prouve un article que nous avons publié en 1976, 'Le débat sur le luxe en France'.[3]

Il est malaisé de concevoir qu'un débat sur un phénomène social aussi primordial ait pu se concentrer autour de l'habillement et de la mode. La condamnation du luxe vise de préférence l'habillement parce que ce dernier assume une valeur symbolique. Il ne s'agit pas seulement de vanité, comme l'ont pensé plusieurs historiens, choqués par des disputes au sujet de la parure. Par exemple, A. Desjardins écrit:

1. W. Sombart, *Luxury and capitalism*, p.84ss.
2. (Baltimore, London 1977).
3. *Studies on Voltaire* 161 (1976), p.205-17.

Les trois ordres attachaient une importance puérile au maintien des lois somptuaires [...] La noblesse cherchait dans ces institutions ridicules un moyen de perpétuer les distinctions de caste et prétendait réserver aux gentilshommes le droit de porter des pierreries et des bagues, aux princes et princesses le monopole des passements ou cannetilles d'argent et d'or et de certains autres ornements.[4]

La mode n'aurait pas, à ses débuts, le caractère frivole qu'on lui prête à l'ordinaire. Elle serait le résultat de la concurrence entre la noblesse et la bourgeoisie, la première tentant ainsi de déjouer l'imitation dont elle était l'objet de la part de la seconde. Un critique moderne, L. Godard de Donville, l'explique ainsi: 'Elle [la noblesse] hait le roturier infiltré dans ses rangs, elle s'en différencie par tous les moyens, d'où les outrances et les incessantes innovations des modes qu'elle lance, et qu'elle abandonne dès que la bourgeoisie s'en empare.'[5] Cette conception de la mode est donc bien différente de la nôtre.

L'un des plus influents partisans du luxe, Mandeville, auteur de la célèbre *Fable des abeilles*, parue en Angleterre en 1714, traduite et publiée en France en 1740, confirme cette interprétation de la mode. Selon lui, dans la société, chacun est paré en fonction de son rang. Dans la ville, cependant, où le nombre de la population empêche que tout le monde se connaisse, il est facile de se soustraire à cette obligation:

De là vient que tout le monde, conscient de son peu de mérite, pour peu qu'il en soit capable, s'habille au-dessus de sa condition, surtout dans les grandes villes populeuses, où les gens obscurs rencontrent en une heure cinquante étrangers pour une personne de leur connaissance, et par conséquent ont le plaisir d'être pris par presque tout le monde non pour ce qu'ils sont, mais pour ce qu'ils paraissent; ce qui est pour la plupart des gens une tentation plus que suffisante pour les inciter au faste.[6]

La vanité serait donc à l'origine du phénomène social appelé 'paraître', tant condamné par la noblesse, qui consiste à usurper la parure d'un rang supérieur. Mandeville ne la condamne pas. Il ne déplore ni la vanité ni le luxe qu'elle entretient, parce qu'il les trouve utiles à la société. Ils stimulent l'ambition, le travail et l'industrie. Pour Mandeville, donc, la mode serait la tentative de la part de la noblesse de cour de se différencier de ses imitateurs bourgeois (p.105):

La Cour s'alarme de cette présomption, les femmes de qualité s'effraient de voir des femmes et des filles de négociants habillées comme elles; l'impudence de ces bourgeois, s'écrient-elles, est intolérable; on fait chercher les couturières, et, l'invention des modes devient leur seule étude, afin d'avoir une vogue nouvelle.

4. A. Desjardins, *Etats-généraux* (Paris 1871), p.498.
5. L. Godard de Donville, *Signification de la mode sous Louis XIII* (Aix en Provence 1976), p.211.
6. B. Mandeville, *La Fable des abeilles ou les vices privés font le bien public*, éd. Carrive (Paris 1974), p.102.

5. *Pour une définition idéologique du luxe*

L'émulation devient générale dans tous les rangs de la société tant et si bien que les 'premiers personnages du pays', ne voulant pas se faire éclipser par le luxe dont ceux qui leur sont inférieurs en rang se plaisent à faire étalage, se voient obligés de dépenser toute leur fortune en 'équipages somptueux, en mobilier magnifique, en jardins fastueux, et en châteaux princiers' (p.105).

Contre le luxe 'niveleur', les efforts de l'ancienne société tendent à préserver la distinction des rangs. Ils se poursuivront presque jusqu'à la fin du dix-huitième siècle. Aussi tard qu'en 1776, une publication intitulée *Les Costumes français* nous livre, dans la description de l'habillement, toute une vision de la société et des valeurs qu'elle comporte. Même dans le costume, l'opposition du seigneur et du bourgeois riche est évoquée. Nous rapportons ici des passages qui nous semblent à ce propos très significatifs et qui constituent de véritables morceaux d'anthologie. Ils accompagnent la première illustration, représentant le Seigneur et la Dame de cour:

On qualifie du nom de Seigneur, les personnes de haute naissance, ou celles qui sont revêtus des plus hautes dignités de l'Etat; pour l'ordinaire ils sont décorés de l'ordre de leur souverain; il n'appartient qu'à eux dêtre très recherchés dans leurs ajustemens; les talons rouges qu'ils portent sont la marque de leur noblesse et annoncent qu'ils sont toujours prêts à fouler aux pieds les ennemis de l'Etat. Il faut distinguer du Seigneur l'homme riche et fat, qui par des dehors trompeurs cherche à surprendre le peuple toujours ébloui par l'éclat d'un habit magnifique [...] On entend par Dame de Cour, une femme de haute considération attachée à la Reine ou à quelque Princesse; elle est toujours obligée de paraître dans l'éclat le plus brillant des étoffes les plus riches; l'or, les pierreries, les équipages les plus élégants sont de son apanage: On la distingue aisément, à son air, de ces coquettes qui la copient et même la surpassent quelquefois.

La planche v représente le financier. On le définit comme le citoyen chargé de percevoir le revenu de l'Etat. Le texte qui s'y rattache dit:

Un homme de cette espèce seroit sans contredit très estimable s'il proportionnoit à ses travaux les gains qu'il fait dans sa place, mais comme il est persuadé que son administration est une belle machine, il se croit l'homme le plus important et à l'abri de mille ressorts qu'il fait jouer et qui sont inconnus au public, souvent il abuse de son emploi; cependant il s'en trouve plusieurs dans le Royaume qui se distinguent par leur probité et leurs manières facétieuses: les vêtemens du financier sont riches, ses appartemens magnifiques et l'embonpoint avec lequel il est représenté ici annonce assés son opulence. Son luxe efface souvent celui des personnes, qui par état, sont obligées de se distinguer du commun des hommes; protégés autrefois par les gens de condition, les financiers, en veulent devenir les rivaux et le plus souvent, fiers de leurs richesses, quelques-uns prennent un ton de hauteur et de dureté qui révolte.[7]

La conception du costume comme moyen de distinguer les rangs ne s'accorde

---

7. *Les Costumes françois, représentans les différens états et accompagnées de reflexions critiques et morales* (Paris 1776), p.5.

pas avec la mode. Celle-ci, en créant de nouveaux habits pour que les nobles se différencient des bourgeois imitateurs, contribue à la disparition du costume traditionnel. Aussi les adversaires du luxe sont-ils choqués par les continuelles variations de la mode et par le gaspillage qu'elle comporte. Ils ne blâment pas la mode au nom de principes moraux mais à cause du défi qu'elle porte à la hiérarchie sociale. L'idée d'usurpation est clairement exprimée dans les reproches qu'ils adressent aux riches bourgeois. Leur indignation est difficile à comprendre aujourd'hui. Aussi L. Godard de Donville dans sa *Signification de la mode sous Louis XIII*, ayant relevé cette indignation, exprime-t-il un étonnement: 'Tout se passe comme si l'argent n'appartenait légitimement qu'aux seigneurs et que seuls ils puissent le dépenser' (p.78). Nous l'avons déjà constaté: l'or, l'argent et la richesse devaient concourir à distinguer les rangs, dans la société d'autrefois.

La condamnation du luxe et des comportements sociaux qui lui sont liés implique une vision très conservatrice de la société et une idéologie de nature nobiliaire. Il nous reste à expliquer pourquoi une grande partie du Tiers-état y adhère avec empressement.

ii. Dominés et dominateurs

Notons que le Tiers-état s'associe sans réserve à la condamnation du luxe. Cela peut étonner à première vue. Pourquoi le groupe qui se trouve en bas de l'échelle sociale désire-t-il renforcer la subordination dont il souffre? Pourquoi insiste-t-il pour que les distinctions de rangs soient maintenues? L'historien A. Desjardins s'exprime ainsi au sujet des lois somptuaires:

Ces lois aristocratiques dont Fénelon devait, un siècle plus tard, doter sa chère Salente, ne choquent pas encore le Tiers-état. Ce sont les villageois de Blaigny qui veulent à leur tour faire observer les ordonnances *sur le fait des habits*, non seulement pour éviter toute *superfluité du luxe*, mais pour faire *connoître la qualité des personnes*. C'est le baillage de Jaucourt qui veut faire garder (le lecteur n'en peut croire ses yeux) les mêmes ordonnances *à peine de la vye*. Ce sont des drapiers, des épingliers, des merciers et d'autres commerçants du même ordre que le luxe des roturiers indigne.[8]

Pour mieux comprendre l'empressement de la part du Tiers-état à faire respecter les distinctions et les costumes traditionnels, il convient d'examiner encore d'autres textes. Dans *Les Caquets de l'accouchée* (1622), des femmes bourgeoises se réunissent, selon la coutume, pour des réjouissances auprès d'une femme qui vient d'accoucher. Elles parlent des événements actuels, déplorent la cherté de la vie et les abus de la mode. Tout le monde s'habille

8. Desjardins, *Etats-généraux*, p.498-99.

sans tenir compte de son rang, ce qui cause la corruption générale. On s'exprime ainsi au sujet de la distinction des rangs, que l'on souhaite voir rétablie: 'Prenez courage, le grand désordre qui est à présent engendrera un bon ordre; l'on fera des édicts, qui régleront toutes choses; l'on cognoistra le marchand d'avec le noble, l'homme de justice avec le méchanique, le fils de procureur avec le fils de conseiller.'[9] Dans *Les Singeries des femmes de ce temps descouvertes et particulièrement d'aucunes bourgeoises de Paris* (1623), on exprime la même protestation à l'égard de la mode: 'Mais, pour conclure, n'est-ce point une vraie singerie de voir les femmes de crocheteurs vouloir faire les bourgeoises, et les bourgeoises imiter les demoiselles, et celles-ci les princesses?'[10] Considérons d'autres exemples de cette protestation. Dans *Le Bruit qui court de l'espousée* (dix-septième siècle), une mariée bourgeoise a pris l'habit des femmes nobles, la cotte de satin, et ses voisines le lui reprochent:

> C'est l'entretien des lavandières,
> Et de celles qui vont au four,
> Qu'une dame depuis naguères,
> S'est fait Damoiselle en un jour.[11]

L. Godard de Donville cite plusieurs ouvrages, et parmi ceux-ci *Le Murmure des femmes, filles et servantes* (dix-septième siècle), où des femmes d'artisans se disputent à propos des vêtements que leur position sociale leur donne le droit de porter. Cet auteur note la direction conservatrice de cette attitude toute tendue vers le respect des traditions: 'Ce que trahissent ces regards pleins de regret vers un passé imaginaire, et ces imputations au temps présent d'une évolution honnie, c'est une constante de l'esprit bourgeois.'[12] Mais on peut faire remarquer que l'ordre des rangs, des costumes et des préséances est précisément celui que la bourgeoisie a hérité de la société aristocratique, dans la mesure où la bourgeoisie s'étant constituée bien après la noblesse, c'est celle-ci qui a imposé ses valeurs à celle-là. A cette époque (dix-septième siècle), il n'y a aucune conscience politique de la part du Tiers-état, aucune volonté de s'organiser et d'élaborer des valeurs propres. Le Tiers-état subit entièrement l'ascendant de la société aristocratique. L'historien R. Mandrou en juge ainsi: 'Mais pour chaque groupe, une conclusion est à tirer: prise de conscience claire dans la noblesse d'épée; par contre, les milieux populaires ne portent pas une conscience, même vague, de cette lutte [de classes].'[13]

Mais il n'en sera pas toujours ainsi. Il semble bien que la grande bourgeoisie

9. *Les Caquets de l'accouchée*, éd. E. Fournier (Paris 1855), p.31.
10. E. Fournier, *Variétés historiques et littéraires* (Paris 1855), i.62.
11. Fournier, *Variétés*, i.311.
12. Godard de Donville, *Signification de la mode*, p.75-76.
13. R. Mandrou, *Classes et luttes de classes en France au début du XVIIe siècle* (Florence 1965), p.87.

aura une conscience de groupe et des valeurs propres au dix-huitième siècle. Dans les cahiers de remontrances aux Etats-généraux, nous avons bien constaté que le Tiers-état était solidaire de la noblesse sur des problèmes aussi actuels que ceux du luxe. Un pamphlet qui émane directement du Tiers-état, *Discours véritable de deux artisans de Paris, mareschaux de leur estat*, nous en informe.[14] Même en admettant que, malgré le titre, ce pamphlet n'ait pas été composé par des artisans, on reconnaît que la pensée qui y est exprimée pouvait passer pour celle du peuple. Or, elle reflète essentiellement les vues de la noblesse.

Ces artisans acceptent la politique qu'on propose aux Etats-généraux pour résoudre les problèmes du pays. Il est question, dans leurs propos, d'établir une chambre de justice contre les financiers, d'un projet qui mettra les charges des finances entre les mains des nobles, de faire composer le Conseil du roi de savants et de nobles. On y parle également de la suppression de la vénalité des charges, de l'interdiction des duels, de la diminution des tailles pour soulager le peuple, de la suppression des pensions accordées, par le roi, aux courtisans. On souhaite l'abolition de l'impôt sur le sel et on exprime le désir que les enfants des marchands restent marchands, qu'ils ne soient pas autorisés à se rendre à l'Université ou à solliciter des emplois dans les finances. Quant au luxe, voici comment on en parle (p.10):

> Que défences soyent faictes sur peine de grosse amende à toute personne de quelque qualité qu'ils soyent, de n'avoir en leurs maisons, meubles de soye, passemens et franges d'or, hormis les Princes, Seigneurs et Officiers de la Couronne, pour l'excessive despence qui se faict et la quantité d'or et d'argent qui sort de France pour cet effet.

En somme, la société entière tend à adopter les valeurs nobiliaires. La manifestation la plus évidente de ce phénomène consiste à s'habiller mieux que son rang ne le permet et jusqu'à usurper peu à peu les signes distinctifs de la noblesse: l'habit, les noms, les titres. C'est ce phénomène qu'on appelle 'luxe'.

Un sociologue qui a étudié les idéologies politiques, P. Ansart, nous explique que les groupes dominés, ne pouvant pas s'emparer de la 'prééminence effective', tendent à s'emparer de la 'prééminence symbolique'.[15] Un autre sociologue, G. Rocher, souligne que les 'élites' jouent un rôle important dans le changement social. Selon lui, les élites contribuent à diriger la collectivité, par les valeurs qu'elles proclament ou symbolisent. Elles offrent des modèles vivants que la multitude tend à imiter dans toutes les manifestations de la vie.[16] Or, il va sans dire que la noblesse est l'une des élites les plus prestigieuses et qu'elle influence considérablement l'opinion publique.

14. (s.l. 1615).
15. P. Ansart, *Les Idéologies politiques* (Paris 1974), p.108.
16. G. Rocher, *Introduction à la sociologie générale* (Montréal, Paris 1968), 408-409.

5. *Pour une définition idéologique du luxe*

Il n'est pas sans intérêt d'examiner ici comment l'idéologie des groupes sociaux parvient à diriger les mouvements d'opinion non seulement dans la société mais aussi dans la littérature, puisque nous aurons à parler de textes littéraires. Les écrivains qui désirent la célébrité doivent faire une très large part aux valeurs des groupes dominateurs. Les gouvernements encouragent par des récompenses appropriées tous ceux qui concourent à affermir l'ordre social. Les académies semblent y contribuer. D. Roche a montré qu'il en a été ainsi en France: 'La vision utilitaire et pragmatique du pouvoir confirme les académies dans leur rôle de définition d'une culture. L'absolutisme éclairé par les lettres et les sciences y puise sa justification idéologique.'[17]

En ce qui concerne le roman, M. Östman a analysé vingt ouvrages étalés sur la période 1699-1742, dont les auteurs sont Chasles, Courtilz de Sandras, Crébillon fils, Drouet de Maupertuis, Fénelon, Fontaines, Gomez, La Force, La Vallière, Le Sage, Lussan, Marivaux, Milon de Lavalle, Prévost, Ramsay, Simon, Tencin, Terrasson, Vignacourt.[18] Elle trouve que les qualités morales supérieures sont associées aux rangs sociaux les plus élevés et que ces écrivains croient que 'la noblesse seule possède un caractère noble' (p.29). Selon eux, le courage est la qualité la plus étroitement liée à la naissance, et, d'autre part, l'avarice ne saurait se concilier avec la noblesse. Chez Marivaux et Le Sage les qualités innées servent à indiquer la haute naissance. Même quand on admet que le caractère n'est pas déterminé par la naissance, on l'associe étroitement au rang social. M. Östman conclut ainsi: 'Nous pouvons conclure que dans les romans que nous étudions, le caractère estimable du roturier, quand il y en a, est presque sans exception, décrit et jugé du point de vue de la noblesse' (p.38).

J. Rustin, dans une étude sur *Le Vice à la mode: étude sur le roman français de la première partie du XVIIIe siècle*, note que l'un des thèmes les plus traités est la discordance de l'être et du paraître, et que les auteurs renvoient au 'monde vertueux de la transparence, qui est d'abord celui de l'ancienne société hiérarchisée et figée où ni le vêtement ni le corps ne pouvaient tromper sur la noblesse du sang et de l'âme'.[19] La noblesse situe dans un passé, pas trop éloigné, l'époque heureuse où l'habit était le signe distinctif du rang et où il signalait chez elle l'excellence morale, la transparence. Un roman, *Les Avantures d'Euphormion*, parle d'un étranger qui, n'étant pas au courant des malheurs de la France, s'indigne en constatant que le bel habit peut couvrir un homme malhonnête: 'Voilà comme il arrive souvent, continuois-je, que l'habit impose, et que ce qui

17. D. Roche, *Le Siècle des Lumières en province: académies et académiciens provinciaux (1680-1789)* (Paris 1978), i.140.
18. M. Östman, *Les Précepteurs muets: étude sur l'utilité morale du roman en France (1699-1742)* (Stockholm 1981).
19. (Paris 1979), p.185.

devrait servir à distinguer les conditions et les différents états de la vie civile, le noble du roturier, ne sert souvent qu'à parer le vice et à couvrir le corps d'un faquin.'[20]

Au théâtre, plusieurs pièces font preuve d'une grande complaisance envers l'idéologie nobiliaire. *La Rapinière* (1683) de Jacques Robbe, qui attaque les financiers, a été particulièrement appréciée par la cour: 'Jamais pièce n'a plus diverti la Cour depuis longtemps' (Préface). Il en est de même du *Turcaret* (1709) de Le Sage. *Le Financier*, comédie de Saint-Foix représentée pour la première fois le 20 juillet 1761, met en scène un homme dur et insupportable qui a fait fortune dans la finance. Il s'est acheté un château et une terre, patrimoine d'un aristocrate ruiné. Les voisins et leurs domestiques en sont indignés. Un frontin s'adresse à son maître en ces termes: 'Morbleu, Monsieur, cela crie vengeance! Le luxe et les richesses ont confondu tous les états. On ne connaît plus les gens ni à leurs noms ni à leurs habits.'[21]

Remarquons que dans le *Mercure de France* (septembre 1761) on affirme, au sujet du *Financier* de Saint-Foix, que la méchanceté du financier n'est pas due à la nature mais à 'un vice en quelque sorte de son état, et qu'on acquiert assez ordinairement avec l'opulence.'[22] On peut trouver d'autres détails sur les financiers dans S. Tzonev, *Le Financier dans la comédie française sous l'ancien régime.*[23] Y. Durand, dans *Les Fermiers généraux au XVIIIe siècle*, a remarqué que les fermiers généraux correspondent aux financiers de la littérature.[24] Cela est vrai, mais il semble que le terme *financier* puisse parfois désigner l'homme d'affaires.

Dans le domaine de l'essai moral, La Bruyère exprime la vision conservatrice de la société. Ses *Caractères* témoignent de l'amertume que suscite le spectacle du changement social. Il vante en ces termes la modestie des ancêtres:

Il y avait entre eux des distinctions extérieures qui empêchaient qu'on ne prît la femme du praticien pour celle du magistrat, et le roturier ou le simple valet, pour le gentilhomme [...] Enfin, l'on était alors pénétré de cette maxime que ce qui est dans les Grands splendeur, somptuosité, magnificence, est dissipation, folie, ineptie dans le particulier.[25]

Dans la poésie, Sonnet de Courval, tout en admettant qu'il y a des financiers honnêtes, châtie ainsi les mauvais sujets dans sa *Satyre cinquième contre le larrecin des deniers du roy* (1622):

20. *Les Avantures d'Euphormion: histoire satirique* (Lyon 1713), i.45.
21. Saint-Foix, *Œuvres complètes* (Paris 1778), ii.287.
22. Saint-Foix, *Œuvres complètes*, ii.306.
23. (Paris 1926).
24. (Paris 1971), p.398.
25. La Bruyère, *Les Caractères* (1688; 5e éd., Paris 1690), 'De la ville', remarque 22.

> Je ne m'adresse donc qu'à cette race fière
> De larrons partisans et pervers financiers,
> Receveurs généraux, commis et thrésoriers,
> Et autres officiers ministres des finances
> Qui desrobent le Roy et ruynent la France.
> Ces Messieurs à voler sont les superlatifs
> Jamais on ne veid gens si aspres et actifs
> A ruiner le peuple et humer sa substance,
> Et sur la pauvreté bastir leur opulence.
> De leurs biens et grandeurs l'argille et le mortier,
> Est destrempé du sang du pauvre roturier,
> Qui par taille et tributs, impos, dace nouvelle,
> Est sucé maintenant jusques à la mouelle.[26]

P. Lemoyne attaque le riche parvenu dans les *Entretiens et lettres morales*, particulièrement dans la *Carte de Paris*:

> Là, les salons sont peints, les meubles sont dorez
> Des larmes et du sang des pauvres devorez:
> Là le pré de la veuve et le champ du pupile,
> Font, changez en buffet, une montre inutile:
> Et les biens confisquez des riches apauvris
> En cuisine, en débauche, en spectacles sont mis,
> Combien de régions aujourd'huy démolies,
> Ont fourni de matière à semblables folies?
> Et combien de païs ont été désolez,
> Combien de droits rompus, de devoirs violez,
> Afin qu'un roturier, mieux logé que les Princes,
> Eust un monde en maisons, eust en parc des provinces?[27]

En reproduisant ces quelques extraits, nous ne prétendons pas être exhaustifs. Ce ne sont que des exemples destinés à mettre en évidence l'importance des valeurs de groupes dans la genèse de l'œuvre littéraire. Il faut toutefois faire remarquer que l'idéologie tant dans les œuvres littéraires que dans le contexte purement social n'explique pas entièrement la condamnation du luxe. L'envie pure et simple peut être parfois à l'origine de cette prise de position. Aussi plusieurs membres du Tiers-état envient-ils les nouveaux riches à cause de l'étalage que ceux-ci font du luxe. Ces membres du Tiers-état prennent comme cible les marchands qui réalisent des profits inconnus des artisans. Ceux-ci ne vendent pas directement le produit de leur travail et la quantité des articles produits est limitée. Leur gain est donc très modeste. Nous avons vu que les lois somptuaires accusent parfois les marchands de miner la noblesse, parce qu'ils entretiennent le luxe par les produits qu'ils vendent. Il convient ici, pour

26. *Œuvres poétiques de Courval Sonnet* (Paris 1876), i.130.
27. (Paris 1665), p.62.

compléter l'image que l'on s'en est faite, d'examiner quelques écrits qui parlent du marchand.

Une brochure, *La Chasse au vieil grognard de l'antiquité* (1622), proteste contre la tendance générale à décrier le présent en louant le passé. L'auteur fait la comparaison entre le marchand d'autrefois, modestement et traditionnellement vêtu, et, par conséquent, 'facile à cognoître', avec le marchand moderne:

> Qu'est-ce qu'un marchand à présent? Se voit-il rien de plus honorable? Il n'est plus reconnu que par ses grands biens. Vestu d'un habit de soye, manteau de pluche, communicquant sur la place de grandes affaires, avec toutes sortes d'étrangers, traficquant en parlant et devisant d'un trafic secret, plein de gain, d'industrie et de hazard, inconnu à l'antiquité et qui se rendra connu à la postérité.[28]

Le Messager de Fontaine-Bleau rapporte les propos de ceux qui louent le passé: 'Jadis le Bourgeois estoit vestu selon sa qualité, à présent, on ne cognoist point le Marchand d'avec le Noble, on a défendu l'or, mais chacun porte licencieusement la soye.'[29] Il y a plusieurs exemples de l'animosité du Tiers-état à l'égard des marchands. Le document le plus intéressant se trouve à notre avis dans un ouvrage paru au dix-huitième siècle, *Lettres critiques sur le luxe et les mœurs de ce siècle, à Madame de ****, attribué à un horloger du nom de Béliard. Ce livre est une attaque violente contre les marchands qui profitent d'une situation de privilège. L'auteur s'élève contre la considération accordée à l'argent; seuls les marchands peuvent s'enrichir. Les horlogers, ainsi que les ciseleurs et les graveurs, 'languissent humiliés par l'opulence fastueuse et la dépense insolente que les gros bénéfices du marchand le mettent dans le cas de faire'.[30]

iii. La confusion des rangs

Après avoir examiné les motifs qui poussent une partie importante du Tiers-état à imiter les comportements nobiliaires en ce qui concerne l'étalage du luxe, et une partie de ce même Tiers-état à condamner ce mouvement d'imitation, on peut se demander pourquoi la noblesse désire se distinguer, en sacrifiant à cette fin, parfois, tout son patrimoine. Nous avons vu que le luxe est d'abord une préoccupation de la noblesse. Elle représente l'ordre le plus appauvri sans doute et pourtant elle trouve la dépense de luxe la plus nécessaire. Elle investit parfois tout son patrimoine dans la tenue vestimentaire. Le *Discours sur les causes de l'extreme cherté qui est aujourd'huy en France, présenté à la mère du roy par un*

---

28. Fournier, *Variétés*, iii.41.
29. (s.l. 1623), p.8.
30. (Amsterdam et se trouve à Paris 1771), p.110.

sien fidelle serviteur (1686), attribué à Du Haillan, nous le confirme:

La dissipation des draps d'or, d'argent, de soye et de laine, et des passemens d'or et d'argent, est très grande; il n'y a chappeau, cappe, manteau, collet, robbe, chausses, pourpoint, juppe, cazaque, colletin ny autre habit, qui ne soient couverts de l'un ou de l'autre passement, ou doublé de toile d'or ou d'argent. Les gentilshommes ont tous or, argent, velours, satin et taffetas; leurs moulins, leurs terres, leurs prez, leurs bois et leurs revenus se coulent et consomment en habillemens, desquels la façon excède souvent le prix des estoffes.[31]

Il apparaît à la lecture de ce passage que, dans l'esprit de l'auteur, les gentilshommes qui se ruinent en frais de luxe tirent leurs ressources de leur terre et qu'ils ne profitent en rien de la nouvelle richesse rendue possible par le commerce et l'industrie. Le luxe s'associe immédiatement à la noblesse, tant le rapport entre les deux s'impose à l'esprit du public. Dans *Le Satyrique de la court* (1624), réimpression du *Discours nouveau sur la mode* (1613), la Mode elle-même, sous la forme d'une femme, vient expliquer que la cour ne restera pas longtemps sans les passements interdits. Les gentilshommes sont impatients de s'en servir, et les marchands de les vendre:

> Les passemens dorez reveindront en lumière;
> Je m'en vais les remettre en leur vogue première.
> Les marchands se faschoient de voir si longuement,
> Demeurer dans leur coffre un si beau passement:
> Il faut les contenter, et que ceste richesse,
> Serve de parement à toute la Noblesse.[32]

Ce penchant de la noblesse pour la dépense relève de la nature de la société aristocratique. Si l'habit est le signe de la prééminence, les gentilshommes se doivent de signaler leur qualité, quelle que soit la dépense nécessaire. Comme le dit La Bruyère dans *Les Caractères*: 'La cause la plus immédiate de la ruine et de la déroute des personnes des deux conditions, de la robe et de l'épée, est que l'état seul, et non le bien, règle la dépense.'[33]

Un sociologue, N. Elias, dans *La Société de cour*[34] explique pourquoi le luxe est nécessaire à la noblesse. Le noble se définit socialement par le rang qu'il occupe dans la hiérarchie curiale. Il n'a pas d'activité professionnelle par laquelle il puisse se faire valoir en dehors de la cour. Pour lui, les frais de représentation constituent une exigence absolue. Ils constituent un moyen d'auto-affirmation sociale. D'où le drame de la noblesse à cette époque. Elle doit dépenser sans tenir compte de ses ressources économiques.

31. Fournier, *Variétés*, vii.166-67.
32. Fournier, *Variétés*, iii.263.
33. 4e éd. (Paris 1689), 'Des biens de fortune', remarque 81.
34. (Paris 1974).

Or, après 1540, l'abondance de l'or importé d'Amérique a causé une dépréciation de la monnaie. Le pouvoir d'achat a été réduit au quart de ce qu'il était. Les revenus fixes sont presque anéantis et beaucoup de seigneurs se trouvent en difficulté. Ils doivent s'endetter. Cet endettement est la cause de la ruine des 'familles' dont parlent les lois somptuaires et qu'on impute au luxe. C'est le drame aussi de nombreux gentilshommes campagnards qui entreprennent leur voyage à la cour, espérant y faire fortune, et qui en reviennent chez eux tout à fait ruinés. *Le Noble confus ou le poinct d'argent du temps présent: dialogue de deux gentilshommes et d'un valet depuis peu arrivez en cour* décrit sa déception en ces termes: 'Ostez-vous de devant moy, donneurs de bonjour, qui me faisiez accroire que Paris est la ville la plus délicieuse du monde, mais vous ne me disiez pas qu'il falloit porter avec soi une mine d'argent.'[35] Cette situation de la noblesse a été résumée ainsi par un texte d'époque rapporté par A. Devyver: 'Pour la noblesse, trois choses l'ont ruinée, la facilité de trouver de l'argent, le luxe et la guerre.'[36]

La noblesse doit maintenir son rang à la cour et en même temps faire face à la concurrence de la bourgeoisie imitatrice. Au dix-septième siècle les lois somptuaires lui permettent, du moins pour un temps, de remplir les obligations de son rang et de se distinguer du Tiers-état. Au dix-huitième siècle les lois somptuaires sont presque abandonnées et le luxe semble régner en maître. Quoiqu'il soit encore condamné dans le principe, il est parvenu à rendre les rangs méconnaissables. Un voyageur anonyme s'exprime ainsi en parlant de Paris, dans la *Lettre d'un Sicilien à un de ses amis*:

L'or et l'argent est devenu si commun, comme j'ai déjà dit, qu'il brille sur les habits de toutes sortes de personnes et le luxe démesuré a confondu le maître avec le valet, et les gens de la lie du peuple avec les personnes les plus élevées. Tout le monde porte l'épée et Paris ressemble à l'utopie de Thomas Morus où l'on ne distinguoit personne.[37]

Cependant, la noblesse essayera, par tous les moyens, de se distinguer du commun. Tolérer la confusion des rangs serait probablement, pour elle, la fin de sa primauté. Si l'on admet que l'habit a pour elle une importance symbolique, on comprendra l'obstination qu'elle met à condamner le luxe.

iv. Le 'racisme' de la noblesse française

La noblesse croit qu'elle est supérieure aux autres groupes du point de vue racial. L'importance de la tenue vestimentaire peut s'expliquer autrement. Par

---

35. (Paris 1649), p.11.
36. Devyver, *Le Sang épuré*, p.454.
37. *Lettre d'un Sicilien à un de ses amis contenant une agréable critique de Paris et des François*, traduite de l'italien (Chambéry 1714), p.32.

conséquent, le contact entre les ordres supérieurs et les inférieurs est redouté par ce corps de l'Etat comme une corruption. Mais dans la mesure où dans la société française il n'existait pas de définition de race physiquement reconnaissable (par la couleur de la peau, par exemple), l'habit était le seul moyen de distinguer les prétendues 'races'. A. Devyver a insisté sur le 'racisme' de la noblesse française, quoique l'on puisse objecter à l'emploi de ce mot beaucoup trop moderne. C'est à la volonté de séparer les races qu'est due, probablement, l'importance que l'habit a revêtu dans les sociétés antiques fondées sur l'esclavage. J. Sekora mentionne, dans son ouvrage sur le luxe, que les législateurs anciens approuvaient la ségrégation car ils considéraient que les classes inférieures de la société étaient sujettes à corrompre les classes supérieures.[38] Le concept de différence de nature, de 'race', est crûment exprimé aux seizième et dix-septième siècles, sans aucun ménagement pour le Tiers-état. Noël du Faïl considère que le roturier anobli ne pourra jamais être accepté par cette 'race divine', 'laquelle se recognoist en un vrai gentilhomme, fust-il vestu de toile, au contraire d'un roturier, lequel accoustré fust en drap d'or, tient et sent toujours les mœurs et conditions trafiquantes'.[39] Le baron de Senecey, aux Etats-généraux de 1614, se plaint publiquement, au nom de la noblesse, que le Tiers-état ait qualifié les nobles de 'frères'. 'En quelle misérable condition sommes-nous tombés si cette parole est véritable?', demande-t-il. La noblesse serait-elle 'tellement rabaissée qu'elle fût avec le vulgaire en la plus étroite sorte de société qui soit parmi les hommes, qui est la fraternité?'[40] Plus tard, cet incident a suscité l'indignation de Siéyès,[41] mais avant la Révolution française personne n'a osé contester la noblesse. Jusqu'à la Révolution, les roturiers subiront les insultes les plus grossières quand ils tentent de s'élever dans la hiérarchie sociale. La littérature en offre beaucoup d'exemples. Saint-Foix s'exprime ainsi: 'Nouveaux enrichis, vous tâchez d'en imposer par vos habits, vos équipages et des airs importants; mais en voulant cacher qui vous êtes, vous le faites demander. En vain la fortune couvre un fumier d'un riche tapis; une certaine odeur perce toujours.'[42]

La 'naissance' aura tendance à perdre de son importance à mesure que le monde du travail s'impose à la société aristocratique. La richesse est une force qui tend à diminuer l'abîme séparant les ordres. Le marquis de Lassay, mort en 1738, a laissé un écrit, publié dans le *Mercure de France* en décembre 1754, où il s'oppose à ce que la noblesse exerce le commerce. Il suggère qu'il vaut mieux être pauvre et noble que riche et roturier. Quoique la société de son

38. Sekora, *Luxury*. p.56.
39. N. Du Fail, *Contes et discours d'Eutrapel* (Paris 1785), i.161.
40. G. Picot, *Histoire des Etats-généraux* (Paris 1888), iv.194.
41. E. Siéyès, *Essai sur les privilèges* (Paris 1788).
42. Saint-Foix, *Œuvres complètes*, iv.350.

temps accorde de la considération à la richesse, le roturier riche est, en effet, encore foncièrement méprisé. Le gentilhomme trouve tous les chemins ouverts devant lui, 'au lieu qu'ils sont fermés à celui qui n'a que des richesses sans naissance: il est arrêté par tout, quoiqu'il ait du mérite, il essuie des dégoûts en cent occasions, et il semble même à un homme de qualité qu'il lui fait trop d'honneur d'aller chez lui et de manger son bien'.[43] Mais, à partir de 1760, la notion du mérite personnel fait de plus en plus concurrence à celle de 'naissance'. Une partie de la noblesse se rallie à l'idée d'une nation où les distinctions se fonderaient sur les capacités personnelles et le Tiers-état considère le rôle de la roture comme tout à fait honorable. Une brochure parue en 1766, *Eloge de la roture dédié aux roturiers*, marque cette nouvelle orientation. L'auteur y soutient que la roture est la classe la plus nécessaire, la plus utile à la société: 'On conviendra sans peine de la justesse de ces principes, mais on sera toujours en droit de dire que, dans quelque corps que ce soit que le mérite se trouve, lui seul doit être honoré.'[44] Il insiste sur le fait que la noblesse doit tout à la roture et que celle-ci la fait vivre: 'Comment est-ce donc que ceux qui prétendent se distinguer de cette partie du peuple qui possède les talents et les arts osent la mépriser?' (p.67). Cette brochure fait aussi l'éloge des sciences, des arts et du commerce, qui ont permis le progrès de la civilisation (p.72):

Les nations se sont policées en se communiquant réciproquement les denrées de leurs climats: elles se sont fait part de leurs lumières et de leurs richesses; elles se sont secourues dans leurs besoins mutuels: les choses les plus rares sont devenues communes; le bien être a augmenté à mesure que le commerce s'est plus répandu et que ses branches se sont plus multipliées.

Charles Collé s'oppose à la notion de 'naissance' en parlant de deux pièces de théâtre, *Crispin gentilhomme* de Montfleury et *La Force du naturel* de Destouches, dans lesquelles on soutient que 'les gens de condition sont d'une nature supérieure aux roturiers' et qu'une paysanne qui aurait reçu l'éducation d'une femme noble continuerait cependant à manifester la bassesse de ses origines, tandis qu'une noble, élevée à la campagne, garderait les sentiments supérieurs propres à sa race.[45]

Ces quelques notes sur le concept de 'naissance' suffisent à mettre en évidence le rapport étroit entre cette notion et celle de distinction des rangs, entre les valeurs nobiliaires et le luxe vestimentaire. En ce qui concerne le 'racisme' de la noblesse française, nous renvoyons au travail déjà mentionné d'A. Devyver.

43. 'Réflexions de M. le marquis de Lassay mort en 1738', *Mercure de France* (décembre 1754), lxvii.90.
44. (Londres et se trouve à Paris 1766), p.27.
45. *Journal et mémoires de Charles Collé (1748-1772)* (Paris 1868), i.131.

v. Le 'bouc émissaire'

Il y a une autre signification que nous pouvons discerner dans la condamnation du luxe. La définition psycho-sociologique de l'idéologie, selon G. Rocher, fait état de certains états d'agressivité se traduisant par une hostilité à l'endroit d'un 'adversaire ou d'un bouc émissaire'.[46] Il semble que la démarche de l'idéologie consiste, en effet, à attribuer à l'adversaire, ou plutôt à ce qui le représente, tous les maux dont souffre la société. La condamnation du luxe peut être, en quelque sorte, une tentative pour imputer à quelques victimes la responsabilité d'un fléau dont on ne saisit pas bien les causes. Des auteurs modernes ayant entrepris de parler du luxe, ou d'un phénomène tout proche, tel que la mode, ont remarqué la colère et l'agressivité qu'ils suscitaient. Ils en ont conclu que la réaction suscitée par l'avènement de la richesse bourgeoise allait exiger des boucs émissaires. H. Baudrillart estime que les financiers jouent ce rôle et que c'est le peuple qui entreprend de les persécuter. Il s'exprime ainsi:

La puissance des hommes d'argent qui est, avec celle des légistes, le fait dominant à l'intérieur du règne de Philippe le Bel, devait avoir pour conséquence d'exciter la haine et l'envie du populaire. Le spectacle du faste des riches financiers, de ces opulents ministres, les désigne comme les boucs émissaires de ses colères, et de ses rancunes, tantôt injustes, tantôt fondées sur de réels griefs.[47]

H. Baudrillart ajoute plus loin que la ruine de quelques riches bourgeois a été voulue par l'aristocratie. Il cite le parvenu Enguerrand de Marigny, ministre de Philippe le Bel qui fut pendu pour donner satisfaction 'aux rancunes de cette noblesse fastueuse qui enviait le luxe et le pouvoir des parvenus, et au peuple qui lui en voulait surtout de l'impôt sur les ventes' (p.254). Le même auteur cite encore un financier anobli, Jean de Montaigu, exécuté en 1409, 'victime de la jalousie qu'inspirait le luxe de la haute bourgeoisie à l'orgueil nobiliaire et du cupide calcul de quelques-uns des princes de la famille royale' (iii.319). L. Godard de Donville pense aussi que le luxe a été, au dix-septième siècle, le 'bouc émissaire des calamités dont souffrait le peuple'. Il note que le peuple 'tolérait' le luxe des grands, et non pas celui des bourgeois. 'Par contre, l'arrogance et l'étalage du luxe des courtisans nouveaux venus, des bourgeois parvenus et de cette armature de fonctionnaires sortis de ses rangs pour l'oppresser financièrement, et le poursuivre judiciairement, offusquent sa misère.'[48]

Il semble que le peuple ait considéré les riches parvenus comme des 'boucs

---

46. Rocher, *Introduction à la sociologie générale*, iii.377.

47. H. Baudrillart, *Histoire du luxe privé et public depuis l'antiquité jusqu'à nos jours* (Paris 1880), iii.253.

48. Godard de Donville, *Signification de la mode*, p.212.

émissaires', mais on peut se demander si cette attitude lui appartenait en propre, si c'était la noblesse qui lui désignait ces 'boucs émissaires'. Pourquoi le peuple aurait-il 'toléré' le luxe des 'Grands', lequel lui était aussi préjudiciable financièrement? Si l'on tient compte des efforts de la noblesse pour entraîner le Tiers-état à la poursuite des financiers (ce que nous avons relevé aux Etats-généraux), on peut en conclure que le peuple épousait les vues du groupe dominant. Le peuple n'avait pas de volonté propre et il s'acharnait sur ceux qu'on lui désignait comme ses oppresseurs.

Nous avons montré que l'initiative de la persécution au détriment des financiers a été décidée par la noblesse. Plusieurs pamphlets du dix-septième siècle ont confirmé cette conclusion. Si nous en examinons quelques-uns appartenant au dix-huitième siècle, il est évident qu'ils sont inspirés par l'idéologie du même groupe social et que la défense du pauvre peuple, toujours proclamée, n'est qu'un expédient. Du moins peut-on douter de la sincérité de ceux qui s'apitoient exagérément sur le sort du peuple. *Les Partisans demasquez* représente une attaque violente contre les financiers 'engraissez aux dépens des pauvres peuples'.[49] La façon dont l'auteur parle des financiers – il leur reproche, par exemple, d'avoir dans leurs rangs des 'laquais revêtus' – dévoile le préjugé aristocratique. Il affirme (p.20):

Afin de couper l'arbre par la racine, j'aurois commencé par faire couper la tête à douze des principaux fermiers ou traitans généraux des plus coupables indifféremment, car ils sont secrétaires du Roy et il faut faire quelque honneur à cet illustre corps, quoi qu'il se soit depuis certain temps bien encanaillé.

L'auteur fait allusion au fait que la décapitation était la forme de châtiment réservée à la noblesse.

L'auteur du pamphlet intitulé *Les Tours industrieux, subtils et gaillards de la maltôte* utilise les mêmes arguments que la noblesse en déplorant que l'intérêt personnel soit devenu le seul ressort des activités des citoyens. Il rejette sur les financiers la responsabilité de la misère de la noblesse et du peuple en ces termes:

Le désordre général fait la fortune des partisans, c'est la saison de leur récolte, leurs greniers se remplissent par la misère d'autrui; et ce qui fait tous les malheurs de la vie, fait la joie, les délices, et apporte, dans le temps de famine, toute sorte d'abondance à ces sangsues, à ces pirates, à ces barbares, à ces écumeurs, et de terre et de mer; rien ne leur échappe, toutes les richesses du monde leur sont destinées, ils pillent, ils volent, ils brigandent impunément, tout leur est permis.[50]

La Nouvelle école publique des finances ou l'art de voler sans ailes est une diatribe

---

49. (Cologne 1707), p.14.
50. (Londres 1710), p.8-9.

contre les financiers. Ce qu'on leur reproche surtout, c'est de porter atteinte à l'ordre des rangs, d'imiter le train de vie des personnages les plus hauts placés de l'Etat, ce qui est une vision nobiliaire de la société:

personne n'ignore que les Financiers tiennent un rang dans le Royaume, qui est difficile à distinguer d'entre les Ducs, les Princes, et tous les états qui le composent; puisque sous l'autorité qui leur est accordée aux dépens du bien d'autrui, ils commandent, ils font les maîtres, ils gouvernent et font des loix pour le Clergé, la Noblesse, et tous les Peuples.[51]

Tout cela aura tendance à changer cependant. Le *Mercure de France* (décembre 1756), à la suite de l'article 'Finances' de l'*Encyclopédie* (reproduit dans le numéro de novembre 1756), défend le financier et soutient que c'est un citoyen utile, digne d'être honoré comme celui des autres professions. Mais les attaques contre les financiers, quoique moins fréquentes, continuent sur le même ton. *Des véritables intérêts de la patrie*, attribué à un de Forges, affirme:

Les Financiers contre lesquels j'ose élever la voix, non par esprit satirique, non par animosité, mais parce que le public me les abandonne comme des limes sourdes qui minent réellement l'état; les Financiers, dis-je, ne peuvent trouver d'apologistes que parmi les fripons ou les ignorans. Il est clair que des hommes qui deviennent tout à coup aussi riches et aussi puissants, sont des êtres dangereux, et qu'on doit supprimer.[52]

Cet auteur soutient que, si l'on désire garder des financiers, on devrait leur donner un simple salaire, fixe et modéré. Il ajoute: 'Est-il nécessaire que des hommes, souvent nés sans bien, possèdent les plus belles terres? Est-il nécessaire que tous les environs de Paris paraissent leur domaine et que l'étranger croie, en arrivant, qu'ils sont les premiers de l'état?' (p.49).

Remarquons, enfin, une autre intervention où l'on peut considérer que le luxe joue le rôle d'un bouc émissaire, sans toutefois que les financiers soient mis en cause. En 1778, le *Journal de Paris* nous informe d'un fait arrivé au jardin des Tuileries. Deux dames ont été interpellées assez insolemment par un laquais, qui les a prises pour deux coquettes. Le mari de l'une d'entre elles est venu à leur secours, et il a reçu, de la part du laquais, 'une pluie de coups de bâton'. Selon l'auteur qui rapporte ce fait, le luxe en est responsable. Tout cela ne serait pas arrivé si le luxe n'avait pas confondu les rangs. Le laquais n'aurait pas pris ces dames pour des femmes peu honnêtes. Remarquons qu'à cette occasion on cite une réponse à un ouvrage sur le luxe écrit par un abbé: 'Réponse de M. M. D. M. à M. l'abbé de N., chanoine de ***, sur les avantages et les inconvénients du luxe et sur l'utilité, pour le bon ordre et la paix, de distinguer les conditions'.[53]

---

51. (Cologne 1708), p.13.
52. (Rotterdam 1764), p.47.
53. *Journal de Paris*, no.126 (6 mai 1778), p.501.

vi. Le protectionnisme

Nous devons ici considérer une autre interprétation de la condamnation du luxe. Dans la mesure où, en condamnant le luxe, on décourageait l'importation d'articles pouvant nuire à l'industrie nationale, on peut se demander si le protectionnisme motive, en partie du moins, l'attaque à l'encontre du luxe. Comme nous l'avons montré déjà au sujet des lois somptuaires, le protectionnisme ne joue qu'un rôle temporaire et accessoire dans le contexte très large de la condamnation du luxe. D'autre part, quel que soit le rôle du protectionnisme, celui-ci n'est pas étranger aux préoccupations nobiliaires. A partir du moment où la noblesse discernait dans le luxe la cause principale de sa ruine (et nous avons vu pourquoi le revenu de la noblesse s'épuisait dans la dépense somptuaire), il fallait bien que cet ordre s'emploie à réprimer le commerce de luxe, provenant, à certaines époques, de l'étranger. Il faut admettre qu'il y a dans le protectionnisme des motivations distinctes des intérêts nobiliaires. En effet, le Tiers-état poursuit dans ce contexte des intérêts propres. Mais la noblesse s'est prononcée constamment contre les importations de luxe. La noblesse a toujours déclaré souhaitable le commerce intérieur, parce que lié au développement des campagnes, et elle s'est opposée au commerce extérieur parce qu'il alimentait directement le luxe. A. Devyver, dans son ouvrage déjà cité, a fait remarquer que la noblesse, les rares fois où elle a admis la liberté du commerce, s'y est opposée dans la pratique.[54] On le comprend. La liberté du commerce favorisait le milieu maître des activités économiques, dont le second ordre de l'Etat était exclu pour l'essentiel. Le protectionnisme comporte la soumission de l'économie à la politique, ce qui n'était pas pour déplaire à la noblesse. Remarquons qu'un auteur bourgeois préoccupé de protectionnisme doit se réclamer d'abord du principe plus fondamental, plus ancien, consistant à maintenir la distinction des rangs, pour que son propos soit pris en considération:

La réformation d'habit est nécessaire, et seroit besoin d'y donner un tel ordre, que les petits et gens de basse qualité ne se peussent esgaler aux Grands, non plus en leurs habits, qu'en leurs qualitez: mais la vraie réformation, et des plus nécessaires, seroit de rompre les desseins de ceux qui de longtemps, par cabales, continuent à faire magasin des trésors de ce royaume et les transportent hors d'iceluy.[55]

Nous avons vu que le produit national a été parfois interdit ou limité au nom du principe fondamental condamnant le luxe. Nous avons vu des marchands condamnés pour avoir vendu des produits aussi bien français qu'étrangers. La condamnation du luxe et les lois somptuaires existaient bien avant le

54. Devyver, *Le Sang épuré*, p.310.
55. B. Laffemas, *Advis et remonstrance à messieurs les commissaires députez du roy, au fait du commerce avec les moyens de soulager le peuple des tailles* (Paris 1600), p.18.

protectionnisme. Elles concouraient d'abord et essentiellement à rétablir la hiérarchie des rangs. Elles contribuaient à affermir le pouvoir de la noblesse face aux menaces qui pesaient sur elle. Les anoblissements, l'usurpation des titres et des signes distinctifs, dont l'habit, tendaient à affaiblir cet ordre. La revalorisation de la noblesse doit passer par la confirmation de ses prérogatives. Des historiens modernes ont appelé le mouvement de la noblesse aux Etats-généraux de 1614 'la reconquête de son identité' et ont discerné ce but dans les lois somptuaires:

D'où en 1614, l'insistance sur ce qui la peut rendre visible à tous: le privilège, en particulier fiscal, dont la noblesse demande l'extension à la gabelle, et aux traites; les titres et préséances qu'il faut soigneusement codifier; les lois somptuaires réclamées par quatre cahiers sur cinq, qui, au delà de leur raison économique, ont pour but essentiel de rendre la société lisible à elle-même et déchiffrable au regard de chacun. Pour les gentilshommes du début du XVIIe siècle, la revendication politique ne peut se séparer d'une distribution réglée des signes et symboles sociaux.[56]

Il est fort possible que ce but essentiel affirmé par la noblesse ait été souvent associé à d'autres problèmes sociaux, où elle se montrait tout à fait désintéressée, pour plus d'efficacité. C'est l'opinion de l'historien:

Le moyen le plus employé pour défendre les intérêts de la noblesse fut de les relier, dans l'argumentation, à des intérêts plus généraux, ceux de l'état tout entier, ou ceux d'un autre groupe social, tel le commun peuple ... Si le luxe gêne les nobles qui ne peuvent rivaliser avec les nouveaux riches et se ruinent lorsqu'ils veulent les imiter, il faut aussi le réduire, parce que 'tous les ans plus de six millions d'or' sortent vers les pays étrangers.[57]

En résumé, nous avons mis en évidence quatre explications principales à la condamnation du luxe:

1. Le luxe est une usurpation quand il ne concourt plus à marquer les rangs de la société, mais il contribue à les confondre.
2. Le luxe désigne la dépense nécessaire à 'soutenir les rangs', dépense à laquelle il est de plus en plus difficile de faire face en raison de certains phénomènes économiques défavorables (augmentation du coût de la vie, dépréciation de la monnaie, déclin de l'agriculture au bénéfice du commerce et de la finance).
3. Le luxe, ou plutôt ceux qui bénéficient le plus du luxe, deviennent en quelque sorte les 'boucs émissaires' d'une situation sociale tendue qui demande un exutoire.

56. R. Chartier, D. Richet, *Représentation et vouloir politiques autour des Etats-généraux de 1614* (Paris 1982), p.123.
57. Mousnier, Labatut, Durand, *Problèmes de stratification sociale*, p.133.

4. Le luxe entraîne une dépense en articles provenant de l'étranger, ce qui nécessite des mesures économiques protectionnistes.

Ces explications sont étroitement liées aux valeurs nobiliaires, à l'exception de la quatrième, qui concerne un fait historique plus récent que les autres et qui peut, en partie, refléter des intérêts propres au Tiers-état.

Jusqu'ici nous avons examiné le problème du luxe aux seizième et dix-septième siècles, dans le contexte de certaines discussions publiques où il en était question. Pour compléter notre analyse, nous considérerons non plus des discussions publiques mais des réflexions de penseurs de l'époque. Nous examinerons quelques jugements portés sur la question au dix-huitième siècle, parce que le goût de la définition dans ce domaine s'y est manifesté plus souvent que dans les siècles précédents. N. Delamare, fonctionnaire royal, nous apprend que:

La magnificence diffère du luxe en ce que jamais elle ne s'écarte de la droite raison et des règles de la bienséance: si les Princes et les Grands paraissent avec pompe, s'ils ont des dépenses splendides, cela est toujours proportionné à leur élévation et à leurs revenus; cet état est même nécessaire pour soutenir le rang de leur naissance, imprimer le respect aux Peuples ... donc, c'est une vertu. Le luxe au contraire n'a d'autres bornes que celles de l'ambition et de la vanité: celui qui s'y abandonne, dit un savant philosophe (Diog. Laert. I.6), tourne le dos à son but, il tend à la volupté et tombe presque toujours, par ses folles dépenses, dans la souveraine misère, et y attire les autres avec lui, ainsi c'est un vice et une folie.[58]

Vers le milieu du siècle, le marquis de Mirabeau observe que les objets de luxe attirent l'attention de la multitude et l'impressionnent. C'est pour cette raison que les vêtements et les équipages magnifiques ont été tout d'abord utilisés pour marquer les rangs: 'Dans leur institution primitive, ces choses devaient servir à désigner la puissance; mais dès qu'elles ne désignent plus que la richesse, dès lors, selon moi, le luxe règne.'[59] Saint-Foix distingue aussi entre le bon luxe et le mauvais luxe, entre la magnificence et le luxe proprement dit. La première est essentielle à un Etat monarchique, elle est nécessaire aux grands. Il ajoute:

le luxe, au contraire, est insultant, parce qu'il est journellement et frivolement dépensier; c'est l'appétit et le triomphe des petites âmes; il naît et se nourrit de l'envie ridicule de paroître plus qu'on n'est, en s'égalant par l'extérieur à ceux qui sont d'une condition au-dessus de la nôtre.[60]

Le chevalier d'Eon de Beaumont définit ainsi le luxe:

58. Delamare, *Traité de la police*, i.413.
59. V. de Riqueti Mirabeau, *L'Ami des hommes ou traité de la population* (1755) (Paris 1883), p.281.
60. Saint-Foix, *Œuvres complètes*, iv.184.

5. *Pour une définition idéologique du luxe*

Le luxe est un penchant qui porte les hommes vers l'usage de ces superfluités propres à satisfaire leur vanité et leurs passions: mais ces superfluités étant différentes selon l'état et la condition de chaque individu, il s'ensuit que ce qui est luxe pour une certaine classe de citoyens, cesse de l'être pour la classe supérieure: ainsi ce qui est la matière d'un faste et d'une vanité déplacée dans les uns, devient propreté et décence dans les autres.[61]

Ce dernier auteur observe que si le luxe sort des limites imposées à chaque rang, il faudrait avoir recours aux lois somptuaires pour le ramener à l'ordre. Ainsi, donc, ces jugements s'accordent parfaitement sur la fonction du luxe et sur l'usage légitime de celui-ci. Elles nous montrent aussi que la condamnation du luxe a gardé le même sens depuis la fin du moyen âge jusqu'à la Révolution française, ce qui montre bien que le problème social qui lui est sous-jacent n'a pas été résolu.

Quoique le luxe recouvre des phénomènes économiques et sociaux très complexes, l'idéologie nobiliaire le présente souvent comme un simple fait moral, comme le produit de la vanité humaine que la morale courante et la religion condamnent tout naturellement. Il importe ici de résumer la façon dont l'idéologie nobiliaire présente le luxe et son développement, afin d'être mieux à même de reconnaître si les œuvres que nous examinerons dans la suite de ce travail se réclament de cette idéologie. Selon celle-ci, la vanité pousse les hommes à se distinguer les uns des autres. L'émulation qui en découle leur fait adopter une attitude tendant à impressionner leur prochain, d'où le mensonge (paraître). A ce stade, l'individu se désolidarise de la communauté et s'adonne au luxe. Ce dernier comporte la confusion des rangs et, finalement, la perte de l'Etat aristocratique. En voici la formule:

vanité → paraître → luxe → confusion des rangs.

61. *Les Loisirs du chevalier d'Eon de Beaumont, ancien ministre plénipotentiaire de France* (Amsterdam 1785), v.71.

6. L'idéologie nobiliaire de 1699 à 1760

Nous relèverons dans ce chapitre, dans les écrits des personnages susceptibles de nous dévoiler l'idéologie nobiliaire, les idées qui concernent le luxe, la vertu, les sciences et les arts, le commerce, le laboureur, Rome et Sparte, et d'autres détails utiles à notre propos.

Il a été aisé, jusqu'au milieu du dix-septième siècle, de cerner l'idéologie nobiliaire dans les débats des Etats-généraux et dans les pamphlets qui se réfèrent de près ou de loin à ces assemblées. Après cette date, la monarchie absolue étant à son apogée, elle n'autorise plus de débats publics pouvant nous fournir des indications sur la pensée nobiliaire. Comme celle-ci comporte une critique politique à l'égard du régime, elle sera obligée de s'exprimer de façon voilée et clandestine. Il sera donc difficile d'en repérer les manifestations. C'est cependant là où on l'attendait le moins, à savoir sous les yeux mêmes du monarque absolu, qu'elle finira par s'organiser. La vieillesse du roi ne lui permettant pas d'exercer tout son pouvoir, l'opposition relève la tête. Au début du dix-huitième siècle, les revendications traditionnellement exprimées par la noblesse paraîtront obtenir satisfaction. Des aristocrates très influents à la cour préparent la restauration nobiliaire qu'ils souhaiteraient voir coincider avec la mort de Louis XIV et l'accession au trône d'un roi favorable à une réforme de l'Etat. Parmi eux, il faut retenir trois personnages, Fénelon, Beauvilliers, et Chevreuse, appartenant à l'entourage immédiat du duc de Bourgogne, le petit-fils de Louis XIV, héritier de la couronne. Ils sont secondés par des théoriciens aussi remarquables que Boulainvilliers et Saint-Simon. Sans doute ces hommes peuvent-ils être considérés comme des porte-parole de l'idéologie nobiliaire. Ils se sont exprimés sans ambiguïté sur le mobile de leur entreprise, laquelle tendait à l'affirmation des valeurs aristocratiques. L'audience dont ils ont bénéficié auprès de leur ordre, l'accord entre leurs idées et celles traditionnelle-ment exprimées par la noblesse, indiquent qu'ils s'en sont faits les interprètes fidèles.

Un auteur, A. Devyver, reprenant à son compte le jugement d'un historien, P. Goubert, n'hésite pas à parler de complot.[1] S'il ne s'agit pas d'un complot, il faut bien reconnaître qu'il y a eu une action concertée qui aurait pu être couronnée du plus grand succès si le duc de Bourgogne eût vécu et assumé le pouvoir.

1. Devyver, *Le Sang épuré*, p.300.

Beauvilliers, membre du Conseil de Louis XIV, premier gentilhomme de la Chambre du roi, et président du Conseil des finances, a fait nommer Fénelon précepteur du duc de Bourgogne en 1689. Fénelon est le précepteur, Beauvilliers le gouverneur. Chevreuse, sans assumer un rôle précis, est très proche de Beauvilliers et, par conséquent, en mesure d'exercer une influence sur le jeune prince.[2] Le sous-précepteur est l'abbé Fleury. Quelles sont les idées que ces hommes vont proposer au duc de Bourgogne?

i. Fénelon

François Salignac de La Mothe Fénelon (1651-1715) dans *Les Aventures de Télémaque* (1699) propose à son élève, le duc de Bourgogne, une leçon de morale et de politique. L'enseignement de Fénelon se rattache à la pensée de Platon et à l'esprit de communauté propre à la cité antique. Il imagine un pays heureux qu'il appelle Bétique (livre VII) et il y situe l'âge d'or. Les habitants sont presque tous des bergers ou des laboureurs. Il n'y a que quelques artisans qui produisent les articles de première nécessité. Les agriculteurs et les bergers fabriquent eux-mêmes le peu dont ils ont besoin. Ils affectent de mépriser les arts raffinés, l'architecture, la peinture, l'orfèvrerie, tels que les pratiquent les Grecs et les Egyptiens, et qui tendent à corrompre les mœurs. Le luxe n'existe pas chez eux. Les habitants de la Bétique ont l'habitude de la franchise et rejettent la politesse. Leurs terres et leurs biens sont communs à tous. La vertu qu'inspire le contact de la nature règne parmi eux. Ils sont libres, égaux et pacifiques.

Cette peinture idyllique ne relève pas d'un esprit utopique, comme on pourrait le penser. Fénelon y propose à son élève, et à la société de son époque, une source continuelle d'inspiration. L'auteur présente ensuite un modèle politique susceptible d'être mieux adapté aux hommes de son temps. Ce modèle, Fénelon le place dans la ville de Salente, gouvernée par Idoménée, auquel Mentor vient proposer les principes du meilleur gouvernement. Quand Mentor et Télémaque arrivent à Salente, celle-ci est engagée dans une guerre contre les Manduriens, peuple sauvage. Mentor offre alors ses bons offices pour que la paix soit conclue. Contrairement à ce qu'on pourrait supposer, ces sauvages sont pleins d'humanité et de raison. Ils sont en mesure de faire la leçon aux Grecs civilisés. Ils s'expriment ainsi:

Si les sciences que les Grecs apprennent avec tant de soin et si la politesse dont ils se piquent ne leur inspire que cette détestable injustice, nous nous croyons trop heureux de n'avoir point ces avantages [...] Nous ferons gloire d'être toujours ignorants et

2. Saint-Simon, *Mémoires*, éd. Y. Coirault (Paris 1983-1987), iv.218.

barbares, mais justes, humains, fidèles, désintéressés, accoutumés à nous contenter de peu et à mépriser la vaine délicatesse qui fait qu'on a besoin d'avoir beaucoup.[3]

La paix conclue avec les Manduriens, Salente réalise les réformes suggérées par Mentor à Idoménée. Le commerce sera libre mais les marchands devront rendre compte de leurs profits aux magistrats. Leur activité sera surveillée de façon à exclure toute injustice. Mentor interdit toute importation d'articles de luxe. Ensuite, il règle l'habillement et le mode de vie de tous les citoyens. Il y aura à Salente sept rangs, établis d'après la naissance. Le premier sera constitué de la noblesse la plus ancienne. Il aura droit à un habit blanc bordé d'or. Les personnes du premier rang porteront un anneau d'or au doigt et une médaille d'or au cou avec l'effigie du roi. Celles du deuxième rang seront habillées de bleu et auront droit à une frange d'argent, à un anneau, mais pas à la médaille. Les citoyens de la troisième classe seront vêtus de vert, sans anneau, ni frange, mais avec une médaille. Ceux du quatrième rang porteront un habit jaune aurore. Le cinquième sera vêtu de rouge, le sixième de 'gris de lin', le septième de jaune et blanc. Les esclaves se signaleront par la couleur gris-brun. Les artisans spécialisés dans la production des vêtements de luxe seront affectés aux arts de première nécessité ou seront rendus à l'agriculture.

Mentor établit un règlement concernant la nourriture de tous les citoyens, fondé sur le principe de la simplicité, et il en fait de même en ce qui concerne le logement. Il réduit enfin l'importance des arts tels que la musique, la peinture et la sculpture, en les réservant au culte public. C'est ainsi qu'un grand nombre de marchands vendant les produits de ces arts sont éliminés. Les efforts du gouvernement tendront à encourager l'agriculture, qui est la véritable richesse de l'Etat. Des récompenses et des honneurs seront accordés aux laboureurs les plus assidus à leur tâche, tandis que les paresseux seront sanctionnés. Chaque famille recevra la terre qui est nécessaire à sa subsistance et toute propriété est inaliénable. La pratique de l'agriculture, par la simplicité de la vie qu'elle favorise, inspirera des mœurs austères et saines. Au reste, des magistrats seront appelés à surveiller le comportement des citoyens. Salente, quoique fondée sur l'inégalité des rangs, jouit d'une certaine égalité des fortunes. Mentor dit: 'Il ne faut permettre à chaque famille, dans chaque classe, de pouvoir posséder que l'étendue de terre absolument nécessaire pour nourrir le nombre de personnes dont elle sera composée' (iii.75). Télémaque est étonné du changement que les réformes de Mentor ont produit à Salente. Il n'y a plus de luxe mais les campagnes sont florissantes. Mentor lui explique les principes de la bonne politique. Il y a deux choses absolument pernicieuses pour l'Etat: le

---

3. Fénelon, *Les Aventures de Télémaque*, dans *Œuvres* (Paris 1867), iii.58.

pouvoir excessif des rois et le luxe. Le passage sur le luxe mérite d'être rapporté ici (iii.132):

Ce luxe s'appelle bon goût, perfection des arts et politesse de la nation. Ce vice, qui en attire une infinité d'autres, est loué comme une vertu; il répand sa contagion depuis le roi jusqu'aux derniers de la lie du peuple. Les proches parents du roi veulent imiter sa magnificence; les grands, celle des parents du roi; les gens médiocres veulent égaler les grands; car qui est-ce qui se fait justice? Les petits veulent passer pour médiocres; tout le monde fait plus qu'il ne peut, les uns par faste et pour se prévaloir de leurs richesses, les autres, par mauvaise honte et pour cacher leur pauvreté. Ceux mêmes qui sont assez sages pour condamner un si grand désordre ne le sont pas assez pour oser lever la tête les premiers et pour donner des exemples contraires. Toute une nation se ruine, toutes les conditions se confondent. La passion d'acquérir du bien pour soutenir une vaine dépense corrompt les âmes les plus pures; il n'est plus question que d'être riche; la pauvreté est une infamie.

Tout le phénomène social et économique relié aux arts et aboutissant au luxe est présenté comme un 'vice' moral, causé par la vanité humaine. Remarquons aussi le procédé qui consiste à présenter toute la question comme une opposition entre le vice (le luxe) et la vertu. L'idée traduisant la perception nobiliaire du luxe se trouve chez Fénelon.

En réalité, ce qui est surtout reproché au luxe, c'est la confusion des rangs. C'est un puissant facteur de nivellement. Fénelon le perçoit comme une dégradation. Il décrit une situation qui se produit du haut en bas de l'échelle sociale, du roi jusqu'aux sujets les plus humbles. Son style acquiert un grand pouvoir de suggestion grâce à des procédés rhétoriques. Les antithèses (riches-pauvres, grands-petits, roi-peuple, vice-vertu), les hyperboles (tout le monde, toute une nation, toutes les conditions, les âmes les plus pures, il n'est question que d'être riche, la pauvreté est une infamie), les métaphores (contagion, lie du peuple, lever la tête), les mots abstraits (vice, vertu, justice, honte, pauvreté, désordre, passion, âme), confèrent au texte énergie et solennité. Dans un autre texte, il ramène le luxe à la vanité féminine. Dans *Examen de conscience sur les devoirs de la royauté*, composé en 1697 pour le duc de Bourgogne et publié en 1774, il s'exprime ainsi, en pensant probablement à Louis XIV (iii.337):

Avez-vous soin de réprimer le luxe, et d'arrêter l'inconstance ruineuse des modes? C'est ce qui corrompt la plupart des femmes: [...] Le luxe augmente en elles la passion de plaire; et leur passion pour plaire se tourne principalement à tendre des pièges au roi [...] Il est inutile d'alléguer que nul de vos sujets ne doit se permettre un extérieur qui ne convient qu'à vous; les princes qui vous touchent de près voudront faire à peu près ce que vous ferez; les grands seigneurs se piqueront d'imiter les princes; les gentilshommes voudront être comme les seigneurs; les financiers surpasseront les seigneurs mêmes; tous les bourgeois voudront marcher sur les traces des financiers qu'ils ont vu sortir de la boue. Personne ne se mesure et ne se fait justice. De proche en proche, le luxe passe, comme par une nuance imperceptible, de la plus haute condition à la lie du peuple.

Nous pouvons faire ici les mêmes remarques sur le style que pour le passage précédente.

Tout le programme politique esquissé par Fénelon dans *Télémaque* se retrouve dans ses *Plans de gouvernement concertés avec le duc de Chevreuse, pour être proposés au duc de Bourgogne* (1711). Ces plans, qui ont été en effet remis à son destinataire, ont été appelés 'Tables de Chaulnes', d'une propriété possédée en Picardie par Chevreuse, où les deux hommes les ont rédigées. Ils prévoient les changements suivants: en ce qui concerne la cour, on y retranche la plupart des pensions et on y assure la modération dans toutes les dépenses (meubles, équipages, habits, tables). On y réserve les emplois de la maison du roi et d'autres charges aux seuls nobles. On abolit la vénalité des charges à l'armée et on y accorde la préférence aux gentilshommes. Ceux-ci auront la liberté de commercer en gros sans déroger et d'accéder à la magistrature. On interdit les mésalliances et on empêche les roturiers ayant acquis dans terres nobles de se prévaloir des titres qu'elles comportent. On y prescrit des 'Lois somptuaires comme les Romains': 'Lois somptuaires pour chaque condition. On ruine les nobles pour enrichir les marchands par le luxe. On corrompt par ce luxe les mœurs de toute la nation. Ce luxe est plus pernicieux que le profit des modes n'est utile. Recherche des financiers. On n'en auroit plus besoin. L'espèce de censeurs désignée plus haut examineront en détail leurs profits' (iii.436). Les financiers devraient, selon ce plan, quitter les finances pour se diriger vers une activité commerciale. Le commerce sera libre mais l'usure, c'est-à-dire le prêt de l'argent, sera condamnée ou permise aux seuls banquiers autorisés. On exercera une surveillance sur les moyens de s'enrichir. Les Tables de Chaulnes prévoient des Etats provinciaux et généraux, avec des pouvoirs considérables en matière de justice, police, finances, guerre, agriculture, commerce, et le droit de lever les impôts. On y supprime les intendants, que la noblesse considérait comme les instruments du roi.

Toutes ces réformes économiques et politiques tendent à diminuer la puissance de la richesse bourgeoise et celle de la monarchie. Avec la réduction de l'industrie et du commerce au bénéfice de l'agriculture, c'est une restauration de l'aristocratie que cherchent Fénelon, Chevreuse et Beauvilliers. Il ne s'agit pas cependant d'un simple retour en arrière. Le fait que Fénelon autorise le commerce en gros pour les gentilshommes est une façon de les intégrer dans le processus productif et d'assurer leur survie. Fénelon est bien à l'unisson avec les idées de son siècle. Sur le plan économique, ses positions en faveur de l'agriculture, au détriment du grand commerce et de l'industrie, seront assez proches de la physiocratie. Sur le plan politique, il interprète parfaitement les aspirations de la noblesse, qui voudrait jouer un rôle pouvant limiter le despotisme monarchique.

6. L'idéologie nobiliaire de 1699 à 1760

Le temps est venu de rejeter l'interprétation la plus courante selon laquelle Fénelon ne serait qu'un moraliste utopique. La critique moderne a trop souvent considéré ce penseur comme un individu isolé, sans voir combien ses idées s'intégraient parfaitement dans le courant de l'idéologie nobiliaire que nous avons mise en évidence aux Etats-généraux et à propos des lois somptuaires. Il nous faut insister sur les points essentiels de la pensée de Fénelon qui reflètent les aspirations de la noblesse. Avec la description de la Bétique et de Salente, notre auteur exprime de la méfiance envers les sciences, les arts, la politesse, et tout le mouvement de la civilisation. Il célèbre par contre l'esprit de communauté propre à la société aristocratique, liée aux valeurs terriennes. Il serait erroné de penser que Fénelon émet des réserves personnelles à l'égard du savoir. C'est un homme de culture, parfaitement conscient des avantages des sciences et des arts. Il exprime une opinion qui avait cours dans le milieu social auquel il appartenait. C'est la noblesse, en effet, qui idéalise la communauté agricole par hostilité envers la société bourgeoise et la transformation sociale qu'elle préconisait. La hiérarchie des rangs telle que Fénelon l'a proposée pour la société de Salente, et la distribution des signes distinctifs qu'elle entraîne, correspondent essentiellement à la conception nobiliaire de la société et à l'esprit des lois somptuaires. Les plus anciennes d'entre celles-ci réglaient non seulement l'habillement mais aussi les autres aspects de la vie sociale, comme la table, les équipages, ou le logement. Comme à Salente, elles visaient à contrôler la couleur et la forme du vêtement, jugées essentielles à l'ordre social. Enfin, comme à Salente, les anciennes lois somptuaires réservaient l'usage de l'or et de l'argent, symboles du pouvoir, aux premiers rangs de la société. Le maintien des propriétés terriennes, comme condition de la sauvegarde de l'ordre politique, a été suffisamment proclamé par les gentilshommes et illustré dans Salente.

La lutte contre le luxe, aussi bien à Salente que dans les exemples historiques que nous avons relevés, aux Etats-généraux et aux assemblées des notables, par exemple, a le même sens. Il s'agit d'empêcher le nivellement social causé par la richesse bourgeoise. L'encouragement prodigué à l'agriculture au détriment du commerce et de l'industrie, aussi bien chez notre auteur que dans les écrits des théoriciens aristocrates, procède de la même préoccupation. On peut en dire autant de la suppression des financiers, réclamée à cor et à cri par une multitude de gentilshommes. Les privilèges accordés aux nobles dans les Tables de Chaulnes, la réforme de la société qui y est prévue, le mode même de cette réforme, tout nous confirme dans la conclusion selon laquelle la richesse bourgeoise était considérée comme l'obstacle au maintien des prérogatives nobiliaires.

Que dire de l'opposition de Fénelon à la monarchie absolue? N'est-il pas évident qu'elle s'accorde avec les positions de son ordre? Il n'est pas question donc de minimiser l'action politique de Fénelon et de situer ses idées dans le contexte moral individuel, comme on l'a fait dans le passé.[4] L'une des études les plus intéressantes sur l'énorme retentissement de la pensée de Fénelon, en France, au dix-huitième siècle, signale des ressemblances de doctrine entre cet auteur et des écrivains tels que l'abbé de Saint-Pierre, Montesquieu, Vauvenargues, Rousseau.[5] Elle conclut à un rapport d'influence entre Fénelon et les auteurs mentionnés. Cela n'est pas nécessairement faux, mais il est plus probable qu'ils ont tous participé au même débat collectif de leur temps.

Les idées morales, sociales et politiques de Fénelon s'intègrent dans un courant beaucoup plus vaste qu'on ne l'a envisagé jusqu'à présent. Les Tables de Chaulnes en particulier relèvent d'un plan d'action concerté et représentent un effort commun. Entre 1711, date de leur rédaction, et 1717, il y a eu une grande activité dans les milieux proches du gouvernement français. L'historien A. Devyver a fait remarquer que Boulainvilliers et Saint-Simon ont composé à cette époque leurs ouvrages les plus engagés politiquement et que ceux-ci, publiés longtemps après leur rédaction, circulaient sous forme manuscrite.[6] L'activité de la noblesse s'intensifie à partir de 1700, en divers lieux et en particulier dans le salon du duc de Noailles, où Saint-Simon a rencontré probablement Boulainvilliers. A. Devyver (p.303, n.80) cite un autre historien, L. Poliakof, qui dans *Le Mythe arien* note que l'agitation politique de cette époque est l'œuvre de la noblesse et qu'elle réclame la liberté et l'égalité 'exclusivement pour elle seule'.

Pour en revenir à Fénelon, que faut-il penser de ce qu'on a appelé son 'socialisme'? Un historien, R. Mousnier, dans *Etat et société sous François Ier et pendant le gouvernement personnel de Louis XIV*, affirme au sujet des Tables de Chaulnes: 'Elles établissent, au fond, une espèce de socialisme d'état'.[7] Il faut reconnaître, en effet, que les mesures envisagées par Fénelon tendent à empêcher la concentration de la richesse et à la redistribuer entre les citoyens. Cela fait partie des préoccupations essentielles du socialisme tel qu'il est pratiqué aujourd'hui. Le problème du luxe et de l'inégalité des fortunes soulevé par notre auteur est au cœur de sa politique. Fénelon ne respecte pas d'une façon absolue le droit de propriété. Il le soumet à l'intérêt supérieur de la communauté. La réforme agraire réalisée à Salente abonde en ce sens.

Un auteur, F. Gallouédec-Génuys, en faisant allusion à cette conception de la propriété de la part de Fénelon, fait la liaison entre celui-ci et d'autres penseurs postérieurs, en ces termes: 'De Montesquieu, qui nous confie qu'il prenait plaisir à lire *Télémaque*, jusqu'à Mirabeau, cette doctrine, qui fondait la

---

4. G. Gidel, *La Politique de Fénelon* (Paris 1906).
5. A. Chérel, *Fénelon au XVIIIe siècle en France* (Paris 1917), p.322-29, 393-400.
6. Devyver, *Le Sang épuré*, p.300.
7. (Paris 1966), p.120.

propriété sur la loi civile, fut vérité reçue.'[8] Remarquons, avec cet auteur, que Fénelon ne prône pas l'exacte égalité des fortunes mais plutôt l'égalisation, car la propriété doit être proportionnée au nombre des membres de chaque famille et à son rang. Cet auteur résume ainsi la préoccupation égalitaire de Fénelon: 'Il convenait donc que le Prince prît les mesures nécessaires pour que cet écart excessif, et inéquitable, existant entre les fortunes des uns et des autres, fût réduit, ou pour le moins, stabilisé' (p.227). Il y a chez Fénelon l'idée que la richesse accumulée devrait être redistribuée à ceux qui en auraient été privés. Dans une lettre adressée au duc de Chevreuse, le 4 août 1710, il aurait voulu établir un impôt qui 'feroit alors repasser [l'argent] des mains des financiers et des usuriers dans celles du peuple et des bonnes familles'.[9] Il ajoute dans la même lettre au duc de Chevreuse (iii.648):

Non seulement il s'agit de finir la guerre au dehors, mais il s'agit encore de rendre au dedans du pain aux peuples moribonds, de rétablir l'agriculture et le commerce, de réformer le luxe qui gangrène toutes les mœurs de la nation, de se ressouvenir de la vraie forme du royaume, et de tempérer le despotisme, cause de tous nos maux.

Il n'y a pas de doute que le fait de redistribuer au peuple ce qui lui a été arraché va dans le sens du socialisme, mais quel est le sens profond des réformes proposées par Fénelon et par d'autres penseurs s'exprimant de manière semblable? Un critique, H. Sée, dans *Les Idées politiques en France au XVIIe siècle*, a refusé de considérer Fénelon comme un socialiste. Il objecte que Fénelon admet l'esclavage à Salente, ce qui ne saurait se concilier avec l'idée socialiste. Il observe, d'autre part, que la 'société de Salente n'est socialiste qu'au sens où l'entendaient les Anciens'.[10] Cela est vrai mais ce critique aurait dû expliquer en quoi consistait le 'socialisme' des anciens pour que nous comprenions la différence qui existe entre celui-ci et le socialisme moderne. Le socialisme des anciens, comme celui de Fénelon et des théoriciens nobles dont nous aurons l'occasion de nous occuper dans les pages suivantes, a comme objectif d'annuler ou de diminuer le pouvoir de la richesse mobilière (d'origine commerciale et industrielle), pour préserver le pouvoir politique détenu par un groupe lié économiquement à la propriété terrienne. Fénelon veut affirmer l'ordre aristocratique, menacé par l'avènement d'une classe nouvelle, la bourgeoisie. D'où sa condamnation du luxe. Le socialisme moderne par contre tente d'assurer une distribution de la richesse pour que l'égalité politique soit effective entre tous les citoyens, attendu que la richesse et la pauvreté rendent inopérante l'égalité théorique de ceux-ci. Il y a donc une incompatibilité entre ces deux

8. F. Gallouédec-Génuys, *Le Prince selon Fénelon* (Paris 1963), p.220.
9. Fénelon, *Œuvres*, iii.647.
10. (Paris 1923), p.228.

conceptions sociales. Il faut dire cependant que les idées socialisantes de Fénelon, comme celles de l'antiquité, ne pouvaient que contribuer à la diffusion de l'idée socialiste, comme nous aurons l'occasion de le faire remarquer dans la suite de cette étude.

Il est à noter également que l'idée socialisante selon laquelle l'accumulation de la richesse doit être évitée et que celle-ci doit être redistribuée aux citoyens aux dépens desquels elle se serait constituée a été souvent attribuée à Rousseau comme s'il avait été le premier à la propager. En fait, nous avons vu dans les pages précédentes que Fénelon s'était déjà distingué à ce propos. Un auteur moderne, H. Baudrillart, dans l'esprit duquel cette idée s'associe tout naturellement à Rousseau, exprime son étonnement de la trouver chez Montesquieu, qui affirme que 'les richesses particulières n'ayant augmenté que parce qu'elles ont ôté à une partie des citoyens le nécessaire physique, il faut qu'il leur soit restitué'. A cette citation de Montesquieu, H. Baudrillart ajoute ces mots: 'Restitué? Oui, cette phrase qu'on pourrait croire de Jean-Jacques Rousseau est bien de l'*Esprit des lois*.'[11] Cette réaction de Baudrillart met l'accent sur l'erreur qui consiste à traiter les auteurs isolément sans tenir compte du contexte global, c'est-à-dire dans une perspective étriquée qui conduit inévitablement aux anachronismes.

Cela explique que les critiques modernes aient été incapables de saisir le sens des positions de plusieurs penseurs aristocratiques, tels que Fénelon, Boulainvilliers et Mirabeau, auxquels on reproche de se contredire. Leur contradiction consisterait, en effet, à être à l'avant-garde sur le plan social, en raison des mesures socialisantes qu'ils préconisent et, en même temps, très réactionnaires sur le plan politique, à cause de leur fidélité à des valeurs aristocratiques. C'est pourtant en tenant compte du contexte collectif qu'on peut expliquer les positions des individus. Les mesures socialisantes proposées par la noblesse relèvent d'une idéologie et d'une stratégie particulières. La critique que cet ordre de l'Etat adresse à la richesse vise à affaiblir les bases du groupe concurrent, à diminuer son pouvoir, lié au commerce et à l'industrie. D'autre part, la sauvegarde du pouvoir de la noblesse doit passer par le maintien de la propriété terrienne traditionnelle, à laquelle ce groupe est économiquement lié. Cela explique que la noblesse ait été si avancée en préconisant des mesures sociales favorables aux laboureurs, aux pauvres gens, auxquels elle voulait que la richesse, concentrée en peu de mains, soit rendue. On s'aperçoit que la position sociale progressiste de la noblesse et sa position politique réactionnaire ne représentent pas une contradiction réelle, compte tenu de ce que nous avons mis en évidence. Ces deux positions constituent, en effet, les deux aspects d'une

---

11. H. Baudrillart, *Histoire du luxe privé et public* (Paris 1880), i.188.

même politique. La conclusion à laquelle nous sommes parvenu nous fera comprendre la double attitude des penseurs dont nous parlerons dans les pages suivantes.

Nous aurions aimé connaître les écrits du duc de Chevreuse (1646-1712), mais ses papiers actuellement existants ne sont pas accessibles au public. C'est du moins ce que nous apprend l'historien R. Mousnier.[12] Remarquons cependant que les idées politiques du duc de Chevreuse nous sont connues dans la mesure où il a pris part directement à la rédaction des Tables de Chaulnes.

ii. Beauvilliers

Le duc de Beauvilliers (1648-1714) était un homme d'action, peu versé dans les lettres. Il semble même qu'il ait affecté une certaine méfiance à l'égard du savoir et des savants, selon G. Lizerand.[13] Il désirait de toutes ses forces une réforme profonde de l'Etat, selon les principes des Tables de Chaulnes. Saint-Simon indique dans ses *Mémoires* que le duc a été très attentif et assidu à sa tâche de gouverneur du duc de Bourgogne et à tout ce qui concernait le futur dauphin.[14] En 1697, il a rédigé le fameux questionnaire envoyé à tous les intendants de France, qui a abouti aux quarante-deux rapports sur l'administration du royaume à l'intention du duc de Bourgogne. Il y manifestait de la sollicitude pour le peuple. On peut remarquer à ce propos que, lors de la paix de Ryswick (1697), il a fait au Conseil du roi une peinture touchante de la misère du peuple et a recommandé au monarque la cessation des hostilités.[15]

Sur la question principale qui nous occupe dans cette étude, à savoir, celle du luxe, tout indique que Beauvilliers a approuvé les mesures que prévoient les Tables de Chaulnes. Il existe un ouvrage, publié en 1705 et dirigé contre le luxe, qui, lui étant dédié, pourrait refléter ses idées. Il s'agit du *Traité contre le luxe des hommes et des femmes et contre le luxe avec lequel on élève les enfants de l'un et de l'autre sexe: à monseigneur le duc de Beauvillier, pair de France, grand d'Espagne, premier gentilhomme de la chambre du roy*.[16] Quand, à l'époque, on dédiait un livre à un puissant personnage, il fallait que les opinions qui y étaient contenues lui fussent agréables. Il n'est pas impossible même que le duc ait commandé ce livre, dans la mesure où, à l'époque, il n'était pas rare de confier la rédaction d'un livre à plus expert que soi.

12. Mousnier, *Etat et société sous François Ier*, p.106.
13. G. Lizerand, *Le Duc de Beauvillier* (Paris 1933), p.370.
14. (Paris 1984), iii.797.
15. *Biographie universelle Michaud* (Graz 1969), xxxvii.243, article 'Beauvillier'.
16. (Paris 1705), attribué à un avocat nommé Dupradel.

Quoi qu'il en soit, il vaut la peine d'évoquer cet ouvrage car il contribue à illustrer la situation sociale dont nous parlons et qu'il s'accorde avec les principes des Tables de Chaulnes. L'auteur y rejette d'abord les arguments selon lesquels le luxe favorise le commerce, fait circuler les richesses et permet aux pauvres de subsister grâce à la dépense du riche. Il soutient au contraire que le luxe appauvrit l'Etat, qu'il nuit aux arts vraiment nécessaires, et qu'il éloigne les paysans de la culture des terres. Il déplore que les gens de son époque aient oublié la simplicité des ancêtres: 'Nous avons abandonné les ornemens de l'âme pour ceux du corps,' dit-il (p.3). Il désapprouve énergiquement que les rangs soient confondus (p.5):

Mais depuis que le luxe s'est emparé de nos esprits et qu'un vain désir de paraître règne parmi nous, toutes les conditions sont confondues; rien ne suffit à chaque état. L'artisan veut paraître autant que le marchand; le bourgeois s'élève au-dessus du gentilhomme; celui-ci veut égaler le marquis, et le duc et pair; le financier surpasse l'intendant, et s'égale aux princes en faste et en magnificence.

L'auteur condamne également la vanité des femmes, qui favorise le luxe (p.6):

Leurs états ne sont pas moins confondus par les parures qu'elles se donnent: la marchande et la bourgeoise se parent en comtesses: les femmes des financiers sont vêtues en marquises et en duchesses: tout est ainsi perverti par le luxe. Pour soutenir cette folle ambition et cette fureur de paraître au-dessus de son état, il n'est point de torture qu'on ne se donne.

Il constate que le luxe a toujours été considéré comme la cause des plus grands maux de la société. Pour donner plus de poids à son propos, il prend à témoin le luxe des Romains et rapporte le discours de Caton en faveur de la loi oppienne contre le luxe des femmes, ainsi que d'autres lois somptuaires. Pour en revenir à son époque, il souhaite que Louis le Grand se penche sur le problème du luxe en France. Il espère que 'sa profonde sagesse, éclairée d'en haut, bannira de ses états le luxe des habits, comme la principale cause de la dépravation des mœurs, de l'irréligion et de la ruine des sujets' (p.127). L'auteur réprouve, outre le luxe des habits, les autres formes du luxe (p.157-58):

Mais que des particuliers se donnent la licence de contrefaire les grands seigneurs, d'avoir un tas de valets inutiles qu'on entretient dans l'oisiveté et dans le vice; d'avoir plusieurs carrosses magnifiques de ville et de campagne; des chevaux de main d'un grand prix et plusieurs attelages; que des gens de basse naissance, qui ont fait quelque profit dans le commerce, dans les emplois ou dans les affaires, élèvent d'abord des équipages somptueux et se donnent des airs de grandeur; c'est un abus insupportable […] Les uns ont à peine quitté la livrée qu'ils portaient; les autres secoué la poussière dont ils étaient couverts dans leur négoce, qu'on les voit mettre sur pié un équipage magnifique, d'où ils bravent le public.

Rappelons au sujet de ces passages ce que nous avons dit à propos des écrits de Fénelon. Tous les phénomènes sociaux et économiques les plus complexes sont ramenés à la vanité humaine. Le ton est moralisant, dans la mesure où le luxe est assimilé au mal. Nous y trouvons l'idéalisation du passé et des mœurs frugales des ancêtres. L'indignation s'exprime par des oppositions dans les termes (grands seigneurs-valets inutiles, ville-campagne, grandeur-basse naissance), par des métaphores (quitter la livrée, secouer la poussière), par l'énumération des adjectifs évoquant la richesse (magnifiques, d'un grand prix, somptueux). Il n'y a pas de doute que les procédés utilisés dans cet ouvrage traduisent la perception nobiliaire du luxe.

Parmi les personnages entourant le duc de Bourgogne, l'abbé Claude Fleury (1640-1723), sous-précepteur, a aussi composé un 'Avis à Louis, duc de Bourgogne, puis Dauphin'. Dans cet avis, il recommande que des lois soient promulguées contre le luxe, cause d'une infinité de désordres: 'Luxe en table, habits, meubles, carrosses, logemens, jardins, cause de la ruine de la plupart des familles. Riches ruinés ne retournent point au travail: cherchent mauvaises voies pour subsister ou s'enrichir: riche par sa chute entraîne plusieurs marchands et artisans: seigneurs ruinés demandent pensions à charge de l'Etat.'[17]

iii. Boulainvilliers

Parmi les personnages qui ne faisaient pas partie de l'entourage immédiat du duc de Bourgogne et, néanmoins, l'un de ceux qui ont porté le plus d'attention et d'espérance sur l'héritier au trône, citons le comte de Boulainvilliers (1658-1722). Il est l'auteur de la théorie selon laquelle la noblesse est issue directement des Francs conquérants et les roturiers des Gallo-romains soumis. Il présente cette idée dans l'*Histoire de l'ancien gouvernement de la France*. En montrant que 'Dans l'origine, les François étoient tous libres et parfaitement égaux et indépendants, soit en général, soit en particulier',[18] il donne une raison historique à la critique que la noblesse adresse au pouvoir absolu de la monarchie. En ajoutant que la 'Liberté des François étant prouvée, il n'est pas difficile de faire voir qu'après la conquête des Gaules, ils furent les seuls reconnus pour Nobles, c'est-à-dire pour Maîtres et seigneurs' (p.36), il justifie la prétention de la noblesse à la suprématie sur les autres ordres de l'Etat.

Le but immédiat de cet ouvrage est cependant d'instruire le duc de Bourgogne, pour lequel il a déjà fait un abrégé des quarante-deux volumes in-folio

17. C. Fleury, *Opuscules de M. l'abbé Fleury* (Paris 1780), iii.281.
18. (La Haye, Amsterdam 1727), p.26.

du rapport des intendants sur l'état de la France.[19] Boulainvilliers, qui vivait en province, a été très agréablement surpris par la nouvelle selon laquelle le duc de Bourgogne se préparait sérieusement à ses devoirs de futur monarque, ainsi que le montre le propos suivant:

La renommée m'avait appris dans le fond de ma solitude et de la province de combien de rares qualités la Providence avoit orné le cœur et l'esprit de M. le Duc de Bourgogne [...] Mais quand j'appris que de son propre mouvement, il s'étoit porté à désirer que tous les Intendants du Royaume lui dressassent des mémoires exacts de leurs Généralités [...] surtout quand je crus apercevoir dans ce projet public une distinction tendre et compatisante pour l'ancienne noblesse, j'avoue que mon cœur ressentit une joye inexprimable.[20]

Entre 1697 et 1700, les intendants ont remis un rapport de quarante-deux volumes. Le comte de Boulainvilliers s'est mis au travail pour en faciliter la consultation au duc de Bourgogne: 'Le but principal de mon travail, ou plutôt du grand Prince qui m'avoit mis la plume à la main, étoit d'abréger la lecture immense qu'il auroit dû faire de chaque Traité des Intendants,' dit-il (p.xcix). Mais le comte ne s'est pas contenté de l'abréger. Il a corrigé le texte des intendants en les accusant de n'avoir 'd'autres principes de gouvernement que celui d'un pur despotisme dans le Prince et dans les Ministres et d'une obéissance aveugle de la part des sujets' (p.cv). Il leur reproche leur paresse, leur ignorance et surtout d'avoir négligé l'intérêt du peuple. Il affirme (p.cvi):

s'ils avoient eu quelque humanité, ils auroient considéré que la misère des peuples, inutilement présente à leurs yeux, trouvoit alors une occasion favorable de se peindre à l'esprit d'un jeune prince naturellement juste et pitoyable, qui ne l'aurait jamais oubliée, et qui auroit entrepris quelque jour de la soulager.

L'attaque portée contre le pouvoir absolu et contre les intendants devait sans doute déplaire à la cour. Voici ce que le comte ajoute à l'adresse des intendants (p.xc: et nous rapportons ce propos pour mettre en relief son esprit aristocratique):

Je crois de plus qu'il y faut joindre quelques réflexions sur leur naissance, puisque dans la vérité, il est bien difficile et il sera toujours très rare que les familles populaires, élevées ou par le trafic ou par une basse épargne, ou ce qui est encore bien pire, par la rapine et les mauvaises voyes, produisent des hommes d'un caractère assez noble et

---

19. H. de Boulainvilliers, *Etat de la France dans lequel on voit tout ce qui regarde le gouvernement ecclésiastique, le militaire, la justice, les finances, le commerce, les manufactures, le nombre des habitants, et en général tout ce qui peut faire connaître à fond cette monarchie: extrait des mémoires dressées par les intendants du royaume, par ordre du roy Louis XIV, à la sollicitation de monseigneur le duc de Bourgogne, père de Louis XV, à présent régnant, avec des mémoires historiques sur l'ancien gouvernement de cette monarchie jusqu'à Hugues Capet*, par monsieur le comte de Boulainvilliers (Londres 1737, 1752). Nous utilisons l'édition de 1752.

20. Boulainvilliers, *Etat de la France*, p.xliii.

assez fort pour s'acquitter de ce qu'il y a de plus grand dans la société, c'est-à-dire pour gouverner d'autres hommes et dans une telle quantité.

L'âpreté de la critique de Boulainvilliers exigeait que la cour désapprouve les propos de celui-ci. Aussi a-t-on douté que le comte ait été chargé de son travail par le duc de Bourgogne: 'en supposant la vérité de ce qu'avance le comte de Boulainvilliers: que ce fut le Dauphin qui lui *mit la plume à la main*, il est honorable pour un prince d'avoir eu le courage de désavouer un ouvrage composé par ses ordres, mais dont l'exécution répondait si peu à ses vues'.[21]

Il n'y a pas de doute que le comte de Boulainvilliers est opposé au pouvoir absolu de la monarchie. Sur le problème du luxe, dans ses *Essais sur la noblesse de France, contenans une dissertation sur son origine et abaissement*, l'auteur le rend responsable en grande partie du déclin de la noblesse. L'un des premiers chapitres est intitulé 'Le luxe sous François Ier perd la noblesse en l'attirant à la cour'.[22] A partir de François Ier, et surtout vers la fin du seizième siècle, le roi a attiré de plus en plus de gentilshommes à la cour, où ils ont fait en quelque sorte acte de soumission au monarque, ainsi que le dit Boulainvilliers:

Le commerce des Dames, la galanterie, la bonne chère, les danses, la magnificence des habits, des meubles, des maisons, des équipages, donnèrent une face toute nouvelle à la France. On se piqua depuis de s'avancer dans les emplois, à la Cour et à la guerre. On quitta le séjour de la campagne. On s'efforça de toute manière d'acquérir la faveur des rois, ou de ceux qui les approchaient. Dès lors, le chemin de la fortune ne se trouva plus conforme à l'ancienne route [p.221-22 ...] Enfin, depuis ce temps-là, l'histoire ne montre plus qu'une extrême confusion de tous les membres de l'état; les grandes terres sont passées entre les mains des favoris, l'argent en celles des particuliers, des usuriers, des gens de robe, et la noblesse, ruinée, méprisée, est réduite à une petite quantité de familles, qui ne se souviennent qu'à peine de leur ancienne grandeur. [p.225-27]

Le comte voit trois causes principales du déclin nobiliaire, et elles sont toutes les trois liées au luxe. Il s'agit, d'une part, du pouvoir absolu de la monarchie, qui a séduit la noblesse par le luxe de la cour; d'autre part, de la vénalité des charges, auxquelles la noblesse pauvre ne peut prétendre; et, enfin, du changement dans l'art militaire. Les armes à feu et la solde pécuniaire des troupes ont, en effet, accentué le rôle de l'argent et permis aux roturiers d'accéder à l'armée. Selon le comte (p.251-52):

C'est cette nécessité d'argent qui a conduit la noblesse à un tel oubli de soi-même, qu'elle n'a plus de honte de mêler son sang avec celui des plus vils roturiers, ni de la faire passer dans ses veines. On recherche avidement les filles des riches partisans parce que c'est l'unique moyen d'acheter de grosses charges, ou de payer les dettes, que le service ou le luxe à la cour a fait contracter aux anciennes familles.

21. L. B. Proyart, *Vie du dauphin, père de Louis XV* (Paris 1819), i.277.
22. (Amsterdam 1732), p.219.

Enfin, Boulainvilliers aussi lie étroitement le déclin nobiliaire aux progrès de la vanité, de la politesse et du luxe. Considérons ce propos (p.210-13):

Cependant, le changement total n'est arrivé qu'après les guerres d'Italie. Car alors sous prétexte d'une plus grande politesse, et d'un raffinement de mode, les Français prirent les coutumes basses et flatteuses des Italiens. Ils quitterent même leurs anciens habits et leurs cheveux comme pour se dépouiller de toute leur liberté.

Quoique le comte ait entrepris une grande partie de son travail pour le duc de Bourgogne, il ne lui a pas soumis de plan de gouvernement. Il est vrai que ses idées politiques qui aboutissaient au projet d'une réforme se sont manifestées clairement dans les deux ouvrages qu'il a composés pour le dauphin (*Histoire de l'ancien gouvernement de la France* et *Etat de la France*). Il a conçu cependant, après la mort du dauphin et celle de Louis XIV, un plan de réformes à l'intention du duc d'Orléans, régent de France, intitulé *Mémoires présentés à monseigneur le duc d'Orléans, régent de France, contenant les moyens de rendre ce royaume très puissant et d'augmenter considérablement le revenu du roi et du peuple.*[23] L'avis des libraires qui précède cet ouvrage nous apprend que le comte était célèbre avant même que ses ouvrages fussent publiés. Ils circulaient sous forme de manuscrits. Les libraires, tout en préparant l'édition complète des œuvres de Boulainvilliers, expliquent la raison de cet ouvrage publié à part ('Avis des libraires'):

Ils ne se sont déterminés à donner celui-ci à part que pour intéresser le public en faveur d'un auteur, dont le nom est à la vérité célèbre en France, mais dont les écrits qui n'ont jamais été imprimés ne sont pas fort communs même dans ce royaume, quelque avidité que les François ayent témoigné et témoignent encore pour en avoir des copies manuscrites.

Boulainvilliers constate, dans cet ouvrage, le profond changement qui s'est fait dans les mœurs et déplore l'"indicible dépravation du siècle présent, où l'intérêt personnel est le mobile général; où l'agiotage du crédit et de la faveur est devenu pareil à celui de l'argent' (p.7). Le comte voudrait que le régent convoque les Etats-généraux pour régler la dette de l'Etat, dans la mesure où la procédure déjà en cours (aussi bien que la poursuite engagée contre les financiers) n'en paiera qu'une partie. Le comte admet que le commerce est utile à l'Etat mais il affirme que la menace vient des financiers: 'plus les financiers y prennent d'empire, plus l'usure s'y introduit et plus cet état est près de la décadence' (p.16; remarquons que sous le nom de 'financier' le comte désigne les prêteurs d'argent, les usuriers, les banquiers et autres gens d'affaires. Il élargit considérablement le sens originaire du mot *financier*, 'percepteurs des deniers publics'). Il estime que les financiers, par les fonds dont ils disposent et par les intérêts qu'ils en tirent, tyrannisent tout le commerce. Pour remédier

23. (La Haye, Amsterdam 1727).

à cette tyrannie des financiers, il présente le 'Projet d'une compagnie générale de commerce' tendant à 'ouvrir un moyen assuré à tous les sujets de S. M. de pouvoir faire commerce en gros sans déroger, ou faire valoir leur argent dans le négoce sans usure et avec sûreté' (p.20). Cette institution aurait comme effet d'éliminer l'emprise des financiers et, en même temps, d'ouvrir la voie aux nobles désireux de se lancer dans les affaires. Il y aurait à Paris six personnages, avec les titres de 'Conseillers d'Etat', 'Grands Trésoriers du commerce', 'Proviseurs généraux du royaume'. Ils pourvoiraient à l'établissement d'un trésor et organiseraient une direction générale du commerce. C'est en quelque sorte une société par actions, à laquelle les adhérents apporteraient leur argent. Etant parrainée par l'Etat, cette société devrait naturellement attirer la confiance et l'argent des particuliers: 'Tous les négocians, ou fabriquants ne feront aucune difficulté de mettre tout leur argent dans ce trésor' (p.33). Cet argent servirait à financer tous ceux qui voudraient s'établir dans les affaires et dans l'industrie. Il y aurait des succursales dans les provinces, de sorte que tout le pays bénéficierait de cette nouvelle organisation.

Cette société accomplirait des œuvres humanitaires. Elle veillerait à ce qu'il n'y ait pas de mendiants, en prenant en charge les malades, en procurant du travail aux chômeurs, en pourvoyant à l'éducation des enfants des ouvriers et des artisans. Il s'agirait de financer cette œuvre d'assistance en opérant des retenues sur le salaire des travailleurs, lesquels ne sont pas assez prévoyants, par eux-mêmes, pour s'occuper de leur avenir. Remarquons que dans un 'Extrait d'un mémoire de M. de Fougerolle en 1711', annexé aux *Mémoires présentés à monseigneur le duc d'Orléans* (1727), on souligne l'idée selon laquelle l'argent ne doit absolument pas se concentrer en peu de mains: 'Aussi rien n'est si important que d'empêcher l'accumulation de la richesse dans les coffres des financiers' (p.135).

Sur la question des sciences et des arts, Boulainvilliers déplore, dans l'*Histoire de l'ancien gouvernement de la France*, le manque de solides études historiques en France, et il l'attribue à l'ignorance des Français. Il affirme que l'ignorance a été toujours 'le principal défaut de la nation françoise' et qu''il n'est encore sûr qu'à présent nous en soyons aussi bien délivrez que nous nous en flattons'.[24] Selon l'auteur, la noblesse aurait assuré son prestige sur des bases plus solides si elle 'ne se fût pas pendant longtemps piquée d'ignorance jusqu'au point de se croire dégradée par l'étude' (i.180). Le remède à cette situation, c'est évidemment l'instruction. Boulainvilliers se plaint que l'on considère les sciences et les arts comme superflus et même nuisibles aux gens haut-placés: 'Malgré l'évidence de ces raisons, il se trouve cependant des gens, qui soutiennent

24. Boulainvilliers, *Histoire de l'ancien gouvernement de la France*, i.179.

encore aujourd'huy que les sciences sont nuisibles aux princes et aux personnes d'une condition relevée, ou du moins qu'elles leur sont inutiles et malséantes' (i.181). Le comte nous informe qu'au moment où il écrit il y a encore en France des 'partisans de l'ignorance'. Il ajoute: 'Le grand argument que ces partisans de l'ignorance implorent pour prouver l'inutilité des sciences dans les Princes et les Premiers de l'Etat est tiré de l'exemple de tous les Rois qui ont occupé le trône françois depuis trois cens ans' (i.182). L'auteur explique que c'est à cause de l'exemple de ces rois que l'éducation des nobles est réduite au minimum. Or, les études sont absolument nécessaires. L'histoire et les exemples qu'elle comporte sont une école de vertu indispensable à la jeunesse. Le comte condamne le fait que l'éducation en France ne met l'accent que sur l'intérêt personnel, contrairement à la démarche des anciens Romains, qui suscitaient dans leurs élèves le dévouement à la patrie: 'L'histoire et les exemples qu'elle propose, les idées d'une saine philosophie et l'amour de la gloire étoient les moyens ordinaires, dont ils se servoient pour incliner, et non pour forcer les esprits à haïr le vice et à préférer la mort à la honte qui l'accompagne' (i.184).

L'auteur, en homme savant qu'il est, est tout à fait favorable à la culture. Mais, en d'autres occasions, et sur le plan de la polémique, il peut s'exprimer tout autrement sur les sciences et les arts. Dans *Essais sur la noblesse de France* il observe que, longtemps après la conquète, les Francs ont méprisé les sciences et les arts parce qu'ils les considéraient comme incompatibles avec la profession des armes. Ils étaient grossiers mais sincères. Par la suite, quand ils ont voulu s'instruire, ils ont été rebutés par les écoles, qui leur paraissaient tout à fait inadaptées aux rôles auxquels ils se destinaient. En critiquant les écoles de son époque, le comte remarque la contradiction qui consiste à enseigner, dans un état monarchique, les auteurs grecs et latins, dont l'esprit est nettement républicain:

Cependant, on ne nous fait lire que des auteurs républicains, dont les idées sont très noble à la vérité et très capables d'élever le courage pour les nobles; mais très propres en même temps à faire d'un roturier un fat et un glorieux, qui voudra penser en Scipion ou en Alexandre, quand son père l'épicier lui parlera d'un tonneau d'huile, ou d'une banqueroute qu'il appréhende. De là vient que si peu de fils de marchands restent dans l'état de leurs pères.[25]

L'on peut déduire de ces lignes que Boulainvilliers reproche à l'école de favoriser le nivellement social. Il observe d'ailleurs qu'un jeune homme, après quinze ou seize ans d'études, sera docteur et tout à fait incapable d'exercer sa profession. Il ajoute que tous les élèves devraient apprendre un art mécanique:

---

25. Boulainvilliers, *Essais sur la noblesse de France*, p.290-91, n.

'La maxime des Turcs et des Juifs à ce sujet n'est que louable. Tous, les Princes mêmes, chez eux, savent un métier' (p.292).

Il y a, selon le comte, une autre raison qui a déprécié les sciences et les arts aux yeux de la noblesse. Ce sont les disputes et les propos pédants des savants. Ils se sont jeté au visage les insultes les plus violentes, en se traitant souvent d'hérétiques. Ils ont consacré leur temps aux occupations les plus vaines et les plus frivoles de l'esprit. Par conséquent, la noblesse a eu raison 'en s'abstenant de la curiosité des sciences, et se contentant des lumières qui avoient un rapport utile à sa condition' (p.293-94). Certes, on ne peut nier, selon Boulainvilliers, que les modernes soient supérieurs aux anciens en ce qui concerne le savoir. Mais est-ce un avantage? Les sciences ne corrompent-elles pas les mœurs?, se demande-t-il (p.297-98):

La licence des esprits, l'abus des sciences, les fausses opinions, l'ambition, le luxe, le dérangement des conditions, ne sont-ils pas de plus grands maux que la simplicité et l'ignorance? Il semble aujourd'hui que le plus prompt effet des sciences, dont on instruit la jeunesse, soit d'exciter leurs passions, particulièrement celle de l'ambition et que l'usage des mêmes sciences dans un âge plus avancé se réduit à former un masque de vertu pour l'iniquité et l'injustice; car on voit que chacun, à l'aide des sciences et de la politesse qu'elles communiquent, tâche à s'élever au-dessus de sa condition naturelle, à supplanter ses concurrents, à se former dans les affaires ou dans les charges; et quand on y est parvenu, on prépare encore à ses enfants, une plus haute fortune, dont pour l'ordinaire tout l'édifice est fondé sur un déguisement à qui les sciences ont prêté leurs couleurs, politesse, agrément, langage et hardiesse.

Le comte conclut que la 'communication des sciences', en raffinant les mœurs, ne rend pas les modernes supérieurs aux anciens. Remarquons encore combien le jugement négatif qu'il porte sur les sciences est motivé par le changement que la diffusion de la culture cause à la société. Remarquons aussi que Boulainvilliers n'est pas le seul à penser de la sorte. Il se rattache tout naturellement à ses prédécesseurs, et en particulier à Fénelon, qu'il admire. Selon un historien moderne, 'Les *Essais sur la Noblesse de France* suivent de très peu le *Télémaque* et l'influence du roman se décèle dans le texte polémique.'[26]

Les prises de position de Boulainvilliers n'ont pas manqué de déconcerter les critiques modernes. Il est foncièrement conservateur, voire réactionnaire, en politique. Cependant, il voudrait un Etat presque 'socialiste', si l'on considère les réformes qu'il prévoit à l'avantage de la communauté et du peuple. Comment concilier ces contradictions? Un auteur, G. Gerhardi, qualifie Boulainvilliers de 'l'un des personnages les plus curieux et les plus contradictoires du siècle des Lumières'.[27] Ce critique ajoute (p.11-12):

26. Devyver, *Le Sang épuré*, p.310.
27. G. Gerhardi, 'L'idéologie du sang chez Boulainvilliers et sa réception au XVIIIe', dans *Etudes sur le XVIIIe siècle* 11: *Idéologies de la noblesse* (Bruxelles 1984), p.11.

Comment concilier cette image d'un auteur qui s'apitoie sur la misère des paysans et s'indigne de la ruine économique de la France, avec cette autre image, bien plus célèbre, d'un Boulainvilliers rétrograde, champion d'un conservatisme de classe outré et chef de file de ce qu'on appelle 'la réaction nobiliaire' du XVIIIe siècle?

Pour ce critique, il n'y a pas de solution. Il relève d'ailleurs les jugements contradictoires d'autres critiques (G. Lanson et I. O. Wade) et s'applique à l'analyse de l''idéologie du sang' chez Boulainvilliers. Il ne nous reste ici qu'à répéter la même conclusion que nous avons présentée au sujet de Fénelon, selon laquelle la perspective tendant à juger un auteur, totalement coupé de son contexte social, conduit à l'impasse. Placé dans le courant de l'idéologie nobiliaire, Boulainvilliers est très cohérent.

iv. Saint-Simon

Louis de Louvroy, duc de Saint-Simon (1675-1755), notoirement très imbu des prérogatives de la noblesse, se complaît à nous parler, dans ses *Mémoires* (1715), des entretiens qu'il a eus avec le duc de Bourgogne et de sa parfaite identité de vues avec ce prince. Il rapporte l'essentiel de ces entretiens au duc de Beauvilliers et partage avec lui l'espoir d'un prompt rétablissement de la noblesse française. Les ministres de Louis XIV, 'ennemis des seigneurs et de la noblesse', seront bientôt remis à leur place, ou, comme le dit Saint-Simon, 'dans leur situation naturelle'.[28]

Saint-Simon nous a laissé un manuscrit, sans nom d'auteur, composé entre 1714 et 1715, après la mort du duc de Bourgogne, intitulé *Projets de gouvernement résolus par monsieur le duc de Bourgogne, dauphin, après y avoir mûrement pensé*.[29] Il y attribue ses propres idées au dauphin, dans le désir évident de conférer à celles-ci plus d'autorité. P. Mesnard a montré de façon convaincante que le manuscrit en question et les réformes qui y sont suggérées appartiennent à Saint-Simon. Le but de celui-ci est de restaurer une société d'ordres, où la noblesse d'épée serait placée au sommet et où l'on ferait observer rigoureusement les titres, les rangs et les préséances. Il partage la France en douze parties égales, chacune élisant trente-six députés, douze de chaque ordre, pour choisir les représentants aux Etats-généraux. Ceux-ci se chargent de répartir et de percevoir les impôts, dont le montant sera décidé par le Conseil du roi. Quoiqu'ils n'aient pas de pouvoir législatif, ils s'occupent de l'administration du commerce et de la finance. Ils rendent inutile la présence des financiers. Selon P. Mesnard (p.lxxix),

28. Saint-Simon, *Mémoires*, iv.271.
29. éd. P. Mesnard (Paris 1860).

6. L'idéologie nobiliaire de 1699 à 1760

Saint-Simon voyait surtout dans les états un moyen 'd'anéantir', comme il le dit, 'ce monstrueux corps de finance' qui dévorait la France, de mettre fin aux brigandages des maltôtiers, de supprimer les fermes générales, les trésoriers généraux, les gabelles, les entrées de villes et de provinces.

Saint-Simon prévoit une nouvelle institution, un conseil intitulé 'Conseil des ordres' qui aurait comme objectif d'éliminer la confusion des rangs. Il préciserait la tenue convenable à chaque ordre. Il imposerait à chacun 'et à tous états jusqu'aux moindres, à ne paraître que dans l'habit qui est affecté à leur état' (p.60).

Saint-Simon n'a pas arrêté de plan particulier contre le luxe, l'ayant frappé à sa source par la réforme de l'administration. Le fait qu'il impose la tenue vestimentaire pour chaque ordre et chaque catégorie résout parfaitement le problème du luxe, puisque celui-ci est essentiellement la cause de la confusion des rangs, selon la définition nobiliaire. Par contre, Saint-Simon nous a parlé du luxe dans ses *Mémoires*. Selon lui, Louis XIV a encouragé le luxe pour appauvrir la noblesse et lui enlever son indépendance. Le roi a encouragé la dépense en habits, en équipages, etc., et c'est pour lui plaire que la noblesse s'est ruinée. Saint-Simon confirme le mécanisme selon lequel la vanité et l'émulation amènent la confusion des rangs et la perte de l'Etat:

Le fond était qu'il tendait et parvint par là à épuiser tout le monde en mettant le luxe en honneur, et pour certaines parties en nécessité, et réduisit ainsi, peu à peu, tout le monde à dépendre entièrement de ses bienfaits pour subsister. Il y trouvait encore la satisfaction de son orgueil par une cour superbe en tout, et par une plus grande confusion qui anéantissait de plus en plus les distinctions naturelles. C'est une plaie, qui une fois introduite, est devenue le cancer intérieur qui ronge tous les particuliers, parce que de la Cour il s'est proprement communiqué à Paris et dans les provinces et les armées, où les gens en quelque place ne sont comtés qu'à proportion de leur table et de leur magnificence depuis cette malheureuse introduction qui ronge tous les particuliers.[30]

Remarquons le ton apocalyptique, accentué par les hyperboles (épuiser tout le monde, cour superbe en tout, ronge tous les particuliers, ne sont comptés qu'à proportion de leur table). Notons encore le préjugé nobiliaire dans l'expression 'distinctions naturelles'. Nous trouvons chez Saint-Simon les notions de vanité, d'émulation, de confusion des rangs, de perte de l'Etat, c'est-à-dire, les éléments caractéristiques de l'interprétation nobiliaire du luxe.

Pour ce qui est des sciences et des arts, Saint-Simon, dans l'avis qu'il adresse au duc de Beauvilliers au sujet du duc de Bourgogne, fait état de l'intérêt excessif dont le dauphin témoigne pour l'étude des lettres. Pour Saint-Simon, le duc de Bourgogne se doit à une vie sociale active, et le temps qu'il consacre à l'étude est en quelque sorte perdu. Pour lui, le jeune prince se complaît à

---

30. Saint-Simon, *Mémoires*, v.531.

prononcer des mots savants dans ses conversations, ce qu'il ne saurait approuver:

> Quelques mots rares, dans des occasions convenables, sont bienséants dans la bouche d'un prince qui sait, et qui veut exciter et honorer les sciences et les savants; mais il est aisé, quand on en est plein et qu'on s'y plaît trop, d'excéder en cela, et de donner lieu au murmure d'une cour ignorante, mais instruite pourtant que ce n'est pas le fait d'un grand prince, et que cela le distrait par trop de ce qui doit faire son application principale.[31]

Il s'agit ici de remarquer une certaine méfiance au sujet des sciences de la part de Saint-Simon et l'attitude studieuse du duc de Bourgogne, laquelle sera quelque peu démentie par les détails que nous allons apporter en présentant les idées de celui-ci.

v. Le duc de Bourgogne

Louis de France, duc de Bourgogne (1682-1712), semble avoir été parfaitement docile à l'enseignement de ses maîtres. On a dit de lui: 'Le duc de Bourgogne aimait la noblesse; et il voulait la tirer de l'abaissement où Louis XIV l'avait tenue. L'avis de Fénelon et sans doute aussi des ducs de Beauvilliers et de Chevreuse était favorable à ce projet de raviver l'éclat obscurci de la haute noblesse.'[32] Les écrits du duc de Bourgogne ont été publiés partiellement par l'abbé Proyart.[33] Un historien moderne en résume ainsi l'essentiel: 'Le duc de Bourgogne prévoit que la situation de la noblesse va être renforcée par une sorte d'agrarisme défavorable aux marchands et aux financiers. Pour lui, c'est la terre qui représente vraiment la richesse sérieuse'.[34]

Ses maîtres ont inspiré au duc de Bourgogne un sens très vif de son devoir. Il s'intéresse très tôt aux problèmes du royaume, et son grand-père Louis XIV consent à ce qu'il participe à quelques discussions des ministres sur l'état du pays. A l'âge de quinze ans, en 1697, il rédige avec le duc de Beauvilliers le mémoire envoyé à tous les intendants pour connaître l'administration des provinces de la France (*Mémoire de M. le duc de Bourgogne, envoyé par ordre de sa majesté, à M. M. les maîtres de requêtes, commissaires départis dans les provinces*). Ce mémoire comporte quatre chapitres: Eglise, armée, justice et finance. On veut savoir, en ce qui concerne l'Eglise, si les évêques résident dans leur diocèse. On demande, en ce qui concerne l'armée, si les gouverneurs 'sont accusés de

---

31. Saint-Simon, 'Discours sur Mgr. le duc de Bourgogne (25 mai 1710), adressé à M. de Beauvilliers qui me l'avait demandé', dans *Mémoires*, iii.797.
32. M. Cagnac, *Le Duc de Bourgogne* (Paris 1921), p.237.
33. Proyart, *Vie du dauphin, père de Louis XV.*
34. Mousnier, p.142.

prendre l'argent, ou de vexer le peuple'.[35] On veut savoir si les nobles 'commettent des violences envers les habitants de leurs terres' (i.245), s'ils 'cultivent
leurs terres par leurs mains, ou s'ils les donnent à des fermiers' (i.245-46). On
veut savoir, sur le chapitre de la justice, s'il y a de la corruption ou des actions
'qui ont tourné à l'oppression du faible' (i.248). Quant aux finances, le prince
de Bourgogne voudrait savoir s'il y a des 'vexations que les peuples pourront
souffrir' (i.250). Ensuite, il se penche sur le problème de savoir quels sont les
usurpateurs de noblesse et la manière de les réprimer.

Le prince projetait même un voyage dans les provinces dans le cadre de son
enquête, ce qu'il n'a pas pu exécuter à cause de la guerre. Il veut cependant
que les officiers chargés de l'enquête se déplacent dans différents lieux du
royaume pour mieux se rendre compte de l'état des choses (i.269-70):

Aussi, dans l'instruction que nous avons dressée, M. Le duc de Beauvilliers et moi, pour
les commissaires départis dans les provinces, le Roi a goûté par-dessus tout l'idée de
faire passer successivement tous ces officiers dans toutes les provinces. Nous avons
appris, à la vérité, que plusieurs d'entre eux n'avoient pas vu cette clause avec satisfaction,
mais l'activité étant une qualité essentielle à un intendant de province, celui qui craint
le déplacement et les voyages annonce qu'il n'est pas fait pour la commission dont on
l'a chargé.

Plus tard, le duc de Bourgogne parvient à l'idée d'une réforme profonde de
l'Etat. Il voulait d'abord changer le système de la perception des impôts, pour
les distribuer de façon plus équitable et soulager le peuple. Il désirait mettre
de l'ordre en ce qui concernait l'exemption de la taille réclamée par les nobles
et les faux nobles, et éliminer les exactions des gens d'affaires (ii.13):

Il est juste que l'on fournisse les armées de vivres; il est juste que le soldat soit vêtu; il
est juste qu'il reçoive exactement sa paye; mais il est inique que l'état, pour ces objets
et autres qui y ont rapport, paye quinze ce qu'un particulier, faisant pour son compte,
paieroit dix et peut-être moins encore; il est inique qu'au milieu de la misère générale
et de l'état et des particuliers, un petit nombre de gens d'affaires s'élèvent de la poussière
et se présentent partout, l'argent à la main, pour envahir les domaines que la pauvre
noblesse est obligée d'aliéner pour se soutenir dans les armées.

Sur la question du luxe, il n'est pas d'accord avec ceux qui pensent que le
luxe est utile (ii.18):

Il faut savoir ce que l'on entend par luxe. Si l'on veut dire qu'il est utile que ceux qui
possèdent les espèces les fassent circuler, au lieu de les garder dans leurs coffres, cela
est vrai. Mais si l'on entend qu'il est à propos que les Grands fassent des dépenses qui
excèdent de moitié leur revenu, que le peuple imite les Grands, et que toutes les
conditions s'obèrent, c'est un principe faux et ruineux pour un état.

35. Proyart, i.244.

Le duc pense que le commerce est utile, surtout celui qui rend prospère la campagne. Le commerce d'articles de luxe, surtout en provenance de l'étranger, est pernicieux. On devrait contrôler de près les articles fabriqués et mis en vente: 'C'est ainsi que l'avidité des chefs de quelques manufactures, et le désir de faire une prompte fortune, en les portant à altérer la qualité des marchandises, a diminué la confiance de l'étranger' (ii.20). Selon lui, il faut favoriser le commerce intérieur et pour cela examiner les titres des seigneurs qui exigent des péages onéreux et rendent difficiles les échanges. Le prince affirme cependant que le commerce n'est pas comparable à l'agriculture: 'Un état riche en fonds de terres bien cultivés, l'est toujours beaucoup plus que celui qui ne l'est qu'en marchandises' (ii.21). Le commerce devrait jouer en France un rôle secondaire: 'qu'on ne perde jamais de vue que le Romain laboureur aura toujours l'avantage sur le Carthaginois marchand' (ii.23). Selon lui, les arts utiles devraient être encouragés: 'Pour les arts frivoles, ou qui ne servent qu'à exciter et fomenter le luxe, on ne saurait trop en charger les inventeurs et ceux qui les professent' (ii.28).

Quant aux sciences, le duc de Bourgogne n'est pas sans réserves. Il exprime de la méfiance envers les savants: 'Par un préjugé, dit-il, que la vanité des gens de lettres met en vogue, on s'imagine qu'un des premiers soins qui doivent occuper un roi, c'est de peupler un état de savants' (ii.57). Il pense au contraire qu'il ne faut pas en augmenter le nombre. Il en faut pour certaines professions, mais il y en a toujours assez (ii.57-58):

Ces savants désœuvrés, comme on l'a vu dans tous les siècles éclairés, traiteront des questions frivoles ou dangereuses; et, sous le prétexte de communiquer aux hommes leurs découvertes et leurs lumières, ils les corrompront par leurs préjugés; et plus on fera du chemin, en suivant ces lumières trompeuses, plus on s'égarera.

Selon le prince, chaque homme a reçu du ciel une certaine intelligence et n'a besoin de personne pour bien se conduire. Il y a sans doute des gens destinés à éclairer les autres, mais il y en a toujours assez. Certes, il arrive que le manque d'instruction empêche quelques esprits de s'épanouir: 'Faudra-t-il donc, pour cela, appeler un peuple d'étrangers pour remplir nos ateliers et labourer nos campagnes, tandis que l'on donnera à tous les sujets du royaume l'éducation propre à développer leur génie?' (ii.59-60). Un artisan laborieux rend plus de service à l'Etat que s'il s'était fait lettré: 'Savant, il eût pu augmenter le nombre des vaines spéculations sur les moyens de faire fleurir le commerce: simple ouvrier, il le fera fleurir en effet par son industrie, et peut-être en créera-t-il une nouvelle branche' (ii.60). Le duc de Bourgogne offre plusieurs exemples de cette vérité. Le laboureur est très utile en fécondant son champ et n'a pas besoin de lire pour bien faire son travail: 'Toutes les dissertations sur l'agriculture et toutes les expériences dirigées par les gens de lettres seront très peu utiles à l'Etat, comparées à l'avantage que lui procure ce laboureur industrieux, qui devient le modèle et le guide de tous les laboureurs d'un canton' (ii.61). Selon le duc de Bourgogne, un paysan laborieux, fort de son bon sens, verra de lui-même, sans aucune instruction, ce qu'il doit faire, et sera en mesure d'éclairer ses semblables. Le prince conclut ainsi, se prononçant contre l'instruction (ii.61-62):

On pourrait alléguer bien d'autres raisons encore, qui prouveroient qu'il seroit plus préjudiciable qu'avantageux pour un Etat que tous les hommes faits pour être des génies distingués, fussent tirés de leurs conditions obscures pour grossir la classe des savants et des lettrés.

Remarquons ici combien cette critique des sciences et des savants ressemble à celle du comte de Boulainvilliers et va dans le même sens: on redoute la subversion sociale causée par l'instruction. Le prince laisse le peuple dans son ignorance. Il témoigne cependant pour celui-ci beaucoup de sollicitude. Il s'afflige de le voir souffrir de la guerre. Surtout, il proteste contre les souffrances infligées au peuple par les gens d'affaires: 'Cette espèce de brigandage général des gens d'affaires' (ii.105). Il semble, selon le biographe du Dauphin, qu'après sa mort (1712), le duc d'Orléans, régent, ait organisé la fameuse 'recherche' des financiers, usuriers et autres gens d'affaires, d'après le plan tracé par le duc de Bourgogne: 'Opération admirable, et qui eût suffi pour défendre le peuple, pendant un siècle, de la rapacité des gens d'affaires, si elle eût été dirigée par la main désintéressée qui en avait tracé le plan' (ii.105-106). Le dauphin donnait lui-même l'exemple en ce qui concernait le luxe: 'Au milieu d'une cour fastueuse, l'exemple du Dauphin parlait sans cesse en faveur du pauvre peuple. Il faisoit rougir le luxe par sa simplicité, sa modestie, sa frugalité' (ii.106).

Il est certain que le dauphin est devenu rapidement le point de ralliement de ceux qui désiraient un changement profond dans l'ordre politique. Sa mort viendra anéantir ou, du moins, atténuer cette ferveur réformatrice: 'L'édifice s'écroule, le rêve s'évanouit; la consternation publique ne peut se décrire; Beauvillier et Chevreuse sont frappés au cœur d'un coup, dont ils ne se relèveront pas; Fénelon est atterré, mais saura se ressaisir; Saint-Simon est remué jusqu'au fond de son être.'[36]

Nous examinerons ici un ouvrage qui témoigne des espérances soulevées par le duc de Bourgogne en ce qui concerne la réforme de l'Etat. Il s'agit de la *Relation du voyage du prince de Montberaud dans l'île de Naudely*, par P. de Lesconvel. Selon des critiques modernes, 'Cet ouvrage, dédié au duc de Bourgogne, eut un grand succès et fait penser au Télémaque de Fénelon.'[37]

36. C. J. M. de Vogüé, *Le Duc de Bourgogne et le duc de Beauvillier: lettres inédites* (Paris 1900), p.99.
37. E. Bourgeois, L. André, *Les Sources de l'histoire de France* (Paris 1924), iv.354.

En voici l'essentiel: un prince français voyage dans une île qui jouit d'un gouvernement parfait; ce prince parle au gouverneur de cette île et lui décrit l'état pitoyable de la France, où les financiers étalent un luxe scandaleux; le gouverneur de Naudely montre au prince français l'ordre qui règne chez lui; il lui fait voir qu'il n'est pas possible, dans l'île, de réaliser des fortunes énormes et rapides: même s'il y a des riches, on ne leur permet pas de se prévaloir de leur richesse – on leur interdit de posséder des carrosses, par exemple, qui sont réservés aux nobles. On ne peut absolument rien faire qui ne soit autorisé par son rang:

> Les superbes palais, les meubles précieux, et les tables splendides ne se trouvent que chez le Roy, chez les princes du sang, et chez les nobles qui occupent les plus grands emplois. Toutes les conditions y sont parfaitement bien distinguées par la différence de leur train et de leurs habits; on sait ce qui peut convenir à chacune, et on n'oserait passer outre. Il n'est permis qu'aux nobles d'être habillez d'écarlate et de porter des galons d'or et d'argent sur leurs habits.[38]

Les officiers de la justice et des finances de l'Etat peuvent porter de belles étoffes à condition qu'elles soient teintes de noir. Leurs femmes ne peuvent pas porter de dentelle d'or et d'argent. Les tables et le nombre des domestiques sont réglés. Les nobles qui occupent les charges les plus importantes de l'Etat peuvent et doivent avoir une table magnifique et beaucoup de serviteurs, car ils doivent assurer l'éclat de leur condition (p.338):

> Les riches qui ne sont point nobles peuvent avoir dans leurs maisons tout ce qui peut contribuer à leur faire passer une vie douce et agréable; mais le luxe doit être banni de leurs ameublemens, aussi bien que de leur table: que s'ils avoient l'audace de se donner là-dessus trop de liberté, ils seroient condamnez à des amendes, qui seroient proportionnées à la faute, qu'un excès de vanité leur auroit fait commettre.

Le prince français se déclare disposé à recommander en France de très fortes amendes à l'encontre des financiers. Ils possèdent des bâtiments à la ville et à la campagne, plus luxueux que ceux des plus grands seigneurs (p.339):

> Lorsqu'un Prince fait faire quelque bâtiment considérable, ils ont l'effronterie d'en faire faire un aussitôt sur le même modèle: à peine l'ouvrage est-il commencé qu'ils y ont déjà employé toutes les dépouilles d'une province qu'ils ont ruinée de fond en comble; le mortier qui entre dans ce bâtiment superbe n'est détrempé que du sang d'une infinité de malheureux: la structure du dehors arrête longtemps les regards des voyageurs qui s'imaginent que c'est là le Palais de quelque grand Prince.

L'effet de ce luxe est que le comte et le marquis ne veulent pas se faire dépasser

---

38. P. de Lesconvel, *Relation du voyage du prince de Montberaud dans l'île de Naudely, où sont rapportées toutes les maximes qui forment l'harmonie d'un parfait gouvernement* (Paris 1705, 1706), p.336-37.

par les financiers et finissent par se ruiner. Le gouverneur de l'île est très choqué par tout cela et demande pourquoi le gouvernement français n'intervient pas contre les financiers. Le prince répond que ceux-ci se rendent nécessaires au roi par les sommes qu'ils lui prêtent à gros intérêt. Les partisans ont poussé le luxe à son excès, mais le prince doit reconnaître qu'ils ne sont pas les seuls coupables. Tout le monde se ruine pour prendre l'habillement de la condition supérieure (p.350):

La fille de chambre porte les habits magnifiques de sa maîtresse, quoique à demi usez: la procureuse en a d'aussi superbes que la première présidente: la partisane n'a point de honte d'être parée aussi richement que la duchesse, elle veut avoir aussi bien qu'elle une écharpe à dentelle d'or, qui avec la frange et le galon d'argent qui fait trois fois le tour de sa jupe, pèse quatre fois autant que le reste de son habit. Tout le monde se fait un point d'honneur de paraître autant que son voisin.

Le prince se plaint aussi d'autres abus. L'artisan ne veut plus être appelé maître Jean ou maître Antoine mais veut être qualifié, lui aussi, de Monsieur. Il étale une veste de brocard à boutons d'or pour prouver qu'il mérite cette qualité. La plus grande confusion règne: 'A ce compte, interrompit le gouverneur, on ne peut plus distinguer le noble d'avec le roturier, ni le gentilhomme d'avec le faquin. Bien loin qu'on les puisse distinguer, répartit le prince, on prend bien souvent le faquin pour l'honnête homme et le roturier pour l'homme de qualité' (p.350). Pour le prince, le scandale consiste à constater que le plus riche reçoit toute la considération. Le 'faquin opulent' richement habillé se promène en carrosse tandis que l'homme de 'mérite', n'ayant pas les moyens de soutenir son rang, est mal habillé, marche à pied et fait 'maigre chère' (p.351).

Selon le prince, chacun tente de faire face à la situation et se prive du nécessaire pour l'apparence. Le prince parle ici des gentilshommes pauvres. Il déplore que bien des personnes ne mangent pas suffisamment pour se permettre un habit convenable à leur rang. Il conclut ainsi: 'Tout le monde se trouve réduit à la malheureuse nécessité de faire plus qu'il ne peut: les uns que le luxe a déjà ruinés traînent une vie languissante, et les autres achèvent de se ruiner de fond en comble' (p.352-53). Quel sera donc le remède proposé à tous ces maux? Il s'agirait de régler la société française d'après les lois de l'île de Naudely, en les introduisant graduellement, pour que le public puisse mieux les accepter.

On remarquera que les idées contenues dans cet ouvrage s'accordent parfaitement avec celles des personnages déjà cités, de Fénelon au duc de Bourgogne. Elles correspondent aux préoccupations traditionnelles de la noblesse que nous avons relevées dans les lois somptuaires et dans les cahiers de remontrances des Etats-généraux, surtout en ce qui concerne la fonction symbolique de l'habit, des couleurs, de l'or et de l'argent. Ces préoccupations sont encore actuelles au dix-huitième siècle.

Ayant terminé l'examen du groupe évoluant autour du duc de Bourgogne, dont l'expression s'intègre bien dans le courant de l'idéologie nobiliaire, nous passerons aux auteurs de la génération suivante, Montesquieu, d'Argenson, Mirabeau et le chevalier d'Arcq, dont les écrits témoignent d'une situation politique en pleine évolution et d'une plus grande variété de doctrine que le groupe précédent. Montesquieu est sans doute le penseur ayant exercé le plus d'influence sur ses contemporains. Ses positions en faveur de la noblesse, le retentissement de sa pensée et le rôle qui lui a été généralement reconnu nous autorisent à le présenter comme l'un des représentants de la tendance idéologique nobiliaire préparant le compromis politique avec le Tiers-état.

vi. Montesquieu

Le célèbre ouvrage de Charles-Louis de Secondat, baron de La Brède et de Montesquieu (1689-1755), l'*Esprit des lois* (1748), pose de sérieux problèmes d'interprétation. L'on sait que cet auteur s'est engagé dans la réalité politique de son temps tout en présentant son étude sur les lois comme abstraite de cette réalité. C'est dire qu'il est malaisé pour la postérité de saisir la signification que l'*Esprit des lois* a eu pour le dix-huitième siècle.

Comme nous avons mis en évidence la portée idéologique du débat sur le luxe, la position de Montesquieu sur ce sujet est pour nous très intéressante. Malheureusement, l'attitude de notre auteur n'est pas nette en ce domaine. Pourtant, si l'on tient compte des témoignages de ses contemporains, Montesquieu a entrepris d'exercer une critique du régime, présentée nécessairement en termes voilés. Le luxe se place très probablement dans le contexte de cette critique. On dirait que notre auteur a favorisé le luxe dans ses *Lettres persanes* (1721). Mais à cette époque la question n'a peut-être pas encore tout son sens idéologique. Après la publication du *Traité politique sur le commerce* (1734) de Melon, et du *Mondain* (1736) de Voltaire, Montesquieu pourrait avoir décidé de se rallier à la thèse nobiliaire. Voici la genèse du luxe selon l'auteur de l'*Esprit des lois* (VII, 1):

Plus il y a d'hommes ensemble, plus ils sont vains et sentent naître en eux l'envie de se signaler par de petites choses. S'ils sont en si grand nombre, que la plupart soient inconnus les uns aux autres, l'envie de se distinguer redouble, parce qu'il y a plus d'espérance de réussir. Le luxe donne cette espérance. Chacun prend les marques de la condition qui précède la sienne. Mais à force de vouloir se distinguer, tout devient égal et on ne se distingue plus: comme tout le monde veut se faire remarquer, on ne remarque personne.

Nous avons ici encore, dans l'analyse de l'idéologie nobiliaire, l'idée que le luxe confond les rangs, selon le mécanisme de l'émulation suscitée par la vanité.

Montesquieu adhère-t-il à cette idéologie? S'il désapprouve le luxe, pourquoi le considère-t-il comme nécessaire dans une monarchie? En outre, Montesquieu pose un principe important. Il affirme que si la richesse était plus équitablement distribuée, il n'y aurait pas de luxe: 'Le luxe est toujours en proportion avec l'inégalité des fortunes. Si, dans un état, les richesses sont également partagées, il n'y aura point de luxe; car il n'est fondé que sur les commodités qu'on se donne par le travail des autres' (VII, 1).

D'autre part, Montesquieu cite Mandeville (*La Fable des abeilles*, i.133): 'On s'habille au-dessus de sa qualité pour être estimé plus qu'on n'est par la multitude' (VII, 1). Mandeville, l'un des plus influents partisans du luxe, accepte-t-il la vision nobiliaire, toute négative, selon laquelle le luxe est le produit de la vanité? En fait Mandeville, tout en admettant que le luxe provient de la vanité, en tire une conclusion différente. Il approuve la vanité humaine parce qu'elle concourt, comme les autres défauts moraux, à la prospérité économique et politique de l'Etat. Montesquieu est-il d'accord avec Mandeville? Ce qu'il dit de la vanité, à un autre endroit de l'*Esprit des lois*, semble confirmer cette hypothèse. Il affirme: 'La vanité est un aussi bon ressort pour un gouvernement que l'orgueil est dangereux. Il n'y a pour cela qu'à se représenter, d'un côté, les biens sans nombre qui résultent de la vanité; de là le luxe, l'industrie, les arts, les modes, la politesse, le goût' (XIX, 9). Suivons son raisonnement. Montesquieu considère le luxe comme pernicieux dans une république: 'A mesure que le luxe s'établit dans une république, l'esprit se tourne vers l'intérêt particulier. A des gens à qui il ne faut rien que le nécessaire, il ne reste à désirer que la gloire de la patrie et la sienne propre. Mais une âme corrompue par le luxe a bien d'autres désirs' (VII, 2). S'il ne permet pas, non plus, le luxe à l'aristocratie, pourquoi le considère-t-il comme nécessaire à la monarchie?

Comme, par la constitution des monarchies, les richesses y sont inégalement partagées, il faut bien qu'il y ait du luxe. Si les riches n'y dépensent pas beaucoup, les pauvres mourront de faim [...] Les richesses particulières n'ont augmenté que parce qu'elles ont ôté à une partie des citoyens le nécessaire physique; il faut donc qu'il leur soit rendu. [VII, 4]

Comme le luxe est l'effet de l'inégalité des fortunes et qu'il a 'ôté à une partie des citoyens le nécessaire physique', ce qui est sans doute un abus, ne peut-on pas déduire que le luxe, tout en étant nécessaire à la monarchie, n'est pas désirable en soi? En le présentant comme une injustice, il semble que l'auteur critique le luxe. Il faut tenir compte aussi du fait que Montesquieu associe le luxe aux femmes et à la cour, dont il donne une définition péjorative (VII, 9):

Les femmes ont peu de retenue dans les monarchies, parce que la distinction des rangs les appelant à la cour, elles vont y prendre cet esprit de liberté, qui est à peu près le seul qu'on y tolère. Chacun se sert de leurs agréments et de leurs passions pour avancer sa fortune; et comme leur faiblesse ne leur permet pas l'orgueil, mais la vanité, le luxe y règne toujours avec elles.

Notons que ce passage contient un jugement négatif sur la vanité, sur les femmes et sur le luxe, ce qui est confirmé par la protestation de C. Dupin. Celui-ci objecte que le libertinage n'est pas imputable aux femmes seulement et voudrait qu'on le considère chez les hommes également. En ce qui a trait aux notions d'orgueil et de vanité, C. Dupin y décèle encore une injustice faite aux femmes. Il s'exclame:

Ceci ne paraît pas bien intelligible. L'orgueil et la vanité sont des faiblesses de l'âme, qui dérivent du même principe, qui appartiennent indistinctement à l'humanité, et qui sont également méprisables. Quelle est donc l'intention de l'auteur, en attachant à l'orgueil une idée plus noble qu'à la vanité?[39]

Montesquieu ajoute, toujours dans le même chapitre: 'Dans les républiques, les femmes sont libres par les lois, et captivées par les mœurs; le luxe en est banni, et avec lui, la corruption et les vices' (VII, 9). Plus loin, en condamnant l'esclavage, il affirme: 'Le cri pour l'esclavage est donc le cri du luxe et de la volupté, et non pas celui de l'amour de la félicité publique' (XV, 9). Ces commentaires ne reflètent pas une bonne idée du luxe. Pourtant, Montesquieu a déjà dit, à la suite de Mandeville, que la vanité est un 'bon ressort pour un gouvernement' et qu'elle produit des 'biens sans nombre', 'le luxe, l'industrie, les arts, les modes, la politesse, le goût'. Ajoutons que Montesquieu considère la politesse comme un bien et qu'il la fait naître, comme le luxe, de l'envie de se distinguer. La politesse est une caractéristique de la cour: 'Dans les monarchies, la politesse est naturalisée à la cour' (IV, 2). Cependant, il fait une critique sévère de la cour, qu'il dissocie du monarque, auquel il attribue de la vertu (III, 5):

L'ambition dans l'oisiveté, la bassesse dans l'orgueil, le désir de s'enrichir sans travail, l'aversion pour la vérité, la flatterie, la trahison, la perfidie, l'abandon de tous ses engagements, le mépris des devoirs du citoyen, la crainte de la vertu du prince, l'espérance de ses faiblesses, et plus que tout cela, le ridicule perpétuel jeté sur la vertu, forment, je crois, le caractère du plus grand nombre des courtisans, marqué dans tous les lieux et dans tous les temps.

En outre, Montesquieu discerne dans 'l'envie de se distinguer' la première étape détruisant la solidarité des citoyens et amenant le luxe et l'inégalité, non seulement dans les républiques mais aussi dans les monarchies. Il n'hésite pas à dire, à propos de l'éducation dans les monarchies: 'Les vertus qu'on nous y montre sont toujours moins ce qu'on doit aux autres, que ce que l'on se doit à

---

39. C. Dupin, *Observations sur un livre intitulé: De l'esprit des lois* (Paris 1757-1758), i.313.

soi-même: elles ne sont pas tant ce qui nous appelle vers nos concitoyens, que ce qui nous en distingue' (IV, 2).

Enfin, si l'esprit de communauté, dont notre auteur fait beaucoup de cas, comme il l'a montré aussi dans la parabole des Troglodytes des *Lettres persanes* (lettres IX-XIV), est le fondement de la justice, que faut-il penser du luxe et de la monarchie? Si le gouvernement républicain est fondé sur le désintéressement et l'abnégation (IV, 5: 'La vertu politique est un renoncement à soi-même'), et le monarchique sur l'intérêt personnel et la vanité, ne peut-on pas discerner dans ses propos une critique de la part de l'auteur envers le gouvernement de son pays? Les lecteurs contemporains se sont prononcés en ce sens. Parmi ceux-ci, d'Argenson s'est exprimé ainsi, vers 1750, en prévoyant que l'*Esprit des lois* serait mal accueilli en haut lieu: 'Notre gouvernement y est presque toujours blâmé: cela déplaira sans convertir.'[40] Et Voltaire affirme, en parlant d'une nouvelle édition de ce même ouvrage: 'Le livre aurait dû être intitulé *L'Esprit républicain*. Le genre humain aurait adopté ce titre, et en effet l'esprit républicain qui règne dans l'ouvrage lui assure un éternel succès malgré les pauvretés que l'éditeur hollandais lui reproche.'[41]

On peut en conclure que Montesquieu, en présentant sous un jour flatteur les qualités des anciennes républiques, leur frugalité et leur pauvreté, comme les fondements de leur vertu et de leur amour de la patrie, critique un système politique de plus en plus tributaire de l'argent. En liant le luxe à l'inégalité des fortunes, en affirmant qu''à mesure que le luxe s'établit dans une république, l'esprit se tourne vers l'intérêt particulier', Montesquieu semble désapprouver le luxe et le gouvernement qui le tolère. Il exprime des réserves sur le commerce, qui est très lié au luxe, et le déconseille à la noblesse: 'Nous voyons que dans les pays où l'on n'est affecté que de l'esprit de commerce, on trafique de toutes les actions humaines, et de toutes les vertus morales: les plus petites choses, celles que l'humanité demande, s'y font ou s'y donnent pour de l'argent' (XX, 2).

Il est visible que Montesquieu exprime bien de la méfiance envers les riches. Quand on sait que les traitants (ou financiers, ou publicains, ou fermiers généraux) sont devenus pour la noblesse le symbole de la richesse usurpée et du luxe, on ne peut que souligner ces propos de Montesquieu: 'Tout est perdu lorsque la profession lucrative des traitants parvient encore par ses richesses à être une profession honorée' (XIII, 20). Montesquieu semble estimer, comme les penseurs nobles, que la richesse des uns met les autres dans le besoin et qu'elle détruit la liberté: 'Comme celui qui a l'argent est toujours le maître de

---

40. D'Argenson, *Mémoires et journal inédit du marquis d'Argenson* (Paris 1857-1858), vi.118-19.
41. Voltaire, *Correspondence and related documents*, éd. Th. Besterman, dans *Complete works of Voltaire* 85-135 (Genève, Banbury, Oxford 1968-1977), D20803 (20 septembre 1772).

l'autre, le traitant se rend despotique sur le prince même; il n'est pas législateur mais il le force à donner des lois' (XIII, 19).

Il est intéressant de remarquer que notre auteur oppose immédiatement les traitants à la noblesse. Pour lui, les traitants ne peuvent aspirer qu'aux richesses, tandis que la noblesse ne poursuit que la gloire: 'Le lot de ceux qui lèvent les tributs est les richesses, et les récompenses de ces richesses sont les richesses mêmes. La gloire et l'honneur sont pour cette noblesse qui ne connaît, qui ne voit, qui ne sent de vrai bien que l'honneur et la gloire' (XIII, 20). Cela est confirmé par un auteur qui contredit Montesquieu. Il lui attribue cette phrase, qui n'est pas tout à fait de lui: 'Tout est perdu surtout lorsque la profession des traitants devient honorable; et elle le devient dès que le luxe est en vigueur.'[42] Remarquons que cet auteur, C. F. J. d'Auxiron (selon A. A. Barbier, *Dictionnaire des ouvrages anonymes*, Paris 1882, iii.1034), lie les traitants au luxe et les oppose à la noblesse. Il répond ainsi à Montesquieu: 'Je ne vois pas pourquoi. Faut-il, pour empêcher qu'elle soit honorable, abaisser les traitants ou enorgueillir la Noblesse? Mais quel bien peut retirer l'Etat de l'humiliation des gens riches, ou du mépris des Grands pour le reste des hommes, dont la nature les distingue si peu?' (ii.206).

Montesquieu insiste sur la corruption, conséquence du luxe, et oppose celui-ci à la vertu: 'Sitôt que les Romains furent corrompus, leurs désirs devinrent immenses [...] Quand, par une impétuosité générale, tout le monde se portait à la volupté, que devenait la vertu?' (VII, 2). Il faut croire que Montesquieu se rallie ici aux thèses des adversaires du luxe, lesquels, en évoquant l'antiquité, condamnaient le luxe de leur époque comme un facteur de corruption morale et politique.

Montesquieu ne pouvait pas ignorer qu'on finirait par appliquer au dix-huitième siècle ce qu'il disait dans le contexte de l'antiquité. Même si notre auteur affecte de séparer les républiques et les monarchies, l'antiquité et la situation politique actuelle, il n'en reste pas moins que le lecteur du siècle des Lumières pouvait se croire autorisé à faire le rapprochement. Montesquieu a beau dire: 'Je me hâte, et je marche à grands pas, afin qu'on ne croie pas que je fasse une satyre du gouvernement monarchique' (III, 6). Le fait de se hâter ne change pas la signification de son propos.

Il faut cependant nuancer ce que nous venons de dire et tenir compte de ce que Montesquieu avance en faveur des arts et du luxe dans la lettre CVI des *Lettres persanes* et les passages mentionnés de l'*Esprit des lois*. Il ne repousse pas le luxe quand celui-ci correspond au progrès des arts et à tous les agréments de la civilisation. Il ne conteste pas non plus, à la différence de certains ennemis

---

42. C. F. J. d'Auxiron, *Principes de tout gouvernement, ou examen des causes de la splendeur ou de la faiblesse de tout Etat considéré en lui-même et indépendamment des mœurs* (Paris 1766), ii.206.

du luxe, le rôle utile que la bourgeoisie joue dans ce progrès. L'on sait que Montesquieu est politiquement en faveur d'un compromis qui ferait de la bourgeoisie un membre à part entière de la nation, dont l'idée se précise à cette époque. Mais il se rallie à la position nobiliaire quand le luxe désigne le pouvoir excessif de la richesse, nuisible à l'ancien système de valeurs.

La notion d'égalité politique qu'il a illustrée dans l'*Esprit des lois*, par l'idéalisation de la cité antique, est très liée au principe de l'égalité des fortunes et à une méfiance très nette envers la richesse. Pour lui, l'égalité politique et la frugalité sont à peu près la même chose (v, 3). La noblesse devrait garder, pour Montesquieu, une certaine prééminence dans la monarchie, et le rôle qu'il offre à la bourgeoisie est encore modeste. J. Ehrard s'exprime ainsi au sujet du compromis envisagé par Montesquieu: 'Certes, l'*Esprit des lois* ne concède encore à la classe des négociants qu'un rang modeste dans la hiérarchie traditionnelle'.[43] Cependant, si l'on peut faire un rapprochement entre ce que Montesquieu affirme au sujet des démocraties et la politique de son époque, on peut imaginer que la nation souhaitée par notre auteur serait fondée sur l'égalité. Remarquons encore que l'égalité signifie pour lui surtout égalité économique. Voici comment il s'exprime dans le chapitre intitulé 'Comment les lois établissent l'égalité dans la démocratie' (*Esprit des lois*, v, 5):

Quoique dans la démocratie l'égalité réelle soit l'âme de l'Etat, cependant elle est si difficile à établir, qu'une exactitude extrême à cet égard ne conviendrait pas toujours. Il suffit que l'on établisse un cens qui réduise ou fixe les différences à un certain point; après quoi c'est à des lois particulières à égaliser, pour ainsi dire, les inégalités, par les charges qu'elles imposent aux riches, et le soulagement qu'elles accordent aux pauvres.

Ce texte renvoie à l'idée chère à la noblesse selon laquelle le citoyen ne peut jouir de ses droits politiques s'il ne possède pas une propriété proportionnée à son rang. La noblesse pauvre insiste sur cette notion traditionnelle et l'utilise dans la situation actuelle. Dès le dix-septième siècle un *Traité de la politique de France* affirme, en insistant sur la différence entre le noble de race et l'anobli:

On fait consister le premier genre de noblesse en la possession de la vertu de nos Ancestres, et tout ensemble en la possession de leurs biens, de manière que ce n'est plus la noblesse, si l'un et l'autre ne sont possédés conjointement, et nous voyons tous les jours des preuves, qui prouvent sa justice et la vérité de ce ressentiment.[44]

En proposant l'exemple de la cité antique Montesquieu, comme tous ceux qui se réclamaient de l'antiquité, évoquait un problème social et politique actuel. Or, la noblesse du dix-huitième siècle croyait sa prééminence politique menacée par la richesse bourgeoise et réagissait en faisant de la cité antique un exemple

---

43. J. Ehrard, *Politique de Montesquieu* (Paris 1965), p.35.
44. *Traité de la politique de France*, par monsieur P. H., marquis de C. (Utrecht 1670), p.90.

et un symbole. Montesquieu en était conscient.

La notion d'égalité présentée dans ce contexte avait une double signification polémique. Elle relevait de l'idéologie nobiliaire. Sur le plan politique, elle représentait une contestation du pouvoir absolu de la monarchie; sur le plan social, c'était une critique de la richesse bourgeoise.

vii. D'Argenson

René Louis de Voyer de Paulmy, marquis d'Argenson (1694-1757), a témoigné d'un goût très marqué pour la politique, où il s'est plu à soutenir les points de vue les plus avancés. Il a participé de bonne heure aux conversations du Club de l'Entresol (jusqu'en 1731); il y rencontre probablement l'abbé de Saint-Pierre, Montesquieu, le marquis de Lassay. Il se tient au courant de l'actualité politique et fait état – la chose est visible dans son œuvre – de ses projets de réforme à ses amis et à ses connaissances. Son rôle de ministre des Affaires étrangères (1744) l'a mis en contact avec beaucoup de personnages influents. Il connaît personnellement des hommes de lettres tels que Voltaire, d'Alembert, Condillac, Mably. L'on sait qu'il a participé, en même temps que Rousseau, au concours de l'Académie de Dijon pour le prix de 1754.[45]

Dès 1735, il a élaboré un projet de réforme de l'Etat (*Pensées sur la réformation de l'Etat*). Il considère l'abbé de Saint-Pierre, qui était platonicien, comme son maître. Son projet concentre tous les efforts du gouvernement sur l'agriculture. Il préconise une nouvelle division du royaume en départements, comprenant 100 à 120 paroisses chacun, pour un total de 500 départements. Il abolit les corvées et les autres privilèges féodaux, et confie aux départements leur propre administration. Il veut créer des Etats-généraux comportant une participation active du peuple et propose un mélange de démocratie et de monarchie comme chez les Romains. Selon le projet de d'Argenson, la monarchie aurait comme fonction de tendre à l'égalité politique et sociale, en abolissant l'aristocratie héréditaire: 'L'aristocratie est à la démocratie ce que la pourriture est au fruit,' dit-il.[46] Il ajoute: 'Certes, le pire de tous les gouvernements est celui des nobles natifs' (v.305). Il condamne la féodalité tant louée par le comte de Boulainvilliers et soutient que le mérite personnel doit être la seule distinction entre les citoyens.

Pour d'Argenson, le fondement de l'égalité politique est l'égalité des fortunes. C'est pour cela qu'il préconise le partage égal des fortunes à l'instar de Lycurgue,

45. R. Tisserand, *Les Concurrents de J.-J. Rousseau à l'Académie de Dijon pour le prix de 1754* (Paris 1936).
46. D'Argenson, *Mémoires et journal inédit*, v.265.

réformateur de Sparte. Dans ses *Considérations sur le gouvernement ancien et présent de la France*, publié à Amsterdam en 1764 mais rédigé depuis 1737, il trace un 'Plan du gouvernement proposé pour la France'. Il y condamne encore la féodalité et illustre combien la participation du peuple est essentielle au bonheur public. Il crée des magistratures populaires chargées de la distribution et de la levée des impôts. Selon son plan, la France serait régie par une royauté, une noblesse et une démocratie, selon la constitution mixte de la Rome ancienne. Des magistrats élus administreraient le commerce et les manufactures, et la vénalité des charges serait abolie. L'économie serait fondée essentiellement sur l'agriculture. D'Argenson tient cependant à laisser l'autorité législative au roi. Quant à la noblesse, elle subsisterait, mais la politique de l'Etat serait de tendre à l'égalité: 'Par les efforts vers l'égalité, on multipliera moins le nombre des nobles, autant que l'on traversera l'excès des richesses. On abolira surtout l'indigne entrée dans le corps des nobles qui se donne par finance.'[47] D'Argenson insiste sur la notion du mérite personnel comme la seule marque distinctive des citoyens, et l'aristocratie qu'il admet est donc élective.

Il n'y a pas de doute que le projet du marquis d'Argenson était hardi pour l'époque et qu'il a contribué à propager dans la nation l'idée de mérite personnel. Il reste cependant chez lui des ambiguïtés. On dirait que la critique qu'il adresse à l'inégalité n'est pas tant dirigée contre l'inégalité du rang que contre celle des fortunes, si l'on tient compte de ce qu'il ajoute à cet égard. En effet, il rassure en quelque sorte la noblesse, en lui laissant entendre que la lutte contre l'inégalité sera engagée surtout contre la richesse bourgeoise: 'Que la noblesse française ne regrette point dans l'exécution de ce système une aristocratie, qu'elle croit favorable à notre Nation; il n'est question que d'extirper une satrapie roturière et odieuse qui augmente chaque jour les maux, en pervertissant les mœurs' (p.297). Dans ses *Pensées et maximes*, d'Argenson approuve fort l'*Esprit des lois* de Montesquieu, mais il remarque que le fait que cet auteur considère l'égalité et la frugalité comme les principes constitutifs des républiques invite à désespérer des monarchies. D'Argenson pense au contraire qu'une monarchie bien administrée peut appliquer ces principes politiques: 'Le législateur, semblable à un médecin, doit viser à bannir l'inégalité et le luxe, et approcher autant qu'il pourra de l'égalité et de la frugalité'.[48] En somme, tandis que Montesquieu s'est limité à une critique indirecte de la monarchie, sans proposer quoi que ce soit de constructif, d'Argenson pense qu'une réforme du gouvernement français est une possibilité réelle. A cette époque (1750-1755),

---

47. D'Argenson, *Considérations sur le gouvernement ancien et présent de la France* (Amsterdam 1765), p.296.
48. D'Argenson, *Pensées et maximes* dans *Mémoires et journal inédit*, v.118-19.

il a pris connaissance du premier *Discours* de Rousseau, qu'il approuve: 'Cet auteur est un bon politique. J'aime ses sentiments sur l'égalité, contre la richesse et le luxe' (p.123). Quant au second *Discours* de Rousseau, le marquis ajoute: 'Ce qu'il dit contre le luxe est admirable; il est seulement trop chagrin' (p.124).

D'Argenson prend position dans les diverses tendances idéologiques qui divisent la noblesse. C'est ainsi qu'il condamne l'ouvrage du chevalier d'Arcq, *La Noblesse militaire*: 'Misérable brochure. Un noble infatué de son ordre en veut à quiconque en paraît diminuer la prérogative' (p.135). Il suit l'actualité littéraire et apprécie tout particulièrement le *Code de la nature* de Morelly, où est tracé un plan de gouvernement égalitaire assez ressemblant à celui du marquis. D'Argenson qualifie cet ouvrage de Morelly d'"excellent livre, le livre des livres', au-dessus de l'*Esprit des lois* (p.137).

D'Argenson proclame qu'en morale et en politique les Français devraient tenir compte de l'exemple de Rome. Il leur montre que les Romains ont perdu leur vertu et leur valeur à mesure qu'ils ont connu les arts et le luxe. Il repousse les arguments de ceux qui vantent le siècle d'Auguste et celui de Louis XIV, où les arts ont été à l'honneur. La poésie, la peinture, l'architecture, la musique ne sont que des bagatelles 'qui ont fait fuir la nature aussi bien que la vertu' (p.179). D'Argenson sait que Voltaire n'est pas avec lui: 'Dites ceci à mon ami Voltaire, il vous arrachera les yeux, disant que tout est bagatelle, hormis les beaux arts' (p.180). Le marquis rejette la politique mercantiliste: 'nous sommes originairement un Etat agricole et militaire, vrais successeurs des Romains' (p.180). Il accepte le luxe modéré, à condition qu'il soit proportionné aux moyens de chaque ordre de l'Etat. Mais 'quand on veut paraître avant que d'être, comme dit Faeneste', c'est-à-dire, quand le luxe d'émulation devient excessif et ruineux, le gouvernement devrait intervenir. D'Argenson voudrait régler les ordres de l'Etat de telle sorte qu'on ne puisse en sortir et 'changer sa condition' (p.372-73).

Notons que d'Argenson n'a pas renoncé ici à maintenir la distinction des rangs, contrairement à ce qu'il propose dans son projet de gouvernement. Mais il ne s'agit pas tout à fait d'une contradiction, dans la mesure où il parle ici des conditions nécessaires à enrayer le luxe dans la monarchie de son époque; il ne fait donc pas référence à son projet d'un Etat sans luxe. Remarquons en tout cas que les idées du marquis doivent forcément se modifier selon les circonstances et que ce qu'il propose dans un discours théorique n'est plus tout à fait valable dans un autre contexte.

Toujours est-il que certaines positions de d'Argenson se concilient mal avec la hardiesse de son plan de gouvernement. Un critique moderne, N. Johnson, trouve des contradictions importantes chez notre auteur, particulièrement dans quelques pages encore inédites. Il pense que le projet prévu par d'Argenson pour bannir la mendicité et faire travailler les pauvres peut à la rigueur passer pour socialiste, tout en laissant des doutes: 'Comme sa démocratie, ce qu'il préconisait était plutôt l'apparence de l'égalité.'[49] Ce critique insiste sur quelques contradictions du marquis, qui veut détruire l'aristocratie et qui dit cependant, en parlant de la noblesse: 'ce joli ordre dont je voudrais tant qu'on se servît pour tout [...] à condition qu'elle soit dépouillée de ses privilèges féodaux, ouverte à tous les mérites' (p.26). N. Johnson note encore que le marquis désire la démocratie sans affaiblissement du pouvoir monarchique, qu'il préconise une économie du 'laissez-faire' tout en étant interventionniste.

N. Johnson a raison sans doute de relever quelques incohérences chez d'Argenson mais il se trompe tout à fait en attribuant les idées politiques du marquis à une influence livresque, à sa culture classique. Ce même critique pense que le recours de la part de d'Argenson à l'antiquité est un trait individuel, alors que nous avons bien montré qu'il s'inscrit dans une démarche collective. Encore une fois, l'erreur provient du fait qu'on a jugé un auteur isolément et non dans le contexte collectif approprié. Pour nous, les contradictions de d'Argenson s'expliquent par une situation sociale en constante évolution et surtout parce qu'il y a nécessairement un décalage entre la théorie et la pratique dans la démarche des individus engagés dans des mouvements idéologiques.

Remarquons ici des faits essentiels en ce qui concerne le marquis d'Argenson. Il participe à l'activité politique de son temps et l'inégalité dont il parle, si l'on tient compte des passages cités où il mentionne Montesquieu et Rousseau, est la même que celle de ces auteurs. Remarquons encore que cette inégalité signifie surtout l'inégalité économique et que la lutte contre l'inégalité suppose le contrôle de la richesse et du luxe. Il s'est exprimé ainsi au concours de l'Académie de Dijon, en 1755: 'Que les législateurs adoptent donc le principe de l'égalité [...] Lycurgue parvint en peu d'années à diviser également les biens (dans un petit état à la vérité [...])'.[50] Dans la mesure où d'Argenson applique ce qu'il dit de l'antiquité à la société française, on peut conclure qu'il participe, encore plus directement que Montesquieu, à la lutte idéologique qui a lieu autour du gouvernement, dans la France du dix-huitième siècle.

viii. Mirabeau

Victor de Riqueti, marquis de Mirabeau (1715-1789), entreprend de réfuter, dans *L'Ami des hommes* (1755), ceux qui font consister la force de l'Etat dans

49. N. Johnson, 'L'idéologie politique du marquis d'Argenson, d'après ses œuvres inédites', dans *Etudes sur le XVIIIe siècle* 11: *Idéologies de la noblesse* (Bruxelles 1984), p.21-28 (p.25).
50. Tisserand, *Les Concurrents de J.-J. Rousseau*, p.133-34.

le commerce et l'argent qu'il procure. Il soutient au contraire que l'agriculture est la véritable richesse, le seul bien qui permette de nourrir le maximum de population, celle-ci étant la mesure de la prospérité de l'Etat. Pour Mirabeau, l'Etat doit consacrer l'essentiel de ses efforts à l'agriculture. Il s'émeut quand il évoque le sort des agriculteurs:

> Les larmes me viennent aux yeux, quand je songe à cette intéressante portion de l'humanité, ou, quand de ma fenêtre, comme d'un thrône, je considère toutes les obligations que nous leur avons, quand je les vois suer sous le faix, et que, me tâtant ensuite, je me souviens que je suis de la même pâte qu'eux.[51]

Mirabeau déplore que le gentilhomme de la campagne, celui qui fait valoir ses terres et qui est par conséquent aussi utile que l'agriculteur lui-même, soit ridiculisé: 'Le nom de provincial est une injure, et les gens du bon air sont offensés, quand on demande de quelle province est leur famille, comme si être Dauphinois ou Poitevin n'étoit pas être Français' (p.79). Mirabeau soutient que dans le passé la noblesse était tout entière campagnarde et qu'elle valait mieux que l'actuelle. Certes, elle était ignorante, mais sincère. L'auteur ne cache pas sa préférence pour les ancêtres (p.85):

> Nous nous connaissons en voitures, en vernis, en tabatières, en porcelaine; nous n'ignorons ni le mensonge, ni l'intrigue, ni l'art de faire des affaires, ni celui de demander l'aumône en talons rouges, ni surtout ce que vaut le bien d'autrui, l'argent et les argentiers. Eux au contraire faisaient consister toute leur science en sept ou huit articles: respecter la Religion, ne point mentir, tenir sa parole, ne rien faire de bas.

Mirabeau désapprouve la pratique nobiliaire qui consiste à demander des pensions pour s'installer à la cour. Il recommande aux nobles de rester à la campagne et de se rendre ainsi utiles à l'Etat. Il définit la noblesse comme 'la partie de la Nation à laquelle le préjugé de la valeur et de la fidélité est le plus particulièrement confiée' (p.96). Mirabeau, ici, prend position sur un thème très débattu à son époque – à savoir, si la noblesse doit s'adonner au commerce – et il conclut par la négative. Pour lui, la noblesse doit se consacrer exclusivement au service militaire. Il déplore que la vénalité des charges ait ouvert l'armée aux roturiers. Il insiste également pour que les terres des nobles ne tombent pas entre les mains des roturiers. Il souhaite l'interdiction des anoblissements et des mésalliances et motive cette prise de position par la nécessité du maintien des rangs.

mélanger ainsi les états, c'est tout détruire, tout avilir et ne relever rien que l'or et l'argent. Or, un Etat où la cupidité et les richesses ont la prééminence non disputée, est une assemblée de voleurs publics, ou déguisés, de brigands civilisés dont les uns sont en pleine chasse, d'autres à l'affût, et qui dans le fait occupés à s'entre-détruire, feront

---

51. Mirabeau, *L'Ami des hommes ou traité de la population* (1755) (Paris 1883), p.76.

bientôt justice les uns des autres, sans que la foudre s'en mêle. [p.109]

De fait, le marquis de Mirabeau, si l'on en juge par ses reproches à la société de son temps, appartient à la tendance nobiliaire conservatrice. Pourtant, il s'exclame: 'Cette digression sur la noblesse paraîtra certainement longue, et peut-être partiale. J'ai assez témoigné ci-devant quel cas je faisais des petits et combien je les honorais, pour n'être pas à cet égard accusé de prédilection' (p.110).

Sur la question du luxe, Mirabeau explique que le luxe modéré est acceptable, à condition qu'il soit proportionné au rang social. Quand le luxe est en accord avec la condition sociale et qu'il la signale, il est tout à fait à sa place. Dans le cas contraire, il est condamnable. Dans une société bien ordonnée, le paysan n'est pas choqué par le luxe du seigneur, le campagnard n'envie pas l'élégance de la ville, et la ville admet la pompe de la cour. C'est que tout y est légitime, selon Mirabeau. Quand, par contre, le courtisan, qui n'a pas de quoi meubler convenablement son appartement de Versailles ou son palais, rend visite à un parvenu et remarque chez lui le luxe le plus insolent, il a alors le droit d'être scandalisé et de protester. Mirabeau nous donne d'autres exemples du luxe usurpé et conclut ainsi (p.277-78):

quand le seigneur campagnard voit dans sa terre un fripon de marchand de bœufs prodiguer à sa femme des bijoux qui éblouissent la Dame du château, etc., alors tous les différents ordres crient au luxe; chacun blessé de se voir surpassé par son inférieur naturel s'efforce de se remettre à sa place. De là les dépenses folles, c'est-à-dire, disproportionnées aux moyens, le dérangement, la ruine.

L'on voit par cette description que Mirabeau se rallie à la conception nobiliaire traditionnelle selon laquelle le luxe est légitime s'il signale le rang et il est usurpé s'il le confond. Il est resté à l'écart de la grande évolution dont nous avons parlé à propos de Montesquieu et de d'Argenson. Ces deux derniers auteurs, à partir du moment où ils suggéraient l'idée d'une nation française, devaient renoncer à la barrière la plus voyante qui divisait les ordres de l'Etat, c'est-à-dire, les rangs. Chez Mirabeau, le problème du luxe est évoqué dans les termes les plus sévères. L'auteur énumère les méfaits du luxe. Celui-ci endurcit le cœur, détruit les sentiments nobles, énerve la jeunesse, corrompt tout ce qui l'approche ... L'auteur conclut ainsi: 'Le luxe est, je le sais et je le prouve, le plus grand des maux de la société' (p.315). Le marquis condamne aussi, tout naturellement, l'inégalité des fortunes. Pour lui, elle est liée étroitement au luxe. En conclusion, les idées de Mirabeau s'intègrent tout à fait dans l'idéologie nobiliaire traditionnelle et dénotent de ce fait très peu d'originalité.

Il s'agit maintenant de rapporter le débat qui a eu lieu sur un point important:

la noblesse devait-elle s'adonner au commerce? Ce débat est essentiel pour situer l'intervention du chevalier d'Arcq, l'un des gentilshommes les plus conservateurs. Dans ce contexte, il convient de parler d'abord de l'abbé Coyer, qui, par la publication de son ouvrage intitulé *La Noblesse commerçante* (1756), a provoqué la réponse du chevalier d'Arcq, *La Noblesse militaire* (1756).

L'abbé Coyer (1707-1782) se réfère au marquis de Lassay, dont les *Réflexions* ont été publiées dans le *Mercure de France* en décembre 1754 et qui s'est prononcé contre la pratique du commerce par la noblesse. L'abbé Coyer estime au contraire que le commerce est le seul remède à la situation malheureuse où se trouve une grande partie du deuxième ordre de l'Etat. Il parle des nobles qui ne disposent pas des moyens économiques nécessaires à l'achat des charges de l'Etat et qui se trouvent ainsi condamnés à l'oisiveté et à la misère. L'abbé justifie son intervention par la gravité de cette situation, qui, d'après lui, préoccupe la France. Remarquons le ton quelque peu irrévérencieux de cet auteur quand il parle de la noblesse pauvre:

> Non pas cette noblesse brillante qui habite des palais, mais cette noblesse obscure qui voit chaque jour tomber en ruine le château de ses pères sans pouvoir l'étayer: non pas cette noblesse attachée à la cour, toujours occupée grandement du lever ou du coucher du Roi, et faite par là même pour toutes les grâces, exactement des grâces: mais cette noblesse enchaînée par l'indigence, sur qui le soleil ne se lève que pour éclairer sa misère, et qui n'a point d'ailes pour voler aux récompenses.[52]

L'abbé Coyer insiste sur le fait que la philosophie a fait de grands progrès et que le commerce n'est plus considéré comme honteux. Il constate que l'armée ne peut suffire à employer tous les gentilshommes et qu'il faut recourir à une autre activité. Il reproche à la noblesse ses préjugés et aussi ses violences, et, ironiquement, il imagine des gentilshommes qui parlent ainsi à leur père (ii.9):

> 'Vous nous avez prêché dès le berceau que nous ne devions espérer ni bien ni considération que par la guerre et les périls: nous avons appris de bonne heure à jurer, à quereller, à insulter tout ce qui n'est pas noble, à manier les armes, à tirer sur les gardes de la chasse voisine, à dévaster des bleds, à estropier des paysans, à confondre le droit avec la force; nous nous sommes faits des âmes de tigres; nous voilà tout formés pour la guerre; mais nous nous apercevons que depuis que vous y avez envoyé notre aîné, nous n'avons plus d'habit.'

L'abbé Coyer affirme que la France a besoin en temps de guerre de 30,000 officiers. Comme la noblesse comprend 360,000 gentilshommes, selon le calcul de Vauban (*Traité de dixme royale*), il reste 330,000 individus qui doivent trouver ailleurs un emploi. L'abbé Coyer leur fait remarquer que, s'ils n'acceptent pas le commerce, leurs terres passeront bientôt entre les mains de riches parvenus.

---

52. G. B. Coyer, *La Noblesse commerçante*, dans *Œuvres* (Paris 1782), ii.3-4.

Il note également que la mentalité nobiliaire a bien changé, que bien des gentilshommes ont abandonné nombre de préjugés: 'Ils ne se piquent plus d'ignorance, ils ont abandonné le champ clos, et nos chevaliers de toutes couleurs ne courent plus le monde en se battant pour leur dame' (ii.66-67). L'abbé réfute Montesquieu et son propos hostile au commerce (*Esprit des lois*, II, 20):

Le préjugé va fouiller dans les ruines de l'Antiquité, et il en secoue la poudre sur le commerce, pour le ternir. *Les Egyptiens*, dit-il, *les Juifs, plusieurs républiques grecques, et les Romains méprisaient le commerce*. Ciel, si nous voulions copier les anciens en tout, nous ferions de belles choses. Nous épouserions nos sœurs comme en Egypte; nous répudierions, nous lapiderions nos femmes, comme en Judée, nous les rendrions communes comme à Sparte. [ii.68-69]

Cette phrase de Coyer nous confirme que Montesquieu, en parlant de l'antiquité, visait la société de son époque. L'abbé trouve contradictoire de la part des gentilshommes qu'ils méprisent le commerce, tout en vendant eux-mêmes les produits de leurs terres. Il se demande quelle peut être l'origine du mépris dont souffre le commerce et croit trouver la réponse dans l'*Esprit des lois*. L'explication se trouve dans les mœurs des Francs conquérants, qui n'honoraient que la guerre. L'abbé Coyer exhorte les gentilshommes français à suivre l'exemple de l'Angleterre, où le commerce est estimé. Il conclut ainsi (ii.124):

N'est-il pas temps de vous ennuyer de votre inutilité et de votre misère? Faut-il qu'une opinion gothique vous y tienne cloués à jamais? Vous craignez le mépris et vous restez dans l'indigence! Vous aimez la considération et vous êtes nuls! Victimes éternelles du préjugé qui vous tue. Le règne de Louis le Grand fut le siècle du génie et des conquêtes: que le règne de Louis le Bien-aimé soit celui de la philosophie, du commerce et du bonheur.

ix. Le chevalier d'Arcq

Philippe Auguste de Sainte-Foy (1721-1779), fils naturel du comte de Toulouse, chevalier d'Arcq, se charge de répondre à l'abbé Coyer. Il publie en 1756 *La Noblesse militaire*. L'auteur y déplore la corruption du siècle. Il se plaint qu'on ait besoin de qualifier la noblesse de 'militaire'. Pour lui, elle est guerrière par définition. Il se dit outragé par le fait qu'on parle d'une noblesse commerçante. Il fait allusion au titre de l'ouvrage de l'abbé Coyer:

Manes illustres, dont le sang a cimenté la gloire du nom français, vous que nous respectons encore dans les héritiers de votre nom, vous que nous admirons sans cesse, et dont nous tâchons d'imiter les vertus, que direz-vous en voyant seulement le titre de cet ouvrage? Quoi! dans un Etat belliqueux, une *Noblesse commerçante*?[53]

53. (s.l. 1756), p.7.

Le chevalier repousse la suggestion de l'abbé Coyer. La France, nation conqué-rante, ne peut s'accommoder de l'esprit de commerce. Celui-ci est le soutien du luxe: 'N'est-ce pas le commerce qui fait naître cet ennemi le plus redoutable de tous pour un Etat? N'est-ce pas le commerce qui le nourrit, lui et cette foule de vices qu'il traîne à sa suite?' (p.27). Le chevalier n'accepte pas l'exemple de l'Angleterre, car il pense que le gouvernement de ce pays est différent de celui de la France. Il n'accepte pas les arguments de l'abbé Coyer en faveur du commerce, et parmi ceux-ci l'idée que le commerce augmente la population. Il s'exprime ainsi à ce sujet: 'Il nous donnerait des hommes, dit-on, mais quels sont les hommes que donne le commerce? Des calculateurs, dont l'unique but est de s'enrichir en procurant à leurs concitoyens tout ce qui peut amollir le courage' (p.53). Le chevalier insiste sur le fait que le militaire se sacrifie pour la gloire et le commerçant pour l'intérêt. Pour lui, si la noblesse s'adonnait au commerce, il n'y aurait plus de courage et seul le luxe serait apprécié. Il s'adresse ainsi au roi: 'Vous acquerrez plus de gloire, si vous faites dire à la postérité: tel Roi rendit à la France toutes les forces dont elle est susceptible, en réformant le luxe' (p.91). Selon le chevalier, le luxe peut être nécessaire dans certaines classes de la société, parce qu'il fait circuler les richesses, mais il faut l'interdire dans la classe militaire (p.94-95):

Il importe peu à l'Etat qu'un roturier dissipe les biens acquis par son père: dans l'ordre naturel ses enfants n'étaient pas faits pour les posséder, et sa prodigalité les rend à leur véritable condition. Mais il est important pour l'Etat qu'une famille noble ne soit pas entièrement dépourvue de biens. Il est important qu'elle ait une subsistance assurée, pour multiplier les défenseurs de la Patrie en se multipliant.

D'autre part, l'auteur fait remarquer que les nobles ne disposent ni des fonds ni de l'expertise nécessaires au commerce. S'ils voulaient entreprendre cette carrière, ils devraient se mettre aux ordres des roturiers. C'est inconcevable pour les gentilshommes (p.102):

Un gentilhomme ne connaît d'autres maîtres que Dieu, l'Honneur, sa Patrie et son Roi. Est-ce donc au service d'un roturier qu'on veut l'assujettir, sous le titre d'apprentissage? Est-ce en déposant le harnais de la gloire pour endosser celui de la servitude qu'on prétend le conduire à la fortune? Quelles ressources! Quelle honte! L'indigence ne lui est-elle pas mille fois préférable?'

Le chevalier soutient que le commerce est déjà florissant et qu'il ne faut pas l'accroître. C'est l'agriculture qui, pour lui, doit être développée. Il voudrait qu'on accorde des subventions aux laboureurs et des distinctions aux cultivateurs les plus habiles. Si les campagnes étaient prospères, les ouvriers des villes pourraient, selon l'auteur, revenir à la profession agricole. Tout rentrerait dans l'ordre. Il ne pense pas que la noblesse soit condamnée à périr si elle n'accepte pas de s'adonner au commerce, comme le soutient l'abbé Coyer. Le chevalier propose le remède qui consisterait à réserver à la noblesse toutes les charges militaires. Il précise que, si les charges de l'armée n'étaient pas suffisantes à occuper les gentilshommes, des compagnies composées uniquement de nobles pourraient être formées. De cette façon, non seulement les officiers, mais tous les soldats de ces compagnies seraient nobles, et le problème du nombre serait résolu. Le chevalier affirme que Rome, nation belliqueuse, a toujours eu l'avantage sur Carthage, ville commerçante. Le commerce est, pour lui, à rejeter à cause du rôle subversif qu'il joue dans la constitution de l'Etat – il confond les rangs (p.209-10):

> Après ces considérations, songerons-nous encore à augmenter parmi nous la confusion des rangs, lorsqu'il nous est si essentiel de les rendre et de les conserver distincts? Songerons-nous encore à perdre notre sûreté et le titre de nation belliqueuse auquel elle est indissolublement attachée, sans autre objet que celui d'enrichir quelques particuliers, chez qui l'augmentation du bien, en augmentant un luxe qui n'est déjà que trop excessif, augmente en même temps l'indolence et tous les vices qui en résultent?

Le chevalier évoque la guerre qui se prépare contre l'Angleterre et exhorte ses compatriotes à courir au secours de la France. Il conclut ainsi son ouvrage, en s'adressant à la France: 'Tous tes enfants sont des Bayard, des Turenne. Ils ne veulent point de richesses, s'il leur en coûte l'honneur; ils ne veulent point de biens, s'ils ne sont attachés à la gloire' (p.213).

L'abbé Coyer répond aussitôt au chevalier d'Arcq en publiant le *Développement et défense du système de la noblesse commerçante* (1756). L'auteur y illustre les avantages du commerce et du luxe, et montre combien ils contribuent à la prospérité de la France. Il cite Montesquieu, parce qu'il a autorisé le luxe pour la monarchie (*Esprit des lois*, VII, 4), et Boulainvilliers, parce qu'il a accepté le commerce pour la noblesse. Il insiste sur le fait que l'esprit guerrier peut coexister avec l'esprit de commerce, dans le même pays. L'abbé Coyer semble indigné qu'on affecte de mépriser le commerce et les commerçants:

> Mais si l'on ajoute, en jetant un regard dédaigneux sur le commerce (*Nobl. Milit.*, p.98) *qu'un gentilhomme ne connaît d'autres maîtres que Dieu, l'honneur, sa patrie et son Roi*, je répondrai qu'il en connaît un cinquième, l'indigence, et qu'en restant sous ce joug de fer et d'abjection, s'il sert Dieu, il ne sert ni l'honneur, ni la patrie, ni son Roi.[54]

L'abbé Coyer affirme que le commerçant a aussi de l'honneur et qu'il peut être désintéressé. Quant à l'objection du chevalier selon laquelle la noblesse ne dispose pas des fonds nécessaires pour entrer dans le commerce, l'abbé suggère que les gentilshommes empruntent de l'argent, ou qu'ils économisent sur leurs gages une fois qu'ils seront engagés dans la marine marchande. Quant au projet du chevalier consistant à abolir le luxe, l'abbé est sceptique: 'On criera

---

54. *Œuvres* (Paris 1782-1783), ii.202-203.

éternellement contre le luxe, sans le réformer et votre noblesse restera dans son désœuvrement indigent' (p.337-38). L'abbé Coyer ne pense pas non plus que le projet du chevalier tendant à intégrer la noblesse pauvre dans l'armée soit réalisable et voit dans la vénalité des charges l'obstacle principal à ce projet. Il conclut à la supériorité de son projet sur celui du chevalier.

Le débat sur l'utilité du commerce comme remède à l'indigence de la noblesse a été très animé et il nous en reste plusieurs brochures.[55] Nous parlerons ici de quelques-unes des plus intéressantes.

Le Conciliateur entreprend de mettre d'accord l'abbé Coyer et le chevalier d'Arcq. L'auteur insiste sur le fait que le commerce et la guerre sont tous les deux nécessaires à la France et par conséquent il invite la noblesse au compromis, qui lui permettrait de survivre. Il est intéressant de remarquer que cet auteur considère le luxe comme responsable du déclin nobiliaire:

> Le luxe (c'est dans ce sens que je l'explique ici), le luxe vous a réduits à ce triste état. Mais aujourd'hui qu'y faire? Plus ce luxe augmente, plus votre situation devient malheureuse; en vain rappellerez-vous en votre faveur ces batailles fameuses où vous avez soutenu, au péril de votre vie, l'intérêt de la nation.[56]

L'auteur fait remarquer à la noblesse que le commerce agricole et colonial est la solution à son problème tant débattu et que le fait de réserver à la noblesse les charges de l'armée serait injuste envers les roturiers.

L'intérêt principal de cette brochure consiste à montrer que la naissance n'est plus un titre suffisant pour que le citoyen soit distingué et qu'il lui faut le mérite personnel: 'Je suis né de famille noble; si mon père eût été roturier, n'aurais-je pas les mêmes sentiments, et celui qui naît dans la plus basse roture, ne peut-il pas prétendre à penser et à agir aussi noblement que vous et moi?' (p.62). Pour cet auteur, le luxe sera l'ennemi de la noblesse tant qu'elle sera oisive. Il conclut ainsi: 'Il faudrait combattre le luxe, sans doute; mais est-ce aux nobles qu'il a ruinés à le faire? S'ils s'opposent au torrent, ils seront écrasés comme un insecte qui voudrait retenir un rocher qui se précipite avec rapidité du haut des montagnes' (p.101-102).

Un écrit intitulé *Le Commerce remis à sa place* déconseille à la France d'accroître le commerce, car celui-ci fait passer l'argent des propriétaires terriens entre les mains des marchands et contribue à la ruine de la noblesse. L'auteur voit dans la richesse du marchand l'une des raisons qui poussent la noblesse à la dépense ostentatoire. Il a recours à l'argument traditionnel selon lequel la richesse et le

---

55. Il y en a quatorze à la Bibliothèque nationale (cote Li³ 29).

56. *Le Conciliateur, ou la noblesse militaire et commerçante en réponse aux objections faites par l'auteur de la Noblesse militaire*, par l'abbé de *** (Amsterdam 1756), p.11.

luxe sont imputables à la vanité: 'Car le luxe augmentera chez le négociant à proportion de son commerce: le Gentilhomme qui craindra d'être effacé par un vilain, augmentera son train au-delà de ses forces.'[57] Pour cet auteur, ce sont les femmes qui imposent le luxe en exigeant de la part des hommes qui les courtisent qu'ils suivent la mode.

La Noblesse oisive se moque en quelque sorte de la noblesse en montrant qu'elle souffre du luxe parce qu'elle est oisive.[58] Une brochure intitulée *Nouvelles observations sur les deux systèmes: de la noblesse commerçante ou militaire*, dédiée au marquis de Mirabeau, se prononce contre le commerce et se réclame à cet égard de Montesquieu. L'auteur déplore que la vénalité des charges de l'armée ait donné l'avantage aux riches roturiers, alors que les emplois militaires devraient être réservés avant tout aux gentilshommes. Il exprime ainsi sa protestation: 'La noblesse confondue avec ceux qu'elle avait coutume de précéder, écrasée même par leur luxe, s'est vue dans l'impossibilité de suivre cette carrière; on n'a plus eu d'empressement pour elle, et elle n'en a plus en elle-même.'[59] *La Noblesse ramenée à ses vrais principes* se réclame aussi de Montesquieu pour rejeter la proposition de l'abbé Coyer. Pour l'auteur de cette brochure, la frugalité et la simplicité des ancêtres garantissaient le maintien des vertus: 'Amour des honneurs, des plaisirs, des richesses, quels ravages n'avez-vous pas faits dans un ordre de citoyens destiné à garder le dépôt des mœurs d'une nation guerrière et vertueuse?'[60]

Enfin, la polémique sur le commerce, si vive dans les années 1750, marque un tournant décisif dans les positions idéologiques de la noblesse. Malgré le conservatisme de quelques auteurs, le changement s'impose et la notion de mérite personnel, au lieu et place de la naissance, l'emporte dans l'esprit de plusieurs gentilshommes, en même temps que le commerce perd une partie de sa connotation péjorative. Le ton défiant de ceux qui s'érigent en conseillers de la noblesse, et, parmi ceux-ci, en particulier l'abbé Coyer, montre assez que le moment des concessions est venu pour le deuxième ordre de l'Etat. Or, la noblesse participe au débat sur les changements qui s'imposent et le dirige en quelque sorte. Il s'agira alors de montrer, dans les pages suivantes, en faisant le bilan des activités politiques nobiliaires, à quel point les gentilshommes ont été actifs dans la définition des nouvelles valeurs et dans l'avènement de l'idée de 'nation'. Nous verrons comment les auteurs qui se sont chargés d'exposer les conceptions nobiliaires

57. *Le Commerce remis à sa place: réponse d'un pédant de collège aux novateurs politiques* (s.l. 1756), p.74.
58. (s.l. 1756), attribuée à Rochon de Chabannes.
59. (Amsterdam 1758), attribuée à Alès de Corbet, p.355.
60. (Amsterdam 1759), attribuée à Vento de Pennes, p.303.

finiront par influencer bien des Philosophes du dix-huitième siècle et, parmi ceux-ci, Jean-Jacques Rousseau.

7. Idéologie et littérature

i. L'inégalité des fortunes

LES idées des auteurs que nous avons présentés comme les porte-parole de l'idéologie nobiliaire s'accordent bien avec les positions traditionnelles de la noblesse aux Etats-généraux et en d'autres assemblées représentatives. L'idéologie nobiliaire manifeste cependant au dix-huitième siècle une évolution très nette et des tendances diverses.

Une position plus ancienne et plus conservatrice, celle de Fénelon, de Boulainvilliers, de Saint-Simon, consistait à soumettre totalement la société aux valeurs aristocratiques. La plus moderne et la plus avancée des prises de position s'exprime par l'entremise du marquis d'Argenson. Avec celui-ci, la noblesse accepte de se fondre dans la nation française et, renonçant au privilège de la naissance, se rallie au critère du mérite personnel. Avec Montesquieu, la noblesse accueille l'idée d'une nation à l'intérieur de laquelle elle aspire à jouer un rôle intermédiaire entre la monarchie et le peuple. En dépit de cette évolution, il reste un courant conservateur, représenté par le marquis de Mirabeau et par le chevalier d'Arcq.

D'Argenson est hostile au mercantilisme et la nation à laquelle il pense se fonde sur une économie essentiellement agricole. Montesquieu, en déclarant le luxe nécessaire à la monarchie, admet la bourgeoisie dans la constitution de l'Etat. Quel que soit le rôle qu'il envisage pour la bourgeoisie, il manifeste une défiance très nette à l'égard du pouvoir de l'argent. Remarquons qu'avec d'Argenson et Montesquieu, le luxe n'est plus lié à la confusion des rangs, mais à l'inégalité des fortunes, c'est-à-dire que la condamnation du luxe se dégage de son contexte étroitement nobiliaire pour s'adapter à un cadre social plus vaste.

Quand d'Argenson et Montesquieu suggèrent que la société française devrait se fonder sur l'égalité, ils entendent surtout l'égalité des fortunes. Non que l'égalité politique ne soit pas importante pour eux. C'est que, dans la situation précise où ils prennent la parole, c'est la richesse bourgeoisie qui représente pour eux le plus grave danger. Cette idée d'égalité est évoquée par référence à l'antiquité et elle assume dans ce contexte une signification toute spéciale. D'Argenson ne craint pas de dire que ses suggestions, émises en référence à la cité antique, sont valables pour la société française. Montesquieu, en publiant l'*Esprit des lois*, présente son propos dans le cadre de ses remarques sur l'antiquité, évitant d'en faire l'application directe à la société de son temps. On peut expliquer ainsi les positions de ces deux auteurs.

Au dix-huitième siècle, le souci le plus pressant de la noblesse, du moins de la très grande partie qui n'a pu s'intégrer dans le processus productif moderne, tient plus de l'économique que du politique. En effet, l'avènement de la monarchie absolue, tout en contribuant au déclin nobiliaire, ne menace pas l'existence de cet ordre autant que son appauvrissement. Un historien, H. Méthivier, s'exprime ainsi à cet égard: 'La noblesse du XVIIIe siècle est bien une refoulée politique depuis Louis XIV avant de l'être économiquement, car la montée bourgeoise reflète la victoire de la richesse mobilière sur la fortune foncière.'[1] La survie de la noblesse dépend de la résolution de ses problèmes économiques. D'où la grande protestation contre le luxe et l'inégalité des fortunes qui absorbe une grande partie des énergies nobiliaires. Il apparaît clairement que les écrivains qui condamnent l'inégalité, en faisant surtout allusion à la situation économique, se placent bien dans le contexte de l'idéologie nobiliaire.

Au contraire, pour la grande bourgeoisie, le problème est plus politique qu'économique. C'est grâce à ses richesses qu'elle diminue la distance qui la sépare de la noblesse et qu'elle aspire à jouer un rôle politique dans l'Etat. La noblesse se trouve donc opposée à la bourgeoisie riche et trouve, semble-t-il, un appui auprès de la bourgeoisie peu fortunée. C'est sur le plan économique et social que se produit le conflit le plus évident et que se situe la ligne de démarcation des groupes. Sur le plan politique, la distribution des forces est très différente.

ii. Les Lumières

On peut se demander ici si le mouvement des Lumières peut être défini en termes idéologiques. Quels sont les groupes sur lesquels il s'appuie le plus particulièrement? L'on sait qu'il existe, à ce sujet, une très grande polémique entre les critiques marxistes, qui voient dans le mouvement des Lumières la prépondérance bourgeoise, et leurs adversaires, qui contestent ce jugement. Ces derniers estiment qu'on ne peut attribuer à l'initiative d'un ordre ou d'un groupe particulier l'existence de ce mouvement.[2] A vrai dire, nous ne pouvons pas traiter cette question, qui déborde notre propos. Cependant, nous voudrions mettre en relief quelques faits pouvant être utiles au débat sur l'idéologie du mouvement des Lumières.

1. H. Méthivier, *L'Ancien régime en France* (Paris 1974), p.102.
2. Voir l'introduction de J. Craeybeckx, dans *Etudes sur le XVIIIe siècle* 11: *Idéologies de la noblesse* (Bruxelles 1984), p.7-10.

Observons tout d'abord que les écrivains les plus engagés sur le plan social, les plus 'égalitaires', Rousseau, Mably et Morelly, se placent nettement en dehors du mouvement des Lumières. Il est évident que le problème de l'inégalité sociale, telle qu'elle est dénoncée au dix-huitième siècle, ne se trouve pas parmi les préoccupations du mouvement des Lumières. Remarquons, par exemple, que l'un des ouvrages les plus célèbres s'inscrivant directement dans le courant des Lumières, les *Lettres philosophiques* (1734) de Voltaire, n'est pas préoccupé par la question de l'inégalité des fortunes. Les sept premières lettres de cet ouvrage soulèvent le problème de la liberté de conscience, la huitième et la neuvième peignent flatteusement le gouvernement démocratique de l'Angleterre, la dixième contient l'éloge du commerce et le reste du livre (lettres XI-XXIV) exalte les progrès des sciences et des arts. Cet ouvrage est décidément tourné vers l'avenir et hostile à la société d'ancien régime.

Par contre, l'*Esprit des lois* (1748) de Montesquieu se rattache aux valeurs anciennes. Cet auteur oppose la morale de la frugalité, qui est la base de la vertu antique, au luxe de la monarchie française du dix-huitième siècle. Il pose clairement, par l'éloge des institutions de l'antiquité, le problème de l'inégalité des fortunes, au nom d'une conception aristocratique de la société. En effet, il exalte l'esprit de communauté, idéal aristocratique, et l'oppose à l'intérêt personnel et à l'individualisme de la société bourgeoise. Il n'y a, chez Montesquieu, ni l'éloge des sciences et des arts, ni celui du commerce. Pour lui le commerce, comme le luxe, est contraire à l'esprit de communauté.[3] On peut dire que Montesquieu considère la cité antique comme un idéal et un exemple qu'il propose à ses contemporains: 'La plupart des peuples anciens vivaient dans des gouvernements, qui ont la vertu pour principe, et lorsqu'elle y était dans sa force, on y faisait des choses que nous ne voyons pas aujourd'hui et qui étonnent nos petites âmes' (IV, 4).

La noblesse, qui approuve l'*Esprit des lois*, n'adhère pas au mouvement des Lumières dans la même mesure où elle participe au débat sur le commerce, le luxe et l'inégalité des fortunes. Le mouvement des Lumières était-il bourgeois? On ne peut séparer ce mouvement au dix-huitième siècle du courant qui l'a précédé et qui s'est fondé, comme le mouvement des Lumières, sur l'appréciation toute positive des sciences et des arts. Nous parlons du courant qui s'est manifesté aux Etats-généraux, notamment en 1560, et qui faisait l'éloge des sciences et des arts en lui attribuant une valeur polémique à l'égard de la noblesse. Les notions de 'raison', de 'progrès', de 'Lumières', thèmes caractéristiques de ce mouvement, comportaient la valorisation des sciences et des arts, à laquelle la noblesse avait été longtemps étrangère. Nous pouvons conclure

3. Montesquieu, *Esprit des lois*, XX, 2, 3.

que le mouvement des Lumières, sans pouvoir être qualifié de bourgeois, était lié, dans sa genèse, aux positions traditionnelles du Tiers-état et que la bourgeoisie jouait un rôle préponderant à l'intérieur de cet ordre.

Nous pouvons ici tenir compte de la typologie de la morale de G. Gurvitch, dont nous avons déjà parlé dans notre introduction,[4] pour affirmer l'idée selon laquelle la bourgeoisie était particulièrement influente dans le mouvement des Lumières. La 'moralité des vertus', selon cet auteur, a inspiré les classes aristocratiques, tandis que la 'moralité finaliste' a caractérisé les courants bourgeois. Nous pouvons observer, en effet, que les notions de 'raison', de 'progrès', de 'bonheur', caractéristiques des Lumières, correspondaient à des objectifs plutôt qu'à des vertus et qu'elles s'intégraient à l'idéologie bourgeoise.

Quelle qu'ait été l'emprise de l'idéologie bourgeoise sur les Lumières, il est certain qu'un grand nombre de gentilshommes se sont ralliés à ce courant d'opinion. D'autre part, la bourgeoisie n'y adhérait pas totalement. Nous pouvons donc admettre que ce mouvement a été animé au dix-huitième siècle par des élites bourgeoises et nobiliaires, comme l'a soutenu récemment l'historien G. Chaussinand-Nogaret. Cet historien fait remarquer que la fortune et la culture divisent la société française du dix-huitième siècle et favorisent les alliances indépendamment des ordres traditionnels. Il note que plusieurs gentilshommes forment une 'élite de la culture', mais qu'au niveau de l'ordre seule une minorité y participe activement. Selon cet auteur, ce sont uniquement les plus riches qui achètent des livres. Les nobles en général lisent peu. Peut-être le 10 pour cent seulement des membres de la noblesse possèdent-ils une culture supérieure. G. Chaussinand-Nogaret s'exprime ainsi: 'La masse nobiliaire est étrangère à l'univers culturel, tandis que son élite constitue une fraction importante des créateurs et des consommateurs des Lumières.'[5] Pour cet historien, les élites de la noblesse et de la bourgeoisie se sont entendues dans le programme du mouvement des Lumières et ont élaboré une nouvelle conception du pouvoir. Il soutient qu'il n'y a pas eu opposition entre noblesse et bourgeoisie, mais plutôt entre 'noblesse et noblesse'. En effet, il accorde à la noblesse l'initiative dans la 'révolution des élites': 'C'est en effet au sein de la noblesse que le débat a pris corps, c'est là que s'est actualisé le pari des "Lumières". [...] C'est à l'intérieur du second ordre que le Tiers-Etat a joué ses cartes et gagné la partie' (p.228).

Il faut reconnaître que la noblesse a pris l'initiative aussi bien dans le débat opposant la 'naissance' au 'mérite' que dans la mise en cause du pouvoir absolu

4. G. Gurvitch, 'Problèmes de la sociologie de la vie morale', dans *Traité de sociologie* (Paris 1968), ii.137-72.

5. G. Chaussinand-Nogaret, *La Noblesse au XVIIIe siècle* (Paris 1976), p.109.

de la monarchie. La noblesse bénéficiait de l'autorité nécessaire à l'affirmation d'un programme réformiste et pouvait seule s'opposer au régime. Elle seule a été très longtemps politiquement agissante. On peut convenir que ce sont des penseurs nobles, parmi lesquels s'est distingué d'Argenson, qui ont contribué le plus à trancher le débat entre 'naissance' et 'mérite', et qu'ils ont, de ce fait, préparé l'avènement de la Nation.

iii. L'oppression nobiliaire

On peut se demander pourquoi le Tiers-état a laissé l'initiative à la noblesse et n'a pas mis en cause les privilèges de celle-ci avant 1787. Cela est bien étonnant, quand on pense à la façon dont la noblesse humiliait les bourgeois. Si nous nous penchons sur les textes de l'époque, nous remarquons que la mise en cause de la noblesse n'était pas concevable. Peut-être est-ce parce que le Tiers-état était divisé et qu'il subissait l'ascendant de la noblesse. D'autre part, comme cela est apparu aux Etats-généraux, le Tiers-état subissait une oppression de la part du second ordre de l'Etat. L'abbé Siéyès, dans son célèbre *Qu'est-ce que le tiers-état?* (1789), n'hésite pas à parler d'oppression en qualifiant les nobles de 'privilégiés':

Dans toutes les affaires qui surviennent entre un privilégié et un homme du peuple, celui-ci n'est-il pas assuré d'être impunément opprimé, précisément parce qu'il lui faut recourir, s'il ose demander justice, à des privilégiés? Eux seuls disposent de tous les pouvoirs et leur premier mouvement n'est-il pas de regarder la plainte du roturier comme un manque de subordination?[6]

L'oppression que la noblesse a exercée sur la société entière s'est manifestée traditionnellement par la violence avec laquelle elle a dénoncé le luxe bourgeois et par l'insistance avec laquelle elle a tenté de forcer le gouvernement à prendre des mesures favorables aux gentilshommes pauvres. Le même abbé Siéyès a évoqué la situation en ces termes dans son *Essai sur les privilèges* (1788): 'Dès qu'on entend le mot de *pauvre* uni à celui de *privilégié*, il s'élève une sorte de cri d'indignation. Un privilégié, hors d'état de soutenir son nom, sa dignité, est certes une honte pour la nation!'[7] L'abbé Siéyès parle des faveurs accordées aux nobles par le gouvernement. Des ordres militaires sont créés exprès pour eux, des prébendes, des emplois à l'armée, des pensions et des décorations leur sont accordés. La société entière se doit d'intervenir pour soulager la noblesse pauvre: 'enfin, [...] dans les chaires, dans les discours académiques, dans les conversations et partout, voulez-vous intéresser à l'instant tous vos auditeurs,

---

6. E. Siéyès, *Qu'est-ce que le tiers état?* (Paris 1789), p.2.
7. E. Siéyès, *Essai sur les privilèges* (Paris 1788), p.36.

il n'y a qu'à parler de *la pauvre classe privilégiée* (p.41).

La noblesse, forte de la suprématie dont elle jouissait dans la société, n'hésitait pas à lui imposer ses valeurs, mais elle ne refusait pas, en revanche, ses responsabilités et elle prenait l'initiative sur les problèmes sociaux et politiques de l'heure. Il semble que la noblesse ait contribué autant à la Révolution française qu'à la naissance de l'idée socialiste. La bourgeoisie française a manqué pendant très longtemps d'assurance, lors même que l'on pouvait parler, au dix-huitième siècle, d'une idéologie bourgeoise.

Comment concilier l'oppression nobiliaire dont nous avons parlé avec la sollicitude que cet ordre a témoignée traditionnellement pour le peuple? Nous avons déjà noté que cette sollicitude faisait partie de la stratégie nobiliaire. Cependant, ce jugement demande à être nuancé. Il n'est pas impossible que les mesures sociales recommandées par la noblesse en faveur du peuple aient été en partie inspirées par un idéal humanitaire. L'oppression politique n'exclut pas la solidarité humaine. A. de Tocqueville le fait remarquer ainsi:

Le noble n'ayant point la pensée qu'on voulût lui arracher des privilèges qu'il croyait légitimes, le serf regardant son infériorité comme un effet de l'ordre immuable de la nature, on conçoit qu'il pût s'établir une sorte de bienveillance réciproque entre ces deux classes si différemment partagées du sort.[8]

iv. L'esprit de solidarité

En fait, la conception aristocratique de la société demandait que les chefs se portent au secours de leurs inférieurs plus démunis. Un auteur, J. P. Labatut, ayant étudié les mentalités nobiliaires, remarque: 'Ceux qui détiennent l'autorité, rois ou seigneurs, doivent faire en sorte que les pauvres disposent au moins du nécessaire.'[9] Un autre auteur, Ch. Germain, résume ainsi l'idéal dont s'inspiraient les gentilshommes: 'La noblesse est l'élément des solidarités humaines.'[10] A. de Tocqueville ajoute: 'L'aristocratie territoriale des siècles passés était obligée par la loi, ou se croyait obligée par les mœurs, de venir au secours de ses serviteurs et de soulager leurs misères.'[11] La noblesse opposait l'esprit de communauté à l'individualisme bourgeois. L'on sait que la philosophie moderne illustrée par Mandeville et par Voltaire notamment, en légitimant les passions qui concourent à réaliser le bonheur individuel, libérait

8. A. de Tocqueville, *De la démocratie en Amérique* (Paris 1975), p.22.
9. J. P. Labatut, *Les Noblesses européennes de la fin du XVe siècle à la fin du XVIIIe siècle* (Paris 1978), p.173.
10. Ch. Germain, *Court traité de la noblesse* (Paris 1952), p.2.
11. Tocqueville, *De la démocratie en Amérique*, p.142.

l'homme des anciennes contraintes et le laissait tout à fait arbitre de son sort. Cette philosophie était tout à fait opposée à l'éthique aristocratique. Celle-ci condamnait l'intérêt personnel, si important dans la société bourgeoise, et lui opposait le dévouement à la collectivité. Or, c'est justement l'esprit de communauté qui est exalté par les auteurs aristocratiques depuis Fénelon jusqu'à Mirabeau. Cet esprit de communauté a animé la critique sociale nobiliaire à l'égard de la richesse, du luxe et de la propriété. Cette critique, dans la mesure où elle dépassait les intérêts nobiliaires, pour toucher la société entière, devait impressionner bien des auteurs d'origine sociale diverse.

Nous ne disons pas que les auteurs qui, aux dix-septième et dix-huitième siècles, adhéraient à cette critique étaient tous conscients qu'elle relevait de l'idéologie nobiliaire. Nous disons simplement qu'on ne peut séparer la critique sociale élaborée par les auteurs aristocratiques (Fénelon, Boulainvilliers, d'Argenson, Mirabeau) de celle d'auteurs d'origine sociale diverse, dans la mesure où elles s'exprimaient d'une semblable façon. Il nous semble que l'esprit de communauté dont nous avons parlé a inspiré les ouvrages qui critiquent implicitement la société bourgeoise, et parfois sa conception de la propriété, tels que l'*Histoire des Sévarambes* (1677) de Denis de Vairasse, *Les Avantures de Jacques Sadeur* (1692) de Gabriel de Foigny, l'*Histoire de Caléjava* (1700) de Gilbert, les *Dialogues de M. le baron de Lahontan et d'un sauvage dans l'Amérique* (1704) de Lahontan, la *Relation du voyage du prince de Montberaud dans l'île de Naudely* (1705) de Lesconvel, *Les Voyages de Cyrus* (1727) de Ramsay, le *Code de la nature* (1755) de Morelly, la *Théorie des lois civiles* (1767) de Linguet, le *Supplément au Voyage de Bougainville* (1772) de Diderot, plusieurs écrits de Mably, dont *De la législation ou principes des lois* (1776).[12] Remarquons qu'un critique moderne a discerné une similarité de pensée entre le marquis d'Argenson et Morelly, Meslier, dom Deschamps, Mably, Rousseau, Diderot.[13] D'autres critiques ont aussi relevé des ressemblances de doctrine entre Fénelon, Montesquieu, et plusieurs écrivains utopistes, ressemblances qu'ils ont expliquées par l'influence d'un individu sur d'autres individus, plutôt que par l'adhésion de tous aux mêmes valeurs sociales.[14] Citons quelques passages des auteurs dont nous parlons, en guise d'exemples.

Ramsay, dans *Les Voyages de Cyrus*, met en scène des personnages antiques,

---

12. Voir A. Soboul, *Utopies au siècle des Lumières*, Microéditions Hachette (Paris s.d.).

13. B. F. Porsnev, 'Meslier, Rousseau, Diderot', dans *Au siècle des Lumières* (Paris, Moscou 1970), p.233-48.

14. G. Chinard, *L'Amérique et le rêve exotique dans la littérature française au XVIIe et au XVIIIe siècles* (Paris 1913); Chérel, *Fénelon au XVIIIe siècle en France*; D. Leduc-Fayette, *J.-J. Rousseau et le mythe de l'antiquité* (Paris 1974); B. Tocanne, *L'Idée de nature en France dans la seconde moitié du XVIIe siècle* (Paris 1978).

tout en se référant à la société de son temps. Il rejette l'idée d'Anaximandre selon laquelle l'amour-propre est le ressort des actions humaines et attribue à Pythagore ce propos: 'Si l'on ne peut rien aimer que par rapport à soi, tous les citoyens se regarderont peu à peu comme des êtres indépendants faits pour eux-mêmes. On ne pourra plus sacrifier ses intérêts particuliers pour le bien général: on détruira les sentiments nobles et les vertus héroïques.'[15] Selon nous, on ne peut saisir la signification profonde de ce passage de Ramsay que par rapport à la polémique idéologique contemporaine dont nous avons parlé.

Des auteurs très remarqués à leur époque et dont on se souvient aujourd'hui en raison de leurs idées sociales avancées – Morelly, Mably et Linguet – se sont inspirés de l'esprit de communauté propre à la société aristocratique et l'ont opposé à l'intérêt particulier de la société bourgeoise qui se consolidait sous leurs yeux. Mably et Linguet sont intervenus dans la polémique qui est survenue au sujet des ouvriers, dont le sort paraissait pire que la servitude ou l'esclavage. Ils ont rappelé que, dans la société d'autrefois, le maître avait l'obligation de pourvoir à la subsistance de l'esclave, quel qu'ait été son rendement, tandis que, dans la société bourgeoise, l'ouvrier était abandonné à lui-même une fois que le maître n'avait plus besoin de lui. Mably et Linguet ont donc loué l'esclavage, polémiquement, dans le but de faire ressortir la misérable condition des chômeurs. Mably affirme:

Qu'on ne pense point aussi que ce soit dégrader l'humanité que d'avoir des esclaves; la liberté dont chaque Européen croit jouir n'est autre chose que le pouvoir de rompre sa chaîne pour se donner à un nouveau maître. Le besoin y fait des esclaves et ils sont d'autant plus malheureux qu'aucune loi ne pourvoit à leur subsistance.[16]

Linguet renchérit:

C'est de quiconque a de l'argent qu'ils deviennent les valets, ce qui donne à leur esclavage une étendue et une rigueur infinie [...] A quoi se réduit pour eux cette liberté apparente dont vous les avez investis? Ils ne subsistent que du loyer de leurs bras. Il faut donc trouver à qui les louer, ou mourir de faim. Est-ce là être libres?[17]

A. de Tocqueville participe plus tard à la même polémique quand il oppose l'aristocratie nobiliaire à l'aristocratie de l'argent: 'Mais l'aristocratie manufacturière de nos jours, après avoir appauvri et abruti les hommes dont elle se sert, les livre en temps de crise à la charité publique pour les nourrir.'[18]

Quant à Morelly, il condamne l''intérêt particulier', qui est, pour lui, lié à la vanité. C'est de celle-ci qu'il fait dériver l'avarice et la propriété, qu'il abolit

15. (Paris 1727), ii.25.
16. G. B. Mably, *Droit public de l'Europe* (Amsterdam 1748), p.157-58.
17. S. N. A. Linguet, *Théorie des lois civiles* (Londres 1767), ii.71-72.
18. Tocqueville, *De la démocratie en Amérique*, p.142.

dans son *Code de la nature*. Morelly a médité Montesquieu et, comme lui, il considère la société de son époque comme corrompue. Il dit s'inspirer des lois de la nature. Dans la société idéale qu'il esquisse dans le *Code de la nature*, il règle tous les aspects de la vie avec minutie, selon l'esprit de l'ancienne société. Il prévoit même des lois somptuaires qui déterminent la forme et la couleur des vêtements des citoyens. La forme du gouvernement est, chez Morelly, aristocratique, parce qu'il confie le pouvoir à un sénat composé, comme dans la Rome républicaine, de chefs de famille. L'on sait que la structure patriarcale de l'Etat était d'essence aristocratique. C'est ainsi que Morelly a pris position, d'une façon indirecte, en faveur de la société aristocratique contre la société bourgeoise de son temps, fait qui a échappé à la critique actuelle.

Quant à Mably, il est très proche des positions de d'Argenson, dans la mesure où il condamne le luxe et l'inégalité des fortunes, en évoquant l'exemple de l'antiquité. Pour Mably aussi, la propriété, cause de tous les malheurs sociaux, est la conséquence de la vanité et de l'avarice. Il préconise des lois somptuaires. Dans ses *Doutes proposés aux philosophes économistes sur l'ordre naturel et essentiel des sociétés politiques* (1768) et dans *De la législation ou principes des lois* (1776), il esquisse une théorie de la communauté des biens qu'il fonde sur l'histoire de Sparte et sur les lois de la nature.[19] Mably est proche aussi de Morelly. Notons que le curé Meslier se rattache en quelque sorte au courant d'idées dont nous parlons, selon A. Chérel.[20]

En somme, la critique adressée à la richesse et à la propriété par ces écrivains ressemble trop aux arguments des auteurs aristocratiques dont nous avons parlé pour ne pas conclure à leur origine commune. Le fait que cette critique soit sociale et jamais politique, c'est-à-dire qu'elle s'applique à discréditer les conceptions bourgeoises de l'intérêt personnel, du profit et de la propriété, sans jamais viser les valeurs nobiliaires, montre assez qu'elle avait une fonction polémique et qu'elle était proche de l'idéologie nobiliaire. Nous verrons dans les pages suivantes combien l'œuvre de Rousseau s'intègre dans ce courant de pensée, qui a fini par contribuer à la naissance du socialisme moderne. Le lien entre Rousseau, Mably, Morelly et le courant 'socialiste' de la Révolution française, où s'est distingué Babeuf, a été bien établi. On sait, d'autre part, que le mouvement des 'Egaux' conduit par Babeuf a inspiré le socialisme français du dix-neuvième siècle et qu'il a joué un rôle important dans les discussions des théories communistes jusqu'à l'époque moderne.[21] La critique actuelle a

19. R. Galliani, 'Mably et la communauté des biens', *Revue des sciences humaines* 163 (1976), p.437-561.
20. Chérel, *Fénelon au XVIIIe siècle en France*, p.309.
21. M. Leroy, *Histoire des idées sociales en France* (Paris 1946); M. Dommanget, *Sur Babeuf et la conjuration des Egaux* (Paris 1970).

pris acte de l'origine en quelque sorte 'archaïque' du socialisme, sans pouvoir cependant l'expliquer en termes idéologiques. Un sociologue, W. Stark, a qualifié la communauté imaginée par Rousseau et par Robespierre de 'médiévale'.[22] Les marxistes, quant à eux, ont été souvent désorientés par les traits 'réactionnaires' des penseurs utopistes, précurseurs du socialisme.[23]

v. La noblesse libérale

Si la noblesse a animé la discussion sur le problème de l'inégalité sociale jusqu'à influer sur la genèse de l'idée socialiste, on conçoit aisément qu'elle ait pu apparaître comme une force tout à fait libérale dans le contexte des mouvements idéologiques de l'époque, particulièrement après 1750. Elle paraît extrêmement innovatrice, et elle l'est en effet, quoiqu'elle tende à préserver certaines valeurs aristocratiques dans la nouvelle société qu'elle imagine. Sur le plan politique, elle préconisait une nation où tous les citoyens seraient égaux devant la loi, le privilège de la naissance cédant au critère du mérite personnel. Sur le plan social, elle affrontait le problème posé par l'inégalité des fortunes, c'est-à-dire, par le capitalisme naissant, et le résolvait par des mesures de contrôle et de répartition de la richesse. Elle prenait position contre les maux les plus apparents de la société bourgeoise, le dénuement des ouvriers ayant perdu leur travail, le spectacle du luxe insolent des riches faisant contraste avec la misère d'une grande partie de la société.

Les mesures sociales que la noblesse préconisait devaient avoir un énorme retentissement. L'*Esprit des lois* de Montesquieu prenait position sur la question en montrant que l'égalité politique reposait sur l'égalité des fortunes. Ce livre, défini de nos jours comme le 'monument de la pensée aristocratique',[24] parvenait à rallier la majorité des citoyens sensibles aux problèmes de l'heure. Le prestige de Montesquieu est tel qu'au moment où l'Académie de Dijon organise le concours pour le prix de morale de 1754, ayant comme thème l'inégalité, 'A peu près tous les concurrents utilisent l'ouvrage de Montesquieu'.[25] Rappelons que Rousseau et d'Argenson ont participé à ce concours.

Quant au mouvement des Lumières, s'il prenait position sur le plan politique

22. W. Stark, *The Social bond* (New York 1980), iii.83.
23. V. P. Volguine, introduction à Morelly, *Code de la nature* (Paris 1953), p.17-27; J. Fetcher, 'Rousseau auteur d'intention conservatrice et d'action révolutionnaire', dans *Rousseau et la philosophie politique*, Annales de philosophie politique (Paris 1965), v.51-75; G. Della Volpe, *Rousseau et Marx* (Paris 1974); G. Galice, 'La démocratie, Rousseau, Marx et nous', dans *J. J. Rousseau au présent* (Genève 1978), p.65-82; J. L. Lecercle, 'Rousseau et Marx', dans *Rousseau after two hundred years*, éd. R. A. Leigh (Cambridge 1982), p.67-79.
24. Méthivier, *L'Ancien régime*, p.104.
25. Tisserand, *Les Concurrents de J.-J. Rousseau*, p.43.

(liberté de conscience, d'expression, égalité politique des citoyens, réforme de la justice), il était étrangement muet sur le problème de l'inégalité des fortunes. Le mouvement des Lumières (en particulier les partisans de la philosophie voltairienne) se déclarait tout à fait favorable au luxe. Comme la thèse favorable au luxe correspondait largement à l'idéologie de la grande bourgeoisie financière et commerçante, il n'est pas étonnant que des penseurs d'origine petite-bourgeoise ou de petite noblesse désireux de contribuer au renouvellement de la société, tels que Rousseau, Diderot, d'Alembert, Saint-Lambert, Raynal, et d'autres, aient pu manifester des réserves à l'égard du mouvement des Lumières.

A. Adam a fait remarquer que la légitimation du plaisir, du bonheur et de l'intérêt individuels par ce mouvement aboutissait à une morale, à une philo-sophie et, finalement, à une politique contraires aux anciennes valeurs:

Il n'en est pas moins vrai que cette politique, liée à la philosophie des Lumières, à son optimisme, liée par conséquent à l'esprit bourgeois, contredisait cette doctrine de la cité antique, de la cité des laboureurs et des soldats, de la cité héroïque et pauvre, dont Montesquieu avait évoqué les grandeurs, dont Rousseau s'était réclamé dans le premier *Discours* et à laquelle Diderot et Grimm semblaient avoir donné leur adhésion.[26]

vi. Les Philosophes

En effet, il faut admettre que Rousseau n'a pas été le seul parmi les Philosophes à prendre ses distances envers le mouvement des Lumières. En dépit du fait que ses prises de position étaient sans doute les plus nettes, il a été approuvé par un certain nombre de ses collègues. Cela n'a pas manqué d'intriguer la postérité. Comment les Philosophes, c'est-à-dire, les intellectuels de l'époque, des hommes de lettres et de sciences, ont-ils pu émettre des réserves à l'égard du mouvement des Lumières, qui faisait l'éloge des sciences et des arts? La critique rousseauiste actuelle n'a pas trouvé de réponse satisfaisante à cette question. A. Adam est le seul qui ait pressenti que la question pouvait se poser en termes idéologiques. Remarquons qu'une lettre de Grimm à Gottsched, en 1752, confirme que plusieurs Philosophes se rangeaient du côté de Rousseau: 'Il est fort singulier que M. Rousseau ait converti ici presque tous les philo-sophes, qui, avec quelques limitations, conviennent qu'il a raison: je pourrais nommer entre autres M. d'Alembert et M. Diderot.'[27] V. Goldschmidt a montré que d'Alembert sympathise assez avec Rousseau et son *Discours sur les sciences et les arts*: 'Excepté l'agression contre Voltaire, qu'il repousse avec énergie,

26. A. Adam, 'Rousseau et Diderot', *Revue des sciences humaines* 53 (1949), p.21-34 (p.25).

27. R. Mortier, *Diderot en Allemagne* (Paris 1954), p.202; J. Voisine (éd.), dans J.-J. Rousseau, *Confessions* (Paris 1964), p.415.

d'Alembert, sur tous les points signalés, défère aux observations de Rousseau, tout en les interprétant.'[28]

C'est ainsi que quelques Philosophes prenaient leurs distances envers le mouvement des Lumières au moment même où ils étaient engagés le plus dans la diffusion de la culture. Comme l'éloge inconditionnel des sciences et des arts comportait un sous-entendu idéologique, l'adhésion des hommes de lettres et de sciences n'était pas automatiquement acquise à cet éloge. Ces hommes pouvaient se désolidariser des Lumières sans trop se demander s'ils risquaient de se contredire. Il serait intéressant ici de se demander où ils se situaient idéologiquement, en examinant leurs positions sur le luxe.

Depuis que Montesquieu a pris position sur cette question, on admet que le luxe est utile à la société s'il n'est pas l'effet d'une trop grande inégalité des fortunes, c'est-à-dire, si le gouvernement veille à ce que la richesse soit assez équitablement distribuée entre tous les citoyens. Saint-Lambert, dans l'*Essai sur le luxe* (1764), reproduit en 1765 dans l'*Encyclopédie* et attribué souvent à Diderot, s'inspire probablement de Montesquieu. Il accepte le luxe, s'il est réparti équitablement dans la société, conformément à une bonne administration de l'Etat. Mais Saint-Lambert n'a pas renoncé à la distinction des rangs, c'est-à-dire que la conception traditionnelle et nobiliaire du luxe est encore présente chez lui. Selon cette conception, le luxe est dangereux dans la mesure où il efface la distinction des rangs. On peut en conclure que Saint-Lambert est plus proche des positions nobiliaires que de l'idéologie véhiculée par la grande bourgeoisie. On remarquera que sa prise de position sur la nécessité de préserver les rangs n'est pas parmi les plus avancées: 'quand on ne tient plus aux marques de son rang, on n'est plus attaché à l'ordre général; c'est quand on ne veut pas remplir les devoirs de son état, qu'on néglige un extérieur, un ton, des manières, qui rappelleraient l'idée de ces devoirs aux autres et à soi-même'.[29]

D'Alembert, quoiqu'il n'utilise pas les expressions typiques des adversaires du luxe, condamne néanmoins celui-ci dans ses *Mélanges de littérature, d'histoire et de philosophie*. Pour lui, 'le luxe est un crime contre l'humanité, toutes les fois qu'un seul membre de la société souffre et qu'on ne l'ignore pas'.[30] Quant à Diderot, il y a pour lui un bon luxe, qui résulte de l'aisance générale des citoyens, et un mauvais luxe, qui entraîne à la misère une grande partie de ceux-ci. On peut relever chez lui l'approche nobiliaire au problème du luxe dans la mesure où il déplore la confusion des rangs: 'Au moment où une

28. V. Goldschmidt, 'Le problème de la civilisation chez Rousseau', dans *J.-J. Rousseau et la crise contemporaine de la conscience*, Colloque international du deuxième centenaire de la mort de Rousseau (Paris 1980), p.279.

29. Saint-Lambert, art. 'Luxe', dans *Encyclopédie* (Neuchastel 1765), ix.41.

30. (Amsterdam 1767), iv.97.

poignée de concussionnaires publics regorgèrent de richesses, habitèrent des palais, firent parade de leur honteuse opulence, toutes les conditions furent confondues; il s'éleva une émulation funeste, une lutte insensée et cruelle entre tous les ordres de la société.'[31] Plus tard, Diderot dénonce le pouvoir de la richesse dans ses *Entretiens avec Catherine II* (1773). Il semble suivre Montesquieu, en soutenant que le luxe, bien que corrompant les mœurs des citoyens, est cependant utile parce qu'il fait vivre le pauvre de la dépense du riche. Notons qu'il fait encore allusion à la confusion des rangs:

C'est là qu'on voit la fille de boutique, qui gagne douze sols par jour, se promener aux Tuileries en robe de soie et la montre d'or à son côté. C'est là que tous les états ou se confondent ou se précipitent dans les plus effroyables et les plus extravagantes dépenses pour se distinguer.[32]

Un auteur moderne, Y. Benot, note que Diderot a approuvé 'implicitement' trois textes de Rousseau, les deux *Discours* et l'article 'Economie politique' de l'*Encyclopédie*. Il relève une ressemblance évidente entre Diderot et Rousseau en ce qui concerne leur critique du luxe, même la plus tardive: 'Même ceux qui ne partagent pas l'idéal relativement égalitaire de Rousseau – idéal qui ne cesse de tourmenter la pensée de Diderot jusqu'au bout [...] – ceux-là même partagent sa critique du luxe telle qu'elle s'affirme dans *La Nouvelle Héloïse* et l'*Emile*.'[33]

L'abbé Raynal, qui a contribué au succès du premier *Discours* de Rousseau encore plus que Diderot, ayant signalé le *Discours* dans les pages du *Mercure de France*, s'est prononcé contre le luxe dans l'*Histoire philosophique des deux Indes* (1772). Raynal, qui a rédigé son ouvrage avec la collaboration de Diderot, a donné à son propos sur le luxe la signification idéologique dont nous avons parlé, puisqu'il a mis en cause la distribution de la richesse dans la société:

Jette les yeux sur la capitale de ton empire et tu y trouveras deux classes de citoyens. Les uns regorgeant de richesses, étalent un luxe qui indigne ceux qu'il ne corrompt pas; les autres, plongés dans l'indigence, l'accroissent encore par le masque d'une aisance qui leur manque; car telle est la puissance de l'or, lorsqu'il est devenu le dieu d'une nation, qu'il supplée à tout talent, qu'il remplace toute vertu, qu'il faut avoir des richesses ou faire croire qu'on en a.[34]

Enfin, tous ces écrivains prenaient position sur les problèmes du moment et, s'inspirant dans une large mesure de la pensée de Montesquieu, elle-même

31. D. Diderot, 'Satire contre le luxe, à la manière de Perse', *Salon de 1767*, dans *Œuvres* (Paris 1821), ix.146.
32. D. Diderot, *Œuvres politiques* (Paris 1963), p.287.
33. Y. Benot, 'Diderot et le luxe: jouissances ou égalité?', *Europe* 661 (1984), p.58-72 (p.66).
34. G. Th. F. Raynal, *Histoire philosophique et politique du commerce et des établissements des Européens dans les deux Indes*, éd. Y. Benot (Paris 1981), p.73-74.

très engagée idéologiquement, se trouvaient solidaires du premier *Discours* de Rousseau. Or, celui-ci exerçait la critique la plus âpre à l'égard du luxe et du mouvement des Lumières. Tout cela montre que la pensée nobiliaire, telle que nous l'avons présentée dans ce chapitre, était en prise directe avec le monde de la culture de l'époque et qu'elle contribuait à le diriger. Maintenant que le caractère idéologique du débat sur le luxe, sur l'inégalité des fortunes, sur les sciences et les arts, est bien établi, il nous reste à définir le sens que la cité antique a pris dans ce débat, et les principales différences entre la société aristocratique et la société bourgeoise. C'est bien entre ces deux conceptions sociales que se situe le conflit.

Nous avons bien mis en évidence que les notions idéologiques relevées jusqu'à maintenant expriment la réaction de l'ancienne société au changement social. Elles ont une signification polémique dans la mesure où elles manifestent une opposition à la société bourgeoise qui est en train de se consolider. Ce sont le 'bien commun' opposé à l''intérêt particulier'; la défense du laboureur et de l'agriculture contre le développement du commerce et de la finance; la célébration de Rome et de Sparte; la critique des sciences et des arts; la valorisation de l'ignorance; la condamnation du luxe et de la richesse, opposés à la vertu; la critique de l'inégalité des fortunes et de la confusion des rangs.

8. La noblesse française et la cité antique

LES auteurs que nous avons présentés comme les porte-parole de l'idéologie nobiliaire ont proposé avec insistance l'exemple de Rome à la société de leur époque. Fénelon et Chevreuse ont prévu, dans les Tables de Chaulnes, des lois somptuaires, 'comme les Romains'. Beauvilliers, qui est très proche, idéologiquement, de Fénelon et de Chevreuse, partage probablement leur admiration pour la Rome républicaine. On peut le déduire du fait que dans le *Traité sur le luxe*, qui lui a été dédié, la référence à Rome occupe une place importante. Boulainvilliers condamne l''intérêt particulier' caractéristique de la société de son époque et souhaite que l'éducation en France inspire le dévouement à la patrie par l'étude de l'histoire romaine. Le duc de Bourgogne propose l'exemple du 'Romain laboureur'. Montesquieu est un grand admirateur de Rome. D'Argenson place une grande partie de ses idées politiques sous l'autorité des Romains. Mirabeau loue les mœurs romaines. Il en est de même du chevalier d'Arcq. Ajoutons à cette liste le nom du duc d'Estrée, connu à son époque pour son ardeur à faire approuver des lois somptuaires: 'Tant qu'il a été au monde, il n'a fait que prêcher qu'il fallait introduire ce bel ordre des Romains.'[1]

Dans la mesure où la cité antique est évoquée dans des textes essentiellement idéologiques, on peut dire qu'elle jouait un rôle important dans la stratégie nobiliaire. Au moment même où la noblesse française prenait conscience de son déclin et préconisait des remèdes aux maux dont elle souffrait, elle devait tout naturellement se réclamer du passé. La cité antique, invoquée fréquemment dans les écrits nobiliaires, semble y exercer une fonction symbolique. Selon les sociologues, les symboles du passé, en évoquant des souvenirs chargés de signification affective, des dates, des noms de grands personnages, des lieux, contribuent à la solidarité des membres des groupes sociaux et à l'orientation de l'action collective.[2] En ce qui concerne cette fonction symbolique, la noblesse française eut recours à la cité antique, probablement en raison du prestige dont jouissait l'antiquité dans la culture de la société française des dix-septième et dix-huitième siècles. Il semble d'ailleurs qu'il existe une affinité entre les valeurs chères à la noblesse française et celles de la cité antique.

Nous évoquerons ici quelques situations de l'histoire de Rome, de Sparte et d'Athènes qui ont retenu l'attention des théoriciens nobles, pour mieux

1. *Entretien de M. Colbert, ministre et secrétaire d'Etat, avec Bouin, fameux partisan* (Cologne 1701), p.30.
2. G. Rocher, *Introduction à la sociologie générale* (Paris 1968), i.99-100.

comprendre ce que le souvenir de l'antiquité signifiait dans la société française du dix-huitième siècle. Cela nous permettra de cerner quelques notions importantes, telle l'inégalité, présentes dans certains débats du dix-huitième siècle et visibles également dans l'œuvre de Rousseau.

Les théoriciens nobles ne se réfèrent pas tous à l'antiquité en général. Ils manifestent une préférence marquée pour la Rome républicaine et pour Sparte, au détriment d'Athènes. C'est la vertu militaire de Rome et de Sparte qu'ils admirent. Athènes jouit auprès d'eux de moins de prestige, probablement parce que cette ville, où l'aristocratie avait été écartée du pouvoir par le parti démocratique, était devenue une puissance commerçante.

i. La morale et la politique

Les écrivains de l'antiquité, et parmi eux Platon et Cicéron, ont établi un lien étroit entre la morale et la politique et ont fondé sur l'éducation des mœurs la sauvegarde de la cité. A leur tour, les théoriciens nobles dont nous avons parlé ont insisté, en regard de la société de leur époque, sur l'importance des mœurs pour le maintien de l'Etat. Qu'est-ce que tout cela signifie? Pourquoi la société antique attachait-elle tant d'importance à la morale, alors qu'il n'en est pas de même dans la société moderne?

La raison pour laquelle la morale était si importante dans la cité antique tient au fait que les liens de subordination et de dépendance y étaient personnels. Cela signifie que les individus s'y engageaient sur leur parole et que, par conséquent, leur franchise, leur fidélité, leur honnêteté, bref, leur moralité, étaient nécessaires au bon fonctionnement de la cité. Cela explique que la morale ait fini par devenir le fondement de la politique, ce qui a permis au gouvernement d'assurer l'ordre dans la cité sans besoin d'exercer une contrainte sur les citoyens. Du moins la contrainte n'y était-elle pas apparente. Cela mérite explication.

On conviendra que toute société a besoin d'un ordre, sans lequel elle ne saurait subsister, et que cet ordre sera d'autant plus efficace qu'il sera assuré, non par un appareil répressif, mais par l'adhésion des citoyens. La morale joue un rôle politique important dans la mesure où elle propose aux individus des valeurs dont la fin ultime est le renforcement de la collectivité. En fait, la morale tend à l'effacement des tendances les plus égoïstes de l'individu pour l'avantage du groupe. Or, la cité antique exigeait le sacrifice total de l'individu. Elle ne concevait pas la liberté individuelle de la même manière que la société moderne, ainsi que Fustel de Coulanges l'a fait remarquer dans son étude classique célèbre, *La Cité antique* (1864). Il semble que la vertu, dans le sens du dévouement à la communauté, ait été particulièrement nécessaire à la cité antique, pour que celle-ci puisse se garantir des attaques des ennemis de l'extérieur et de tous ceux qui, à l'intérieur, relevaient d'une condition inférieure. En fait, la cohésion nécessaire à la cité antique a été assurée essentiellement par la morale, les mesures répressives intervenant exceptionnellement. C'est la raison pour laquelle la morale et la politique ont paru à l'antiquité comme indissolublement liées.

La morale civique, tout en se proposant aux membres de la cité comme un choix tout à fait libre, n'en constituait pas moins une contrainte. En effet, c'est le regard de chacun dans la petite communauté agricole qui constituait cette contrainte. Comme tous les membres de la communauté se connaissaient, l'individu qui manquait visiblement à ses devoirs de citoyen était immédiatement repéré et sanctionné par la voix publique, et il en souffrait dans la mesure où on lui retirait l'estime indispensable au rôle qu'il devait jouer dans son groupe.

Il semble que cette morale ait perdu une grande partie de son efficacité à partir du moment où la communauté s'est agrandie. A ce stade, les citoyens ne peuvent plus se connaître et échappent ainsi au regard de chacun. Or, le passage de la petite à la grande société a été perçu souvent par les témoins du changement comme une corruption morale et condamné en conséquence.

La morale de la cité antique était donc peu favorable à l'épanouissement de l'individu mais elle comportait pour lui des compensations. Si l'individu se doit essentiellement à la communauté, au point de lui sacrifier son bien-être personnel, celle-ci doit lui garantir en revanche les moyens de subsistance, sans lesquels il ne pourrait pas accomplir ses devoirs civiques. Autrement dit, pour employer la terminologie moderne, la politique 'totalitaire' de la cité antique comportait une sorte de 'socialisme' d'Etat.

Dans une société essentiellement agricole, l'Etat se devait d'assurer au citoyen la jouissance d'une terre. Aussi la citoyenneté et la propriété étaient-elles inséparables dans la cité antique, ce qui explique que le problème de l'inégalité des fortunes ait été l'un des plus graves de l'histoire ancienne. En effet, à la suite de certaines transformations sociales et économiques, un certain nombre de citoyens se sont trouvés privés de moyens de subsistance et ont alors réclamé des mesures sociales pour rétablir dans la cité leur situation économique, comme préalable à l'exercice de leurs droits politiques. Ainsi, donc, les revendications des citoyens qui réclamaient l'égalité des fortunes avaient-elles souvent une portée conservatrice.

D'autre part, le moyen le plus efficace de préserver la constitution de l'Etat était, dans la cité antique, le maintien de la morale traditionnelle, dans la mesure où les valeurs morales, comme nous l'avons déjà mis en évidence, exerçaient une fonction de frein sur le changement social. C'est aussi parce qu'elle était l'expression de la suprématie d'une aristocratie terrienne que la morale était appelée à assumer une fonction conservatrice dans la cité antique.

Il s'agit maintenant de montrer, par le recours à l'histoire de Rome, de Sparte et d'Athènes, que la protestation contre le luxe et l'inégalité des fortunes, au nom de la morale traditionnelle, avait une portée conservatrice, au fur et à mesure que le développement du commerce et de l'industrie, dont bénéficiaient des groupes considérés comme inférieurs dans la cité, modifiait la distribution des propriétés. Le caractère conservateur de la protestation contre la richesse discernable dans les mouvements sociaux à Rome, à Sparte et à Athènes peut expliquer l'intérêt que les théoriciens de la noblesse française, pour la période qui nous intéresse de près, portaient à l'histoire antique.

ii. Rome et sa morale

Il importe ici de rappeler quelques données concernant la morale des Romains pour en saisir les affinités avec les croyances de la noblesse française.

La vertu romaine soumettait l'individu à la famille, au groupe et à l'Etat. La *virtus*, qui dérive du mot *vir*, 'homme', désignait la qualité virile en opposition avec la faiblesse féminine. Elle désignait d'abord le courage du soldat, que Rome proposait à l'admiration des citoyens. Tite-Live en rapporte de nombreux exemples. Tantôt c'est Horatius Coclès, qui soutient tout seul le choc des assaillants étrusques conduits par Porsenna, en barrant le pont qui mène à la ville;[3] tantôt c'est Mucius Scaevola, qui s'introduit dans le camp de Porsenna pour le tuer et qui est fait prisonnier. Devant l'ennemi qui le menace de torture, il pose la main droite sur un brasier allumé pour lui montrer qu'il ne craint pas la douleur: 'Voici, dit Mucius, qui t'apprendra le cas qu'on fait du corps quand on vise à la gloire' (II, 12). Le sacrifice de soi trouve son expression la plus haute dans la *devotio*. Curtius se jette avec son cheval dans le gouffre ouvert sur le forum pour apaiser la colère divine (VII, 6). Postumius se livre aux Samnites pour affranchir Rome de l'obligation qu'il avait contractée pour elle (IX, 10). Tantôt des personnages affrontent les 'conflits de devoirs', comme Brutus, qui, après la libération de Rome, ordonne l'exécution de ses deux fils, coupables d'avoir conspiré contre Rome (II, 5).

Le courage militaire et le sacrifice de soi à la communauté caractérisent donc la vertu romaine. La morale romaine a été l'œuvre de la société patricienne, qui, en s'emparant du gouvernement en 509 av. J.-C., a établi la république. C'est une aristocratie militaire terrienne. Le *pater familias*, le chef de la *gens*, c'est-à-dire, du clan constitué par la famille largement entendue et par les

---

3. Tite-Live, *Histoire romaine*, II, 10.

'clients', exerce le pouvoir politique dans le sénat.[4] La vertu romaine est strictement liée à la *fides*, qui est la fidélité aux engagements, et à la *pietas*, qui est le respect des dieux. La *fides* garantit l'exécution des engagements entre les citoyens. La *fides* s'applique particulièrement au *patronus*, au chef de clan, et s'appuie sur des vertus complémentaires, *constantia* et *probitas*. La *pietas* concerne les devoirs à l'égard des dieux, de la famille, des ancêtres et de la patrie. Cette trilogie dirige les divers aspects de la vie romaine et assure la cohésion de l'Etat, en exerçant une influence conservatrice sur les institutions. P. Grimal relève ainsi le caractère 'défensif' de la morale romaine: 'Tout se passe comme si la morale était déduite logiquement des impératifs nécessaires au maintien de l'ordre dans tous les domaines, à la pérennité de ce qui existe et que menace le temps' (p.75). Cette morale s'est maintenue longtemps, alors que les conditions sociales et politiques où elle avait pris naissance avaient changé considérablement. Vers le deuxième siècle av. J.-C., la cité romaine a changé. Le patriciat a perdu en partie de son importance. Avec l'apparition de la richesse d'origine financière et commerçante s'est constituée une aristocratie nouvelle, dont font partie plusieurs familles d'origine plébéienne. Cette aristocratie élargie est désignée par le nom de *nobilitas*. Elle comprend les familles dont les membres ont appartenu au sénat ou à une magistrature importante. La morale romaine s'est maintenue dans ses traits essentiels et elle garde son empreinte aristocratique. J. Hellegouarc'h présente la vertu romaine comme caractéristique de la *nobilitas*.[5]

La vertu garde à cette époque le sens de courage et de dévouement à la patrie, mais elle désigne aussi les qualités de ceux qui se distinguent dans d'autres domaines et, particulièrement, dans la politique. La vertu comporte des qualités complémentaires: *fortitudo*, la fermeté; *labor*, la détermination dans l'action; *vigilantia*, la qualité de l'homme éveillé. La vertu de l'homme politique inclut d'autres qualités: à savoir, *diligentia*, propre au magistrat scrupuleux et méthodique; *cura*, la préoccupation que celui-ci montre dans l'accomplissement de son devoir; *industria*, la volonté de réussite.

Les grandes vertus romaines tirent leur origine d'un milieu paysan, dont l'esprit est à bien des égards conservateur. Le bien, en effet, est ce qui maintient l'ordre existant, contribue à la fécondité de la terre, assure la moisson et conserve la race et la propriété. L'ennemi qui le menace, c'est le *luxus*, le luxe. Ce terme dérive de la langue rurale et, à l'origine, désigne la végétation indésirable qui 'pousse de travers' et compromet la récolte. Le *luxus*, ou *luxuries*,

---

4. P. Grimal, *La Civilisation romaine* (Paris 1981), p.69; V. Duruy, *Histoire des Romains* (Paris 1879-1885), i.145.

5. J. Hellegouarc'h, *Le Vocabulaire latin des relations et des partis politiques sous la république* (Paris 1963), p.234ss: 'Les éléments intellectuels et moraux de la Nobilitas: La vertu'.

est tout ce qui s'oppose à la règle, qui rompt l'harmonie. Ce mot pouvait être utilisé pour les animaux: le *luxurians equus* est un cheval qui s'écarte du droit chemin.[6] Le terme s'applique aussi à l'homme qui donne libre cours à ses appétits et qui néglige ses devoirs envers la communauté. Le luxe menace l'ordre de la cité. P. Grimal donne cette définition du luxe selon la morale romaine:

> Quiconque s'abandonne au luxe témoigne par là qu'il manque de discipline sur lui-même, qu'il cédera à ses instincts: à l'attrait du plaisir, à l'avidité, à la paresse, et sans doute aussi, le jour venu, sur le champ de bataille à la peur, qui n'est, après tout, que le très naturel instinct de conservation.[7]

Le problème du luxe s'est donc posé de bonne heure à la cité romaine comme directement contraire à la vertu. A mesure que Rome s'agrandissait et que de nouvelles conditions de vie s'imposaient à ses habitants, à la suite des conquêtes, du développement du commerce et de la finance, le luxe était dénoncé de plus en plus.

N. Rouland, dans *Pouvoir politique et dépendance personnelle dans l'antiquité romaine*, a montré que le patriciat romain s'est attaché à dévaloriser la richesse non terrienne afin de garder sa prééminence politique. Il affirme: 'On comprend dès lors facilement que des fortunes plébéiennes considérables en valeur monétaire aient été tenues pour nulles par les patriciens.'[8] Cet auteur explique que les 'clients' se sont mis sous la protection du patricien parce qu'il jouit seul des droits politiques et qu'il se fait l'intermédiaire entre eux et la loi. N. Rouland suggère qu'en contrepartie de cette protection, le patricien bénéficie de l'argent plébéien. La situation du client s'explique par son statut civique inférieur.

N. Rouland a étudié les institutions romaines et, tout en admettant la participation de la plèbe au gouvernement de la cité, il n'en conclut pas moins que cette participation était plus apparente que réelle. Il admet que les assemblées du peuple (comices centuriates, tribus) participaient de plus en plus à l'élaboration des lois, et il mentionne que, de 450 à 200 av. J.-C., le pourcentage de participation des tribus aux mesures votées par ces assemblées était passé de 47,82% à 66,66%. Mais il note que, par le système de la clientèle, les patriciens parvenaient cependant à contrôler le pouvoir. Il conclut ainsi (p.173):

> On sait, en effet, qu'à nul moment de son histoire, Rome ne fut une démocratie, même si la combativité de la plèbe explique effectivement le développement du vote par tribus. Les groupes dirigeants surent habilement enrayer la logique de cette progression, tout

6. E. Ernout, A. Meillet, *Dictionnaire étymologique de la langue latine* (Paris 1959).
7. Grimal, *Civilisation romaine*, p.70.
8. (Bruxelles 1979), p.71.

en la laissant développer ses apparences purement extérieures.

D'autres historiens insistent sur 'l'apparence démocratique: les assemblées du peuple' et 'la réalité aristocratique: le sénat'.[9] Les mêmes auteurs font remarquer que 'de 233 à 133, en cent ans, Rome a eu quelque 200 consuls, ils provenaient de 58 familles seulement; bien plus, 26 familles en fournirent 159, et dix, 99' (p.122).

Au deuxième siècle av. J.-C. l'économie romaine, stimulée par les conquêtes, est en pleine expansion. L'exploitation agricole s'est transformée par l'utilisation des esclaves. Bien des petits propriétaires ne pouvant pas faire face à la concurrence des grands domaines doivent se dessaisir de leur propriété. L'or afflue à Rome et fait monter les prix. Le développement du commerce retire à la terre le monopole de la richesse et produit les grandes fortunes, facteur de déséquilibre social. Les citoyens, égaux sur le plan politique, sont inégaux sur le plan économique. Les 'chevaliers', qui faisaient partie à l'origine d'un ordre militaire, sont entrés dans les affaires. Ils s'enrichissent par la ferme des impôts, les adjudications de travaux publics (routes, ports, monuments) et de fournitures à l'armée: ce sont les 'publicains', qui scandalisent par l'étalage de leur luxe.[10]

Une réaction très vive s'est produite contre la richesse, le luxe et les arts. Plutarque, dans sa *Vie de Caton l'ancien*, nous relate que celui-ci s'est acharné, pendant sa magistrature, à taxer des objets de luxe.[11] Il parle ainsi au sénat, qui l'entoure: 'ma crainte, c'est que les richesses ne s'emparent de nous, au lieu que nous ne nous emparions d'elles. Elles sont nos ennemis, croyez-moi, les statues de Syracuse transportées dans cette ville.' C'est le propos que lui prête Tite-Live.[12] Caton s'oppose à l'abrogation de la loi Oppia (195 av. J.-C.), réclamée par les femmes romaines, à qui elle interdit de posséder plus d'une once d'or, de porter des vêtements multicolores, et d'utiliser les carrosses. Caton voit avec peine l'amour des lettres s'introduire à Rome: 'Il craignait que la jeunesse romaine, tournant vers cette étude toute son émulation et toute son ardeur, en vint à préférer la gloire de bien parler à celle de bien faire et de se distinguer par les armes.'[13]

Au siècle suivant (1er siècle av. J.-C.), Salluste attribue à la soif de l'or la perte des vertus romaines: 'L'avidité ruina la bonne foi, la probité, et toutes les autres vertus.'[14] Properce affirme: 'L'or a chassé la bonne foi; l'or a rendu la justice vénale, l'or commande à la loi, et bientôt, la pudeur ne connaît plus la

---

9. A. Aymard, J. Auboyer, *Rome et son empire* (Paris 1954), p.116-22.
10. L. Homo, *Les Institutions romaines* (Paris 1927).
11. Plutarque, *Vie de Caton l'ancien*, XXXVI.
12. Tite-Live, *Histoire romaine*, XXXIV, 4-1.
13. Plutarque, *Vie de Caton l'ancien*, XLII.
14. Salluste, *Conjuration de Catilina*, X.

loi.'[15] Sénèque ajoute: 'Les arts libéraux ne sont pas des biens, ne contribuant en rien à la vertu.'[16] Selon cet auteur, les arts produisent le luxe et rendent l'âme esclave du corps (lettre XC). Pétrone demande: 'Que peuvent les lois là où seul l'argent est roi?'[17] Juvénal s'exclame: 'Tout de suite la question de fortune! Quant à la moralité, c'est la dernière chose dont on s'enquiert.'[18] Cet auteur met en contraste le raffinement de son époque et la simplicité des anciens Romains. Il mentionne que 'Curius cueillait ses légumes et les faisait cuire lui-même sur son chétif foyer' (satire XI). Selon Juvenal, quand les Romains étaient simples et pieux, la divinité prenait soin d'eux. Aussi furent-ils prévenus d'une attaque gauloise: 'Tel fut l'avertissement que nous donna Jupiter, tant était grand le souci qu'il avait des choses latines, alors que sa statue était d'argile et que l'or ne l'avait pas encore profanée' (satire XI). Selon Plutarque, Tibérius Gracchus prit à cœur le sort des petits propriétaires obligés de vendre leur bien tandis qu'ils se dévouaient au service de la patrie: 'Ils font la guerre et périssent uniquement pour le luxe et l'opulence d'autrui; ces maîtres du monde, comme on les appelle, n'ont pas même une motte de terre à eux.'[19] Tite-Live, dans sa préface à l'*Histoire romaine*, affirme: 'C'est naguère que les richesses ont amené la cupidité et l'abondance des plaisirs, le désir, par le luxe et la débauche, de se perdre et de tout perdre.'

Tous ces auteurs n'envisagent les grands changements économiques et sociaux de Rome qu'en termes moraux. Tout s'explique, selon eux, par le conflit de la vertu et du luxe. Cette explication ne laisse pas d'étonner le lecteur moderne. D. C. Earl, s'étant penché sur la littérature latine de cette époque et ayant constaté combien la réalité économique, sociale et politique de Rome est déformée dans la relation des auteurs romains, trouve cela 'irritant'.[20] La prééminence du point de vue éthique adopté par les auteurs romains s'explique par le fait que la morale jouait à Rome un rôle politique important. D. C. Earl insiste sur ce point. On sait, par exemple, que les liens unissant le patron aux clients, liens tout à fait personnels, se nouaient autour de la fidélité d'un individu envers un autre individu. Cela signifie que l'organisation sociale dépendait à Rome du respect de la morale. C'est ainsi que, la cité s'étant agrandie, la morale, qui assurait l'ordre dans la petite communauté, n'avait plus la même efficacité. L'effet du changement social était ressenti par conséquent comme un

---

15. Properce, *Elégies*, III, 13.
16. Sénèque, *Lettres à Lucilius*, lettre LXXXVIII.
17. Pétrone, *Satire* XIV.
18. Juvénal, *Satires*, III.
19. Plutarque, *Vie de Tibérius Gracchus*, IX.
20. D. C. Earl, 'Virtues and politics; Rome and the Renaissance', dans *Valeurs antiques et temps modernes* (Ottawa 1972), p.153.

relâchement de la vertu. D'autre part, il est possible que le groupe aristocratique dominant, qui influençait la culture romaine dans toutes ses formes, ait choisi d'interpréter le changement social comme une corruption morale pour s'y opposer plus efficacement. L'aristocratie romaine, selon C. Nicolet, a été 'une aristocratie des mots, autant que de la terre ou de la guerre'.[21]

La réaction de l'ancienne société au changement social s'est exprimée dans la littérature latine. Le débat sur les sciences et les arts auquel a participé Sénèque dans ses *Lettres à Lucilius* (lettres LXXXVIII-LXXXIX), débat animé par Caton au deuxième siècle av. J.-C. et par Posidonius au premier, a eu surtout une portée conservatrice. Selon l'historien moderne A. Michel, 'Les préjugés d'une société esclavagiste (ou simplement aristocratique) interviennent ici pour freiner le développement technique. A cela se joint la peur très consciente de voir les techniciens prendre trop d'importance dans la cité.'[22]

Les lois somptuaires visent à freiner le développement des arts et du commerce pour préserver l'ordre aristocratique de la cité. L'interventionnisme de l'Etat ne laisse pas de doute en ce domaine. Un autre historien moderne, J. Ellul, l'explique ainsi: 'Dans cet interventionnisme, il faut ranger les lois somptuaires, qui ont un aspect de morale civique (l'aristocratie essaie de réagir contre la corruption) et un aspect d'intervention économique.'[23]

En 215 av. J.-C. la loi Oppia réprime le luxe des femmes, mais elle est abolie en 195 sous la pression de celles-ci. La loi Voconia (169 av. J.-C.) tend de nouveau à contenir le luxe des femmes. La loi Orchia (182 av. J.-C.) limite le nombre des invités aux banquets; la loi Fannia (181 av. J.-C.) restreint la dépense concernant la nourriture. Parallèlement à l'accroissement de la richesse d'origine mobilière, l'égalité originelle des fortunes foncières a disparu dans la cité. Bien des patriciens se sont appauvris, tandis que d'autres se sont enrichis, souvent aux dépens de l'*ager publicus*, la terre de l'Etat. Entre 134 et 122 av. J.-C. éclate la crise agraire. Des projets de loi sont présentés pour une nouvelle distribution des terres aux citoyens pauvres. Les célèbres frères Tibérius et Caius Gracchus veulent rétablir l'ancienne loi Licinia (377 av. J.-C.), qui empêchait tout citoyen de posséder plus de 500 arpents de terre. Elle ordonnait que l'excédent soit affermé à bas prix aux citoyens pauvres. Ces projets de réforme échouent pour l'essentiel. Néanmoins l'idée selon laquelle l'égalité politique des citoyens n'était pas concevable sans l'égalité des fortunes restait vivante dans la cité.

21. C. Nicolet, 'Culture et société dans l'histoire romaine', dans *Niveaux de culture et groupes sociaux*, Actes du colloque réuni du 7 au 9 mai 1966, Ecole normale supérieure (Paris 1967), p.13.
22. A. Michel, *Rome et nous* (Paris 1977), p.202.
23. J. Ellul, *Histoire des institutions de l'antiquité* (Paris 1963), p.288.

iii. La noblesse française et la Rome républicaine

La situation de la Rome antique et celle de la noblesse française se ressemblaient de façon étonnante. La vertu romaine était tout à fait proche de la vertu telle que la concevait la noblesse française, parce qu'elles étaient, toutes les deux, l'expression d'un ordre aristocratique militaire. La vertu féodale, comme celle de la Rome républicaine, comportait le courage militaire et le sacrifice de l'individu à la communauté. Les liens personnels entre le patron et les clients à Rome existaient également entre le seigneur et les vassaux dans la France médiévale. La cité antique et la société féodale se fondaient donc sur des structures similaires.

Comme le déclin de Rome avait coïncidé, dans le jugement de ses historiens, avec le relâchement de sa vertu et le développement du luxe et des arts, la noblesse française, qui croyait souffrir des mêmes maux, puisait dans le passé l'exemple nécessaire à son redressement. Elle devait insister, comme à Rome, sur la défense de l'ancienne morale et l'opposer au changement social. On peut expliquer ainsi que la morale aristocratique ait été exaltée dans le théâtre classique français, et notamment par Corneille. Des pièces telles que *Le Cid*, *Horace* et *Cinna* illustrent les 'conflits de devoirs' et la *devotio* caractéristiques de la morale romaine.

La noblesse française devait exiger, comme à Rome, des lois somptuaires et des mesures contre l'inégalité des fortunes, contre le développement du commerce et des arts, contre les 'publicains' ... Or, des termes tels que *lois somptuaires*, *publicains*, *luxe*, *inégalité des fortunes*, semblent être tirés directement de l'histoire de Rome.

Comme la Rome républicaine avait joui d'institutions démocratiques tout en réservant à l'aristocratie du sénat un pouvoir décisif sur le gouvernement, la noblesse française, par l'intermédiaire de Montesquieu et de d'Argenson, a proposé à la France du dix-huitième siècle l'idée d'une démocratie restreinte, à la romaine. Ces auteurs ont propagé une idée de l'égalité qui, nous l'avons montré, était significative, surtout pour la noblesse, dans la mesure où cette idée insistait sur l'égalité économique de préférence à l'égalité politique. Le fait que cette idée ait été présentée grâce à l'exemple de l'antiquité indique qu'elle avait une portée conservatrice, malgré sa hardiesse apparente. Il ne semble pas que le caractère aristocratique du gouvernement romain ait échappé à Montesquieu et à d'Argenson: l'historien moderne H. Méthivier considère Montesquieu comme un 'admirateur de l'antique Rome aux mains de l'aristocratie du Sénat'.[24]

24. Méthivier, *L'Ancien régime*, p.104.

8. La noblesse française et la cité antique

Notons que la noblesse française, par l'emprise qu'elle exerçait sur le monde de la culture, est parvenue, comme l'aristocratie à Rome, à présenter le changement social comme une corruption, comme un conflit entre la vertu et le luxe, entre l'esprit de communauté et l'intérêt particulier. Rappelons-nous que dans la société aristocratique française, aussi bien que dans la cité romaine, les individus s'engageaient sur leur parole et que, par conséquent, la stabilité de ces sociétés dépendait de la franchise, de l'honnêteté, de la fidélité de leurs membres. L'on voit donc que la morale et la politique finissaient par coïncider dans la société aristocratique française à peu près comme à Rome. Or, les écrivains que nous avons présentés comme les porte-parole de l'idéologie de la noblesse française ont été préoccupés de morale et de politique comme les auteurs romains.

iv. Sparte et l'idéologie aristocratique

Il n'est pas sans intérêt de mentionner quelques détails sur Sparte, dans la mesure où le gouvernement de la cité lacédémonienne a été admiré par la noblesse française et, entre autres auteurs, par Montesquieu et d'Argenson.[25]

Remarquons que cette ville a déjà joué à son époque un rôle important dans les débats idéologiques. Les quelques auteurs de l'antiquité, des Athéniens, qui nous ont parlé de Sparte nous en ont laissé une image très idéalisée. Ils ont présenté à leurs concitoyens l'exemple de Sparte comme modèle du gouvernement aristocratique qu'ils voulaient restaurer à Athènes. Un historien moderne, F. Ollier, dans Le Mirage spartiate écrit: 'L'admiration de Sparte est devenue une arme aux mains des aristocrates, qui se servent de l'image embellie de la cité dorienne pour combattre la démocratie et ses excès, objet de leur aversion ou de leur haine.'[26] Il semble que l'engouement des aristocrates d'Athènes ait été tel qu'ils affectaient d'imiter les Spartiates même dans leur façon de s'habiller. Ils portaient le tribon, l'humble vêtement des Lacédémoniens. Cette imitation était remarquable dans un corps de cavaliers athéniens composé de nobles. Platon lui-même semble avoir appartenu à ce milieu aristocratique et à ce corps de cavalerie. Il a été l'élève de Socrate, qui n'a pas caché son aversion pour la démocratie athénienne.

Platon s'est inspiré de Sparte pour écrire sa République et ses Lois. Aristote dans sa Politique exprime des réserves sur les mœurs des Spartiates mais admire leur constitution politique. Xénophon décrit avec complaisance les mœurs spartiates dans La République des Lacédémoniens. Polybe célèbre Sparte et Rome

25. Montesquieu, Esprit des lois, v; 8; d'Argenson, Pensées diverses, pensée 21, v.314.
26. (Paris 1933), p.140.

dans ses *Histoires*. Plutarque dans ses *Vies parallèles* met en regard les grands hommes de la Grèce et de Rome. Ce qu'on admire surtout, c'est la force de Sparte et la stabilité de cette aristocratie militaire. Sparte a peu connu, en effet, de crises sociales. A la différence des autres villes de la Grèce, elle n'est jamais devenue une démocratie. Ce n'est qu'au septième siècle av. J.-C. qu'elle a paru subir l'emprise de la richesse et suivre le sort des autres gouvernements aristocratiques grecs. Mais le légendaire Lycurgue a opéré une réforme radicale et a restauré totalement le pouvoir aristocratique. Il a éliminé l'inégalité des fortunes et reformé la monnaie de façon à tarir les sources de la richesse. Lycurgue, par cette réforme économique, a assuré l'égalité des Spartiates. L'on sait que les citoyens s'appelaient entre eux les 'égaux'. Ils ne représentaient qu'une minorité (9-10.000 personnes au sixième siècle), en comparaison avec les Périèques, privés des droits politiques et exerçant les arts et les métiers, et les ilotes esclaves.

Les Spartiates étaient enrégimentés dès leur enfance jusqu'à l'âge de soixante ans. L'Etat les entretenait jusqu'à trente ans, après quoi ils vivaient de leur propriété, le *cléros*, un lot de terre que leur remettait l'Etat. Cette terre, de proportions modestes, garantissait leur égalité politique. Il semble que leurs pratiques communautaires – le fait, par exemple, qu'ils prennent leurs repas en commun et qu'ils se prêtent les objets qu'ils possèdent – aient beaucoup contribué à leur union et à leur puissance militaire. Cet aspect de la vie spartiate n'a pas manqué de susciter l'admiration des historiens.

Le système spartiate a été, semble-t-il, le soutien de tous les régimes aristocratiques dans le monde grec. Le caractère militariste de ce système comportait peu d'estime pour les valeurs intellectuelles et morales, à l'exception du courage. La valeur militaire des Spartiates était proverbiale. Aussi Sparte est-elle devenue, dès son époque, un symbole. Elle devait exercer cette fonction symbolique dans la France des dix-septième et dix-huitième siècles. Sparte était devenue le modèle de l'Etat aristocratique et militaire.

Remarquons ici que la lutte contre la richesse avait eu à Sparte un caractère politique conservateur. Le rétablissement de l'égalité des fortunes opéré par Lycurgue tendait au maintien de l'Etat aristocratique, de même que toutes les pratiques communautaires qui ont par la suite attiré l'attention de quelques esprits épris de justice sociale.

v. Athènes et la richesse

Cette ville, fameuse pour ses institutions démocratiques, a été pourtant dominée à l'origine par une aristocratie militaire terrienne (du neuvième au sixième siècle av. J.-C.). Mais l'ordre ancien s'est modifié considérablement au cours des siècles (du septième au sixième av. J.-C.), à la suite du développement de la richesse mobilière. Les démocrates, qui s'appuyaient sur les commerçants et les artisans, contrôlent le pouvoir à partir de 510 jusqu'en 338 av. J.-C. Les aristocrates se rallient en partie à la démocratie, d'autres forment un parti oligarchique d'opposition et s'inspirent de Sparte.

Au sixième et au cinquième siècles av. J.-C., il se produit un grand affrontement sur le problème de la richesse et de la pauvreté. Solon, nommé archonte, a opéré des réformes visant à affirmer la petite propriété, notamment par la division des patrimoines à chaque succession. Au cinquième siècle av. J.-C. apparaissent des théories concernant la distribution de la richesse dans la cité. Phaléas de Chalcédoine insiste sur l'inégalité des fortunes comme la cause de la crise politique de l'Etat. Il préconise une distribution égal des terres entre tous les citoyens. Au quatrième siècle av. J.-C., il y a eu une crise agricole à la suite des guerres du Péloponnèse. Bien des citoyens se sont appauvris. Comme ils jouissent des droits politiques et qu'ils sont majoritaires, ils mettent en cause la richesse des parvenus. Ils réclament des procès contre les possédants pour corruption, fausse déclaration sur la richesse, et autres pratiques illégales. Ce sont les aristocrates qui adressent les critiques les plus vives à la richesse. Isocrate (quatrième siècle av. J.-C.) admet, à vrai dire, l'inégalité des richesses mais il estime que les riches ont l'obligation de nourrir les pauvres et que, selon l'expression de l'historien moderne J. Ellul, 'les revenus de la propriété privée doivent profiter à tous'.[27]

Xénophon admire les institutions égalitaires de Sparte dans sa *République des Lacédémoniens*. Platon dans *Gorgias* critique la richesse et la démocratie en reprochant aux politiciens athéniens d'avoir trop attaché d'importance au développement matériel de la cité. L'on sait que Platon a esquissé une cité idéale dans sa *République*. Elle sera composée de trois classes, les gardiens (les gouvernants), les auxiliaires (les guerriers) et les gens qui exercent les activités économiques. Ces derniers possèdent la propriété et l'argent, mais ils sont exclus du pouvoir politique. Les gardiens et les auxiliaires ne possèdent rien en propre. Ils vivent en communauté. C'est dire le peu de cas que fait Platon de la richesse et des riches. Pour lui, la genèse de la cité injuste se trouve dans le désir de posséder et de jouir. Aussitôt que les citoyens s'adonnent au luxe, ils ne sont plus dignes ni capables de gouverner. Dans ses *Lois*, Platon a conçu l'idée d'une cité plus facile à réaliser que la société idéale de *La République*. Il imagine 5000 citoyens, libérés de tout travail et dominant une masse d'esclaves.

27. Ellul, *Histoire des institutions de l'antiquité*, p.99.

Ces citoyens disposent individuellement d'une petite propriété foncière nécessaire à leur entretien.

La cité envisagée par Platon témoigne d'une grande défiance envers la démocratie et la richesse et ne peut s'expliquer que par la lutte politique ayant lieu à Athènes au quatrième siècle av. J.-C. Les œuvres que nous avons citées de l'auteur de *La République* sont pleinement engagées dans la réalité sociale et politique de l'époque, quoiqu'elles nous paraissent aujourd'hui tout à fait abstraites. Platon ne peut être traité d'utopiste comme l'affirment les critiques modernes.

Quelles que soient les critiques adressées par Platon au groupe dirigeant à Athènes, il n'en reste pas moins que le gouvernement démocratique de cette ville n'oubliait pas le principe ancien selon lequel la cité devait pourvoir à la subsistance des citoyens. Elle se devait d'employer les pauvres par des travaux publics, leur distribuer de la terre et se charger des orphelins, des infirmes et des malades. J. Ellul parle à ce sujet de 'Démocratie et [de] socialisme d'état'.[28]

vi. La politique et la propriété

A l'origine de la cité antique, la propriété de la terre était le fondement de la participation politique. Cette propriété, parce qu'elle avait été le résultat d'un partage de terres consécutif à une conquête ou à une émigration, avait été distribuée d'une façon plus ou moins égalitaire entre les membres du groupe conquérant ou envahisseur. Cela explique qu'on ait toujours parlé, dans la cité antique, d'une 'égalité des fortunes' originelle, à laquelle on s'est référé au fur et à mesure que la répartition des propriétés se trouvait changée.

D'autre part, la propriété avait dans la cité antique un caractère collectif et sacré. La propriété du sol appartenait à la famille, qui y enterrait et honorait ses morts. La famille considérait par conséquent cette propriété comme inviolable et inaliénable. Cela explique que la modification du régime de la propriété familiale ait pu provoquer des réactions très vives parmi les citoyens de la cité antique et alimenter une mystique de la propriété et de l'égalité des fortunes.[29]

La conception de la propriété étant liée à la constitution aristocratique de l'Etat, toute atteinte à l'ordre des propriétés devait être interprétée comme une menace pour cette constitution. Cette conception explique que la mise en cause de la richesse mobilière, qui menaçait le régime traditionnel de la propriété, ait pris dans la cité antique un caractère conservateur. Ceux qui détenaient la

28. Ellul, *Histoire des institutions de l'antiquité*, p.109.
29. Voir, sur la notion de propriété dans la cité antique, N. D. Fustel de Coulanges, *La Cité antique* (Paris 1864), et F. Challaye, *Histoire de la propriété* (Paris 1967).

richesse mobilière ont été discrédités, voire poursuivis, pendant très longtemps dans la cité antique, parce qu'ils appartenaient à des groupes privés des droits politiques et que leur richesse avait un rôle révolutionnaire. La chose a été vraie à Rome, à Sparte, à Athènes pendant un temps, et, comme nous l'avons remarqué à propos de la condamnation du luxe, dans la France des quinzième, seizième, dix-septième et dix-huitième siècles. La prise de position (et leur référence à l'antiquité) de la part des penseurs nobles dont nous avons parlé, en faveur des mesures sociales limitant le pouvoir de l'argent et de la propriété, s'expliquent ainsi. Montesquieu, par exemple, a évoqué Lycurgue, Solon, Platon, Phaléas de Chalcédoine dans l'*Esprit des lois* (VI, 6), pour propager dans la société du dix-huitième siècle l'idée d'égalité. D'Argenson semble avoir eu dans ses œuvres la même idée que Montesquieu, en évoquant Lycurgue, et dans l'essai qu'il a présenté à l'Académie de Dijon pour le prix de 1754.

En conclusion, selon la conception de la cité antique, la propriété devait consolider le pouvoir politique. Par conséquent, toute modification du régime de la propriété entraînait le déclin du groupe au pouvoir. Cela explique que l'Etat antique ait adopté une politique en quelque sorte 'socialisante', en s'opposant à la richesse d'origine financière et commerçante, dans la mesure où celle-ci modifiait la répartition traditionnelle des propriétés foncières. Or, la même conception du pouvoir et de la propriété existait en France à l'époque dont nous parlons. La dénonciation de l'inégalité des fortunes au nom de l'égalité politique et sociale avait en France la même signification et elle a été adoptée par J. J. Rousseau. Nous le montrerons en abordant le *Discours sur l'origine de l'inégalité*. Cela a échappé entièrement à la critique rousseauiste moderne, qui considère la prise de position en faveur de l'égalité de la part de Rousseau comme propre à cet auteur. Cette critique n'a relevé ni le caractère collectif de la célébration des valeurs antiques dans la France du dix-huitième siècle ni la portée idéologique de cette célébration. Il va de soi que la critique rousseauiste a attribué à la dénonciation de l'inégalité par Rousseau une signification moderne et progressiste.

9. Les deux noblesses

L'ON sait que la noblesse a été originellement très liée à la terre. L'amour profond du sol natal et l'attachement au domaine familial ont longtemps caractérisé les gentilshommes. Ils ressentent de l'aversion pour les villes, qui se sont développées grâce au commerce et à l'industrie, en opposition avec la féodalité.

Aux seizième et dix-septième siècles, la noblesse se défie encore de la vie urbaine mais subit l'attrait de la cour. A partir de la fin du seizième siècle, bien des nobles se rendent à la cour, où ils font en quelque sorte acte de soumission au monarque. Tant qu'ils restent dans leur domaine, ils jouissent de la plus grande indépendance. Ce qui a causé le 'déracinement de la noblesse', selon l'expression de P. de Vaissière,[1] c'est l'éclat de la vie de cour. C'est là que les gentilshommes s'habituent à flatter le monarque pour obtenir sa faveur. Ils sollicitent des charges et des pensions pour assurer leur train de vie. Ils se plient aux contraintes de l'étiquette et ne s'expriment que selon les règles de la politesse. On conçoit que l'une des vertus qui caractérisent les gentilshommes, la franchise, ne trouve pas à la cour l'occasion de se manifester. L'on sait, en effet, que la franchise a été traditionnellement attribuée à la noblesse: 'Ne pas mentir et tenir parole sont encore aujourd'hui les deux marques auxquelles on reconnaît un gentilhomme.'[2] Aussi la grande majorité de la noblesse, celle qui n'a pas su ou n'a pas voulu se rendre à la cour, ne se prive-t-elle pas de reprocher aux courtisans leur manque de sincérité. La littérature reflètera la rivalité entre la noblesse de cour et la noblesse de campagne. Les écrivains seront d'abord favorables à la seconde et accableront la première de leurs satires. Petit à petit, le courant tendra à s'inverser, et les gentilshommes campagnards deviendront à leur tour la cible des écrivains satiriques. Les deux courants subsisteront longtemps ensemble.

Il est compréhensible que la noblesse campagnarde soit désavantagée à long terme par rapport à la noblesse de cour. Cette dernière bénéficie d'un traitement de faveur de la part de la monarchie, qui octroie les charges et les pensions. La noblesse de campagne s'est appauvrie dans les guerres de religion, pendant lesquelles elle a dû s'endetter pour s'équiper à ses propres frais. D'autre part, l'avènement de la richesse mobilière a contribué à l'enchérissement du coût de la vie et à la dévaluation du revenu foncier dont dépend la noblesse provinciale.

1. P. de Vaissière, *Gentilshommes campagnards de l'ancienne France* (Paris 1903), p.175.
2. L. Gautier, *La Chevalerie* (Paris 1895), p.80.

9. *Les deux noblesses*

Le déclin des pouvoirs des seigneurs, à l'avantage de la monarchie centralisatrice, a contribué à diminuer le prestige de la noblesse campagnarde, et la transformation de l'armée accentue ce déclin. Au dix-huitième siècle, en effet, l'armée est en grande partie mercenaire et permanente, et elle ne fait plus grand cas du service gratuit et temporaire prêté traditionnellement par la noblesse. Enfin, la vénalité des charges permet à la monarchie d'écarter une grande partie de la noblesse de l'administration de l'Etat, à l'avantage du Tiers-état plus riche et plus soumis. Il s'est formé donc une division très nette entre une noblesse de cour, d'armée et de fonction et une noblesse campagnarde généralement plus pauvre. Il est intéressant d'examiner la critique que les deux noblesses font l'une de l'autre, pour cerner quelques notions utiles à notre étude.

i. La sincérité (vérité)

Le manque de sincérité reproché aux courtisans a une signification nettement idéologique. Quoique ce reproche soit souvent exprimé en termes moraux, ce qu'on condamne chez les courtisans c'est surtout leur soumission au monarque. Cette critique, facile à déceler aux seizième et dix-septième siècles, devient moins évidente au fur et à mesure que se renforce le pouvoir monarchique. En fait, comme le roi n'a pas beaucoup de pouvoir sur les gentilshommes éloignés de la cour, ceux-ci peuvent s'exprimer tout à fait librement. Leur critique de la cour ne présente pas de danger, du moins aux seizième et dix-septième siècles, et elle devient même un lieu commun, comme on peut le constater chez les poètes. Certains d'entre eux ne critiquent probablement pas le roi lui-même. Du Bellay, dans ses *Regrets* (1559), s'exprime ainsi:

> J'ayme la liberté et languis en service
> Je n'aime point la Court et me fault courtiser,
> Je n'ayme la feintise et me fault déguiser
> J'ayme simplicité et n'apprends que malice.[3]

Ronsard tient à peu près le même langage dans son *Elégie à monseigneur le révérendissime cardinal de Châtillon* (1559):

> Heureux doncques heureux qui de son champ ne bouge,
> Qui ne voit le Sénat vestu de robe rouge,
> Ny le palais criard, les princes, ny le Roy,
> Ny sa trompeuse court, qui ne tient point de foy.[4]

---

3. J. Du Bellay, *Regrets*, XXXIX, dans *Poésies françaises et latines* (Paris 1918), p.188. N.B. La critique de la cour était traditionnelle: voir, pour le quinzième siècle, le *Curial* d'A. Chartier (Paris 1582) et le *Débat du seigneur de cour et du seigneur des champs* d'O. de Saint-Gelays.

4. P. de Ronsard, *Le Second livre des meslanges*, dans *Œuvres complètes* (Paris 1931-1975), x.13.

Philippe Desportes exprime la même idée dans une 'chanson' (1573):

> Oh, bien heureux qui peut passer sa vie
> Entre les siens, franc de haine et d'envie
> Parmi les champs, les forêts et les bois,
> Loin du tumulte et du bruit populaire,
> Et qui ne vend sa liberté pour plaire,
> Aux passions des princes et des Rois.[5]

Guy de Pibrac écrit dans *Les Plaisirs de la vie rustique* (1576):

> O bienheureux celui qui loin des courtisans,
> Et des palais dorés, pleins de soucis cuisants
> Sous quelque pauvre toit délivré de l'envie,
> Jouit des doux plaisirs de la rustique vie.[6]

Claude de Trellon compare la cour à un théâtre dans *Le Portrait de la cour* (1600):

> La Cour est un théâtre où l'on voit le plus sage,
> Pour vivre en courtisan, jouer ce personnage,
> Se trouver au lever de ceux dont la faveur,
> Bâtit et débâtit des hommes la grandeur;
> Faire la mine à l'un, et montrer bon visage,
> A tel qui l'on voudrait voir mort de grand courage,
> Ne parler à demi, courtiser un vilain,
> A cause qu'il aura les finances en main,
> Pour porter un clinquant engager une terre.[7]

Nicolas Rapin, dans *Les Plaisirs du gentilhomme champêtre* (1575), montre à la noblesse les dangers de la cour et félicite les gentilshommes qui sont restés chez eux:

> Libres n'avez point asservie,
> La franchise de votre vie,
> Aux griffes de l'ambition.[8]

P. Le Moyne ajoute dans son poème *De la cour* (1665):

> La Cour vaine et trompeuse a toujours ajouté
> L'infâme servitude à l'infidélité,
> Et là sans respecter les testes couronnées,
> Toutes testes sont d'or ou de fer enchaisnées.[9]

Chaulieu nous montre que l'attitude dont nous parlons n'a pas changé au début

---

5. Ph. Desportes, dans *Anthologie poétique française*, éd. M. Allem (Paris 1965), ii.255-56.
6. *Anthologie poétique française*, ii.31.
7. *Anthologie poétique française*, ii.354.
8. N. Rapin, *Œuvres latines et françaises* (Genève 1982), i.117.
9. P. Le Moyne, *Entretiens et lettres morales* (Paris 1665), p.220.

du dix-huitième siècle. Il écrit dans *Les Louanges de la vie champêtre* (1710):

> La Cour ne peut plus m'éblouir,
> Libre de son joug le plus rude,
> J'ignore ici la servitude
> De louer qui je dois haïr.[10]

Les prosateurs traitent semblablement le même sujet: H. C. Agrippa parle ainsi des gentilshommes courtisans: 'Leurs propos ne sont que pures bourdes et fables inutiles: ils mesdisent, ils rapportent, ils causent et revèlent, mentent, desguisent, et meslent le vray parmy le faux.'[11] N. Faret dit à propos de la cour, dans *L'Honneste homme ou l'art de plaire à la court* (1630): 'Chacun voit que la corruption y est presque générale, et que le bien ne s'y fait que sans dessein, et le mal comme par profession.'[12] Saulx-Tavannes, un gentilhomme de l'époque de Louis XIII, affirme dans ses *Mémoires*: 'Qui entre libre en la Cour des roys devient serf.'[13] Un pamphlet intitulé *Le Catéchisme du courtisan, ou les questions de la cour, et autres galanteries* (1668) contient une série de questions et de réponses. Voici l'une des premières questions et sa réponse: 'Qu'est-ce que les courtisans? Rien de ce que l'on voit.'[14] La Bruyère dit dans ses *Caractères* (1688): 'Un noble, s'il vit chez lui dans sa province, il vit libre, mais sans appui; s'il vit à la Cour, il est protégé mais il est esclave: cela se compense.' Il définit ainsi le courtisan: 'Un homme qui sait la cour est maître de son geste, de ses yeux et de son visage; il est profond, impénétrable, il dissimule les mauvais offices, sourit à ses ennemis, contraint son humeur, déguise ses passions, dément son cœur, parle, agit contre ses sentiments.'[15]

Au dix-huitième siècle, on ne reproche plus au courtisan de renoncer à sa liberté, mais on l'accuse de duplicité et de cynisme. Dans *L'Ecole des bourgeois* (1728) de d'Allainval, il est question d'un bourgeois qui voudrait marier sa fille à un marquis de cour. Elle est riche et lui plutôt pauvre. Elle conçoit le mariage comme dévouement, ce que le marquis trouve ridicule. Finalement, ce mariage n'aura pas lieu en raison de la mauvaise foi du marquis, dont une lettre peu flatteuse pour sa fiancée tombe entre les mains de celle-ci.[16]

En 1747, on continue à penser que les nobles de campagne ont 'plus de franchise, moins de manège, plus de justice, de religion et de mœurs' que les

---

10. M. L. de Chaulieu, *Œuvres diverses* (Amsterdam 1733), i.68.
11. H. C. Agrippa, *Déclamation sur l'incertitude, vanité, et abus des sciences*, traduite en français du latin de Henry Corneille Agrippa (s.l. 1582), p.330.
12. Faret, *L'Honneste homme*, p.32.
13. Cité par Vaissière, *Gentilshommes campagnards*, p.190.
14. E. Fournier, *Variétés historiques et littéraires* (Paris 1855), v.75.
15. La Bruyère, *Caractères*, 'De la cour', remarques 67, 2.
16. *Théâtre des auteurs du second ordre* (Paris 1812), ix.

courtisans. Ceux-ci en effet sont des hypocrites: 'Nés, élevés dans le centre de la dissimulation, leurs discours sont rarement l'image de leurs pensées.'[17] Ainsi, dans *Les Mœurs du temps* (1760), comédie de Saurin, un baron de province, honnête et loyal, croit-il à l'amour, contrairement à un marquis de cour qui pense ceci: 'On épouse une femme, on vit avec une autre et l'on n'aime que soi.'[18]

Pour la noblesse de campagne, deux termes désignent l'attitude complaisante du courtisan envers le monarque, le *paraître* et la *politesse*. Ces deux mots restent liés à la critique de la cour et du monarque et peuvent y faire allusion sans même que la cour et le roi soient mentionnés explicitement.

ii. Le paraître

Le mot *paraître* a eu plusieurs acceptions. Il est d'abord lié au luxe, comme nous l'avons constaté dans le chapitre 4, consacré aux lois somptuaires. Il y désigne la dépense ostentatoire, celle qui consiste, de la part d'un membre de la société, à afficher plus de luxe que son rang ne le permet. Antoyne de Montchrétien, dans un passage déjà cité de son *Traicté* (1615), se réfère à cette dépense quand il dit: 'Si l'on continue ainsi, il ne sera plus question désormais d'estre, il ne faudra que parestre.'[19] Remarquons qu'en 1747 le mot a retenu cette signification: 'Chacun veut paraître avec éclat, il est du bon air de dépenser plus que son revenu. On ne s'occupe plus que de bijoux, d'habits, d'équipages, d'ameublemens.'[20]

L'acception anti-monarchiste du mot *paraître* a été propagée par Agrippa d'Aubigné, avec son célèbre ouvrage intitulé *Les Avantures du baron de Faeneste* (1617). L'auteur met en scène Faeneste (nom qui signifie 'paraître' en grec), l'homme des apparences, le courtisan, et l'oppose à Enay (en grec, 'être'), l'homme sincère, le gentilhomme campagnard. Faeneste, gentilhomme gascon, est allé chercher fortune à la cour. Il a l'occasion de séjourner au château d'Enay et lui parle de la cour et de son désir d'y briller. Enay lui demande pourquoi il se donne tant de mal et Faeneste lui répond: 'Pour paroistre.' Il explique à Enay comment il faut se conduire à la cour pour s'y distinguer. L'habillement y est tout à fait essentiel. Selon Faeneste, il faut suivre 'la mode des trois ou quatre messieurs qui ont l'autorité'. D'après la mode, 'il faut un pourpoint de quatre ou cinq taffetas l'un sur l'autre, des chausses comme celles

17. *Instruction d'un père à son fils* [attribuée à Dupuy] (Paris 1730), p.173.
18. *Théâtre des auteurs du second ordre* (Paris 1812), xii.177.
19. Montchrétien, *Traicté de l'œconomie politique*, p.59.
20. *Essai sur l'éducation de la noblesse* [attribué au chevalier de Brucourt] (Paris 1747), p.277.

que vous voyez, dans lesquelles tant frise qu'écarlate, je vous puis assurer dix-huit aulnes d'étoffe pour le moins'.[21] La cour se caractérise ici par la frivolité et la démesure. Faeneste ne décrit pas seulement la mode et le luxe de la cour, mais encore la conversation, la conception de l'amour, et les moyens de parvenir à la faveur du roi.

Ce livre d'Agrippa d'Aubigné était encore lu au dix-huitième siècle. Le marquis d'Argenson le cite en 1752 en condamnant le luxe: 'Mais lorsque l'ambition dépasse les limites de l'émulation légitime, quand on veut *paraître avant que d'être*, comme dit *Faeneste*, alors chacun se ruine et se dérange, et le dérangement de l'état procède de celui du particulier.'[22] Notons que le marquis d'Argenson ne se réfère pas dans ce passage à la signification anti-monarchiste du mot *paraître*. Il l'a fait cependant à un autre endroit de ses écrits, en parlant de la cour en ces termes: 'A commencer par le monarque, c'est là où se puisent tous les vices, et d'où ils se répandent comme de la boîte de Pandore [...] Il est inutile et même nuisible d'être, il faut paraître.'[23] Il n'est pas sans intérêt de remarquer l'appréciation que Stendhal, au dix-neuvième siècle, donne du 'paroistre' d'Agrippa d'Aubigné: 'Dès le milieu du XVIe siècle, la vanité, le désir de *parestre*, comme dit le baron de Faeneste, a jeté en France un voile épais sur les actions des hommes.'[24]

Pour en revenir au dix-septième siècle, il faut rappeler que l'opposition de l'être et du paraître préoccupe les moralistes. La Bruyère s'exprime ainsi: 'Quelque profonds que soient les Grands de la Cour, et quelque art qu'ils aient pour paraître ce qu'ils ne sont pas, et pour ne point paraître ce qu'ils sont, ils ne peuvent cacher leur malignité.'[25] L'on sait que Saint-Simon a critiqué Louis XIV. C'est dans le contexte de cette critique qu'il insiste sur l'opposition de l'être et du paraître en rédigeant ses *Mémoires*.[26]

Un auteur moderne, N. Elias, a discerné un lien direct entre la vie de cour et la littérature au dix-septième siècle. Il a remarqué que, pour Louis XIV, l'étiquette est un instrument de domination, dans la mesure où elle exerce sur les gentilshommes une contrainte. Comme la politesse et l'étiquette exigent un comportement réglé, l'individu doit se soumettre au rôle qu'il a entrepris de jouer à la cour. Chaque geste du courtisan doit se conformer à un modèle et c'est par conséquent à la cour que l'écart entre l'être et le paraître est devenu

---

21. A. d'Aubigné, *Œuvres* (Paris 1969), p.677.
22. D'Argenson, *Mémoires et journal inédit*, v.372-73.
23. D'Argenson, *Mémoires et journal inédit*, ii.321-22.
24. D'Aubigné, *Œuvres*, p.1350, note de l'éditeur (citation de Stendhal tirée des *Chroniques italiennes*).
25. La Bruyère, *Caractères*, 'Des grands', remarque 26.
26. Y. Coirault, *L'Optique de Saint-Simon* (Paris 1965), p.203.

le plus grand. Observer le comportement du courtisan, en déceler les motivations secrètes, devient alors un art difficile mais passionnant, d'où la mode de la maxime et de l'essai moral.[27]

Les remarques de N. Elias sont pour nous très intéressantes parce qu'elles établissent l'interdépendance de l'activité culturelle et des autres manifestations de la vie collective. D'autre part, la discussion sur l'être et la paraître ne se comprend pas si l'on ne tient pas compte de l'éthique médiévale à laquelle se rattachait la société d'ancien régime. Dans le cadre de cette éthique, *être* signifie 'avoir le courage d'être', c'est-à-dire, de participer aux tâches communes dans un esprit de sacrifice. P. Tillich n'exprime pas autre chose dans *Le Courage d'être*. Pour lui, en effet, la conception de la vie au moyen âge est d'abord collective: 'Elle présuppose que les universaux logiques et les réalités collectives ont plus de réalité que l'individu.'[28] Or, la vie de cour avec son luxe et sa jouissance ne pouvait pas se concilier avec les principes de cette éthique, d'où la condamnation du paraître. D'ailleurs, la sincérité, comme nous l'avons remarqué dans les citations présentées dans la première section de ce chapitre, suppose la liberté et l'indépendance, et c'est pour cela qu'elle convient particulièrement à la noblesse qui est restée sur ses terres. Dans l'esprit de celle-ci, de tels biens ne sont propres ni aux courtisans ni aux roturiers.

F. Nietzsche nous explique que les valeurs de la société relèvent du véritable 'droit du seigneur',[29] c'est-à-dire qu'elles sont l'émanation du groupe dominant, ce qui était vrai en grande partie pour la société d'ancien régime. Cet auteur nous donne quelques détails intéressants sur la vanité, caractéristique morale qu'il considère comme contraire à la sincérité. La vanité, pour lui, est un défaut des roturiers, parce que ceux-ci tendent à s'attribuer des vertus qui n'appartiennent qu'aux gentilshommes. Si le jugement de Nietzsche est exact et si la vanité était autrefois considérée comme un défaut inhérent à la condition roturière, on comprend mieux pourquoi la vanité a été tant critiquée par les écrivains ennemis du luxe.

iii. La politesse

Le débat sur la politesse a pris aussi une signification idéologique. En rejetant la politesse comme contraire à la franchise des gentilshommes, on a implicitement mis en cause la cour et le monarque. Nous avons des échos de ce débat chez Molière. Quoique cet auteur semble avoir entrepris de ridiculiser le héros

27. N. Elias, *La Société de cour* (Paris 1974).
28. (Paris 1967), p.101.
29. F. Nietzsche, *Par delà le bien et le mal* (Paris 1951), p.215.

du *Misanthrope*, dont la franchise intransigeante pouvait rappeler au public de l'époque quelques traits de la personnalité du seigneur féodal, cette satire a été discrète, afin de ne pas indisposer la noblesse 'frondeuse'. La sincérité, opposée à la politesse, est la préoccupation principale d'Alceste et domine le comportement de ce personnage jusqu'à l'obséder. Quoique cette pièce se situe à Paris dans les appartements de Célimène, et non à la cour, certains détails indiquent qu'on y représente l'entourage royal. Alceste ne peut s'adapter au mode de vie de cet entourage. Il ressemble à l'un de ces seigneurs qui se rendaient à la cour et qui ne pouvaient se plier aux contraintes de la politesse et à la soumission qu'elle entraînait.

La politesse exigeait, en effet, qu'on nuance l'expression de ses sentiments afin de ménager la sensibilité d'autrui. Or, le compromis ne se conciliait pas avec l'éthique féodale. Selon celle-ci, le gentilhomme devait s'exprimer sans contrainte, conformément à sa qualité d'homme libre. C'est dire combien le noble féodal était déplacé dans le milieu de la cour. Or, on peut établir un parallèle entre le héros du *Misanthrope*, qui abandonne la cour, et les seigneurs qui s'en retiraient ou qui refusaient de s'y rendre. Le sous-entendu politique du *Misanthrope* a été reconnu: 'Non pas un homme simplement allergique à des manières qui lui déplaisent, mais un homme de cette opposition diffuse, exigeante, que Louis XIV n'a pas encore totalement réduite.'[30] Le marquis d'Argenson affirme que le *Misanthrope* de Molière met en scène le monde de la cour. Voici les quelques mots qui confirment le lien: 'Le Misanthrope de la comédie a dit tout cela. Il en conclut qu'il faut quitter la cour et se retirer dans un désert.'[31] D'Argenson reconnaît qu'il y a de la corruption à la cour, mais il ne partage pas la décision d'Alceste de s'en éloigner. Il trouve que l'homme vertueux doit y rester pour exercer une influence bienfaisante.

D'autres témoignages confirment cette signification de la critique de la politesse. La Rochefoucauld désapprouve la politesse, dans ses *Maximes* (1664). Pour lui, elle est contraire, par le raffinement des mœurs qu'elle suppose, à l'esprit de sacrifice propre à la société aristocratique. En effet, il associe la politesse au luxe, dont nous connaissons déjà la signification idéologique: 'Le luxe et la trop grande politesse dans les Etats sont le présage assuré de leur décadence parce que tous les particuliers s'attachent à leurs intérêts propres et se détournent du bien public.'[32] La Bruyère, dans ses *Caractères*, fait sans doute allusion aux courtisans quand il parle des 'Grands' et qu'il oppose la franchise du peuple à la corruption de ceux-ci: 'Là se montrent ingénuement la grossièreté

---

30. P. Barbéris, dans Molière, *Le Misanthrope* (Paris 1983), p.46.
31. D'Argenson, *Mémoires et journal inédit*, ii.323.
32. La Rochefoucauld, *Maximes*, éd. J. Truchet (Paris 1967), CCLXXXII (p.347).

et la franchise: ici se cache une sève maligne et corrompue sous l'écorce de la politesse.'[33] Fénelon condamne en même temps, comme La Rochefoucauld, le luxe et la politesse: 'Ce luxe s'appelle bon goût, perfection des arts et politesse de la nation.'[34] Fénelon repousse la politesse et les sciences dans le passage que nous avons déjà cité où les Manduriens, hommes sauvages, opposent leurs mœurs simples et saines à celles des Grecs raffinés et corrompus (ch.9). Rappelons aussi que les habitants de la Bétique, pays heureux décrit dans le *Télémaque* (ch.9), ont horreur de la politesse des hommes civilisés et qu'ils en pratiquent une autre qui consiste dans la véritable bienveillance. Pour Fénelon, la politesse est synonyme de flatterie, et c'est à la cour d'Idoménée que Mentor et Télémaque déplorent ce dernier vice, si préjudiciable au bon gouvernement (ch.10). Comme l'on sait que Fénelon visait la cour de Louis XIV en peignant celle d'Idoménée, l'on voit combien les vices et les vertus mentionnés dans le *Télémaque* avaient une portée politique. Pour le comte de Boulainvilliers, la politesse est synonyme de dissimulation, parce que bien des gens se parent d'un vernis de politesse et font étalage de leur savoir pour qu'on les croie d'une condition sociale plus élevée. C'est une tromperie, 'un déguisement à qui les sciences ont prêté leurs couleurs, politesse, agrément, langage et hardiese'.[35]

Pour Montesquieu, la politesse est 'naturalisée à la Cour'; elle 'naît de l'envie de se distinguer'.[36] La politesse exclut ainsi la franchise. Montesquieu admet cependant que, dans la monarchie, il existe 'une certaine franchise' mais il indique que celle-ci, comme les autres qualités qu'on y cultive, est la manifestation de la vanité personnelle plutôt que du dévouement au bien public. Notre auteur donne ici une description singulièrement péjorative des institutions de son époque. La monarchie, telle que la présente Montesquieu, n'est pas comparable à la république et à sa vertu désintéressée. Comme l'on sait que Montesquieu critique indirectement la monarchie française, la notion de politesse se précise dans ce contexte et peut indiquer la corruption des valeurs propres à l'ancienne société aristocratique.

Le marquis d'Argenson, dans le chapitre de ses *Mémoires* intitulé 'Progrès des mœurs par la politesse', reconnaît que les mœurs de son époque étaient moins féroces que celles d'autrefois, mais il observe que la politesse masque le vide du sentiment caractéristique de la société du dix-huitième siècle: 'Dureté de cœur et simulation partout. Où cela mène-t-il? A pire que la barbarie.'[37] Plus loin, à propos de la 'Méchanceté de ce siècle', il affirme: 'Politesse sans

33. La Bruyère, *Caractères*, 'Des grands', remarque 25.
34. Fénelon, *Télémaque*, ch.17.
35. Boulainvilliers, *Essais sur la noblesse de France*, p.297-98.
36. Montesquieu, *Esprit des lois*, IV, 2, 'De l'éducation dans les monarchies'.
37. D'Argenson, *Mémoires et journal inédit*, v.230.

sensibilité, voilà la définition de notre siècle' (v.244). Il emploie le mot de *politesse* à propos des ministres qui témoignent d'"une tyrannie douceureuse, [d]'une affabilité sournoise et maligne' (ii.325).

Quant à Mirabeau, il distingue entre la fausse politesse et la vraie politesse. La fausse est celle qui accompagne le luxe, c'est-à-dire, celle qu'on pratique dans la société, où les rangs ne sont plus respectés, où le courtisan témoigne d'égards excessifs envers le financier: 'On se met à son aise avec lui, comme il ne se gêne pas avec les autres.'[38] La vraie politesse consiste pour Mirabeau à respecter l'ordre et le rang.

Toutes les interventions présentées à propos de la politesse ont une significa-tion nettement idéologique. A vrai dire, il existe des auteurs qui parlent de la politesse en termes tout à fait ordinaires, c'est-à-dire, sans aucune allusion à la situation socio-politique. L'abbé Bellegarde, dans *Réflexions sur la politesse des mœurs*,[39] traite de l'urbanité des manières dans les rapports sociaux, et la politesse garde pour lui un sens tout à fait positif. L'abbé Trublet traite le sujet de la même manière dans son essai 'De la politesse'. Remarquons que cet auteur considère que 'le centre de la politesse est la Cour'.[40] Mais les propos de La Rochefoucauld, de La Bruyère, de Fénelon, de Boulainvilliers, de Montesquieu, de d'Argenson, et de Mirabeau que nous avons cités contiennent sans doute une intention polémique en regard de la situation sociale et politique de leur époque. Tous ces auteurs, on l'a vu, déplorent une dégradation des vertus, une corruption de la société contemporaine et se réfèrent à une époque où ces vertus étaient dans leur plein épanouissement. Ils finissent par repousser la société moderne au nom de l'ancienne, idéalisée sous la forme de la commu-nauté patriarcale ou de la cité antique et dans laquelle le luxe, les arts et la politesse étaient absents. Les vertus dont ils parlent sont des vertus nobiliaires. Elles se fondent sur le désintéressement caractéristique de la société du passé: ce sont la franchise, la fidélité, le courage, la frugalité, le dévouement. Par contre, les caractéristiques morales négatives, la vanité, la dissimulation, l'envie, l'avidité, appartiennent à la cour et à la bourgeoisie, dans la mesure où ces deux dernières sont vouées à l'intérêt personnel et à la jouissance.

Est-ce à dire que les vertus dont on parle ne peuvent pas être partagées par les roturiers? Elles ne peuvent parvenir au plus haut degré dont elles sont susceptibles que dans la société aristocratique. Elles sont nécessairement reliées à des institutions sociales et politiques déterminées. La franchise, par exemple, suppose la liberté et l'indépendance. Or, les roturiers, de par leur condition

---

38. Mirabeau, *L'Ami des hommes* (Paris 1883), p.309.
39. (Paris 1698).
40. Trublet, *Essais sur divers sujets de littérature et de morale* (Paris 1754), ii.153.

subalterne, ne peuvent y aspirer. En outre, le fait que leurs activités soient liées au profit les empêche de prétendre au désintéressement qui est la base des vraies vertus.

En plein dix-huitième siècle, quoiqu'on reconnaisse l'importance du mérite personnel, on admet encore, cependant, la supériorité du noble sur le roturier. Un auteur de l'époque en explique ainsi la raison: 'Autant que la noblesse est ambitieuse, autant la roture est intéressée. L'une se sacrifie pour la gloire, l'autre pour le profit. Les personnes sans naissance ont le cœur plus rampant, et les sentiments moins élevés.'[41] Certes, il arrive qu'on exalte la franchise du peuple, et celle de l'agriculteur en particulier, mais c'est sur le plan de la polémique, afin de faire ressortir la duplicité du courtisan. L'amour de la gloire, de l'honneur, de la sincérité et de la vérité caractérisent la noblesse, et, selon les auteurs dont nous avons parlé, ces vertus relèvent plus de la noblesse campagnarde que de celle de la cour.

Remarquons que la noblesse de cour répond aux attaques dont elle est l'objet par le ridicule dont elle accable ses détracteurs. Les courtisans ne revendiquent pas pour eux de vertu particulière, mais ils encouragent la représentation des nobles compagnards comme des êtres ignorants, maladroits, rustiques et vains. On présente ces derniers comme des êtres surtout démodés, dépassés totalement par les événements. C'est l'image qu'on en trouve dans la littérature et surtout dans le théâtre. C'est le cas du *Baron de La Crasse* (1662), le héros de la comédie de Poisson, de Sotenville dans le *Georges Dandin* (1668) de Molière, de *Monsieur de Pourceaugnac* (1669) de Molière, du *Gentilhomme de Beauce* (1670) de Montfleury. Cette image du noble de campagne tendra à prévaloir au dix-huitième siècle, à tel point que le marquis de Mirabeau, en 1756, jugera bon de protester énergiquement contre cette littérature qui démoralise la noblesse campagnarde: 'en ridiculisant les gentilshommes campagnards, les barons de la Crasse, les Sottenville etc. ... ils ont cru n'attaquer que la sotte vanité et la plate ignorance des seigneurs châtelains mais les mots de *campagnard* et de *provincial* sont devenus ridicules'.[42]

Au dix-huitième siècle, la cour exerce un attrait irrésistible sur bien des nobles campagnards, et Vauvenargues, par exemple, n'accepte pas le portrait négatif que Mirabeau fait de la cour en 1740: 'J'y vois, au contraire, le centre du goût, du monde, de la politesse, le cœur, la tête de l'état, où tout aboutit et fermente, d'où le bien et le mal se répandent partout [...] Les personnages, il

---

41. *L'Aristippe moderne, ou réflexions sur les mœurs du siècle* (Francfort 1757), p.4.
42. Mirabeau, *L'Ami des hommes*, p.80.

est vrai, n'y sont pas trop gens de bien, le vice y est dominant: tant pis pour ceux qui ont des vices.'[43]

Malgré les progrès de l'autorité monarchique et l'attrait de plus en plus grandissant de la cour, une certaine opposition de la part de la noblesse campagnarde à l'égard de la cour subsistait au dix-huitième siècle et se manifestait dans les débats en rapport avec les problèmes de l'époque. Quoique cette opposition ne puisse être aussi explicite que par le passé, elle pouvait néanmoins se manifester. Il suffisait de mentionner l'être' et le 'paraître', de rejeter la politesse, et d'opposer la campagne à la cour, par exemple, pour que toute la question idéologique dont nous avons parlé soit évoquée et qu'elle déclenche auprès du public une réaction très vive. Rousseau y fait d'ailleurs allusion dans son premier *Discours* et dans la *Nouvelle Héloïse*, dont nous parlerons plus loin.

43. *Œuvres posthumes et œuvres inédites de Vauvenargues*, éd. D. L. Gilbert (Paris 1857), ii.163, lettre du 16 janvier 1740 à Mirabeau.

10. La société aristocratique et la société bourgeoise

LES auteurs que nous avons présentés comme les porte-parole de la pensée nobiliaire critiquent la société de leur temps en se référant aux valeurs propres à la société du passé. C'est ainsi que la société moderne, que nous appellerons 'bourgeoise' et que Tocqueville a qualifiée de 'démocratique' dans son ouvrage *De la démocratie en Amérique*, est opposée à la société aristocratique. C'est dans ce contexte que s'explique, de la part des auteurs que nous avons mentionnés, la célébration de la cité antique, en particulier de Sparte et de la Rome républicaine, la cité antique ayant été élitiste et aristocratique, en dépit de formes, en apparence, démocratiques. De fait, si la noblesse a été particulièrement florissante au moyen âge, la plupart des sociétés antérieures à l'époque bourgeoise ont été essentiellement aristocratiques. Des sociologues, tels A. Comte, F. Toennies, M. Weber, H. Spencer, E. Durkheim, Talcott Parsons, ont tour à tour proposé une typologie des sociétés, qui a abouti actuellement à une dichotomie entre les sociétés du passé, dites 'traditionnelles', et la société moderne, caractérisée comme 'technique'.[1] Cette typologie recoupe assez bien, on le voit, l'opposition que nous avons décrite plus haut entre la société 'aristocratique' et la 'bourgeoise'.

Nous entreprendrons ici de mettre en évidence les principales différences entre la société 'aristocratique' et la société 'bourgeoise'. Cela nous permettra de comprendre pourquoi les auteurs aristocratiques mentionnés ont considéré la société du passé comme bien meilleure que celle où ils vivaient. Cette analyse nous permettra également de mieux saisir les prises de position de Rousseau. Nous nous demanderons, enfin, si la critique des institutions sociales par l'auteur du *Contrat social* coïncide ou non avec celle des auteurs aristocratiques.

i. Caractères de la société aristocratique

La société aristocratique s'est formée vraisemblablement à une époque d'instabilité, de guerres et d'émigrations, ce qui explique que les valeurs guerrières y aient eu la prééminence absolue. Un tel climat d'insécurité semble favoriser la constitution d'un pouvoir fort. Le sociologue P. Sorokin, dans *Man and society*

---

1. Rocher, *Introduction à la sociologie générale*, t.ii: *L'Organisation sociale*, p.87-127.

in calamity,[2] a montré que les guerres, les révolutions, les famines et les pestilences exigent la mise en place d'institutions 'totalitaires'. Cela peut expliquer que la société aristocratique ait eu une conception morale et politique fort contraignante pour l'individu, à l'avantage du groupe. La solidarité qui lie étroitement les citoyens les uns aux autres et les soumet totalement à la volonté de l'Etat peut s'expliquer par le danger que présentent les guerres extérieures et les révoltes intérieures de la part de groupes inférieurs ou d'esclaves. Quoi qu'il en soit, la société aristocratique s'inspire d'une morale de la solidarité et du sacrifice. C'est en cela que consiste sa force principale.

D'autre part, comme chaque citoyen occupe dans la hiérarchie sociale une place déterminée par la naissance et que la tradition a rendu cette organisation immuable, la société aristocratique est stable et conservatrice. La faiblesse de cette société consiste dans le fait que sa structure héréditaire empêche les individus d'être sélectionnés à partir de leurs aptitudes naturelles, ce qui entraîne un manque d'efficacité dans l'organisation globale et, particulièrement, de l'économie. Celle-ci est peu développée dans la cité aristocratique. La division du travail y est rudimentaire et la production de biens de consommation faible. La population y est par conséquent peu nombreuse. Le commerce est limité et la monnaie peu importante. La propriété de la terre est familiale et inaliénable. L'insécurité est probablement l'obstacle principal au développement de l'économie.

Dans la société aristocratique, l'individu est subordonné à la famille étendue, dont il est d'autant plus solidaire qu'il en dépend économiquement. Les liens de parenté très étroits, par les devoirs qu'ils comportent envers les individus, en situation de besoin, sont essentiels dans une économie de subsistance. Pour connaître un individu, il suffit de demander: 'De qui est-il fils?'

Dans ce type de communauté le moyen d'assurer l'ordre public, c'est le regard que chacun porte sur chacun. Comme la population est restreinte et que tout le monde s'y connaît, l'individu qui manque visiblement à ses devoirs envers sa famille et la communauté est sanctionné immédiatement par la voix publique et il est atteint aussi bien dans l'honneur personnel que familial. C'est dire que la morale joue un rôle très important dans ce type de société. C'est du respect de la morale que dépend le bon fonctionnement de la communauté. Aussi les conditions psychologiques, morales, économiques et politiques de la société aristocratique se présentent-elles comme très différentes, sinon opposées, à celles de la société bourgeoise.

2. (New York 1968).

ii. Caractères de la société bourgeoise

Ce qui frappe dans cette dernière société, c'est la liberté dont jouit l'individu par rapport à l'Etat. La libération de l'individu s'explique, en partie, du moins, par les conditions de sécurité qui prévalent dans la société bourgeoise. Les guerres y sont moins fréquentes et souvent éloignées. L'économie fort développée contribue dans cette société à rendre l'existence des citoyens moins précaire que dans la société aristocratique. La société bourgeoise est parvenue à une division du travail très poussée et à une production de biens de consommation assez considérable pour permettre à une population nombreuse de subsister. Elle a besoin d'un système monétaire complexe. L'organisation sociale se fonde sur l'économie à tel point que l'individu s'y définit par la valeur du travail qu'il est en mesure de fournir. Quand on veut situer quelqu'un socialement on demande: 'Qu'est-ce qu'il fait?'

L'ordre social est assuré par la contrainte qu'impose aux individus leur insertion dans le processus productif et par une structure répressive. En effet, le nombre et la mobilité de la population empêchent le contrôle des individus par le regard de chacun et par la sanction qui en résulte. Cela explique l'indignation de ceux qui ont vécu à l'époque de transition de la société aristocratique à la société bourgeoise, qui ont été frappés surtout par le déclin de la morale et l'affirmation de l'intérêt personnel.

La force de la société bourgeoise consiste dans son efficacité dans le domaine économique et dans la prospérité matérielle des citoyens, malgré une grande inégalité dans la distribution de la richesse. De plus, comme elle accorde aux individus le choix de leur profession, elle contribue à les rendre arbitres de leur sort et de la satisfaction de leur ambition personnelle. Sa faiblesse consiste cependant dans le fait que la prééminence accordée à l'économie et les exigences de son organisation finissent par s'imposer au détriment des activités spirituelles de l'homme. Dans la société bourgeoise, la vie professionnelle est tellement exigeante qu'elle finit par attribuer à la dimension économique de l'existence une priorité sur l'activité morale. L'individu, soumis à l'impératif économique, aux lois de la concurrence et du rendement, évolue dans un domaine peu favorable à l'éclosion des vertus telles que la générosité, la pitié, la compassion, l'abnégation. Il finit par perdre le goût de l'engagement moral et son existence s'épuise dans un utilitarisme désolant. C'est sur cela qu'insiste le sociologue E. Durkheim quand il affirme dans ses *Leçons de sociologie*: 'Voilà comment le déchaînement des intérêts économiques a été accompagné d'un abaissement de la morale publique.'[3]

3. (Paris 1969), p.51.

Un autre sociologue, W. Stark, a montré dans *The Social bond*, dans un chapitre consacré à l'avidité humaine, qu'aussitôt que l'individu n'est plus subordonné totalement à la communauté, comme il l'était dans la société d'autrefois, et qu'il devient indépendant, comme il l'est dans la société moderne, son existence matérielle devient le centre de son intérêt, dans la mesure où il recherche les objets servant à la satisfaction de ses besoins personnels. Du déplacement de l'attention des hommes aux choses dérive, selon ce sociologue, la 'dépersonnalisation de la vie'.[4] W. Stark a fait remarquer que la morale de la frugalité, typique de l'ancienne société, a survécu, dans une certaine mesure, au début du capitalisme. Il mentionne J. Kulischer qui, en se référant à la période 1600-1800, rappelle que l'arrangement d'une vitrine, l'annonce présentant les marchandises, et toute pratique tendant à séduire les clients étaient considérés comme illicites, voire immoraux (p.85).

La vie professionnelle et la vie privée ont arraché l'individu de la société bourgeoise à la vie collective telle que la concevait la société aristocratique et qui constituait le milieu idéal pour que se développent la sociabilité et la sentimentalité. Celles-ci ont beaucoup perdu de leur importance. Dans la société bourgeoise, l'individu est isolé moralement et affectivement.

Non seulement la société bourgeoise a-t-elle réduit le rôle de la vie morale, mais elle a éliminé les épreuves qui permettaient aux hommes de reconnaître les âmes supérieures. J. Delumeau, en parlant de la société d'autrefois dans *La Peur en Occident* (du quatorzième au dix-huitième siècle), affirme à ce propos:

L'univers du juste milieu et des demi-teintes, qui est le nôtre d'ordinaire – univers qui rejette à la périphérie les excès des vertus et des vices – se trouvait brusquement aboli. Un projecteur à haute puissance était tout d'un coup braqué sur les hommes, qui les démasquait sans pitié: beaucoup apparaissaient lâches et odieux et quelques-uns sublimes.[5]

En somme, la société d'autrefois, malgré les souffrances qu'elle endurait, s'exaltait par l'exemple de la vertu qui lui était constamment signalé. C'est bien ce que fait remarquer A. de Tocqueville en comparant la société 'aristocratique' et la 'démocratique': 'On voyait alors, dans la société, de l'inégalité, des misères, mais les âmes n'y étaient pas dégradées'.[6]

iii. Idéalisme et matérialisme

Il faut remarquer que la morale idéaliste de la société aristocratique doit souvent faire appel à un état d'exaltation des individus pour qu'ils oublient leur intérêt

---

4. Stark, *The Social bond*, iii.85.
5. (Paris 1978), p.124.
6. Tocqueville, *De la démocratie en Amérique* (Paris 1975), p.22.

personnel dans le dévouement à la communauté. Celle-ci les métamorphose dans l'imaginaire collectif et les grandit dans la représentation idéalisée qu'elle donne d'elle-même. Pour mener à bien son œuvre de suggestion, la société aristocratique transpose, dans un univers de signes, les valeurs civiques et les modèles. Les cérémonies, les fêtes, les défilés, les costumes, les insignes, les couleurs, les musiques entretiennent la ferveur des citoyens et leur rappellent le rôle qui leur est assigné dans la subordination sociale. La société aristocratique accorde ainsi la prééminence à la foi et au sentiment. (Voir le chapitre 14, 'La politesse ou le déclin de la sentimentalité'.)

La morale héroïque de la société aristocratique exige des épreuves pour assurer la tension nécessaire à l'effort qui lui est demandé, et elle se trouve souvent entraînée dans des entreprises hasardeuses (des guerres, par exemple) qui ne sont pas justifiées par sa conservation. Dans cette société les souffrances sont grandes et les hommes sont sacrifiés souvent aux principes.

Enfin, la raison principale pour laquelle la morale prenait une dimension extraordinaire dans la société aristocratique, c'est qu'elle y représentait un moyen efficace de gouvernement. Cela explique que la morale et la politique aient été indissolubles et qu'elles se soient prévalues du concours de l'éducation et de la religion. La morale était ainsi un moyen plutôt qu'une fin. Cette réserve faite, on peut convenir que la société aristocratique était, en quelque sorte, plus morale que la société bourgeoise et, en tout cas, nous comprenons pourquoi elle apparaissait bien meilleure aux auteurs dont nous avons parlé dans cette étude et, bien sûr, à Rousseau lui-même. Encore faut-il constater que cette morale n'était vraiment valable que pour le groupe dominant, libre des contraintes du travail et du servage. A la rigueur, on ne peut pas dire que la société aristocratique était plus morale que la société bourgeoise, mais seulement que la première motivait ses membres, moralement et affectivement, beaucoup plus que la seconde n'impliquait les siens dans le même domaine.

Quant à la société bourgeoise, à partir du moment où elle n'avait plus besoin de la morale pour assurer l'ordre social, elle pouvait libérer l'individu et lui permettre les satisfactions personnelles nécessaires à son bonheur. Les tenants de la société aristocratique remarquaient cependant que la société bourgeoise assujettissait l'individu en lui faisant croire qu'une multitude d'objets de consommation, dont la possession lui demandait l'essentiel de ses énergies, lui étaient effectivement indispensables. On comprend qu'il ait paru scandaleux, aux tenants de la société aristocratique, que l'activité économique, celle qui concerne les besoins inférieurs de l'homme, finisse par caractériser la société bourgeoise. Ils ne manquaient pas d'ailleurs d'observer que la liberté de la société bourgeoise n'avait pas beaucoup de sens pour les groupes inférieurs, dont la pauvreté les jetait dans la dépendance des autres. Cela explique qu'on ait dénoncé au dix-huitième siècle la condition des ouvriers et qu'on l'ait considérée pire que l'esclavage.

iv. Vie collective et vie privée

Il faut tenir compte du fait que l'économie, dans la société aristocratique, n'est pas fondée sur la concurrence. La propriété avait autrefois un caractère collectif qui favorisait la collaboration. J. M. Barbier a fait remarquer dans *Le Quotidien et son économie*[7] combien l'atmosphère associative prévalait dans la famille d'autrefois. Le chef de famille et ses subordonnés se préoccupaient de la propriété indivise qu'ils voulaient conserver. Ils n'avaient pas à se diviser dans la poursuite d'objectifs individuels. Cet auteur a montré aussi que la disposition de l'habitat favorisait autrefois la vie en commun et que la construction des maisons, avec leurs chambres disposées en enfilade, sans couloirs, obligeait les habitants à passer par toutes les pièces de l'habitation et rendait impossible la vie privée. P. Ariès, dans *L'Enfant et la vie familiale sous l'ancien régime* a mis en évidence que la vie sociale était si importante sous l'ancien régime qu'il n'y avait pratiquement ni vie professionnelle ni familiale distinctes, et que les individus de tout âge et de toute condition vivaient constamment ensemble: 'L'ancienne société concentrait le maximum de genres de vie dans le minimum d'espace, et acceptait, si elle ne le recherchait pas, le rapprochement baroque des conditions les plus écartées.'[8]

En somme, quel qu'ait été l'abîme qui séparait les individus dans la hiérarchie aristocratique, le fait qu'ils vivaient proches les uns des autres les amenait à sympathiser entre eux. Or, dans la société bourgeoise, les individus sont à peu près égaux juridiquement mais ils restent étrangers les uns aux autres parce qu'ils vivent chacun de leur côté.

v. L'invention de l'imprimerie

D'autres éléments ont sans doute contribué à la solitude dont souffre l'individu dans la société moderne, solitude liée principalement à un manque d'implication affective. Nous voudrions ici parler d'un facteur auquel des auteurs tels que M. McLuhan et D. M. Lowe ont attribué une importance majeure, tant en regard de l'isolement de l'individu que dans la naissance de la société moderne: l'invention de l'imprimerie.[9] Sans vouloir attacher à cette invention autant

7. (Paris 1981).
8. (Paris 1973), p.316.
9. M. McLuhan, *Pour comprendre les médias* (Paris 1967); D. M. Lowe, *History of bourgeois perception* (Chicago 1982).

d'importance que lui en accordent ces auteurs, il est intéressant de savoir comment cette invention a pu contribuer à l'avènement de la mentalité bourgeoise.

Le fait de parler et d'entendre entraîne une réaction immédiate de la part des personnes qui entrent en communication, réaction accentuée par les gestes et l'intonation de la voix. La lecture n'entraîne pas une réaction immédiate. L'homme qui sait lire et écrire acquiert la capacité de se détacher du contexte immédiat de son expérience pour interposer entre lui et sa réaction émotive un intervalle de réflexion. On conçoit aisément que l'individu qui consacre beaucoup de temps à la lecture et à l'écriture finit par se rendre indépendant par rapport au groupe, dans la mesure où il développe isolément son aptitude à la réflexion. Au contraire, celui qui ne consacre pas de temps à ces occupations n'acquiert de connaissances que par l'échange direct avec des interlocuteurs, d'où sa dépendance par rapport à eux et son acceptation des valeurs collectives. Il semble que la rupture entre la connaissance auditive et visuelle favorise la dissociation du sentiment et de la raison, de l'individu et du groupe.

Le bourgeois, absorbé par la lecture et le calcul dans l'exercice de sa profession, y prend le goût de la réflexion et de l'indépendance. Le marchand joue probablement le rôle le plus important dans la formation de la mentalité bourgeoise. Selon des auteurs modernes, 'C'est le marchand qui prend la relève du clerc; l'intellectuel, on peut même dire l'idéologue, est celui qui tient les comptes.'[10]

La foi en la science conduit le bourgeois à substituer l'explication scientifique à l'interprétation religieuse du monde. La démarche rationaliste encourage chez lui l'esprit critique et l'innovation. Comme il vit en milieu urbain et que la diffusion du savoir y est aisée, le bourgeois entre en contact avec les idées des pays les plus éloignés. Pour lui, les distances tendent à diminuer. D'autre part, comme le bourgeois accepte facilement le changement, il le perçoit comme une accélération du temps. Le rétrécissement de l'espace et l'accélération du temps contribuent chez lui à une relativisation des valeurs sociales. Comme il valorise l'entreprise humaine, il aspire à dominer le monde et sacrifie la nature aux exigences de l'économie. Le bourgeois est donc rationaliste, individualiste, relativiste, optimiste, matérialiste, innovateur et pacifiste.

On peut opposer au bourgeois l'homme qui est resté enraciné dans la société aristocratique et qui a ressenti le moins l'impact de l'invention de l'imprimerie: le noble campagnard. Comme il est ignorant et qu'il n'a pas souvent l'occasion de s'instruire, il évolue dans une culture de type oral qui privilégie l'émotivité sur la rationalité. Il est très intégré dans le groupe et en prise directe avec le

---

10. F. Châtelet, G. Mairet, *Histoire des idéologies* (Paris 1978), ii.226.

monde naturel. En effet, les activités qu'il pratique (la chasse, par exemple) le gardent en contact avec la nature, dont il accepte les contraintes. Etant donné que les idées circulent lentement en milieu rural, il n'a pas l'occasion de douter des valeurs traditionnelles. Son attachement aux principes aristocratiques le rend peu propre au compromis, à l'innovation et à la critique. Le noble est donc émotif, communautaire, dogmatique, traditionnaliste, idéaliste, pessimiste et belliqueux.

vi. Société et littérature

Les deux sociétés dont nous avons mis en évidence les traits essentiels ont des conceptions très divergeantes de la littérature. Celle-ci ne peut rester étrangère aux grands débats de la société sur les valeurs morales. Le sociologue P. Sorokin a montré que les littératures occidentales se sont inspirées à travers les siècles de trois types différents de morale: une 'éthique de l'amour', d'essence mystique; une 'éthique des principes', liée à une conception idéaliste, absolue et transcendante du monde; et, finalement, une 'éthique du bonheur', propre à une conception rationaliste, relativiste, sensorielle et utilitaire du monde. Il a noté que de 1700 à 1740 l''éthique des principes' l'emporte largement sur l''éthique du bonheur', tandis que le courant tend à s'inverser de 1740 à 1780. On peut avancer, à partir de cette étude de P. Sorokin, que l'opposition des deux morales reflète le conflit entre la société aristocratique et la bourgeoise et que la première subit sa crise la plus décisive entre 1740 et 1780.[11]

G. Gurvitch, dans 'Problèmes de la sociologie de la vie morale', que nous avons cité dans notre introduction, a mis en évidence que la 'moralité des vertus', fondée sur des vertus telles que la franchise, la gloire, l'abnégation, la fidélité, joue un rôle essentiel dans la cité antique, dans les classes féodales et nobles ainsi que dans les hiérarchies des chevaliers. Cette morale se différencie de la 'moralité finaliste', qui se fonde sur des objectifs, tels le progrès, le bien-être, le savoir, caractéristiques du 'capitalisme concurrenciel'.[12]

En tenant compte des observations de P. Sorokin et G. Gurvitch, on peut dire que la littérature où dominent l''éthique des principes' et la 'moralité des vertus' provient surtout de la société aristocratique, tandis que l''éthique du bonheur' et la 'moralité finaliste' appartiennent plutôt à la société bourgeoise.

D'autre part, ces deux sociétés apprécient différemment le rôle du savoir. G. Gurvitch, dans 'Problèmes de la sociologie de la connaissance', a fait remarquer

11. P. Sorokin, *Social and cultural dynamics: a study of change in major systems of arts, truth, ethics, law and social relationship* (1957; New Brunswick, Oxford 1985), p.420.
12. Gurvitch, *Traité de sociologie*, ii.137-72.

que la connaissance philosophique domine dans la cité antique, tandis que les connaissances scientifique et technique y sont défavorisées. Pour cet auteur, c'est, par contre, la connaissance philosophique-théologique qui l'emporte dans la société féodale. Enfin, dans la société du capitalisme naissant ce sont la connaissance scientifique et la technique qui dominent sur la connaissance philosophique.[13] Notons que la connaissance philosophique s'applique à la recherche de la vérité absolue, en accord avec une conception transcendante du monde. Elle tend à produire des œuvres dogmatiques, des traités de politique et de morale qui déterminent des principes en dehors du temps et de l'espace. Remarquons, par exemple, chez Fénelon, Boulainvilliers, Saint-Simon, d'Argenson, Montesquieu, Mirabeau, la tendance à légiférer dans l'absolu, à esquisser des projets de cité idéale ou à discerner dans la complexité et la multiplicité des phénomènes sociaux et politiques les principes fondamentaux qui les soustendent. Au contraire, les connaissances scientifique et technique tiennent compte des leçons de l'expérience et, quand ces connaissances s'appliquent à la politique et à la morale, leur démarche est plutôt relativiste et utilitaire.

D'autre part, la tendance de la société aristocratique à expliquer les faits, non d'après leur contexte immédiat, mais en rapport aux valeurs transcendantes auxquelles elle se réfère explique la préférence de la société aristocratique pour l'expression mythique et symbolique. La société bourgeoise, qui préfère l'explication scientifique de la réalité à l'interprétation transcendante, élabore une littérature rationaliste d'où le mythe et le symbole sont pratiquement bannis. On conçoit dès lors que les auteurs que nous avons présentés comme les porteparole de la pensée aristocratique aient largement recours au mythe et au symbole, dans la mesure où ces moyens d'expression leur permettaient de mieux communiquer avec le public de la société aristocratique. C'est le cas, par exemple, pour le *Télémaque* de Fénelon, où le contenu le plus important est presque toujours médiatisé, et aussi pour l'*Esprit des lois* de Montesquieu, où la description de la cité antique, surtout, permet au message politique de passer.

Il s'agit d'examiner, dans les pages suivantes, comment Rousseau se situe par rapport aux sociétés que nous venons d'esquisser. Remarquons qu'il y a chez lui une prédilection très nette pour l'expression symbolique, comme nous l'avons vu à propos de l'illumination de Vincennes. C'est d'ailleurs cette expression symbolique qui semble avoir empêché la critique moderne de saisir la signification profonde de bien des passages de l'œuvre rousseauiste. Nous verrons que la description de ces deux sociétés, l'aristocratique et la bourgeoise, qui, dans les faits, se chevauchaient, nous permettra de mieux comprendre

---

13. Gurvitch, *Traité de sociologie*, ii.103-36.

234

certaines positions de Rousseau et des auteurs dont il s'est directement ou indirectement inspiré.

Retenons de ce chapitre les points suivants, en particulier, parce qu'ils sont susceptibles d'expliquer quelques notions essentielles présentes dans l'œuvre de Rousseau. Les cérémonies, les fêtes, et les contacts sociaux les plus divers étaient nécessaires à la société aristocratique pour resserrer les liens personnels de subordination et de dépendance sur lesquels elle se fondait, et elle n'avait pas d'autres moyens d'affermir les valeurs sociales et l'autorité que par la communication orale et individuelle. Par opposition, la société bourgeoise, qui disposait de l'imprimerie, atteignait le plus grand nombre de ses membres et leur inculquait les valeurs et les notions d'autorité qui lui étaient indispensables, sans la nécessité du contact personnel. D'autre part, les valeurs de la société aristocratique, qui étaient fondées sur une morale du sacrifice individuel, comportaient l'exaltation de la foi et du sentiment, tandis que les croyances de la société bourgeoise, qui encourageaient le bonheur personnel, valorisaient la rationalité.

11. Le débat sur les sciences et les arts au XVIIIe siècle

JUSQU'ICI nous avons suivi le débat sur les sciences et les arts tel qu'il s'est développé aux seizième et dix-septième siècles. Nous n'avons pris acte, en ce qui concerne le dix-huitième siècle, que des positions de quelques personnages tels que Fénelon, le duc de Bourgogne, le comte de Boulainvilliers et le marquis d'Argenson. Maintenant, il nous faut considérer globalement la période 1700-1750 pour déterminer si ce débat est encore actuel au moment du *Discours sur les sciences et les arts* de Rousseau. A cette fin, nous aurons recours à plusieurs témoignages provenant des milieux sociaux les plus divers.

i. Une arme dangereuse

Le débat sur les sciences et les arts n'est pas terminé, si l'on tient compte de la discussion qui, selon Saint-Evremond, eut lieu entre le comte Beautru de Serraut et le commandeur Jars de Rochechouart. Le premier approuvait des hommes d'Etat tels que César et Alexandre d'être cultivés. Le second lui faisait remarquer qu'à l'époque de sa jeunesse, les gentilshommes destinés à commander n'apprenaient que l'art militaire, la danse et un peu de mathématiques. Il conclut:

Du latin! De mon temps du latin! un gentilhomme en eût été déshonoré. Je connais les grandes qualités de monsieur le prince et suis son serviteur: mais je vous dirai que le dernier Connêtable de Montmorency a su maintenir son crédit dans les provinces et sa considération à la Cour, sans savoir lire.[1]

Cette discussion annonce le tournant du siècle et on peut en conclure, du fait que le plus jeune des interlocuteurs est acquis aux sciences, que celles-ci s'imposaient rapidement. Cependant, vers 1715, la noblesse restait ignorante dans son ensemble, comme on peut le déduire d'un passage de Saint-Simon. Il avait demandé au duc d'Orléans de confier un certain nombre de charges de l'Etat à des gentilshommes. Malheureusement, il n'y en avait pas en mesure de se rendre utiles:

L'embarras fut l'ignorance, la légèreté, l'inapplication de cette noblesse accoutumée à n'être bonne à rien qu'à se faire tuer, à n'arriver à la guerre que par ancienneté, et à

---

1. Saint-Evremond, *Œuvres mêlées* (Amsterdam 1706), i.121.

croupir du reste dans la plus mortelle inutilité, qui l'avait livrée à l'oisiveté et au dégoût de toute instruction hors de guerre, par l'incapacité d'état de s'en pouvoir servir à rien.[2]

En 1717, dans un livre assez lu à l'époque, *De la science du monde* de Callières, deux interlocuteurs distinguent entre le bon et le mauvais usage des sciences, qu'ils comparent à une arme dangereuse: 'c'est une épée tranchante dans les mains d'un furieux qui la tourne contre lui-même et qui sert à un homme sage pour le défendre de ses ennemis'.[3] Cette comparaison est assez courante à l'époque, pour expliquer que les sciences ne conviennent qu'à une élite.

En 1730, on apprend par la brochure intitulée *Instruction d'un père à son fils* que la noblesse se complaît dans son ignorance. L'auteur affirme à propos de la noblesse d'épée: 'Ce corps est le plus noble, le plus distingué et le plus nécessaire dans un état monarchique, mais on peut dire aussi que, généralement parlant, c'est le plus ignorant.'[4] Pour l'auteur, les gentilshommes devraient être en mesure de mériter les charges de l'Etat en apprenant les langues étrangères, le droit et, surtout, en sachant lire et écrire correctement. Cet auteur s'exclame: 'Vous verrez, mon fils, combien la noblesse est éloignée de suivre cette carrière' (p.167). Il déplore l'ignorance des gentilshommes de la cour. Quant aux nobles campagnards, ils laissent encore plus à désirer. Selon cet auteur, ils 's'embarrassent rarement de l'étude des sciences et des beaux-arts' (p.171). Il mentionne également le peu de culture des gentilshommes employés à l'armée et cite le cas d'un officier qui croyait Bruxelles en Espagne parce que cette ville était sous administration espagnole.

ii. Les sciences et la vertu

En 1734, le *Mercure de France* nous informe que la dispute continue entre ceux qui considèrent les sciences comme moralement corruptrices et ceux qui soutiennent le point de vue contraire. Un nommé Le Tors, dans un article intitulé 'Examen des principes sur lesquels on peut juger du caractère des anciens et de celui des différentes nations', refuse de croire que les anciens étaient meilleurs que les modernes et affirme: 'C'est une erreur populaire de croire que la science nous rend plus méchants à proportion qu'elle nous donne des lumières.'[5] (Il semble bien que le mot *populaire* signifie ici 'courant', 'fréquent'.) Pour cet auteur, il ne faut pas confondre la science et les abus dont elle peut être l'objet. Il trouve que les gens les moins éclairés ont le moins de

2. Saint-Simon, *Mémoires* (Paris 1966), xii.465.
3. (Paris 1717), p.173-74.
4. Dupuy, *Instruction d'un père à son fils*, p.166.
5. *Mercure de France*, no.xxvii (décembre 1734), p.2760.

chances de parvenir à la vertu. Il admet que les anciens étaient plus simples que les modernes, mais il note que leur simplicité était inhérente à leur époque et à leur manque de connaissances. Il va jusqu'à dire que les anciens étaient plus mauvais que les modernes à cause de leur grossièreté: 'On était pire que nous, parce qu'on était grossièrement ce que nous sommes' (p.2761).

Toujours en 1734, le *Mercure de France* publie une réponse à la question qu'il a posée dans le numéro d'août 1733: 'Quel est l'état le plus propre à acquérir la sagesse, de la richesse ou de la pauvreté?' Un ecclésiastique, M. Simonnet, prieur d'Heugerville, constate que le pauvre a plus de chances que le riche d'approcher de la véritable sagesse. Il reproche aux riches l'éducation superficielle qu'ils reçoivent dans les collèges et soutient que leurs connaissances leur font plus de mal que de bien: 'ce sont des armes entre les mains d'un furieux', dit-il.[6] Cette image des sciences assimilées à une arme dangereuse, image que nous avons déjà relevée, s'inspire probablement de la phrase de Montaigne: 'C'est un dangereux glaive, et qui empesche et offense son maistre, s'il est en main faible et qui n'en sçache l'usage.'[7] Montaigne, qui est conservateur, reproche à ses contemporains d'utiliser les sciences comme moyen d'élévation sociale. Son propos indique qu'il désapprouve l'instruction pour le plus grand nombre.

En 1735, le *Mercure* publie un extrait d'une lettre concernant l'Académie de La Rochelle. Cet extrait nous informe qu'à la séance d'ouverture de l'Académie, on a fait l'éloge des arts et on y mentionne un discours 'où l'auteur, après avoir fait l'histoire abrégée des beaux-arts et marqué la fin qu'ils se proposent, répond aux préjugés de ceux qui ne considèrent l'étude des belles lettres, que comme un amusement frivole, quelquefois même dangereux'.[8]

En 1740, le *Mercure* publie encore un extrait d'une lettre concernant l'Académie de La Rochelle. On y apprend que 'M. Deslandes, Commissaire général et ordonnateur de la Marine à Rochefort, donna pour tribut de son association, un *Discours sur l'utilité des Académies*, et prit de là l'occasion de parler des contradictions auxquelles elles sont exposées dans les villes de leur établissement.'[9] Deslandes parle de l'opposition recontrée par les académies et de l'acharnement des gens occupés à les dénigrer. Ceux-ci appartiennent à deux catégories principales, à savoir, ceux qui sont jaloux du mérite d'autrui, et les autres, encore plus redoutables. Il parle ainsi de ces derniers (p.1287):

Les autres contradicteurs des sociétés littéraires, poursuit M. Deslandes, sont et plus dangereux et en plus grand nombre: ils demandent sans cesse à quoi sert l'étude, et de

6. *Mercure de France*, no.xxvi (mars 1734), p.444.
7. Montaigne, *Essais*, I, 24: 'Du pédantisme'.
8. *Mercure de France*, no.xxix (juillet 1735), p.1597.
9. *Mercure de France*, no.xxxviii (juin 1740), p.1285.

238

quelle utilité sont les sciences et les beaux-arts, etc. Vous le savez, comme moi, Mrs, les vrais biens sont les talents de l'*esprit*, les connaissances profondes, un discernement sûr et exquis, l'amour si précieux de la vérité [...] et ce qui met le comble à toutes ces qualités, ce qui les relève infiniment, la vertu.

Le manque de vertu reproché aux hommes des lettres est probablement ce qui préoccupe les académiciens. En 1743, le *Mercure* publie un extrait d'une lettre relative à une séance de la Société littéraire d'Arras. Le directeur, le baron de Ronsart, fait état des obstacles que l''ignorance' a opposés à la fondation de cette société littéraire et se réjouit d'avoir pu les surmonter. Il ajoute: 'En formant cette société, nous avons arboré le double étendard de la science et de la vertu: c'est donc à nous, M.M., à donner des exemples de l'une et de l'autre.'[10]

En 1744, le *Mercure* demande 's'il est plus avantageux à un homme, pour son vrai bonheur, de posséder toutes les sciences et tous les arts, ou de les ignorer tous'.[11] Une des réponses conclut à l'avantage des arts et une autre soutient que seul l'ignorant est heureux.

iii. Aggravation de l'ignorance des gentilshommes

En 1747, l'auteur de l'*Essai sur l'éducation de la noblesse* déplore non seulement l'ignorance traditionnelle de cet ordre mais encore une aggravation de cette ignorance, puisqu'il parle d'une 'décadence des lettres'. Il s'exclame:

C'est à la noblesse qu'il s'en faut prendre; je suis fâché d'en convenir: il semble qu'elle regarde l'amour des lettres comme une dérogeance; mais peut-on se l'imaginer? Les talents de l'esprit ou seulement le goût et le discernement du bon et du beau ne rehaussent-ils pas au contraire l'éclat de la naissance et des postes éminents?[12]

L'auteur mentionne des gentilshommes cultivés – le chancelier de L'Hôpital, le président de Thou, le cardinal de Richelieu, le cardinal Du Perron, le duc de La Rochefoucauld, le grand Condé, le président de Lamoignon, Fénelon, Saint-Evremond – et demande: 'Ont-ils dédaigné le savoir et les lettres?' (p.44).

Montesquieu, en 1748, en affirmant que la noblesse doit jouer un rôle politique accru, reconnaît l'ignorance des gentilshommes: 'L'ignorance naturelle à la noblesse, son inattention, son mépris pour le gouvernement civil, exigent qu'il y ait un corps qui fasse sans cesse sortir les lois de la poussière, où elles sont ensevelies.'[13]

10. *Mercure de France*, no.xliv (mai 1743), p.988.
11. *Mercure de France*, no.xlvi (mai 1744), p.859.
12. Brucourt, *Essai sur l'éducation de la noblesse*, p.43.
13. Montesquieu, *Esprit des lois*, II, 4.

En 1750, M. Toussaint apporte un jugement négatif sur l'invention de l'imprimerie, responsable de la diffusion des sciences et des arts. Il reproche à l'imprimerie d'avoir rendu les hommes raisonneurs et rebelles à l'autorité. Il affirme: 'La subordination exige des sujets humbles, et ce ne sont pas les livres qui en font. Saint-Paul dit que la science enfle. Ils ne sont pas plus propres à former des soldats, des laboureurs, et des artisans.'[14]

En 1751, Turgot explique dans une lettre à madame de Graffigny la désaffection de la noblesse pour les études. Il rappelle que la noblesse d'autrefois ne s'intéressait qu'aux exercices du corps et que les études n'étaient entreprises que par des ecclésiastiques d'âge mûr. Selon Turgot, les écoles se sont organisées ainsi d'une façon tout à fait inadaptée aux exigences des gentilshommes: 'Qu'est-il arrivé de là? C'est que, quand la noblesse a voulu étudier, elle a étudié selon la forme des collèges établis, et elle n'a souvent fait que se dégoûter de l'étude.'[15]

iv. La subversion sociale

En 1763, un ouvrage anonyme intitulé *L'Homme en société*, attribué à Goyon de La Plombanie, proteste énergiquement contre l'instruction dont bénéficient bien des enfants d'artisans. Pour l'auteur, ces enfants, après avoir terminé leurs études au collège, abandonnent la profession paternelle et tentent de s'élever socialement. Ils finissent souvent par échouer, alors qu'ils auraient été utiles à l'Etat s'ils avaient poursuivi l'exercice de la profession familiale. Il affirme: 'Pour donner une bonne éducation, il faut autant que faire se peut, éduquer les enfants pour l'état dans lequel ils sont nés.'[16] Cet auteur estime donc que la diffusion des sciences et des arts est dangereuse dans la mesure où elle est cause de subversion sociale. Pour lui, les enfants d'artisans ne devraient pas être envoyés aux collèges 'où ils perdent leur première jeunesse, où des enfants de différentes conditions, confondus ensemble, prennent ordinairement des sentiments, des façons et des inclinations contraires à leur état' (p.253).

v. Conclusion

On peut déduire de ces témoignages que la critique des sciences et des arts est encore vive au milieu du dix-huitième siècle et qu'elle s'accorde avec celle que

14. *Mercure de France*, no.lix (octobre 1750), p.85.
15. Turgot, *Œuvres*, éd. G. Schelle (Paris 1913), i.245.
16. Goyon de La Plombanie, *L'Homme en société, ou nouvelles vues politiques et économiques pour porter la population au plus haut degré en France* (Amsterdam 1763), p.158.

nous avons relevée aux siècles précédents. Certes, on ne peut pas dire qu'elle émane exclusivement de la noblesse. On peut cependant affirmer que la noblesse est restée essentiellement ignorante, si on la compare à la bourgeoisie, et que le deuxième ordre de l'Etat est, comme il l'a été dans le passé, à l'origine de la réaction conservatrice tendant à empêcher la diffusion de l'instruction. Remarquons qu'on reproche souvent aux sciences de contribuer à la subversion de la société, parce que les universités et les collèges permettent aux étudiants des milieux les plus humbles de s'élever dans la hiérarchie sociale. On insiste sur le fait que les études doivent être réservées à une élite.

D'autre part, on ne peut comprendre l'opposition des sciences et de la vertu sans se référer aux conceptions de la société aristocratique. Comme la pratique des sciences et des arts avait été, du moins à l'origine, réservée aux roturiers, et qu'elle avait un caractère sédentaire peu favorable à l'épanouissement du corps, elle ne pouvait guère se concilier avec la vertu nobiliaire. Selon cette dernière, le courage physique était primordial, conformément aux principes d'une aristocratie militaire. L'on voit donc qu'il pouvait être intéressant de se demander, dans la société du dix-huitième siècle, si les sciences avaient rendu les hommes meilleurs, que l'on fasse ou non référence à la conception nobiliaire de la vertu. Mais il est vraisemblable que la question n'aurait pas eu son retentissement extraordinaire sans les préjugés nobiliaires dont nous avons parlé.

Certes, au dix-huitième siècle, la noblesse, comme la société toute entière, s'est rendu compte de l'utilité des sciences et des arts, et les gentilshommes ne pensent plus à les contester aussi directement et ouvertement qu'autrefois. Pourtant, étant donné leur manque d'instruction, les gentilshommes sont désavantagés par rapport aux roturiers. L'éloge que ces derniers font des sciences et des arts peut alors apparaître comme un défi aux gentilshommes. Il est compréhensible, par conséquent, que les nobles ne soient pas fâchés d'entendre des auteurs contredire ceux qui se livrent à cet éloge. Quoique la critique des sciences et des arts puisse paraître démodée vers 1750, elle garde cependant tout son pouvoir émotionnel et peut, dans certaines circonstances, se manifester avec vivacité.

12. Les partisans du luxe à l'époque du *Discours sur les sciences et les arts* (1750)

NOUS avons vu que le mot 'luxe' désignait, en premier lieu, le raffinement matériel rendu possible par le progrès des arts et des techniques. Dans la mesure où ce progrès était cause de changement social, il s'est produit une réaction contre ce changement et une condamnation du luxe. Nous avons montré que cette condamnation venait du groupe dominant, et en particulier de la noblesse. Le groupe soumis – en particulier, la bourgeoisie – tenu pour responsable du changement social et de la 'confusion des rangs', n'a pas pu pendant longtemps élever la moindre objection à la condamnation du luxe. La société se transformant cependant de plus en plus par le progrès technique et économique, le luxe devait finalement s'imposer au dix-huitième siècle. La transformation dont nous parlons était plus avancée en Angleterre, et c'est dans ce pays qu'on a fait une première apologie du luxe.

i. Mandeville et les passions bourgeoises

Bernard de Mandeville a publié en 1705 un poème rimé (anonyme) intitulé: *The Grumbling hive, or knaves turn'd honest* ('La ruche mécontente ou les coquins devenus honnêtes'), qui est passé inaperçu. Ce même poème, accompagné d'un commentaire, a été imprimé de nouveau (et anonymement) en 1714, sous le titre de *The fable of the bees: or private vices, public benefits* ('La fable des abeilles ou les vices privés font le bien public'). Cette édition a été finalement remarquée par le public. Une nouvelle édition de cette fable, en 1723, jouit même d'un succès de scandale. En Angleterre, Mandeville se trouve au centre d'une importante polémique et de plusieurs réfutations. Il semble qu'il ait influencé directement Hume (*Traité de la nature humaine*) et A. Smith (*La Richesse des nations*). En France, Mandeville a encore suscité une polémique. Sa fable, traduite en 1740 seulement, a exercé une certaine influence même avant cette date. Voltaire s'en est inspiré dans le *Mondain* (1736), la *Défense du Mondain* (1737), dans le *Marseillais* et le *Lion* (1768) et dans les *Questions sur l'Encyclopédie* (1770-1772), article 'Abeille'. Montesquieu cite Mandeville dans son *Esprit des lois*, VII, 1 (1748). Rousseau le désapprouve dans sa préface du *Narcisse* (1752).

Quand la Sorbonne condamne *De l'esprit* d'Helvétius, en 1759, elle l'accuse de s'inspirer de la *Fable*.[1]

Mandeville compare les hommes à des abeilles laborieuses et montre que les passions dont ils sont animés contribuent à la prospérité de l'Etat. La vanité et la cupidité motivent le plus grand nombre de ces êtres sans cesse en mouvement. Il y a de la fourberie et de la malhonnêteté non seulement chez les charlatans, les voleurs, les joueurs ... mais aussi chez les avocats, les médecins, les prêtres, les soldats ... Les avocats, par exemple, compliquent les affaires dont ils s'occupent pour augmenter leur gain. Les médecins s'intéressent plus à l'argent qu'à la santé de leurs malades. Les prêtres sont aussi ignorants que cupides. On peut en dire autant des autres catégories de citoyens: 'C'est ainsi que chaque partie étant pleine de vices, le tout était cependant un paradis.'[2]

Dans cette société opulente, la vertu s'allie au vice, la cupidité à la prodigalité, en permettant au luxe de donner du travail à une multitude de petites gens qui auraient du mal à survivre autrement. L'envie et la vanité ne manquent pas de participer à cette œuvre utile. Tout est donc pour le mieux. Malheureusement, quelqu'un s'étant plaint des excès du vice, Jupiter en personne ordonne que la malhonnêteté soit éliminée de la ruche. Aussitôt cette société heureuse périclite. Les tribunaux et les avocats n'étant plus nécessaires, tous ceux qui vivaient de l'administration de la loi se trouvent dans la misère. Les médecins trouvent encore du travail, mais seulement les plus compétents se proposent pour soigner les malades, ce qui fait diminuer de beaucoup leur nombre. Il en est de même du clergé, où seuls les plus honnêtes exercent leur ministère. A la cour, les ministres et leurs serviteurs pratiquent la frugalité et le luxe disparaît. Ainsi toutes les entreprises qui étaient inspirées par le désir de la richesse et du luxe s'effondrent-elles. Et souffrent avec elles les gens qui en tiraient leur gagne-pain. Les artisans, les maçons, les peintres ... ne trouvent plus de travail. Les tavernes se vident, la mode est abandonnée, et les manufactures de luxe sont désertes. La ruche par conséquent se dépeuple.

La morale de cette fable est, selon Mandeville, qu''Il faut qu'existent la malhonnêteté, le luxe, l'orgueil, si nous voulons en retirer le fruit' (p.40). D'après lui, 'le vice est bénéfique quand il est émondé et restreint par la justice' (p.40). L'auteur en conclut que 'ceux qui veulent revoir un âge d'or, doivent être aussi disposés à se nourrir de glands qu'à vivre honnêtes' (p.40).

Il y a sans doute les principes d'une révolution dans cette *Fable*, qui n'a pas manqué de faire scandale. Il y a d'abord une réhabilitation des passions,

---

1. B. Mandeville, *The Fable of the bees*, éd. F. B. Kaye (Oxford 1966), p.xciv; *La Fable des abeilles ou les vices privés font le bien public*, éd. L. et P. Carrive (Paris 1974), p.40.
2. Mandeville, *La Fable des abeilles*, éd. L. et P. Carrive, p.33.

condamnées par l'ancienne société et par l'Eglise: la vanité, la cupidité, l'avarice, qui libèrent les instincts individuels. Ensuite, il y a l'idée que la politique doit se fonder sur l'économie, indépendamment de la morale. Enfin, la présence de citoyens pauvres et riches est nécessaire dans la société moderne. Ces idées se placent dans le contexte de la pensée bourgeoise, acquise au luxe. Mandeville dit à propos des ouvriers: 's'il faut les empêcher de mourir de faim, il faut aussi qu'ils ne reçoivent rien qui vaille la peine d'être mis de côté' (p.151). Cette affirmation soutient la politique des bas salaires pratiquée à l'époque. Le fait que Mandeville sépare l'économie de la morale, qu'il accorde à la première toute l'attention du gouvernement et qu'il en fasse même le moteur de la société, c'était justifier le profit, donner carte blanche à l'initiative des milieux d'affaires, se prononcer contre les principes de la société aristocratique.

ii. Melon et la liberté bourgeoise

Il semble que J. F. Melon se soit inspiré de Mandeville en publiant son *Essai politique sur le commerce* (1734).[3] Dans son chapitre consacré au luxe (ch.9), il soutient que les hommes, quelles que soient les idées qu'ils professent, ne sont conduits que par leurs passions. Il montre, par exemple, que les militaires sont animés uniquement par leur ambition et les marchands par leur cupidité. Pour lui, le législateur doit en tenir compte pour le bien de la société. Or, le luxe est bénéfique en ce qu'il stimule le travail humain. Melon fait remarquer que la notion du luxe est tout à fait relative: 'Des bas de soie étaient luxe du temps d'Henri II, et la faïence l'est autant, comparée à la terre commune, que la porcelaine comparée à la faïence,' écrit-il.[4]

L'auteur s'attache à réfuter les arguments des ennemis du luxe. Parmi les arguments, il rejette celui qui prétend que le luxe diminue le courage des soldats. Puis il considère l'éloge de l'antiquité. Il ne pense pas que Sparte, tant louée par les ennemis du luxe, ait été mieux gouvernée qu'Athènes. Il ne croit pas non plus que Sparte ait produit plus de grands hommes qu'Athènes, déduction qu'il fonde sur le fait que Plutarque, dans ses *Vies parallèles*, ne mentionne que quatre Spartiates sur sept Athéniens. Melon rejette le principe des lois somptuaires promulguées par Lycurgue et soutient que la communauté des Spartiates n'est pas concevable dans un aussi grand Etat que la France. Il témoigne de peu de considération pour Caton, le partisan le plus acharné des lois somptuaires. Pour Melon, l'Etat n'a pas à se mêler de l'administration du

3. F. B. Kaye, Introduction à *The Fable of the bees* (Oxford 1966), p.cxxxvi.
4. J. F. Melon, *Essai politique sur le commerce*, dans E. Daire (éd.), *Economistes financiers du XVIIIe siècle* (Paris 1851), p.696.

luxe. Il n'a pas à se préoccuper si un particulier se ruine en frais de luxe, car les ouvriers vivent de cette dépense. Il ajoute qu'on ne doit pas se scandaliser si le riche dépense une fortune pour des frivolités, puisque son argent resterait autrement inutilisé. L'auteur aboutit à la conclusion que l'Etat doit accorder au commerce une liberté totale, y compris au commerce de luxe.

Remarquons que cet auteur adapte son essai sur le luxe aux besoins de la polémique telle qu'elle existait en France. Dans ce contexte sa critique de l'antiquité et des lois somptuaires se justifie facilement. Ses arguments en faveur de la richesse et de la liberté du commerce, arguments favorables aux activités de la grande bourgeoisie française, s'expliquent par les mesures restrictives exigées par les adversaires du luxe.

iii. Voltaire et le *Mondain*

Voltaire connaît bien les arguments de ses prédécesseurs. Il doit quelques idées à Mandeville, à Melon et, probablement, aux libertins et sceptiques français tels que Bayle et Saint-Evremond.[5] Le *Mondain* contient l'éloge du luxe et du commerce. L'auteur y affirme que la frugalité des ancêtres n'était pas une vertu mais le résultat de leur pauvreté et de leur ignorance. Voltaire décrit la vie pénible d'Adam et d'Eve, auxquels il témoigne peu d'égards. En contraste avec eux, le Mondain jouit du raffinement du luxe et de la perfection des arts. La superbe maison qu'il habite est ornée des tableaux, des meubles et des tapisseries les plus remarquables. Quand il sort, le Mondain se déplace dans un carrosse somptueux. Aux banquets où il se rend, les mets les plus raffinés et les vins les plus rares lui sont prodigués. Le Mondain est sans doute heureux. Voltaire termine son poème en tournant en dérision Fénelon et son *Télémaque*.

Dans la *Défense du Mondain* (1737), Voltaire insiste sur la contradiction d'un ennemi du luxe qui déclame contre celui-ci tout en jouissant des plaisirs qu'il procure. L'auteur reconnaît que le luxe peut être nuisible à un petit Etat, mais il affirme qu'il est absolument indispensable aux grands Etats comme la France. Il explique que le luxe fait vivre le pauvre de la dépense du riche. L'auteur rejette les arguments de ceux qui admirent la frugalité de Curius, de Cincinnatus et des consuls en 'us', car on ne peut 'nommer vertu ce qui fut pauvreté'.[6] L'auteur approuve le ministre Colbert d'avoir créé l'industrie de la soie: 'Mais le ministre, utile avec éclat, sut par le luxe enrichir notre Etat' (p.157).

Le *Mondain* a reçu l'approbation de Melon, qui en donne ce jugement en écrivant à une dame protectrice des arts:

5. A. Morize, *L'Apologie du luxe au XVIIIe siècle et le Mondain de Voltaire* (Paris 1909), p.36-54.
6. A. Morize, *L'Apologie*, p.157.

J'ai lu, Madame, l'ingénieuse apologie du luxe; je regarde ce petit ouvrage comme une excellente leçon de politique, cachée sous un badinage agréable. Je me flatte d'avoir démontré, dans mon *Essai politique sur le commerce*, combien ce goût des beaux arts et cet emploi des richesses, cette âme d'un grand Etat qu'on nomme *luxe* sont nécessaires pour la circulation de l'espèce et pour le maintien de l'industrie.[7]

Remarquons comment Voltaire participe à la polémique historique sur le luxe, en critiquant les ancêtres et les anciens. Même s'il fait une concession aux adversaires du luxe, en admettant que celui-ci est nuisible à un petit Etat, il n'en proclame pas moins l'utilité dans les grands pays comme la France. Ses arguments ressemblent à ceux déjà utilisés par Mandeville et Melon.

iv. Auteurs secondaires

Parmi les auteurs mineurs prenant parti en faveur du luxe, jusqu'en 1750, nous mentionnerons Cartaud de La Villate et l'abbé Le Blanc.

Cartaud de La Villate, dans son *Essai historique et philosophique sur le goût* (1736), consacre un chapitre à la question suivante: 'Le goût du luxe est-il contraire aux intérêts de l'Etat?' Il répond par la négative, en soutenant que le luxe fait circuler les richesses et qu'il permet ainsi aux pauvres de vivre de la dépense des riches. Il insiste sur le fait que le luxe stimule les recherches et les découvertes scientifiques: 'L'envie d'avoir de belles eaux jaillissantes fut suivie de la découverte merveilleuse des pompes,' écrit-il.[8] A ses yeux, les Romains ne sont pas admirables, car leurs vertus étaient l'effet de leur pauvreté et de leur ignorance.

Quant à l'abbé Le Blanc, il se met un peu à l'école de Voltaire, en parlant de son voyage en Angleterre dans *Lettres d'un François* (1745). 'L'Angleterre est le pays où l'on déclame le plus contre le luxe,' écrit-il à Buffon.[9] Il ajoute à ce sujet: 'Le luxe aigrit la bile des mécontens et les auteurs de toute espèce et de tout rang, depuis les plus illustres jusqu'aux plus mercenaires, depuis M. Pope jusqu'aux écrivains du *Craftsman*, tous se plaignent avec amertume de celui qui règne aujourd'hui à Londres' (i.304). L'abbé, après avoir fait remarquer que le luxe de Londres est bien plus modeste que celui de Paris, soutient que le luxe est 'le père du travail et de l'industrie' (i.306). Il cite Melon, dont il reprend quelques arguments, en ajoutant que le commerce qui est à la base du luxe concourt avec les lettres et les armes à affirmer la politique du gouvernement. Il voit dans l'établissement de l'Académie française par le cardinal de Richelieu un exemple de cette politique: 'Tandis que d'un côté le commerce assure les

---

7. A. Morize, *L'Apologie*, p.171.
8. (Paris, Amsterdam 1736), p.321.
9. (La Haye 1745), i.303.

conquêtes par les richesses qu'il apporte à un Etat, de l'autre, les lettres qui polissent les mœurs, et rendent une nation plus douce et plus florissante, font aimer sa domination' (i.342). L'abbé Le Blanc déplore qu'en France on n'ait pas assez d'estime pour les négociants, contrairement à ce qui arrive en Angleterre. On discerne dans les propos de l'abbé l'influence de l'éloge du commerce fait par Voltaire dans ses *Lettres philosophiques*: 'De riches négociants contribuent en tout temps à l'avantage et souvent au salut de leur Nation. Une de leurs lettres de change va tout à coup faire cesser la famine dans leur Patrie, ou délivrer leurs concitoyens de l'invasion de l'Ennemi' (i.348).

v. Conclusion

Remarquons que les partisans du luxe dont nous venons de résumer brièvement les arguments principaux suivent le même courant idéologique et se rattachent les uns aux autres. Ils veulent une démarcation très nette de la morale et de la politique, en opposition aux principes traditionnels de leurs adversaires, et une justification aussi nette de l'inégalité sociale. Ils approuvent le principe de la richesse, c'est-à-dire qu'ils conçoivent aisément qu'il y ait des riches et des pauvres dans la société. Leur affirmation que le luxe est nécessaire à l'Etat leur sert à établir ce principe. On remarquera que cette affirmation s'explique d'autant mieux qu'à cette époque les ennemis du luxe soutiennent des points de vue socialisants et égalitaires.

En rejetant l'exemple de l'antiquité, les partisans du luxe se tournent décidément vers l'avenir. Ils rompent complètement avec les principes de l'ancienne société aristocratique pour adopter presque sans réserve ceux de la société bourgeoise.

13. Le *Discours sur les sciences et les arts*

Nous comparerons ici les notions que nous avons relevées dans la société de l'ancien régime avec celles du premier *Discours* de Rousseau, à peu près dans leur ordre d'apparition dans ce texte.

i. Les sciences et les arts

Dans la société. A la suite des chapitres consacrés à la conception des sciences et des arts dans l'ancien régime, nous résumerons ici la critique dont ils ont été l'objet:

1. l'étude des sciences et des arts (lettres, philosophie ...) est incompatible avec la vertu militaire et le courage largement entendu;
2. elle est incompatible aussi avec la vertu civique, en tant que dévouement à la communauté;
3. les sciences et les arts produisent des savants oisifs et dangereux par leurs disputes et leur mise en cause des valeurs traditionnelles;
4. les universités et les collèges font accéder aux études une foule de gens incapables d'y faire des progrès considérables et qui auraient été plus utiles à la société comme artisans;
5. il faut que l'étude des sciences et des arts soit réservée à une élite.

Chez Rousseau. Dans le premier *Discours* l'idée que les lettres, les sciences et les arts ont corrompu les hommes est essentielle et répétée. Examinons le texte: 'On a vu la vertu s'enfuir à mesure que leur lumière [des sciences et des arts] s'élevait sur notre horizon, et le même phénomène s'est observé dans tous les temps et dans tous les lieux.'[1] Rousseau montre l'opposition des sciences et des arts, d'une part, et de la vertu, de l'autre, dans l'ancienne Egypte, en Grèce, à Rome. Il mentionne Ovide, Catulle, Martial, qu'il traite d'"auteurs obscènes' (iii.10). Pour lui, les peuples qui se sont préservés des sciences ont possédé la vertu. Il cite les Perses, les Scythes et les Germains. Quant à Sparte, il écrit: 'Là, disaient les autres peuples, les hommes naissent vertueux, et l'air même du Païs semble inspirer la vertu' (iii.13). Enfin, il cite Socrate et Caton: 'Socrate avait commencé dans Athènes, le vieux Caton continua dans Rome de se déchaîner contre les Grecs artificieux et subtils qui séduisaient la vertu, et amollissaient le courage de ses concitoyens' (iii.14). Fabricius vient illustrer le

---

1. Rousseau, *O.C.*, iii.10.

concept de 'vertu': 'le seul talent digne de Rome est celui de conquérir le monde et d'y faire régner la Vertu' (iii.15). L'auteur en vient à l'époque moderne et met en évidence la décadence de la vertu: 'le vrai courage s'énerve, les vertus militaires s'évanouissent, et c'est encore l'ouvrage des sciences et de tous ces arts, qui s'exercent dans l'ombre du cabinet' (iii.22). Rousseau illustre son argument par les exemples des Goths qui envahissent la Grèce et de Charles VIII qui conquiert l'Italie. En suivant Montaigne, il insiste sur le fait que les Italiens n'ont opposé aucune résistance à Charles VIII, parce qu'ils se consacraient aux sciences et aux arts.

Le mot *vertu* ne signifie pas seulement le courage militaire. Il a une portée civique: 'Si la culture des sciences est nuisible aux qualités guerrières, elle l'est encore plus aux qualités morales' (iii.24). La vertu civique est essentielle à l'Etat et elle est l'objet de l'éducation. Elle était la base de la puissance de la cité antique, mais on la néglige dans la société moderne: 'Je vois, de toutes parts, des établissements immenses où l'on élève à grands frais la jeunesse pour lui apprendre toutes choses, excepté ses devoirs' (iii.24). Quant à la question de savoir ce que les enfants doivent apprendre, Rousseau affirme, en paraphrasant Montaigne: 'qu'ils apprennent ce qu'ils doivent faire étant hommes' (iii.24). Les enfants doivent apprendre à pratiquer la magnanimité, l'équité, la tempérance, l'humanité, le courage. En conclusion, les sciences et les arts sont incompatibles avec la vertu et avec les devoirs civiques qui consistent dans le dévouement à la société. Ce sont, on le voit, les mêmes reproches que la société de l'ancien régime adressait aux sciences et aux arts.

Rousseau soutient que la pratique des sciences et des arts rend les hommes oisifs et querelleurs, d'autant plus dangereux qu'ils détruisent les bases de la société, la morale et la religion: 'A les entendre, ne les prendroit-on pas pour une troupe de charlatans, criant chacun de son côté, sur une place publique? Venez-à-moi, c'est moi seul qui ne trompe point?' (iii.27). Ce que Rousseau ajoute au sujet des philosophes correspond à la critique que la société de l'ancien régime leur adressait. Cette critique se trouve au numéro 3 du résumé que nous en avons fait au commencement du présent chapitre. Rousseau reproche aux savants d'avoir mis les sciences à la portée de tout le monde et d'avoir détourné un grand nombre de gens de l'exercice des métiers vraiment utiles à la société: 'Que penserons-nous de ces compilateurs d'ouvrages qui ont indiscrètement brisé la porte des Sciences, et introduit dans leur sanctuaire une populace indigne d'en approcher?' (iii.29). Rousseau affirme qu'un homme de lettres et un géomètre médiocres auraient pu être de très bons artisans (iii.29). Ces arguments correspondent au numéro 4 de la critique sociale.

Pour notre auteur, l'étude des sciences doit être réservée à une élite: 'S'il faut permettre à quelques hommes de se livrer à l'étude des sciences et des arts, ce n'est qu'à ceux qui se sentiront la force de marcher seuls sur leurs traces [des génies], et de les devancer' (iii.29). Rousseau mentionne exactement le 'petit nombre' (iii.29), en accord avec le numéro 5 de la critique sociale. Les numéros 4 et 5 relèvent de la crainte du bouleversement social causé par les sciences et les arts. Remarquons que Rousseau utilise la métaphore dont nous avons déjà parlé, qui considère les sciences comme une arme dangereuse: 'Peuples, sachez donc une fois que la nature a voulu vous préserver de la science, comme une mère arrache une arme dangereuse des mains de son enfant' (iii.15). Rousseau s'inspire probablement de Montaigne, dont il s'est beaucoup servi dans la rédaction de son *Discours*. Remarquons que Rousseau a déjà employé cette métaphore en 1740, dans le *Mémoire présenté a M. de Mably sur l'éducation de M. son fils*. Il y demande de quelle utilité peuvent être de grandes connaissances à un homme qui n'a pas l'esprit juste: 'Que s'il a eu le malheur de laisser corrompre son cœur, les sciences sont dans sa tête comme autant d'armes entre les mains d'un furieux' (iv.7). En 1740, Rousseau estime que les sciences n'ont pas d'effet corrupteur et que tout dépend de l'usage qu'on en fait: 'On a beau parler au désavantage des études et tâcher d'en anéantir la nécessité; il sera toujours beau et utile de savoir' (iv.25). Cette remarque prouve que Rousseau connaît la dispute sur les sciences et les arts et qu'il n'a pas encore pris définitivement parti en 1740.

ii. La vertu

Nous complétons ici ce qui a été dit sur la vertu à l'article précédent.

Dans la société. Nous avons vu tout au long de ce travail que la conception aristocratique opposait l'étude des sciences et des arts à la vertu. La vertu signifie d'abord le courage militaire et, ensuite, le sacrifice de l'intérêt personnel du citoyen à la communauté. Il importe ici de signaler que, dans l'esprit de la noblesse, la vertu et la force du corps étaient inséparables. Cette conception de la vertu ne saurait avoir cours dans la société bourgeoise.

Chez Rousseau. Pour Rousseau, la vertu désigne en premier lieu la valeur militaire. A. Adam avait déjà remarqué que la vertu dont parle Rousseau dans le premier *Discours* est la vertu conquérante propre aux Etats belliqueux: 'C'est sur la force qu'il juge les régimes politiques. Les Francs, les Saxons avaient raison puisqu'ils ont conquis la Gaule et l'Angleterre.'[2] Rousseau insiste sur le

2. A. Adam, 'De quelques sources de Rousseau dans la littérature philosophique', dans *J. J. Rousseau et son œuvre* (colloque du Collège de France, 16-18 octobre 1962), Actes et colloques 2 (Paris 1964), p.128.

fait que la vertu est inséparable de la vigueur physique. Il affirme que les anciennes républiques considéraient l'exercice des métiers sédentaires comme dangereux pour la vertu des citoyens (*O.C.*, iii.23).

Pour Rousseau, il y a une contrepartie civique à la vertu militaire. Il reproche, en effet, aux écoles de son époque de ne pas enseigner la morale civique. Parmi les vertus que l'éducation devrait encourager chez les élèves, Rousseau mentionne la magnanimité, l'équité, la tempérance, l'humanité et le courage (iii.24). A aucun moment, il ne mentionne les qualités importantes dans la société bourgeoise, à savoir, la culture, l'esprit, l'intelligence, l'assiduité. Ce qu'il propose est une morale de la solidarité (magnanimité, équité, humanité) et du sacrifice (tempérance, courage). C'est, pour le dire avec G. Gurvitch, une 'moralité des vertus'. En somme, il y a parfaite coïncidence entre la conception de la vertu de la société aristocratique et celle qu'on discerne dans le premier *Discours* de Rousseau.

iii. L'ignorance

Dans la société. Nous avons vu que l'ignorance a été longtemps associée à la noblesse. On se rappellera qu'aux Etats-généraux de 1560 le Tiers-état avait conseillé à la noblesse l'étude des lettres pour qu'elle devienne meilleure. Nous avons vu que plusieurs nobles se sont vantés d'être ignorants. Dans le chapitre 11 ('Le débat sur les sciences et les arts au XVIIIe siècle'), nous avons remarqué que l'ignorance reste dans une large mesure caractéristique de la noblesse. Nous avons appris que la noblesse campagnarde, qui est la plus ignorante, est aussi celle qui a le plus de vertu et de mœurs. Nous avons aussi mis en évidence l'origine idéologique du courant de pensée qui associe l'ignorance à la vertu et oppose celle-ci aux sciences et aux arts. Il s'agit maintenant d'examiner si cette notion d'ignorance s'accorde avec celle dont parle Rousseau.

Chez Rousseau. Cet auteur insiste sur le fait que l'ignorance est étroitement liée à la vertu et cite l'exemple des peuples anciens, et notamment des Perses, qui étaient étrangers à la culture des sciences et des arts: 'Tels furent les premiers Perses, nation singulière chez laquelle on apprenait la vertu comme chez nous on apprend la science' (iii.11). Comme les Perses, comme les Scythes, Rome avait été vertueuse au tout début de son ascension: 'Telle avait été Rome même dans les temps de sa pauvreté et de son ignorance' (iii.11). L'auteur ne manque pas de mentionner l'exemple de Sparte: 'Oublierais-je que ce fut dans le sein même de la Grèce qu'on vit s'élever cette cité aussi célèbre par son heureuse ignorance que par la sagesse de ses lois, cette république de demi-dieux plutôt que d'hommes?' (iii.12).

Pour Rousseau, l'ignorance s'associe à la pureté des mœurs: 'Voilà comment le luxe, la dissolution et l'esclavage ont été de tout temps le châtiment des efforts orgueilleux que nous avons faits pour sortir de l'heureuse ignorance où la sagesse éternelle nous avait placés' (iii.15). L'auteur, en condamnant les philosophes, imagine la réaction de la postérité devant leurs écrits contradictoires et dangereux: 'Dieu tout puissant, toi qui tiens dans tes mains les Esprits, délivre-nous des lumières et des funestes arts de nos pères, et rends-nous l'ignorance, l'innocence et la pauvreté, les seuls biens qui puissent faire notre bonheur et qui soient précieux devant toi' (iii.28). L'ignorance a acquis, pour Rousseau, une connotation tout à fait positive et elle est légitimée par la Divinité elle-même.

En résumé, l'ignorance a chez Rousseau la même signification que dans le courant de pensée que nous avons mentionné. En effet, elle se définit par son association avec la vertu et par son opposition aux sciences et aux arts, dont nous avons déjà mis en évidence le sous-entendu idéologique.

iv. La sincérité-vérité*

Dans la société. On se rapportera ici au chapitre 9, 'Les deux noblesses'. Nous y avons montré que la notion de sincérité-vérité a été politisée. Elle a été associée à la liberté et à l'indépendance de la noblesse à l'égard de la monarchie française. La sincérité-vérité proclamée dans certains textes et dans le voisinage de mots qui concouraient à signaler sa connotation particulière, a été considérée comme synonyme de la liberté aristocratique. Parmi ces mots-repères, il y a avant tout la *politesse* et le *paraître*.

Chez Rousseau. Le mot de *sincérité* ne se trouve pas dans ce texte de Rousseau. Seul l'adjectif *sincère* y figure: 'Plus d'amitiés sincères' (iii.8). Le mot *vérité* s'y trouve plus loin: 'La vérité n'a qu'une manière d'être' (iii.18). La sincérité-vérité est pourtant un thème essentiel du *Discours* et s'impose par opposition aux notions de 'politesse' et 'paraître.' La signification anti-monarchique du texte se manifeste dès le début du *Discours*. L'auteur y affirme que les sciences et les arts soutiennent le trône et qu'ils rendent les peuples esclaves. Ensuite, Rousseau traite les hommes cultivés d'"heureux esclaves" et les accuse d'entretenir 'les apparences de toutes les vertus sans en avoir aucune' (iii.7). Les remarques qui suivent sur la 'contenance extérieure', à laquelle ne correspondent pas les 'dispositions du cœur,' sur la 'richesse de la parure' qui ne convient pas à 'l'homme sain et robuste,' sur 'l'habit rustique d'un laboureur' opposé à la 'dorure d'un courtisan' (iii.8) et surtout la critique de la 'politesse' et du 'paraître' ne pouvaient laisser de doutes dans l'esprit du public averti de l'époque. Celui-ci pouvait en

---

* Nous utiliserons le mot *franchise* comme synonyme de *sincérité*.

déduire que l'on reprochait à la cour son manque de sincérité.

Quoique le *Discours* se situe sur le plan moral, les allusions à la réalité socio-politique y étaient trop nombreuses pour que le contenu idéologique de ce texte ait pu passer inaperçu par les contemporains. Le public de l'époque était sensible à la signification symbolique des textes et pouvait conclure que 'l'habit rustique d'un laboureur', associé à la 'vigueur du corps', signifiait la noblesse campagnarde et que, d'autre part, la 'dorure d'un courtisan' faisait allusion à la servitude des courtisans. Il faut d'ailleurs se rappeler que dans la société aristocratique l'habit signalait le rang et que la valeur symbolique l'emportait sur les autres significations du mot. C'est à cause de cette valeur que la condamnation du luxe, dans la société d'ancien régime, se référait à l'habit somptueux plutôt qu'aux autres formes de la richesse, comme nous l'avons remarqué à propos des lois somptuaires. On peut dire que le thème de la sincérité tel que l'a traité Rousseau rappelle la critique nobiliaire de la cour. Cela nous apparaîtra plus clairement lorsque nous aurons précisé les notions de 'laboureur', de 'courtisan', de 'politesse' et de 'paraître'.

v. Le laboureur

Dans la société. La défense du laboureur, comme nous l'avons remarqué dans les chapitres consacrés aux Etats-généraux, est une grande préoccupation des nobles. Même quand la noblesse intervient en faveur du 'pauvre peuple', elle pense de préférence au laboureur, comme nous pouvons le déduire du contexte des interventions que nous avons citées. D'ailleurs, la situation économique de la noblesse – et la noblesse ne l'a pas caché – était liée au sort du laboureur.

La nécessité de valoriser l'agriculture, comme moyen de ralentir le déclin nobiliaire, est apparue de bonne heure aux théoriciens de cet ordre. Aussi une campagne en faveur de l'agriculture s'est-elle esquissée dès le début du dix-septième siècle, en réaction à l'engouement de la noblesse pour la vie de cour. La célébration de l'agriculture est particulièrement importante chez les auteurs aristocratiques depuis Fénelon jusqu'à Mirabeau. Il leur a paru nécessaire d'arrêter l'exode des gentilshommes campagnards vers la cour et de les ramener sur leurs terres. L'œuvre de propagande qui s'imposait à cet égard comportait l'idéalisation du laboureur. Les vers des poètes que nous avons cités dans le chapitre sur les deux noblesses (ch.9) y ont contribué. Dès 1600, Olivier de Serres, dans *Le Théâtre d'agriculture*, a présenté la campagne comme le lieu le plus propice à la vertu et à la liberté. Pour cet auteur, seul le séjour à la campagne protège les gentilshommes des dangers du luxe. Nous renvoyons à l'ouvrage de Pierre de Vaissière pour plus de détails dans ce domaine.[3] Nous

3. Vaissière, *Gentilshommes campagnards de l'ancienne France.*

citerons ici un passage très intéressant d'un texte de 1776 qui idéalise la profession du laboureur, *Les Costumes françois représentans les différens états du royaume*. Comme ce texte concerne l'habillement caractéristique de chaque rang social, la façon dont on y parle du laboureur reflète sans aucun doute les conceptions de la société aristocratique:

Admirer tous les jours le lever de l'aurore, jouir de l'agrément des beaux jours, suivre l'ordre de la nature et être pour ainsi dire son coopérateur, cueillir tantôt les plus belles fleurs, qu'elle nous présente, tantôt les grains dont elle nous nourrit, et les fruits exquis qui ornent nos tables; voir mourir ses productions et les voir à l'instant renaître comme de leurs propres cendres, telle est l'occupation d'un jardinier, d'un agriculteur, d'un paysan, d'une paysanne, leurs vêtements répondent à la simplicité de leur état.[4]

D'autre part, le mot *laboureur* ne désigne pas uniquement le roturier. L'on sait que de nombreux gentilshommes de campagne en sont réduits, à cause de leur pauvreté, à cultiver la terre de leurs propres mains. Nous avons déjà vu que le duc de Bourgogne, dans son *Mémoire* envoyé aux intendants, désirait savoir quels gentilshommes cultivaient eux-mêmes leur terre. Comme la profession du laboureur ne comportait pas la perte des privilèges nobiliaires, plusieurs gentilshommes acceptaient de travailler de leurs mains sans trop récriminer.

Charles Loyseau, dans son *Traité des ordres et simples dignitez*, rappelle que 'c'est proprement le gain vil et sordide qui déroge à la noblesse de laquelle le propre est de vivre de rentes'.[5] Cet auteur se hâte de préciser: 'Mais le labourage ne déroge pas à la noblesse' (p.81). L'auteur anonyme d'un livre paru en 1749, *Maximes journalières du droit français*, explique que la noblesse est incompatible avec 'le commerce en détail, l'exploitation des fermes, l'exercice des emplois vils, et des arts mécaniques' et précise que 'le commerce en gros ne déroge point à la noblesse suivant l'édit du mois de décembre 1701'.[6] Il ajoute: 'Il est bon de remarquer que celui qui cultive lui-même son héritage ne déroge point à sa noblesse' (p.382). Noël Du Fail, que nous avons déjà cité comme très imbu des prérogatives nobilaires, n'hésite pas à dire qu'il travaille lui-même aux champs.[7]

Ainsi donc la noblesse prenait-elle la défense du 'pauvre' laboureur, en même temps qu'elle en idéalisait la condition.

Chez Rousseau. Cet auteur a idéalisé le laboureur. La connotation positive qu'il attribuait à 'l'habit rustique d'un laboureur' et à la 'vigueur du corps' devait valoriser cette profession. D'autre part, l'opposition du laboureur et du courtisan et la comparaison de leur vêtement autorisait le lecteur de l'époque à penser

4. (Paris 1776), Planche IX.
5. (Paris 1613), p.80.
6. (Paris 1749), p.382.
7. *Propos rustiques*, cité par H. Baudrillart, *Gentilshommes ruraux de la France* (Paris 1894), p.75.

que le 'laboureur' n'était pas roturier, mais gentilhomme campagnard. Opposer le laboureur proprement dit, le roturier, au courtisan, n'avait pas beaucoup de sens, puisqu'il n'existait pas de conflit politique entre ces deux catégories, trop éloignées l'une de l'autre dans la hiérarchie sociale. Mais ce conflit existait bien entre le noble campagnard et le courtisan. Dans la mesure donc où le noble de campagne était parfois laboureur, l'idée du conflit historique entre la noblesse de campagne et la cour se dégage nettement du texte de Rousseau.

Enfin, Rousseau qualifie les laboureurs de seuls 'citoyens,' ce qui ajoute à l'idéalisation dont nous parlions. Considérons cette phrase de Rousseau: 'Nous n'avons plus de citoyens, ou s'il nous en reste encore, dispersés dans nos campagnes abandonnées, ils y périssent indignes et méprisés. Tel est l'état où sont réduits, tels sont les sentiments qu'obtiennent de nous, ceux qui nous donnent du pain, et qui donnent du pain à nos enfans' (*O.C.*, iii.26). Quoiqu'ils ne soient pas nommés, on peut dire qu'il s'agit des laboureurs, d'autant plus que l'auteur ajoute une page plus loin: 'Il semble aux précautions qu'on prend, qu'on ait trop de laboureurs, et qu'on craigne de manquer de philosophes' (iii.27).

Nous pouvons en conclure que les positions de Rousseau, en ce qui concerne les laboureurs, s'accordent avec les arguments traditionnels de la noblesse.

vi. Le courtisan

Dans la société. Le conflit historique entre les gentilshommes campagnards et les courtisans dont nous avons parlé dans le chapitre 9 ('Les deux noblesses') existait encore vers 1750. L'intervention de Mirabeau en faveur des premiers en 1755 en témoigne.

Rappelons que les lois somptuaires réglementaient l'utilisation de l'or dans l'habillement et que la 'dorure' était caractéristique des courtisans plutôt que des gentilshommes ruraux. Il est vrai que les riches bourgeois parvenaient à dépasser les courtisans dans l'étalage de l'or. Aussi un auteur, très probablement un gentilhomme, rappelait-il, en 1764, que ce métal devait être le signe distinctif du rang et décorer l'habit du roi et des courtisans: 'Je voudrais que les dorures fussent la marque distinctive de leur dignité [des rois] et de celle de leurs courtisans, et qu'un homme très ordinaire tel que Monsieur le bourgeois et Monsieur le financier ne se donnassent pas les airs d'avoir des vêtemens et des lambris dorés.'[8] Dans la mesure où la dorure était traditionnellement caractéristique de l'entourage royal, elle prenait une signification péjorative parallèlement à la mise en cause de la cour par la noblesse campagnarde. Un

8. *Des véritables intérêts de la patrie*, attribué à de Forges (Rotterdam 1764), p.10.

auteur de l'époque, quoiqu'il ne mentionne pas la cour, atteste la notion péjorative du mot *dorure*: 'C'est dans les appartements dorés qu'on parle souvent du cœur pour faire briller son esprit; mais c'est auprès des étables qu'on se livre aux mouvements de l'un sans prétendre à la réputation de l'autre.'[9]

Chez Rousseau. On retrouve dans le premier *Discours* les éléments symboliques qui évoquaient la critique de la cour de la part de la noblesse campagnarde. L'antithèse du laboureur et du courtisan, de l'habit rustique et de la dorure, de la vertu et de la parure, l'assimilation de la vigueur du corps à celle de l'âme, la critique de la politesse et du paraître ne pouvaient pas manquer de rappeler aux contemporains de Rousseau le conflit idéologique dont nous avons parlé.

vii. La politesse

Dans la société. Nous avons vu dans le chapitre 9 la signification idéologique de la critique de la politesse. Elle sous-entend le renoncement à la liberté de la part de la noblesse de cour. La politesse est ainsi directement opposée à la 'sincérité-vérité' dont nous avons parlé.

Chez Rousseau. La critique de la politesse occupe une place importante dans le premier *Discours*. En associant la politesse au progrès des connaissances, Rousseau indique que la mise en cause de la politesse a la même signification idéologique que sa critique des sciences et des arts: 'Les soupçons, les ombrages, les craintes, la froideur, la réserve, la haine, la trahison se cacheront sans cesse sous ce voile uniforme et perfide de politesse, sous cette urbanité si vantée que nous devons aux lumières de notre siècle' (*O.C.*, iii.8-9). Liée à la condamnation du paraître, des sciences et des arts et à l'éloge de la vertu et à l'ignorance, la critique de la politesse ne pouvait être interprétée que comme une prise de position révélatrice dans le débat historique dont nous avons parlé.

viii. Le paraître

Dans la société. Nous avons vu que le mot *paraître* a revêtu plusieurs significations. Il a désigné l'ostentation de la parure et souvent l'usurpation qui consistait à porter l'habit propre au rang supérieur. Le *paraître* a fait aussi allusion à la soumission du gentilhomme au monarque, soumission critiquée par Agrippa d'Aubigné dans *Les Avantures du baron de Faeneste* (voir le chapitre 9).

Chez Rousseau. Cet auteur écrit au début de son *Discours*: 'On n'ose plus paraître ce qu'on est; et dans cette contrainte perpétuelle les hommes qui forment ce

9. Linguet, *Théorie des loix civiles*, ii.316.

troupeau qu'on appelle société, placés dans les mêmes circonstances, feront tous les mêmes choses si des motifs plus puissans ne les en détournent' (*O.C.*, iii.8). Ces mots de Rousseau s'intègrent dans la critique qu'il adresse à la société polie de son époque comparée à la société sincère d'autrefois. D'ailleurs, Rousseau connaît la notion du 'paraître' qu'a répandue Agrippa d'Aubigné. Il mentionne Faeneste dans le deuxième *Dialogue*: 'La devise du baron de Faeneste se lit en gros caractères sur toutes les actions des hommes de nos jours: c'est pour *paroistre*' (i.818).

ix. Le luxe

Dans la société. Le luxe est la notion la plus chargée de signification idéologique, comme nous l'avons montré dans le chapitre intitulé 'Pour une définition idéologique de luxe' (ch.5). Nous la résumons ici brièvement. Selon la société aristocratique, le luxe a sa genèse dans la vanité humaine. La vanité pousse l'individu à se distinguer de ses semblables et, par conséquent, à se désolidariser d'eux (paraître). Elle le détourne de la vertu et lui fait poursuivre son intérêt personnel. L'individu s'adonne ainsi au luxe, lequel aboutit à la confusion des rangs. Au dix-huitième siècle généralement, le luxe n'est plus condamné parce qu'il cause la confusion des rangs, mais parce qu'il contribue à l'inégalité des fortunes. Cette notion, très importante chez Montesquieu et d'Argenson, s'explique par rapport à la situation sociale et politique de la noblesse française au dix-huitième siècle.

Chez Rousseau. Dans la deuxième partie de son *Discours* Rousseau, après avoir condamné les philosophes, associe les sciences et les arts au luxe: 'D'autres maux pires encore suivent les lettres et les arts. Tel est le luxe, né comme eux, de l'oisiveté et de la vanité des hommes' (*O.C.*, iii.19). Rousseau met en cause l'école de pensée favorable au luxe selon laquelle 'le luxe fait la splendeur des Etats' (iii.19). Il ajoute: 'Que le luxe soit un signe certain des richesses, qu'il serve même, si l'on veut, à les multiplier. Que faudra-t-il conclure de ce paradoxe si digne d'être né de nos jours, et que deviendra la vertu, quand il faudra s'enrichir à quelque prix que ce soit?' (iii.19). L'allusion à une théorie économique moderne selon laquelle le luxe fait la prospérité de l'Etat (voir le chapitre 12, 'Les partisans du luxe'), le fait que Rousseau condamne le luxe comme le produit de la vanité et l'ennemi de la vertu, et surtout la mention des lois somptuaires, tout indique qu'il prenait parti dans le débat historique célèbre sur le luxe. Les arguments qu'il ajoutait sur les méfaits du luxe (et parmi ceux-ci l'exemple classique de Rome, ruinée par le luxe) ne pouvaient pas laisser de doute sur la signification idéologique de son propos. S'il y en avait encore besoin, Rousseau mentionne Melon, l'un des auteurs les plus favorables au luxe. On trouvera cette référence à Melon dans la polémique qui suivit la publication du premier *Discours*, précisément dans la *Dernière réponse* à Bordes (*O.C.*, iii.95).

Remarquons que Rousseau, en condamnant le luxe, ne mentionne pas la confusion des rangs, qui était la conséquence politique la plus grave du luxe dans l'analyse nobiliaire, mais ce n'était plus actuel et nécessaire, puisque Montesquieu et d'Argenson l'avaient remplacée par l'inégalité des fortunes. Rousseau mentionne 'l'inégalité funeste', sans plus de détails. En fait, nous verrons à l'article 'inégalité' qu'il s'agit de l'inégalité de Montesquieu et de d'Argenson, lesquels faisaient allusion surtout à l'inégalité économique. Rousseau ignore-t-il la signification traditionnelle du luxe, selon laquelle celui-ci provoque la confusion des rangs? Ce n'est pas possible à notre avis et le fait suivant le prouve. En 1760, Rousseau a lu un *Sermon sur le luxe*, écrit par le pasteur genevois Moultou. L'auteur soutient que le luxe est une honte dans un Etat républicain comme Genève. Il explique que le luxe est nécessaire dans les Etats non démocratiques pour distinguer les rangs et que, par conséquent, il ne devrait pas exister là où les citoyens sont égaux, comme à Genève. Pour Moultou, le luxe est incompatible avec la constitution égalitaire de Genève: 'Je l'ai dit, le luxe ne se nourrit que de distinctions, et peut-on se distinguer de ses égaux sans crime?'[10] Rousseau envoie une lettre à Moultou le 29 janvier 1760 et lui dit ceci:

J'ai peur qu'en montrant l'incompatibilité du luxe et de l'égalité vous n'ayez fait le contraire de ce que vous vouliez: vous ne pouvez ignorer que les partisans du luxe sont tous ennemis de l'égalité; en leur montrant comment il la détruit, vous ne ferez que le leur faire aimer davantage; il faloit faire voir au contraire que l'opinion tournée en faveur de la richesse et du luxe anéantit l'inégalité des rangs et que tout le crédit gagné par les riches est perdu pour les magistrats.[11]

'L'incompatibilité du luxe et de l'égalité' signifie que le luxe est incompatible avec l'égalité telle que la conçoivent Montesquieu et d'Argenson, c'est-à-dire surtout économique. La phrase 'l'opinion tournée en faveur de la richesse et du luxe anéantit l'inégalité des rangs' signifie, quant à elle, que les partisans du luxe combattent 'l'inégalité des rangs', c'est-à-dire qu'ils favorisent la confusion des rangs. En effet, l'égalité des rangs est synonyme d'anéantissement de ceux-ci et, par conséquent, de la hiérarchie nobiliaire.

---

10. 'Extrait d'un sermon de M. Moultou, ministre de Genève, sur le luxe', dans L.-J. Courtois, 'Visiteurs genevois de Rousseau à Montmorency et à Môtiers', *Annales de la société J. J. Rousseau* 17 (1926), p.176.

11. J. J. Rousseau, *Correspondance complète*, éd. R. A. Leigh (Genève, Banbury, Oxford 1965-), lettre 933.

x. La vanité

Dans la société. La vanité, selon l'idéologie nobiliaire, brise la solidarité de la communauté en poussant l'individu à se distinguer des autres. Elle mène au paraître, au luxe et à la confusion des rangs. En insistant sur les méfaits de la vanité, on fonde sur la morale le jugement négatif donné sur les phénomènes du luxe et de la richesse. Au contraire, le courant idéologique adverse, celui qui est favorable au luxe, insiste sur les effets positifs de la vanité, considérée comme le moteur de l'industrie humaine. Pour ce courant de pensée, l'économie doit être rendue tout à fait indépendante de la morale. Dans la mesure où la vanité concourt à l'essor de l'économie, elle doit être encouragée par ceux qui se soucient de la prospérité de l'Etat. Pour Mandeville, la vanité occupe une place de choix parmi les passions humaines, dont il a entrepris la réhabilitation.

Chez Rousseau. Rousseau fait naître le luxe de 'l'oisiveté et de la vanité des hommes' (*O.C.*, iii.19). Dans la mesure où il accepte la définition aristocratique du luxe, il fait sienne la connotation négative de la vanité, qu'il associe d'ailleurs directement aux sciences et aux arts.

xi. Les lois somptuaires

Dans la société. Nous renvoyons au chapitre concernant les lois somptuaires (ch.4). Quoique vers 1750 elles soient tombées en désuétude, elles n'en sont pas moins présentes à l'esprit de ceux qui s'affrontent dans le débat sur le luxe. Quelques ennemis du luxe continuent à en proclamer la nécessité, comme Fougeret de Monbron: 'Faites de bonnes loix somptuaires; réglez surtout les états; et que le gentilhomme jusqu'ici honteusement confondu dans la foule puisse désormais être reconnu à quelque marque distinctive.'[12]

Chez Rousseau. Rousseau cite les lois somptuaires dans sa critique du luxe (*O.C.*, iii.19):

je sais que notre philosophie, toujours féconde en maximes singulières, prétend, contre l'expérience de tous les siècles, que le luxe fait la splendeur de l'état; mais après avoir oublié la nécessité de loix somptuaires, osera-t-elle nier encore que les bonnes mœurs ne soient essentielles à la durée des empires et que le luxe ne soit diamétralement opposé aux bonnes mœurs?

12. L. C. Fougeret de Monbron, *La Capitale des Gaules ou la nouvelle Babilone* (La Haye 1760), p.61-62.

xii. L'argent, la richesse et le commerce

Dans la société. Tout au long de cet exposé, nous avons mis en évidence le ressentiment de la noblesse pour la richesse d'origine bourgeoise. Vers 1755 la situation n'a pas changé et le marquis de Mirabeau, en blâmant les mariages entre des membres de la noblesse et de la bourgeoisie riche (les 'mésalliances'), n'hésite pas à parler de la 'haine invétérée' qui divise la noblesse et les 'gens à argent'.[13] Les attaques contre les financiers dont nous avons vu bien des exemples visaient la richesse mobilière. Les nobles mais aussi les petits bourgeois exprimaient leur indignation à l'égard des fortunes rapides des marchands et d'autres hommes d'affaires.

A l'égard du commerce, la noblesse est divisée et incertaine. D'un côté, elle hait le commerce, dans la mesure où il contribue à l'affermissement de la grande bourgeoisie; de l'autre, elle désirerait, si elle pouvait disposer des fonds nécessaires, s'intégrer, par le commerce, dans le processus économique moderne.

La prévention des auteurs aristocratiques à l'égard des marchands, des banquiers, et des gens d'affaires en général a été suffisamment illustrée dans cet exposé. On se rappellera que Fénelon et Chevreuse ont insisté dans les Tables de Chaulnes sur la nécessité d'abolir l'emploi des financiers et de contrôler les profits des marchands. Le duc de Bourgogne aurait mis fin aux abus des gens d'affaires s'il avait pris le pouvoir. Le comte de Boulainvilliers a prévu un plan pour diminuer l'emprise de la bourgeoisie sur le commerce et les affaires en général. Saint-Simon manifeste de semblables intentions dans ses projets de réforme de l'Etat. Montesquieu a beaucoup critiqué le commerce et l'argent dans l'*Esprit des lois*. D'Argenson et Mirabeau se sont employés à dénoncer l'argent, le commerce et leurs effets sur la société entière. Tous ont associé la richesse au luxe et l'ont opposée à la vertu.

Chez Rousseau. Rousseau s'est placé à peu près dans le même contexte que cette critique sociale. Il a dénoncé l'argent, la richesse et le commerce en les opposant à la vertu: 'Les anciens politiques parlaient sans cesse de mœurs et de vertu; les nôtres ne parlent que de commerce et d'argent' (*O.C.*, iii.19). Il dénonce l'emprise de l'argent sur la société de son époque: 'que deviendra la vertu, quand il faudra s'enrichir à quelque prix que ce soit?' (iii.19).

L'argent, la richesse et le commerce sont pour Rousseau, comme pour les auteurs aristocratiques, étroitement liés au luxe. On peut se demander pourquoi Rousseau, à partir du moment où il se rallie à l'idéologie nobiliaire, ne mentionne ni la finance ni les financiers, qui, nous l'avons vu, figuraient souvent dans la

---

13. Mirabeau, *L'Ami des hommes*, p.107.

critique du luxe. Probablement parce qu'à l'époque où notre auteur a rédigé son premier *Discours*, il est au service du financier Dupin et qu'il se doit de ménager les financiers. Il mettra en cause la finance dans ses œuvres ultérieures.

xiii. La frugalité-pauvreté

Dans la société. L'attaque dirigée contre le luxe, la richesse, le commerce, etc., comportait l'idéalisation de la frugalité et de la pauvreté: nous l'avons remarqué dans les œuvres des auteurs aristocratiques depuis Fénelon jusqu'à Mirabeau. La ville idéale proposée par Fénelon dans son *Télémaque* est tout à fait frugale. Pour Montesquieu, la frugalité est à la base de la vertu politique des républiques. La même idée se trouve chez d'Argenson. L'éloge de Sparte et de la Rome républicaine chez les auteurs aristocratiques insistait sur la frugalité et la pauvreté. L'on sait, d'autre part, que l'idéalisation de la cité antique leur servait à propager des idées politiques en rapport avec la société du dix-huitième siècle.

Le débat sur le commerce a mis en évidence l'hésitation de la noblesse entre d'une part la morale de la frugalité, et d'autre part la nécessité économique. L'on a déjà remarqué que certains gentilshommes, dont le chevalier d'Arcq, ont choisi la pauvreté. L'éloge de la pauvreté est assez courant à l'époque: citons, par exemple, 'L'éloge de la pauvreté' publié dans le *Mercure de France* (août 1733), où l'on affirme que 'Il est évident que la force ou la fraude ont été les instruments de la fortune du premier riche, et qu'on doit regarder encore aujourd'hui un nouveau parvenu comme l'ennemi et le tyran du genre humain' (p.792).

Chez Rousseau. Cet auteur abonde dans le même sens. Il constate dans son premier *Discours* que la frugalité et la pauvreté sont synonymes de vertu. Il montre dans la seconde partie du *Discours* que la pauvreté a été à la base de la puissance de Sparte et de la Rome républicaine. Ensuite, il insiste sur le rôle que la pauvreté a joué dans l'histoire moderne: 'Les Francs conquirent les Gaules, les Saxons, l'Angleterre sans autre trésors que leur bravoure et leur pauvreté' (*O.C.*, iii.20). Aussi de 'pauvres montagnards,' les Suisses, ont battu la maison de Bourgogne (iii.20). En nous proposant d'autres exemples tirés de l'histoire moderne, Rousseau ne s'écarte pas de la conception de la vertu que nous avons trouvé dans l'idéologie nobiliaire.

xiv. Rome et Sparte

Dans la société. Nous renvoyons au chapitre 8 ('La noblesse française et la cité antique').

Chez Rousseau. Cet auteur insiste sur le fait que la Rome républicaine et Sparte devaient leurs grandes vertus à leur pauvreté et à leur ignorance. Voir, à cet égard, les notions déjà traitées dans le présent chapitre: les sciences et les arts (section i), la vertu (section ii), la frugalité–pauvreté (section xiii). Rousseau, après avoir loué les Perses, les Scythes et les Germains, peuples ignorants et vertueux, affirme: 'Telle avait été Rome même dans le temps de sa pauvreté et de son ignorance' (*O.C.*, iii.11). Il célèbre aussi la vertu de Sparte, 'cité aussi célèbre par son heureuse ignorance que par la sagesse de ses loix' (iii.12).

En somme, on peut dire que l'idéalisation de Rome et de Sparte correspond chez Rousseau à la description que Montesquieu et d'Argenson ont présentée de l'antiquité.

xv. Les mœurs

Dans la société. Les auteurs dont nous avons parlé dans le chapitre 6, consacré à l'idéologie nobiliaire au dix-huitième siècle, voient dans l'éducation des mœurs le moyen le plus apte à ralentir le déclin des valeurs aristocratiques. Nous rappellerons ici quelques données nécessaires pour préciser leurs positions dans ce domaine. Fénelon veut que la vertu règne à Salente et, à ce propos, il prévoit des censeurs chargés de surveiller les mœurs des citoyens, à l'exemple de Rome.[14] Le comte de Boulainvilliers, après avoir condamné l'intérêt person-nel' de la société contemporaine, voulait qu'on enseigne la vertu dans les écoles à l'aide de l'histoire romaine (voir ci-dessus, p.156). Montesquieu observe, à propos de l'éducation dans la monarchie, que le mobile des citoyens n'est plus le bien commun mais plutôt leur intérêt personnel.[15] Il admire la vertu républicaine qui consiste dans le désintéressement (IV, 6). Le marquis d'Argen-son, dans son essai 'Mœurs des monarchies et des républiques', déplore l'ambition déréglée qui règne dans les monarchies. Il observe que chacun tend à y poursuivre son intérêt personnel, contrairement à ce qui se passe dans les républiques: 'Non, dit-il, les vertus sont le désintéressement, l'amour de la patrie, la modestie, la pauvreté, la bienfaisance.'[16] Dans un autre essai ('De l'éducation'), d'Argenson approuve fort son maître, l'abbé de Saint-Pierre. Celui-ci a publié dans le *Mercure de France* (mars-avril 1739) un projet visant à enseigner la vertu dans les écoles. D'Argenson exprime ainsi son approbation: 'Mettant les vertus à la mode de la jeunesse, vous les mettriez à la mode pour toujours. Vous auriez des citoyens doués des vertus qu'ont eues les honnêtes et grands payens grecs et romains' (v.178).

14. Fénelon, *Télémaque*, livre X.
15. Montesquieu, *Esprit des lois*, IV, 2.
16. D'Argenson, *Mémoires et journal inédit*, v.195.

La conception de la vertu de l'abbé de Saint-Pierre se rapproche de celle des auteurs que nous venons de mentionner. En proposant au régent, le duc d'Orléans, l'institution de la 'Polysynodie', il souhaite trouver 'de véritables *Catons*, qui par amour de la belle gloire et de la vertu, penchassent toujours davantage vers le bien de l'Etat, que vers leur intérêt particulier'.[17] Notons que l'abbé ne propose pour le gouvernement que des gentilshommes. Il croit trouver dans la noblesse 'plus d'honneur, plus de fidélité pour le Roi, plus d'amour pour la Patrie, plus de grands génies, plus d'éducation, plus de grands sentimens, plus d'inclination pour la vertu, et plus de qualitez, propres à faire respecter et aimer le Ministère' (p.49). Remarquons aussi que le marquis de Mirabeau insiste sur l'importance des mœurs pour le maintien de l'Etat et propose l'exemple de Rome.[18]

Chez Rousseau. En opposant les mœurs d'autrefois à celles de son époque, Rousseau reprend les mêmes arguments que ceux des auteurs mentionnés. Sa critique de l'éducation dans la société contemporaine aboutit à la constatation qu'on y néglige les mœurs. Quant à la conception de la vertu que les écoles devraient enseigner, elle doit s'inspirer des valeurs de la cité antique. Nous renvoyons pour plus de détails en ce domaine à l'article concernant la notion de 'vertu' (ci-dessus, section ii).

xvi. Les universités et les collèges

Dans la société. Il n'est pas possible de séparer le débat sur les universités et les collèges de celui sur les sciences et les arts. Tout au long de ce travail, nous avons mis en évidence les positions des trois ordres de l'Etat sur la fonction des écoles dans la société. Nous avons montré que la noblesse s'est opposée à la diffusion des sciences et des arts, parce qu'elle en redoutait les effets subversifs sur la hiérarchie sociale, tandis que le Tiers-état voyait dans l'instruction un moyen de promotion sociale. La noblesse a considéré les universités et les collèges comme inadaptés au rôle qu'elle assignait à l'éducation, rôle qu'elle concevait en accord avec ses principes moraux et politiques.

Chez Rousseau. En présentant les notions des 'sciences et des arts', de la 'vertu' et des 'mœurs', nous avons montré combien les conceptions de Rousseau s'accordent avec les idées des auteurs que nous avons considérés comme les porte-parole de l'idéologie nobiliaire. En ce qui concerne l'éducation, il faut constater aussi une identité de vue entre la critique adressée aux universités par les tenants de l'ancien régime et les arguments de Rousseau. Celui-ci insiste

17. Saint-Pierre, *Discours sur la Polysynodie* (Amsterdam 1719), p.175.
18. Mirabeau, *L'Ami des hommes*, ch.4, p.229-74.

sur la nécessité d'une éducation fondée sur les devoirs tels que les concevait la société aristocratique. (Voir, en particulier, la section ii sur la notion de 'vertu').

xvii. L'inégalité

Dans la société. Considérons ici la définition que Montesquieu a donnée de l'inégalité. Il a mis en évidence dans l'*Esprit des lois*, que dans la monarchie, l'individu ne s'efface pas dans le dévouement au bien commun, comme il le fait dans la république, mais qu'il tend à se distinguer des autres par ses talents personnels. Dans la monarchie, les actions humaines ne sont pas appréciées parce qu'elles sont 'bonnes' mais parce qu'elles sont 'belles': 'On n'y juge pas les actions des hommes comme bonnes, mais comme belles; comme justes, mais comme grandes; comme raisonnables, mais comme extraordinaires.'[19] Or, dans la mesure où la distinction des citoyens efface leur solidarité, on reconnaît ici l'inégalité caractéristique de la monarchie. Enfin, comme le luxe, l'inégalité est le produit de la vanité humaine.

Chez Rousseau. Rousseau observe que dans la société contemporaine (monarchique) les actions humaines ne sont pas jugées selon le critère moral, mais esthétique. L'accent mis sur la distinction des talents, au détriment de la vertu, mène à l'inégalité. Rousseau s'exprime ainsi dans le *Discours*: 'D'où naissent tous ces abus si ce n'est de l'inégalité funeste introduite entre les hommes par la distinction des talents et par l'avilissement des vertus? [...] On ne demande plus d'un homme s'il a de la probité, mais s'il a des talents' (*O.C.*, iii.25). En fait, Rousseau suit de près le propos de Montesquieu. Les deux auteurs constatent le changement de valeurs qui s'est produit dans la société contemporaine. Leur définition de l'inégalité sociale, inégalité qu'ils déplorent, comporte une approche morale, conforme aux conceptions de l'ancienne société.

Il y a une coïncidence remarquable entre les notions que nous avons définies dans la société française et celles contenues dans le *Discours sur les sciences et les arts*. Dans la mesure où ces notions étaient surtout significatives dans le contexte de l'idéologie nobiliaire, il nous faut admettre que Rousseau s'est identifié à cette idéologie. Remarquons que ces notions coïncident aussi dans leurs rapports d'affinité et d'opposition, ce qui confirme la justesse du rapprochement que nous avons fait entre la situation sociale et l'œuvre de Rousseau. Voici, sous forme de table, ces rapports d'affinité (lecture verticale) et d'opposition (lecture horizontale):

19. Montesquieu, *Esprit des lois*, II, 2.

13. *Le Discours sur les sciences et les arts*

Appréciation négative	Appréciation positive
Lettres, sciences, arts	Vertu
Universités, collèges	Ignorance
Politesse, paraître	Sincérité-vérité
Courtisan	Laboureur
Vanité	Mœurs
Luxe	Frugalité-pauvreté
Argent, commerce, richesse	Lois somptuaires
Inégalité	Rome, Sparte

Rappelons ici les traits essentiels de la société aristocratique et de la société bourgeoise. La première se fondait sur des rapports personnels de dépendance et de subordination, comme ceux qui liaient les clients au patron à Rome et les vassaux au seigneur dans la société féodale. Ces rapports consistaient en des engagements garantis par la bonne foi, l'honneur et la franchise des contractants, c'est-à-dire que le fonctionnement de cette société dépendait dans une large mesure du respect de la morale. D'ailleurs, la mise en place d'un appareil administratif et judiciaire complexe, capable de régler les différends entre les individus et tel qu'il existe dans la société moderne, n'était ni une exigence ni une possibilité de la petite communauté d'autrefois. Par conséquent, toute question politique nécessitait une approche morale dans la société aristocratique. Aussi les théoriciens du droit grecs et romains ont-ils attaché une grande importance à l'aspect éthique des questions qui leur tenaient à cœur, sans pour autant être des moralistes eux-mêmes.

Nous avons déjà indiqué que les valeurs de la cité antique et celles de la société aristocratique française s'étaient formées à partir de structures sociales similaires et que, par conséquent, elles se ressemblaient beaucoup. Aussi les auteurs qui s'intéressaient au redressement de la société aristocratique française devaient-ils aborder toute question par le biais de la morale et se prévaloir de l'expérience de la cité antique. C'était le cas pour Fénelon, Boulainvilliers, Saint-Simon, Mirabeau, Montesquieu, d'Argenson, et aussi, pensons-nous, pour Rousseau.

La société bourgeoise n'accorde pas une grande importance à la morale dans la mesure où cette société exerce le contrôle qui lui est nécessaire sur l'individu par la contrainte économique. Autrement dit, l'ordre nécessaire à la société bourgeoise coïncide avec son organisation économique, ce qui accorde un pouvoir extraordinaire à l'argent. Or, puisque Rousseau caractérise la société d'autrefois comme vouée à la vertu et à la frugalité, et la société contemporaine comme motivée par l'argent et le luxe, on peut en déduire qu'il parle dans son *Discours* de la société aristocratique et de la société bourgeoise et qu'il adhère aux valeurs de la première. Ces phrases caractéristiques: 'Les anciens politiques parlaient sans cesse de mœurs et de vertu; les nôtres ne parlent que de commerce et d'argent' (iii.19); 'On ne demande plus d'un homme s'il a de la probité, mais s'il a des talents' (iii.25), ne peuvent s'appliquer, selon nous, qu'aux sociétés dont nous venons de parler.

Maintenant que nous avons montré que des notions idéologiques expliquent le succès du *Discours sur les sciences et les arts*, il faut prouver que les contemporains de Rousseau en ont pris conscience. Il nous suffit de montrer que la plus importante de ces notions, la plus chargée de signification idéologique – à savoir, le luxe – a joué un rôle important dans l'accueil qui a été réservé au *Discours*. L'abbé Raynal, directeur du *Mercure de France*, atteste que c'est en critiquant le luxe que Rousseau a pris parti dans une polémique idéologique de son époque. Le directeur du *Mercure de France* a beaucoup contribué à assurer le succès du *Discours*. Un critique a mis en évidence que l'aide accordée par le *Mercure* à Rousseau a été décisive: 'le choix de l'Académie n'aurait pas provoqué tant d'éclat si le *Mercure* n'avait, à toute volée, fait retentir les cloches de la renommée'.[20] En décembre 1750, le *Mercure* (le texte est probablement de l'abbé Raynal) annonce le *Discours* de Rousseau comme 'un des plus beaux discours qui ayent été couronnés dans les Académies'.[21] Notons en passant que ce numéro du *Mercure* a publié une critique du luxe intitulée 'Dialogue. Interlocuteurs: Plutus, la vanité, le luxe' (p.20), ce qui tend à prouver que la discussion sur ce sujet était actuelle. En janvier 1751 le *Mercure* publie un extrait du *Discours* de Rousseau et met en évidence ce qui le rend actuel et polémique: 'L'auteur combat fortement les maximes de nos philosophes modernes en faveur du luxe et fait voir, qu'après avoir corrompu les mœurs, il corrompt aussi le goût. Il termine ainsi ce morceau qui est un des plus vifs de tout le Discours'.[22] Cette remarque du *Mercure* sur les passages consacrés au luxe dans le *Discours* de Rousseau était sans doute significative pour le public de l'époque.

En juin 1751 le *Mercure* publie des 'Observations' sur le *Discours* de Rousseau et invite l'auteur à y répondre. Le rédacteur du *Mercure* reconnaît que certains lecteurs ont été 'peut-être de mauvaise humeur de voir le luxe trop vivement attaqué'.[23] Rousseau répond à ces observations dans le même numéro du *Mercure* et, après avoir condamné la politesse, il condamne de nouveau le luxe. Il repousse la thèse des partisans du luxe qui le croient absolument nécessaire dans les grands Etats comme la France. Dans ses *Observations* à Stanislas, Rousseau affirme que 'Le luxe corrompt tout, et le riche qui en jouit, et le

---

20. M. Bouchard, *L'Académie de Dijon et le premier Discours de Rousseau* (Paris 1950), p.101.
21. *Mercure de France*, no. lix (décembre 1750), p.130.
22. *Mercure de France*, no. lx (janvier 1751), p.108.
23. *Mercure de France*, no. lx (juin 1751), p.94-95.

misérable qui le convoite'.[24] Il revient sur le sujet à plusieurs reprises dans sa *Dernière réponse* à Bordes (avril 1752): 'Je vois qu'on a fort à cœur cette cause du luxe, qu'on feint pourtant de vouloir séparer de celle des sciences et des arts' (iii.79). Le propos de Rousseau se situe exactement au centre du débat sur le luxe. Il répond aux partisans de celui-ci: 'Le luxe peut être nécessaire pour donner du pain aux pauvres: mais s'il n'y avoit point de luxe, il n'y auroit point de pauvres' (iii.79). L'allusion directe de Rousseau à Melon confirme que le premier était parfaitement conscient du caractère idéologique de la question du luxe et qu'il acceptait pleinement la polémique, en jugeant la doctrine du second: 'Il était réservé à M. Melon de publier le premier cette doctrine empoisonnée, dont la nouveauté lui a acquis plus de sectateurs que la solidité de ses raisons' (iii.95). Le fait que Rousseau ait fait allusion à Mandeville dans sa préface de *Narcisse*, montre qu'il a été parfaitement engagé dans la réalité de son temps et qu'en rédigeant son *Discours sur les sciences et les arts*, et l'œuvre à venir, il se posait en quelque sorte en chef de parti: 'Je ne crains point de combattre seul dans mon siècle ces maximes odieuses qui ne tendent qu'à détruire et avilir la vertu, et à faire des riches et des misérables, c'est-à-dire toujours des méchants', écrit-il à propos des maximes de Melon dans sa réponse à Bordes (iii.95).

24. Rousseau, *O.C.*, iii.51.

14. La politesse, ou le déclin de la sentimentalité

LA critique de la politesse que nous rencontrons au début du *Discours* de Rousseau comporte, avons-nous dit, une critique de la cour. L'opposition de l''habit rustique' du laboureur et de la 'dorure' du courtisan, parmi d'autres éléments, nous a conduit à penser de la sorte. Cependant, au fur et à mesure que Rousseau poursuit sa critique de la politesse, ses reproches s'étendent à la société contemporaine, opposée à celle du passé.

Ce qui est frappant, dans le texte de Rousseau, c'est qu'il insiste sur le fait que cette société est impénétrable au regard de chacun: 'Avant que l'art eût façonné nos manières et appris à nos passions à parler un langage apprêté, nos mœurs étaient rustiques mais naturelles; et la différence des procédés annonçait au premier coup d'œil celle des caractères' (*O.C.*, iii.8).

Ce qui inquiète Rousseau, c'est de ne pas savoir si les personnes qu'il rencontre doivent être considérées comme des amis ou des ennemis. Il se dit gêné par l'incertitude et l'insécurité qui découlent de cette situation: 'On ne saura donc jamais bien à qui l'on a affaire: il faudra donc, pour connaître son ami, attendre les grandes occasions, c'est-à-dire, attendre qu'il n'en soit plus temps, puisque c'est pour ces occasions mêmes qu'il eût été essentiel de le connaître' (iii.8).

Ce propos de Rousseau annonce probablement la transition de la petite communauté d'autrefois à la grande société moderne, transition dont nous avons parlé dans le chapitre consacré à la société aristocratique et à la société bourgeoise (ch.10). Dans la société bourgeoise, l'individu évolue en présence de personnes qu'il ne connaît pas et dont il ne peut, par conséquent, prévoir le comportement, ce qui est cause pour lui d'anxiété. D'autre part, dans cette nouvelle société il n'existe plus les 'épreuves' qui permettaient de déceler les âmes supérieures, celles sur lesquelles on pouvait compter. Tout cela contribue au climat d'incertitude que Rousseau, ou plutôt le milieu auquel il s'identifie, redoute le plus (iii.8-9):

Plus d'amitiés sincères; plus d'estime réelle; plus de confiance fondée. Les soupçons, les ombrages, les craintes, la froideur, la réserve, la haine, la trahison, se cacheront sans cesse sous le voile uniforme et perfide de la politesse, sous cette urbanité si vantée que nous devons aux lumières de notre siècle.

Rousseau vise-t-il en particulier la société urbaine, essentiellement bourgeoise? En effet, l'anonymat de la ville est cause d'anxiété. La personne qui évolue parmi des inconnus peut craindre un manque total de solidarité de la part de son prochain, au cas où elle serait agressée ou frappée de malaise, par exemple. D'autre part, le fait que le citadin soit confronté à de nombreuses occasions de porter secours à ses semblables l'oblige à une sélection et au refus d'aider. Dans la société urbaine, le critère de l'abstention devient une règle de prudence. Les citadins deviennent indifférents au sort de leur prochain ou adoptent une politesse d'emprunt.

Quoi qu'il en soit, les remarques de Rousseau sur la société contemporaine ne semblent pas exactes. La société bourgeoise ne conduit pas ses membres à exprimer des sentiments bienveillants qu'ils n'éprouvent pas ou à cacher des sentiments répréhensibles qu'ils éprouvent effectivement. La société bourgeoise tend, bien plus que la société aristocratique, à contrôler l'émotivité et, à la longue, à la réduire, dans un souci d'ordre et de rendement. La politesse vise à discipliner le comportement des individus en inhibant leurs passions, dont le déchaînement est cause de désordre. En réalité, la sentimentalité dans la société bourgeoise est en régression en comparaison avec celle de l'ancienne société, et cette régression est perçue à tort comme une dissimulation. En fait, la société de l'époque de Rousseau a subi des changements si profonds que sa sociabilité s'en est trouvée tout à fait modifiée.

La sociabilité et la sentimentalité sont inséparables de l'environnement social. La société aristocratique, caractérisée par l'insécurité, favorisait les groupements humains dans des enceintes fortifiées où les gens vivaient à l'étroit. L'exiguïté de l'espace favorisait la sociabilité et l'émotivité. Dans cette société, les émotions étaient d'autant plus libres de s'exprimer que l'organisation sociale ne les contraignait vraiment pas. Par exemple, comme dans la société aristocratique les individus s'engageaient sur leur parole, la franchise était l'une des vertus les plus prisées. Elle renforçait les rapports personnels de dépendance et de surbordination sur lesquels se fondait cette société. L'homme franc se devait d'être fidèle à ses engagements. C'est dire qu'il devait être passionné, car un manque d'enthousiasme et d'ardeur à tenir parole conduisait à un affaiblissement de cet ordre social. Aussi faut-il que l'individu éprouve un fort sentiment de honte s'il manque à ses engagements. Il faut que les membres de la communauté soient choqués d'apprendre que cet individu a fait quelque chose de répréhensible. Des sentiments de chagrin, de réprobation, voire de condamnation, doivent entraîner un comportement énergique à l'égard de l'homme fautif. On évitera de le fréquenter, on lui marquera son mépris, on le montrera du doigt. En somme, plus les émotions seront marquées en réaction à la faute commise, moins celle-ci se reproduira. Dans la mesure où un appareil judiciaire et administratif complexe faisait défaut à cette société, c'est le respect de la morale de la part des individus qui devait y assurer l'ordre. Or, cette morale ne pouvait être efficace sans une grande capacité d'émotion chez les membres de cette société. Ce que nous venons de dire de la franchise vaut également pour la fidélité, la loyauté, l'honnêteté et toutes les vertus qui subordonnaient l'individu à la collectivité (dévouement, abnégation, magnanimité, bienfaisance, générosité …). Comme dans cette société l'insécurité était très grande et que l'individu était appelé lui-même, au besoin par la force, à faire valoir ses droits, les alliances lui étaient indispensables. Celles-ci étaient d'autant plus solides qu'elles étaient cimentées par l'amitié. Ce sentiment était donc très valorisé dans la société d'autrefois, parce qu'il contribuait à renforcer les liens personnels dont nous avons parlé. Elle devait aussi encourager tous les sentiments qui liaient les individus les uns aux autres (affection, gratitude, attachement, sympathie …).

Remarquons que ces vertus et ces sentiments ne pouvaient concourir à affirmer l'ordre social que dans une communauté restreinte et autarcique où l'on vivait collectivement et dans le régime de la propriété familiale. En effet, si l'individu pouvait avoir une vie privée, ou s'il pouvait se rendre économiquement indépendant et s'absenter, il ne craignait plus la désapprobation de ses concitoyens. Remarquons que même le sentiment de la peur qui est la conséquence inévitable de l'insécurité où vivait la société aristocratique, et qui en accentuait l'émotivité, y était nécessaire, dans une certaine mesure, à la conception du pouvoir. Inversement, on comprend de suite que dans une situation de grande sécurité l'ordre militaire aristocratique ne pouvait plus justifier son pouvoir et connaissait le déclin. En effet, la vie économique qui se développait avec la sécurité des routes et des échanges prenait de plus en plus d'importance. Les individus qui en bénéficiaient n'étaient plus groupés en peu d'espace et ils tendaient, au contraire, à se séparer dans l'exercice de leur profession. Ils se rendaient économiquement indépendants, et ils étaient assez mobiles pour se soustraire aux contraintes dont nous avons parlé. C'est ainsi que la société aristocratique restait liée à un habitat et à des conditions d'existence très déterminées.

D'autre part, les croyances propres à une aristocratie militaire, la vertu et l'honneur, supposaient la valorisation des émotions fortes manifestées dans l'exercice de la violence. Le duel, très fréquent encore dans la société française des dix-septième et dix-huitième siècles, n'est pas concevable sans l'indignation, la colère et l'agressivité que l'offense à l'honneur devait provoquer. Aussi, par exemple, dans le *Cid* de Corneille, la colère est-elle considérée comme une 'agréable colère', comme un 'noble courroux' (I.v), dans la mesure où elle mène à la vengeance et au rétablissement de l'honneur terni. En somme, la survivance de ces valeurs entraînait une émotivité presque sans contrainte.

Le sacrifice de soi, qui était à la base de l'éthique aristocratique, ne se conçoit que dans un climat d'exaltation et d'enthousiasme. L'être humain, en effet, n'est pas capable, semble-t-il, d'effacer ses instincts naturels, par exemple celui de conservation, s'il n'est pas transporté par la passion. Il est plus raisonnable d'obéir à ses penchants naturels que de les contredire. En somme, on peut dire que les vertus personnelles telles que la franchise et la fidélité, les sentiments tels que l'amitié, les émotions telles que la colère, étaient extrêmement valorisées dans la société aristocratique. On peut conclure que la morale aristocratique était inséparable de l'affectivité.

Par opposition, les valeurs de la société bourgeoise, qui tendaient à réaliser le bonheur personnel (succès, prestige, richesse), étaient liées à la rationalité (savoir, esprit, intelligence, assiduité, travail). Dans la société bourgeoise, la complexité de l'organisation économique et les valeurs du travail ont imposé une mise au pas de l'émotivité. On voit le danger qu'elle représente pour la bonne marche des affaires. Des employés qui entretiennent des rapports passionnés et qui s'abandonnent à la colère sont détournés de l'application que demande leur travail quotidien. Enfin, dans la société bourgeoise, la vie privée, la concurrence professionnelle, et même la disposition des habitations séparent de plus en plus les individus et réduisent d'autant leur affectivité.

Ces différences entre la vie aristocratique et la bourgeoise ont été perçues dans la société du dix-septième et du dix-huitième siècles comme une opposition entre la franchise et la politesse, la première étant liée à la sentimentalité et la seconde à la rationalité. Le drame du héros du *Misanthrope* consiste à prendre conscience de cette contradiction. Alceste est au fond un homme extrêmement passionné, obligé d'évoluer dans un monde poli où le contrôle du sentiment était de rigueur. Il s'indigne que les manifestations de l'amitié soient prodiguées à tout le monde, c'est-à-dire que ce sentiment ait perdu la signification qu'il avait dans l'ancienne société. Il va de soi que, pour les tenants de l'ancien système, la cour et la société bourgeoise étaient liées, dans la mesure où elles étaient vouées à la politesse, à la jouissance et à l'intérêt personnel.

Dans la société bourgeoise, où les rapports de dépendance et de subordination n'étaient plus personnels et où les différends entre les individus étaient réglés par la justice royale, la franchise et l'amitié n'étaient plus nécessaires: elles relevaient désormais de la vie privée. On comprend donc que les partisans de l'ancienne société aient reproché à la nouvelle un manque de vertu et de sensibilité. Rousseau a insisté sur ce reproche. Remarquons que Diderot, qui a été sensible à la critique du luxe et de la richesse telle que la propageait l'idéologie nobiliaire, a été, par contre, engagé dans l'idéologie bourgeoise par son refus de ce reproche. Dans son théâtre, et notamment dans son *Fils naturel*, il soutient que les passions et les vertus généreuses appartiennent aussi à la société bourgeoise. En fait, la thèse de Diderot est peu convaincante, parce que la société bourgeoise était trop liée à des valeurs rationnelles et individualistes pour disputer à la société aristocratique la primauté de la vertu et de la sensibilité.

Un rapprochement s'impose ici entre deux thèmes caractéristiques de Rousseau. On ne peut séparer la critique de la politesse de celle du paraître, dans la mesure où elles font allusion au même phénomène social. Il n'est pas sans intérêt ici de rappeler que la dénonciation du paraître avait au dix-huitième siècle trois significations, morale, sociale et politique. La première se référait au manque de 'transparence' dans le comportement des contemporains. Ce comportement s'explique par un changement de valeurs concevable dans une société en pleine évolution et par une régression de l'affectivité, interprétée comme une volonté de tromperie. La deuxième concernait le comportement vestimentaire, surtout bourgeois, qui consistait à emprunter l'habit du rang supérieur, à s'adonner au luxe et à causer la confusion des rangs. La troisième désignait la soumission de la noblesse à la monarchie, soumission qui limitait la franchise nobiliaire. La signification de l'"être" peut se déduire par opposition au paraître. Sur le plan moral, c'était la franchise personnelle et l'acceptation du sacrifice de soi-même à la communauté; sur le plan social, c'était l'acceptation de son propre rang, des devoirs qui en découlaient et des marques qui le signalaient dans la société; sur le plan politique, c'était la liberté de s'exprimer politiquement.

Nous sommes parvenus ici à un point très important de notre exposé. L'exaltation de la franchise et du sentiment, d'une part, et la dénonciation de la politesse et du paraître, de l'autre, signifiaient un engagement idéologique. On peut expliquer ainsi la démarche d'auteurs tels que Fénelon, Boulainvilliers, Montesquieu, d'Argenson, Mirabeau, qui reprochaient un manque de convictions morales et de sensibilité à la société contemporaine. Ces auteurs dénonçaient ou la politesse ou le paraître, à peu près dans les mêmes termes que Rousseau. Il semble bien que tous ces auteurs restaient attachés aux valeurs de la société aristocratique.

15. Symbolisme, rhétorique et idéologie dans le *Discours sur les sciences et les arts*

NOUS avons montré que des valeurs sociales de l'époque de Rousseau ont été évoquées dans le texte du premier *Discours*. Elles ont été reconnues par les contemporains, qui ont considéré non la signification littérale mais symbolique de ce texte. Cela explique, selon nous, l'"éclat' qu'a fait le *Discours*, pour employer l'expression du *Journal de Trévoux*: 'On se souvient de l'éclat que faisait son *Discours* au commencement de cette année.'[1] En effet, le symbolisme est le langage de l'affectivité, et celle-ci influence le comportement humain plus profondément encore que la rationalité.

L'on sait que la critique rousseauiste moderne n'a discerné dans le premier *Discours* que des motivations individuelles. Nous renvoyons au chapitre consacré à l'illumination de Vincennes (ch.1) pour plus de détails dans ce domaine. En réalité, il suffit de placer le *Discours sur les sciences et les arts* dans le contexte social de son époque pour se rendre compte que rien n'y est affirmé au nom de l'individu. Rousseau y fait appel à un ordre de valeurs dont les groupes sociaux étaient les dépositaires. Pour la société d'autrefois, en effet, les propos de l'auteur le transcendaient immédiatement. Pour que ces propos soient considérés comme valides, il ne suffisait pas qu'ils soient 'vrais' ou 'logiques', mais il fallait qu'ils soient conformes à l'enseignement traditionnel. Il fallait aussi qu'ils suivent les formes de la pensée collective. Aussi le symbolisme jouait-il un rôle important, dans la mesure où il entretenait des états affectifs communs aux membres des groupes et fortifiait leurs croyances les plus profondes. M. Halbwachs a montré dans 'La psychologie collective du raisonnement' que même dans la société moderne l'individu est beaucoup plus lié aux valeurs collectives qu'on ne le croit ordinairement.[2]

La sociologie a insisté sur le fait que les symboles facilitent la communication entre l'individu et les groupes et sa participation aux activités collectives.[3] En fait, le texte littéraire peut être envisagé comme un message symbolique. L'anthropologie a, pour sa part, insisté sur la fonction sécurisante et valorisante des symboles. J. Bril, dans *Symbolisme et civilisation: essai sur l'efficacité anthropolo-*

1. *Journal de Trévoux*, no. li (décembre 1751), p.642.
2. M. Halbwachs, *Classes sociales et morphologie* (Paris 1972), p.131-51.
3. Rocher, *Introduction à la sociologie générale*, i.96; J. C. Lugan, *Eléments d'analyse des systèmes sociaux* (Paris 1983).

gique de l'imaginaire,[4] a mis en évidence que l'homme fait face aux contraintes du monde par une représentation symbolique de celui-ci. Selon cet auteur, le symbolisme comporte quatre procédés opératoires.

1. L'*opposition* permet à l'homme de réduire la menace que lui pose la réalité, en appréhendant celle-ci selon le rythme binaire de l'organisation biologique. C'est ainsi que le fait d'organiser le monde selon le critère dualiste, dichotomique, est sécurisant pour lui (antithèse).

2. L'*amplification* permet de dépasser les limites de la réalité humaine par l'exaltation de certaines qualités ou vertus. Elle agrandit, elle idéalise (métaphore, hyperbole, personnification).

3. La *réduction* permet d'opérer une sélection de traits typiques des phénomènes observés. Elle caractérise, elle spiritualise (synecdoque, métonymie).

4. L'*assimilation* crée un monde substitutif non menaçant par rapport à la réalité. Elle exprime l'inexprimable, elle harmonise ce qui paraît sans ordre et sans signification.

Ces quatre procédés, si importants dans le fonctionnement du psychisme humain, ont été utilisés par la rhétorique et l'idéologie, la première étant l'art de la persuasion par l'individu, la seconde par le groupe.

Notons que Rousseau s'est inséré tout à fait dans la tradition en s'adressant aux juges de l'Académie de Dijon. C'est dire qu'il s'est prévalu des procédés de la rhétorique. Il a mélangé dans son *Discours*, qui appartient, par définition et selon les règles du 'concours', au genre épidictique, ou cérémonieux, quelques-uns des procédés du discours judiciaire.[5] Dans l'exorde, par exemple, il implique les juges de l'Académie de Dijon, en les considérant comme le 'tribunal où je comparais'. Rousseau se comporte ainsi comme l'avocat défendant une cause.

Il présente la *proposition*, ou *hypothèse*, ensuite la *confirmation*, qui comprend la preuve de la thèse avancée et la réfutation de la thèse contraire. La *preuve* se divise en une table de présence et une table d'absence. Dans la table de présence, l'auteur cite les nations qui ont développé les sciences et qui ont été corrompues. Dans la table d'absence, il énumère les peuples ignorants et vertueux. Dans la *réfutation*, il attaque l'opinion commune selon laquelle les sciences et les arts sont bénéfiques. Des personnages historiques tels que Socrate, Caton, Fabricius viennent témoigner contre les sciences et les arts. On peut discerner aussi dans le *Discours* la *péroraison* et ses différentes parties (éloge, amplification, appel aux passions du public, récapitulation et exhortation).

---

4. (Lille, Paris 1977).
5. V. Goldschmidt, 'La constitution du *Discours sur les sciences et les arts*', *Revue d'histoire littéraire de la France* 72 (1972), p.406-27.

15. *Symbolisme, rhétorique et idéologie dans le Discours sur les sciences et les arts*

La langue de Rousseau abonde en métaphores, hyperboles, antithèses, métonymies, synecdoques, apostrophes, personnifications, répétitions, énumérations … Ces figures lui permettent de manipuler les signes qui correspondent aux valeurs auxquelles sont sensibles ses auditeurs. Il arrive ainsi à contrôler ce que le sémioticien pragmatique moderne Ch. Morris appelle l'"interprétant', c'est-à-dire, la disposition des récepteurs d'un message à y croire, à l'accepter comme 'véridictoire'.[6] Remarquons que notre auteur s'exprime de préférence par l'antithèse et qu'elle correspond à la structure dichotomique de son texte et à la vision manichéenne du monde qu'il essaie d'y établir. Ainsi, il oppose la vertu aux sciences et aux arts, la franchise à la politesse, l'être au paraître, la frugalité au luxe, la pauvreté à la richesse, les anciens aux modernes, la campagne à la ville (ou à la cour) … Pour concrétiser ces abstractions, il combine dans des structures antithétiques les métaphores, les synecdoques et les métonymies: guirlandes de fleurs, chaînes de fer; habit rustique du laboureur, dorure du courtisan; vigueur du corps, parure; toits de chaume, foyers rustiques amphithéâtres, marbres, tableaux … Remarquons l'expression métaphorique: 'les ténèbres dans lesquelles la nature l'avait enveloppé [l'homme]' (*O.C.*, iii.6), et hyperbolique: 's'élancer par l'esprit jusques dans les régions célestes', 'parcourir à pas de géant […] la vaste étendue de l'univers' (iii.6). Notons la métaphore qui assimile la vertu à la vigueur du corps: 'L'homme de bien est un athlète qui se plaît à combattre nud', et la personnification: 'sans cesse la politesse exige, la bienséance ordonne: sans cesse on suit les usages, jamais son propre génie' (iii.8). Remarquons l'énumération de mots abstraits: 'Les soupçons, les ombrages, les craintes, la froideur, la réserve, la haine, la trahison' (iii.8), et l'opposition de propositions symétriques: 'On ne vantera pas son propre mérite, mais on rabaissera celui d'autrui. On n'outragera point grossièrement son ennemi, mais on le calomniera avec adresse' (iii.9).

L'ironie joue un rôle considérable dans ce texte: 'Telle est la pureté que nos mœurs ont acquise. C'est ainsi que nous sommes devenus gens de bien' (iii.9). L'hyperbole est peut-être la figure la plus fréquente dans le *Discours*: 'Voyez la Grèce, jadis peuplée de héros'; 'la Grèce toujours savante, toujours voluptueuse et toujours esclave'; 'Rome jadis le temple de la vertu devient le théâtre du crime'; '[Constantinople] tout ce que la débauche et la corruption ont de plus honteux' (iii.10); 'Nation singulière chez laquelle on apprenait la vertu comme chez nous on apprend la science' (iii.11, à propos des Perses); '[Sparte] cette république de demi-Dieux' (iii.12); 'O Sparte! Opprobe éternel d'une vaine doctrine' (iii.11); '[Athènes] devint le séjour de la politesse'; 'On y voyait de

6. Ch. Morris, *Signification and significance: a study of the relations of signs and values* (Cambridge, Mass. 1964), p.2, 6.

275

toutes parts le marbre et la toile'; '[à Sparte] Les hommes naissent vertueux, et l'air même du pays semble inspirer la vertu' (iii.12). L'hyperbole concourt à l'idéalisation ou à la condamnation. L'interrogation rhétorique et l'apostrophe s'imposent dans un texte qui accuse et qui condamne: 'Que sont devenus ces toits de chaume et ces foyers rustiques qu'habitaient jadis la modération et la vertu?'; 'quelle splendeur funeste a succédé à la simplicité romaine?' (iii.14); 'Peuples, sachez donc une fois que la nature a voulu vous préserver de la science, comme une mère arrache une arme dangereuse des mains de son enfant' (iii.15).

En confrontant le *Discours* aux procédés de l'idéologie tels que la critique moderne les a mis en évidence, il est possible d'en éclaircir en quelque mesure la rhétorique discursive. Celle-ci combine les étapes configuratives suivantes: polarisation, simplification, idéalisation, symbolisation, délégation, plural-isation.[7]

La *polarisation*, qui se fonde sur des dichotomies de type manichéen, est la caractéristique principale du propos idéologique.[8] Son efficacité résulte de l'interprétation conflictuelle qu'elle donne du monde et de la dramatisation qui en dérive. En supprimant l'ambiguïté, la tergiversation et toute troisième voie, elle oblige l'auditoire à faire un choix alternatif: comme telle, elle dramatise la figure que les anciens rhéteurs nommaient 'dilemme'.

La *simplification*, procédé connexe, consiste à rendre 'clairs' les termes du choix par le recours à des images réduisant au minimum les constituants de l'expression (la 'vie ou la mort', par exemple).

L'*idéalisation* met en jeu des éléments culturellement positifs, sacralisés par une mise en 'isotopie utopique' ou exemplaire; le but d'une telle persuasion consiste à créer chez le récepteur du message le désir d'imiter le comportement ou le 'modèle' que favorise le texte.

La *symbolisation* (proprement dite) consiste à engager l'affectivité des audi-teurs au moyen de signes qui représentent les valeurs proclamées. Ces valeurs seront rendues 'tragiques', 'sentimentales', et ainsi de suite.

La *délégation* permet à l'auteur de donner à d'autres sujets 'intradiégétiques' ou intradiscursifs la responsabilité du propos évaluateur et normatif.

La *pluralisation* consiste à accentuer l'autorité du propos en rendant plus complexe le système d'intervenants et de témoins.

7. L. Dumont, *Les Idéologies* (Paris 1974); P. Ansart, *Les Idéologies politiques* (Paris 1970); P. Ansart, *Idéologies, conflits et pouvoir* (Paris 1977); J. Baechler, *Qu'est-ce que l'idéologie?* (Paris 1977); *Analyse de l'idéologie*, Centre d'étude de la pensée politique (Paris 1980); Ph. Hamon, *Texte et idéologie* (Paris 1984).

8. Voir S. Suleiman, *Le Roman à thèse ou l'autorité fictive* (Paris 1983), ch.4: 'La structure antogonique' (p.125-84).

Peut-on identifier les figures de cette rhétorique persuasive dans le premier *Discours* de Rousseau? Oui, certainement. Les questions qu'il y aborde, nous l'avons vu, sont présentées en termes dichotomiques. La civilisation y est interprétée, par exemple, comme la corruption d'un état antérieur (*polarité*). L'histoire de l'humanité se réduit à un conflit moral entre la vertu et le luxe (*simplification*). L'*idéalisation* est évidente dans les exemples proposés à l'admiration du public: les ancêtres, Caton, Socrate, Fabricius, Sparte, Rome ... La *symbolisation* y est importante dans la mesure où nous avons montré que plusieurs notions du texte de Rousseau, au-delà de leur signification littérale, symbolisent des valeurs sociales. Des symboles tels que la politesse, le paraître, la dorure du courtisan, l'habit rustique possèdent une grande capacité d'émotion. La *délégation* consiste chez Rousseau à faire parler les grandes figures du passé. La *pluralisation* existe chez lui dans la mesure où il affirme des idées par l'intermédiaire de nombreuses autorités.

Notre propos est loin d'être exhaustif, sans doute. Il est évident que ces notions demandent à être approfondies. La recherche ultérieure révèlera, espérons-nous, l'*inventio* plus complète, ainsi que la *dispositio* des figures rousseauistes.

16. Rousseau, le premier *Discours* et Montesquieu

LE premier *Discours* de Rousseau contient-il des emprunts à l'*Esprit des lois*? Certains critiques s'étaient posé la question sans pouvoir y répondre de façon précise. Aussi A. François, après avoir remarqué que Rousseau, à l'époque de la rédaction de son premier *Discours*, travaillait auprès de la famille Dupin et que celle-ci l'avait chargé de résumer certaines parties de l'*Esprit des lois*, écrit-il: 'Ceci nous amène à l'époque du premier *Discours*, déjà postérieur à l'*Esprit des lois* et qui pourrait bien en avoir reçu quelque impulsion. C'était l'avis d'E. Faguet (*Rousseau penseur*, p.320).'[1]

C'est à A. Adam que revient le mérite d'avoir apporté la preuve que Rousseau s'est effectivement inspiré de Montesquieu, en relevant les deux phrases suivantes, dont la ressemblance est, selon lui, incontestable:

Rousseau	Montesquieu
Les anciens politiques parlaient sans cesse de mœurs et de vertu: les nôtres ne parlent que de commerce et d'argent. (*O.C.*, iii.19]	Les politiques grecs, qui vivaient dans le gouvernement populaire, ne reconnaissaient d'autre force qui pût les soutenir que celle de la vertu. Ceux d'aujourd'hui ne parlent que de manufactures, de commerce, de finance, de richesse et de luxe même. [*Esprit des lois*, III, 3]

A. Adam écrit: 'Cet emprunt littéral éveille notre attention, et nous nous apercevons que les thèses essentielles du premier *Discours* se trouvent dans l'*Esprit des lois* et que certaines apparaissent déjà dans les *Considérations*.'[2]

M. Launay, quant à lui, relève un autre passage du premier *Discours* où Rousseau s'est inspiré de Montesquieu. Notons que ce passage suit immédiatement celui déjà relevé par A. Adam, qui ne l'a pas reconnu comme un emprunt à l'*Esprit des lois* probablement parce que le passage en question se référait à une partie différente du texte de Montesquieu et que leur correspondance ne sautait pas aux yeux:

1. A. François, 'Rousseau, les Dupin, Montesquieu', *Annales de la Société J.-J. Rousseau* 30 (1943-1945), p.54.
2. Adam, 'De quelques sources de Rousseau dans la littérature philosophique', p.127.

16. Rousseau, le premier Discours et Montesquieu

Rousseau	Montesquieu
L'un vous dira qu'un homme vaut en telle contrée la somme qu'on le vendrait à Alger; un autre en suivant ce calcul trouvera des pays où un homme ne vaut rien, et d'autres où il vaut moins que rien. [*O.C.*, iii.19-20]	Le chevalier Petty a supposé, dans ses calculs, qu'un homme en Angleterre vaut ce qu'on le vendrait à Alger. Cela ne peut être bon que pour l'Angleterre: il y a des pays où un homme ne vaut rien, il y en a où il vaut moins que rien. [*Esprit des lois*, XXIII, 17]

M. Launay a établi que Rousseau ne s'est pas inspiré directement de Petty et de son *Political arithmetick*, ni de l'adaptation française de cet ouvrage faite par F. Melon dans son *Essai politique sur le commerce*, mais de l'*Esprit des lois*.[3]

Bien que la ressemblance entre les passages de Rousseau et ceux de Montesquieu qu'ont relevés A. Adam et M. Launay soit évidente, ni l'un ni l'autre de ces auteurs ne s'est préoccupé de dégager les éléments sur lesquels elle se fonde effectivement. La détermination de ces éléments, qu'il serait alors possible de confronter et de mesurer, nous permettrait d'établir une méthode d'analyse que l'on pourrait suivre pour rapprocher éventuellement d'autres textes d'auteurs différents dont la ressemblance ne serait pas évidente.

Confrontons le texte de Rousseau signalé par A. Adam et celui de l'*Esprit des lois*. On remarquera que, dans le premier, Rousseau exprime en une seule phrase l'idée que Montesquieu traduit en deux phrases distinctes. D'autre part, Rousseau remplace *Les politiques grecs* par l'expression plus vague *Les anciens politiques* et omet l'incise *qui vivaient dans le gouvernement populaire*, qui ne lui est pas nécessaire; il remplace *ne reconnaissaient d'autre force qui pût les soutenir que celle de la vertu* par la proposition abrégée *parlaient sans cesse de mœurs et de vertu*. Les deux verbes *reconnaître* et *parler* signifient ici la même chose: estimer. L'expression *les nôtres* correspond parfaitement à *Ceux d'aujourd'hui*, et la partie finale du texte, *ne parlent que de commerce et d'argent*, quoique abrégée, a sa contrepartie chez Montesquieu. Le mot *argent* remplace aisément *manufactures, finance, richesse* et *luxe*.

Rousseau	Montesquieu
1. Les anciens politiques	Les politiques grecs
2. parlaient sans cesse	ne reconnaissaient
3. de mœurs et de vertu:	d'autre force que celle de la vertu.
4. les nôtres	Ceux d'aujourd'hui
5. ne parlent que	ne nous parlent que
6. de commerce et d'argent.	de manufactures, de commerce, de finance, de richesse et de luxe même.

3. M. Launay, *Jean-Jacques Rousseau et son temps* (Paris 1969), p.99-100; M. Launay, *Jean-Jacques Rousseau, écrivain politique* (Grenoble 1972), p.161.

On conviendra sans peine qu'au moins cinq des six éléments logiques du premier texte (1, 3, 4, 5, 6) ont leur correspondant dans l'autre texte, le numéro 2 pouvant être à la rigueur contestable. On obtient ainsi une proportion de ressemblance que l'on peut aisément évaluer à 83%. Il faut ajouter à ce résultat hautement significatif du point de vue de la ressemblance entre les deux textes le fait que les éléments rapportés apparaissent, dans un texte comme dans l'autre, selon un ordre identique, ce qui peut aussi se traduire en chiffres. On obtient dans le cas où l'ordre est identique un coefficient de 100%. Si l'on fait la moyenne des deux pourcentages, celui ayant trait aux éléments en correspondance et celui concernant leur ordre d'apparition, on obtiendra ainsi comme valeur 91%.

Maintenant considérons l'emploi de mots identiques et de synonymes dans les deux textes:

Rousseau	Montesquieu
1. Les	les
2. politiques	politiques
3. vertu	vertu
4. les nôtres	ceux d'aujourd'hui
5. ne	ne
6. parlent	parlent
7. que	que
8. de	de
9. commerce	commerce
10. argent	richesse

Le nombre de mots identiques et de synonymes sur un total de vingt et un mots dans le premier passage comparé s'élève à dix, ce qui correspond à 50%. Comme ils se trouvent dans la même position dans les deux textes, on peut leur appliquer le coefficient de 100%. En faisant la moyenne entre les deux chiffres, selon la méthode à laquelle nous avons recouru précédemment, on obtient la valeur de 80%. En rapportant maintenant cette valeur à celle obtenue précédemment, à savoir 91%, nous aboutissons à la moyenne de 85, 5%, qui peut être considérée comme le coefficient de similitude entre les deux textes.

Pour établir à partir de quel pourcentage de similitude on peut parler d'emprunt d'un texte à un autre, il nous faut tenir compte du résultat qu'on obtiendrait en comparant deux passages littéraires rédigés tout à fait indépendamment l'un de l'autre. Nous avons comparé plusieurs articles de journaux parlant des mêmes faits mais rédigés par des auteurs n'ayant entre eux aucune communication. La coïncidence des éléments logiques, des mots identiques et synonymes, et de l'ordre où ils sont disposés dans les textes comparés ne dépasse pas, selon notre calcul, 20%. En considérant que le coefficient de 80%

indique la ressemblance évidente de deux textes, et que celui de 20% signale probablement leur originalité, il est raisonnable de considérer 50% comme le point au-dessus duquel l'affinité entre deux textes, même si elle n'est pas perceptible à première vue, commence à se déclarer véritablement.

Passons maintenant à l'examen du texte de Rousseau et de celui de Montesquieu dont la parenté a été mise en évidence par M. Launay, pour vérifier, sur un plus large échantillonnage, la pertinence de notre méthode.

Rousseau a remplacé le nom de Petty par un sujet indéterminé, *L'un vous dira*. Il a supprimé l'incise *dans ses calculs*. Il a substitué au nom de lieu *Angleterre* le nom plus vague de *telle contrée*. Il a supprimé la phrase *cela ne peut être bon que pour l'Angleterre*, ce qui est tout à fait logique à partir du moment où il avait éliminé la mention précédente de l'*Angleterre*. Il a enfin intercalé une proposition de son cru, *un autre en suivant ce calcul trouvera* pour spécifier que les deux pensées contenues dans son paragraphe appartiennent à deux individus différents, sans les nommer cependant: *L'un vous dira* [...] *un autre suivant ce calcul trouvera*. Le propos du premier individu correspond à celui du chevalier Petty et celui du second au jugement même de Montesquieu.

Rousseau	Montesquieu
1. L'un vous dira	Le chevalier Petty a supposé
2. qu'un homme vaut	qu'un homme vaut
3. en telle contrée	en Angleterre
4. la somme	ce
5. qu'on le vendrait à Alger;	qu'on le vendrait à Alger.
6. un autre	
7. en suivant ce calcul	[dans ses calculs]
8. trouvera des pays où	il y a des pays où
9. un homme ne vaut rien,	un homme ne vaut rien,
10. et d'autres	il y en a
11. où il vaut moins que rien.	où il vaut moins que rien.

Dix sur onze de ces éléments logiques coïncident (1, 2, 3, 4, 5, 7, 8, 9, 10, 11). Cela nous donne un coefficient de 90%. L'ordre où ils sont disposés dans les deux textes est le même sauf pour le numéro 6. Le coefficient d'ordre est de 90%.

Il y a vingt-six mots identiques ou synonymes, comme le montre le tableau suivant:

Rousseau	Montesquieu
1. qu'	qu'
2. un	un
3. homme	homme
4. vaut	vaut
5. qu'	qu'

6. on	on
7. le	le
8. vendrait	vendrait
9. à	à
10. Alger	Alger
11. calcul	calculs
12. des	des
13. pays	pays
14. où	où
15. un	un
16. homme	homme
17. ne	ne
18. vaut	vaut
19. rien	rien
20. et d'autres	il y en a
21. où	où
22. il	il
23. vaut	vaut
24. moins	moins
25. que	que
26. rien	rien

Le nombre total des mots contenus dans le texte de Rousseau étant de quarante-trois, cela nous donne une proportion de 55% de termes semblables. Comme, par ailleurs, vingt-quatre des vingt-six mots semblables sont placés dans le même ordre dans les deux textes, nous obtenons le coefficient d'ordre de 90%. La moyenne des deux coefficients nous donne une valeur de 72%. Si l'on ajoute à cette valeur de 72% celle obtenue pour la proportion d'éléments logiques communs, à savoir 90%, nous aboutissons à la moyenne de 81%, qui est le coefficient de similitude bien au-dessus du seuil de 50% que nous avons mis en évidence. Notons que Rousseau a tendance à abréger les textes de l'auteur qu'il imite; qu'il retranche des incises et qu'il en ajoute aussi au besoin; qu'il remplace des noms propres par des noms indéterminés; et, enfin, qu'il peut changer la construction de la phrase et l'ordre des mots.

Maintenant que nous connaissons la démarche de Rousseau, nous pouvons entreprendre de confronter d'autres passages où il aurait suivi de très près Montesquieu. Même si cette confrontation ne donnait qu'une seule phrase à ajouter à celles déjà identifiées comme des emprunts faits par Rousseau à Montesquieu, cela vaudrait encore la peine dans la mesure où le premier *Discours* de Rousseau est un texte très court et qu'une phrase, si courte soit-elle, peut y avoir de l'importance. Voici un nouveau passage de Rousseau à rapprocher de Montesquieu:

Rousseau	Montesquieu
Les anciennes républiques de la Grèce	Il faut se mettre dans l'esprit que, dans les

avec cette sagesse qui brilloit dans la plupart de leurs institutions avaient interdit à leurs citoyens tous ces métiers tranquilles et sédentaires qui, en affaissant et corrompant le corps, énervent sitôt la vigueur de l'âme. [*O.C.*, iii.23]

villes grecques, surtout celles qui avaient pour principal objet la guerre, tous les travaux et toutes les professions qui pouvaient conduire à gagner de l'argent, étaient regardées comme indignes d'un homme libre. 'La plupart des arts, dit Xénophon, corrompt le corps de ceux qui les exercent; ils obligent de s'asseoir, à l'ombre ou près du feu: on n'a de temps ni pour ses amis, ni pour la république.' [*Esprit des lois*, IV, 8]

Rousseau a fondu les deux phrases de Montesquieu en une seule, en assimilant *tous les travaux et toutes les professions* de la première et *La plupart des arts* de la seconde, qui signifient dans le contexte la même chose. Il a omis évidemment le nom de Xénophon. Il a ajouté une incise de son cru, *avec cette sagesse qui brilloit dans la plupart de leurs institutions*, il a supprimé une incise de Montesquieu, *surtout celles qui avaient pour principal objet la guerre*, il a abrégé les autres propositions et changé la construction du passif à l'actif. Nous aboutissons, en rétablissant ce texte de Montesquieu à la forme active, au tableau synoptique suivant:

Rousseau	Montesquieu
1. Les anciennes républiques de la Grèce	Les villes grecques
2. avaient interdit à leurs citoyens	regardaient comme indignes d'un homme libre
3. tous ces métiers tranquilles	tous les travaux et toutes les professions qui pouvaient conduire à gagner de l'argent;
4. et sédentaires	ils obligent de s'asseoir à l'ombre ou près du feu,
5. qui, en affaissant et corrompant le corps,	corrompent le corps de ceux qui les exercent:
6. énervent sitôt le vigueur de l'âme.	on n'a de temps ni pour ses amis ni pour la République.

On admettra aisément l'équivalence des deux éléments au numéro 1. Quant au numéro 2, les propositions *avaient interdit à leurs citoyens* et *regardaient comme indignes d'un homme libre* sont équivalentes dans la mesure où elles font allusion aux mêmes valeurs aristocratiques et militaires propres aux plus anciennes cités grecques. En ce qui concerne le numéro 3, on peut reconnaître que *tous ces métiers tranquilles* désignent les arts exercés par la classe inférieure s'occupant de l'économie dans la cité antique. Or, la proposition *tous les travaux et toutes les professions qui pouvaient conduire à gagner de l'argent* désigne le même concept, par rapport aux valeurs aristocratiques. Au numéro 4, la ressemblance entre les deux propositions est évidente, puisqu'il y a la même idée (*sédentaire/s'asseoir*).

283

Au numéro 5, on peut dire la même chose (*corrompant le corps/corrompent le corps*). Quant au numéro 6, la proposition *énervent sitôt la vigueur de l'âme* indique selon Rousseau l'avilissement de la vertu, et *on n'a de temps ni pour ses amis ni pour la république* aboutit à la même signification.

En admettant qu'il y ait doute sur l'équivalence entre les deux propositions du numéro 6, il reste cinq propositions équivalentes sur six, ce qui se traduit par un coefficient de 83%. L'ordre où ces éléments sont disposés, si l'on admet le changement de construction du passif à l'actif et en tenant compte du retranchement du numéro 6, est le même dans les deux textes, ce qui nous donne 83%. La moyenne de ces deux valeurs est 83%.

Considérons maintenant les homonymes et les synonymes communs aux deux textes:

Rousseau	Montesquieu
1. républiques	villes
2. de la Grèce	grecques
3. tous	tous
4. métiers	travaux
5. sédentaires	s'asseoir
6. corrompant	corrompent
7. le	le
8. corps	corps

Ces huit mots sur les trente du texte de Rousseau donnent un coefficient de 26%. Sept de ces huit mots se trouvent dans le même ordre, ce qui se traduit par un coefficient de 87%. La moyenne est de 56%. Le résultat final $(83+56)/2$ est près de 70%, ce qui prouve l'emprunt.

Si l'on considère que Rousseau et Montesquieu opposent la vertu des ancêtres, qui est synonyme de dévouement à la communauté, à l'intérêt personnel qui pousse les contemporains à se désolidariser les uns des autres, on peut faire le rapprochement entre les textes suivants de Rousseau et de Montesquieu:

Rousseau	Montesquieu
On ne demande plus d'un homme s'il a de la probité mais s'il a des talents. [*O.C.*, iii.25]	On n'y juge pas les actions des hommes comme bonnes mais comme belles. [*Esprit des lois*, IV, 2]

On peut accepter que *On ne demande plus* équivaut à *On n'y juge pas*, dans la mesure où ces deux propositions se réfèrent aux mêmes valeurs. L'on pourra aussi accepter que *d'un homme* est bien l'équivalent de *les actions des hommes*: il s'agit, en effet, de porter un jugement sur la conduite humaine. Dans ce cas, on admettra que la *probité* inspire les *bonnes* actions et que les *talents* conduisent aux *belles*.

Tous les éléments coïncident par le sens et par l'ordre où ils sont présentés dans les deux textes (100%). Considérons les homonymes et les synonymes:

Rousseau	Montesquieu
1. On	On
2. ne	n'
3. demande	juge
4. plus	pas
5. homme	hommes
6. probité	bonnes [actions]
7. mais	mais
8. talents	belles [actions]

Ces huit mots sur les dix-neuf du texte de Rousseau se traduisent par un coefficient de 47%. La symétrie des homonymes et des synonymes dans les deux textes approche de 100%. La moyenne est de 73%. Cette valeur, intégrée au 100% relevé précédemment, aboutit à un coefficient de similitude de 85%, qui prouve qu'il y a eu emprunt.

Remarquons que ce passage de Rousseau a déjà été rapproché d'un texte de Montaigne, par J. J. Cajot, dans son ouvrage intitulé *Les Plagiats de J. J. Rousseau de Genève*.[4] Voici le texte de Montaigne: 'Nous nous enquérons volontiers, sait-il du grec ou du latin, écrit-il en vers ou en prose, mais s'il est devenu meilleur ...'.[5] Rousseau a pu se servir des textes de Montaigne et de Montesquieu en même temps, puisqu'il critique l'éducation sous la monarchie française, que le passage cité de Montaigne fait partie de l'essai 'Du pédantisme', et que celui de Montesquieu se trouve dans le chapitre intitulé 'L'éducation dans une monarchie' de l'*Esprit des lois*.

D'autre part, Rousseau, dans un passage qui précède presque immédiatement son dernier texte cité, s'exprime ainsi en parlant des abus qu'il a relevés dans l'éducation française, et nous comparons son propos à celui de Montesquieu sur l'éducation sous la monarchie:

Rousseau	Montesquieu
D'où naissent tous ces abus, si ce n'est de l'inégalité funeste introduite entre les hommes par la distinction des talents et par l'avilissement des vertus? ... On ne demande plus d'un homme s'il a de la probité mais s'il a des talents. [*O.C.*, iii.25]	Les vertus qu'on nous y montre sont toujours moins ce que l'on doit aux autres que ce que l'on se doit à soi-même. Elles ne sont pas tant ce qui nous appelle vers nos concitoyens que ce qui nous en distingue. On n'y juge pas les actions des hommes comme bonnes mais comme belles. [*Esprit des lois*, IV, 2]

Il y a chez Rousseau des idées qui correspondent aux étapes qui marquent la

4. (La Haye 1766), p.371.
5. Montaigne, *Essais*, I, 24: 'Du pédantisme'.

corruption de la société selon l'idéologie nobiliaire: à savoir, l'envie de se distinguer ('distinction des talents'), le reniement du bien commun ('avilissement des vertus') et le luxe, qui, nous l'avons montré (p.167, 173, 185-86), est étroitement lié à l'inégalité ('inégalité funeste').

Dans le texte de Montesquieu, on trouve des idées semblables. La vertu dans la monarchie ne consiste plus dans le dévouement à la communauté, mais dans la satisfaction de l'ambition personnelle. Quoique Montesquieu n'ait pas mentionné l'inégalité, cette notion se présente dans le contexte de la comparaison qu'il fait entre la monarchie et la république. Or, pour Montesquieu, la vertu est associée à l'égalité dans la république et l'avilissement de la vertu à l'inégalité dans la monarchie.

Ce qui est frappant, c'est que Rousseau exprime sa pensée dans sa critique de l'éducation dans la France moderne, qu'il compare à la société idéale du passé, et que Montesquieu critique également l'éducation sous la monarchie française par rapport à la cité antique idéalisée.

On peut en conclure que la même idéologie s'exprime dans ces textes de Rousseau et de Montesquieu. On y déplore le déclin de la vertu causé par le processus de transition de la société vertueuse du passé à la société moderne corrompue. La vertu consiste ici à soumettre l'individu au *bien commun*, et la corruption de cette vertu à donner la préférence à l'*intérêt particulier*. Nous sommes bien en présence d'une conception fondamentalement aristocratique.

Compte tenu des coïncidences relevées entre les textes de Rousseau et de Montesquieu dans ce chapitre, on peut dire non seulement que ces deux auteurs adhéraient aux mêmes valeurs sociales mais aussi que Rousseau a suivi de très près Montesquieu.

17. Rousseau, Diderot, Voltaire, et le premier *Discours*

DIDEROT a laissé entendre qu'il avait suggéré à Rousseau une réponse négative à la question posée par l'Académie de Dijon. Rousseau, pour sa part, en écrivant la prosopopée de Fabricius, axée sur la thèse négative, et en affirmant qu'il l'avait composée sur le chemin de Vincennes, avant de rendre visite à Diderot, coupait court à l'argument de celui-ci. Certains critiques pourtant ont continué (et cela depuis l'époque de Rousseau) à penser que celui-ci n'était pas vraiment convaincu des idées qu'il allait soutenir dans son *Discours sur les sciences et les arts*.

i. Rousseau et Diderot

La critique rousseauiste, préoccupée de défendre l'originalité et la sincérité de Rousseau, a critiqué le propos de Diderot en faisant subir au témoignage de celui-ci des interprétations parfois abusives. Cette critique a fait couler beaucoup d'encre sans réussir à éclaircir les faits. La question nous paraît d'ailleurs assez insignifiante. Si nous y revenons, c'est pour mettre en évidence un fait qui l'éclaire d'un jour nouveau. C'est un passage du *Mercure de France*, passé inaperçu jusqu'à maintenant, qui nous permet de faire le point de la question. Avant d'en parler, il nous faut cependant examiner le propos de Diderot, rédigé vers 1773-1774:

L'Académie de Dijon proposa pour sujet du prix, *Si les sciences étaient plus nuisibles qu'utiles à la société*. J'étais alors au château de Vincennes. Rousseau vint m'y voir et par occasion me consulter sur le parti qu'il prendrait dans cette question: 'Il n'y a pas à balancer', lui dis-je. 'Vous prendrez le parti que personne ne prendra.' 'Vous avez raison', me répondit-il; et il travailla en conséquence.[1]

Un autre texte de Diderot, composé entre 1778 et 1782, dira la même chose: "'Le parti que vous prendrez', lui dis-je, 'c'est celui que personne ne prendra".'[2]

Il faut placer ce propos de Diderot dans son contexte. Dans le premier texte, Diderot réfute l'idée d'Helvétius que le hasard, plutôt que la nature, fait le génie. Selon Helvétius, les circonstances du concours de l'Académie de Dijon ont fait de Rousseau un écrivain de génie, qui ne se serait pas manifesté

---

1. Diderot, *Réfutation d'Helvétius*, dans *Œuvres complètes* (Paris 1969-1973) [ci-après *O.C.*], xi.475.
2. Diderot, *Essai sur les règnes de Claude et de Néron*, dans *O.C.*, xiii.360.

autrement. Diderot objecte que Rousseau était très éloquent par nature et qu'il aurait fait quelque chose de semblable à son premier *Discours* même si l'Académie de Dijon n'avait pas posé la fameuse question. Diderot précise que Rousseau est un écrivain brillant, mais sans conviction, et qu'il se préoccupe de se mettre en évidence plutôt que de dire le vérité (*O.C.*, xi.482). C'est parce que Rousseau n'avait pas idée de la réponse qu'il donnerait à la question de l'Académie que Diderot lui aurait dit: 'Vous prendrez le parti que personne ne prendra.'

Cette phrase exprime donc un jugement négatif sur Rousseau. La critique rousseauiste a voulu attribuer au propos de Diderot une signification toute différente. Selon cette critique, Diderot s'est limité à seconder Rousseau, ou à constater que celui-ci, de par ses tendances profondes, ne pouvait que répondre négativement à la fameuse question de l'Académie de Dijon.[3] En réalité, on ne peut partager cette interprétation, d'autant plus que des contemporains de Diderot – Marmontel et Morellet – ont explicité le propos de Diderot. Marmontel assure que Rousseau avait déclaré à Diderot qu'il prendrait le parti de l'affirmative et que Diderot aurait répondu: 'C'est le pont aux ânes', à la suite de quoi Rousseau aurait adopté le parti contraire.[4] Morellet confirme ces faits dans les mêmes termes que Marmontel. Selon Morellet, Rousseau avait opté pour la thèse affirmative et avait changé d'avis après avoir écouté Diderot lui dire: 'Ce n'est pas là ce qu'il faut faire; rien de piquant, c'est le pont aux ânes.'[5]

Remarquons que Marmontel et Morellet se sont influencés mutuellement en attribuant à Diderot l'expression 'c'est le pont aux ânes', absente dans le texte de celui-ci. Certes, les témoignages de Marmontel et de Morellet, qui ont été d'ailleurs sévèrement critiqués,[6] n'ont pas beaucoup d'importance, parce que ceux-ci n'assistaient pas aux entretiens entre Diderot et Rousseau et qu'ils tenaient leur version des événements de Diderot. Ils confirment cependant que Diderot pensait vraiment avoir influencé Rousseau en lui faisant adopter la fameuse réponse négative. Pourquoi cette réponse était-elle si importante dans l'esprit de Diderot? Remarquons que la phrase 'Vous prendrez le parti que personne ne prendra' n'a probablement pas été prononcée. Diderot écrit longtemps après les événements (vingt-quatre ans environ) et il ne peut se

---

3. F. Vézinet, 'Rousseau ou Diderot?', *Revue d'histoire littéraire de la France* 31 (1924), p.310; L. G. Krakeur, 'Diderot's influence on Rousseau's first *Discours*', *P.M.L.A.* 52 (1937), p.398-404; J. Voisine (éd.), dans Rousseau, *Confessions*, p.417n.; R. Trousson, *Socrate devant Voltaire, Diderot, Rousseau: la conscience en face du mythe* (Paris 1967), p.119.

4. J. F. Marmontel, *Mémoires d'un père* (Paris 1943), p.248.

5. A. Morellet, *Mémoires* (Paris 1821), i.119.

6. A. Oltramare, 'Plutarque dans Rousseau', *Mélanges d'histoire littéraire et de psychologie offerts à B. Bouvier* (Genève 1920), p.185; J. Fabre, 'Deux frères ennemis: Diderot et Jean-Jacques', *Diderot Studies* 4 (1961), p.155-213 (p.164).

rappeler avec exactitude, selon nous, les détails d'une conversation si éloignée dans le temps. Le fait qu'il rapporte la question de l'Académie d'une façon inexacte ('Si les sciences étaient plus nuisibles qu'utiles à la société' au lieu de 'Si le rétablissement des sciences et des arts a contribué à épurer les mœurs') le confirme, à notre avis.

Que peut signifier cette phrase: 'Vous prendrez le parti que personne ne prendra'? Cela signifie probablement que la réponse négative à la question posée par l'Académie de Dijon allait contre l'opinion généralement admise. D'autre part, pourquoi était-il si important de contredire cette opinion? Le fait que Diderot attache tant d'importance à la thèse invite à réfléchir. Un concours d'Académie ne fait-il aucune part à l'éloquence? Dans les joutes oratoires, n'est-ce pas l'éloquence qui impose l'idée? Pour que la thèse ait dans l'esprit de Diderot tant d'importance, il fallait qu'il connaisse l'orientation de l'Académie de Dijon. Pourquoi a-t-il conseillé à Rousseau de prendre 'le parti que personne ne prendra'? Si personne ne le prend, l'Académie ne le prendra pas non plus. Diderot veut-il que Rousseau échoue au concours? Pour parler ainsi, il faut supposer que Diderot connaît certains faits lui faisant croire que l'Académie pourrait faire beaucoup de cas de la réponse négative. C'est le passage du *Mercure de France* dont nous avons parlé qui peut nous éclairer ici. Il rapporte que l'Académie de Dijon a décerné à M. Fromageot le prix de morale pour l'année 1743, comportant cette question: 'Si la loi naturelle pourrait porter la société à se perfectionner, sans le secours des lois politiques.'[7] Dans l'extrait publié de la dissertation de M. Fromageot, on voit que l'auteur s'est engagé d'emblée dans la polémique: 'Pour parvenir à une recherche aussi intéressante, il est nécessaire de réfuter les conjectures hasardées d'une philosophie libre et nouvelle, ennemie des principes d'une société qui la gêne', écrit-il (p.2021). Il repousse la thèse de certains philosophes modernes qui affirment que l'intérêt personnel est le moteur de la société. L'auteur continue ainsi (p.2022):

D'autres philosophes plus hardis ont cru trouver dans les passions humaines ces principes féconds de la Société. L'ambition, disent-ils, a souvent tracé le chemin à la vertu; d'un brigandage utile se sont formés de grands empires; le luxe et la volupté ouvrent tous les jours de nouvelles routes à l'industrie. De tels principes pourraient porter à dire que la licence la plus décriée sera un bien pour la Société, si elle tourne à son profit. C'est déshonorer la Société que de lui présenter la règle qui la perfectionne sous de si fausses couleurs.

Ce propos est une allusion claire à la doctrine de Mandeville, de Melon et de Voltaire (qu'on se reporte au chapitre 12, 'Les partisans du luxe'). Il fait penser que l'Académie de Dijon, parce qu'elle admettait la critique d'un courant de

---

7. *Mercure de France* no.xlv (septembre 1743), p.2021.

pensée contemporain, pouvait être elle-même idéologiquement orientée et favorable à une critique du mouvement des Lumières. Si Diderot et Rousseau en étaient informés, il fallait qu'ils en tiennent compte dans leur discussion. C'est une donnée très importante. Malgré son importance, ni Rousseau ni Diderot n'en ont pas fait mention dans les textes qu'ils nous ont laissés. Cela s'explique aisément. Le débat idéologique dont nous avons parlé était sous-jacent à la question posée par l'Académie de Dijon et ni Rousseau ni Diderot ne pouvaient pas en parler ouvertement. Ils étaient obligés de ramener leur discussion à une opposition entre la réponse affirmative et la négative quand ils se sont trouvés dans la nécessité de parler publiquement des événements liés au concours de l'Académie de Dijon (1750).

ii. Le pari

Rousseau et Diderot connaissaient-ils ce texte du *Mercure?* Rousseau avait le plus de chances de le connaître. En effet, il est abonné au *Mercure* depuis 1735 et il le lit régulièrement, avec intérêt.[8] Au moment où il s'intéresse au concours de l'Académie de Dijon, il a dû se rendre compte qu'il a peu d'expérience en ce domaine et que, s'il veut réussir, il lui serait utile d'examiner un essai couronné par l'Académie de Dijon. Où le trouvera-t-il? Bien sûr, dans le *Mercure de France*. Il ne lui reste qu'à consulter la table des matières des volumes du *Mercure* et en quelques minutes il peut trouver le discours couronné en 1743. D'ailleurs, il n'est pas nécessaire de connaître ce texte. Ce qui compte, selon nous, c'est que l'orientation de l'Académie de Dijon était connue. Si Diderot a été le premier à se rendre compte de ce que nous venons de signaler au sujet de l'Académie de Dijon, l'on comprend qu'il ait eu l'impression, en parlant de cela avec Rousseau, d'avoir exercé sur lui une influence décisive.

Si, donc, les deux amis n'ignoraient pas l'avantage qui consistait à se démarquer du mouvement favorable au luxe, aux sciences et aux arts, ils ne devaient pas tarder à conclure que la réponse négative s'imposait. Celle-ci était nette et forte. Sa forme paradoxale la rendait frappante. Elle n'allait pas cependant de soi. Elle pouvait aussi être choquante, dans la mesure où elle contredisait une opinion publique favorable, en majorité, aux sciences et aux arts. Il faut tenir compte que les bienfaits des sciences et des arts sont évidents pour la société entière en 1750. Il n'y a pas que le mouvement des Lumières qui en soit convaincu. L'Eglise se considère comme la dépositaire de la culture et elle en garde le monopole dans le domaine de l'éducation. Le gouvernement monarchique s'est fait le protecteur des sciences et des arts, parce qu'ils

8. P. M. Masson, *La Religion de J.-J. Rousseau* (Paris 1916), i.102.

contribuent à la gloire du royaume. La bourgeoisie doit son avènement aux progrès des sciences et des arts et au développement économique qu'ils favorisent. Il n'y a que la noblesse qui puisse se sentir étrangère au monde de la culture, car elle s'est traditionnellement identifiée à la carrière des armes; toutefois, elle s'est ralliée, en partie, à l'opinion générale.

On peut dire que l'opinion est généralement acquise aux sciences et aux arts en 1750. Cependant, la majorité du public n'est pas acquise au mouvement des Lumières, et elle peut changer d'avis si ce mouvement, par l'éloge des sciences et des arts, propage une nouvelle conception de la société peu conforme aux anciennes valeurs. C'est ainsi que le public peut approuver un discours qui critique les sciences et les arts sans prendre nécessairement au sérieux la thèse selon laquelle ils sont corrupteurs. Mais la réponse négative à la question posée par l'Académie de Dijon représente toujours un pari.

D'autre part, Rousseau et Diderot ne sont pas sans savoir qu'il est possible de critiquer le mouvement des Lumières tout en adoptant la réponse affirmative. Il suffit, par exemple, de louer les sciences et les arts tout en mettant en relief les abus qu'en font les philosophes. Diderot a pu convaincre Rousseau que la réponse négative était cependant la plus suggestive et la plus susceptible de l'emporter dans l'esprit des juges de l'Académie de Dijon. Rousseau devait-il rejeter cette réponse parce qu'un autre la lui conseillait? N'était-il pas allé voir Diderot pour le consulter? Pourquoi Rousseau se devait-il d'être original coûte que coûte? D'ailleurs, la thèse négative avait été adoptée dans le passé par bien des écrivains. Elle n'était pas l'invention de Diderot. Elle n'était ni originale ni moderne, quoiqu'elle puisse s'imposer dans des circonstances particulières.

Il est difficile de comprendre le reproche que Diderot adresse à Rousseau. Sans doute, nous ignorons les circonstances précises qui motivent ce reproche. Cependant, on peut se demander pourquoi Diderot ne se rend pas compte que l'opposition de la réponse affirmative et négative est secondaire, tout à fait accessoire. En réalité, dans la mesure où la véritable raison de la victoire de Rousseau au concours de l'Académie de Dijon était sa critique des Lumières, il s'ensuit que le reproche adressé par Diderot à Rousseau concernant l'adoption de la réponse négative n'était pas pertinent. L'engagement de Rousseau contre le mouvement des Lumières lui appartient en propre. Il ne peut pas avoir été motivé uniquement par la nécessité de gagner un concours académique. Il est clair pour nous que le tempérament passionné et idéaliste de Rousseau le rapprochaient davantage du courant opposé au luxe, aux sciences et aux arts, que du mouvement rationaliste et matérialiste des Lumières.

Remarquons qu'au moment où Diderot reproche à Rousseau son manque de conviction, les deux ex-amis sont brouillés et que cela explique le ton peu amical de Diderot. En réalité, à l'époque du *Discours*, Diderot est tout à fait solidaire de Rousseau. L'aide que le premier a accordée au second indique que Diderot n'a été nullement choqué par les idées que Rousseau a adoptées dans son *Discours*. En fait, ces idées coïncident largement chez les deux amis, comme l'ont montré déjà quelques critiques.[9]

iii. Rousseau et Voltaire

Rousseau a peut-être hésité à prendre parti contre les Lumières à cause du sentiment qu'il éprouvait pour Voltaire. Il admirait le grand homme, dont il a tenté d'obtenir l'amitié. En 1745 il avait été chargé par le duc de Richelieu de travailler à l'adaptation de *La Princesse de Navarre* pour les fêtes de Ramire à l'intention de la cour. Il a écrit à Voltaire: 'Il y a quinze ans que je travaille pour me rendre digne de vos regards.' Il ajoute qu'il aimerait le connaître.[10] En janvier 1750, Rousseau, probablement en pleine préparation du *Discours*, écrit de nouveau à Voltaire et, saisissant un prétexte tout à fait banal, lui fait des avances: 'Je ne me flatte pas de mériter l'honneur d'être connu de vous, mais si jamais ce bonheur m'arrive, ce ne sera, j'espère, que par des endroits dignes de votre estime' (Best.D4108). Voltaire lui oppose une fin de non-recevoir (Best.D4109). D'autre part, Voltaire n'a pas hésité à inviter Diderot, quelques mois auparavant, à un 'repas philosophique chez moi avec quelques sages' (Best.D3940). Rousseau a été probablement informé de cette invitation. On comprend dès lors qu'il ait pu être déçu de l'attitude de Voltaire. S'il hésite à s'engager contre le mouvement des Lumières parce que Voltaire figure parmi les personnages les plus en vue dans ce mouvement, maintenant tout obstacle est levé. En fait, l'attitude de Voltaire est la goutte qui fait déborder le vase.

Il nous paraît légitime de penser que si Voltaire avait accordé à Rousseau son amitié le *Discours* aurait été très différent, peut-être n'aurait-il pas existé. Toujours est-il que le ton anti-voltairien du *Discours* ne peut manquer de frapper. Rousseau s'adresse à Voltaire d'une façon peu bienveillante. Il l'appelle 'célèbre Arouet' et lui reproche d'avoir sacrifié au goût du jour et d'être, en quelque sorte, frivole. En fait, le *Discours* s'oppose en tout à la pensée voltairienne, et en particulier au *Mondain*. Rousseau connaît probablement cet ouvrage. On peut le déduire de l'*Epître à M. Bordes* (1741), où Rousseau a d'ailleurs approuvé le luxe.[11] G. R. Havens a fait plusieurs rapprochements

9. A. Adam, 'Rousseau et Diderot', *Revue des sciences humaines* 53 (1949), p.21-34; Trousson, *Socrate devant Voltaire, Diderot, Rousseau*, p.130. Voir aussi J. Pommier, *Diderot avant Vincennes* (Paris 1939), p.116; J. Seznec, *Essais sur Diderot et l'antiquité* (Oxford 1957), p.3.

10. Voltaire, *Correspondence and related documents*, éd. Th. Besterman (Genève, Banbury, Oxford 1968-77) [ci-après Best.D], D3269.

11. G. R. Havens, dans Rousseau, *Discours sur les sciences et les arts* (New York 1966), p.13.

intéressants entre le texte du premier *Discours* et l'œuvre de Voltaire. En tenant compte de cela, on peut dire que Rousseau, en rédigeant son *Discours*, a eu constamment présente à l'esprit l'œuvre de Voltaire et que le *Discours* est un ouvrage en grande partie polémique.

iv. Les concurrents

Tout cela confirme que le débat idéologique sur le luxe, les sciences et les arts était à l'origine du succès du premier *Discours* de Rousseau. Or, l'Académie de Dijon a accordé le premier prix à Rousseau et le premier *accessit* à Grosley, qui étaient les seuls à avoir adopté la réponse négative à la question qu'elle avait posée. Tous les autres concurrents ont adopté la réponse affirmative ou une position intermédiaire. Nous croyons utile de recueillir quelques détails sur les concurrents.[12]

L'abbé Picardet de Dijon distingue entre les arts 'primitifs' (physique, médecine, astronomie, géométrie, mathématiques, éloquence, musique, peinture et sculpture) et les arts 'posthumes' (les arts raffinés relatifs aux modes et au luxe). Ce sont ces derniers qui corrompent les mœurs. L'auteur ajoute que les arts 'primitifs' ont aidé les hommes à pratiquer la vertu, mais qu'ils ne lui sont pas absolument nécessaires. Charpy, curé d'Aignay-le-duc, soutient qu'on n'a pas besoin de beaucoup de connaissances pour être homme de bien. Il note que ni Moïse ni Lycurgue n'étaient des hommes de science. Il reconnaît cependant que la science aide les hommes à discerner le juste de l'injuste et en conclut que les sciences sont utiles à la morale chrétienne. Chaban, prêtre de l'Oratoire, assure que l'ignorance est préjudiciable aux mœurs. Pour lui, les lettres et les sciences sont des moyens utiles à la pratique de la vertu et, sans elles, il serait difficile de reconnaître le bien et le mal. Bonic, curé de Saupont en Bretagne, se fait le défenseur des sciences et des arts et soutient que les temps d'ignorance sont les temps de la barbarie. Il conclut que les sciences et les arts ont contribué à répandre la vertu. Pinot, médecin de Bourbon-Lancy, affirme que les sciences et les arts ont été accordés à l'homme pour qu'il parvienne à la connaissance de Dieu. Les connaissances permettent à l'homme de prendre conscience de ses devoirs. Il conclut que les sciences et les arts ont toujours épuré les mœurs, parce qu'ils ont mis l'homme en mesure de se connaître. Grosley (dont le pseudonyme est Chasselas) accuse les sciences et les

---

12. L. et M. Launay, *Index-Concordance du Discours sur les sciences et les arts et du Discours sur les origines de l'inégalité* (Genève, Paris 1981). L. et M. Launay ont publié ici les discours de Picardet, Charpy, Pinot, F. Basson, d'Argenson. Pour les manuscrits, voir: Archives de l'Académie de Dijon, *Recueil contenant les réponses envoyés au concours de 1743 à 1757*.

arts d'avoir corrompu les mœurs. Il a comparé les siècles de Périclès, d'Auguste, de Léon X et de Louis XIV aux siècles d'ignorance, et c'est dans ces derniers qu'il a trouvé la vertu. François Basson de Vésoul a composé un poème où Minerve en personne s'indigne qu'on doute si les sciences et les arts ont épuré les mœurs. Elle montre que dans les temps d'ignorance les mœurs des hommes étaient féroces. Elle mentionne les savants et les artistes qui ont honoré la vertu et déclare: 'Ce sont mes lois et mes maximes qui font naître l'horreur des crimes' (*Recueil*, pièce 11). Le mémoire numéro 12, sans nom d'auteur, est tout à fait favorable aux sciences et aux arts, considérés comme essentiels au magistère de l'Eglise. Alexis Boutillier, prêtre à Amiens, partisan des sciences et de l'éloquence, fait l'éloge des savants. Cependant, il rejette les beaux-arts, parce qu'ils corrompent les mœurs par leur raffinement excessif. Il faut les condamner 'comme le sage Mentor les bannit de Salente. Leur exil serait un coup mortel pour le luxe,' dit-il (*Recueil*, pièce 13). Le dernier mémoire (le quatorzième) appartient à d'Argenson. Celui-ci y célèbre sans réserve les bienfaits des sciences et des arts, quoiqu'il ait contredit Voltaire dans l'éloge que ce dernier en a fait. En 1750, il émet un jugement positif sur les progrès des connaissances. Pour d'Argenson, la vraie morale n'a été pratiquée qu'avec le perfectionnement de la raison. Il conclut ainsi: 'Qu'on rende justice aux amateurs des lettres; ils sont ordinairement des amis des hommes et de la vertu' (*Recueil*, pièce 14).

v. Les juges

Nous croyons intéressant d'ajouter ici quelques détails sur les dix juges de l'Académie de Dijon. Le doyen Vitte, le conseiller d'Arlay et l'avocat général Genreau n'ont pas assisté à la lecture du *Discours* de Rousseau. Ils n'en connaissent que l'analyse du rapporteur. A ces trois membres s'ajoutent les sept commissaires qui ont suivi de près le déroulement des travaux. Quatre seulement sont vraiment capables de bien juger le sujet en tant que pensionnaires de la classe de morale. L'abbé Léauté, curé doyen de la paroisse Saint-Jean, était d'une piété exemplaire et s'opposait à la philosophie nouvelle. Le chanoine Derepas, de la paroisse Notre-Dame, était moins austère que le précédent mais était considéré comme un bon prêtre. L'avocat Perret a composé un discours *Sur la politesse*. Un autre avocat, Louis Guyot, a composé plusieurs dissertations: *Sur le bonheur de l'homme en cette vie* (1748), *Sur le pardon des injures* (1754), *Sur la modestie* (1758). J. B. Fromageot est le fils du lauréat de l'Académie pour le prix de morale de 1743. Peut-être est-il devenu pensionnaire à l'âge de vingt ans grâce au crédit de son père. Il est né en 1724. Il était janséniste. Il a écrit un *Essai sur la politesse* (1744), *Sur l'usage du temps*, *Sur les sciences* (1745).

Deux de ses mémoires furent couronnés en 1752 et 1753 par l'Académie de Montauban. Il y soutenait que 'la vraie philosophie est incompatible avec l'irréligion'.[13] Remarquons que le conseiller Lantin de Damerey, président et porte-parole de la Commission, a rédigé plusieurs ouvrages, dont le plus remarquable est, pour nous, *Sur le luxe* (1749). Il y exprime la crainte que le luxe ébranle les bases de la société. Claude Gelot a proposé à ses collègues le sujet du concours de morale de l'année 1750 auquel a participé Rousseau. C'est Gelot qui a rédigé le rapport sur la distribution des prix le 23 août 1750. Selon M. Bouchard, Gelot avait bien prévu que 'l'on pourrait opter pour la négative' et qu'il serait approuvé par ses collègues, dont le but était 'au fond de censurer les vices du siècle présent et de vanter les vertus antiques' (p.79).

L'examen de ces quelques notes sur les juges et les concurrents indique qu'il s'agit d'un milieu très conservateur. Ce sont pour la plupart des ecclésiastiques et des petits-bourgeois. Les juges étaient préoccupés par la situation sociale et c'est pourquoi ils ont approuvé la thèse de Rousseau, qui prenait position en faveur des anciennes valeurs, contre les innovateurs. Le rapporteur de l'Académie de Dijon a bien indiqué qu'on retenait surtout la thèse négative: 'L'Académie a cru devoir décerner le prix à la démonstration d'une question de fait, de la vérité de laquelle on ne peut disconvenir, à moins de s'inscrire en faux contre l'expérience' (p.90). L'Académie avoue que la dissertation de l'abbé Talbert 'lui a paru la mieux écrite', mais elle lui reproche d'avoir été faible sur la démonstration de la thèse: 'M. Talbert ne l'a point donnée'.[14] M. Bouchard conclut son travail sur le concours de l'Académie de Dijon et sur les juges de cette façon: 'Le Discours de Rousseau leur semblait exprimer leur inquiétude et leurs regrets devant les changements qui menaçaient d'ébranler les mœurs, les croyances et l'ordre social' (p.97).

vi. Conclusion

Quant à nous, il nous semble que la conclusion selon laquelle le *Discours sur les sciences et les arts* de Rousseau s'inscrivait dans un débat idéologique et dans une polémique contemporaine s'impose absolument. Il nous semble même que tout argument supplémentaire serait superflu. Le fait que la critique rousseauiste ait considéré le premier *Discours* comme tout à fait coupé de la réalité idéologique contemporaine et qu'on n'ait discerné dans cet ouvrage que des motivations personnelles, caractéristiques de Rousseau, constitue un grand anachronisme.

13. M. Bouchard, *L'Académie de Dijon et le premier Discours de Rousseau* (Paris 1950), p.72.
14. p.90. Nous n'avons pas parlé de l'essai de l'abbé Talbert parce que le manuscrit en a été perdu.

18. *Discours sur l'origine de l'inégalité* (1755)

Le *Discours sur l'origine de l'inégalité* devrait nous aider à mieux définir la signification de l'"inégalité funeste' dont parle le premier *Discours*. Remarquons que seulement la seconde partie du *Discours sur l'origine de l'inégalité* concerne notre sujet. Rousseau y retrace le chemin parcouru par l'humanité de l'état de nature à la société organisée. Le premier pas vers l'inégalité est la conséquence de la distinction des talents. En effet, aussitôt que des individus aspirent à se distinguer dans leur groupe et qu'ils prennent avantage des talents dont la nature les a doués, ils se désolidarisent de leurs semblables.[1] La concurrence qui les divise est à l'origine de tous les changements qui, de l'état de nature, aboutissent à la société organisée.

i. La vanité et le paraître

C'est donc un défaut humain, la vanité essentiellement, qui a mené l'homme du bonheur naturel à la société civilisée et inégalitaire. Quand l'homme produisait lui-même ce dont il avait besoin, il était heureux et juste. En se rendant dépendant des autres pour obtenir certains objets qu'il croyait necessaires, il a créé la propriété, l'esclavage, et la misère. La métallurgie et l'agriculture ont contribué à la transformation dont l'homme est à la fois l'auteur et la victime (iii.171). A leur suite se sont développés les arts et l'inégalité des fortunes. A ce stade de la civilisation, l'homme a eu recours au mensonge. En effet, chacun veut paraître plus important qu'il n'est: 'Etre et paraître devinrent deux choses tout à fait différentes et de cette distinction sortirent le faste imposant, la ruse trompeuse et tous les vices qui en sont le cortège' (iii.174).

ii. Le luxe

Remarquons tout d'abord que, chez Rousseau, la transformation économique et sociale qui a conduit l'homme de l'état de nature à la civilisation est jugée du point de vue éthique. Pour lui, c'est le désir de se distinguer, déterminé par la vanité, qui a poussé l'homme à tous les changements économiques et sociaux qui l'ont rendu vicieux et malheureux. Le désir de 'paraître' a produit le 'faste imposant', qui est synonyme du luxe. Or, la conception adoptée par Rousseau

1. J.-J. Rousseau, *Discours sur l'origine de l'inégalité*, dans *O.C.*, iii.171.

296

est très proche de celle que nous avons attribuée à l'idéologie nobiliaire, qui définissait la société des dix-septième et dix-huitième siècles comme le produit de la vanité, du paraître et du luxe. (Qu'on se reporte ici au chapitre 5: 'Pour une définition idéologique du luxe'.)

La notion de l'inégalité conçue par Rousseau ressemble de près à l'inégalité décrite par Montesquieu et d'Argenson. Rappelons ici que la condamnation du luxe visait essentiellement la richesse bourgeoise et préparait la revendication de mesures économiques (par exemple, les lois somptuaires) particulièrement nécessaires à la noblesse. Rappelons aussi que Montesquieu et d'Argenson se sont écartés de l'idéologie nobiliaire traditionnelle en cessant d'imputer au luxe la confusion des rangs, notion trop étroitement nobiliaire, et en lui substituant l'inégalité des fortunes. Cette dernière notion, tout en s'appliquant bien à la situation particulière de la noblesse, était susceptible d'intéresser la nation entière. Or, Rousseau est proche des positions de Montesquieu et de d'Argenson parce qu'il associe le luxe à l'inégalité des fortunes et aboutit comme eux à concevoir l'inégalité comme essentiellement économique. C'est dire que l'inégalité dénoncée par Rousseau avait une signification bien différente de celle que nous lui attribuons aujourd'hui.

Revenons maintenant à l'argumentation de Rousseau. Au stade où se sont produits les phénomènes qu'il nous a décrits, il n'y a pas pour Rousseau de société vraiment organisée. Au contraire, il y a une situation confuse et dangereuse pour ceux qui détiennent la richesse. Les riches en ont pris conscience et, par une véritable conspiration, ils établissent des lois qui leur permettent une domination totale sur les autres membres de la collectivité (iii.178). Rousseau spécifie bien qu'il ne parle pas d'une société qui se serait établie par le droit de conquête. Il n'envisage pas l'inégalité comme une opposition entre le fort et le faible, mais plutôt entre le riche et le pauvre. A ce point de son exposé, l'auteur parle du droit des peuples à être traités avec justice et énonce l'idée du contrat social. Il distingue trois étapes fondamentales dans la constitution de la société civile: la première est l'établissement de la loi et de la propriété; la deuxième est la constitution d'une magistrature; et la troisième est l'avènement du despotisme (iii.187). En examinant les différentes sortes de l'inégalité, Rousseau en distingue quatre: la richesse, la noblesse (ou le rang), la puissance, et le mérite personnel. Il ramène cependant cette division à la seule richesse, en constatant que c'est elle qui compte: 'la richesse est la dernière à laquelle elles se réduisent à la fin, parce qu'étant la plus immédiatement utile au bien-être et la plus facile à communiquer, on s'en sert aisément pour acheter tout le reste' (iii.189).

En résumant le processus de l'inégalité, Rousseau voit dans la distinction des talents, qui brise la solidarité humaine, la cause de toutes les injustices dont souffre l'humanité. Il ajoute que, s'il pouvait 'entrer en des détails', il pourrait illustrer bien des malheurs sociaux (iii.189):

Je montrerais que c'est à cette ardeur de faire parler de soi, à cette fureur de se distinguer qui nous tient presque toujours hors de nous-mêmes, que nous devons ce qu'il y a de meilleur et de pire parmi les hommes, nos vertus et nos vices, nos sciences et nos erreurs, nos conquérants et nos philosophes, c'est-à-dire, une multitude de mauvaises choses sur un petit nombre de bonnes.

En concluant, Rousseau insiste sur le fait que l'inégalité est le résultat de la civilisation: 'Il suit de cet exposé que l'inégalité, étant presque nulle dans l'état de nature, tire sa force et son accroissement du développement de nos facultés, et des progrès de l'esprit humain, et devient stable et légitime par l'établissement de la propriété et des loix' (iii.193).

iii. L'idéologie nobiliaire

Remarquons que Rousseau se situe dans le courant idéologique tendant à dévaluer les sciences et les arts et tout ce qu'on appelle civilisation. Les termes qu'il emploie – la 'fureur de se distinguer', le 'paraître', l'"inégalité des fortunes', le 'luxe' – indiquent que Rousseau se situe dans le courant de pensée qui va de Fénelon à d'Argenson et que nous avons présenté comme relevant de l'idéologie nobiliaire. Notre auteur fait allusion à l'argument principal des partisans du luxe, qui affirment que celui-ci est nécessaire à l'Etat parce qu'il fait vivre le pauvre de la dépense du riche. Selon eux, le luxe peut être considéré comme le remède apte à rétablir l'équilibre entre le riche et le pauvre. Rousseau rejette cet argument (iii.206, n.IX de l'auteur):

Le luxe est un remède beaucoup pire que le mal qu'il prétend guérir; ou plutôt il est lui-même le pire de tous les maux, dans quelque état grand ou petit que ce puisse être et qui, pour nourrir des foules de valets et de misérables qu'il a faits, accable et ruine le laboureur et le citoyen.

Les mots 'état grand ou petit que ce puisse être' évoquent une distinction courante dans le débat historique sur le luxe. En somme, il ne peut y avoir de doute quant à la signification idéologique du *Discours sur l'origine de l'inégalité*.

iv. La propriété

Notre conclusion s'appuie en outre sur les faits suivants. Pour Rousseau, la société axée sur la propriété et l'inégalité s'est constituée comme une usurpation de la part des riches au détriment des pauvres. De quelle propriété parle Rousseau? Il s'agit de la propriété de la terre. Celle-ci était au dix-huitième siècle très différente de la nôtre. Elle était encore, et étroitement, liée aux structures féodales. Elle comprenait un 'domaine direct' et un 'domaine utile'.[2] Le direct comportait des redevances en argent et en nature (péages, banalités), en travail (corvées), et des droits (justice, chasse). Le domaine direct était proprement le domaine noble.[3] Le domaine 'utile' désignait la possession d'une étendue de terre déterminée et se rapprochait de la notion moderne de la propriété, sauf qu'elle était soumise au droit de chasse, de 'vaine pâture' et d'autres pratiques communautaires. L'on sait qu'à certaines périodes de l'année, après la moisson et pendant la jachère, la terre était soumise à l'usage communautaire (glanage, vaine pâture ...).

Un noble pouvait posséder des redevances, des droits, sans posséder la terre elle-même. G. d'Avenel écrit: 'Un seigneur de l'ancien régime pouvait posséder des fiefs vastes et nombreux, sans avoir, à lui appartenant, dans l'étendue de ces fiefs, un hectare de sol cultivable qu'il fût capable d'affermer ou de vendre.'[4] Selon ce même auteur, la propriété noble était une 'dignité'. Il ajoute qu'un financier pouvait consulter les 'Petites affiches' et projeter l'achat d'une terre 'avec toute justice, droits de banalités' et donnant 'entrée aux Etats de Bourgogne' (p.166-67). Cependant, le financier en question, tout en étant flatté de jouir de droits féodaux, s'apercevait qu'il ne pouvait pas disposer de cette terre autant qu'il le souhaitait. Elle pouvait être indivisible, liée au droit d'aînesse, aux substitutions et autres clauses du droit féodal. Au dix-huitième siècle, la propriété s'était libérée de quelques entraves, mais elle donnait lieu à bien des litiges et à un véritable chaos légal. Un historien écrit: 'Sans doute, la législation royale, la révision des coutumes, et surtout la jurisprudence des trois derniers siècles [de la monarchie] travaillèrent, par la seule force des choses, à simplifier ce chaos; mais elles ne réussirent qu'à demi, et n'introduisirent guère que des améliorations de détail.'[5]

Puisque la propriété féodale et particulièrement le 'domaine direct' (aboli par la Révolution la nuit du 4 août 1789) avait juridiction non seulement sur la terre, mais aussi sur les hommes, il était essentiel de la mettre en cause en dénonçant l'inégalité. Rousseau s'attaque uniquement au 'domaine utile', puisqu'il ne considère que la terre qu'on clôture. D'autre part, comme la propriété féodale s'était formée à l'époque où la richesse ne jouait aucun rôle important et qu'elle était la contrepartie du service militaire que le vassal prêtait au seigneur, on peut en conclure que Rousseau ne parlait pas de cette propriété. On se rappelle que notre auteur a présenté la propriété comme le produit d'une

---

2. G. d'Avenel, *Histoire économique de la propriété* (Paris 1894).
3. G. d'Avenel, *Histoire de la fortune française* (Paris 1927), p.170.
4. Avenel, *Histoire de la fortune française*, p.169.
5. A. E. C. Dareste de La Chavanne, *Histoire des classes agricoles en France* (Paris 1858), p.298.

civilisation déjà assez avancée et comme la conséquence de la division du travail (*O.C.*, iii.171). Rousseau voit dans la propriété la conséquence de la culture de la terre et du droit du cultivateur à posséder le sol (iii.173). D'ailleurs, il caractérise les propriétaires comme 'les riches' (iii.176). Or, cela était étranger à la formation de la propriété féodale. Pour que Rousseau puisse éviter de parler de celle-ci et des privilèges féodaux et nobiliaires au moment où il dissertait sur la propriété et l'inégalité, il fallait qu'il se situe en dehors de l'histoire. C'est l'obstacle sur lequel ont buté aussi les autres concurrents, qui ont préféré se situer dans l'abstrait. L'un des membres de l'Académie de Dijon, Gelot, le leur reproche en ces termes: 'Aucun d'eux n'a daigné recourir à l'histoire: quel guide plus éclairé pouvait mieux leur indiquer la route qu'ils devaient suivre?'[6]

Il restait la propriété à laquelle la société moderne attribuait de plus en plus une valeur exclusivement marchande et que l'on tentait de dégager des anciennes contraintes. C'était la propriété qui passait entre les mains de bourgeois enrichis au grand dam des seigneurs endettés. Cette propriété, qui consacrait la réussite de la bourgeoisie riche, paraissait, à beaucoup de personnes, une usurpation évidente.

v. L'enclos

D'autre part, à l'époque de Rousseau, un débat s'initie sur l'opportunité de sacrifier les anciennes pratiques communautaires à l'agriculture moderne et à ses partisans soucieux de rendement économique. L'historien M. Bloch dans *Les Caractères originaux de l'histoire rurale française* a montré l'importance de ce débat.[7] Les nouveautés techniques, qui pouvaient rendre rentable l'agriculture, supposaient l'effacement des servitudes collectives. Parmi celles-ci, la 'vaine pâture' représentait la période pendant laquelle la terre était ouverte à la paissance commune. Comme la terre devait se reposer pendant quelque temps (jachère), elle se prêtait à l'exploitation collective. Cependant, avec les techniques modernes, on était en mesure d'exploiter la terre sans interruption. Pendant la jachère, le sol était en repos un an sur deux ou trois. En y cultivant des plantes fourragères, on supprimait la jachère et on augmentait à la fois la production agricole et l'élevage du bétail. En effet, les plantes fourragères (trèfle, luzerne) qui ont des racines très profondes, ne demandent pas au sol le même aliment que les autres cultures.

La fin de la jachère signifiait la clôture des terrains et la fin des pratiques

6. Tisserand, *Les Concurrents de J. J. Rousseau à l'Académie de Dijon*, p.24.
7. (Paris 1955), i.

ancestrales collectives. Cela ne pouvait pas se produire sans un grand bouleversement. Le changement concernait bien des provinces et bien des catégories sociales. Partout dans l'ancienne France, des landes, des marais, des bois étaient réservés à l'usage collectif. M. Bloch s'exprime ainsi à propos des personnes qui préconisaient une révolution agricole: 'Les agronomes de la nouvelle école partirent en guerre contre ces pratiques communautaires' (i.224). Les grands propriétaires estimaient que ces pratiques 'déshonoraient la propriété' (i.224). Mais beaucoup de gens réagissaient avec passion. C'étaient surtout les paysans pauvres, des gentilshommes, et tous ceux qui éprouvaient la crainte du changement, 'la peur de tout bouleversement, qui atteignant l'ordre établi risquerait d'ébranler l'édifice social tout entier et notamment ces privilèges seigneuriaux, que les plus hardis parmi les agronomes enveloppaient volontiers avec les servitudes collectives, dans une même réprobation' (i.227).

Les manœuvriers et les petits laboureurs s'opposaient fermement à la clôture. Ceux-ci possédaient quelques bêtes qu'ils laissaient paître sur la terre commune, et ils n'avaient pas les moyens de les faire subsister autrement. Plusieurs gentilshommes favorisaient la réforme, car il y avait parmi eux de riches propriétaires acquis aux idées nouvelles, mais d'autres, probablement beaucoup plus nombreux, avaient besoin de la vaine pâture pour leur propre bétail. Sans pouvoir définir exactement l'adhésion des catégories sociales aux innovations, on peut affirmer que les esprits conservateurs y étaient opposés. Dans les campagnes, c'était probablement la majorité. Cela se comprend si l'on considère la conception ancestrale de la propriété, à laquelle le pays ne pouvait renoncer du jour au lendemain. Or, cette conception était, à bien des égards, collective. Un légiste de l'époque de Louis XIV, Eusèbe Laurière, s'exprime ainsi au sujet de la propriété, selon M. Bloch: 'Par le droit général de la France, les héritages ne sont en défense et en garde que quand les fruits sont dessus; et dès qu'ils sont enlevés, la terre, par une espèce de droit des gens, devient commune à tous les hommes, riches ou pauvres également' (i.48).

Un auteur qui a étudié ce phénomène historique dans une région particulière de la France intitule l'un de ses essais: 'L'ancien régime, obstacle au progrès économique'.[8] La conception collective de la propriété était, au dix-huitième siècle, tellement enracinée qu'elle imposa aux novateurs le respect des anciennes mœurs agraires. M. Bloch écrit au sujet de ces mœurs: 'Celles-ci, comme l'écrivait, en 1772, l'intendant de Bordeaux "n'avoient force de loi que par le vœu des habitants"; elles n'en étaient pas moins contraignantes pour cela.

---

8. A. Paris, 'Les conditions du progrès agricole dans le centre du bassin parisien: droits seigneuriaux, jachère et vaine pâture dans la région de Montfort l'Amaury', dans *Ethnologie et histoire* (Paris 1975), ch.2.

Malheur notamment au propriétaire qui élevait une barrière autour de son champ.'[9]

Or, à l'époque du *Discours sur l'origine de l'inégalité*, la question était d'une actualité brûlante. M. Bloch affirme: 'Or, il se trouva que vers le milieu du siècle les idées nouvelles gagnèrent le pouvoir' (i.224). Les états provinciaux, les intendants, les ministres et les grands commis étaient souvent acquis aux idées nouvelles. Des édits furent publiés par les différentes provinces pour autoriser la clôture. Ces édits furent ou suspendus ou oubliés devant l'ampleur des protestations. Certes, le nombre des partisans de l'innovation était considérable mais, selon M. Bloch, 'La masse, [...] même parmi les paysans propriétaires, était beaucoup plus attachée aux anciens usages' (i.232).

Or, on peut se demander si Rousseau pouvait parler d'"enclore' un terrain, d'"arracher' des pieux, de 'combler' un fossé, en 1755, sans que ses lecteurs fissent le rapprochement entre son propos et la situation sociale actuelle. Et Rousseau pouvait-il ignorer cette situation? Pour nous, il prenait parti délibérément. Avant de présenter notre conclusion, nous voudrions exposer d'autres faits relatifs à la conception de la propriété sous l'ancien régime. Quand la propriété féodale s'est formée, le seigneur n'avait pas besoin d'une clôture pour protéger ses terres. C'étaient les armes qui lui en assuraient la conservation. Au contraire, quand la propriété foncière est passée entre les mains du bourgeois, celui-ci, ne sachant pas manier les armes, n'a pu compter que sur la clôture et la loi pour protéger ses terres. La clôture est un obstacle au droit de chasse, droit que la noblesse a toujours revendiqué pour elle-même et qu'elle a souvent exercé abusivement. Cette barrière comporte le droit absolu du propriétaire sur le sol. Par conséquent, la clôture a pu revêtir, en quelque sorte, une valeur symbolique, tout à fait positive pour la bourgeoisie, tout à fait négative pour la noblesse, et concrétiser à la fois deux conceptions opposées de la propriété, absolue et individualiste pour la bourgeoisie, restrictive et collective pour la noblesse.

L'idéologie nobiliaire, depuis Fénelon jusqu'à d'Argenson, a insisté, en condamnant l'inégalité des fortunes, sur une conception restrictive et, en quelque sorte, collective de la propriété. Par conséquent Rousseau, en déplorant le geste de celui qui s'appropriait la terre et y établissait un enclos, prenait parti polémiquement, et émotivement, en utilisant le symbole dont nous avons parlé. En considérant la propriété comme une usurpation et en déplorant l'inégalité essentiellement économique, Rousseau s'incluait, selon nous, dans la perspective nobiliaire. D'autre part, nous avons mis en évidence que la richesse bourgeoise déterminait l'éclatement des structures féodales. Par conséquent,

9. Bloch, *Caractères originaux de l'histoire rurale française*, i.45.

cette richesse avait une fonction révolutionnaire à l'époque de Rousseau. Le fait que Rousseau dénonçait cette richesse, dans les mêmes termes que l'idéologie nobiliaire, ennemie du luxe et de l'inégalité des fortunes, avait une portée conservatrice. Même en séparant Rousseau de l'idéologie nobiliaire, il n'en est pas moins évident qu'il n'était pas isolé dans sa démarche et qu'il n'était pas aussi progressiste que le prétend la critique moderne.

Rappelons ici la célèbre phrase de Rousseau qui ouvre la deuxième partie du *Discours*: 'Le premier qui ayant enclos un terrain s'avisa de dire, ceci est à moi, et trouva des gens assez simples pour le croire, fut le vrai fondateur de la société civile' (*O.C.*, iii.164). Les propos qui suivent cette phrase sont éloquents et émouvants, et ils ont dû l'être surtout pour les contemporains. Rousseau y affirme que l'humanité aurait évité bien des souffrances si quelqu'un, en s'opposant à l'individu qui le premier occupait un terrain, avait dit aux hommes: 'Vous êtes perdus si vous oubliez que les fruits sont à tous et que la terre n'est à personne' (iii.164). Ce passage a été interprété couramment comme une protestation individuelle contre l'injustice sociale, comme si cette dénonciation de la propriété avait la même signification que de nos jours. Voici un jugement typique: 'Rousseau incrimine l'instinct de propriété en une formule qui fera date: "Le premier qui ayant enclos un terrain [...]".'[10] En voici encore un autre:

Le premier qui dit 'ceci est à moi'. Voilà le responsable. On se souvient de la suite: ce qui est à moi, je l'enclos, je le protège, je le sépare. D'où la série de conséquences proliférantes: constitution de pouvoirs oppressifs, en cascade, privilèges hiérarchisés, profits tirés des uns par les autres; bref, ce que les Saint-simoniens, un peu plus tard, appelleront 'l'exploitation de l'homme par l'homme'.[11]

vi. Révolutionnaire ou conservateur?

Les critiques modernes ne se sont pas aperçus que Rousseau devait dénoncer d'abord, non pas l'inégalité économique (à une époque où il était urgent de mettre en cause l'inégalité politique), mais celle des rangs et des privilèges nobiliaires. J. Starobinski, par exemple, a perçu la différence entre ces deux inégalités, sans pourtant tirer de conséquence du choix fait par Rousseau. Il écrit: 'Inégalité des fortunes et des conditions, inégalité politique et juridique: en bonne logique il faudrait distinguer. Mais en fait, tout se tient.'[12] R. Derathé a bien compris que l'inégalité dénoncée par Rousseau était surtout économique, sans pouvoir expliquer cependant la raison de cette préférence de Rousseau

10. B. Gagnebin, Introduction à Rousseau, *O.C.*, iii.xiii.
11. P. Naville, *Sociologie d'aujourd'hui: nouveaux temps, nouveaux problèmes* (Paris 1982), p.178.
12. J. Starobinski, Introduction au *Discours sur l'origine de l'inégalité*, dans Rousseau, *O.C.*, iii.xlvi.

par rapport à l'inégalité politique.[13] G. Namer, par contre, n'a pas discerné cette signification de l'inégalité selon Rousseau: 'Chacun sait que l'égalité est pour Rousseau une égalité politique, une égalité de tous les citoyens dans l'élaboration et le respect de la loi.'[14]

Le *Discours sur l'origine de l'inégalité* de Rousseau est considéré aujourd'hui comme ayant une portée révolutionnaire. J. Starobinski ajoute au propos déjà cité: 'Au mépris de toutes les pudeurs, et de toutes les hypocrisies, son existence volontairement dénuée accuse l'inégalité sociale et la met en évidence de façon à alerter les consciences.'[15] M. Launay écrit: 'Rousseau exprime dans ses deux œuvres [les deux *Discours*] les intérêts de la petite bourgeoisie, essentiellement ceux des petits artisans et des honnêtes laboureurs, qui s'opposent à ceux de la canaille et de la populace, mais plus exactement encore à ceux des grands et des riches.'[16] J. Roger affirme que le second *Discours*, comme le premier, 'est animé par la même souffrance intime et la même indignation révolutionnaire'.[17]

Ces quelques exemples suffisent à montrer que la critique actuelle a attribué à la dénonciation de la propriété et de l'inégalité économique de la part de Rousseau une signification tout à fait moderne. En effet, une prise de position contre la propriété et l'inégalité économique, aujourd'hui, dans les pays occidentaux, serait considérée comme révolutionnaire. Mais elle ne l'était pas en France au dix-huitième siècle, dans la mesure où la dénonciation de la propriété et de l'inégalité rentrait dans les arguments du courant idéologique, ennemi du luxe, qui tendait à enrayer le déclin politique nobiliaire. On le comprendra mieux en se rappelant que la fonction de la propriété, dans la société aristocratique était de consolider l'ordre politique. C'est parce que la propriété ne remplissait plus cette fonction qu'elle devait être mise en cause par les tenants de l'ancien système. Cela explique l'importance du mouvement ennemi du luxe, de la richesse, et de l'inégalité dans la France du dix-huitième siècle, mouvement auquel, selon nous, participait Rousseau. Mais le mouvement opposé au luxe n'était pas uniquement conservateur. Il présentait un aspect révolutionnaire, parce qu'il exprimait une critique du pouvoir absolu de la monarchie. En outre, la tendance représentée par d'Argenson voyait dans le mérite personnel le seul critère de distinction entre les citoyens, dans la nation, en remplacement de celui de la naissance. C'était en quelque sorte une idée révolutionnaire ou, tout

---

13. R. Derathé, 'La place et l'importance de la notion d'égalité dans la doctrine politique de Rousseau', dans *Rousseau after two hundred years*, Proceedings of the Cambridge bicentennial colloquium (Cambridge 1982), p.55.

14. G. Namer, *Le Système social de Rousseau* (Paris 1979), p.69.

15. Starobinski, dans Rousseau, *O.C.*, iii.XLVI.

16. M. Launay, *J.-J. Rousseau, écrivain politique* (Cannes, Grenoble 1971), p.221.

17. J. Roger, dans Rousseau, *Discours sur les sciences et les arts* (Paris 1981), p.27.

au moins, progressiste. Rousseau, en se ralliant à l'idée du mérite personnel, adhérait à cet aspect révolutionnaire de la pensée nobiliaire. On trouve ainsi dans les écrits de Rousseau une critique de la monarchie absolue et de la noblesse héréditaire, idées progressistes, voire révolutionnaires, qui ne lui appartenaient cependant pas en propre.[18]

18. Voici des jugements récents sur le *Discours sur l'origine de l'inégalité*: 'Rousseau est un révolté mais non un révolutionnaire' (J. F. Braunstein, introduction à Rousseau, *Discours sur l'origine et les fondements de l'inégalité parmi les hommes*, Paris 1981, p.16). 'Selon le *Discours sur l'origine et les fondements de l'inégalité*, l'entrée dans le mal date de ce jour où les hommes acceptèrent la loi faite par cet imposteur qui, le premier, s'avisa de mettre la main sur des choses du monde et de dire: cela est à moi' (F. Chirpaz, *L'Homme dans son histoire: essai sur Jean-Jacques Rousseau*, Genève 1984, p.57). 'Mais l'*Inégalité* s'engage sur un chemin où le grand aîné Voltaire, défenseur des droits de l'homme, ne s'est pas risqué. Jean-Jacques fait émerger un problème majeur de notre époque' (G. Besse, *Jean-Jacques Rousseau: l'apprentissage de l'humanité*, Paris 1988, p.161).

19. *La Nouvelle Héloïse* (1761)

DANS le *Discours sur les sciences et les arts* comme dans le *Discours sur l'origine de l'inégalité*, nous avons discerné l'adhésion totale de Rousseau aux valeurs de la société aristocratique. Aucune réserve n'y était exprimée à l'égard de la noblesse, encore que le sujet (l'égalité) s'y soit prêté. Dans *La Nouvelle Héloïse* on remarque un changement. L'auteur adhère nettement à l'idée de la nation et à celle du mérite personnel, qui comportaient l'effacement des privilèges de la noblesse. En rejetant la noblesse héréditaire, Rousseau se situe dans le courant réformiste illustré surtout par le marquis d'Argenson.

Milord Edouard défend la cause de Saint-Preux auprès du baron d'Etange, qui refuse d'accorder la main de sa fille au précepteur roturier. L'Anglais fait remarquer au baron que la noblesse a commencé par une usurpation et aboutit à cette conclusion: 'Laissons, si vous voulez, l'origine à part, et pesons le mérite et les services.'[1] D'autre part, Milord Edouard soutient que la noblesse, telle qu'elle existe en Angleterre, joue un rôle utile dans l'Etat, parce qu'elle forme un corps intermédiaire entre le roi et le peuple et constitue une garantie contre le despotisme. Les propos de Milord Edouard s'accordent avec la situation politique contemporaine et avec l'idée de nation qui prend de plus en plus consistance, en France, à partir de 1760: 'Notre premier devoir est envers la nation; le second envers celui qui la gouverne [...] Voilà, monsieur, [...] quelle est cette noblesse respectable, ancienne autant qu'aucune autre, mais plus fière de son mérite que de ses ancêtres, et dont vous parlez sans la connaître' (I, LXII). On peut en déduire, si les idées exprimées par Milord Edouard reflètent celles de l'auteur (ce qui est fort vraisemblable), que la noblesse, 'mortelle ennemie des lois et de la liberté' dans la plupart des pays, joue un rôle utile en Angleterre et que, implicitement, ce rôle utile convient aussi à la noblesse française.

Aussi l'auteur prend-il position sur les problèmes politiques de l'heure en se ralliant à la pensée la plus progressiste. Ses réserves à l'égard de la noblesse française ne signifient pas que Rousseau exprime une opposition à ce corps de l'Etat mais plutôt qu'il se rallie à la tendance la plus libérale de la pensée nobiliaire. En effet, *La Nouvelle Héloïse* se rattache aux deux *Discours* et aux valeurs qui y sont proclamées. Saint-Preux, en peignant la société parisienne, fait une critique de la politesse dans les mêmes termes dont Rousseau s'est

---

1. J.-J. Rousseau, *La Nouvelle Héloïse*, partie I, lettre LXII.

306

servi dans le *Discours sur les sciences et les arts*. Selon Saint-Preux la société parisienne est trompeuse. Les manifestations d'amitié que tout le monde prodigue à tout le monde n'y ont aucune sincérité. Tout y est sacrifié aux apparences. L'auteur oppose à la politesse de Paris la franchise de la campagne. Il parle de 'mille espèces de pièges que la politesse tend à la bonne foi rustique' (II, xiv). Saint-Preux fait allusion à l'inégalité des fortunes, qui est excessive à Paris, et nous savons combien cette notion était significative idéologiquement pour la société de l'époque: 'C'est peut-être la ville du monde où les fortunes sont les plus inégales, et où règnent à la fois la plus somptueuse opulence et la plus déplorable misère' (II, xiv). La 'vertu' est opposée à la 'philosophie' dans les propos de Saint-Preux: 'On y apprend à plaider avec art la cause du mensonge, à ébranler à force de philosophie tous les principes de la vertu, à colorer de sophismes subtils ses passions et ses préjugés, et à donner à l'erreur un certain tour à la mode selon les maximes du jour' (II, xiv). Saint-Preux dénonce la confusion des rangs, quoiqu'elle ne soit pas désignée par ces mots (II, xiv):

Le robin prend l'air cavalier; le financier fait le seigneur; l'évêque a le propos galant; l'homme de cour parle de philosophie; l'homme d'Etat de bel esprit; il n'y a pas jusqu'au simple artisan qui, ne pouvant prendre un autre ton que le sien, se met en noir les dimanches pour avoir l'air d'un homme du Palais.

On conviendra que cette description évoque nettement le phénomène social condamné dans la société aristocratique sous le nom du luxe. A propos des femmes de Paris, Saint-Preux note qu'elles ne portent pas la dorure et il ajoute: 'On voit les mêmes étoffes dans tous les états, et l'on aurait peine à distinguer une duchesse d'une bourgeoise, si la première n'avait l'art de trouver des distinctions que l'autre n'oserait imiter' (II, xxi). Quelles sont ces distinctions grâce auxquelles une duchesse se distingue d'une bourgeoise? Elles tiennent à l'élégance et au style personnels plutôt qu'à la richesse du costume. Saint-Preux explique que les femmes nobles ne peuvent plus, en France, se distinguer par le luxe, comme dans les autres pays, car elles ne sont pas les plus riches et qu'elles sont facilement égalées, voire même dépassées, par les femmes des financiers: 'Si les femmes de la Cour prenaient ici cette voie, elles seraient bientôt effacées par celles des financiers' (II, xxi). Remarquons, dans les propos de Saint-Preux, la notion toute négative de l'intérêt' qui anime les membres de la société parisienne, intérêt qu'il oppose au 'bien commun', dont nous avons déjà constaté qu'il représente une des valeurs les plus importantes de la société aristocratique.

Ainsi donc les notions qui évoquaient le déclin de la noblesse française étaient-elles dénoncées dans *La Nouvelle Héloïse*. C'étaient la politesse, l'inégalité des fortunes, la philosophie opposée à la vertu, l'intérêt opposé au bien commun et la dorure utilisée dans l'habillement. Ajoutons l'imitation dont la noblesse était l'objet de la part de la bourgeoisie, surtout dans la mode vestimentaire, imitation qui causait le confusion des rangs, enfin la richesse des financiers, bref, tout ce qui, sous le nom du luxe, résumait dans l'esprit nobiliaire ce qu'il y avait de plus négatif. Cette prise de position de la part d'un personnage d'autant plus objectif qu'il n'est pas noble ne pouvait pas manquer d'impressionner les lecteurs de l'époque.

i. La communauté heureuse

Ce qu'il y a de plus remarquable dans *La Nouvelle Héloïse*, c'est la description de la communauté de Clarens (IV, x). Le luxe en a été banni. L'intérêt n'y est pas le mobile des actions humaines, mais le bien commun. Tout y respire l'honnêteté et la modestie. Les membres de la communauté y sont appréciés et récompensés en fonction de leur attachement au bien commun. Le baron de Wolmar se conforme aux principes de la plus exacte justice dans ses rapports avec les domestiques et ne manque pas de récompenser ceux qu'il considère comme zélés. Quant à Madame de Wolmar, elle ne croit pas que l'argent suffise à récompenser ses subordonnés. Tous deviennent en quelque sorte 'ses enfants'. Elle met tout en œuvre pour qu'ils soient heureux, au sein d'une grande famille. Mais il y a de la discipline à Clarens, et les subordonnés, s'ils sont traités avec justice, le sont parfois avec sévérité. L'auteur ne manque pas de rappeler l'exemple des Romains à propos de certaines pratiques en vigueur à Clarens.

Quoique Madame de Wolmar soit extrêmement disposée à aider tous ceux qui, au village, lui demandent de l'aide, elle n'écoute pas ceux qui voudraient changer de condition. Elle considère qu'il est naturel à l'homme de cultiver la terre et que, s'il s'en éloigne, il devient malheureux. Saint-Preux lui fait remarquer cependant que la nature a donné à l'homme des talents qui ne s'accordent pas toujours avec la condition héréditaire. Madame de Wolmar objecte qu'il est difficile de reconnaître les talents naturels et que l'intrigue pourrait causer la plus grande confusion à ce sujet. Elle ajoute qu'il vaut mieux que chacun reste dans la condition de sa naissance, car si l'on voulait choisir sa profession, il s'ensuivrait un grand déséquilibre dans la société.

La communauté de Clarens est autarcique: elle ne consomme que ce qu'elle produit. Le baron de Wolmar explique pourquoi il met lui-même ses terres en valeur. Les soins qu'il consacre lui-même à la culture lui consentent un plus grand rendement que s'il en chargeait un fermier. D'autre part, le séjour à la campagne permet d'échapper aux besoins ruineux que la ville ne manque pas de susciter.

Le gouvernement de Clarens ressemble, par sa morale et son économie, à la communauté patriarcale de Fénelon. Elle correspond à l'idéal communautaire cher aux écrivains que nous avons présentés comme les porte-parole de l'idéologie nobiliaire. Elle est aristocratique dans la mesure où tout le pouvoir appartient au chef de famille. Quelle que soit la bienveillance dont le baron et sa femme témoignent envers leurs subordonnés, il n'en reste pas moins que la communauté n'existe qu'en fonction des maîtres.

La critique du luxe, la célébration de l'agriculture et des vertus qu'elle inspire, la considération accordée aux gentilshommes campagnards, le mépris de la vie urbaine, et d'autres thèmes contenus dans *La Nouvelle Héloïse* étaient trop caractéristiques des débats de l'époque pour que nous puissions les couper de ceux-ci. L'allusion à la moquerie dont étaient victimes les gentilshommes campagnards dans les romans et les comédies à la mode (voir la deuxième 'Préface' de la *Nouvelle Héloïse*), moquerie déjà dénoncée par le marquis de Mirabeau, apportait une précision importante sur la signification du roman de Rousseau.

La Nouvelle Héloïse est un ouvrage que l'on pourrait définir comme 'engagé' dans la réalité idéologique du dix-huitième siècle, contrairement à ce que pense la critique moderne. Celle-ci a qualifié d'utopique la communauté de Clarens.[2] L'importance de *La Nouvelle Héloïse* consistait à affirmer des valeurs sociales contemporaines et non pas, comme le croit la critique rousseauiste, à proposer la réalisation d'un projet de communauté idéale. Une fois ces valeurs reconnues par l'étude de la société du dix-huitième siècle, l'adhésion de Rousseau à ces valeurs est évidente. Nous voudrions montrer que cette adhésion est moins visible, mais aussi nette, dans la conception de la sentimentalité dans *La Nouvelle Héloïse*.

ii. Le conflit de devoirs

Les délires, les moments exaltants, les épanchements de la passion amoureuse, entre Saint-Preux et Julie, sont d'autant plus concevables que cette passion est contrariée. L'éloignement physique, imposé aux deux héros par les barrières sociales propres à la société aristocratique, justifie l'exaspération et l'idéalisation de leur amour. L'atmosphère pathétique qui fait l'intérêt du roman est redevable au 'conflit de devoirs' caractéristique de la morale aristocratique, selon laquelle le sentiment personnel, quelque grand qu'il soit, doit céder au devoir, surtout quand l'honneur familial est en jeu.

Au fond, le conflit de devoirs qu'affronte Julie ressemble au drame de Rodrigue qui, dans *Le Cid* de Corneille, doit choisir entre son amour pour Chimène et l'honneur paternel. Julie s'exprime ainsi: 'Qui préférer d'un amant

---

2. Voir, par exemple, J. F. Jones *La Nouvelle Héloïse: Rousseau and utopia* (Genève, Paris 1978); P. M. Vernes, *La Ville, la fête, la démocratie: Rousseau et les illusions de la communauté* (Paris 1978).

ou d'un père?' (I, IV). L'on sait que ce conflit était aussi typique de la morale romaine.

Sans ce conflit, *La Nouvelle Héloïse* n'aurait pas son pouvoir d'émotion et d'exaltation. Remarquons que le père de Julie, le baron d'Etange, est un être passionné et que, à l'instar de tout homme d'honneur, il est coléreux. L'on sait que, depuis Platon, on considère l'homme d'honneur comme enclin à la colère.[3] Le baron est résolu à empêcher l'union de sa fille avec le roturier Saint-Preux et, devant les réticences de celle-ci, il s'emporte au point de la battre: 'pour la première fois de ma vie, je reçus un soufflet qui ne fut pas le seul', déclare Julie. Est-ce à dire que l'auteur condamne l'honneur nobiliaire et le monde qu'il gouverne? Ce n'est pas certain. La scène de violence dont Julie vient de parler et qui peut, aujourd'hui, nous choquer, semble être minimisée par l'auteur. Il fait dire à Julie: 'Je n'avais qu'une légère contusion au front et ne saignais que du nez.' Aussitôt après, le père et la fille se réconcilient: 'je penchai mon visage sur son visage vénérable, et, dans un instant, il fut couvert de mes baisers et inondé de mes larmes.' Julie accepte enfin ce genre de traitement: 'Pour moi, je lui ai dit, et je le pense, que je serais trop heureuse d'être battue tous les jours au même prix' (I, LXIII). Au fond, le baron est un homme fort respectable, malgré ses préjugés, et Saint-Preux finira par se réconcilier avec lui. La fidélité du baron à la parole donnée a quelque chose d'héroïque, même si elle comporte le sacrifice de Julie.

Si les sentiments qui animent les héros de *La Nouvelle Héloïse* sont admirables, il faut admettre qu'ils relèvent des valeurs de la société aristocratique. Ces sentiments sont l'amour soumis à l'honneur, l'amitié (ou dévouement à l'individu) et la solidarité (ou esprit de communauté). L'amour dans *La Nouvelle Héloïse* est impétueux, passionné, mais élevé et idéalisé. Saint-Preux dit à Julie: 'Je ne sais, non, je ne sais pas même si l'amour que tu fais naître est compatible avec l'oubli de la vertu, et si tout autre qu'une âme honnête peut sentir assez tous tes charmes. Pour moi, plus j'en suis pénétré, plus mes sentiments s'élèvent' (I, V). L'amour est une des grandes passions qui conviennent aux êtres exceptionnels et énergiques. Julie écrit à Milord Edouard: 'le vulgaire ne connaît point de violentes douleurs, et les grandes passions ne germent guère chez les hommes faibles' (II, VI). Cet amour est cependant conçu comme sacrifice. Julie dit à son amant: 'Je ne t'épouserai jamais sans le consentement de mon père, mais je n'en épouserai jamais un autre sans ton consentement' (II, XI).

Quant à l'amitié, c'est un sentiment exalté dans la société aristocratique. Les rapports personnels de dépendance et de subordination caractéristiques de l'ancienne société valorisaient ce sentiment. Il n'y a pas de bornes aux sacrifices

---

3. L. Jeudon, *La Morale de l'honneur* (Paris 1911), p.59.

consentis au nom de l'amitié. Claire est disposée à consacrer sa vie à son amie Julie: 'Si tu pars, je te suis; si tu restes, je reste' (II, v). Milord Edouard offre jusqu'à la moitié de tous ses biens pour son ami Saint-Preux: 'Le tiers de mon bien suffit pour en faire le plus riche particulier du pays de Vaud, j'en donnerai, s'il le faut, jusqu'à la moitié' (I, LXII). En fait, l'amitié est conçue aristocratiquement et à la manière antique, c'est-à-dire que les amis allaient jusqu'à partager leurs vies et leurs biens personnels.[4] La solidarité est le ciment de la société aristocratique. L'esprit de communauté fait le bonheur de Clarens, la collectivité idéale illustrée dans *La Nouvelle Héloïse*. Ici, la vertu est plus le fait du cœur que de l'esprit. Ici règnent la concorde, la sincérité et l'harmonie. La 'douce égalité' consiste dans la communion des cœurs, dans l'esprit de solidarité, malgré la grande différence des rangs: 'mais la douce égalité qui règne ici rétablit l'ordre de la nature, forme une instruction pour les uns, une consolation pour les autres, et un lien d'amitié pour tous' (V, VII). C'est justement la solidarité qui, à l'occasion des fêtes et des réjouissances, établit le climat moral nécessaire à la communauté. Pour Rousseau l'égalité est morale et non politique: 'Si de là naît un commun état de fête, non moins doux à ceux qui descendent qu'à ceux qui montent, ne s'ensuit-il pas de là que tous les états sont presque indifférents par eux-mêmes, pourvu qu'on puisse et qu'on veuille en sortir quelquefois' (V, VI).

D'autre part, si l'affectivité grandit les hommes plus que la rationalité, n'est-il pas évident que la société aristocratique, celle qui est finalement décrite dans le roman, est moralement supérieure à la société bourgeoise? L'auteur prend soin de nous informer, par la bouche de Saint-Preux, que la société parisienne (qui fait partie en quelque sorte de la société bourgeoise) est superficielle et incapable de grands sentiments, parce qu'elle est vouée à l'intérêt. Dans cette société la bienveillance, la politesse, ne sont qu'une apparence: 'Ainsi nul ne dit jamais ce qu'il pense, mais ce qui lui convient de faire penser à autrui, et le zèle apparent de la vérité n'est jamais en eux que le masque de l'intérêt' (II, XIV).

Certes, l'auteur fait condamner par Milord Edouard l'honneur nobiliaire comme un préjugé dépassé. Sans doute estime-t-il que le mérite seul doit distinguer à l'avenir les citoyens. Cependant la société de Clarens, donnée en exemple par Rousseau, est en quelque sorte patriarcale et, par conséquent, aristocratique. Ch. Dédéyan a remarqué qu'il n'y a pas de révolte dans *La Nouvelle Héloïse*: 'Le dernier mot est resté au contraire dans *La Nouvelle Héloïse* à la loi établie.'[5] Ce critique a remarqué d'autre part que l'aristocratie suisse

4. J. M. Constant, *La Vie quotidienne de la noblesse française au XVIIe et XVIIIe siècles* (Paris 1985), ch.6 (p.161-188); L. Dugas, *L'Amitié antique* (Paris 1914).
5. Ch. Dédéyan, *La Nouvelle Héloïse* (Paris 1955), p.51.

que décrit Rousseau 'ne diffère guère de notre noblesse provinciale' (p.51). Cette noblesse est utile, parce qu'elle met en valeur ses terres et qu'elle garde le dépôt des anciennes vertus. Rousseau lui accorde la suprématie morale sur les autres catégories de la société. Or, le gentilhomme campagnard reste aussi émotif qu'on l'était généralement dans la société d'autrefois et se distingue nettement du bourgeois rationaliste.

iii. La sensibilité

Remarquons que la sentimentalité est tellement outrée dans la *Nouvelle Héloïse* que nous avons du mal à la concevoir. C'est qu'elle relève d'une autre sensibilité que la moderne. Les gens d'autrefois percevaient le monde plutôt affectivement qu'intellectuellement. Cela signifie qu'ils l'interprétaient selon une vision anthropomorphique. Ils tentaient ainsi, tout naturellement, d'expliquer la réalité et d'apaiser l'angoisse qu'elle leur faisait éprouver. Il a fallu à l'homme beaucoup de connaissances avant d'être en mesure de jeter un regard objectif sur le monde extérieur. Le changement dans la perception humaine de la réalité peut avoir été facilité par des inventions techniques, des innovations économiques et par leurs conséquences sur les comportements sociaux. Il est impossible d'établir exactement comment des changements dans les conditions d'existence ont pu modifier la perception humaine de la réalité. Le lecteur voudra bien nuancer lui-même tout ce que nous dirons dans ce chapitre en tentant de retracer les étapes de la transformation de cette perception. Ce qu'il faut retenir, c'est que l'environnement social influe sur le comportement humain et qu'il faut en tenir compte pour comprendre l'œuvre littéraire.

Nous avons déjà vu, dans notre comparaison des sociétés aristocratique et bourgeoise (ch.10), que les membres de celle-ci, sous l'influence de la lecture, se sont habitués à considérer rationnellement les phénomènes du monde, à les analyser d'une façon plus impartiale que ne le faisait l'ancienne société. La vue, organe de la lecture, comporte la distance entre l'observateur et l'objet observé, elle ordonne la réalité et favorise la réflexion. L'ouïe, le toucher et l'odorat étaient les sens les plus sollicités dans l'ancienne société, qui ne lisait guère. L'ouïe tend à rapprocher les gens. La voix stimule l'échange des propos et facilite le rapport affectif. Comme l'ancienne société vivait plus collectivement que la société bourgeoise, les contacts entre les individus y étaient intenses. La vie d'autrefois prenait souvent la forme de l'assemblée publique et se passait souvent dans la rue ou sur la place publique plutôt qu'à la maison. Celle-ci était d'ailleurs beaucoup plus ouverte et plus peuplée que la maison moderne. Dans ce genre de vie la conversation continuelle favorisait l'affectivité, au détriment de la rationalité.

19. La Nouvelle Héloïse (1761)

Dans la société bourgeoise, l'individu qui consacre professionnellement beaucoup de temps à la lecture a tendance à rationaliser sa perception du monde, à se séparer du groupe, et à juger par lui-même. D'autre part, le bourgeois qui habite la ville et qui évolue, par conséquent, parmi des inconnus, doit compter sur l'observation de l'aspect physique de ces inconnus pour pénétrer leur attitude, d'où l'importance de la vue. Dans la petite société d'autrefois, où tout le monde se connaissait, c'était la conversation qui permettait de se renseigner sur l'attitude des personnes, d'où la prééminence de l'ouïe. Bien entendu, quand nous disons que l'organe de la vue paraît plus sollicité que l'ouïe dans la société bourgeoise que dans l'aristocratique, cela ne signifie pas que les membres de cette dernière ne regardaient pas ou ne savaient pas regarder. Nous avons mentionné que le regard jouait un rôle important dans l'ordre social d'autrefois (voir, à ce sujet, le chapitre 8, 'La noblesse française et la cité antique'). Nous disons que leur regard avait une fonction, dans leur appréciation de la réalité, qu'il n'a plus chez nous.

La société moderne n'a fait qu'accentuer les tendances propres à la société bourgeoise. Nous décrivons rationnellement les phénomènes dont nous parlons car nous les percevons visuellement. On peut dire qu'on attend de nous que nous soyons exacts, ordonnés et lucides. Cette exigence de précision et de rationalité n'existait pas dans la société d'autrefois, dans la mesure où elle était beaucoup plus impliquée affectivement dans la réalité du monde. Il semble bien en tout cas qu'au dix-huitième siècle la plupart des gens ressentaient encore le besoin d'une approche collective, et auditive, des textes.[6] L'auteur s'adressait à un public d'auditeurs qui ne demandaient qu'à s'émouvoir. On sait que Rousseau aimait lire ses ouvrages à un cercle d'amis.

Nous voulons montrer ici que La Nouvelle Héloïse relève d'une perception auditive plutôt que visuelle du monde et qu'elle s'intègre dans la sensibilité de la société d'autrefois, que nous avons assimilée à la société aristocratique.

Les deux héros de La Nouvelle Héloïse, Julie et Saint-Preux, quoiqu'ils s'écrivent et se lisent en solitaires et qu'ils aient le temps de la réflexion, ne perçoivent la réalité qu'en termes affectifs, sans jamais prétendre au détachement. Ils n'accordent rien, ou presque rien, à l'observation du monde extérieur. Toute leur attention se concentre sur le progrès des sentiments. Quoique les deux correspondants s'écrivent parce qu'ils sont séparés et que leurs lettres ne puissent pas exister sans cette séparation, leur correspondance a l'apparence d'une conversation. C'est moins une analyse psychologique qu'un épanchement émotif. L'interrogation, l'invocation, l'exclamation, l'apostrophe, l'ellipse, l'anacoluthe confèrent à leurs propos l'allure d'un discours.

6. R. Mandrou, *Introduction à la France moderne* (Paris 1961).

Le monde extérieur n'existe pour eux que comme reflet du monde moral. La réalité est perçue dans *La Nouvelle Héloïse* beaucoup plus auditivement que visuellement. On est frappé de constater qu'on rencontre plusieurs personnages dont on ne connaît rien sur leur physionomie, leur maintien ou leur habillement. On se déplace dans plusieurs milieux dont on n'a aucune description suivie et impartiale. Ces milieux ne sont pas considérés par eux-mêmes mais par rapport à l'état d'âme des personnages. Le point de vue éthique domine dans la perception du monde, conformément à la conception de la société aristocratique, qui se fondait, nous l'avons vu, sur une 'moralité des vertus'.

Les formes de la perception lient Rousseau à la société d'autrefois et le rendent aujourd'hui difficile à suivre. Indépendamment de ses idées morales et politiques, c'était par son tempérament sentimental, idéaliste et passionné que Rousseau sympathisait avec la société aristocratique et qu'il s'y épanouissait. Quelques exemples de son texte devraient appuyer ce que nous affirmons.

Quand Saint-Preux se trouve en pleine nature, pendant son voyage dans le Valais, et quand il entreprend l'ascension d'une montagne, nous n'avons aucune idéé précise de cette montagne et de cette nature. Ce que nous remarquons, c'est que l'attitude affective de Saint-Preux assimile la nature et ne la fait exister qu'en fonction de cette attitude. A vrai dire, Saint-Preux nous informe qu'il ne rapporte que ce qui concerne sa liaison avec Julie et qu'il n'a pas l'occasion de se pencher sur une description générale de son voyage. Cela dit, il faut constater qu'il y a une description du paysage tout à fait intériorisée. Le rapport de Saint-Preux au monde est essentiellement affectif: 'Tantôt d'immenses roches pendaient en ruines au-dessus de ma tête. Tantôt de hautes et bruyantes cascades m'inondaient de leur épais brouillard. Tantôt un torrent éternel ouvrait à mes côtés un abîme dont les yeux n'osaient sonder la profondeur.' Ces détails marquent l'influence que la nature exerce sur Saint-Preux, à laquelle il attribue 'le calme que je sentais renaître en moi' (I, XXIII). Mais c'est la passion de Saint-Preux qui transforme la nature: 'Dans les violents transports qui m'agitent, je ne saurois demeurer en place; je cours, je monte avec ardeur, je m'élance sur les rochers, je parcours à grands pas tous les environs et trouve partout dans les objets la même horreur qui règne au-dedans de moi' (I, XXVI).

Le voyage de Saint-Preux à Paris devrait être l'occasion d'une description visuelle, au moins partielle, de la grande ville. Comment cette ville se présente-t-elle? Est-elle aussi belle qu'on le prétend? En quoi consiste son caractère propre? Qu'est-ce qu'il y a de typique dans les rues et dans la foule qui les remplit? Y a-t-il des monuments remarquables? Du moins quelques-unes de ces questions pourraient-elles intéresser Julie. Tout ce que l'auteur nous présente de Paris est le contraste entre les propos et les actions des Parisiens, c'est-à-dire qu'il réduit la réalité à son aspect moral: 'L'honnête homme d'ici n'est point celui qui fait de bonnes actions mais celui qui dit de belles choses', dit-il (II, xvii). Et il s'en tient à ce thème.

Il faut attendre d'avoir lu une centaine de lettres avant de connaître quelques détails sur l'aspect physique de Julie. Ce n'est pas pour caractériser l'héroïne du roman que l'auteur nous les fournit. Ces détails servent tout simplement à Saint-Preux pour montrer que le portrait de Julie qu'il vient de recevoir n'est pas réussi. Il veut nous convaincre que le peintre, faute de précision, n'a pas su saisir ce qui fait le charme de Julie: 'Il n'a point fait cette tache presque imperceptible que tu as sous l'œil droit, ni celle qui est au cou du côté gauche. Il n'a point mis, o dieux, cet homme était-il de bronze? Il a oublié la petite cicatrice qui t'es restée sous la lèvre' (II, xxv).

La description de la communauté idéale de Clarens prend la forme d'une démonstration. Elle est exemplaire, elle est édifiante. C'est pourtant la description extérieure la plus riche en détails physiques et plastiques. Nous rapportons ici quelques détails sur les vendanges (V, vii):

Depuis un mois les chaleurs de l'automne apprêtaient d'heureuses vendanges; les premières gelées en ont entamé l'ouverture; le pampre grillé, laissant la grappe à découvert, étale aux yeux les dons du père Lyée, et semble inviter les mortels à s'en emparer. Toutes les vignes chargées de ce fruit bienfaisant que le ciel offre aux infortunés pour leur faire oublier leur misère; le bruit des tonneaux, des cuves, les 'légrefass' qu'on relie de toutes parts; le chant des vendangeuses dont ces côteaux retentissent; la marche continuelle de ceux qui portent la vendange au pressoir; le rauque son des instruments rustiques qui les anime au travail [...] tout conspire à lui donner un air de fête.

Observons d'abord, dans cette description de la nature, la participation affective de la part de l'auteur et la fin à laquelle il fait concourir cette description: 'les chaleurs [...] *apprêtaient d'heureuses* vendanges', 'le pampre grillé [...] *étale* aux yeux' et '*semble inviter*', le 'fruit *bienfaisant* que le ciel offre aux *infortunés*', 'le bruit des tonneaux', 'le chant des vendangeuses', 'la marche', 'le rauque son', 'tout *conspire* à lui donner un air de fête'. Remarquons que dans ce spectacle les sensations auditives dominent nettement, mais cette domination ne permet pas de qualifier cette description d'auditive plus que visuelle. Le caractère auditif de cette description de la nature tient au fait que sa signification affective demande une lecture à haute voix. Puisque l'ouïe est l'organe de l'affectivité, cette signification a le plus de chance d'être perçue dans une lecture collective. Le lecteur de l'époque, s'il prenait connaissance de cette description dans le cadre d'une lecture individuelle, exclusivement mentale, risquait fort de ne pas être sensible au message sentimental et moral qu'elle renfermait. A plus forte raison, cela est-il vrai pour le lecteur moderne. De même qu'il existait à l'époque de Rousseau une partie du public peu sensible au style et aux conceptions littéraires de cet auteur, il peut y avoir à notre époque un public capable de goûter l'œuvre de Rousseau. Mais l'approche intellectuelle qui caractérise les modernes en ce qui concerne la lecture nous coupe généralement d'une bonne communication avec l'œuvre de Rousseau. Pour nous, *La Nouvelle Héloïse* devait compter sur l'audition collective et, de préférence, sur le public de la société aristocratique, puisque, comme nous l'avons déjà précisé, cette société était plus émotive que la société bourgeoise.[7]

7. Voici un jugement critique récent: 'A preuve, il ne cesse de rêver d'une communauté où chacun puisse oser laisser parler son propre cœur sans avoir à en masquer, à en déguiser les élans (comme cela est possible dans la petite communauté de Clarens)' (p.65) ... 'Par la contraine de la morale, l'homme devient humain, il parvient à se hausser à son humanité comme à se montrer digne de son humanité' (F. Chirpaz, *L'Homme dans son histoire*, p.162).

20. *Du contrat social* (1762)

S'IL est évident que Rousseau s'est inspiré de l'antiquité dans la rédaction de son *Contrat social*, comme l'attestent les nombreuses citations contenues dans cet ouvrage, il semble que la pensée antique ait exercé sur le *Contrat social* une influence encore plus importante qu'on ne le croit actuellement. En fait, les références à l'antiquité ne correspondent pas seulement à des sources livresques mais à une adhésion à toute une conception de la société.

D'autre part, le recours à la pensée antique ne semble pas, chez Rousseau, le fruit d'une démarche personnelle. Bien des éléments indiquent qu'il prend part à un débat collectif. Comme Montesquieu et d'Argenson ont le plus contribué à propager, chez leurs contemporains, l'idée d'égalité en évoquant l'exemple de l'antiquité, on peut se demander si Rousseau, pour qui la notion d'égalité est importante, s'est placé dans le même contexte que ces deux auteurs.

i. La pensée antique

L'étude de la politique comportait chez les anciens une application directe à la réalité de leur époque. D'autre part, leurs recherches sur la loi n'avaient pas uniquement une portée politique mais aussi philosophique. Ils désiraient fonder la cité en accord avec la justice. Ils ne considéraient pas uniquement le côté utilitaire du droit. Montesquieu et d'Argenson, au dix-huitième siècle, ne conçoivent leur méditation sur la loi qu'en liant étroitement la morale à la politique, selon l'exemple de l'antiquité. Rousseau se situe dans le même contexte quand il affirme, au début de son *Contrat social*, qu'il entreprend une recherche 'afin que la justice et l'utilité ne se trouvent point divisées'.[1]

La méditation sur les notions d'autorité et de consentement aboutissait chez les anciens à une interprétation du rôle de l'Etat. Le déclin de la république romaine a été l'occasion d'une réflexion sur la loi. A cette époque de changement et d'instabilité, on a ressenti le besoin d'une définition du pouvoir comme préalable à une restauration de l'autorité publique. L'une des questions les plus débattues a été de savoir comment concilier la contrainte de la loi avec la liberté des citoyens.[2] Pour Cicéron, la solution consiste à 'remplacer la contrainte extérieure par une contrainte intérieure, qui prendrait la forme du sens du

---

1. J. J. Rousseau, *Du contrat social*, dans *O.C.*, iii.351.
2. M. Ducos, *Les Romains et la loi* (Paris 1984), p.39ss.

devoir' (*Des lois*, III). Il fait dire à Xénocrate qu'il faut que ses disciples apprennent 'à faire d'eux-mêmes ce à quoi la loi les oblige' (*De la république*, I, 2). Cicéron affirme: 'Nous sommes tous esclaves des lois pour pouvoir être libres' (*Pro Cluentio*, 33). Malgré le refus de la contrainte extérieure et le recours à la persuasion pour obtenir l'obéissance des citoyens, les anciens admettaient la toute-puissance de l'Etat sur l'individu. Pour eux, l'éducation des mœurs était essentielle dans la mesure où elle permettait de former des citoyens exemplaires. Or, Rousseau semble se situer dans le même contexte que les anciens avec cette formule du *Contrat social*: 'quiconque refusera d'obéir à la volonté générale y sera contraint par tout le corps: ce qui ne signifie autre chose sinon qu'on le forcera d'être libre' (*O.C.*, iii.364).

D'autre part, la discussion sur la loi a été marquée à Rome par l'idéologie républicaine. Dans cette discussion, on traçait un parallèle entre la monarchie et la république où l'on donnait la préférence à celle-ci. Cette préférence existait au dix-huitième siècle, dans l'*Esprit des lois* de Montesquieu et, dans une moindre mesure, dans les œuvres de d'Argenson. Chez Rousseau, la république se fonde sur les lois tandis que la monarchie est sujette à l'arbitraire: 'Tout gouvernement légitime est républicain', écrit-il (iii.380).

Cicéron, Tite-Live et Salluste attribuaient à la loi un but unificateur: elle doit promouvoir la concorde des citoyens. Or, au dix-huitième siècle chez Montesquieu et d'Argenson la législation a comme but l'union des citoyens et l'esprit de communauté. Selon l'historien G. Chaussinand-Nogaret, la notion du mérite personnel, remplaçant le critère de la naissance et ouvrant la voie à l'union des citoyens dans la nation française, s'est imposée, en partie grâce à d'Argenson, à partir de 1760.[3] Dans la mesure où le *Contrat social* de Rousseau posait les bases de la souveraineté populaire à une époque où, en France, on suggérait l'idée d'une nation, ne serait-on pas fondé à affirmer que cet ouvrage aspirait à jouer un rôle dans ce contexte? Ne peut-on pas conclure que Rousseau contribuait à affirmer ces notions et qu'il prenait parti sur la question? La position de la critique moderne qui tend à faire du *Contrat social* une œuvre de spéculation, abstraite de la réalité politique, n'est-elle pas à rejeter?

ii. Renoncement ou engagement?

R. Derathé, par exemple, dans son introduction au *Contrat social*, croit vraiment que Rousseau a renoncé à appliquer ses principes aux grands Etats corrompus comme la France. Prenant à son compte le jugement de B. de Jouvenel, R. Derathé s'exprime ainsi: 'Si l'on ne peut sauver les peuples, on peut du moins

---

3. G. Chaussinand-Nogaret, *La Noblesse au XVIIIe siècle* (Paris 1976), p.54.

sauver les hommes par une éducation appropriée. [...] Or, qu'est-ce qui est sauvable? Dans la grande société corrompue, c'est l'individu. Et Rousseau écrit l'*Emile*.'[4] P. Burgelin pense également que Rousseau ne croit pas pouvoir influer sur la société de son époque: 'C'est pourquoi, il s'est persuadé que la zone d'action de l'homme de bonne volonté ne pouvait guère, maintenant, s'étendre au-delà de la famille et son traité d'éducation se limite à ce domaine.'[5]

B. Gagnebin, de son côté, considère Rousseau comme tout à fait isolé dans sa spéculation sur les lois. Il n'a pas discerné, comme les autres critiques rousseauistes, que les arguments de Rousseau ressemblaient à ceux de ses contemporains et que les questions qu'il affrontait étaient vivement discutées dans la société de son temps: 'Par une de ces intuitions géniales – qui ont fait de lui un précurseur dans tant de domaines – le philosophe définit l'Etat comme un être moral doué de volonté et cette volonté comme la source des lois et la règle du juste et de l'injuste.'[6] B. Gagnebin, en soulignant l'originalité de Rousseau en tant que précurseur de la démocratie et du socialisme, conclut ainsi son introduction aux écrits politiques de notre auteur: 'Sans doute y a-t-il une part d'utopie dans les rêveries politiques de celui qui a promené un regard solitaire non seulement sur son moi, mais encore sur le monde' (iii.XXVI).

Nous pensons au contraire que le *Contrat social* de Rousseau s'impliquait dans la politique de son époque et que notre auteur adhérait aux idées réformistes ainsi qu'à certaines valeurs de la noblesse. Ces valeurs présentaient une grande affinité avec celles de la cité antique, comme nous l'avons montré dans le chapitre 8, consacré à la cité antique et à la noblesse française. Ainsi, compte tenu du rôle que jouait le mythe de Rome dans le mouvement idéologique nobiliaire, on ne peut qu'inclure Rousseau dans le contexte de ce mouvement. Ses rapports avec les théories des auteurs les plus engagés idéologiquement, Montesquieu et d'Argenson, nous le prouvent: ceux-ci ont suggéré, dans la société de leur temps, l'idée d'une démocratie qui rejetait l'absolutisme du pouvoir monarchique; Rousseau prend une position anti-monarchique avec l'idée du contrat social, qui exclut tout pouvoir absolu dans la société.

iii. La démocratie pour une élite

Remarquons que Montesquieu et d'Argenson aussi bien que Rousseau conçoivent l'idée d'une démocratie restreinte, en accord avec la pensée antique. Les auteurs romains de la fin de la république (1er siècle av, J. C.), Cicéron et Tite-

---

4. R. Derathé, dans Rousseau, *O.C.*, iii.XCVII.
5. P. Burgelin, dans J.-J. Rousseau, *Du contrat social* (Paris 1966), p.22.
6. B. Gagnebin, dans Rousseau, *O.C.*, iii.XIV.

Live, par exemple, accordent la souveraineté au peuple. Dans la *République* (II, 23-24) et dans *Les Lois* (III, 15, 33-38), Cicéron indique cependant que les décisions des assemblées populaires devaient être ratifiées par les *patres*, c'est-à-dire, par l'ordre des sénateurs, qui formaient une véritable aristocratie: l'intervention du peuple se limite à 'choisir les meilleurs', selon M. Ducos.[7] Cicéron se rallie ici à l'avis de Platon (*Lois*, 753c-d) selon lequel le rôle du peuple consiste à choisir les meilleurs dans la cité. Cicéron prévoit d'ailleurs des procédures électorales qui restreignent le rôle du peuple: 'En imposant aux citoyens de leur montrer leur tablette, il revient de façon discrète et détournée à la pratique de l'*auctoritas Senatus*, sous sa forme la plus ancienne.'[8]

Tite-Live dans ses *Histoires* favorise aussi la souveraineté populaire, mais avec des limites importantes. Il voulait surtout que le peuple soit convaincu de sa participation au pouvoir, sans y participer en effet. Selon M. Ducos, Tite-Live veut faire croire au peuple 'qu'il est libre, même s'il ne profite pas de sa liberté' (p.141). C'est ce que M. Ducos déduit de la lecture de certains passages de Tite-Live (*Histoires*, IV, 6, 11).

Il semble que Cicéron et Tite-Live aient écrit leurs ouvrages en ayant présente à l'esprit la situation politique de leur époque. En insistant sur une définition du pouvoir, ces écrivains tendaient à exclure une évolution qui paraissait dangereuse aux groupes au pouvoir: 'Mais le peuple joue un rôle de plus en plus grand dans la cité, et ils ont nié cette évolution: Cicéron prend pour modèle la république de Scipion et insiste sur la valeur des comices centuriates.'[9] L'on sait que ces comices étaient favorables à l'aristocratie. D'ailleurs, le fait que la pensée antique ait insisté sur le rôle du grand législateur (comme Lycurgue), du grand homme capable d'élaborer une législation valable une fois pour toutes et à laquelle il ne sera pas permis de toucher, dénote une méfiance nette envers le pouvoir populaire. Or, le rôle du législateur charismatique est primordial chez Montesquieu et d'Argenson.

Rousseau croit à la souveraineté populaire: 'Le peuple soumis aux lois en doit être l'auteur.' Mais il se pose des questions: 'Comment une multitude aveugle qui souvent ne sait ce qu'elle veut, parce qu'elle sait rarement ce qui lui est bon, exécuteroit-elle d'elle-même une entreprise aussi grande, aussi difficile qu'un système de législation?' (*O.C.*, iii.380). Une note de Rousseau (livre II, ch.3) nous informe que cet auteur, quand il examine 'si la volonté générale peut errer', a médité d'Argenson: '*Chaque intérêt*, dit le M. d'A., *a des principes différents. L'accord de deux intérêts particuliers se forme par opposition à celui*

---

7. Ducos, *Les Romains et la loi*, p.137.
8. Ducos, p.139.
9. Ducos, p.141.

d'un tiers.' Rousseau complète la pensée de d'Argenson: 'Il eût pu ajouter que l'accord de tous les intérêts se forme par opposition à celui de chacun.'[10] Rousseau souligne l'incapacité du peuple à se gouverner: 'De lui-même le peuple veut toujours le bien, mais de lui-même il ne le voit pas toujours' (iii.380). C'est dire que le peuple a besoin d'un meilleur que lui pour se conduire, d'où le recours au grand législateur. Celui-ci, à l'exemple de Lycurgue et de Moïse, instituera le peuple avec l'inspiration divine.

iv. La liberté et l'égalité

La législation a deux buts principaux: la liberté et l'égalité. 'La liberté parce que toute dépendance particulière est autant de force ôtée au corps de l'Etat; l'égalité parce que la liberté ne peut subsister sans elle' (iii.391). La liberté se rattache ici au concept antique selon lequel elle consiste dans la participation de l'individu à l'activité politique et non pas dans son indépendance personnelle vis-à-vis de l'Etat. L'égalité consiste surtout pour Rousseau, comme pour les penseurs anciens, dans l'égalité économique, qui a comme but d'assurer la participation politique. Autrement dit, la propriété a comme fonction de consolider l'ordre politique, ce qui donne à celui-ci le droit de disposer des biens des citoyens. Voici comment Rousseau décrit l'égalité: 'Sous les mauvais gouvernements, cette égalité n'est qu'apparente et illusoire: elle ne sert qu'à maintenir le pauvre dans sa misère et le riche dans son usurpation' (iii.367n). En fait, Rousseau est préoccupé en premier lieu par l'inégalité économique. Il demande: 'Voulez-vous donc donner à l'Etat de la consistance? Rapprochez les degrés extrêmes autant qu'il est possible: ne souffrez ni des gens opulens ni des gueux' (iii.392n). Pour Rousseau, le législateur doit donc concentrer ses efforts sur le problème de l'inégalité des fortunes, comme on peut le déduire des propos qui concernent l'organisation de l'Etat. Rousseau reconnaît que le législateur doit tenir compte des ressources propres à chaque pays et inhérentes à sa position géographique. Si le sol est ingrat et exigu, on devra encourager les arts et le commerce. Si, par contre, la terre est fertile et abondante, c'est l'agriculture qui sera développée. D'ailleurs, c'est celle-ci qui devrait avoir en général la préférence, autant que possible. Rousseau cite à cet égard le marquis d'Argenson: 'Quelque branche du commerce extérieur, dit le M. d'A., ne répand guère qu'une fausse utilité pour un royaume en général' (iii.392n).

Notre auteur suit aussi Montesquieu en parlant de la façon dont on institue

---

10. iii.371n. Rousseau cite ici les *Considérations sur le gouvernement ancien et présent de la France*, rédigées par d'Argenson avant 1737 et publiées en 1764. Rousseau a consulté cet ouvrage en mansucrit.

les peuples: 'L'auteur de *L'Esprit des Loix* a montré dans des foules d'exemples par quel art le législateur dirige l'institution vers chacun de ces objets' (iii.393). En fait, Rousseau suit Montesquieu et d'Argenson en ce qui concerne le rôle du législateur et sur la notion d'égalité. Or, nous l'avons vu, Montesquieu et d'Argenson sont préoccupés par la situation économique dans la mesure où l'inégalité des fortunes nuit à l'ordre politique. C'est aussi la préoccupation de la noblesse de l'époque, qui réclamait une intervention de l'Etat dans le domaine économique pour rétablir la prééminence nobiliaire, menacée par la richesse bourgeoise. Montesquieu et d'Argenson ont propagé l'idée d'une démocratie où l'argent n'aurait plus le caractère subversif qu'il avait au dix-huitième siècle. C'est ce qui donne à l'aspect économique du problème de l'inégalité une telle importance au dix-huitième siècle.

Rousseau n'est absolument pas préoccupé par l'inégalité politique. En effet, il ne met nullement en cause l'ordre des rangs et les privilèges nobiliaires qui étaient la source de la suprématie politique de la noblesse. Dans le *Discours sur l'origine de l'inégalité* nous avons déjà remarqué que, sur les quatre formes de l'inégalité sociale: la richesse, la noblesse (ou le rang), la puissance, le mérite personnel, Rousseau n'insiste que sur l'inégalité des richesses. Or, puisqu'il considère le rang comme synonyme de noblesse, il est évident qu'il ne critique pas celle-ci dans la définition de l'inégalité qu'il nous présente dans le *Contrat social*. Considérons cette phrase importante (iii.391-92):

J'ai déjà dit ce que c'est que la liberté civile; a l'égard de l'égalité, il ne faut pas entendre par ce mot que les degrés de puissance et de richesse soient absolument les mêmes mais que, quant à la puissance, elle soit au-dessus de toute violence et et ne s'exerce jamais qu'en vertu du rang et des loix, et quant à la richesse, que nul citoyen ne soit assez opulent pour en pouvoir acheter un autre, et nul assez pauvre pour être contraint de se vendre.

Cela signifie que Rousseau, dans le domaine politique (puissance, pouvoir), ne critique ni la noblesse ni l'autorité établie, mais seulement l'abus de pouvoir. Il ne réclame pas l'égalité politique des citoyens telle que nous la concevons. Par contre, dans le domaine socio-économique, il préconise l'égalité réelle, quoique non rigoureuse. La raison pour laquelle la critique moderne considère Rousseau comme le champion de la démocratie tient au fait qu'elle attribue aux expressions de Rousseau la signification linguistique actuelle. En fait, l'égalité prônée par notre auteur est une égalité pour une élite, conformément à la notion ayant cours à son époque. Ce que Rousseau affirme à propos du gouvernement de la Rome républicaine dans sa discussion sur les comices (IV, 4) nous éclaire sur ses conceptions.

L'on sait que Rousseau admirait le gouvernement romain: 'Voilà les maximes que j'ai tâché de suivre en recherchant comment le plus libre et le plus puissant peuple de la terre exerceoit son pouvoir suprême' (iii.444). Or, c'est en étudiant les remarques de Rousseau qu'on peut saisir ce qu'il entend par 'souveraineté populaire' et l'expression 'être l'auteur' des lois. Cela ne consiste pas à proposer des lois, mais seulement à les voter, à donner les suffrages (iii.449):

Aucune loi ne recevait la sanction, aucun magistrat n'était élu que dans les comices, et comme il n'y avait aucun citoyen qui ne fût inscrit dans une curie, dans une centurie, ou dans une tribu, il s'ensuit qu'aucun citoyen n'était exclu du droit de suffrage, et que le peuple romain était véritablement souverain de droit et de fait.

A propos de l'institution du patron et des clients, qui était à la base du gouvernement aristocratique, Rousseau affirme: 'Cette admirable institution des patrons et des clients fut un chef-d'œuvre de politique et d'humanité, sans lequel le patriciat, si contraire à l'esprit de la république, n'eût pu subsister' (iii.450). Rousseau indique, par cette phrase, qu'il approuve le principe de l'aristocratie. L'on sait que les patriciens, par l'emprise qu'ils exerçaient sur leurs clients, contrôlaient le pouvoir. Rousseau reconnaît que la division des citoyens par centuries donnait l'avantage à l'aristocratie, en raison de la composition censitaire des centuries et du fait qu'on n'y votait pas par tête, mais il fait remarquer que cet avantage était en partie équilibré par les tribuns du peuple et d'autres institutions. Rousseau fait observer également que les comices par tribus étaient en mesure d'exprimer la volonté populaire mieux que les comices centuriates, parce que les premiers n'accordaient aucune prééminence aux patriciens. Ceux-ci, s'ils voulaient participer aux comices par tribus, n'étaient considérés que comme de simples citoyens (iii.451-52):

Quand tous les patriciens eussent assisté à ces comices, selon le droit qu'ils en avaient comme citoyens, devenus alors simples particuliers, ils n'eussent guère influé sur une forme de suffrages qui se recueillait par tête, et où le moindre prolétaire pouvait autant que le prince du Sénat.

Rousseau approuve-t-il que le patricien soit au-dessus du prolétaire? Considère-t-il que la souveraineté du peuple était mieux assurée dans les comices par tribus, où les prolétaires recevaient autant d'importance que les patriciens, que dans les comices centuriates, favorables à l'aristocratie? Voici sa réponse (iii.452):

Il est certain que toute la majesté du peuple romain ne se trouvait que dans les comices par centuries, qui seuls étaient complets, attendu que dans les comices par curies manquaient les tribus rustiques et dans les comices par tribus le Sénat et les patriciens.

On peut conclure de cette remarque que Rousseau considère le patriciat comme un corps politique indispensable au fonctionnement du gouvernement romain et que, dans la mesure où il admire ce gouvernement, il ne rejette pas l'aristocratie. Il approuve, en fait, le gouvernement romain, mélange de monarchie, d'aristocratie et de démocratie, comme Montesquieu et d'Argenson. Or, le *Contrat social* suggère à la France ce mélange de gouvernements, quoique cette suggestion soit implicite, probablement pour des raisons de prudence et de discrétion. En effet, le *Contrat social* était dirigé surtout contre le pouvoir absolu de la monarchie, que Rousseau ne considère même pas comme partie contractante, mais seulement comme une magistrature soumise à la volonté de peuple souverain.

Rousseau ne pouvait pas prôner ouvertement des conceptions anti-monarchiques dans la France du dix-huitième siècle, mais devait se limiter à illustrer des idées abstraites, comme l'avait fait Montesquieu dans l'*Esprit des lois*. Certes, le marquis d'Argenson a osé parler explicitement, dans le même domaine que Montesquieu et Rousseau, mais il faut remarquer que l'œuvre du marquis n'a été imprimée qu'après sa mort. Elle circulait du vivant de l'auteur sous forme de manuscrit.

Mais l'aristocratie que propose Rousseau n'est pas héréditaire. Comme d'Argenson, Rousseau préconise une aristocratie fondée sur le mérite et découlant des services rendus à la nation. Certes, cette idée était d'une grande hardiesse. Remarquons que d'Argenson et Rousseau ont employé à ce sujet la même expression. Ils ont qualifié, tous les deux, l'aristocratie héréditaire de 'le pire de tous les gouvernements' (voir d'Argenson, *Pensées sur la réformation de l'Etat*, et le résumé que nous en avons fait ci-dessus, p.172, et Rousseau, le chapitre du *Contrat social* intitulé 'De l'aristocratie' (III, 5; *O.C.*, iii.406)).

Rousseau a cité le manuscrit du marquis d'Argenson quatre fois dans le *Contrat social* (iii.353n, 371n, 392n, 467n.); les deux premières fois, il semble bien qu'il a consulté les *Considérations sur le gouvernement ancien et présent de la France*. Par contre, la troisième et quatrième fois, ces citations n'étant pas exactes, Rousseau peut avoir utilisé d'autres écrits du marquis, et parmi ceux-ci, peut-être, les *Pensées sur la réformation de l'Etat*, où l'on rencontre l'expression mentionnée. En outre, Rousseau se rallie à d'Argenson même dans la notion du contrat social. Quoiqu'il ait spécifié, notamment dans le livre III, chapitre 16 (*O.C.*, iii.432), que le contrat social ne concerne pas le roi, qu'il considère comme un magistrat soumis au peuple souverain, il revient cependant à l'idée que le contrat a été passé entre le peuple et le roi (IV, 8: 'De la religion civile'; *O.C.*, iii.467). Il considère que, selon le contrat, le pouvoir du roi est défini par l'utilité publique, comme l'a soutenu d'Argenson: 'Le droit que le pacte social donne au souverain sur les sujets ne passe point, comme je l'ai dit, les bornes de l'utilité publique' (iii.467). L'auteur ajoute en note: 'Dans la République, dit le marquis d'Argenson, chacun est parfaitement libre en ce qui ne nuit pas aux autres' (iii.467n). Plus loin, il indique qu'il désigne par le mot de *souverain* le roi lui-même: 'Partout où l'intolérance théologique est admise, il est impossible qu'elle n'ait pas quelque effet civil, et sitot qu'elle en a, le Souverain n'est plus souverain, même au temporel: dès lors les prêtres sont les vrais maîtres; les rois ne sont que leurs officiers' (iii.469). Nous verrons plus loin que les limites que d'Argenson assignait au pouvoir du roi consistent à respecter l'intérêt du peuple, ce qui se rapproche de la notion d'"utilité publique' énoncée par Rousseau. On peut donc dire que la notion de contrat exprimée par d'Argenson a été présente à l'esprit de Rousseau, quelles qu'aient été les modifications que celui-ci a fait subir à cette notion pendant la discussion. Ces modifications s'expliquent probablement par le fait que Rousseau a tantôt envisagé le contrat sur le plan du droit et tantôt sur le plan historique.

D'autre part, la notion du contrat social n'était pas sans rappeler au public de l'époque le contrat vassalique, qui était la clé de voûte de la société féodale. Les devoirs et les droits que prévoyait ce contrat concernaient aussi bien le vassal que le seigneur. Si le vassal devait au seigneur la fidélité et le service militaire, le seigneur lui devait en revanche sa protection et l'"entretien', c'est-à-dire qu'il devait lui assurer les moyens de subsistance, soit une terre, soit d'autres biens, sans lesquels le vassal n'aurait pas été en mesure de satisfaire à ses obligations envers le seigneur.

Le seigneur avait aussi un autre devoir à remplir envers son vassal, le devoir de 'conseil' (*consilium*), selon lequel le seigneur devait délibérer avec ses vassaux avant de prendre quelque décision importante. L'"entretien' et le 'conseil', parties distinctes du contrat vassalique, ont peut-être été (cette idée est assez controversée) à l'origine des revendications nobiliaires dans le domaine social et politique. En effet, le 'conseil' fondait le droit de la noblesse à participer aux affaires politiques et l'"entretien' l'autorisait à réclamer les moyens de subsistance qui rendaient possible cette participation. Le devoir de 'conseil' a joué un rôle important dans la formation des Etats-généraux et d'autres organes représentatifs des ordres de l'Etat au cours des trois derniers siècles du moyen âge, selon F. L. Ganshof.[11]

M. Bloch a aussi montré que l'hommage vassalique était perçu comme un contrat.[12] Il est concevable par conséquent que cette idée de contrat ait pu inspirer les revendications de la noblesse en ce qui concerne les droits qu'elle croyait détenir à la représentation politique aux Etats-généraux. Or, le *Contrat social* de Rousseau évoquait implicitement les droits de la nation française vis-à-vis du monarque et ne contredisait pas l'idée de l'égalité qui existait entre les anciens Francs et leurs rois, selon Boulainvilliers et Montesquieu, dont les théories historiques étaient actuelles à l'époque du *Contrat social*. Le titre choisi

---

11. F. L. Ganshof, *Qu-est-ce que la féodalité?* (Bruxelles 1968), p.148-51.
12. M. Bloch, *La Société féodale et le gouvernement des hommes* (Paris 1940), p.250.

par Rousseau pour son ouvrage n'était pas sans attaches avec la situation socio-politique de l'époque.

On peut se demander d'ailleurs pourquoi Rousseau s'est prononcé contre la représentation politique et, en particulier, contre les Etats-généraux, dont l'idée a joué un rôle anti-monarchique très important à l'époque, jusqu'a la Révolution française. Le fait qu'il ait décidé de condamner le gouvernement féodal comportait aussi le rejet de ce que la féodalité avait produit de plus caractéristique. En effet, Rousseau a lié l'idée de la représentation politique à la féodalité: 'L'idée des représentants est moderne: elle nous vient du gouvernement féodal, de cet inique et absurde gouvernement dans lequel l'espèce humaine est dégradée, et où le nom d'homme est en déshonneur' (*O.C.*, iii.430). Rappelons que d'Argenson avait déjà condamné la féodalité avant Rousseau.

v. Les formes du gouvernement

Notre auteur divise le gouvernement en démocratie, aristocratie, et monarchie. Il affirme que la démocratie n'a jamais existé dans l'acception rigoureuse du terme. Selon lui, elle ne convient qu'aux petits Etats, sans luxe et sans inégalité. Il suit ici Montesquieu, qu'il cite (iii.405). Quant à l'aristocratie, elle se divise en naturelle (ou patriarcale), élective, et héréditaire. Il déclare l'héréditaire le 'pire de tous les gouvernements' et l'élective la 'meilleure' (iii.406). C'était, répétons-le, l'opinion de d'Argenson. Quant à la monarchie, elle ne convient qu'aux grands Etats et elle dégénère en despotisme. La distance entre le peuple et le roi y étant très grande, la monarchie exige des ordres intermédiaires tels que la noblesse (iii.410). Rousseau suit de très près Montesquieu, surtout dans sa critique du pouvoir monarchique, comme il le suit en discutant des rapports du climat et du gouvernement (iii.408-19). Enfin, Rousseau attribue la décadence de l'Etat à l'influence de la richesse. Il condamne l'intérêt personnel et l'argent: 'Donnez de l'argent et bientôt vous aurez des fers. Ce mot de finance est un mot d'esclave: il est inconnu dans la cité' (iii.429).

Ensuite Rousseau intensifie sa référence à Rome, à propos des suffrages (IV, 2), des comices romains (IV, 4), du tribunat (IV, 5), de la dictature (IV, 6) et de la censure (IV, 7). On peut déduire de ces références que l'évocation des institutions de Rome servait à Rousseau pour affirmer des notions politiques actuelles. On peut dire qu'il est très proche ici de Montesquieu et de d'Argenson. Même si Rousseau a été obligé, pour des raisons de prudence, de nier qu'il parlait directement pour la France, il n'en reste pas moins qu'il s'était engagé comme Montesquieu et d'Argenson dans la réalité politique de ce pays. Le fait qu'il ait pu parler pour Genève, parfois, n'exclut pas son principal engagement dans la société où il évoluait à l'époque de la rédaction de ses écrits politiques. La ressemblance qui existe entre les idées de Montesquieu et d'Argenson, d'une part, et celles de Rousseau, d'autre part, le fait que Rousseau les cite et qu'il les suive beaucoup plus qu'il ne les cite, tout montre que notre auteur s'exprimait dans un contexte idéologique précis.

On peut dire que le *Contrat social* de Rousseau vise à restreindre le pouvoir monarchique en faveur des citoyens, pris en corps. C'est le rapport entre le gouvernement et la nation qui y est surtout envisagé et non celui entre l'Etat et l'individu. A aucun moment le *Contrat* ne prévoit de droits individuels, ceux d'opinion et de conscience, par exemple, essentiels dans la pensée bourgeoise et dans le mouvement des Lumières. Les chapitres 'De la censure' et 'De la religion civile' du *Contrat social* (IV, 7, 8) confirment qu'il n'y a pas de liberté dans ces domaines. En fait, selon le *Contrat social*, l'Etat a tout pouvoir sur l'individu. Le contrat comporte 'l'aliénation totale de chaque associé avec tous ses droits à la communauté' (iii.360). C'est la conception antique de l'Etat.

On peut citer à ce sujet Fustel de Coulanges et sa *Cité antique*: 'Avoir des droits politiques, voter, nommer des magistrats, pouvoir être archonte, voilà ce qu'on appelait la liberté, mais l'homme n'en était pas moins asservi à l'Etat.'[13] En fait, ce que le *Contrat social* de Rousseau préconise pour les citoyens est une participation politique au gouvernement, selon la conception ancienne. C'est aussi la conception aristocratique de l'Etat. Notons que la société esquissée par Rousseau dans son *Contrat social* se fonde sur une 'moralité des vertus', selon l'expression de G. Gurvitch, et que par conséquent, compte tenu de ce que nous avons mis en évidence sur la constitution de la société aristocratique, il se rallie aux conceptions de cette société. Le modèle de Rousseau ne correspond pas à une forme de démocratie telle que la conçoit la société bourgeoise mais plutôt à la constitution de la cité antique, qui était essentiellement élitiste. Ce que Rousseau précise dans le chapitre consacré à la censure nous éclaire à cet égard. La censure est nécessaire dans la mesure où la sauvegarde des mœurs des citoyens suppose le contrôle de leurs opinions: 'Redressez les opinions des hommes et leurs mœurs s'épureront d'elles-mêmes,' écrit-il (iii.458).

Cependant, cette œuvre de redressement ne peut être réalisée uniquement par la loi. Il ne s'agit pas d'avoir recours à la contrainte. Il ne suffit pas d'imposer certaines règles pour que les opinions et, par conséquent, les mœurs des citoyens soient corrigées. D'ailleurs, la censure est impuissante si les lois manquent d'autorité. Il faut que le gouvernement prêche d'exemple, qu'il honore la vertu, pour que l'opinion et les mœurs des citoyens soient ce qu'elles doivent être. Rousseau cite les Ephores, qui à Sparte ont honoré la vertu et qui ont maintenu

13. Fustel de Coulanges, *La Cité antique*, ch.18.

l'autorité de l'Etat et de la loi sans avoir recours à la violence. 'On ne peut trop admirer avec quel art ce ressort, entièrement perdu chez les modernes, était mis en œuvre chez les Romains et mieux chez les Lacédémoniens' (iii.459). L'importance attachée à la vertu indique donc que Rousseau s'insère dans la perspective de la société aristocratique. Et, répétons-le, la référence à l'antiquité confirme que Rousseau se rallie à ses contemporains qui, par l'exemple des anciens, proclamaient certains principes politiques. Il est tout à fait impliqué. Nous avons vu que la notion même du contrat n'appartient pas en propre à Rousseau. D'Argenson dans la critique qu'il fait de la féodalité, qu'il qualifie d''odieuse servitude', énonce le principe du contrat: 'La Royauté vient toujours d'un Contract entre le Roi et le peuple'.[14] Cet auteur accorde à la royauté le pouvoir législatif, mais il précise que ce pouvoir a des limites: 'La raison et la convenance font changer les loix d'abord pour l'intérêt du peuple et ensuite pour celui des souverains' (p.120). Il ajoute que les philosophes grecs de l'antiquité, les maîtres du droit, n'auraient pas pu approuver la féodalité puis-qu'ils ont enseigné qu'il fallait maintenir l'égalité des citoyens autant qu'il se pouvait. Lycurgue commença sa législation en partageant également les terres entre chaque habitant, afin qu'elles fussent mieux cultivées, et que l'émulation se tournât plutôt à la vertu qu'à l'opulence' (p.123).

Enfin, on le voit, la critique de la féodalité et de la noblesse héréditaire et l'idée du contrat s'unissent chez d'Argenson à la notion d'égalité. Or, cette égalité est surtout économique, parce qu'elle s'associe à la vertu très frugale. C'est bien un ralliement à l'idéologie nobiliaire, ennemie du luxe et de la richesse bourgeoise. On discerne le but polémique de la théorie de l'égalité chez d'Argenson. Notons qu'il a exercé une influence considérable sur son époque. L'historien G. Chaussinand-Nogaret dans *La Noblesse au XVIIIe siècle* l'affirme: 'Personne, avant 1789, n'ira plus loin que d'Argenson, et dans sa critique de la noblesse [...] et dans sa revendication d'égalité [...] qui fait de lui le premier socialiste.'[15] Chaussinand-Nogaret a fait remarquer que le comte d'Antraigues se rattache à d'Argenson en affirmant que 'la noblesse héréditaire est un fléau qui dévore ma patrie', dans son *Mémoire sur les Etats-généraux*, aussi célèbre au début de la Révolution que la brochure de Sieyès, *Qu'est-ce que le tiers-état?* (p.35). Remarquons aussi que l'éditeur des *Considérations sur le gouvernement ancien et présent de la France* de 1787 (cette édition est très modifiée par rapport à celles de 1764 et 1765) suggère que d'Argenson a influencé l'*Esprit des lois* de Montesquieu, l'*Essai sur les mœurs* de Voltaire, l'*Ami des hommes*

---

14. D'Argenson, *Considérations sur le gouvernement ancien et présent de la France* (Amsterdam 1765), p.119.
15. Chaussinand-Nogaret, *La Noblesse au XVIIIe siècle*, p.34.

de Mirabeau, le *Contrat social* de Rousseau et les *Entretiens de Phocion* de Mably.[16]

Rappelons ici les idées de Rousseau sur les formes du gouvernement. La démocratie n'a jamais existé à l'état pur et elle n'est possible que dans les petits Etats. L'aristocratie héréditaire est le pire des gouvernements et l'élective le meilleur. Le gouvernement monarchique convient aux grands Etats et a besoin d'un ordre intermédiaire tel que la noblesse. Par conséquent on peut dire, compte tenu de l'ensemble des idées du *Contrat social*, que Rousseau suggère pour la France un gouvernement mixte monarchique, modéré par une démocratie restreinte, à la romaine, et une aristocratie élective. C'est, à peu de chose près, la pensée de d'Argenson. Celui-ci a écrit au sujet de Rousseau: 'J'aime ses sentiments sur l'égalité, contre la richesse et le luxe'.[17] Rousseau de son côté a approuvé d'Argenson et ses *Considérations* (O.C., iii.467-68n):

Je ne peux me refuser au plaisir de citer quelquefois ce manuscrit quoique non connu du public pour rendre honneur à la mémoire d'un homme illustre et respectable, qui avait conservé jusques dans le ministère le cœur d'un vrai citoyen, et des vues droites et saines sur le gouvernement de son pays.

La ressemblance entre les idées de Rousseau et celles de d'Argenson indique que les deux auteurs évoluaient dans le même courant idéologique. Au fond, l'idée de démocratie est à peu près la même chez Rousseau et chez d'Argenson. Si d'Argenson a laissé le pouvoir législatif au roi, Rousseau a fini par le retirer au peuple. Il confirme que le peuple n'a pas le droit de proposer les lois mais seulement de les voter (iii.438-39):

J'aurais ici bien des réflexions à faire sur le simple droit de voter dans tout acte de souveraineté, droit que rien ne peut ôter aux citoyens, et sur celui d'opiner, de proposer, de diviser, de discuter, que le gouvernement a toujours grand soin de ne laisser qu'à ses membres.

Il est intéressant ici d'examiner un ouvrage de l'époque de Rousseau, écrit qui se réclame du contrat sans toutefois faire allusion à Rousseau. Cet ouvrage, intitulé *Des véritables intérêts de la patrie* attribué à un de Forges, peut être considéré d'inspiration aristocratique, dans la mesure où il tend à assurer la survie de la noblesse. Politiquement, il est conservateur mais, sur le plan social, il est révolutionnaire, puisqu'il préconise un programme qu'on peut qualifier de 'socialiste'. Ce programme se fonde sur la notion de contrat. Au chapitre intitulé 'Des obligations de la patrie envers les citoyens', l'auteur affirme:

Il y a un contrat entre les souverains et les sujets, fondé sur des obligations réciproques et ces obligations elles-mêmes ont pour fondement l'humanité: ainsi l'Etat doit pourvoir

---

16. D'Argenson, *Considérations* (Liège 1787), p.v, note de l'éditeur.
17. D'Argenson, *Mémoires et journal inédit*, v.123.

à la subsistance des uns et des autres, relativement à leur condition et à leurs talens; ainsi il doit chercher le mérite et le récompenser; ainsi il doit empêcher qu'on ne s'expatrie sous prétexte d'indigence.[18]

L'auteur insiste sur le fait que l'Etat doit un emploi à chaque citoyen.

Enfin, cet auteur se penche sur le situation malheureuse de la noblesse, dont les ressources économiques très limitées l'empêchent de prétendre aux charges de l'Etat. Comment lui porter secours?

On commencera par préférer les gens à talens et les gens de condition dans la distribution des emplois, et par admettre les Nobles au maniement des finances, comme cela s'observe en Allemagne, et par prendre ensuite des pensions sur les charges et les dignités qui sont d'un revenu considérable, pour faire vivre ceux qui n'ont rien. (p.25)

Dans le chapitre intitulé 'De la disproportion des fortunes', l'auteur constate que, sur cent mille citoyens qui languissent dans la misère, il y en a deux mille environ qui regorgent de richesses. Ces richesses se trouvent entre les mains des ecclésiastiques et des financiers, auxquels il faudrait en enlever une grande partie: 'Ne seroit-ce pas une ressource pour un Etat que de fixer les revenus de certains hommes, et de prendre leur superflu pour doter ceux qui manquent du nécessaire?' L'auteur repousse l'argument des partisans du luxe selon lesquels le luxe fait vivre les pauvres de la dépense du riche. Pour lui, la dépense du riche n'est utile qu'à la partie la plus négligeable de la société: 'Il est faux que les biens des riches influent sur ceux qui ont besoin. On ne les prodigue qu'à des êtres dangereux, tels que des chanteurs ou des comédiens, qu'à de fades adulateurs qu'on devroit étouffer comme des monstres' (p.27).

Cet auteur propose une réforme de l'administration des finances. Les emplois des financiers seraient supprimés et à leur place on établirait une régie d'Etat. Les financiers devraient en tous cas être soumis à des contrôles sévères pour les empêcher de s'enrichir, et ils ne devraient recevoir que des salaires modiques. L'auteur déplore que les nobles soient réduits, à cause de leur misère, aux mésalliances, c'est-à-dire à épouser les filles des financiers: 'Mais ne seroit-il pas plus naturel de procurer aux Nobles d'autres moyens de s'enrichir que des mésalliances en leur confiant à eux-mêmes le maniement des deniers publics?' (p.50). Il affirme que l'Etat doit opérer une réforme des impôts de façon à imposer tout le monde à proportion de son revenu. Il se réclame de Mirabeau dans ce domaine. L'administration des impôts devrait ménager les paysans, les ouvriers, les artisans, les soldats et les curés de campagne, mais elle devrait taxer lourdement les 'marchands de mode', les 'artistes agréables', les danseurs, les chanteurs, les comédiens, et les 'grands' à proportion de leurs domestiques et de leurs équipages.

18. (Rotterdam 1764), p.20-21.

20. *Du contrat social (1762)*

Remarquons que cet auteur n'a probablement pas connu le *Contrat social* de Rousseau. En tout cas, cet ouvrage attribué à de Forges prouve que l'idée du contrat existe dans le contexte des idéologies de l'époque de Rousseau et que cette idée est utilisée dans la discussion de l'inégalité socio-économique significative surtout pour la noblesse.

En effet, les idées de contrat et d'égalité aboutissent chez d'Argenson, comme chez Rousseau et dans l'ouvrage dont nous venons de parler, à la dénonciation de l'inégalité économique. Or, nous l'avons vu, cette dénonciation ne s'explique que par rapport à la situation particulière de la noblesse. Pour celle-ci, le maintien de ses positions, voire sa survie, dépendent de la résolution du problème économique. Dans la mesure où Rousseau participe à un mouvement idéologique, nous ne voyons pas comment on peut traiter son *Contrat social* d'utopie. Cet ouvrage ne propose pas la réalisation d'un projet politique mais vise uniquement à affermir des idées et des valeurs sociales.

L'on sait que les marxistes ont beaucoup insisté sur l'utopisme de Rousseau. Dans son commentaire au *Contrat social* de Rousseau, J. P. Siméon résume les opinions marxistes et note que Marx, dans sa *Contribution à la critique de l'économie politique,* traite le *Contrat social* non seulement d'utopie, mais aussi d'"anticipation de la société bourgeoise'.[19] J. P. Siméon admet que le *Contrat social* est inapplicable à la société de l'époque de Rousseau, mais il soutient que celui-ci s'est contenté de proclamer un idéal susceptible d'inspirer, sinon la société française du dix-huitième siècle, du moins la postérité. En fait, les critiques mentionnés, faute d'une étude socio-historique de l'époque de Rousseau, n'ont pu juger le *Contrat social* en connaissance de cause. Nous terminerons ce chapitre en citant un dernier critique qui fait du *Contrat* 'le terme d'une démarche personnelle'. Ce critique ajoute, en faisant allusion à l'idéal démocratique proclamé, selon lui, par Rousseau: 'Seul un contestant, un rebelle à l'ordre social existant pouvait redécouvrir une vérité tellement évidente, qu'elle avait été occultée par les doctrinaires.'[20]

19. J. P. Siméon, dans J.-J. Rousseau, *Du contrat social* (Paris 1977), p.137; K. Marx, *Contributions à la critique de l'économie politique* (Paris 1957), p.149. Voir G. Galice, note 23, p.194.

20. R. G. Schwartzenberg, dans J.-J. Rousseau, *Du contrat social* (Paris 1971), p.5. Voici des jugements plus récents: 'Si tout tient à la politique, l'originalité de Rousseau consiste précisément à y intégrer la morale' (J. Médina, A. Sénik, C. Moral, G. Chomienne, introduction à Rousseau, *Du contrat social*, Paris 1986, p.7); 'Le Contrat social préparait la destruction de l'ordre établi' (J.-L. Lecercle, introduction à Rousseau, *Du contrat social*, Paris 1987, p.80).

21. L'*Emile* (1762)

En traitant à fond le thème de l'éducation, Rousseau se devait de critiquer le système scolaire de son époque. Il ne s'en est pas privé, reprenant la critique déjà exercée en ce domaine dans le *Discours sur les sciences et les arts*. Dès le commencement d'*Emile*, il affirme que les bonnes institutions visent à 'dénaturer l'homme', c'est-à-dire à l'arracher à son individualisme naturel pour le subordonner à l'intérêt de la communauté, pour en faire un citoyen à la manière des Romains et des Spartiates.[1] Dans cet ordre d'idées, Rousseau distingue deux sortes d'éducation, l'une 'publique et commune', c'est-à-dire collective, et l'autre 'particulière et domestique', à savoir privée. Il cite la *République* de Platon et les lois de Lycurgue pour illustrer 'l'éducation publique.' Il déplore que celle-ci ne puisse plus exister dans la société moderne, où 'il ne peut plus y avoir de citoyens.' Rousseau déclare ne pas vouloir expliquer la raison pour laquelle la société de son temps ne forme plus de citoyens, et il nous fait ainsi comprendre la piètre opinion qu'il se fait de la société contemporaine. Il rejette, en effet, l'éducation dispensée dans les écoles publiques de France, 'risibles établissements qu'on appelle collèges' (p.40). Il ajoute que l'éducation qu'on reçoit dans la société contemporaine, ce qu'il appelle 'l'éducation du monde', est pernicieuse parce qu'elle rend l'homme 'double', c'est-à-dire prêt à manifester des sentiments de bienveillance envers son prochain, tout en n'étant motivé que par son intérêt personnel. Il reprend ainsi sa critique du paraître, mot qu'il ne prononce cependant pas. Pour Rousseau, reste seule possible l'éducation privée, celle qu'il appelle 'éducation domestique ou celle de la nature', qui consiste à élever l'homme 'uniquement pour lui' (p.41).

Observons que Rousseau annonce, d'emblée, les valeurs sociales auxquelles il se réfère. Le fait qu'il oppose le bien commun à l'intérêt particulier, l'éducation civique de Rome et de Sparte à celle de son époque, indique qu'il prend position par rapport à deux conceptions très différentes de la société. Pour nous, compte tenu de la définition que nous avons donnée de la société aristocratique et de la société bourgeoise, Rousseau se déclare pour la première, contre la seconde. Du moins les lecteurs de l'époque étaient-ils autorisés à discerner, dès le début d'*Emile*, une orientation idéologique conservatrice de la part de l'auteur. En effet, Rousseau adopte des arguments qui, à l'époque, étaient considérés comme conservateurs. Il semble regretter, par exemple, que ses contemporains aient

1. J.-J. Rousseau, *Emile*, éd. M. Launay (Paris 1966), p.39.

de plus en plus tendance à changer de condition sociale, sans plus respecter la hiérarchie traditionnelle: 'L'éducation n'est utile qu'autant que la fortune s'accorde avec la vocation des parents; en tout autre cas elle est nuisible à l'élève, ne fût-ce que par les préjugés qu'elle lui a donnés' (p.41).

i. La confusion des rangs

Rappelons ici qu'à l'époque de Rousseau le reproche que les tenants de l'ancien régime adressaient à l'éducation reçue dans les collèges consistait à déplorer le bouleversement social qu'elle favorisait, ce que nous appelons aujourd'hui la 'mobilité sociale' et qu'on qualifiait à l'époque de 'confusion des rangs.' Rousseau ajoute (p.41):

En Egypte, où le fils était obligé d'embrasser l'état de son père, l'éducation du moins avait un but assuré, mais parmi nous, où les rangs seuls demeurent, et où les hommes en changent sans cesse, nul ne sait si, en élevant son fils pour le sien, il ne travaille pas contre lui.

En considération de quoi, Rousseau se préoccupe d'élever un enfant pour qu'il devienne un homme 'dans l'ordre naturel', c'est-à-dire indépendamment d'une profession ou d'une condition sociale particulière.

Le ton de Rousseau est décidément pessimiste et il se comporte comme s'il condamnait sans appel le changement social: 'En ces temps d'avilissement, qui sait à quel point de vertu peut atteindre encore une âme humaine' (p.53). Pour l'auteur, le but de l'éducation 'naturelle' est donc de 'rendre un homme propre à toutes les conditions humaines' (p.56). Compte tenu du rythme du changement social, l'auteur choisit comme son élève un enfant riche qui, étant exposé à devenir pauvre, aura besoin d'une éducation 'naturelle.' Pareillement, Rousseau choisira un enfant noble, car 'Ce sera toujours une victime arrachée au préjugé' (p.57). Notons que cette notion de 'préjugé' traduit quelques réserves de la part de Rousseau envers la naissance. Il s'agit donc d'expliquer pourquoi Rousseau, tout en se ralliant à des valeurs nobiliaires, traite la 'naissance' de préjugé. Cela s'explique dans la mesure où Rousseau a déjà opté pour le 'mérite', contre la 'naissance', dans le débat qui s'impose en France, en grande partie sur l'initiative de la noblesse, à partir de 1760. Il n'y a donc pas de contradiction dans cette attitude de Rousseau, comme il n'y en avait pas dans la prise de position nobiliaire.

Remarquons que la critique de la 'naissance', et de la noblesse en général, est chez Rousseau, même au stade de l'*Emile*, extrêmement modérée en comparaison de celle qu'il a exercée à l'égard des riches, surtout bourgeois, qu'il n'hésite pas à traiter de corrompus: 'Ce sont les richesses qui les corrompent [les riches]', dit-il (p.62). En fait, l'essentiel de la critique de Rousseau est dirigé, comme nous l'avons déjà montré, contre la richesse bourgeoise. C'est dans ce contexte que l'on doit situer l'attaque que Rousseau déclenche contre la civilisation urbaine, opposée à la campagne et à ses vertus. 'Les villes sont le gouffre de l'espèce humaine,' dit-il entre autres constatations négatives en ce domaine (p.66). D'Argenson avait déjà dit: 'Le séjour des villes est monstrueux pour l'humanité.'[2]

Rousseau condamne la 'politesse' en ce qui concerne l'éducation des enfants, faisant exclusivement allusion au comportement des riches. C'est une prise de position au sujet d'une notion sur laquelle il revient à plusieurs reprises et dont nous avons mis en évidence la portée polémique vis-à-vis de la cour et de la société bourgeoise. Son insistance sur la nécessité d'une grande méfiance en ce qui concerne la rationalité et la philosophie revêt aussi une signification polémique à l'égard de la société bourgeoise rationaliste.

ii. L'ignorance

Rousseau veut qu'on attache beaucoup plus d'importance au développement du corps et de ses facultés qu'à celui de la raison et que les enfants soient 'bons plutôt que savants' (p.125). Il éloigne l'enfant des livres, pour leur préférer l'expérience personnelle. A cet égard, Rousseau affirme que le sauvage est bien supérieur à l'homme civilisé, parce que le sauvage développe sa raison par rapport aux difficultés de sa vie quotidienne. Pour Rousseau, il s'agit de développer la sensibilité de son élève plutôt que son raisonnement: 'Substituer des livres à tout cela, ce n'est pas nous apprendre à raisonner, c'est nous apprendre à nous servir de la raison d'autrui' (p.157).

En fait, l'art que Rousseau enseigne à son élève, 'c'est celui d'être ignorant' (p.158). Il ajoute: 'Des livres! quel triste ameublement pour son âge' (p.204). Il poursuit plus loin: 'Au lieu de coller un enfant sur des livres, je l'occupe dans un atelier, ses mains travaillent au profit de son esprit' (p.228). En somme, Emile sera un vrai philosophe, en rien comparable à ceux qui professent la philosophie: 'Tandis que les philosophes égayés par le vin, peut-être par leurs voisines, radotent et font les enfants, le voilà, lui, philosophant tout seul dans son coin' (p.247). Quand on réfléchit à l'acception que le terme *philosophie* avait assumée au dix-huitième siècle (où les philosophes exerçaient une critique sévère de l'ancien régime), on ne peut que prendre acte de la portée conservatrice du propos de Rousseau. Quant au luxe, notion capitale en ce qui concerne les idéologies au dix-huitième siècle, Rousseau ne manque pas de le condamner.

2. D'Argenson, *Considérations sur le gouvernement ancien et présent de la France*, p.266.

Emile saura, par exemple, préférer un repas frugal à un banquet somptueux agrémenté des mets les plus exotiques (p.247).

L'on sait qu'Emile est élevé au sein de la nature et que, de ce fait, il est en mesure de pratiquer l'agriculture. Il devra savoir exercer aussi un métier. Emile sera menuisier (p.261). Remarquons à cet égard que le comte de Boulainvilliers avait déjà conseillé à la noblesse d'apprendre un métier et qu'il avait mentionné la coutume des Turcs (voir ci-dessus, chapitre 6, section iii). Or, Rousseau, en recommandant à la noblesse la maîtrise d'un métier manuel, mentionne l'usage de la maison ottomane (p.262).

Nous avons montré que l'ignorance avait été traditionellement associée à la noblesse et que, de ce fait, l'ignorance avait, pour cet ordre de l'Etat, une connotation positive. Les lecteurs de l'époque de Rousseau ne pouvaient donc ne pas remarquer l'acception positive que Rousseau attribuait à l'ignorance et en tirer des conclusions quant à la signification idéologique de son propos. Celui-ci affirme: 'Puisque plus les hommes savent, plus ils se trompent, le seul moyen d'éviter l'erreur est l'ignorance' (p.266). Dans ce contexte, Rousseau maltraite quelque peu les savants et les académies.

iii. Le bon sauvage

Remarquons que ces critiques reviennent à plusieurs reprises et avec insistance dans le texte de Rousseau. Quels que soient les mérites intrinsèques de son livre et l'intérêt de ses arguments en faveur de l'éducation, il est évident que la participation de Rousseau au débat idéologique qui avait cours à son époque représentait un élément essentiel de l'*Emile*. C'est dans ce contexte que prend beaucoup de relief la critique rousseauiste de la société urbaine: 'L'homme du monde est tout entier dans son masque, n'étant presque jamais en lui-même [...] Ce qu'il est n'est rien, ce qu'il paraît est tout pour lui'. Remarquons ici encore que le paraître de l'homme civilisé est opposé à la vie heureuse et saine du sauvage (p.298). A ce point-ci de son exposé Rousseau critique l'inégalité sociale. Il désapprouve le fait que la société sacrifie le plus grand nombre de ses membres au plus petit nombre, 'd'où il suit que les ordres distingués qui se prétendent utiles aux autres ne sont en effet utiles qu'à eux-mêmes aux dépens des autres' (p.307). On ne peut nier que la noblesse ne soit visée ici, quoiqu'elle ne soit pas nommée. Il est incontestable que Rousseau, à l'apogée de sa renommée, jouit d'assez d'autorité pour exercer une critique de toute la société de son temps, critique qu'il a réservée d'abord à la seule bourgeoisie, en évitant de prendre position contre le privilège du rang. Nous avons montré que dans les deux *Discours* il n'y avait aucune discussion des valeurs aristocratiques. Remarquons cependant que, même au stade de l'*Emile*, la critique de l'ancien régime est chez Rousseau très modérée et, peut-on dire, même accessoire par rapport à celle qu'il adresse à la société bourgeoise. Pour nous, ce qui est significatif, c'est l'insistance avec laquelle Rousseau décriait la civilisation et le savoir, au moment même où le mouvement des Lumières faisait l'éloge des sciences et des arts, facteurs du progrès de la civilisation. L'éloge du sauvage ne pouvait que prendre une signification polémique dans ce contexte: 'Un sauvage nous juge plus sainement que ne fait un philosophe' (p.317).

D'autre part, on peut dire que la critique exercée par Rousseau en ce qui concerne l'ancien régime est peu significative, dans la mesure où Rousseau a adhéré pour l'essentiel aux valeurs de la société aristocratique. Cette critique a été faite en quelque sorte de l'intérieur, comme celle du marquis d'Argenson, et elle n'a été possible que parce qu'elle supposait une adhésion préalable aux valeurs essentielles du système aristocratique, que nous nous sommes efforcé de mettre en évidence au cours de ce travail. Nous croyons que l'adhésion de Rousseau à la société aristocratique s'exprimait clairement, quoique indirectement, même dans la priorité qu'il accordait au sentiment sur la raison. Il affirme: 'La seule raison n'est point active; elle retient quelquefois, rarement elle excite et jamais elle n'a rien fait de grand' (p.420).

La raison pour laquelle la critique rousseauiste moderne n'a pas discerné les rapports entre les valeurs nobiliaires et l'œuvre de Rousseau tient à l'ignorance de ces valeurs dont témoigne actuellement cette critique. La notion de naissance, par exemple, ayant été mise en question par la noblesse elle-même, un roturier pouvait en discuter sans provoquer de réaction particulière. Mais le renoncement de la noblesse à la 'naissance' en faveur du 'mérite' comme critère de distinction entre les citoyens dans la nation ne signifiait pas la fin de la suprématie nobiliaire, du moins pas la fin immédiate de ce système social.

iv. La langue des signes

Rousseau donne en exemple les anciens, qui comptaient beaucoup, pour stimuler l'affectivité humaine, sur la langue des signes. Rousseau fait remarquer que l'expression symbolique permettait autrefois d'influencer les hommes bien plus efficacement que l'expression rationnelle: 'Des marques de dignité, un trône, un sceptre, une robe de pourpre, une couronne, un bandeau, étaient pour eux des choses sacrées' (p.421). Rousseau se plaint que ce moyen d'influencer les hommes et de les induire à aimer la patrie soit négligé dans la société de son temps. Il donne en exemple les Romains pour leur maîtrise dans la langue des signes (p.422):

21. L'Emile (1762)

Des vêtements divers selon les âges, selon les conditions, des toges, des saies, des prétextes, des bulles, des laticlaves, des chaires, des licteurs, des faisceaux, des haches, des couronnes d'or, d'herbes, des feuilles, des ovations, des triomphes, tout chez eux était appareil, représentation, cérémonie et tout faisait impression sur les cœurs des citoyens.

C'est dans le cadre de ses remarques sur la langue des signes que Rousseau nous fait mieux comprendre pourquoi la noblesse française accordait une importance, à première vue excessive, au costume comme symbole du pouvoir. Tout le mouvement de revendication nobiliaire que nous avons observé dans la France des seizième, dix-septième et dix-huitième siècles a été marqué par la volonté nobiliaire de renforcer les positions de son ordre par la restauration des signes extérieurs du pouvoir, c'est-à-dire de la distinction des rangs. Dans la société aristocratique, qui, nous l'avons vu, englobait la cité antique et la féodalité, l'autorité était grandement renforcée par ces signes. Ils évitaient la confusion des rangs.

Nous avons déjà montré pourquoi la langue des signes était plus nécessaire à la société aristocratique qu'à la société bourgeoise (voir les chapitres 10, 'La société aristocratique et la société bourgeoise'; 14, 'La politesse, ou le déclin de la sentimentalité'; 15, 'Symbolisme, rhétorique et idéologie dans le premier *Discours*'; 19, '*La Nouvelle Héloïse*'). Nous avons vu que la société aristocratique était plus émotive, plus motivée affectivement, que la société bourgeoise et que la langue des signes (ou des symboles) est particulièrement adaptée à l'expression de l'affectivité. Ainsi donc Rousseau indiquait-il son adhésion à la société aristocratique par sa valorisation de l'affectivité et de ses moyens d'expression. Voici, en résumé, ce qui correspondait dans l'*Emile* aux valeurs aristocratiques: le bien commun, opposé à l'intérêt particulier; la célébration de Rome et de Sparte; la valorisation du corps; la réhabilitation de l'ignorance; la critique du paraître et de la politesse; la critique du savoir; la condamnation du luxe et de la richesse; la critique de la ville, les louanges de la campagne; la priorité accordée à la sensibilité sur la rationalité; surtout, la dénonciation très nette, quoique non explicite, de la confusion des rangs.

Même si l'on refuse d'impliquer Rousseau dans l'idéologie nobiliaire, il est évident néanmoins qu'il se rattachait à des valeurs sociales contemporaines et qu'il n'était ni isolé ni original dans les thèmes qu'il traitait. Encore une fois il faut constater que la critique moderne, en faisant de Rousseau un innovateur et un auteur idéologiquement isolé, s'est méprise, avec des conséquences néfastes pour la compréhension de l'œuvre.

22. Quelques remarques sur d'autres ouvrages de Rousseau

NOUS ajoutons quelques remarques sur d'autres ouvrages de Rousseau pour montrer qu'il reste fidèle aux valeurs que nous avons mises en évidence.

Dans le *Discours sur l'économie politique* (1755) l'auteur insiste sur la nécessité de fonder la politique sur la morale: 'faites régner la vertu,' écrit-il.[1] Il insiste sur la référence à Rome et sur la nécessité de la frugalité. Il condamne l'inégalité des fortunes, les arts, le commerce, les publicains, la vénalité et l'argent. Rousseau met en évidence l'importance de l'éducation pour affermir les mœurs des citoyens et la nécessité que les élèves s'habituent à subordonner leur existence à celle de l'Etat. Pour Rousseau, l'individu doit aimer la patrie et ne peut avoir d'autre sentiment dans son cœur: 'Comment l'amour de la Patrie pourrait-il germer au milieu de tant d'autres passions qui l'étouffent? et que reste-t-il pour les concitoyens d'un cœur déjà partagé entre l'avarice, une maîtresse et la vanité?' (iii.260). L'éducation publique conçue par Rousseau s'inspire de celle des Crétois, des Lacédémoniens et des anciens Perses (iii.261). Pour notre auteur, il faut se méfier de l'"intérêt personnel' (iii.262). Autre idée essentielle de Rousseau, l'Etat doit assurer la 'subsistance' des citoyens. A cet effet, notre auteur veut limiter le droit de propriété, qu'il subordonne au bien commun (iii.263). Il souhaite que le gouvernement protège la propriété familiale et qu'il n'y ait pas de changement 'd'état et de fortune' (iii.264). En clair, la propriété ne devrait pas avoir une valeur uniquement marchande. Rousseau défend le laboureur et condamne le luxe (iii.275, 276). Enfin, tout laisse penser qu'il se rallie à la conception de la société aristocratique. La notion qu'il se fait de la propriété et de l'Etat nous le confirme. En outre, c'est une 'moralité des vertus', selon l'expression de G. Gurvitch, que Rousseau adopte comme le principe de l'Etat. Voici les notions présentes dans le texte de Rousseau, qui s'accordent avec celles dont nous avons déjà parlé à propos de la société aristocratique:

Notions positives	Notions négatives
Vertu	Vanité, arts
Frugalité	Luxe, commerce, argent
Laboureur	Avarice, inégalité des fortunes, publicains
Mœurs	Intérêt particulier

1. J.-J. Rousseau, *Discours sur l'économie politique*, dans *O.C.*, iii.252.

22. Quelques remarques sur d'autres ouvrages de Rousseau

Rome
Amour de la patrie (bien commun)
Propriété (notion restrictive)

Propriété (notion absolue)

Dans le *Projet de constitution pour la Corse* (1769), l'auteur condamne l'économie mercantiliste et fait l'éloge de l'agriculture. Il insiste sur l'influence heureuse de l'agriculture sur les mœurs et assimile la vertu à la force du corps. Il oppose le courage des agriculteurs à la lâcheté des citadins. Pour Rousseau, le 'système rustique' comporte l'état démocratique'.[2] Notre auteur voudrait qu'en Corse règne l'égalité et, à cet effet, il insiste sur la notion du mérite personnel pour aboutir au rejet de la noblesse (iii.910). Il manifeste de la défiance envers les villes et désapprouve les bourgeois qui y résident parce qu'ils sont voués à l''intérêt' (iii.911). Il montre aux Corses que la Suisse a perdu son bonheur à cause du commerce, du luxe et de l'argent.

Le législateur divise les Corses en trois classes, dont l'inégalité est personnelle: les *citoyens*, les *patriotes*, et les *aspirants* (iii.919). Il propose aux Corses une économie autarcique (iii.924). Il se prononce, naturellement, contre les arts raffinés et la finance (iii.926, 929). En ce qui concerne l'administration de l'Etat, Rousseau propose aussi l'exemple des Romains. Il voudrait que la propriété des citoyens soit petite et que l'Etat subvienne à ses besoins par l'établissement d'un domaine public. Il propose des corvées pour le service de l'Etat (iii.930). Il exclut les financiers et le luxe et prescrit des lois somptuaires (iii.933, 936). Rousseau mentionne que la vanité est le mobile des hommes. Pourtant il distingue, comme Montesquieu, entre la vanité proprement dite, qui s'attache aux objets frivoles, et l'orgueil, qui poursuit des fins estimables. Le législateur devrait savoir diriger l'émulation des citoyens vers des fins estimables.

Remarquons que Rousseau est parvenu, avec son *Projet* sur la Corse, à concevoir un Etat démocratique. Cependant, cet Etat est régi par l'égalité telle que la concevaient les Spartiates et les Romains. L'individu y est tout à fait subordonné à l'Etat. La volonté du législateur de plier les individus aux exigences de l'Etat et de les enraciner à une place et à une profession qu'ils ne choisissent pas est évidente dans le propos de Rousseau. En fait, toute l'organisation de l'Etat prévue par Rousseau, sa morale, son économie, et ses autres valeurs en général, correspondent à l'idéal politique conçu à cette époque par l'idéologie nobiliaire. On remarquera, en tout cas, que les notions les plus importantes du texte de Rousseau correspondent à celles que nous avons attribuées à la pensée nobiliaire et, en ce qui concerne la noblesse héréditaire en particulier, à d'Argenson.

2. J.-J. Rousseau, *Projet de constitution pour la Corse*, dans *O.C.*, iii.907.

Notions positives	Notions négatives
Agriculture, laboureur	Ville, citadins
Vertu (force du corps)	Intérêt
Mérite	Noblesse héréditaire
Egalité	Argent, commerce
Rome	Arts
Lois somptuaires	Luxe
Orgueil	Vanité

Dans les *Considérations sur le gouvernement de Pologne* (1774), l'auteur fait l'éloge des anciens Grecs et Romains, auxquels ne peuvent pas être comparés les modernes. Parmi les grands hommes du passé, Rousseau mentionne Lycurgue, Moïse et Numa et nous explique que l'œuvre des ces législateurs a été durable parce qu'ils ont contraint les citoyens à se subordonner totalement au bien commun. Rousseau ajoute que ces législateurs sont parvenus à leur but par un ensemble de procédés, de cérémonies, de jeux, de spectacles, qui développaient et entretenaient auprès des citoyens assemblés l'esprit de communauté. Selon l'auteur des *Considérations*, les Polonais devraient suivre l'exemple des anciens. Il exhorte les Polonais à maintenir leurs coutumes nationales et à ne pas imiter les Français, qui laissent beaucoup à désirer. Il leur recommande 'Beaucoup de spectacles en plein air, où les rangs soient distingués avec soin', et des exercices corporels.[3] Rousseau condamne de nouveau le luxe, lequel ne peut pas être éliminé par des lois somptuaires mais par le goût de la frugalité que donne l'éducation. Rousseau insiste aussi sur l'importance de l'éducation des mœurs pour la formation des citoyens. Il exprime ensuite une certaine méfiance envers la monarchie (iii.989). En ce qui concerne le 'système économique', Rousseau recommande aux Polonais de rétablir chez eux des mœurs simples, en honorant l'agriculture, et de 'rendre l'argent méprisable'; il condamne les financiers: 'Les gouvernements anciens ne connaissaient pas même ce mot de finance' (iii.1004). Il conseille la distinction des rangs, dans la mesure où il s'adresse à une aristocratie.

Nous remarquerons que les recommandations que Rousseau adresse aux Polonais ne diffèrent pas beaucoup de celles qu'il a déjà faites aux Corses. Il est superflu ici de relever dans le détail les notions qu'il a illustrées pour les Polonais, parce qu'elles coïncident avec celles présentées dans les ouvrages déjà examinés. Nous constaterons que ces trois ouvrages préconisent les notions suivantes, notions essentiellement symboliques: la vertu, la frugalité, l'agriculture (le laboureur), les anciens (les législateurs Lycurgue, Moïse, Numa), Rome, Sparte, l'esprit de communauté (l'amour de la patrie), la propriété (collective). Elles s'opposent à la vanité, à l'intérêt, aux arts, au luxe, à l'argent, à la finance, au commerce, à la

---

3. J.-J. Rousseau, *Considérations sur le gouvernement de Pologne*, dans *O.C.*, iii.963.

340

propriété (bourgeoise). Remarquons, dans la conception rousseauiste de l'Etat, l'importance du législateur, qui exerce une contrainte sur les citoyens au point (presque) de les enrégimenter. Jamais, dans cette conception de l'Etat, les libertés individuelles, telles que nous les concevons, ne sont prises en considération. Si l'on tient compte que la société aristocratique se fondait sur la morale et que celle-ci était de ce fait contraignante, on concevra aisément que les citoyens ne puissent ni discuter ni récuser les principes de cette morale. Ils n'avaient pas le droit d'opinion. D'autre part, comme la morale et la politique se soutenaient l'une l'autre, les citoyens ne pouvaient rien examiner ni dans le domaine de la morale, ni de la politique. Dans la mesure où la religion était essentielle pour le renforcement de la morale, les citoyens n'avaient pas non plus le droit de critique en ce domaine. Bref, l'Etat aristocratique était en fait, pour employer la terminologie moderne, 'totalitaire'.

On comprend d'autre part le besoin que ressentait l'Etat aristocratique d'endoctriner les individus par le contrôle de l'opinion, de l'éducation, et par les cérémonies, fêtes et autres assemblées qui constituaient sans doute un puissant moyen d'exaltation des valeurs communes. Au fond, la société idéale envisagée par Rousseau se fonde sur la morale, sur la politique et sur l'économie de la société aristocratique. Le fait qu'il attache une grande importance aux fêtes, aux cérémonies, aux jeux et aux spectacles civiques comme moyens d'inspirer aux citoyens l'esprit de communauté indique qu'il se réfère aux principes de cette société. Il est, certes, vrai que les institutions recommandées par Rousseau dans ses projets de constitution évoquent directement celles de la cité antique, mais nous avons montré que les valeurs de la cité antique présentaient une grande affinité avec celles de la noblesse française. Nous avons d'ailleurs montré que l'exemple de la cité antique jouait un rôle important dans la stratégie nobiliaire. Selon nous, les projets de législation présentés par Rousseau n'ont pas été conçus pour être vraiment réalisés, mais simplement pour exalter des valeurs morales, sociales et politiques. C'est leur fonction polémique qui les rendait actuels dans les mouvements d'opinion au dix-huitième siècle. Cette fonction paraîtra indiscutable si l'on tient compte du fait que toutes les valeurs exaltées par Rousseau dans ses écrits allaient à l'encontre des valeurs bourgeoises.

A ce point-ci de notre exposé, nous croyons superflu d'examiner d'autres ouvrages de Rousseau, dans la mesure où ils s'accordent, nous semble-t-il, avec ceux déjà critiqués.

23. Le débat sur le luxe de 1760 à 1778

IL n'est pas sans intérêt ici d'examiner brièvement les principales interventions sur le luxe pendant la période 1760-1778, où Rousseau s'est définitivement imposé à l'attention de ses contemporains. Il nous importe de savoir si le débat sur le luxe témoigne d'un changement quelconque par rapport aux tendances déjà relevées, et si Rousseau y a joué un rôle important.

Fougeret de Monbron, dans *La Capitale des Gaules ou la nouvelle Babylone* (1760), condamne le luxe de façon énergique. Il est faux, pour lui, que le luxe soit nécessaire à l'Etat, comme l'affirment de plus en plus de personnes. Au contraire, le luxe pervertit tout, puisqu'il fait de l'argent le mobile des actions humaines. Cet auteur déplore que le luxe épuise les provinces pour satisfaire au désir de superfluités caractéristique de Paris, la nouvelle Babylone. Fougeret voudrait mettre de l'ordre dans cette ville en renvoyant à la campagne les personnes oisives qui s'y trouvent et en promulguant de nouvelles lois somptuaires. Il voudrait également poursuivre avec sévérité les financiers, qui propagent le mauvais exemple par l'étalage de leurs richesses. L'auteur est très préoccupé par la confusion des rangs, qu'il condamne en ces termes:

que les Grands de la nation ayent un cortège convenable à leur rang, rien n'est plus juste: ce sont nos supérieurs. Mais que des misérables publicains, engraissés de la sueur du peuple, ayent chacun trente fainéants à leur service, et soixante chevaux dans leurs écuries; qu'ils se piquent d'avoir les plus brillants équipages et de faire la meilleure chère dans Paris [...] c'est un abus que tout homme sensible, tout ami de l'humanité ne verra jamais qu'avec indignation.[1]

En 1762, dans *Le Luxe considéré relativement à la population et à l'économie*, l'auteur n'admet pas que le luxe soit nécessaire à l'Etat pour corriger l'inégalité des fortunes, comme l'a soutenu Montesquieu. Pour l'auteur, l'agriculture est la seule véritable richesse. Il admet cependant les arts utiles, de première nécessité, et le commerce qui les concerne. Il critique surtout les beaux-arts, qui ne produisent que des frivolités, et il cite Rousseau à ce propos.[2]

L'Essai sur le luxe rejette les arguments des partisans du luxe. L'auteur nie que celui-ci soit un facteur de prospérité. Au contraire, il ne voit dans le luxe que la cause de la ruine des citoyens et de l'Etat. Il contredit à ce sujet Melon, Voltaire et Hume, qui ont soutenu 'que le luxe seul redressait, pour ainsi dire,

1. Fougeret de Monbron, *La Capitale des Gaules*, p.58-59.
2. (Lyon 1762), attribué à Auffray, p.19. L'auteur cite une 'Préface d'une lettre sur la musique française et italienne de J.-J. Rousseau'.

l'inégalité des conditions, en mettant à contribution le superflu des uns pour subvenir à la nécessité des autres'.[3] Pour cet auteur, les lois somptuaires devraient remettre de l'ordre dans l'Etat. Notons qu'il a été probablement influencé par Mirabeau, qu'il cite.

Mably a publié en 1763 ses *Entretiens de Phocion sur le rapport de la morale avec la politique.* Il y préconise une démocratie restreinte et égalitaire, fondée sur l'agriculture, sans arts et sans luxe. Il se réfère à Sparte et à Lycurgue, à leur politique fondée sur la vertu, pour mettre en garde ses contemporains contre les dangers du luxe. Il va de soi que les propos que Phocion tient aux Athéniens appartiennent à Mably, qui prend ainsi position dans la politique de l'époque, se rapprochant de d'Argenson et de Rousseau: 'La soif de l'argent qui nous dévore a étouffé l'amour de la Patrie. Le luxe du citoyen refuse tout aux devoirs de l'humanité,' écrit-il.[4]

L'*Essai sur le luxe* paru en 1764 a été attribué, à l'époque, à Saint-Lambert.[5] Cependant cet essai, probablement à cause du fait qu'il a été reproduit dans l'*Encyclopédie*, est attribué aujourd'hui, parfois, à Diderot. Pour Saint-Lambert, le luxe est utile à l'Etat s'il est distribué équitablement entre tous les citoyens. On peut dire que Saint-Lambert critique la société de son temps, en ce que le luxe n'était certainement pas distribué avec justice au dix-huitième siècle (voir ce que nous avons mis en évidence à propos de Saint-Lambert au chapitre 7, 'Idéologie et littérature'). Il semble avoir été influencé par Montesquieu, dans la mesure où il considère le luxe comme nécessaire, tout en lui attribuant un effet néfaste quand il comporte une grande inégalité dans les fortunes des citoyens.

En 1765 une *Lettre sur le luxe* (déjà parue en 1745) illustre les arguments des adversaires du luxe et, particulièrement, celui qui concerne la confusion des rangs: 'le luxe des habits est un vrai désordre dans un Etat, dès que le luxe va à confondre tous les rangs et à mettre de niveau ceux que la naissance ou les emplois doivent nécessairement distinguer.'[6] L'auteur réfute les arguments de Melon, favorables au luxe (p.35: 'Examen du IXe chapitre de l'*Essai politique sur le commerce*, lequel renferme une espèce d'apologie du luxe').

Linguet, dans sa *Théorie des lois civiles, ou principes fondamentaux de la société* (1767), considère le luxe comme synonyme d'oppression. Nous avons déjà cité quelques propos de cet auteur, qui assimile la condition des ouvriers à l'esclavage. Pour lui, la société a élaboré des lois pour protéger les riches contre les pauvres: 'Elles tendent à mettre l'homme qui possède du superflu à couvert des

---

3. (Paris 1762), attribué à Isaac de Pinto, p.8.
4. Mably, *Entretiens de Phocion*, dans *Œuvres complètes* (Toulouse 1791), xiv.6.
5. (s.l. 1764).
6. (Francfort 1765), attribué à Boureau-Deslandes, p.24.

attaques de celui qui n'a pas le nécessaire.'[7] On remarquera la ressemblance entre cette idée de Linguet et la théorie avancée par Rousseau dans son *Discours sur l'origine de l'inégalité* selon laquelle la société s'est constituée par une conspiration des riches contre les pauvres.

Dans un *Discours de la nature et des effets du luxe*, attribué à un ecclésiastique, le père Gerdil, l'auteur déclare ne pas se prévaloir de l'autorité de l'Eglise pour combattre le luxe. Il se réclame d'auteurs tels que Montesquieu, Mably, d'Alembert, Linguet. En ce qui concerne Montesquieu, le père Gerdil le cite pour condamner la richesse, qui est à l'origine du luxe: 'Tout est perdu lorsque les professions lucratives parviennent encore par leurs richesses à être des professions honorées.'[8] Notons que cet auteur change la signification de la phrase de Montesquieu en remplaçant 'la profession lucrative des traitants' par 'les professions lucratives.' Voici le texte de Montesquieu: 'Tout est perdu lorsque la profession lucrative des traitans parvient encore, par ses richesses, à être une profession honorée.'[9] En fait, l'auteur de ce *Discours* tient surtout compte de la méfiance exprimée par Montesquieu envers la richesse bourgeoise. Il cite d'ailleurs d'autres passages de Montesquieu, comme le suivant, par exemple: 'Or, selon M. De Montesquieu, *Esprit des loix*, L.VIII, ch.II, l'effet propre du luxe est de *tourner les esprits vers l'intérêt particulier*' (p.22).

Remarquons que cet ecclésiastique, un cardinal, paraît-il, loin d'être préoccupé par l'aspect moral de la question du luxe, se réfère à la situation sociopolitique: 'L'ordre exige une distinction de rangs dans toute société policée', dit-il (p.13). Notons encore que l'auteur de ce *Discours* confirme ce que nous avons avancé à propos de Montesquieu, à savoir que celui-ci a émis des réserves sur le luxe tout en le considérant comme nécessaire à la monarchie française.

En 1769, l'Académie française choisit comme sujet du prix de poésie pour l'année 1770 'Les inconvéniens du luxe', sujet qui, par sa formulation, comporte un jugement négatif sur le luxe. Notons que ce prix n'a pas été décerné, pour des raisons difficiles à préciser.[10] Parmi les pièces présentées à l'Académie il y a un *Discours sur les inconvénients du luxe*. L'auteur reproche au luxe la misère des campagnes. Il montre le paysan indigent qui se plaint amèrement de l'injustice dont il est victime et qui accuse les riches de lui arracher son pain:

> De l'humble laboureur respectons les lambeaux,
> Osons encourager les utiles travaux,
> Et des biens et des rangs rétablir l'équilibre.

---

7. Linguet, *Théorie des lois civiles*, i.196.
8. (Turin 1768), par le P. G. B., p.29.
9. Montesquieu, *Esprit des lois*, XIII, 20.
10. R. Galliani, 'Le débat sur le luxe en France', *Studies on Voltaire* 161 (1976), p.205-17.

Le pauvre est asservi, mais sent qu'il est né libre.[11]

Un autre poème, *Les Inconvéniens du luxe, sujet proposé en 1769 pour le prix de l'Académie française de l'année 1770*, publié dans *Les Effets et les inconvéniens du luxe*,[12] rend le luxe responsable de tous les malheurs sociaux. L'auteur accuse le luxe de détruire 'la douce égalité' (vers 91). Il ajoute (vers 104-108):

> L'ordre marque les rangs, le luxe les confond;
> Et la confusion toujours traîne avec elle
> Le désespoir, l'horreur, la discorde cruelle,
> Etouffe la nature, éteint les sentimens,
> Et des sociétés sape les fondemens.

Il y joint dans une note relative au vers 91: 'Un écrivain célèbre, plus poète et bel esprit que philosophe politique, a comparé les riches financiers à ces gros nuages qui répandent en douces rosées les particules d'eau renfermées dans leur sein, mais cette comparaison n'est pas juste.' L'auteur repousse cette comparaison mais ne nomme ni l'écrivain ni l'ouvrage: Voltaire, *Le Monde comme il va*. L'auteur insiste sur le fait que 'Le partage trop inégal des richesses dans chaque classe de citoyens est ce qui trouble l'harmonie et apporte la confusion dans tous les ordres' (note relative au vers 113).

Un autre concurrent, Clément de Dijon, commence son poème *Satire sur les abus du luxe, suivie d'une imitation de Catulle* en attaquant Voltaire et son poème *Le Mondain*. Il reproche à Voltaire de s'être moqué de la simplicité des mœurs anciennes et de 'l'honnête pauvreté, compagne des vertus'.[13] Clément condamne la confusion des rangs (p.8):

> Dès que le luxe, auteur des besoins inutiles,
> Né du faste des Cours a passé dans les villes,
> Que la fortune égale, ou confond tous les rangs,
> Que le riche nouveau marche à côté des Grands,
> Et que la pauvreté passe pour le seul vice,
> La fureur de briller s'unit à l'avarice:
> Le Dieu des cœurs, c'est l'or.

L'auteur fait la satire du riche, insistant sur les bassesses qui lui ont permis de passer de la misère, où il est né, à l'opulence (p.8-9):

> Mon voisin, qui surpasse un Prince en revenu,
> Jadis de son village arriva le pied nu:
> Son carrosse aujourd'hui fait voler la poussière;
> Avant d'entrer dedans, il fut longtemps derrière,

11. (s.l. [1770]), attribué à G. L. de Baar, p.8.
12. (Rouen 1772), attribué à Rabellaud.
13. (Genève 1770), par M. C., vers 6.

345

> Armé d'un front d'airain, simple, adroit, diligent,
> A la fin, de l'Etat, il fait rouler l'argent.

Clément condamne l'intérêt, cause du luxe, parce qu'il durcit les cœurs des hommes. Il reproche au luxe de dépeupler les campagnes pour remplir les villes de valets fainéants, de causer la misère du peuple et la corruption générale. Ce qui rend ce poème particulièrement intéressant, c'est que l'auteur mentionne que lui et un autre concurrent se sont inspirés de Rousseau et de Mirabeau (p.17):

> Luttant contre la H..., en un sujet si beau,
> J'ai aimé comme lui, Jean-Jacques et Mirabeau.

Quant à La Harpe, dans son *Discours cinquième sur le luxe* (1770) il déplore le triomphe de l'or et attaque sous le nom de Crassus le nouveau riche:

> Vous connaissez cet homme et son ignominie.
> Vous savez que le traître à vendu sa patrie,
> A désolé nos camps qu'il devait secourir,
> Affamé nos soldats au lieu de les nourrir.[14]

La Harpe illustre par des exemples combien le luxe ferme le cœur à la pitié. Il affirme qu'il ne méprise pas tous les arts. Il craint les arts tributaires du luxe, parce qu'ils portent préjudice aux campagnes. En effet, les paysans ne veulent plus du travail de la terre et préfèrent se rendre à Lyon ou à Paris pour employer leurs bras aux manufactures de luxe. L'auteur s'adresse aux rois pour qu'ils avilissent l'or (p.267):

> Pour sauver les vertus, rois, avilissez l'or.

Probablement en réaction au concours de l'Académie paraît, en 1771, un ouvrage favorable au luxe, intitulé *Théorie du luxe; ou traité dans lequel on entreprend d'établir que le luxe est un ressort non seulement utile mais même indispensablement nécessaire à la prospérité des Etats.* La *Théorie du luxe* porte en épigraphe ce vers du *Mondain*: 'Le superflu, chose très nécessaire.' L'auteur se réclame de Melon et reprend bien de ses arguments. Il insiste sur le fait que les hommes d'Etat ont protégé le luxe et que ceux qui n'ont jamais eu de rapport avec l'administration, les poètes, les orateurs, les moralistes, l'ont décrié: 'Dans la théorie, l'opinion commune est contraire au luxe, dans la pratique tout le monde s'y livre,' dit-il.[15]

Selon Dumont, l'homme pouvant subsister des produits spontanés de la terre, tout ce qui va au-delà constitue le luxe. Ainsi, les arts, auxquels l'homme a

---

14. F. La Harpe, *Œuvres* (Paris 1820), iii.262-67 (p.264).
15. (s. l. 1771, Londres 1775), attribué à Dumont, ou Butel-Dumont, p.viii.

recours pour améliorer son existence et dont il pourrait se passer pour subsister, sont du luxe. La société doit son bonheur aux progrès des arts et, par conséquent, au luxe. La civilisation permet le plus grand bonheur de l'homme. Le luxe représente un état plus avancé que celui du sauvage. L'auteur fait allusion à Rousseau, sans le nommer cependant. Il affirme, en effet, que regretter l'état sauvage, c'est regretter que l'homme se soit servi de son intelligence pour s'éloigner de la condition des animaux (partie II, p.9):

Une pensée si fausse ne peut jamais venir qu'à l'esprit d'un mélancholique égaré dans ses rêveries, ou d'un charlatan qui s'abuse en s'efforçant d'abuser les autres. La magie du style le plus imposant, employée dans ces derniers temps en faveur de cette opinion par un écrivain qui s'est dévoué aux sophismes les plus étranges, n'a pas fait de prosélytes.

Pour l'auteur de la *Théorie*, les adversaires du luxe ne prétendent pas ramener la société à l'état primitif, mais leurs propos aboutissent malgré eux à cette absurdité: 'Etouffer le luxe, c'est briser la charrue du laboureur; c'est anéantir la population; c'est répandre la stérilité et la misère sur le pays' (p.127).

L'auteur réclame la liberté totale du commerce et de l'industrie, qui favorisent le luxe. Il fait l'éloge des grandes fortunes. Celles-ci permettent, selon lui, les recherches nouvelles qui font progresser la société. Il affirme que le besoin est nécessaire pour encourager au travail. L'auteur accepte l'inégalité économique et sociale: 'Il faut des pauvres et des riches dans un Etat. De leur co-existence, de leur concours dépend la félicité publique' (p.129). On voit ici que les idées de Dumont correspondent aux intérêts de la grande bourgeoisie, et pourtant l'auteur se présente comme un écrivain désintéressé. Naturellement, il déclare la propriété sacrée et rejette les lois somptuaires parce qu'elles y portent atteinte. L'auteur admet que le spectacle de l'opulence puisse indigner, par rapport au dénuement des pauvres, mais il met en garde ses concitoyens: 'Défions-nous de nous-mêmes. Craignons en blâmant un état qui nous blesse de suivre moins l'impulsion d'une raison éclairée que les mouvements d'une jalousie secrète' (p.129).

Dumont repousse le principe de l'impôt progressif. Selon lui, frapper individuellement la richesse, ce serait limiter le luxe: 'L'intérêt commun ni la justice ne permettent point d'imposer les riches à volonté, un à un, ni autrement que collectivement' (p.79). L'auteur célèbre les Lumières et les philosophes, qui par leurs recherches sont les bienfaiteurs de l'humanité. Il se considère comme l'un des philosophes: 'L'amour du genre humain, le bonheur de tous, et principalement le bonheur de ma patrie, voilà les motifs qui me donnent la confiance d'attaquer une opinion profondément enracinée' (p.171).

En 1772 paraît *Du luxe, de sa nature, de sa vraie cause et de ses effets*.[16] L'auteur accuse le luxe d'avoir appauvri la France. Le luxe a créé une foule de fainéants:

16. (Londres 1772), attribué à Tifaut de La Noue.

'[Le luxe] fait plus de fainéans que n'en a fait et n'en fera jamais la religion' (p.5). Sully avait raison de détourner Henri le Grand de la plantation des mûriers, car 'l'aliment des Manufactures de Tours et de Lyon a préjudicié à plus d'un égard à la culture du bled' (p.11). Le luxe dépeuple les campagnes: 'Un peuple entier a déserté l'Agriculture pour s'attacher aux Fabriques de Luxe, d'où il ne retournera jamais à son état primitif' (p.12). L'auteur nie que le luxe fasse vivre le peuple. Il déplore la liberté de la circulation des blés, car elle a causé la spéculation. L'auteur a discuté de ce problème avec un économiste, sans pouvoir le convaincre: 'Le droit sacré de la propriété, me répondit mon homme avec véhémence, le droit naturel qu'a tout individu de vendre à qui il lui plaît, et comme bon lui semble ...' (p.14). Mais l'argent est la véritable cause du luxe. Tant que l'argent ne joua pas de rôle à Rome, les Romains furent 'de vrais Romains' (p.16). Tout le mal vient des 'gros marchands d'argent': 'On se croit obligé de prévenir et de flatter ces sangsues, quand on reconnaît en frémissant qu'elles se gorgent de la plus pure substance du peuple. Est-il possible de les rassasier?' (p.42).

Dans le courant de l'année 1772 l'un de ceux qui ont participé au concours de l'Académie publie le *Voyage d'un prince autour du monde, ou les effets du luxe*, où il fait allusion à la *Théorie du luxe*, qu'il rejette, et à l'ouvrage *Du luxe, de sa nature, de sa vraie cause et de ses effets*, qu'il approuve. L'auteur imagine un prince qui entreprend un voyage pour chercher les meilleures lois du monde. Voici les conseils qu'il donne à un roi soucieux du bonheur de ses sujets: il faut taxer le luxe, non le luxe d'ostentation, mais la cause de celui-ci. Il s'agit d'établir l'impôt progressif sur la richesse. Comment est-il possible de réaliser ce projet? 'Etablissez les proportions et infligez des peines à celui qui sera convaincu d'avoir fait une fausse déclaration de ses biens.'[17] Cet écrivain finit par mettre en cause le droit de propriété, car celle-ci représente souvent ce que le riche a arraché à d'autres citoyens: 'Les autres hommes ne rentreroient-ils pas dans leur droit naturel et ne seroient-ils pas vis-à-vis de ce riche particulier dans le cas d'une guerre légitime qui ne seroit point une guerre civile?' Tout en réfutant Cicéron, il ajoute: 'Les loix de la propriété sont sacrées, mais elles ne sont point immuables, et il n'y a rien d'humain qui ne soit sujet au changement' (p.61).

Encore en 1772, le chevalier Rutlidge donne le *Retour du philosophe, ou le village abandonné, poème imité de l'anglais du docteur Goldsmith*, où l'original anglais semble bien un prétexte à propager des idées politiques. L'auteur, très influencé par les idées de l'*Ami des hommes* de Mirabeau, dénonce la maxime selon laquelle le luxe est nécessaire dans un grand Etat:

17. Publié dans *Les Effets et les inconvéniens du luxe, ouvrage en deux parties diverses* (Rouen 1772), attribué à Rabellaud.

J'ai rencontré des gens à qui elle a si bien fait illusion, qu'au sein même de l'indigence, qui doit en être le fruit et dont ils étoient les premières victimes, ils avoient la stupidité de croire, sur la foi de leurs oppresseurs, que l'opulence du petit nombre et la misère de la multitude devoient faire la prospérité de tous.[18]

L'auteur esquisse la théorie du contrat social, mais il ne nomme pas Rousseau. Il trouve que le luxe est mauvais parce qu'il a lieu au bénéfice du petit nombre, au détriment du plus grand nombre. S'il était distribué également parmi tous les membres de la société, il ne serait pas condamnable. Le chevalier n'est pas d'accord avec Goldsmith que le commerce détruit l'agriculture. Le commerce est bénéfique s'il ne profite pas seulement à quelques privilégiés. Tel qu'il existe, le luxe est la cause de tous les malheurs (p.52):

> Source de tant de maux, cause de tant de crimes,
> Insatiable enfant de l'orgueil des tyrans,
> Luxe, fléau fatal des Etats chancelans.

Un autre traducteur du *Village abandonné* de Goldsmith, Charles-Michel Campion, poète marseillais, saisit l'occasion à la même époque pour condamner le luxe:

> O luxe affreux, présent dont le ciel en colère
> Se sert pour se venger de l'orgueil de la terre,
> Que tes dons sont amers! qu'ils sont insidieux,
> Les échanges trompeurs de tes biens odieux![19]

En 1772 paraît un article dans le *Journal des beaux-arts et des sciences*, signé E. M. M. D. V. L'auteur critique la *Théorie du luxe* de Dumont. Il insiste sur le fait que, contrairement à ce que soutient Dumont, les lois somptuaires ont été recommandées et promulguées par des hommes d'Etat, que par conséquent le luxe a été condamné et réprimé par des hommes expérimentés et non seulement par les moralistes et les orateurs. Il critique Dumont là où celui-ci a condamné Rousseau, dans le passage où il est dit 'qu'il n'y a qu'un Mélancolique ou un Charlatan qui puisse regretter l'Age où les hommes vivoient nuds, se nourrissant de chasse et de fruits agrestes'.[20]

En 1773 paraît *Le Luxe, poème en six chants, orné de gravures, avec des notes historiques et critiques*. L'auteur condamne le luxe, responsable de la corruption de la société, et fait l'éloge de l'agriculture. Il ne manque pas de faire la satire du riche, du 'sire Turcaret'.[21] Il déplore que la noblesse se trouve dans

---

18. (Bruxelles 1772), par le chevalier R***, p.9.
19. *Œuvres de Charles-Michel Campion*, éd. E. Seeber et H. Remark (Indiana 1945), p.199.
20. *Journal des beaux-arts et des sciences* (décembre 1772), p.389-408 (p.404).
21. (Paris 1773), attribué au chevalier Du Coudray, p.7.

l'indigence et invoque des édits pour mettre un terme à cet état des choses. Il déplore que les rangs soient confondus (p.10):

> Sans le Luxe, en un mot, verrait-on l'imposture,
> Parer des plus grands noms la plus basse roture?
> Rencontrer sur nos pas de modernes marquis,
> Qui sont exactement des faquins travestis?

Cependant, le chevalier voudrait que l'accès à la noblesse soit accordé au mérite et il prêche une sorte d'égalité (p.30):

> La noblesse est pour nous, nous pouvons l'acquérir,
> Par le mérite seul, on doit y parvenir.
> Nous naissons tous égaux, l'homme à l'homme est utile.

Ce qui indigne le chevalier, c'est que le financier soit préféré au noble guerrier (p.78):

> L'infâme publicain, par sa grande richesse,
> Regarde avec mépris l'indigente noblesse.
> On a vu de nos jours la femme d'un Sergent,
> Recevoir assez mal le Seigneur indigent.

L'auteur met en scène Charlemagne, indigné lui aussi de voir les anciennes mœurs détruites par le luxe, et lui fait dire (p.78):

> Ciel! que sont devenus ces toits couverts de chaume?

Et il explique dans une note: 'Ce que prononce là Charlemagne est la prosopopée de Fabricius, dans le Discours sur les arts et les Sciences par J. J. Rousseau' (p.194). Il cite plusieurs fois le 'célèbre Jean-Jacques' (p.143, 199, 200).

En 1774 paraît un *Traité du luxe*, par M. Butini, de Genève, dont l'auteur envoie un exemplaire à Voltaire, comme l'a fait le chevalier Du Coudray.[22] Butini réfute la *Théorie du luxe* de Dumont, quoi qu'il lui fasse des concessions. Il admet que le luxe est utile quand il est modéré et qu'il profite à toute la société quand il n'y a ni riche ni pauvre, ni maître ni esclave. La médiocrité rapproche les hommes, le luxe les divise et encourage le despotisme. Il déplore que la richesse reçoive les hommages qui sont dus à la vertu. Il reconnaît que le luxe corrige la grande inégalité des richesses en faisant dépenser les riches, mais il affirme que le mal consiste à permettre la grande inégalité des richesses. Les grandes fortunes, qui paraissent inévitables dans les sociétés modernes, existent au détriment du pauvre: 'On ne peut se passer de pauvres, mais qu'ils ne manquent pas du nécessaire … L'on ne peut se passer de riches, mais qu'ils ne regorgent pas de superflu.'[23]

---

22. Best. D18897, D18236.
23. J. F. Butini, *Traité du luxe* (Genève 1774), p.70.

L'auteur décrit les abus du luxe. Les riches disposent d'hôtels immenses à la ville et à la campagne, dépensent beaucoup pour la chasse et les jeux, tandis que les ouvriers ne savent pas où s'abriter et meurent de faim: 'D'où viennent ces barbaries qui nous révoltent? N'en accusons point la nature humaine, elle est bonne; accusons-en nos institutions' (p.73). Le luxe détruit l'agriculture et appauvrit le peuple. Et l'auteur de citer ce passage de Rousseau: 'Il faut, dit M. Rousseau, du jus dans nos cuisines, voilà pourquoi tant de malades manquent de bouillon. Il faut des liqueurs sur nos tables, voilà pourquoi le paysan ne boit que de l'eau.'[24]

La meilleure façon de contenir le luxe, c'est de le soumettre à des impôts: 'Ceux-ci ne tombent que sur les gens riches' (p.208). Il faut taxer sévèrement les spectacles, les concerts, les parcs et jardins privés, les domestiques, les dorures, les chevaux, les équipages, les hôtels et surtout 'condamnès à de fortes taxes le Luxe et l'oisiveté, parce que tout citoyen du moins pendant sa jeunesse doit offrir ses talens ou sa fortune à la patrie' (p.209). L'auteur énonce l'idée de l'impôt progressif: 'Demandès un louis pour un laquais, demandès en trois pour deux laquais' (p.211). Il proteste contre la paye excessive des militaires, contre la ferme générale et, vantant le système de la régie, il cite Montesquieu et Mirabeau. Il ajoute que le gouvernement doit nourrir les mendiants s'ils sont malades et les faire travailler s'ils sont sains. Il voudrait des écoles publiques gratuites pour les paysans et même pour les plus vils ouvriers. Il demande des prix pour ceux qui se distinguent par l'excellence de leur travail et voudrait qu'on distribue au peuple la terre qui n'est pas cultivée et celle qui n'appartient à personne, appelée commune. Il loue les lois somptuaires de Genève. Tout cela devrait être réalisé avec modération: 'Sans établir des Loix agraires, sans détruire aucune propriété, sans assujettir les usurpateurs aux tribunaux de justice, que le Souverain se contente de réprimer les abus et tout ira bien' (p.229).

En 1774 l'avènement au trône de Louis XVI fait espérer des réformes tendant à diminuer la dépense de la cour et le déficit de l'Etat, dont le luxe est responsable. Cette *Ode au roi* en témoigne:

> O Luxe, destructeur barbare
> Des Etats soumis à ta loi,
> Les coups que ton orgueil prépare
> Vont donc se tourner contre toi!
> Oui, c'en est fait, trompeuse idole,
> Le bras de Louis qui t'immole,
> A ton joug va nous dérober.
> Déjà plus humble et plus timide,

---

24. p.92; Rousseau, *Dernière réponse*, annexée au *Discours sur les sciences et les arts* (*O.C.*, iii.79n).

> Tu prends à nos regards un essor moins rapide:
> Tremble ... le jour approche où tu dois succomber.[25]

Encore en 1774 il y a l'*Epître sur le luxe* de Delille. L'auteur condamne le luxe et reprend en termes assez conventionnels la critique du nouveau riche:

> De l'épais Dorilas, que Paris vit si mince,
> Le salon coûte autant que le palais d'un Prince ...
> Ce Traitant, dans un jour, consume plus dix fois
> Qu'il ne faut pour nourrir son village six mois.[26]

Cependant l'auteur s'en tient à l'aspect moral de la question. Il soutient que ce n'est pas le luxe qui fait le bonheur, que celui-ci dépend de la sagesse de l'individu. C'est donc un écrit plutôt neutre. Bien autrement engagée est l'intervention qui a lieu en 1774 dans *Le Monarque accompli* par Lanjuinais. Ce livre, condamné par arrêt du parlement en 1776, fut réimprimé en 1777 et 1780. L'auteur, réfugié en Suisse, tout en faisant l'éloge de Joseph II, fait la leçon aux monarques de l'Europe et surtout à celui de France. Lanjuinais condamne le luxe en termes violents. Le luxe ne fait ni la prospérité de l'Etat ni le bonheur du peuple. Si le luxe produisait le bonheur, ce serait 'sans doute parce qu'il procurerait du pain aux pauvres, mais s'il n'y avait point de luxe, il n'y aurait point de pauvres'.[27] Cette expression de Lanjuinais semble calquée sur celle de Rousseau, qui n'est pourtant pas nommé: 'Le luxe peut être nécessaire pour donner du pain au pauvres: mais, s'il n'y avait point de luxe, il n'y auroit point de pauvres.'[28]

Selon Lanjuinais, le luxe inspire le désir de posséder à tel point qu'il ne recule pas devant le crime. Son effet est d'augmenter l'inégalité des richesses et, par conséquent, de faire deux classes d'hommes, dont l'une abonde en superfluités et l'autre manque du nécessaire. Cette dernière sera formée d'une multitude de journaliers, dont la main-d'œuvre, suivant le cours des marchandises, baissera en valeur au point que seule la subsistance physique de l'ouvrier sera possible. La classe riche se concentrera dans les villes, où il est plus facile de trouver des objets de luxe, et les campagnes seront désolées. N'est-il pas vrai que les pays les plus policés, les plus luxueux, ont le plus grand nombre de malheureux? Et l'auteur de faire l'éloge du sauvage. Celui-ci est heureux. Il n'a pas à craindre la surcharge des impôts, la prison, la vexation du seigneur.

---

25. *Les progrès du luxe arrêtés, au roi* (Paris 1774; B. N., 8 Ye, pièce 4371-4425).

26. Delille, *Poésies fugitives*, dans *Œuvres* (Paris 1824), i.62.

27. *Le Monarque accompli, ou prodiges de bonté, de savoir et de sagesse, qui font l'éloge de Sa Majesté impériale Joseph II et qui rendent cet auguste monarque si précieux à l'humanité, discutés au tribunal de la raison et de l'équité*, par M. de Lanjuinais, principal du collège de Moudon (Lausanne 1774), i.140-70 (p.143).

28. Rousseau, *Dernière réponse*, annexée au *Discours sur les sciences et les arts* (*O.C.*, iii.79).

Il n'est pas humilié par l'étalage du luxe des riches, il jouit de l'égalité et de la liberté. Le but de la société est de rendre l'homme utile à l'homme, tandis que la société actuelle fait que le riche fainéant dissipe en superfluités la substance de millions d'hommes. L'auteur s'attache à montrer tous les méfaits du commerce de luxe, surtout du commerce colonial, et décrit les cruautés de l'esclavage: 'Voilà les crimes qui sont encore un effet du luxe, tout mon sang se soulève à ces images, je hais, je fuis l'espèce humaine composée de victimes et de bourreaux, et si elle ne doit pas être meilleure, puisse-t-elle s'anéantir' (p.160).

En 1775 paraît une *Lettre de M. le Cte d'Albon à M. de B*** sur le commerce, les fabrications et la consommation des objets de luxe*. Pour le comte, le luxe est l'ennemi de l'agriculture. Il n'admet le commerce que quand il a comme objet le superflu du paysan. Il nie que le commerçant soit utile à l'Etat, car les impôts qu'il paie lui sont déjà fournis par ceux sur qui il gagne. Selon cet auteur, le luxe fait sortir de l'Etat plus d'argent qu'il n'en rapporte. La véritable et seule richesse, c'est l'agriculture. Ce n'est pas à la quantité du numéraire qu'on estime la prospérité d'un empire, mais à la quantité du revenu des terres. Il est vrai que l'industrie de luxe fait travailler des ouvriers, mais on pourrait occuper ces hommes à des tâches plus utiles. Les ouvriers sont, en fait, à la merci des caprices de la mode:

L'Etat est riche quand le paysan peut mettre la *poule au pot*, aussi ses pareils: mais quand tous vos seigneurs de cinquante et cent mille livres de revenus mettroient dans leurs *pots des colibris*, l'Etat pourroit être et seroit vraisemblablement fort misérable.

Malgré le luxe et l'abondance de l'or, il y a beaucoup de misère en France:

Autour de votre opulente ville de Lyon, et dans une grande partie de la province, n'avez-vous pas vu, Monsieur, en 1770 et 1771, les paysans manquer entièrement de grains et se jeter pour dernière ressource sur du pain de glands? Encore n'en avoient-ils pas autant qu'ils en désiroient.

Pour le comte, le luxe existe au détriment du peuple:

Pour construire ce magnifique château, il en a coûté dix mille fermes, un village, un Peuple. Les Chinois disent que la porcelaine est faite d'ossemens humains; je le dis de tout votre luxe, vous n'avez pas une paillette qui ne soit couverte d'une goutte de sang.[29]

Remarquons que le comte condamne la confusion des rangs dont témoigne la société de son époque: 'toutes les conditions y paraissent dans une confusion scandaleuse: ceux qui se prétendent grands se tiennent embrassés avec ceux

---

29. *Lettre de M. le Cte d'Albon à M. de B*** sur le commerce, les fabrications et la consommation des objets de luxe*, annexée à l'*Eloge historique de François Quesnay*, par M. le comte d'Albon (Paris 1775), p.98.

qu'ils regardent comme vils; plus de mœurs, plus d'honneur, plus de vertu' (p.100). Il semble que l'auteur ait été influencé par Rousseau, qu'il ne nomme pas dans sa lettre mais qu'il loue dans ses œuvres politiques: 'Plusieurs personnes regardent *Emile* comme son chef-d'œuvre; mais nous ne pensons pas de même, et nous préférons le *Contrat Social*, que nous croyons être un des plus beaux monuments de l'esprit humain, éloignés néanmoins d'adopter tout ce qui s'y trouve.'[30]

En 1776 paraît *Entretiens de Périclès et de Sully aux Champs Elysées, sur leur administration, ou balance entre les avantages du luxe et ceux de l'économie.* L'auteur imagine une conversation entre Périclès et Sully, et il parle par le truchement de ce dernier. Sully reproche à son interlocuteur d'avoir gaspillé les deniers de l'Etat en faveur des arts. Périclès, reprenant les arguments des partisans du luxe, fait remarquer qu'en faisant fleurir les arts il a entretenu des ouvriers, qu'il a fait circuler l'argent, qu'il a répandu le luxe, facteur de prospérité. Il ajoute que les vices individuels qui suscitent le luxe ne sont pas un mal en politique. Ils contribuent à l'activité et à la prospérité de l'Etat. Sully soutient, au contraire, que les bonnes mœurs et l'agriculture sont la base d'une bonne administration:

Le luxe traite de grossièreté la simplicité de l'homme qui cultive, et il le regarde avec dédain. Il l'invite par son éclat [...] à renoncer à son état. De-là vient que la culture n'est exercée que par la classe la plus indigente, qui ne cultivant pas pour elle-même, cultive mal.[31]

Sully affirme que le luxe, loin de distribuer la richesse, la concentre en peu de mains. L'épargne est essentielle dans une bonne administration. L'auteur ajoute dans une note (p.71n):

On ne peut nier que le luxe ne procure des agrémens inconnus à la modération. Le Poëte, qui donnera son nom à la littérature de ce siècle-ci, en a fait un si charmant tableau dans le Conte du Mondain, qu'il est bien difficile de n'en être pas enyvré. Ces agrémens sont factices, je l'avoue, mais pour qui jouit qu'importe la source: un rêve continuel est une réalité.

Sully fait remarquer que toutes les formes de la richesse se fondent sur le produit de la terre, et c'est de celle-ci qu'il faut se préoccuper. Les manufactures sont utiles quand la consommation intérieure ne dépasse pas celle de l'extérieur. Si les produits des manufactures étaient trop demandés sur le marché intérieur, ils deviendraient trop chers, ce qui engagerait les étrangers à en fournir meilleur marché. Les ouvriers en souffriraient. L'auteur semble ici influencé par les théories de Mably, qu'il approuve (p.76).

---

30. C. F. d'Albon, *Discours politiques, historiques et critiques sur quelques gouvernements de l'Europe* (Neufchâtel 1779), i.117.
31. (Londres 1776), attribué à Lalande, p.24.

Périclès se déclare en faveur du crédit et de l'emprunt, qui favorisent l'activité économique. Sully s'y oppose. Il voudrait que seul l'Etat prête l'argent, à tous les citoyens et à des intérêts très modérés, mais l'épargne doit être la base de l'économie: 'Le Ministère [Colbert] qui m'a succédé dans ma Patrie s'est écarté des vrais principes: j'espère qu'on y reviendra' (p.59). En somme, il semble que l'auteur préconise ce qu'en termes modernes on pourrait appeler la nationalisation des banques et l'élimination du profit privé.

En 1777 paraît un *Discours qui a remporté le prix de l'Académie de Marseille en 1777, sur cette question: Quelle a été dans tous les temps l'influence du commerce sur l'esprit et les mœurs des peuples?* Quoique le mot *luxe* ne se trouve pas mentionné dans le titre, la question y tient beaucoup de place: 'Le Commerce, l'opulence et le luxe étant inséparables, il fallait bien les louer ou les blâmer ensemble.'[32] L'auteur s'attache à montrer que le commerce est un facteur de corruption morale et politique. Cependant, il distingue entre commerce intérieur et commerce extérieur. Le premier est souhaitable parce qu'il favorise la prospérité des campagnes sans permettre le luxe. Puisqu'il concerne les produits agricoles, tous les paysans en bénéficient. Les paysans sont eux-mêmes des commerçants.

Tout autre commerce est pernicieux. Il bannit l'honneur, la probité. Il répand dans la nation une avarice générale: 'Là, dit Montesquieu (Esp. des Lois, L.XX, ch.2), on trafique de toutes les actions humaines et de toutes les vertus morales' (p.21). Le commerce du luxe ne se fonde pas sur des besoins réels mais sur la vanité et le caprice: 'Le luxe est l'effet nécessaire de l'inégalité des biens; il s'arrête avec elle; il devient extrême, quand le petit nombre regorge de superfluités et que la foule rampe dans la misère' (p.23). Comme il est impossible, dans l'état actuel de la société, de revenir à l'égalité des fortunes, il faut mettre un frein au luxe. L'auteur semble avoir été influencé par Rousseau, qu'il cite, mais il voudrait adopter une attitude plus modérée que celle du Genevois (p.26n.):

Vous avez prétendu (dit M. d'Alembert dans sa réponse à M. Rousseau) que la culture des Sciences et des Arts est nuisible aux mœurs; on pouvoit vous objecter que dans une Société policée, cette culture est du moins nécessaire jusqu'à un certain point, et vous prier d'en fixer les bornes.

L'auteur est d'avis que les bornes dont parle d'Alembert se trouveraient dans une nation qui ne pratiquerait que le commerce intérieur. C'est ainsi qu'on éviterait l'abondance de l'argent et le luxe, qui dépeuple les campagnes. Le peuple n'a pas gagné grand-chose aux manufactures. Il n'est pas plus riche, il perd sa santé dans les villes et quand il perd son travail, loin de retourner à la campagne, se fait mendiant ou fripon. Et l'auteur de louer Sully et de critiquer

---

32. (Amsterdam, Marseille 1777), attribué à Liquier, p.23.

Colbert. Il proteste contre ceux qui honorent le commerce et qui disent que la noblesse devrait s'y adonner: 'L'intérêt n'a que trop abruti les races, mêlé les conditions, étouffé le vieil honneur, renversé les valeurs antiques' (p.64).

En conclusion, la critique de la richesse exercée par les adversaires du luxe, pour la période étudiée dans ce chapitre, se rattache directement aux arguments traditionnels dont nous avons déjà pris connaissance. Ces arguments s'accordent avec la pensée de Montesquieu et de Mirabeau, auxquels Rousseau est souvent associé, tandis que Voltaire reste lié au courant de pensée favorable au luxe.

Il y a une valeur que nous avons considérée comme typiquement nobiliaire, comme la plus conservatrice, et qui tend de ce fait à devenir de plus en plus démodée, celle qui consiste à préserver la distinction des rangs. La plupart des adversaires du luxe mentionnés dans ce chapitre adhèrent à cette valeur. Observons que Rousseau y a adhéré aussi, quoique non explicitement. Nous avons déjà cité un passage de *La Nouvelle Héloïse* où les lecteurs de l'époque pouvaient discerner une défense de cette valeur (voir le chapitre 19, consacré à *La Nouvelle Héloïse*). Cette adhésion est aussi visible dans la *Lettre à d'Alembert* sur les spectacles, où Rousseau envisage les funestes effets du théâtre dans la communauté heureuse des Montagnons. Rousseau s'y exprime ainsi:

La femme de M. le Châtelain ne voudra pas se montrer au spectacle mise comme celle du maître d'école; la femme du maître d'école s'efforcera de se mettre comme celle du Châtelain. De là naîtra bientôt une émulation de parure, qui ruinera les maris, les gagnera peut-être, et qui trouvera sans cesse mille nouveaux moyens d'éluder les lois somptuaires. Introduction de luxe: cinquième préjudice.[33]

Or, cette allusion de Rousseau à la confusion des rangs, causée par la vanité, aux lois somptuaires et au luxe pouvait faire penser, à l'époque, qu'il avait adopté cette valeur nobiliaire, dont nous avons tant parlé dans l'analyse de la condamnation du luxe.

Même les adversaires du luxe qui ne parlent pas de la confusion des rangs et qui semblent animés exclusivement par une exigence de justice sociale, comme Butini et Lanjuinais, par exemple, ne se rangent pas moins dans le courant de l'idéologie nobiliaire. Ces auteurs, en effet, ne mettent jamais en cause les principes aristocratiques, l'ordre des rangs, et les privilèges nobiliaires, au moment même où la critique objective de l'inégalité exigeait leur discussion. En fait, ces auteurs se livrent à la critique sociale permise, voire encouragée, par la noblesse et, de ce fait, ils participent de son idéologie de façon plus ou moins directe, ou plus ou moins consciente. Notons qu'ils se ressentent de l'influence de Montesquieu et de Mirabeau.

Rousseau n'est pas plus indépendant que ces auteurs de l'idéologie dont

---

33. J.-J. Rousseau, *Lettre à M. d'Alembert sur son article Genève* (Paris 1967), p.138.

356

nous avons parlé, croyons-nous. L'éloge du sauvage de la part de Rousseau, rejeté par Butel-Dumont et repris par Lanjuinais, confirme que cet éloge n'avait pas une signification 'écologique', pour employer le terme moderne, mais idéologique, de même que l'opposition de la nature et de la civilisation, de la campagne et de la ville, de l'agriculture et du commerce. Aussi bien, tous les auteurs qui prenaient position contre l'injustice sociale, dans le cadre du débat sur le luxe, par le fait même qu'ils s'inséraient explicitement dans ce débat, ne pouvaient pas, selon nous, en ignorer totalement la signification idéologique.

24. Petit dictionnaire socio-historique

LE petit dictionnaire qui suit se propose de rappeler les points saillants de ce travail. Le lecteur sera ainsi à même de mieux apprécier nos conclusions:

Agriculture. L'éloge de l'agriculture sous l'ancien régime devait en grande partie contribuer à enrayer le déclin de la noblesse. D'une part, on invitait les gentilshommes à rester sur leurs terres et à les mettre en valeur, de l'autre on proposait le contrôle des activités du commerce et de l'industrie, dont le développement semblait reléguer au second plan l'économie agricole. L'on sait que la noblesse dépendait économiquement de la terre et qu'elle souffrait d'une dévaluation importante de son revenu foncier.

Argent. Pour les nobles, l'argent assumait une connotation négative, parce qu'il était associé à l'intérêt, qui motivait exclusivement, selon eux, la société bourgeoise.

Arts. Les arts, qui désignaient, au dix-huitième siècle, les beaux-arts, les arts libéraux et les arts mécaniques (métiers et techniques industrielles), étaient censés avoir un effet moral corrupteur, dans la mesure où leur développement coïncidait avec le déclin des valeurs aristocratiques, telles que la vertu et l'honneur. Les arts, exercés traditionnellement par les roturiers, comportaient la pratique des métiers sédentaires et n'étaient donc pas favorables au développement du corps indispensable à la vertu nobiliaire. Les arts, et en particulier les beaux-arts, supposaient un raffinement qui ne se conciliait pas avec cette vertu. (Voir *Vertu.*)

Bien commun. La société aristocratique demandant une forte cohésion de ses membres, le bien commun était sa suprême valeur et exigeait le sacrifice de l'individu à la communauté.

Censure. La censure jouait un rôle important dans la société aristocratique, dans la mesure où les libertés d'opinion et de conscience entravaient la discipline nécessaire à cette société. La censure concourait à la sauvegarde des mœurs des citoyens. (Voir *Mœurs, Morale.*)

Citadin. Membre de la société bourgeoise installé dans les villes, motivé par l'intérêt personnel et, par conséquent, préoccupé uniquement de satisfaire ses aspirations les plus égoïstes (Voir *Ville.*)

Cité antique. Elle est devenue le symbole des valeurs aristocratiques menacées dans la société française du dix-huitième siècle (la vertu, l'honneur, la solidarité, le dévouement au bien commun).

Citoyen. Terme tirant son origine de la cité antique, il désignait au dix-huitième siècle l'individu dévoué au bien commun.

Commerce. Considéré longtemps comme déshonorant dans la société d'ancien régime, parce qu'il était traditionnellement exercé par des groupes inférieurs, le commerce paraît susceptible de résoudre, au dix-huitième siècle, le problème de la noblesse pauvre. Si celle-ci pouvait s'ouvrir au commerce, le plus grand déséquilibre économique de la société de l'époque serait éliminé, de l'avis de plusieurs auteurs nobles et bourgeois. En fait, le débat sur le commerce nous rend compte de la prise de conscience, par la société aristocratique, de la puissance de cette activité et des hommes qui se trouvent à sa tête. Ce débat prépare la réhabilitation du commerce et des activités économiques qui concourent à son développement (finance, échange, industrie).

Confusion des rangs. La confusion des rangs est perçue comme le signe le plus évident du déclin nobiliaire. A ce stade, la hiérarchie sociale aristocratique ne se reflète plus dans la tenue vestimentaire. L'or, l'argent et la soie, qui étaient à l'origine l'apanage de la noblesse, sont utilisés par les roturiers autant, et même plus, que par les gentilshommes eux-mêmes. (Voir *Distinction des rangs.*)

Contrat. L'idée du contrat a été utilisée au dix-huitième siècle pour critiquer le pouvoir absolu de la monarchie française. Cette idée pouvait se rattacher aux institutions féodales et, en particulier, au contrat vassalique. Elle a servi parfois à dénoncer l'inégalité des fortunes dont souffrait particulièrement la noblesse. (Voir *Inégalité des fortunes.*)

Courtisan. Ce terme s'est chargé d'une connotation péjorative, en particulier dans le milieu de la noblesse campagnarde. Le courtisan est déconsidéré parce qu'il a fait acte de soumission au monarque et qu'il profite du luxe de l'entourage royal. (Voir *Franchise.*)

Démocratie. L'idée d'une démocratie restreinte pour la nation s'impose en France à partir de 1760, en grande partie sur l'initiative de la noblesse et, en particulier, du marquis d'Argenson.

Distinction des rangs. Valeur fondamentale sous l'ancien régime. Elle était assurée, dans la société aristocratique, par le costume caractéristique de chaque rang social. L'habit y avait une fonction symbolique. Il signalait le pouvoir ou le rang.

Distinction des talents. Voici comment l'idéologie nobiliaire percevait le changement social: dès lors que les hommes désirent se distinguer de leurs semblables, ils entrent en concurrence les uns avec les autres. Ainsi mettent-ils en péril la solidarité nécessaire à leur communauté. La distinction des talents est la première étape de la transformation sociale qui mène les hommes du bonheur originel à la corruption de l'époque moderne. Cet état de corruption est enfanté

359

par la vanité et culmine dans le luxe. (Voir *Luxe*.)

Dorure. Fait allusion à l'or utilisé dans l'habillement par les roturiers, ce qui correspond à une usurpation, dans la mesure où l'or signalait le pouvoir dans la société aristocratique. La dorure prend aussi une connotation péjorative quand elle se réfère à l'habillement des courtisans.

Egalité. Dans la conception aristocratique de l'Etat, l'égalité devait concourir à affirmer la liberté, c'est-à-dire que l'égalité prenait une signification économique lorsque le citoyen devenait 'libre' grâce à une propriété qui assurait ses droits politiques. (Voir *Liberté*.)

Enclos, enclore. Ces termes font allusion à une pratique propre à l'ancien régime, laquelle consistait à enclore les champs pour les soustraire à l'usage communautaire et traditionnel de la terre.

Festivals, fêtes, cérémonies. Evénements particulièrement nécessaires à la société aristocratique pour resserrer les liens personnels de subordination et de dépendance sur lesquels se fondait cette société.

Financier. Le mot de *financier*, qui signifie 'percepteur des impôts', désignait aussi, parfois, l'homme d'affaires. Il est devenu, pour la noblesse, le symbole de la richesse usurpée et le bouc émissaire d'une situation sociale tendue qui demandait un exutoire.

Franchise. La franchise (sincérité, vérité) était considérée comme l'apanage de la noblesse, car elle seule pouvait s'exprimer politiquement, en raison de la prééminence dont elle jouissait dans la société. La franchise convenait particulièrement à la noblesse campagnarde, qui, en restant sur ses terres, gardait l'indépendance nécessaire pour s'exprimer librement vis-à-vis du monarque.

Frugalité. Idéal aristocratique. La vertu nobiliaire ne pouvait se concilier avec la richesse et le luxe, car ceux-ci détournaient l'individu du bien commun en lui faisant préférer son confort et son bien-être personnels. (Voir *Luxe, Richesse*.)

Inégalité. Notion significative surtout pour la noblesse française. En effet, celle-ci réclamait au dix-huitième siècle la restauration de son pouvoir, menacé par la richesse bourgeoise. Cette inégalité dénoncée par la noblesse revêtait surtout une signification économique.

Inégalité des fortunes. Etat de fait dénoncé par la noblesse française dans la mesure où elle est touchée par l'appauvrissement nobiliaire consécutif à l'avènement de la richesse bourgeoise.

Intérêt particulier. La société bourgeoise permettait à l'individu de poursuivre son bonheur personnel. Les droits individuels caractéristiques de la société bourgeoise s'opposaient aux valeurs collectives de la société aristocratique, qui condamnait l'interêt particulier'.

Ignorance. L'ignorance, longtemps caractéristique de la noblesse, était valorisée dans l'idéologie nobiliaire comme compatible avec le courage et la pureté des mœurs.

Laboureur. La défense du laboureur, comme celle de l'agriculture, correspond à la volonté nobiliaire de s'opposer à l'enrichissement d'origine financière et commerciale, perçu comme la cause du changement social.

Législateur. Personnage charismatique appartenant à la tradition antique, jouant, dans le contexte du dix-huitième siècle, le rôle de fondateur d'une démocratie restreinte, telle qu'on la proposait pour la France. (Voir *Démocratie*.)

Lettres, sciences, philosophie. Leur étude était considérée comme nuisible à la société, dans la mesure où elle affaiblissait l'esprit d'autorité propre à l'ancien régime. Les lettres, les sciences et la philosophie, considérées comme des 'armes dangereuses', devaient être réservées à une élite.

Liberté. Dans la conception aristocratique, la liberté consistait dans la participation au pouvoir politique, et non pas dans l'affirmation de droits individuels par rapport à l'Etat, selon l'acception moderne de la liberté. (Voir *Egalité*.)

Lois somptuaires. Elles étaient dirigées contre le luxe et avaient comme objectif principal de rétablir la distinction des rangs. Elles freinaient le développement du commerce et de l'industrie, tout en protégeant parfois l'industrie française de la concurrence étrangère.

Luxe. Désignait le somptuosité de l'habillement, considérée comme nécessaire, par les gentilshommes, pour se distinguer des roturiers. Le luxe était légitime quand il assurait cette distinction, et illégitime quand les roturiers en bénéficiaient et entraient en concurrence avec la noblesse. Il causait alors la confusion des rangs. La condamnation du luxe était une réaction logique de la société aristocratique, dans la mesure où elle pâtissait des effets de la richesse bourgeoise. (Voir *Paraître, Vanité*.)

Mérite. Cette notion se substitue à celle de naissance comme critère de distinction entre les citoyens dans la nation française envisagée à partir de 1760. (Voir *Démocratie*.)

Mœurs. L'union de la morale et de la politique rendait nécessaire la maîtrise des mœurs, grâce à l'éducation, dans la société aristocratique. (Voir *Morale*.)

Morale. Comme la société aristocratique se fondait sur des rapports personnels de subordination et de dépendance, il est évident que l'honnêteté, la franchise, la loyauté de ses membres, bref, leur moralité, conditionnait la stabilité de cette société. Autrement dit, la morale jouait un rôle politique important, voire décisif, pour la vie de l'Etat.

Monarchie. Dans le contexte des idées politiques du dix-huitième siècle, le gouvernement monarchique prend une connotation péjorative, car il est associé à des manifestations arbitraires du pouvoir.

Paraître. Dans la perception nobiliaire du changement social, le paraître correspond à l'étape où l'individu aspire à une plus grande considération qu'il ne mérite et n'hésite pas, de ce fait, à recourir au mensonge. Le paraître joue un rôle intermédiaire entre la vanité et le luxe. Le paraître fait allusion aussi à l'imitation dont la noblesse était l'objet de la part des roturiers et qui consistait à emprunter les signes distinctifs des nobles (habit, noms et titres). Le paraître désigne également le comportement servile du courtisan, selon l'idée propagée par l'ouvrage d'Agrippa d'Aubigné, *Les Aventures du baron de Faeneste.*

Pauvreté. Etat favorable à l'épanouissement des vertus frugales de la noblesse française.

Philosophes. Considérés sous l'ancien régime comme responsables de la mise en cause des valeurs traditionnelles.

Politique. Dans la société aristocratique, les problèmes politiques ne pouvaient trouver leur solution sans le concours de la morale, ce qui faisait de l'homme politique un moraliste avant la lettre.

Politesse. Ce mot se rapporte, en partie, au phénomène social critiqué sous le nom de 'paraître.' Il indique également le comportement flatteur du courtisan vis-à-vis du monarque. Il fait aussi allusion au déclin du sentiment caractéristique de la société bourgeoise rationaliste, opposée à la société aristocratique, où l'expression affective était permise, voire encouragée. (Voir *Paraître*.)

Propriété. Dans la société aristocratique la propriété avait comme fonction de consolider le pouvoir, d'où la mise en cause de la propriété au dix-septième et au dix-huitième siècles, parce qu'elle n'assurait plus cette fonction, en raison du transfert des terres des nobles endettés aux bourgeois enrichis. Cette mise en cause de la propriété devait se refléter dans la littérature. En effet, la publication d'ouvrages d'inspiration socialisante considérés de nos jours comme utopiques s'explique dans ce contexte.

République. Synonyme de gouvernement légitime dans la discussion politique au dix-huitième siècle.

Richesse. Elle est considérée comme une usurpation, parce qu'elle ne concourt plus, dans la société du dix-huitième siècle, à consolider le pouvoir politique mais à l'affaiblir. (Voir *Propriété*.)

Rome. En raison de l'affinité qui existait entre les valeurs de la Rome républicaine et celles de la noblesse française (il s'agissait, en fait, de deux aristocraties militaires), l'histoire de Rome était susceptible de fournir une leçon de morale et de politique pouvant contribuer au redressement de la noblesse française.

Sauvage. L'éloge du sauvage, comme celui de la nature, a pour objectif, dans le cadre du débat sur le luxe, de critiquer la société bourgeoise, qui se distingue par le raffinement de la civilisation. Cet éloge n'avait pas une signification 'écologique', comme on le pense à notre époque, mais bien idéologique.

Sparte. Symbole des valeurs d'une aristocratie militaire.

Vanité. La vanité est considérée comme étant à l'origine du déclin de la société aristocratique. C'est par le désir de se distinguer, de paraître, que les individus renient la communauté et s'adonnent au luxe. Il semble que la vanité ait été surtout reprochée aux roturiers. Quant aux nobles qui tombaient dans ce travers, ils reniaient ainsi une valeur fondamentale de la société aristocratique, la solidarité.

Vertu. Elle désigne le courage et le sacrifice de soi à la communauté et représente une valeur fondamentale de la société aristocratique.

Vigueur du corps. Elle est synonyme de vertu dans l'acception nobiliaire du terme, du moins lui est-elle associée étroitement.

Ville. La ville s'est formée en concurrence avec la féodalité, à la suite du développement du commerce et de l'industrie, activités ayant favorisé la richesse bourgeoise. Comme l'idéologie nobiliaire attribuait un rôle corrupteur à cette richesse, il est compréhensible que cette idéologie condamne les villes, et en particulier Paris, comme corruptrices (Mirabeau, d'Argenson).

Universités, collèges. Considérés comme responsables de subversion sociale dans l'ancien régime. En effet, les roturiers ayant acquis une instruction abandonnaient la profession familiale et aspiraient à monter dans la hiérarchie sociale.

Conclusion

La perspective socio-historique que nous avons adoptée s'est imposée à nous à partir de l'orientation actuelle des historiens. Elle nous a permis d'aboutir à des résultats extrêmement positifs. Nous avons pu établir les valeurs sociales qui avaient cours au dix-huitième siècle et auxquelles se rattachent directement bien des thèmes abordés par Rousseau dans son œuvre. Nous avons montré que ces valeurs expliquent l'œuvre de cet auteur dans des aspects essentiels. Nous pouvons conclure que Rousseau prenait parti dans un débat collectif. En conséquence, la position de la critique moderne, selon laquelle l'auteur du *Contrat social* était essentiellement isolé, est tout à fait anachronique. La critique rousseauiste moderne a singulièrement négligé l'étude de la situation socio-historique de l'époque, qui seule aurait permis de comprendre l'œuvre de Rousseau. La critique moderne n'a pas, non plus, aperçu le rôle décisif que jouaient les idéologies à cette époque et, donc, dans l'œuvre de Rousseau. Cette critique n'a pas saisi la signification de la condamnation de la richesse et du luxe; de la célébration de la cité antique; de l'exaltation de la vertu, de la franchise et de la vérité; de l'opposition de l'être et du paraître; de la critique des sciences et des arts, de la politesse, de l'inégalité, de la propriété et d'autres thèmes traités par Rousseau. On peut dire que Rousseau, tel qu'il apparaît dans l'analyse de la critique actuelle, n'a rien, ou peu, à voir avec le personnage historique.

Les idéologues nobiliaires s'employaient à freiner le changement social en le présentant comme une corruption par rapport aux valeurs traditionnelles. Ils opposaient la société du passé, caractérisée par l'esprit de communauté, à la société moderne, animée exclusivement, selon eux, par l'intérêt personnel. Dans la mesure où Rousseau décrivait la transformation sociale de l'époque comme une dégradation et qu'il prenait parti contre le luxe, les sciences et les arts, le commerce, la finance …, et ce dans le même sens que l'idéologie nobiliaire, on peut dire que son œuvre s'insérait dans cette idéologie: elle n'était donc pas révolutionnaire, comme la critique le croit actuellement, mais conservatrice.

Ce jugement demande cependant à être nuancé. Il faut tenir compte du fait que la noblesse ne jouait pas, au dix-huitième siècle, un rôle uniquement conservateur. Elle avait admis, par ses tendances les plus avancées, qui s'inspiraient particulièrement du marquis d'Argenson, la nécessité du compromis politique aboutissant à l'idée d'une nation où le mérite personnel remplacerait à jamais le privilège de la naissance. La noblesse était donc réformiste. Elle était en quelque sorte révolutionnaire en proposant pour la nation une démocratie restreinte où bien des valeurs aristocratiques étaient cependant préservées. Elle mettait en cause le pouvoir absolu de la monarchie, et elle critiquait la richesse bourgeoise, au moment où celle-ci provoquait le scandale en raison de l'excessive inégalité des fortunes qu'elle avait suscitées.

La noblesse, forte du prestige dont elle jouissait dans la société, était en mesure de prendre l'initiative dans les domaines politique et social. Elle se présentait comme une force progressiste, et elle l'était dans une certaine mesure. Cela explique que bien des esprits éclairés du dix-huitième siècle, y compris Rousseau, se soient ralliés à l'idéologie nobiliaire. L'esprit frondeur à l'égard de la monarchie française qu'on peut détecter dans l'œuvre de Rousseau, et la critique de la richesse bourgeoise qui caractérise bien des pages de cet auteur, ne lui appartiennent donc pas en propre.

D'autre part, la richesse bourgeoise jouait politiquement, à l'époque, un rôle révolutionnaire, dans la mesure où elle contribuait au déclin de l'ancien régime. En effet, la suprématie politique dont jouissait la noblesse sous l'ancien régime avait été peu à peu amoindrie par le pouvoir de l'argent dont disposait la grande bourgeoisie, comme nous l'avons mis en évidence en expliquant la signification de la condamnation du luxe par le second ordre de l'Etat. La critique de l'inégalité des fortunes et du luxe était donc conservatrice, qui l'on considère Rousseau aussi bien que Fénelon, Boulainvilliers, d'Argenson, Montesquieu, Mirabeau. Elle était aussi conservatrice qu'elle l'avait été dans la cité antique, dès lors que la richesse mobilière, détenue par de nouveaux venus, avait entraîné le déclin de la classe aristocratique, liée économiquement à la terre.

L'aspiration à l'égalité, sous l'ancien régime, allait surtout dans le sens de l'égalité économique et s'inscrivait dans l'idéologie nobiliaire. Cela explique la diffusion d'ouvrages d'inspiration égalitaire et socialisante qui eut lieu au dix-septième et au dix-huitième siècles, sous forme de récits de voyage ou de projets politiques. Nous ne disons pas que tous les auteurs qui se sont engagés dans ce domaine ont été conscients qu'ils subissaient l'influence de l'idéologie nobiliaire. Quelques auteurs ont pu se croire tout à fait indépendants et ont pu ne pas tenir compte des objectifs nobiliaires. Mais le public auquel ils s'adressaient avait été sensibilisé à cette critique de l'inégalité conçue par les nobles. Toujours est-il que les plus remarquables de ces écrivains (et, parmi ceux-ci, nous pouvons citer Rousseau, Morelly, Mably) ont exercé une critique de l'inégalité qui se rapproche de la formulation nobiliaire. Il suffira de relever le fait que ces auteurs mettent d'abord en cause la vanité, dont ils font dériver l'avarice et, par la suite, l'usurpation de la richesse et de la propriété.

Il est frappant de constater chez ces auteurs la même approche morale envers les problèmes sociaux de l'époque. En fait, ces écrivains exaltent l'esprit de communauté et la morale de la frugalité que l'idéologie nobiliaire opposait à l'intérêt personnel de la société bourgeoise. Jamais n'ont-ils adhéré aux valeurs bourgeoises fondées sur l'initiative et l'indépendance individuelles. Au contraire, ils ont tendance à régler tous les actes des citoyens des sociétés idéales qu'ils préconisent au point de les soumettre totalement à la communauté, suivant en cela la conception aristocratique.

Si l'on admet que la richesse accumulée entre les mains des bourgeois brisait, au dix-septième et au dix-huitième siècles, l'équilibre des anciennes structures politiques, et qu'elle exerçait une fonction révolutionnaire, on peut conclure que les ouvrages d'inspiration égalitaire condamnant cette richesse n'avaient pas le caractère progressiste qu'on leur attribue aujourd'hui. Ces ouvrages ont exercé cependant une influence sur le mouvement socialiste qui a pris naissance aux siècles suivants, comme nous l'avons déjà rappelé. La critique que ces ouvrages avaient propagée à l'encontre de la richesse n'a pas manqué d'être reprise alors même que la situation sociale où cette critique avait pris naissance avait profondément changé. Il y a sans doute un rapport étroit entre le mouvement 'socialisant' de l'ancienne société et le socialisme moderne, comme nous l'avons déjà indiqué. Mais l'on doit remarquer que dans la société d'autrefois les mesures socialisantes s'inscrivaient dans la conception aristocratique de l'Etat. Aussi étrange que cela puisse paraître à première vue, on peut dire que l'idéologie nobiliaire a contribué à l'affirmation de l'idée socialiste.

Il semble que les idéologies jouent un rôle extrêmement important dans tous les domaines de la culture. En attendant qu'une vaste étude précise l'importance des idéologies dans les courants littéraires, ce que la sociologie de la connaissance devrait entreprendre systématiquement, il est possible d'affirmer qu'elles expliquent le succès de bien des auteurs. On peut se demander si l'on peut reprocher aux auteurs mentionnés, et à Rousseau en particulier, d'avoir adhéré, dans une certaine mesure, à des idéologies. Nous ne pensons pas que cela soit approprié. En effet, la pensée nobiliaire représentait, à bien des égards, une force progressiste, et on ne voit pas pourquoi Rousseau aurait beaucoup hésité à s'y engager. Certes, Rousseau n'était pas sans savoir que son adhésion au courant de pensée ennemi du luxe véhiculé par l'idéologie nobiliaire allait l'empêcher de pousser trop loin la critique de l'inégalité politique. Il n'y avait pas de limites, en revanche, à ce qu'il pouvait dire contre l'inégalité socio-économique. D'autre part, s'il s'était engagé dans le courant du mouvement des Lumières, favorable au luxe, il aurait pu exercer une critique politique très modérée du régime. Il aurait pu prendre position sur les problèmes débattus par le mouvement des Lumières (en rapport avec la liberté de conscience et d'expression, par exemple), sans pouvoir insister cependant sur les méfaits de l'inégalité socio-économique. Ni l'une ni l'autre de ces options ne pouvait satisfaire Rousseau d'une façon complète. Or, il était animé non seulement par son ambition personnelle mais également par une aspiration réelle à la justice. Cela n'est pas sans mettre en lumière à quel point la liberté de l'individu est restreinte dans la société où il vit et qu'elle l'était davantage à l'époque de Rousseau. Un étranger comme Rousseau ne pouvait pas prendre la parole publiquement, s'ériger en juge de la société française et légiférer pour elle sans se situer dans un débat déjà en cours, sans prendre parti dans un contexte idéologique précis. Le succès qu'il devait obtenir dès la publication du premier *Discours* prouve qu'il était en prise directe avec ce contexte. En effet, nous l'avons montré, certaines expressions de son texte permettaient au public de l'époque d'y discerner une prise de position en regard des questions socio-politiques les plus actuelles.

Le fait que Rousseau ait hésité à se déclarer pour ou contre le luxe, comme le prouvent ses poèmes l'*Epître à Bordes* (1741) et l'*Epître à Parisot* (1742), ne signifie pas qu'il manquait de convictions personnelles, mais que les options en présence ne correspondaient pas totalement à son désir d'engagement social et politique. Si Rousseau s'est finalement engagé, il l'a fait sans doute en accord avec ses tendances les plus profondes. Remarquons que l'idéalisme auquel faisait appel le mouvement ennemi du luxe, celui qui se réclamait de la cité antique, était de nature à toucher Rousseau plus que la philosophie en quelque sorte matérialiste du mouvement des Lumières. Il n'est pas douteux que notre auteur se soit engagé en pleine connaissance de cause et dans un contexte idéologique. Si Rousseau avait parlé en individu isolé, comme le prétend la critique rousseauiste moderne, il serait resté une voix dans le désert et nous n'aurions pas aujourd'hui à parler de lui et de son œuvre. Presque toute l'œuvre de Rousseau s'explique par rapport à la situation sociale et politique de son temps. C'est dire qu'il n'y a rien d'utopique dans l'œuvre de Rousseau, dans la mesure où son œuvre a répondu aux exigences d'une époque et d'une situation précises.La critique rousseauiste actuelle qui met en relief le caractère utopique des idées rousseauistes relativement à son temps, tout en soulignant leur caractère révolutionnaire et leur influence sur la postérité, s'est entièrement méprise.

Nous rappellerons ici brièvement quelques exemples tirés de la critique actuelle. Les critiques modernes insistent sur l'isolement de Rousseau, sur le caractère abstrait de sa pensée, qu'ils ont tendance à isoler de son temps pour la rapprocher de la modernité. Notons que Rousseau est considéré par la critique moderne comme un individu épris de sincérité et comme le défenseur des droits individuels face aux contraintes de la société organisée. C'est dans ce contexte qu'on situe la critique de la politesse et du paraître faite par Rousseau. On remarquera que ces idées relèvent de valeurs modernes, dans la mesure où l'expression individuelle est une exigence de notre époque:

Qu'être et paraître fassent deux, qu'un voile dissimule les vrais sentiments, tel est le scandale initial auquel Rousseau se heurte, telle est la donnée inacceptable dont il cherchera l'explication et la cause, tel est le malheur dont il souhaite d'être délivré.[1]

Si Rousseau hait la politesse, c'est qu'elle détruit la transparence mutuelle et l'empêche d'être lui-même: 'On n'ose plus paraître ce qu'on est'.[2]

Or, ce que Rousseau apprend fondamentalement à chacun de ses lecteurs, c'est que nul ne saurait être réduit par force à ce qu'on lui impartit d'être: aucun homme n'est en dernier ressort réductible à l'image que la société lui renvoie de lui-même.[3]

Dans la ville, les hommes sont voués à perdre leur visage, parce que pris dans les jeux du paraître [...] A Clarens, la réconciliation de l'existence avec elle-même est enfin réalisée.[4]

Une société particulière est acceptable (sans être pour autant idéale) si elle permet le développement de l'esprit critique de ses membres; autrement dit si elle leur permet de distinguer entre idéal et réel, plutôt que de les obliger à professer qu'elle est le paradis sur terre.[5]

La critique voit généralement en Rousseau un innovateur, un prophète de la modernité:

Si comme on l'a dit (C. E. Vaughan, *The Political writing of J.-J. Rousseau*, i.18) 'avec Rousseau s'ouvre une nouvelle ère de la philosophie politique', c'est que l'auteur du *Contrat social* a cru et soutenu, contre l'opinion presque unanime de son temps, que 'tout tenait radicalement à la politique'.[6]

Par sa propre conquête de la lucidité, Rousseau ouvre, au contraire, une phase nouvelle, une histoire radicalement nouvelle de l'humanité, au point que l'on pourrait, ici aussi, traiter tout ce qui précède de pré-histoire.[7]

Un critique met l'accent sur la modernité de Rousseau,

celui qui a su, de très loin, prévoir nos malheurs et nous faire parvenir par delà les âges son avertissement prophétique.[8]

L'actualité de Rousseau ne se conteste pas: la difficulté serait au contraire de trouver un thème actuel qui n'aurait pas été abordé ou esquissé, fut-ce de manière allusive, dans quelque recoin de l'ouvrage.[9]

1. J. Starobinski, *J.-J. Rousseau: la transparence et l'obstacle* (Paris 1971), p.15-16.
2. J. Roger, Introduction à J.-J. Rousseau, *Discours sur les sciences et les arts* (Paris 1971), p.16.
3. G. A. Goldschmidt, *Jean-Jacques Rousseau ou l'esprit de solitude* (Paris 1978), p.187.
4. F. Chirpaz, *L'Homme dans son histoire* (Genève 1984), p.142.
5. T. Todorov, *Frêle bonheur: essai sur Rousseau* (Paris 1985), p.86.
6. R. Dérathé, *Jean-Jacques Rousseau et la science politique de son temps* (Paris 1970), p.177.
7. R. Polin, *La Politique de la solitude* (Paris 1971), p.281.
8. D. Bensoussan, *L'Unité chez Jean-Jacques Rousseau: une quête de l'impossible* (Paris 1977), p.190.
9. R. Sébert, *Mythes et démystifications; présence de Jean-Jacques Rousseau dans notre temps* (Paris 1978), p.3.

Il est celui qui dit non quand les autres, par ignorance, par intérêt, par indifférence, ou par veulerie, disent oui.[10]

Notre temps s'éclaire à sa lecture, car il devient le contemporain privilégié de nos hésitations et de nos errances.[11]

Rousseau continue de vivre parmi nous: ses combats, ses espoirs, ses frustrations sont les nôtres.[12]

L'auteur de cette dernière phrase considère Rousseau comme utopique et en totale opposition avec son siècle.[13] Un autre auteur affirme:

Aussi Rousseau ne fut pas seulement le précurseur de la sociologie au sens plein du terme. Il posa du même coup le problème de l'homme moderne, devenu individu politique, mais demeurant comme ses congénères un être social.[14]

En concluant ce bref aperçu des tendances critiques modernes, force est de constater que les écrits les plus récents concernant l'œuvre de Rousseau considèrent cet auteur comme essentiellement isolé et souvent utopique.[15]

D'autre part, Rousseau est considéré comme un révolutionnaire. Voici quelques jugements:

Voltaire et les autres ont livré les combats d'avant-garde; Rousseau a débusqué les grosses batteries; l'ancien régime, en France, et hors de France ne s'en est finalement pas relevé.[16]

Quand nous commençons à nous interroger sur les 'bienfaits' de la croissance et que nous découvrons le caractère aliénant et oppressif de la société dite de consommation;

---

10. M. Schneider, *Jean-Jacques Rousseau et l'espoir écologiste* (Paris 1978), p.12.

11. R. Payot, *Jean-Jacques Rousseau, ou la gnose tronquée* (Grenoble 1978), p.237.

12. J. Terrasse, dans introduction à *Jean-Jacques Rousseau et la société du XVIIIe siècle*, Actes du colloque organisé à l'Université McGill le 25-27 octobre 1978 (Ottawa 1981), p.10.

13. Jean Terrasse, 'Le tableau, la fête et l'utopie', dans *Jean-Jacques Rousseau et la société du XVIIIe siècle*, p.53-84.

14. L. Dumont, *Essais sur l'individualisme* (Paris 1983), p.102

15. R. Grimsley, *Jean-Jacques Rousseau* (Sussex, N.J. 1983); F. Chirpaz, *L'Homme dans son histoire: essai sur Jean-Jacques Rousseau* (Genève 1984); P. Coleman, *Rousseau's political imagination* (Genève 1984);) J. Miller, *Rousseau, dreamer of democracy* (New Haven 1984); J. Marejko, *Jean-Jacques Rousseau et la dérive totalitaire* (Lausanne 1984); *Pensée de Rousseau* (ouvrage collectif), éd. G. Genette et T. Todorov (Paris 1984); A. Philonenko, *Jean-Jacques Rousseau et la pensée du malheur* (Paris 1984); J. J. Robinson, *Jean-Jacques Rousseau's doctrine of the arts* (Berne 1984); B. Mély, *Jean-Jacques Rousseau: un intellectuel en rupture* (Paris 1985); J. Juillard, *La Faute à Rousseau: essai sur les conséquences historiques de l'idée de souveraineté populaire* (Paris 1985) (cet auteur insiste sur l'aspect conservateur de la pensée de Rousseau); Y. Vargas, *Rousseau: économie politique* (Paris 1986); A. Horowitz, *Rousseau, nature and history* (Toronto, Buffalo, London 1987); T. M. Kavanagh, *Writing the truth: authority and desire in Rousseau* (Berkeley, Los Angeles, London 1987); J. Varloot, introduction à Rousseau, *Discours sur les sciences et les arts; Lettre à d'Alembert sur les spectacles* (Paris 1987); M. Viroli, *La Théorie de la société bien ordonnée chez Jean-Jacques Rousseau* (Berkeley, New York 1988); R. Trousson, *Jean-Jacques Rousseau: la marche à la gloire* (Paris 1988); G. Besse, *Jean-Jacques Rousseau: l'apprentissage de l'humanité* (Paris 1988).

16. G. Duby, R. Mandrou, *Histoire de la civilisation française* (Paris 1968), p.135.

quand nos directeurs de conscience s'appellent Marcuse ou Ilitch, nous ne nous éloignons guère de Rousseau.[17]

il [Rousseau] a rêvé d'un régime populaire et juste et est à l'origine du marxisme, mais certains de ses disciples condamnent toute société et voudraient instaurer l'anarchie, même en employant la violence la plus sanglante.[18]

De cette journée cruciale [de l'illumination de Vincennes] sortira la première de ses œuvres révolutionnaires, où rayonne, dans un des plus beaux styles du monde, son souci de la liberté, de l'égalité et de la fraternité [le premier *Discours*].[19]

L'erreur qui consiste à expliquer l'œuvre littéraire du passé d'après les valeurs modernes entache la critique rousseauiste actuelle, comme la critique littéraire en général. Ce qui fait défaut à cette critique, ce qui paraît aujourd'hui absolument nécessaire à l'interprétation littéraire, c'est le recours à l'approche pluri-disciplinaire et, particulièrement, à la perspective socio-historique. Il ne faudra pas hésiter à l'avenir à recourir au travail d'équipe, où plusieurs chercheurs de spécialités diverses seraient appelés à résoudre de concert les grands problèmes de l'interprétation littéraire. Ce qui est indispensable à la critique, avant qu'elle ne porte un jugement quelconque sur l'œuvre littéraire du passé, c'est la connaissance des valeurs de l'époque à laquelle appartient cette œuvre.

D'autre part, les valeurs sociales si décisives pour la compréhension de l'œuvre littéraire ne peuvent toujours pas être appréhendées dans le contexte immédiat de l'époque où cette œuvre est enracinée, car elles appartiennent à la longue durée de l'histoire. Du moins les rapports entre ces valeurs, les idées qu'elles sous-tendent et les groupes dont elles émanent peuvent-ils demander une étude étendue à diverses époques historiques pour être mieux saisis. La signification idéologique du débat sur le luxe aurait été difficile à discerner si nous avions limité notre étude à la société du dix-huitième siècle. A cette époque, en effet, le débat sur le luxe s'est dégagé de son contexte nobiliaire pour s'adapter à un cadre pour ainsi dire national. La condamnation du luxe n'est plus justifiée par la nécessité du maintien des rangs, comme elle l'avait été pendant très longtemps, mais par rapport à l'inégalité des fortunes. De fait, le problème de la richesse bourgeoise n'était plus envisagé, au dix-huitième siècle, du seul point de vue nobiliaire, mais du point de vue de la société entière, parallèlement à l'avènement de l'idée de 'nation', à l'élaboration de laquelle la noblesse avait contribué de manière déterminante.

C'est en remontant aux Etats-généraux et aux assemblées des notables aux

17. J. Ehrard, Introduction à Jean-Jacques Rousseau, *Du contrat social* (Paris 1975), p.xxvii.
18. P. Bornecque, Introduction à Jean-Jacques Rousseau, *Rêveries* (Paris 1978), p.73.
19. *Rousseau*, Collection *Grands écrivains choisis* par l'Académie Goncourt (Paris 1984), p.7.

371

seizième et dix-septième siècles que nous avons pris connaissance des positions officielles des ordres de l'Etat sur le luxe, sur les sciences et les arts, et sur d'autres questions qui font l'objet de notre étude. Ces positions n'ont pas eu le temps de changer considérablement au dix-huitième siècle, car les valeurs sociales n'évoluaient autrefois que de manière à peine perceptible. Bien plus, notre brève analyse de la cité antique nous a permis de mieux définir les valeurs aristocratiques qui sous-tendaient les grands débats de la société française et nous a mis à même de comprendre le sens de certaines notions, parmi lesquelles il faut distinguer l'inégalité et la propriété. La cité antique nous a fait mieux comprendre pourquoi, au dix-huitième siècle, on déplorait le déclin de la vertu, pourquoi on insistait sur l'éducation des mœurs et sur les liens de la morale et de la politique.

Nous avons mieux saisi par l'étude des lois somptuaires, qui remontent aux treizième et quatorzième siècles, pourquoi on revendiquait dans la société française du dix-huitième siècle le droit de contrôler le comportement de l'individu jusqu'à lui prescrire son habillement. C'est ainsi que nous est apparu le pessimisme de la société aristocratique en ce qui concerne l'homme social. Un auteur moderne, A. Desjardins, s'exprime ainsi à propos de ces lois: 'Les édits somptuaires furent inspirés par une double pensée: ils devaient maintenir la distinction essentielle des rangs, ils devaient protéger les hommes contre leur propre faiblesse.'[20]

C'est par l'étude de l'histoire qui a précédé l'époque de Rousseau que nous avons discerné pourquoi la richesse et le luxe étaient considérés comme illégitimes dans la société française de l'ancien régime. C'est ainsi que les valeurs frugales et communautaires de la société aristocratique, inconciliables avec l'individualisme bourgeois, nous ont paru animer les grands débats de la société du dix-huitième siècle auxquels participait Rousseau.

C'est grâce à la partie historique de ce travail que plusieurs des contradictions reprochées à Rousseau se dissipent. La contradiction qui consiste pour un homme de lettres à condamner les sciences et les arts (dont les lettres faisaient partie) est sans doute la plus importante. Nous avons montré que l'éloge des sciences et des arts avait un sous-entendu idéologique et que, par conséquent, l'adhésion des hommes de lettres à cet éloge n'allait pas de soi. Les rousseauistes connaissent également la contradiction de Rousseau qui, d'une part, se fait l'apôtre de la liberté et qui, d'autre part, admet la toute-puissance de l'Etat sur l'individu, ce qu'on appelle le 'totalitarisme'. Mais nous avons mis en perspective cette contradiction et montré que la liberté chez Rousseau consistait dans une participation politique selon la conception aristocratique de la société. Cette

20. A. Desjardins, *Les Sentiments moraux au XVIe siècle* (Paris 1887), p.176.

notion de 'liberté', on le voit, est tout à fait différente de la nôtre. Pour nous, la liberté consiste à exercer des droits individuels tels que le droit de parole, de conscience ... droits que la société aristocratique ne concevait même pas.

La contradiction qui consiste pour Rousseau à proclamer sa grande exigence de vertu et à ne pas y atteindre dans sa vie privée se résout si l'on réfléchit que le rôle du moraliste était inséparable de celui du politique dans la conception aristocratique. Nous avons vu d'ailleurs que les anciens aussi bien que les auteurs aristocratiques français ont approché la politique par le biais de la morale. Or, dans la mesure où Rousseau partage la position des auteurs aristocratiques et des anciens, nous pouvons dire, contrairement à ce que l'on assure actuellement, à savoir que Rousseau a abordé la politique à partir d'une position morale, que son engagement politique a entraîné ses positions morales. Nous avons montré que l'éloge de la vertu, de la vérité et de la franchise, que l'opposition de l'être et du paraître, et que la critique de la politesse avaient chez Rousseau un caractère idéologique et ne signifiaient pas une adhésion personnelle. Le fait que Rousseau ait cru bon, par défi et sous l'influence des critiques qui lui étaient adressées à cet égard, d'accorder ses mœurs personnelles avec ses principes n'en fait pas un moraliste dans le sens courant du terme. Du reste, la fameuse réforme morale que Rousseau aurait réalisée à la suite du succès de son premier *Discours* est trop liée à l'illumination de Vincennes, dont nous avons montré la signification symbolique, pour qu'elle appartienne véritablement à la réalité vécue. D'ailleurs, d'autres contradictions reprochées à Rousseau proviennent du décalage entre la valeur symbolique de son texte et son expression littérale, valeur que la critique moderne a été inapte à discerner, comme nous l'avons montré à propos de l'illumination de Vincennes.

C'est parce que Rousseau adhérait aux valeurs de la société d'autrefois et qu'il en avait adopté les moyens d'expression qu'il a été coupé de l'époque moderne et qu'il a été incompris de la postérité. Nous croyons avoir montré que la signification la plus profonde de l'œuvre de Rousseau ne se situe pas au niveau explicite de son texte mais dans sa référence à des valeurs sociales symboliques. La présence de ces valeurs et l'importance de leurs rapports avec le texte de Rousseau étaient passées inaperçues jusqu'à maintenant. Notre travail a consisté à combler la lacune qui en résultait. C'est au lecteur de dire si nos arguments sont fondés et nos conclusions valides.

Ajoutons que le présent travail ne contribue pas seulement à résoudre les grands problèmes d'interprétation de la pensée rousseauiste mais aussi à situer dans la juste perspective l'œuvre de très nombreux auteurs, parmi lesquels nous mentionnons Fénelon, Montesquieu, Diderot, et ceux que la critique moderne, surtout marxiste, qualifie d'utopistes et qui, nous l'avons vu, ne l'étaient pas du tout.

Pour terminer, nous croyons avoir montré non seulement que les idées de Rousseau, loin de lui appartenir en propre, relevaient de situations sociales déterminées, mais encore que les émotions et les passions qu'il décrivait dans son œuvre étaient liées à ces situations, ce qui, nous semble-t-il, aboutit à une conception aussi féconde que nouvelle de l'interprétation littéraire. Cela ne signifie pas que l'écrivain est le produit de son milieu social, mais seulement qu'il ne peut être compris, coupé de celui-ci.

Appendices

I. Octobre 1749

Jour	Heure			Jour	Heure			Jour	Heure		
1	6 matin	1365	8	11	$6\frac{1}{4}$ matin	1395	$7\frac{1}{2}$	21	$6\frac{1}{2}$ matin	1400	$6\frac{3}{4}$
	à midy	1320	11		à midy$\frac{1}{4}$	1325	11		à midy$\frac{1}{2}$	1378	$8\frac{3}{4}$
	$4\frac{1}{2}$ soir	1290	12		$9\frac{1}{2}$ soir	1385	$8\frac{1}{4}$		$8\frac{1}{2}$ soir	1453	3
	8 soir	1325	11	12	$5\frac{3}{4}$ matin	1380	$8\frac{1}{4}$	22	6 matin	1510	0
2	6 matin	1365	8		à midy	1333	10		à midy$\frac{1}{4}$	1425	5
	à midy$\frac{3}{4}$	1265	16		10 soir	1357	$9\frac{1}{2}$		5 soir	1433	4
	8 soir	1307	$12\frac{1}{2}$	13	$6\frac{1}{2}$ matin	1407	$6\frac{3}{4}$		9 soir	1450	3
3	6 matin	1367	8		à midy$\frac{1}{2}$	1353	$9\frac{1}{2}$	23	$5\frac{1}{2}$ matin	1483	$1\frac{1}{4}$
	à midy$\frac{1}{4}$	1300	12		$8\frac{1}{2}$ soir	1405	$6\frac{3}{4}$		à midy	1390	$7\frac{1}{2}$
	8 soir	1330	10	14	6 matin	1462	$2\frac{1}{2}$		5 soir	1412	$6\frac{1}{4}$
4	$5\frac{1}{2}$ matin	1390	$7\frac{1}{2}$		à midy	1365	8		$9\frac{1}{2}$ soir	1445	$3\frac{1}{4}$
	à midy	1315	$11\frac{1}{4}$		4 soir	1380	$8\frac{1}{4}$	24	6 matin	1497	1
	8 soir	1342	9		$9\frac{3}{4}$ soir	1432	4		à midy$\frac{1}{2}$	1463	$2\frac{1}{2}$
5	5 matin	1417	$6\frac{1}{4}$	15	$6\frac{1}{2}$ matin	1460	$2\frac{1}{2}$		$10\frac{3}{4}$ soir	1540	$-2\frac{1}{2}$
	à midy$\frac{1}{4}$	1323	11		à midy$\frac{1}{4}$	1347	9	25	$6\frac{1}{2}$ matin	1600	-6
	$8\frac{3}{4}$ soir	1357	$9\frac{1}{2}$		4 soir	1323	11		à midy$\frac{1}{4}$	1528	$1\frac{1}{4}$
6	5 matin	1380	$8\frac{1}{4}$		$8\frac{1}{2}$ soir	1357	$9\frac{1}{2}$		$9\frac{3}{4}$ soir	1535	-2
	à midy	1315	$11\frac{1}{4}$	16	$5\frac{3}{4}$ matin	1402	$6\frac{3}{4}$	26	6 matin	1600	-6
	4 soir	1277	15		à midy$\frac{1}{4}$	1327	11		à midy$\frac{1}{2}$	1495	1
	$10\frac{3}{4}$ soir	1375	$8\frac{3}{4}$		5 soir	1327	11		$4\frac{1}{4}$ soir	1477	2
7	6 matin	1365	8		9 soir	1380	$8\frac{1}{4}$		9 soir	1507	0
	à midy	1310	$11\frac{1}{4}$	17	6 matin	1395	$7\frac{1}{2}$	27	6 matin	1513	-1
	$8\frac{1}{2}$ soir	1360	8		à midy$\frac{1}{4}$	1300	12		à midy	1417	$6\frac{1}{4}$
8	6 matin	1415	$6\frac{1}{4}$		4 soir	1312	$11\frac{1}{4}$		8 soir	1438	4
	à midy$\frac{1}{4}$	1330	10		10 soir	1345	9	28	$3\frac{3}{4}$ matin	1445	$3\frac{1}{4}$
	$7\frac{3}{4}$ soir	1342	9	18	$6\frac{1}{2}$ matin	1360	8		à midy	1375	$8\frac{3}{4}$
9	$5\frac{1}{2}$ matin	1420	5		à midy	1318	$11\frac{1}{4}$		$9\frac{1}{2}$ soir	1405	$6\frac{3}{4}$
	à midy	1345	9		5 soir	1325	11	29	5 matin	1410	$6\frac{1}{4}$
	4 soir	1285	$15\frac{1}{4}$		8 soir	1370	$8\frac{3}{4}$		à midy$\frac{1}{4}$	1360	8
	$9\frac{1}{2}$ soir	1365	8	19	$5\frac{1}{2}$ matin	1435	4		7 soir	1435	4
10	$5\frac{3}{4}$ matin	1433	4		à midy$\frac{1}{4}$	1327	11	30	$4\frac{1}{2}$ matin	1485	$1\frac{1}{4}$
	à midy$\frac{1}{4}$	1344	9		4 soir	1320	11		à midy$\frac{1}{4}$	1410	$6\frac{1}{4}$
	$8\frac{3}{4}$ soir	1380	$8\frac{1}{4}$		$8\frac{1}{2}$ soir	1351	$9\frac{1}{2}$		9 soir	1475	2
				20	4 matin	1370	$8\frac{3}{4}$	31	6 matin	1490	1
					à midy$\frac{1}{4}$	1317	$11\frac{1}{4}$		à midy	1400	$6\frac{3}{4}$
					9 soir	1386	$8\frac{1}{4}$		8 soir	1405	$6\frac{3}{4}$

Ces données se trouvent à la bibliothèque de l'Observatoire de Paris, 'Observations météorologiques faites à Paris depuis le 4 octobre 1747 jusqu'au mois de décembre 1760', rangées chronologiquement par Delisle; cote A7.2/62.2.

Delisle a rapporté les températures du thermomètre à mercure à l'échelle 0-150 jusqu'au 6 mai 1749, et, après cette date, à 0-1500. Les valeurs du thermomètre à alcool de Delisle ne peuvent pas être traduites en centigrades parce que l'alcool et le mercure ont un taux différent de dilatation.

Delisle a mis au point son thermomètre à alcool en 1724, celui à mercure en 1732. Le premier thermomètre en centigrades de Celsius date de 1741, inversé, comme celui de Delisle: 0 à la température de l'eau bouillante et 100 à la congélation. Peu après Linné a redressé cette échelle (voir W. E. Knowles, *A history of the thermometer and its use in meteorology* (Middleton, Baltimore 1966), p.87ss). L'équivalence entre l'échelle de Delisle et celle de Celsius (centigrades) est approximative. Elle a été établie par le recours aux textes suivants: M. Hennert, *Traité des thermomètres* (La Haye 1768), p.166; Cotte (le père), *Traité de météorologie* (Paris 1774), p.14.

Données tirées du père Cotte:

Delisle	Celsius	Delisle	Celsius	Delisle	Celsius
150	0	129	$12\frac{1}{2}$	111	$26\frac{1}{4}$
148	$1\frac{1}{4}$	$127\frac{1}{2}$	15	109	$27\frac{1}{2}$
146	$2\frac{1}{2}$	126	$16\frac{1}{4}$	107	$28\frac{3}{4}$
144	$3\frac{1}{4}$	124	$17\frac{1}{2}$	105	30
$142\frac{1}{2}$	5	122	$18\frac{3}{4}$	103	$31\frac{1}{4}$
141	$6\frac{1}{4}$	120	20	101	$32\frac{1}{2}$
139	$7\frac{1}{2}$	118	$21\frac{1}{4}$	99	$33\frac{3}{4}$
137	$8\frac{3}{4}$	116	$22\frac{1}{2}$	$97\frac{1}{2}$	35
133	10	114	$23\frac{3}{4}$	96	$36\frac{1}{4}$
131	$11\frac{1}{4}$	$112\frac{1}{2}$	25	94	$37\frac{1}{2}$

II. Températures minimum et maximum 1749 (Delisle)

	I sem.	2 sem.	3 sem.	4 sem.
Janvier		143	146	144
		135	133	131
Février	150	159	147	149
	136	136	135	140
Mars	150	141	145	153
	137	132	130	136
Avril	146	145	143	141
	129	125	126	126
Mai	141	148	151	130
	116	113	128	109
Juin	140	140	141	144
	114	126	125	129
Juillet	135	129	133	101
	111	98	109	106
Août	134	135	135	138
	113	110	110	119
Septembre	135	142	143	142
	109	115	110	126
Octobre	141	143	146	154
	126	128	130	136
Novembre	147	146	156	159
	136	135	141	150
Décembre	150	165	153	160
	143	142	142	144

III. Températures moyennes en centigrades (approximatives)

Octobre	Delisle	Cotte[1]	Octobre	Delisle	Cotte
1	10	11	17	10	8
2	11	11	18	9	8
3	10	11	19	9	8
4	9	10	20	9	8
5	8	9	21	6	8
6	10	11	22	3	8
7	9	10	23	4	7
8	8	10	24	0	7
9	9	10	25	-3	7
10	8	10	26	-2	7
11	8	9	27	3	6
12	9	9	28	6	6
13	8	8	29	6	6
14	7	8	30	3	6
15	8	8	31	4	6
16	9	8			

1. Cotte, *Traité de Météorologie*, p.242. Autres renseignements fournis par Cotte (p.240):
Années froides et humides: 1748, 1751, 1756, 1765, 1768, 1770
Années froides et sèches: 1749, 1754, 1763, 1766, 1767
Années chaudes et sèches: 1753, 1761, 1762
Années variables: 1750, 1752, 1755, 1757, 1758, 1759, 1764, 1769

378

Bibliographie

i. Pamphlets

La Mode qui court au temps présent, avec le supplément, Rouen 1604

La Mode qui court à présent et les singularitez d'icelle, ou l'ut, ré, mi, fa, sol, la de ce temps, Paris s.d.

Remontrances à la reyne mère, attribué à N. Pasquier, Paris 1610

Le Courtisan français, Paris 1611

La Mode qui court au temps présent, Paris 1612

A la noblesse de la part du tiers, s.l.n.d.

Au roi: discours politique, s.l.n.d.

Avis à messieurs les députés des états d'un moyen paisible [...] s.l.n.d.

Avis au roi sur la réformation générale des abus qui se commettent en ce royaume, s.l. 1614

Avis, remontrances et requêtes aux Etats-généraux tenus à Paris, 1614, par six paysans, s.l. 1614

Brief discours dédié au roi sur la tenue des états en sa ville de Paris, par B. I., Paris 1614

Discours d'un gentilhomme français à la noblesse de France, sur l'ouverture de l'assemblée des Etats-généraux dans la ville de Paris, s.l. 1614

Ennuis de paysans champestres, adressez à la reyne régente, s.l. 1614

Franc et libre discours, ou avis aux députés des trois états pour la réformation d'iceux, par B. L. D., l'un des élus pour le tiers état, Paris 1614

Harangue de l'amateur de justice aux trois estats, s.l. 1614

Humble supplication au roi pour le solagement du tiers état, s.l. 1614

La Harangue parisienne au roi touchant la tenue de ses états, s.l. 1614

La Noblesse française au chancelier, s.l.n.d.

Le Bon français, s.l. 1614

Le Cabinet de Vulcan, avec l'arithmétique des malcontents, s.l. 1614

Le Caton français, au roy, s.l. 1614

Le Chevalier errant pour supplément au Zopire français, par J. L. P. S., s.l. 1614

Le Conseiller fidèle à son roi, s.l.n.d.

Le Miroir royal de Louis, ou instruction politique de ce que les trois ordres peuvent légitimement demander au roi en l'assemblée des états, par P. F. D. P., poitevin, Paris 1614

La Harangue d'Alexandre le forgeron prononcée au conclave des réformateurs, s.l. 1614

La Pourmenade des bonshommes, ou jugement de notre siècle, s.l.n.d.

Le Syndic du peuple au roi, s.l.n.d.

Mémoires adressez à messieurs des estats pour présenter à sa majesté, contenant les fautes, abus et malversations commises par les officiers des finances, partisans et payeurs des rentes, s.l.n.d.

Propositions au roi sur la réformation de l'Etat, par A. Arnauld, s.l.n.d.

Remontrances à messieurs des trois états par le Zopire français, s.l.n.d.

Remontrances du politique aux trois états, s.l. 1614

Anatomie des trois ordres de la France, sur le sujet des états, s.l. 1615

Apologie de l'article 1er du tiers état, par le sieur R. P. D. B., Paris 1615

Articles accordés par le roi aux trois ordres des états de ce royaume pour le soulagement du peuple, Lyon 1615

Discours sur l'état présent des affaires de France, au roi, s.l. 1615

Avis au roi, s.l. 1615

379

Avis aux gens de bien, s.l. 1615

Avis à messieurs des états pour la sûreté du roi, s.l.n.d.

Balzac, J. L. G. de, *Harangues panégyriques au roi sur l'ouverture de ses états*, Paris 1615

Beaufort, J. de, *Le Trésor des trésors de France volé à la couronne par les inconnues faussetés, artifices et suppositions commises par les principaux officiers des finances*, s.l. 1615

Cahiers généraux des articles résolus et accordez entre les députez des trois estats, Paris 1615

Camus, J. P., *Homélie des désordres des trois ordres de cette monarchie*, Paris 1615

Cassandre française, s.l. 1615

Discours d'un gentilhomme français à la noblesse de France sur l'ouverture de l'assemblée des Etats-généraux, s.l.n.d.

Discours politique au roi, par P. D. M. (Pierre de Mouilhet), Paris 1615

Discours remarquables advenus à Paris pendant les états, s.l. 1615

Discours véritable de deux artisans de Paris, maréchaux de leur état, s.l. 1615

Harangue de Turlupin le souffreteux, s.l. 1615

La Colère de Mathurine contre les difformes réformateurs de la France, Paris 1615

La Noblesse française au chancelier, s.l. 1615

La Vérité avec son conseil secret, s.l. 1615

La Vérité, la justice et la paix: au roi, s.l. 1615

Le Censeur, discours d'état pour faire voir au roi en quoi Sa majesté a été mal servie, s.l. 1615

Le Financier à messieurs des estats, s.l. 1615

Le Maître d'école, Paris 1615

Le Matois limousin, s.l. 1615

Le Surveillant français, s.l.n.d.

Les Soupirs du bon Français, sur les misères de ce temps, Paris 1615

Les Véritables intentions de la noblesse française, s.l. 1615

Le Tondeux qui court en certains quartiers de la France, s.l. 1615

Lettre de Guillot le songeur, intendant de Vaugirard, s.l.n.d.

Lettre du courrier de l'autre monde arrivée en France, s.l. 1615

Libre et salutaire discours des affaires de France, Paris 1615

L'Ombre de Henri le Grand au roi, s.l. 1615

Marchand, F., *L'Aristide français*, Tours 1615

Plaintes des paysans des environs de la ville de Sens adressées à monseigneur le prince de Condé, Paris 1615

Proposition au roi sur la réformation de l'Etat, s.l.n.d.

Recueil des principaux traitez escrits et publiez pendant la tenue des Etats-généraux du royaume assemblez à Paris l'an 1614 et 1615, s.l. 1615

Relation imprimée par un contemporain de tout ce qui s'est passé aux Etats-généraux, en 1614, Paris 1615

Remerciement de la France à messieurs les députés des trois états, Paris 1615

Harangue au roi sur la conclusion des états, s.l. 1615

Remonstrance faite par deux cens gentils-hommes françois au chancelier, s.l. 1615

Utile et salutaire advis au roy pour bien régner, s.l. 1615

Révélation ou suite des mânes d'Henri le Grand à la France, s.l. 1616

Avis au roi pour faire entrer la noblesse et gens de mérite aux charges, s.l. 1617

Le Retour de la paix, Lyon 1617

Chenel, J., *Les Révélations de l'hermite solitaire sur l'état de la France*, Paris 1617

Advis à messieurs de l'assemblée, s.l. 1618

Le Rétablissement de l'Etat, en France chez les bons Français, s.l. 1618

Juvigny, de, *Quatre propositions faites au roi pour le soulagement de son peuple*, Paris 1618

Bourgoin, J., *La Chasse aux larrons ou avant-coureur de l'histoire de la chambre de justice*, Paris 1618

L'Hercule françois; harangue au roy, pour la noblesse de France, Rouen 1618

Consolation aux bons Français, vrais et fidèles serviteurs du roi, sur la manutention et restauration de l'Etat, s.l. 1618

La Nouvelle mode de la cour, Paris 1622

Les Caquets de l'accouchée, s.l. 1622

La Chasse au vieil grognard de l'antiquité, s.l. 1622

Liste des mal-contents de la cour, s.l. 1623

La Réformation de ce royaume, s.l. 1623

La Consultation de trois gentilshommes français, présentée au roi sur les affaires d'Etat, s.l. 1623

Le Coq-à-l'âne ou le pot aux roses, adressé aux financiers, s.l. 1623

Le Messager de Fontaine-Bleau, s.l. 1623

Le Satyrique de la court, s.l. 1623

Advis sur les désordres de ce temps, s.l. 1623

L'Econome fidèle, au roi, s.l. 1623

Dujon, *Apologie au roi et à nosseigneurs de son conseil en faveur des officiers de ses finances et pour le bien de ses affaires*, s.l. 1623

Fassy, F. de, *La Contre-apologie présentée au roi contre certains officiers de ses finances*, s.l. 1623

Le Financier réformé aux occasions des affaires de ce temps, Paris 1623

Les Etats tenus à la Grenouillère, s.l. 1623

Le passe-volant ou réformateur des abus qui se commettent aujourd'hui en France, s.l. 1623

L'Innocence des financiers et leurs équitables offres, Paris 1624

Le Manifeste des financiers au roi contre les mouches bourdonnantes, Paris 1624

Le Salve regina des dits financiers à la reine mère, s.l. 1624

Responsorium, ou salve regina des financiers, Paris 1624

Le Courtisan à la mode, s.l. 1625

Manuel du bon citoyen, s.l. 1625

Bourgoin, J., *Le Désir du peuple français pour le bien de l'Etat et le moyen pour réprimer les abus et malversations qui se commettent au maniement des finances*, Paris 1625

Remonstrance au roy sur la réformation des habits et de l'employ des estoffes d'or, d'argent, soyes et autres faites et manufacturez hors du royaume de France, Paris 1633

L'Ordre de la nouvelle réformation de la cour dans l'usage des habits, suivant le commandement du roy et le règlement de sa Majesté, Paris 1634

Les Loix de la galanterie, Paris 1644

Catalogue des partisans, ensemble leurs généalogies, contre lesquels on peut et on doit agir pour la contribution aux dépens de la guerre présente, s.l. 1649

Catéchisme des partisans, ou résolutions théologiques touchant l'imposition, levées et employ des finances, par le R.P.D.P.D.S.I., Paris 1649

Chants royaux sur l'Eminence et sur les partisans, s.l. 1649

Complainte des partisans au cardinal Mazarin, sur le rétablissement de leurs bureaux en France, s.l. 1649

Décision de la question du temps à la reyne régente, Paris 1649

Discours d'un philosophe mécontent envoyé à Madame la fortune sur le malheur des sçavans de ce siècle, s.l. 1649

Discours montrant combien les partisans et les financiers ont toujours été odieux, Paris 1649

Discours politique aux vrais ministres d'Etat, Paris 1649

La Fin tragique de tous les partisans, Paris 1649

La Promenade, ou les entretiens d'un gentilhomme de Normandie avec un bourgeois de Paris sur le mauvais ménage des finances de France, Paris 1649

Le Jugement donné contre les traitans, partisans, prêteurs et maltôtiers, Paris 1649

Le Miroir français représentant la face de ce siècle corrompu, où se voit si le courtisan, le politique, le partisan et le financier sont nécessaires au maintien de l'Etat, Paris 1649

Le Monopoleur rendant gorge, Paris 1649

L'Innocence prétendue des partisans et financiers, Paris 1649

Le Noble confus, ou le poinct d'argent du temps présent, Paris 1649

Le Politique chrétien de Saint-Germain à la reyne, Paris 1649

L'Equipage nécessaire pour aller à la chasse aux larrons de ce royaume, Paris 1649

Le Tombeau des monopoleurs, avec leur épitaphe, Paris 1649

Manuel du bon citoyen, ou bouclier de défense légitime contre les assauts de l'ennemi, Paris 1649

Pasquil ou plainte sur la réformation des habits, s.l.n.d.

Supplication faite au roi pour avancer le procès des partisans et financiers de son royaume, Paris 1649

Triolets sur le tombeau de la galanterie et sur la réforme générale, Paris 1649

Union de la noblesse de France, s.l. 1649

Union de la noblesse: lettre circulaire de l'assemblée de la noblesse, s.l. 1651

La Vérité toute nue ou advis sincère et désintéressé sur les véritables causes des maux de l'Estat et les moyens d'y apporter le remède, Paris 1652

Très humble remontrance faite au roy d'un style respectueux, burlesque, sérieux et de carnaval, par monsieur de Briand escuyer [...] concernant les concussions et malversations commises par les financiers et traitans, Nyort 1662

Lettre missive d'un gentilhomme à un sien compagnon, contenant les causes du mescontentement de la noblesse française, s.l. 1667

Les Soupirs de la France esclave, s.l. 1689

Dialogues des grands sur les affaires présentes, s.l. 1690

Lettres d'un gentilhomme français sur l'établissement d'une capitation générale en France, Liège 1695

Entretien de M. Colbert, ministre et secrétaire d'Etat, avec Bouin, fameux partisan, Cologne 1701

Satire nouvelle contre le luxe des femmes, Paris 1704

Lesconvel, P. de, *Relation du voyage du prince de Montberaud dans l'île de Naudely*, Paris 1705

Les Partisans démasqués, Cologne 1707

Nouvelle école des finances ou l'art de voler sans ailes, Cologne 1706

Pluton maltôtier, Cologne 1708

Tours industrieux, subtils et gaillards de la maltôte, Londres 1710

L'Art de plumer la poule sans crier, Cologne 1710

La Noblesse militaire et commerçante ou réponse aux objections faites par l'auteur de la Noblesse militaire, par M. l'abbé de ***, Amsterdam 1756

Le Commerce remis à sa place: réponse d'un pédant de collège aux novateurs politiques, adressée à l'auteur de la lettre à M. F., s.l. 1756

Lettre à M. F. ou examen politique des prétendus inconveniens de la faculté de commercer en gros, sans déroger à la noblesse, s.l. 1756

Lettre sur l'origine de la noblesse française, Lyon 1763

Eloge de la roture, dédié aux roturiers, Londres et se trouve à Paris 1766

ii. Auteurs anciens

Aristote, *La Politique*, éd. M. Prélot, Paris 1964

Catulle, *Poésies*, éd. G. Lafaye, Paris 1922

Cicéron, *Traité des lois*, éd. G. de Plinval, Paris 1959

Horace, *Satires*, éd. F. Villeneuve, Paris 1932

Juvénal, *Satires*, éd. R. Marache, Paris 1965

Ovide, *Œuvres complètes*, éd. Panckoucke, Paris 1834-1837

Platon, *La République, Les Lois*, dans *Œuvres complètes*, éd. A. Diès, L. Gernet, Paris 1976-1981, VI-VII, XI-XII

Pline le jeune, *Lettres*, éd. de Sacy, J. Pierrot, Paris s.d.

Plutarque, *Vies*, éd. R. Flacelière, Paris 1977

Polybe, *Histoires*, éd. P. Pédech, Paris 1969

Properce, *Elégies*, éd. D. Paganelli, Paris 1980

Salluste, *Conjuration de Catilina; Guerre de Jugurtha*, éd B. Orstein, Paris 1924

Sénèque, *Lettres à Lucilius*, éd. F. Préchac, Paris 1945

Tibulle, *Elégies*, éd. Valatour, Paris 1836

Tite-Live, *Histoire romains*, éd. J. Bayet, Paris 1954

Xénophon, *La République des Lacédémoniens* dans *Œuvres*, éd. P. Chambry, Paris 1967

iii. Rousseau

Acher, W., *Jean-Jacques Rousseau, écrivain de l'amitié*, Paris 1971

– *Jean-Jacques Rousseau créateur et l'anamorphose d'Apollon*, Paris 1980

Ansart-Dourlen, M., *Dénaturation et violence dans la pensée de Jean-Jacques Rousseau*, Paris 1975

Babel, H., *Jean-Jacques Rousseau et notre temps*, Genève 1978

Baczko, B., *Rousseau, solitude et communauté*, Paris, La Haye 1974

Barth, H., 'Volonté générale et volonté particulière chez J.-J. Rousseau', dans *Rousseau et la philosophie politique*, Annales de philosophie politique, Paris 1965, p.35-50

Bastid, P., 'Rousseau et la théorie des formes de gouvernement', dans *Etudes sur le Contrat social de Jean-Jacques Rousseau*, Paris 1964, p.315-27

Beaudoin, H., *La Vie et les œuvres de J. J. Rousseau*, Paris 1891

Bensoussan, D., *L'Unité chez Jean-Jacques Rousseau: une quête de l'impossible*, Paris 1977

Blanchard, W. H., *Rousseau and the spirit of revolt*, Michigan 1967

Bourdeau, G., 'Le citoyen selon Rousseau', dans *Etudes sur le Contrat social de J.-J. Rousseau*, Paris 1964, p.219-26

Bretonneau, G., *Valeurs humaines de J. J. Rousseau*, Paris 1961

Broome, J. H., *Rousseau: a study of his thought*, London 1965

Burgelin, P., *La Philosophie de l'existence de Jean-Jacques Rousseau*, Paris 1952

Chapman, J. W., *Rousseau, totalitarian or liberal?*, New York 1956

Chinard, G., *L'Amérique et le rêve exotique dans la littérature française au XVIIe et au XVIIIe siècle*, Paris 1913

Cobban, A., *Rousseau and the modern state*, London 1934

Charpentier, J., *Jean-Jacques Rousseau ou le démocrate par dépit*, Paris 1931

Chuquet, A., *J.-J. Rousseau*, Paris 1893

Clément, P. P., *J. J. Rousseau: de l'éros coupable à l'éros glorieux*, Neuchâtel 1976

Courtois, L.-J., *Chronologie critique de la vie et des œuvres de Jean-Jacques Rousseau*, Genève 1924

Cranston, M., *Jean-Jacques: the early life and work of J.-J. Rousseau*, London 1983

Cresson, A., *J.-J. Rousseau, sa vie, son œuvre, avec un exposé de sa philosophie*, Paris 1940

Crocker, L. G., *Jean-Jacques Rousseau: the quest*, New York 1968

– *Rousseau's Social contract: an interpretative essay*, Cleveland 1968

– *Jean-Jacques Rousseau: the prophetic voice*, New York 1973

Dédéyan, Ch., *J.-J. Rousseau: La Nouvelle Héloïse*, Paris 1955

– *Jean-Jacques Rousseau et la sensibilité littéraire à la fin du XVIIIe siècle*, Paris 1966

Delaruelle, L., 'Les sources principales de J. J. Rousseau dans le premier *Discours* à l'Académie de Dijon', *Revue d'histoire littéraire de la France* 19 (1912), p.245-71

Derathé, R., *Le Rationalisme de J.-J. Rousseau*, Paris 1948

– *Jean-Jacques Rousseau et la science politique de son temps*, Paris 1970

– *J.-J. Rousseau*, Neuchâtel 1962

383

Dhôtel, A., *Le Roman de Jean-Jacques*, Paris 1962

Ducros, L., *Jean-Jacques Rousseau*, Genève 1976

Durkheim, E., *Montesquieu et Rousseau, précurseurs de la sociologie*, Paris 1953

Dupeyron, G., 'Actualité de Rousseau', *Europe* 495 (1970), p.214-19

Eigeldinger, M., *Jean-Jacques Rousseau et la réalité de l'imaginaire*, Neuchâtel 1962

– *Jean-Jacques Rousseau: univers mythique et cohérence*, Neuchâtel 1978

Einaudi, M., *The Early Rousseau*, New York 1967

Emery, L., *Rousseau l'annonciateur*, Lyon 1954

Fabre, J., *Jean-Jacques Rousseau*, Paris 1912

Faguet, E., *Rousseau penseur*, Paris 1912

Fay, B., *Jean-Jacques Rousseau, ou le rêve de la vie*, Paris 1974

Fleuret, C., *Rousseau et Montaigne*, Paris 1980

Gagnebin, B., *A la rencontre de J.-J. Rousseau*, Genève 1962

Galice, G., 'La démocratie, Rousseau, Marx et nous', dans *J. J. Rousseau au présent*, ouvrage collectif, Société des amis de J.-J. Rousseau, Genève 1978, p.65-82

Ganochaud, C., *L'Opinion publique chez J. J. Rousseau*, Lille 1980

Gérin, R., *Jean-Jacques Rousseau*, Paris 1930

Goldschmidt, G. A., *Jean-Jacques Rousseau ou l'esprit de solitude*, Paris 1978

Goldschmidt, V., *Anthropologie et politique: les principes du système de Rousseau*, Paris 1974

– 'La constitution du *Discours sur les sciences et les arts*', *Revue d'histoire littéraire de la France* 72 (1972), p.406-27

Gouhier, H., *Les Méditations métaphysiques de Jean-Jacques Rousseau*, Paris 1970

– *Rousseau et Voltaire: portraits dans deux miroirs*, Paris 1983

Grimsley, R., *Rousseau and the religious quest*, Oxford 1968

– Introduction à Jean-Jacques Rousseau, *Du contrat social*, Oxford 1972

Groethuysen, B., *Jean-Jacques Rousseau*, Paris 1949

Guéhenno, J., *Jean-Jacques*, i: *En marge des Confessions*; ii: *Roman et vérité*, iii: *Grandeur et misère d'un esprit*, Paris 1948-1952

– *Jean-Jacques: histoire d'une conscience*, Paris 1962

Guillemin, H., *Cette affaire infernale*, Paris 1942

– *Un homme, deux ombres*, Genève 1943

Hartle, A., *The Modern self in Rousseau's Confessions: a reply to St Augustine*, Notre Dame, Indiana 1983

Havens, G. R., 'Hardiesse de Rousseau dans le *Discours sur l'inégalité*', *Europe* 391-92 (1961), p.149-58

Jean-Jacques Rousseau et la crise contemporaine de la conscience, colloque international du deuxième centenaire de la mort de J.-J. Rousseau, Paris 1980

Josephon, M., *Jean-Jacques Rousseau*, New York 1931

Jouvenet, L. P., *Rousseau: pédagogie et politique*, Toulouse 1984

Labrosse, C., *Lire au XVIIIe siècle: la Nouvelle Héloïse et ses lecteurs*, Lyon 1985

Launay, M., *Rousseau*, Paris 1968

– *Jean-Jacques Rousseau écrivain politique*, Grenoble 1971

Launay, M. (éd), *Jean-Jacques Rousseau et son temps*, Paris 1969

Lecercle, J.-L., *Rousseau et l'art du roman*, Paris 1969

– *Jean-Jacques Rousseau, modernité d'un classique*, Paris 1973

Leduc-Fayette, D., *Jean-Jacques Rousseau et le mythe de l'antiquité*, Paris 1974

Lichtenberger, A., *Le Socialisme au XVIIIe siècle*, Paris 1895

Lion, H., 'Rousseau et d'Argens', *Revue d'histoire littéraire de la France* 33 (1926), p.415-18

McDonald, J., *Rousseau and the French Revolution*, London 1965

Marty, O., *Rousseau, de l'enfance à quarante ans*, s.l. 1975

Masson, P. M., *La Religion de J.-J. Rousseau*, Paris 1916

Masters, R. D., *The Political philosophy of Rousseau*, Princeton 1968

May, G., *Rousseau par lui-même*, Paris 1961

Mead, W., *Jean-Jacques Rousseau ou le romancier enchaîné*, Paris 1966

Millet, L., *La Pensée de Rousseau*, Paris 1966

Moreau, J., *Jean-Jacques Rousseau*, Paris 1973

Moreau, L., *J.-J. Rousseau et le siècle philosophe*, Paris 1870

Mornet, D., *Rousseau, l'homme et l'œuvre*, Paris 1950

Munteano, B., 'La solitude de J. J. Rousseau', *Annales de la Société Jean-Jacques Rousseau* 31 (1946-1949), p.79-168

– *Solitude et contradictions de Jean-Jacques Rousseau*, Paris 1975

Namer, G., *Rousseau, sociologue de la connaissance*, Paris 1978

Nemo, M., *L'Homme nouveau: Jean-Jacques Rousseau*, Paris 1957

Nourrisson, J. F., *J. J. Rousseau et le rousseauisme*, Paris 1963

Payot, R., *J.-J. Rousseau, ou la gnose tronquée*, Grenoble 1978

Philonenko, A., *Jean-Jacques Rousseau et la pensée du malheur*, Paris 1984

Pichois, L., et Pintard, R., *Jean-Jacques entre Socrate et Caton*, Paris 1972

Pire, G., 'Du bon Plutarque au citoyen de Genève', *Revue de littérature comparée* 32 (1958), p.510-47

Plamenatz, J., *Man and society*, London 1963

Polin, R., *La Politique de la solitude: essai sur la philosophie politique de Jean-Jacques Rousseau*, Paris 1971

Poulet, G., *Etudes sur le temps humain*, Paris 1972

Raymond, M., *Jean-Jacques Rousseau, la quête de soi et la rêverie*, Paris 1962

Richebourg, M., *Essai sur les lectures de Rousseau*, Genève 1934

Robinson, P. E. J., *Jean-Jacques Rousseau's doctrine of the arts*, Berne 1984

Rousseau after two hundred years, Proceedings of the Cambridge bicentennial colloquium, éd. R. A. Leigh; Cambridge 1982

Rousseau et la philosophie politique, ouvrage collectif, éd. P. Arnaud, Institut international de philosophie politique, Paris 1965

Rousseau et l'éducation: études sur l'Emile, Actes du colloque de Northfield, éd. J. Terrasse; Sherbrooke 1984

Rousseau selon Jean-Jacques, ouvrage collectif, Université de Genève et Institut de l'Encyclopédie italienne, s.l. 1979

Salomon-Bayet, C., *Jean-Jacques Rousseau ou l'impossible unité*, Paris 1968

Saussure, H. de, *Rousseau et les manuscrits des Confessions*, Paris 1958

Schinz, A., *La Pensée de Jean-Jacques Rousseau*, Paris 1929

Seillière, E., *Jean-Jacques Rousseau*, Paris 1921

Seippel, P., 'La personnalité religieuse de Jean-Jacques Rousseau', *Annales de la société Jean-Jacques Rousseau* 8 (1912), p.205-31

Shklar, J. N., *Men and citizens: a study of Rousseau's social theory* Cambridge 1969

Spink, J. S., *Rousseau et Genève*, Paris 1935

Srabian de Fabry, A., *Jeux de miroirs: saint Paul, La Fontaine, Mao, Genêt et Jean-Jacques Rousseau*, Sherbrooke 1982

Starobinski, J., 'J. J. Rousseau et le péril de la réflexion', *Annales de la Société Jean-Jacques Rousseau* 34 (1956-1958), p.139-73

– *Jean-Jacques Rousseau: la transparence et l'obstacle*, Paris 1971

– 'La mise en accusation de la société', dans *Jean-Jacques Rousseau: quatre études*, Neuchâtel 1978, p.11-37

Talmon, J. L., *The Rise of totalitarian democracy*, Boston 1952

Terrasse, J., *Jean-Jacques Rousseau et la quête de l'âge d'or*, Bruxelles 1970

Tiersot, J., *Jean-Jacques Rousseau*, Paris 1912

Tisserand, R., *Les Concurrents de J.-J. Rousseau à l'Académie de Dijon pour le prix de 1754*, Paris 1936

Trintzius, R., *La Vie privée de J. J. Rousseau*, Paris 1938

Trousson, R., *Socrate devant Voltaire, Diderot et Rousseau: la conscience en face du mythe*, Paris 1967

– *Rousseau et sa fortune littéraire*, Paris 1977

Van Laere, F., *Une Lecture du temps dans 'La Nouvelle Héloïse'*, Neuchâtel 1968

Van Tieghem, Ph., *La Nouvelle Héloïse de J.-J. Rousseau*, Paris 1929

Weil, E., 'Jean-Jacques Rousseau et sa politique', *Critique* 56 (1952), p.3-28

iv. Ouvrages écrits avant 1800

Abbadie, J., *L'Art de se connaître soi-même, ou la recherche des sources de la morale*, Rotterdam 1692

Agrippa von Nettesheim, H. C., *Déclamation sur l'incertitude, vanité et abus des sciences*, s.l. 1582

Aguesseau, H. F. d', *Lettres inédites*, Paris 1823

– *Œuvres choisies*, Paris 1863

Albon, comte C. F. d', *Lettre sur le commerce, les fabrications et la consommation des objets de luxe*, Paris 1775

Alembert, Jean Le Rond d', *Mélanges de littérature, d'histoire et de philosophie* (1753), Amsterdam 1767

Alès de Corbet, P. A. de, *Nouvelles observations sur les deux systèmes de la noblesse commerçante ou militaire*, Amsterdam 1758

– *Origine de la noblesse française depuis l'établissement de la monarchie*, Paris 1766

Alouette, F. de L', *Traité des nobles et des vertus dont ils sont formés*, Paris 1577

Antraigues, comte d', *Mémoire sur les Etats-généraux, leurs droits et la manière de les convoquer*, s.l. 1788

Arcq, Ph. A. d', *La Noblesse militaire*, s.l. 1756

Argens, G. B. de Boyer d', *Mémoires de M. le marquis d'Argens*, Londres 1735

– *La Philosophie du bon sens, ou réflexions philosophiques sur l'incertitude des connaissances humaines*, La Haye 1755

Argenson, M. R. de Voyer d', *Notes de René d'Argenson, lieutenant général de police*, Paris 1866

Argenson, R. L. de Voyer d', *Considérations sur le gouvernement ancien et présent de la France* (1764), Amsterdam 1765

– *Mémoires et journal inédit*, Paris 1857-1858

Aubigné, Agrippa d', *Les Tragiques* (1616), Paris 1968

– *Les Aventures du baron de Faeneste* (1617), dans *Œuvres*, Paris 1969, p.667-830

Auffray, J., *Le Luxe considéré relativement à la population et à l'économie*, Lyon 1762

Auvray, J., *Le Banquet des Muses, ou les divers satires du sieur Auvray*, Rouen 1628

Auxiron, C. F. J. d', *Principes de tout gouvernement, ou examen des causes de la splendeur ou de la faiblesse de tout Etat considéré en lui-même et indépendamment des mœurs*, Paris 1766

Baar, G. L. de, *Discours sur les inconvéniens du luxe*, pièce présentée à l'Académie française en 1770, s.l. [1770]

Bachaumont, L. P. de, *Mémoires secrets pour servir à l'histoire de la république des lettres en France*, Londres 1783-1789

Balingham, A. de, *Le Vrai point d'honneur à garder en conversant pour vivre honorablement et paisiblement avec un chacun*, Saint-Omer 1618

Barbeyrac, J., *Discours sur l'utilité des lettres*

et des sciences par rapport au bien de l'Etat, Amsterdam 1715

Barbier, E. J. F., *Chronique de la régence et du règne de Louis XV (1718-1763),* Paris 1857-1858

Baudoin, N., *De l'éducation d'un jeune seigneur,* Paris 1728

Bauffremont, C. de, *Proposition de la noblesse de France sur l'entretenement de l'Etat et affaires de ce royaume,* Paris 1585

Bayle, P., *Œuvres diverses,* La Haye 1725-1727

Beardé de L'Abbaye, *Recherches sur les moyens de supprimer les impôts,* Amsterdam 1770

Beausobre, L. de, *Essai sur le bonheur,* Berlin 1758

– *Réflexions philosophiques sur les biens et les maux de la vie humaine,* Amsterdam 1759

– *Introduction générale à l'étude de la politique, des finances et du commerce,* Amsterdam 1765

Bedos, *Le Négociant patriote,* Amsterdam 1784

Béliard, F., *Lettres critiques sur le luxe et les mœurs de ce siècle,* Amsterdam 1771

Bellegarde, abbé de, *Réflexions sur la politesse des mœurs,* Paris 1698

Belot, *Observations sur la noblesse et le tiers état,* par madame ***, Amsterdam 1758

Bernard, J. F., *Réflexions morales, satiriques et comiques sur les mœurs de notre siècle,* Cologne 1711

Besenval, P. V. de, *Mémoires de M. le baron de Besenval,* Paris 1805

Bielfeld, baron de, *Institutions politiques,* Leyde 1768

Blondel, J., *Des hommes tels qu'ils sont et doivent être,* Londres 1758

– *L'Homme du monde éclairé par les arts,* Amsterdam 1774

Bodin, J., *Les Six livres de la République,* Paris 1583

– *Œuvres philosophiques,* éd. P. Mesnard, Paris 1951

Boisguillebert, P. de, *Le Détail de la France,* Paris 1697

Boitet, C., *Le Prince des princes, ou l'art de régner,* Paris 1638

Boncerf, P. F., *Les Inconvénients des droits féodaux,* s.l. 1776

Bonnaire, abbé L. de, *La Règle des devoirs que la nature inspire à tous les hommes,* Paris 1758

Bonneval, R. de, *Les Eléments de l'éducation,* Paris 1743

Bosquier, le R. P. F., *Tragédie nouvelle dite le Petit rasoir des ornements mondains,* Mons 1589

Bouhours, D., *Les Entretiens d'Ariste et d'Eugène,* Paris 1671

Boulainvilliers, H. de, *Histoire de l'ancien gouvernement de la France,* La Haye, Amsterdam 1727

– *Mémoires présentés à monseigneur le duc d'Orléans, régent de France,* La Haye, Amsterdam 1727

– *Essais sur la noblesse de France,* Amsterdam 1732

– *Etat de la France,* Londres 1752

Bourdonné, de, *Le Courtisan désabusé,* Paris 1658

Boureau-Deslandes, A. F., *Lettre sur le luxe,* Francfort 1745, 1765

Boutaric, F. de, *Traité des droits seigneuriaux,* s.l. 1751

Brancas-Villeneuve, abbé A. F. de, *Histoire ou police du royaume de Gala,* Londres 1754

Brucourt, C. F. R. de, *Essai sur l'éducation de la noblesse,* Paris 1747

Butel-Dumont, G. M., *Théorie du luxe, ou traité dans lequel on entreprend d'établir que le luxe est un ressort non seulement utile mais même indispensablement nécessaire à la prospérité des Etats,* s.l. 1771

Butini, J. F., *Traité du luxe,* Genève 1774

Buvat, J., *Journal de la régence (1715-1723),* Paris 1865

Callières, F. de, *Des mots à la mode,* Paris 1692

– *De la science du monde,* Paris 1717

Callières, J. de, *Traité de la fortune des gens de qualité et des gentilshommes particuliers,* Paris 1658

Camus, J. P., *Homélie des désordres des trois ordres de cette monarchie*, par J. P. Camus, évêque de Belley; Paris 1615

Cantillon, R., *Essai sur la nature du commerce en général*, Londres 1755

Caraccioli, L. A., *Le Langage de la raison*, Liège 1763

Cartaud de La Villate, *Essai historique et philosophique sur le goût*, Paris, Amsterdam 1736

Chalesme, de, *L'Homme de qualité, ou les moyens de vivre en homme de bien et en homme du monde*, Paris 1671

Chansierges, *Les Avantures de Néoptolème*, Paris 1719
– *L'Idée d'un roy parfait*, Paris 1723

Chartier, A., *Le Curial*, Paris 1582

Chastellux, F. J. de, *De la félicité publique*, Amsterdam 1772

Chérin, L. N. H., *Abrégé chronologique d'édits, déclarations, règlemens, arrêts et lettres patentes des rois de France*, Paris 1788
– *La Noblesse considérée sous ses divers rapports, dans les assemblées générales et particulières de la nation*, Paris 1788

Chevigny, de, *La Science des personnes de la cour, de l'épée et de la robe*, Paris 1706

Chévrier, F. A. de, *Les Ridicules du siècle*, Paris 1752

Clément, J. M. B., *Satire sur les abus du luxe, suivie d'une imitation de Catulle*, Genève 1770

Clicquot de Blervache, S., *Le Réformateur*, Amsterdam 1756

Coeffeteau, N., *Tableau des passions humaines*, Paris 1620

Collé, Ch., *Journal et mémoires*, Paris 1868

Collin, M., *Relation imprimée par un contemporain de tout ce qui s'est passé aux Etats-généraux convoqués en 1614*, Paris 1789

Conrart, *Consolation sur l'entretien des dames pour la réformation des habits*, Paris 1634

Coudray, chevalier Du, *Le Luxe, poème en six chants*, Paris 1773

Courtilz de Sandras, G. de, *Testament politique de messire Jean Baptiste Colbert*, La Haye 1683

Courtin, A. de, *Nouveau traité de la civilité qui se pratique en France parmi les honnêtes gens*, Paris 1671

Coyer, abbé G. F., *Découverte de l'isle frivole*, La Haye 1751
– *La Noblesse commerçante*, Londres, Paris 1756

Cureau de La Chambre, M., *Les Charactères des passions*, Paris 1640
– *L'Art de connoistre les hommes*, Paris 1663

Dangeau, Ph. de, *Journal*, Paris 1854

Delamare, N., *Traité de la police*, Paris 1722

Delandine, A. F., *Des Etats-généraux, ou histoire des assemblées nationales en France*, Paris 1788

Delisle de Sales, J. B., *De la philosophie du bonheur*, Paris 1796

Denesle, *Les Préjugés du public sur l'honneur*, Paris 1746

Desfontaines, abbé P. F. G., *Le Nouveau Gulliver, ou voyage de Jean Gulliver, fils du capitaine Gulliver*, Paris 1730

De Thou, J. A., *Mémoires*, Londres 1789

Diderot, D., *Œuvres complètes*, Paris 1875-1877

Domat, J., *Traité des lois*, s.l. 1681

Dubosc de Montandré, *Le Tombeau du sens commun, ou le renversement des idées de tous les sages*, s.l. 1649

Dubuisson, S. H, *Lettres au marquis de Caumont*, Paris 1882

Duchesne, J. B. P., *La Science de la jeune noblesse*, Paris 1729-1730

Duclos, C. P., *Considérations sur les mœurs de ce siècle*, s.l. 1761

Dudevant, L. H., *L'Apologie du commerce: essai philosophique et politique*, Genève 1777

Du Fail, N., *Œuvres facétieuses*, Paris 1874
– *Contes et discours d'Eutrapel*, Paris 1875

Du Haillan, *Discours sur les causes de l'extrême cherté qui est aujourd'hui en France*, Bordeaux 1686

Dupin, C., *Observations sur un livre intitulé De l'esprit des lois*, Paris 1757-1758

Dupradel, J., *Traité contre le luxe des hommes et des femmes et contre le luxe avec lequel on élève les enfans de l'un et de l'autre sexe*, Paris 1705

Dupuy, N., *Instruction d'un père à son fils sur la manière de se conduire dans le monde*, Paris 1730

Du Souhait, *Le Parfait gentilhomme*, Paris 1600

Dutot, *Réflexions politiques sur les finances et le commerce*, La Haye 1738

Du Vair, G., *Œuvres*, Paris 1641

Encyclopédie, ou dictionnaire raisonné des sciences, des arts et des métiers, Paris 1751-1765

Esprit, abbé A., *Maximes politiques mises en vers*, Paris 1669

Estoile, P. de L', *Journal du règne de Henry IV*, La Haye 1741

Ethocratie, ou le gouvernement fondé sur la morale, Amsterdam 1776

Faret, N., *L'Honnête homme ou l'art de plaire à la court*, Paris 1630

Faiguet de Villeneuve, J., *L'Econome politique*, Londres 1763

Fénelon, *Œuvres*, Paris 1867

Ferrière, C. J., *Dictionnaire de droit et de pratique*, Paris 1749

Fleury, abbé C., *Histoire du droit français*, Paris 1674

– *Traité du choix et de la méthode des études*, Paris 1686

– *Les Devoirs des maîtres et des domestiques*, Paris 1688

– *Opuscules de M. l'abbé Fleury, prieur d'Argenteuil, confesseur du roy sous Louis XV*, Paris 1780-1783

– *Mœurs des Israélites et des chrétiens*, Lille 1817

Fontanon, A., *Les Edits et ordonnances des roys de France*, Paris 1585

Forbonnais, F. de, *Recherches et considérations sur les finances de France*, Bâle 1758

Forges, de, *Des véritables intérêts de la patrie*, Rotterdam 1764

Formey, J. H. S., *Principes de morale*, Paris 1765

Fougeret de Monbron, L. C., *La Capitale des Gaules*, La Haye 1760

Frain Du Tremblay, J., *Conversations morales sur les jeux et les divertissements*, Paris 1685

– *Nouveaux essais de morale sur le luxe et les modes, l'usage de l'esprit et de la science, la chasteté du style et du langage*, Paris 1691

Fréron, E., *Lettres sur quelques écrits de ce temps*, Nancy 1753

Garasse, F., *La Doctrine curieuse des beaux esprits de ce temps ou prétendus tels*, Paris 1624

Genlis, S. F. de, *Mémoires inédits sur le XVIIIe siècle et la révolution française*, Paris 1825

Genty, L., *Discours sur le luxe qui a remporté le prix d'éloquence à l'Académie des sciences, belles-lettres et arts de Besançon en 1783*, Orléans 1783

Gérard, abbé de, *La Philosophie des gens de cour*, Paris 1680

– *Le Caractère de l'honnête homme*, Paris 1688

Gerdil, le P. G. B, *Discours de la nature et des effets du luxe*, Turin 1768

Gervais, J. de Saint Gervais, *Conseils d'un gouverneur à un jeune seigneur*, Paris 1727

Gerzan, F. Du Soucy, *La Conduite du courtisan*, Paris 1646

– *Conseil à un courtisan pour sa conduite*, s.l.n.d.

Gilbert, C., *Histoire de Caléjava*, s.l. 1700

Godefroy, Th., *Le Cérémonial françois*, Paris 1649

Goudar, A., *Les Intérêts de la France mal entendus [...] par un citoyen*, Amsterdam 1756

Goussault, abbé J., *Le Portrait d'un honnête homme*, Paris 1692

– *Les Conseils d'un père à ses enfans sur les divers états de la vie*, Paris 1695

Goyon de La Plombanie, H. de, *L'Homme en société*, Amsterdam 1763

Grenaille, F. de, *L'Honnête garçon, ou l'art de bien élever la noblesse à la vertu, aux sciences et à tous les exercices convenables à sa condition*, Paris 1642

– *La Mode, ou caractère de la religion, de la vie, de la conversation, de la solitude, des compliments, des habits, et du style du temps*, Paris 1642

Grimm, Diderot, Raynal, Meister, *Correspondance littéraire, philosophique et critique*, Paris 1880

Gros de Besplas, *Des causes du bonheur public*, Paris 1768

Gueudeville, N., *Critique générale des Aventures de Télémaque*, Cologne 1700

Guillard de Beaurieu, G., *L'Elève de la nature*, Amsterdam 1771

Haton, C., *Mémoires*, Paris 1857

Hay Du Chastellet, P., *Discours sur plusieurs points importants de l'état présent des affaires de France*, s.l. 1626

– *Traité de la politique de France*, Cologne 1669

Helvétius, C. A., *De l'esprit*, Paris 1758

– *De l'homme, de ses facultés intellectuelles et de son éducation*, Londres 1773

Hénault, C. J. F., *Mémoires*, Paris 1855

Hubert, R., *Traité de la noblesse*, Orléans 1681

Juvernay, P., *Discours particulier contre la vanité des femmes de ce temps*, Paris 1635

La Bruyère, *Les Caractères*, Paris 1688

La Croix, P. de, *Epître à Damon sur le luxe des femmes de Lyon*, s.l. 1685

Laffemas, B. de, *Advis et remonstrance à messieurs les commissaires députés du roy, au fait du commerce, avec les moyens de soulager le peuple des tailles*, Paris 1600

– *Remontrance au peuple suivant les édits et ordonnances des rois, à cause du luxe et superfluité des soies, clinquants en habits, ruine générale*, Paris 1601

– *Comme l'on doibt permettre la liberté du transport de l'or et de l'argent hors du royaume et par tel moyen conserver le nostre*, Paris 1602

– *Advis sur l'usage des passemens d'or et d'argent*, s.l. 1610

Lafitau, J. F., *Mœurs des sauvages américains comparées aux mœurs des premiers temps*, Paris 1724

La Harpe, F., *Discours cinquième sur le luxe*, dans *Œuvres*, Paris 1820, iii.260-67

Lahontan, L. A. de, *Dialogues de M. le baron de Lahontan et d'un sauvage dans l'Amérique*, Amsterdam 1704

Lalande, *Entretiens de Périclès et de Sully aux champs élysées, sur leur administration, ou balance entre les avantages du luxe et ceux de l'économie*, Londres 1776

Lalouette, A., 'Sur le luxe', dans *Extraits des ouvrages de plusieurs pères de l'Eglise*, Paris 1710-1713

Lamy, B., *Entretiens sur les sciences*, Grenoble 1683

La Noue, F. de, *Discours politiques et militaires*, Basle 1587

La Rochefoucauld, F. de, *Réflexions ou sentences et maximes morales*, Paris 1665

La Roque, G. A. de, *Traité de la noblesse*, Paris 1678

La Serre, J. P. de, *La Vie heureuse, ou l'homme content*, Rouen 1664

– *Le Tombeau des délices et plaisirs du monde*, Paris 1668

– *Le Bréviaire des courtisans*, Rouen 1678

Lassay, A. L. de, 'Réflexions', *Mercure de France* (décembre 1754), ii.86-101

– *Recueil de différentes choses*, Lausanne 1756

– *Relation du royaume des Féliciens*, dans *Recueil de différentes choses*, Lausanne 1756

Laurière, E., *Ordonnances des rois de France*, Paris 1745

Le Blanc, abbé, *Lettres d'un François*, La Haye 1745

Le Bret, A. J., *La Nouvelle école du monde, ouvrage nécessaire à tous les états*, Lille 1764

Leczinski, S., *Entretien d'un Européen avec un insulaire du royaume de Dumocala*, s.l. 1752

Lelevel, H., *Entretiens sur ce qui forme l'honneste homme et le vray sçavant*, Paris 1690

– *Lettres sur les sciences et sur les arts*, Paris 1704

Le Maître de Claville, C. F. N., *Traité du vrai mérite de l'homme, considéré dans tous les âges et dans toutes les conditions*, Paris 1734

Le Mercier de La Rivière, *L'Ordre naturel*

et essentiel des sociétés politiques, Londres 1767

Lemoyne, P., *Entretiens et lettres morales*, Paris 1665

Leprieur, M., *Epître à un commerçant qui a concouru pour le prix de l'Académie française en 1764*, Paris 1764

Les Avantures d'Euphormion: histoire satirique, Lyon 1713

Les Costumes français, représentans les différens états du royaume, avec les habillemens propres à chaque état, Paris 1776

Lettre d'un Sicilien à un de ses amis contenant une agréable critique de Paris et des François, traduite de l'italien, Chambéry 1714

Lévesque de Pouilly, L. J., *Théorie des sentiments agréables*, Genève 1747

Lezay-Marnezia, *Le Bonheur dans les campagnes*, Neufchâtel 1785

L'Hospital, le chancelier de, *Poésies complètes*, éd. L. B. de Nalèche, Paris 1857

Linguet, S. N. A., *Théorie des loix civiles*, Londres 1767

Liquier, A., *Quelle a été dans tous les temps l'influence du commerce sur l'esprit et les mœurs des peuples?*, Marseille 1777

Loyseau, Ch., *Traité des ordres et simples dignités*, Paris 1613

Luynes, de, *Recueil des pièces les plus curieuses qui ont été faites pendant le règne du connestable M. de Luynes*, s.l. 1632

Le Luxe, première cause de la décadence de Rome, poème qui a remporté le prix à l'Académie de Montauban à la Saint-Louis 1759, Montauban 1759

Discours sur le luxe, dans *Recueil A ... Z*, Fontenay 1745, vol. K

Mably, Gabriel Bonnot de, *Œuvres complètes*, Toulouse 1791

Mandeville, B., *La Fable des abeilles* (1714), éd. Carrive, Paris 1974

Marais, M., *Journal et mémoires sur la régence et le règne de Louis XV*, Paris 1863-1868

Marchand, H., *La Noblesse commerçable ou ubiquiste*, Amsterdam 1756

Marmet de Valcroissant, M. de, *Maximes pour vivre heureusement dans le monde et pour former l'honneste homme*, Paris 1662

Marmontel, J. F., *Mémoires d'un père*, Paris 1827

Massillon, J. B., *Œuvres*, Paris 1822

Maugard, A., *Code de la noblesse*, Paris 1789

Maximes journalières du droit français, Paris 1749

Melon, J. F., *Essai politique sur le commerce* (1734), dans éd. E. Daire, *Economistes financiers du XVIIIe siècle*, Paris 1851

Ménestrier, G. F., *Les Diverses espèces de noblesse*, Paris 1685

Mercier, L.-S., *Tableau de Paris*, Amsterdam 1782-1788

Meslier, J., *Le Testament*, Amsterdam 1864

Mirabeau, V. de, *L'Ami des hommes*, Avignon 1755

Moncrif, F. A. P. de, *Essais sur la nécessité et sur les moyens de plaire*, Paris 1738

Montalembert, M. R. de, *Essai sur l'intérêt des nations en général et de l'homme en particulier*, s.l. 1749

Montchrétien, A. de, *Traicté de l'œconomie politique* (1615), Paris 1889

Montfaucon de Villars, N. P. H., *De la délicatesse*, Paris 1671

Montenault, *Essai sur les passions et sur leurs caractères*, La Haye 1748

Montesquieu, *De l'esprit des lois* (1748), Paris 1892

Montluc, B. de, *Commentaires* (1592), Paris 1925

Morellet, A., *Mémoires inédits sur le XVIIIe siècle et sur la révolution*, Paris 1821

Morelly, *Naufrage des isles flottantes, ou Basiliade du célèbre Pilpay*, Paris 1753

– *Code de la nature*, s.l. 1755

Mouilhet, P. de, *Discours politique au roy*, Paris 1618

Moutonnet de Clairfons, J. J., *Les Iles fortunées, ou les aventures de Bathylle et de Cléobule*, Paris 1778

Muralt, B. L. de, *Lettres sur les Anglois et les François et sur les voyages*, s.l. 1725

Nadal, abbé, *Histoire des vestales avec un traité du luxe des dames romaines*, Paris 1725

Néron, P., Girard, E., *Recueils d'édits et d'ordonnances royaux*, Paris 1720

Nervèze, A., *Le Guide des courtisans*, Paris 1606

Nicole, P., *De l'éducation d'un prince*, Paris 1670

Origny, P. de, *Le Hérault de la noblesse de France*, Reims 1578

Pasquier, E., *Les Mémoires et recherches de la France*, Paris 1594

Pasquier, N., *Le Gentilhomme*, Paris 1612

Pecquet, A., *Pensées diverses sur l'homme*, Paris 1738

Peleus, J., *Le Chevalier françois*, s.l. 1606

Périn, L., *Bienséance de la conversation entre les hommes*, Pont à Mousson 1617

Pernetti, J., *L'Homme sociable*, Amsterdam 1767

Pernety, A. J., *La Connaissance de l'homme moral par celle de l'homme physique*, Berlin 1776-1777

Petit, L., *Discours satyriques et moraux*, Rouen 1686

Pinto, I. de, *Essai sur le luxe*, Paris 1762

Pluquet, F. A., *De la sociabilité*, Paris 1767

– *Traité philosophique et politique sur le luxe*, Paris 1786

Proyart, L. B., *Vie du dauphin, père de Louis XVI*, Lyon 1781

– *Vie du dauphin, père de Louis XV*, Paris 1782

Rabellaud, *Voyage d'un prince autour du monde, ou les effets du luxe*, Rouen 1772

Rampalle, de, 'De l'inutilité des gens de lettres', dans *Discours académiques*, Paris 1647

Rapin, N., *Les Plaisirs du gentilhomme champestre* (1583), dans *Œuvres*, Genève 1982

Raynal, G. Th. F., *Histoire philosophique et politique des établissements et du commerce des Européens dans les deux Indes*, Amsterdam 1760

Réal de Curban, G. de, *La Science du gouvernement*, Aix-la-chapelle s.d.

Refuge, E. de, *Traité de la cour, ou instructions des courtisans*, Amsterdam 1616

– *Le Nouveau traité de la cour*, Paris 1640

Rely, J. de, *Ordre des estats tenus à Tours soubs le roy Charles VIII*, Paris s.d.

Remond Des Cours, N., *La Véritable politique des personnes de qualité*, Paris 1692

Restif de La Bretonne, N. E., *La Découverte australe par un homme volant, ou le dédale français*, Leipzik 1781

Richelieu, A. J. Du Plessis de, *Testament politique*, Amsterdam 1688

– *Mémoires* (1610-1638), Paris 1823

Rigoley de Juvigny, *De la décadence des lettres et des mœurs, depuis les Grecs et les Romains jusqu'à nos jours*, Paris 1787

Rivet, F., *De l'éducation des enfans et particulièrement de celle des princes*, Amsterdam 1679

Robbe, J., *La Rapinière, ou l'intéressé*, Paris 1683

Rochon de Chabannes, *La Noblesse oisive*, s.l. 1756

Rouillé d'Orfeuil, A., *L'Alambic des lois*, Paris 1773

Sabatier de Castres, A., *Les Trois siècles de la littérature française*, Paris 1779

Sacy, C. L. M. de, *L'Honneur françois*, Paris 1783-1784

Sacy, L. S. de, *Traité de l'amitié*, Paris 1703

Savaron, J., *Traité de l'annuel et vénalité des offices*, Paris 1615

Savary, J., *Le Parfait négociant*, Genève 1676

Saint-Evremond, *Œuvres mêlées*, Amsterdam 1706

Saint-Foix, *Œuvres complètes*, Paris 1778

Saint-Haippy, *Discours contre le luxe*, Paris 1783

Saint-Lambert, J. F. de, *Essai sur le luxe*, s.l. 1764

Saint-Pierre, abbé de, *Discours sur la Polysynodie*, Amsterdam 1719

Saint-Simon, Louis de Rouvroy, duc de, *Mémoires* (1788), Paris 1983-1987

Sénac de Meilhan, G., *Considérations sur les richesses et le luxe*, Amsterdam 1787

Senault, le père, J. F., *De l'usage des passions*, Paris 1641

Seras, P., *Le Commerce ennobli*, Bruxelles 1756

Serres, O. de, *Théâtre d'agriculture et mesnage des champs*, Paris 1600

Seyssel, C. de, *La Monarchie de France* (1519), Paris 1961

Siéyès, E., *Essai sur les privilèges*, Paris 1788
– *Qu'est-ce que le tiers état?*, Paris 1789

Silhon, J. de, *Le Ministre d'estat*, Paris 1665

Sonnet de Courval, *Œuvres poétiques*, Paris 1876

Soubeiran de Scopon, J., *Considérations sur le génie et les mœurs de ce siècle*, Paris 1749

Sully, Maximilien de Béthune, duc de, *Mémoires des sages et royales économies d'État, domestiques, politiques et militaires de Henri le Grand*, Londres 1763

Tallemant Des Réaux, Gédéon, *Historiettes*, Paris 1834

Thélis, C. A. de, *Moyens proposés pour le bonheur des peuples*, s.l. 1778

Thiroux d'Arconville, M. G. C., *Des passions*, Londres 1734

Tifaut de La Noue, *Du luxe, de sa nature, de sa vraie cause et de ses effets*, Londres 1772

Toussaint, F. V., *Les Mœurs*, s.l. 1748

Toustain de Richebourg, C. G., *Precis historique, moral et politique sur la noblesse française*, Amsterdam 1777

Traicté du commerce de la vie du loyal marchand, Paris 1601

Traité de la noblesse et de son origine, suivant les préjugés rendus par les commissaires députez pour la vérification des titres de noblesse, Paris 1700

Trublet, *Essais sur divers sujets de littérature et de morale*, Paris 1754-1760

Turben, E., *Idée d'un citoyen sur l'institution de la jeunesse*, s.l. 1762

Turgot, *Œuvres*, éd. G. Schelle, Paris 1913

Turpin, F. H., *Histoire du gouvernement des anciennes républiques où l'on découvre les causes de leur élévation et de leur dépérissement*, Paris 1769

Volney, C. F., *Œuvres complètes*, Paris 1821

Vento Des Pennes, *La Noblesse ramenée à ses vrais principes, ou examen du développement de la noblesse commerçante*, Amsterdam 1759

v. Ouvrages écrits après 1800

Aceves, J., King, H., *Cultural anthropology*, New Jersey 1978

Agron, S., *Précis d'histoire du costume*, Paris 1970

Althusser, L., *Montesquieu: la politique et l'histoire*, Paris 1981

Analyse de l'idéologie, ouvrage collectif, Centre d'étude de la pensée politique; Paris 1980

André, J. M., *L'Otium dans la vie morale et intellectuelle romaine*, Paris 1966
– *L'Histoire à Rome*, Paris 1974

Ansart, P., *Les Idéologies politiques*, Paris 1974
– *Idéologies, conflits et pouvoir*, Paris 1977

Antoine, M., *Le Conseil du roi sous le règne de Louis XV*, Genève 1970

Aragon, H., *Les Lois somptuaires en France*, Perpignan 1921

Ariès, Ph., *Histoire des populations françaises et de leurs attitudes devant la vie depuis le XVIIIe siècle*, Paris 1948
– *Le Temps de l'histoire*, Monaco 1954
– *L'Enfant et la vie familiale sous l'ancien régime*, Paris 1973

Ariès, Ph., Duby, G., *Histoire de la vie privée*, ouvrage collectif, Paris 1985

Avenel, G. d', *La Noblesse française sous Richelieu*, Paris 1921
– *Les Revenus d'un intellectuel de 1200 à 1913: les riches depuis sept cents ans*, Paris 1922
– *Histoire de la fortune française: la fortune privée à travers sept siècles*, Paris 1927
– *Histoire économique de la propriété, des salaires, des denrées et de tous les prix en général, depuis l'an 1200 jusqu'à l'an 1800*, Paris 1984

Aymard, A., Auboyer, J., *Rome et son empire*, Paris 1954

Babad, E., Birnbaum, M., Benne, K. D., *The Social self: group influences on personal identity*, Beverley Hills 1982

Babeau, A., *Le Village sous l'ancien régime*, Paris 1879

– *La Province sous l'ancien régime*, Paris 1880

– *La Vie rurale dans l'ancienne France*, Paris 1883

– *Les Bourgeois d'autrefois*, Paris 1886

Babeau, H., *Les Assemblées générales des communautés d'habitants en France du XIIIe siècle à la révolution*, Paris 1893

Bachelard, G., *La Formation de l'esprit scientifique*, Paris 1938

Baechler, J., *Qu'est-ce que l'idéologie?*, Paris 1977

Bailey, F. G., *The Tactical uses of passions*, New York 1983

Balas, L., *Une tentative de gouvernement représentatif au XIVe siècle*, Paris 1928

Barber, B I., *Science and the social order*, New York 1970

Barber, E. G., *The Bourgeoisie in 18th-century France*, Princeton 1967

Barbier, A. A., *Dictionnaire des ouvrages anonymes*, Paris 1872-1879

Barbier, J. M., *Le Quotidien et son économie*, Paris 1981

Barker, E., *Greek political theory: Plato and his predecessors*, London 1918

Barni, J., *Histoire des idées morales et politiques au dix-huitième siècle*, Paris 1865-1873

Barrière, J. F., *La Cour et la ville sous Louis XIV, Louis XV et Louis XVI*, Paris 1830

Barrière, P., *La Vie intellectuelle en France du XVIe siècle à l'époque contemporaine*, Paris 1974

Barthélemy, E. de, *La Noblesse en France avant et depuis 1789*, Paris 1858

Barzun, J., *The French race*, New York 1932

Baudrillart, H., *Histoire du luxe privé et public depuis l'antiquité jusqu'à nos jours*, Paris 1878-1881

– *Gentilshommes ruraux de la France*, Paris 1894

Belin, J. P., *Le Commerce des livres prohibés à Paris de 1750 à 1789*, Paris 1913

Bénichou, P., *Morales du grand siècle*, Paris 1948

Berger, P., *Invitation to sociology: a humanistic perspective*, New York 1963

– *Comprendre la sociologie*, Paris 1973

Berelson, B., Steiner, A. G., *Human behaviour*, New York 1964

Bernardin, N. M., *Hommes et mœurs au dix-septième siècle*, Paris 1900

Bernis, F. J., *Mémoires et lettres de Fr. J. de Pierre, cardinal de Bernis*, Paris 1879

Bibliothèque choisie des Pères de l'Eglise, Paris 1824

Bitton, D., *The French nobility in crisis*, Stanford, California 1970

Bloch, G., *La République romaine: Les conflits politiques et sociaux*, Paris 1913

Bloch, M., *Les Rois thaumaturges*, Strasbourg 1924

– *La Société féodale*, Paris 1940

– *Les Caractères originaux de l'histoire rurale française* (1931), Paris 1955

Bluche, F., *Les Honneurs de la cour*, Paris 1958

– *La Vie quotidienne de la noblesse française au XVIIIe siècle*, Paris 1973

Bluche, F., Durye, P., *L'Anoblissement par charges avant 1789*, La Roche-sur-Yon 1962

Blum, A., *Histoire du costume: les modes au XVIIe et au XVIIIe siècles*, Paris 1928

Boissonnade, P., *Le Socialisme d'Etat, l'industrie et les classes industrielles en France* (1453-1661), Paris 1927

Bonnefon, P., *La Société française du XVIIIe siècle*, Paris 1905

Bordet, M., *Précis d'histoire romaine*, Paris 1972

Borghero, C., *La polemica sul lusso nel settecento francese*, Torino 1974

Bottomore, T. B., *Sociology: a guide to problems and literature*, London 1962

– *Elites et sociétés*, Paris 1967

– *Introduction à la sociologie*, Paris 1974

– *Sociology as social criticism*, New York 1974

Boullée, A., *Histoire complète des Etats-généraux et autres assemblées représentatives de la France depuis 1302 jusqu'en 1626*, Paris 1845

Boutaric, E., *Les Premiers Etats-généraux (1302-1314)*, Paris 1860

Boutruche, R., *Seigneurie et féodalité: le premier âge des liens d'homme à homme*, Paris 1968

Braudel, F., *La Méditerranée et le monde méditerranéen à l'époque de Philippe II*, Paris 1949

– *Civilisation matérielle et capitalisme*, Paris 1967

Braudel, F., Labrousse, E., *Histoire économique et sociale de la France*, Paris 1970

Brelot, C., *La Noblesse en Franche-Comté de 1789 à 1808*, Paris 1972

Bril, J., *Symbolisme et civilisation*, Lille, Paris 1977

Brocher, H., *Le Rang et l'étiquette sous l'ancien régime*, Paris 1934

Bush, M. L., *Noble privileges*, Manchester 1983

Carcassonne, E., *Montesquieu et le problème de la constitution française au XVIIIe siècle*, Paris 1927

Carcopino, J., *La Vie quotidienne à Rome à l'apogée de l'empire*, Paris 1939

– *Aspects mystiques de la Rome païenne*, Paris 1941

Carré, H., *La France sous Louis XV*, Paris 1891

– *La Noblesse de France et l'opinion publique au XVIIIe siècle*, Paris 1920

Cazeneuve, J., *Dix grandes notions de la sociologie*, Paris 1976

Challamel, A., *Histoire de la mode en France*, Paris 1875

Chamoux, F., *La Civilisation grecque à l'époque archaïque et classique*, Paris 1963

Champion, P., *Paris au temps des guerres de religion*, Paris 1938

Chanteur, J., *Platon, le désir et la cité*, Paris 1980

Charleville, E., *Les Etats-généraux de 1576*, Paris 1901

Charlier-Meniolle, R., *L'Assemblée des notables tenue à Rouen en 1596*, Paris 1911

Chartier, R., *Lectures et lecteurs dans la France d'ancien régime*, Paris 1982

Chartier, R., Richet, D., *Représentation et vouloir politiques autour des Etats-généraux de 1614*, Paris 1982

Chassant, A., *Les Nobles et les vilains du temps passé, ou recherches critiques sur la noblesse*, Paris 1857

Chaussinand-Nogaret, G., *La Noblesse au XVIIIe siècle*, Paris 1976

Chaunu, P., *La Civilisation de l'Europe classique*, Paris 1960

Chenon, E., *Histoire générale du droit français public et privé des origines à 1815*, Paris 1929

Chérel, A., *Fénelon au XVIIIe siècle en France*, Paris 1917

– *De Télémaque à Candide*, Paris 1958

Chéruel, P. A., *Dictionnaire historique des institutions, mœurs et coutumes de la France*, Paris 1899

Childe, V. G., *Society and knowledge*, London 1956

Chinard, G., *L'Amérique et le rêve exotique dans la littérature française au XVIIe et au XVIIIe siècles*, Paris 1934?

Cimber, L., Danjou, F., *Archives curieuses de l'histoire de France*, Paris 1835

Clément, P., *Lettres, instructions et mémoires de Colbert*, Paris 1863

Clifford, B., Bull, R., *The Psychology of person identification*, London 1978

Clinchamps, Ph. de, *La Noblesse*, Paris 1959

Coirault, Y., *L'Optique de Saint-Simon*, Paris 1965

Colin, G., *Rome et la Grèce de 200 à 146 av. J.-C.*, Paris 1905

Constant, J. M., *La Vie quotidienne de la noblesse française au XVIIe et au XVIIIe siècles*, Paris 1985

Contamine, Ph., *Guerre, Etat et société à la fin du moyen âge*, Paris 1972

Corvisier, A., *L'Armée française de la fin du*

XVIIe siècle au ministère de Choiseul, Paris 1964

Coulson, M., Riddel, C., *Devenir psychologique*, Paris 1981

Curtis, J. E., Petras, J. W., *The Sociology of knowledge*, London 1970

Cuvillier, A., *Manuel de sociologie*, Paris 1968

Daire, E., *Economistes financiers du 18e siècle: Vauban, Boisguilbert, Law, Melon*, Paris 1851

Danielou, M., *Fénelon et le duc de Bourgogne*, Paris 1955

Delumeau, J., *La Peur en Occident*, Paris 1978

Den Boer, W., *Private morality in Greece and Rome*, Leyde 1979

Desjardins, A., *Etats-généraux*, Paris 1871
- *Les Sentiments moraux au XVIe siècle*, Paris 1887

Devyver, A., *Le Sang épuré: les préjugés de race chez les gentilshommes français de l'ancien régime (1560-1720)*, Bruxelles 1973

Dewald, J., *The Formation of a provincial nobility*, Princeton 1980

Dion, M., *Sociologie et idéologie*, Paris 1973

Donlan, W., *The Aristocratic ideal in ancient Greece*, Lawrence, Kansas 1980

Doubrovsky, S., *Corneille et la dialectique du héros*, Paris 1963

Doucet, R., *Les Institutions de la France au XVIe siècle*, Paris 1948

Dravasa, E., *Vivre noblement: recherches sur la dérogeance de noblesse du XIVe au XVIe siècles*, Bordeaux 1965

Du Bled, V., *La Société française du XVIe au XXe siècle*, Paris 1905

Duby, G., 'Histoire des mentalités', dans *L'Histoire et ses méthodes*, ouvrage collectif, éd. de la Pléiade; Paris 1961, p.937-65
- *Hommes et structures du moyen âge*, Paris 1973

Duby, G., Mandrou, R., *Histoire de la civilisation française*, Paris 1968

Duchet, M., *Anthropologie et histoire du siècle des Lumières*, Paris 1971

Ducos, M., *Les Romains et la loi*, Paris 1984

Ducros, L., *La Société française au XVIIIe siècle*, Paris 1922

Dugas, L., *L'Amitié antique*, Paris 1914

Dumont, L., *Les Idéologies*, Paris 1974
- *Essais sur l'individualisme*, Paris 1983

Dupront, A., *Livre et société dans la France du XVIIIe siècle*, Paris 1965

Durand, G., *Etats et institutions (XVIe-XVIIIe siècles)*, Paris 1969

Durand, Y., *Les Fermiers généraux au XVIIIe siècle*, Paris 1971
- *Les Républiques au temps des monarchies*, Paris 1973

Durkheim, E., *Les Règles de la méthode sociologique*, Paris 1938
- *Leçons de sociologie*, Paris 1969
- *Sociologie et philosophie*, Paris 1974

Duruy, V., *Histoire des Romains (1843-1844)*, Paris 1879-1885

Earl, D. C., 'Virtues and politics; Rome and the Renaissance', dans *Valeurs antiques et temps modernes*, Ottawa 1972, p.143-62

Egret, J., 'L'opposition aristocratique en France au XVIIIe siècle', *Information historique* 11 (1949), p.181-86

Ehrard, J., *L'Idée de nature en France dans la première moitié du XVIIIe siècle*, Paris 1963

Ehrenberg, V., *From Solon to Socrates*, London 1973

Elias, N., *La Société de cour*, Paris 1974
- *La Dynamique de l'Occident*, Paris 1975
- *La Civilisation des mœurs*, Paris 1976
- *Qu'est-ce que la sociologie?*, s.l. 1981

Escherny, F. L. d', *Essai sur la noblesse*, Paris 1814

Farge, A., *Le Vol d'aliments à Paris au XVIIIe siècle*, Paris 1974

Febvre, L., *Combats pour l'histoire*, Paris 1953

Febvre, L., Martin H. J., *L'Apparition du livre*, Paris 1971

Festugière, A. J., *La Vie spirituelle en Grèce à l'époque hellénistique*, Paris 1977

Ford, F. L., *Robe and sword: the regrouping of the French aristocracy*, Boston 1954

Fouquier, M., *Paris au XVIIIe siècle: ses*

folies, ses divertissements, ses mœurs, Paris 1912

Fournier, E., *Variétés historiques et littéraires*, Paris 1855

Franklin, A., *La Vie privée d'autrefois: arts et métiers, modes, mœurs, usages des Parisiens du XIIe au XVIIIe siècle*, Paris 1887-1902

– *La Civilité, l'étiquette, la mode, le bon ton du XIIIe au XIXe siècle*, Paris 1908

Funck-Brentano, F., *L'Ancien régime*, Paris 1926

Fustel de Coulanges, N. D., *Histoire des institutions politiques de l'ancienne France*, Paris 1892

– *La Cité antique*, Paris 1864

Gaffiot, M., 'La théorie du luxe dans l'œuvre de Voltaire', *Revue d'histoire économique et sociale* 14 (1926), p.320-43

Gage, J., *Les classes sociales dans l'empire romain*, Paris 1964

Gallouédec-Génuys, F., *Le Prince selon Fénelon*, Paris 1963

Genicot, L., *La Noblesse dans l'Occident médiéval*, Londres 1982

Germain, Ch., *Court traité de la noblesse*, Paris 1952

Gernet, L., *Anthropologie de la Grèce antique*, Paris 1968

Gerth, H. H., Wright-Mills, C., *Character and social structure*, New York 1953

Gidel, G., *La Politique de Fénelon*, Paris 1906

Giraud, *Histoire de l'esprit révolutionnaire des nobles en France*, Paris 1818

Glotz, G., *La Cité grecque*, Paris 1938

Godard de Donville, L., *Signification de la mode sous Louis XIII*, Aix-en-Provence 1976

Goode, W. J., *The Celebration of heroes*, Berkeley 1978

Goodwin, A., *The European nobility in the eighteenth century*, London 1953

Goubert, P., *Beauvais et le Beauvaisis de 1600 à 1730*, Paris 1968

– *L'Ancien régime*, Paris 1973

Goubert, P., Meyer, J., *Les Problèmes de la noblesse au XVIIe siècle*, Moscou 1970

Goulemot, J. M., Launay, M., *Le Siècle des Lumières*, Paris 1969

Goumy, E., *Etude sur la vie et les écrits de l'abbé de Saint-Pierre*, Paris 1859

Grenier, A., *Le Génie romain dans la religion, la pensée et l'art*, Paris 1969

Grimal, P., *La Vie à Rome dans l'antiquité*, Paris 1953

– *La Civilisation romaine*, Paris 1981

Groethuysen, B., *Origines de l'esprit bourgeois en France*, Paris 1927

Guérin, G., *Législation et jurisprudence nobiliaire*, Lille 1959

Guilhermoz, P., *Essai sur l'origine de la noblesse en France au moyen âge*, Paris 1902

Gurvitch, G., *La Vocation actuelle de la sociologie*, Paris 1957

– *Déterminismes sociaux et liberté humaine*, Paris 1963

– *Les Cadres sociaux de la connaissance*, Paris 1966

– *Traité de sociologie*, Paris 1968

Gusdorf, G., *Mémoire et personne*, Paris 1951

– *La Science de l'homme au siècle des Lumières*, Paris 1966

– *Les Sciences humaines et la pensée occidentale: les principes de la pensée au siècle des Lumières*, Paris 1971

Halbwachs, M., *Les Cadres sociaux de la mémoire*, Paris 1952

– *Esquisse d'une psychologie des classes sociales*, Paris 1955

– *Classes sociales et morphologie*, Paris 1972

Hamon, L., *Acteurs et données de l'histoire*, Paris 1970

Hamon, Ph., *Texte et idéologie*, Paris 1984

Harmand, L., *Société et économie de la république romaine*, Paris 1976

Hastorf, A. H., Schneider, D. J., Polefka, J., *Person perception*, Reading, Massachusets 1970

Hayden, J. M., *France and the Estate general of 1614*, Cambridge 1974

Hatzfeld, J., *Histoire de la Grèce ancienne*, Paris 1969

Hawley, A. H., *Human ecology*, New York 1950

Heers, J., *Le Clan familial au moyen âge*, Paris 1974

Hellegouarc'h, J., *Le Vocabulaire latin des relations et des partis politiques*, Paris 1963

Hellul, J., *Histoire des institutions de l'antiquité*, Paris 1979

Herr, V., *Religious psychology*, New York 1964

Hobhouse, L. T., *Sociology and philosophy*, London 1966

Homo, L., *La Civilisation romaine*, Paris 1930

Homais, M., *De la vénalité des offices sous l'ancien régime*, Paris 1903

Houssaye, A., *Galerie du XVIIIe siècle*, Paris 1874

Ichheiser, G., *Appearances and realities*, San Francisco 1970

Images du peuple au XVIIIe siècle, ouvrage collectif, Centre aixois d'études et de recherches sur le dix-huitième siècle; Paris 1973

Isambert, Decrusy, Taillandier, *Recueil général des anciennes lois françaises depuis l'an 420 jusqu'à la révolution de 1789*, Paris 1833

Izard, M., Smith, P., *La Fonction symbolique*, Paris 1979

Jaeger, C. S., *The Origins of courtliness*, Philadelphia 1985

Jalliffier, R., *Histoire des Etats-généraux*, Paris 1885

Janet, P., *Histoire de la science politique dans ses rapports avec la morale*, Paris 1887

Janzé, A. de, *Les Financiers d'autrefois, fermiers généraux*, Paris 1886

Jeannin, P., *Les Marchands au XVIe siècle*, Paris 1957

Jeudon, L., *La Morale de l'honneur*, Paris 1911

Jhering, R., *L'Esprit du droit romain*, Paris 1886-1887

Johnston, H. W., *The Private life of the Romans*, London 1932

Kapp, V., *Télémaque de Fénelon*, Paris 1982

Kelsey, M. T., *Christo-psychology*, New York 1968

Kinch, J. W., *Social psychology*, New York 1973

King, J., *Science and rationalism in the government of Louis XIV*, New York 1972

Kortum, H., 'Frugalité et luxe à travers la querelle des anciens et des modernes', *Studies on Voltaire* 56 (1967), p.765-73

Kroeber, A. L., *Anthropology*, New York 1948

Kunstler, Ch., *La Vie quotidienne sous Louis XV*, Paris 1953

– *La Vie quotidienne sous Louis XVI*, Paris 1957

– *La Vie quotidienne sous la régence*, Paris 1960

Labatut, J. P., *Les Ducs et pairs de France au XVIIe siècle*, Paris 1972

– *Les Noblesses européennes de la fin du XVe siècle à la fin du XVIIIe siècle*, Paris 1978

Labriolle-Rutherford, M. R. de, 'L'évolution de la notion du luxe depuis Mandeville jusqu'à la Révolution', *Studies on Voltaire* 26 (1963), p.1025-36

Labrousse, E., *Esquisse du mouvement des prix et des revenus en France au XVIIIe siècle*, Paris 1933

– *Histoire économique et sociale de la France*, Paris 1970

Lacave, M. et M., *Bourgeois et marchands en Provence et en Languedoc*, Avignon 1977

Lacroix, P., *XVIIe siècle: institutions, usages et costumes*, Paris 1880

Lalourcé et Duval, *Recueil de pièces originales et authentiques concernant la tenue des Etats-généraux*, Paris 1789

– *Recueil des cahiers des trois ordres aux Etats-généraux*, Paris 1789

Lange, M., *La Bruyère, critique des conditions et des institutions sociales*, Paris 1909

Lassaigne, J. D., *Les Assemblées de la noblesse de France aux XVIIe et XVIIIe siècles*, Paris 1965

Lasswell, H. D., Kaplan, A., *Power and society*, New Haven, London 1963

Lavely, F. de, *De la propriété et de ses formes primitives*, Paris 1891

Lavisse, E., *Histoire de France*, Paris 1902

Lazarsfeld, P., *Philosophie des sciences sociales*, Paris 1970

Lecocq, A., *La Question sociale au XVIIIe siècle*, Paris 1909

Le Goff, J., 'L'historien et l'homme quotidien', dans *L'Historien entre l'ethnologue et le futurologue*, Paris 1972

– *Pour un autre moyen âge*, Paris 1977

Lemaire, A., *Les Lois fondamentales de la monarchie française*, Paris 1907

Lepointe, G., *Histoire des institutions et des faits sociaux (987-1875)* Paris 1956

Leroy, M., *Histoire des idées sociales en France*, Paris 1946

Levron, J., *Les Courtisans*, Paris 1961

– *La Vie quotidienne à la cour de Versailles aux XVIIe et XVIIIe siècles*, Paris 1965

Lévy-Bruhl, L., *La Morale et la science des mœurs* Paris 1951

Lewis, I. M., *Social anthropology in perspective*, Harmondsworth, Middlesex 1975

Lichtenberger, A., *Le Socialisme au XVIIIe siècle*, Paris 1895

Lizerand, G., *Le Duc de Beauvillier*, Paris 1933

– *Le Régime rural de l'ancienne France*, Paris 1942

Lot, F., Fawtier, R., *Histoire des institutions françaises au moyen âge*, Paris 1957-1958

Louandre, Ch., *La Noblesse française sous l'ancienne monarchie*, Paris 1880

Louis, P., *Le Travail dans le monde romain*, Paris 1912

Lowe, A. M., *History of bourgeois perception*, Chicago 1982

Lucchini, R., Ridoré, Ch., *Culture et société*, Fribourg 1979

Luccioni, J., *La Pensée politique de Platon*, Paris 1958

MacKendrick, P., *The Roman mind at work*, New York 1980

MacLay, G., Knipe, H., *L'Homme dominant*, Paris 1972

McLuhan, H. M., *La Galaxie Gutenberg*, Paris 1967

– *Pour comprendre les médias*, Paris 1967

Magendie, M., *La Politesse mondaine et les théories de l'honnêteté en France au XVIIe siècle*, Paris 1925

Maisonneuve, J., *Psychosociologie des affinités*, Paris 1966

– *La Psychologie sociale*, Paris 1981

Malinowski, B., *Magic, science and religion*, New York 1954

– *A scientific theory of culture*, New York 1966

Mandrou, R., *Classes et luttes de classe en France au début du XVIIe siècle*, Florence 1965

– *La France aux XVIIe et XVIIIe siècles*, Paris 1967

– *Introduction à la France moderne: essai de psychologie historique*, Paris 1961

Mannheim, K., *Idéologie et utopie*, s.l. 1929

Maquet, J., *Sociologie de la connaissance*, Bruxelles 1969

Marion, M., *Dictionnaire des institutions de la France aux XVIIe et XVIIIe siècles*, Paris 1923

Marsay, J. M. J. de, *De l'âge des privilèges au temps des vanités: essai sur l'origine et la valeur des prétentions nobiliaires*, Paris 1946

Masselin, J., *Journal des Etats-généraux (1484)*, Paris 1835

Maspetiol, R., *L'Ordre éternel des champs*, Paris 1946

Mauss, M., *Sociologie et anthropologie*, Paris 1950

– *Œuvres*, Paris 1969

Mauzi, R., *L'Idée du bonheur au XVIIIe siècle*, Paris 1961

Mayer, C. J., *Des Etats-généraux*, La Haye 1789

Mayer, K., *Class and society*, s.l. 1955

Mead, G. H., *Mind, self and society*, Chicago 1934

Merrill, F. E., *Society and culture*, New Jersey 1969

Merton, R., *Social theory and social structure*, Glencoe, Illinois 1949

Meslin, M., *L'Homme romain*, Paris 1978

Mesnard, P., *L'Essor de la philosophie politique au XVIe siècle*, Paris 1951

399

Méthivier, H., *L'Ancien régime en France*, Paris 1981

Meyer, J., *La Noblesse bretonne au XVIIIe siècle*, Paris 1966

– *Noblesses et pouvoirs dans l'Europe d'ancien régime*, Paris 1973

Michaud et Poujoulat, *Nouvelle collection des mémoires pour servir à l'histoire de France*, Paris 1836

Michel, A., *Histoire des doctrines politiques à Rome*, Paris 1971

Migne, abbé J. P., *Collection intégrale et universelle des orateurs sacrés*, Paris 1845

Mongrédien, G., *La Vie de société aux XVIIe et XVIIIe siècles*, Paris 1950

Montaiglon, A., *Recueil de poésies françaises du XVe et XVIe siècles*, Paris 1858

Montmollin, G. de, *L'Influence sociale: phénomènes, facteurs et théories*, Paris 1977

Morris, Ch., *Signification and significance*, Cambridge, Massachusetts 1964

Morrissette, B. A., 'Mlle Desjardins and the Apologie du luxe, *Modern languages notes* 56 (1941), p.209-11

Mossé, C., *Histoire d'une démocratie: Athènes*, Paris 1971

Mosser, P., *Les Intendants des finances au XVIIIe siècle*, Genève 1978

Mousnier, R., *La Vénalité des offices sous Henri IV et Louis XIII*, Rouen 1945

– *La Vénalité des offices au temps de Henri IV et de Richelieu*, Rouen 1947

– *Etat et société sous François Ier et pendant le gouvernement personnel de Louis XIV*, Paris 1966

– *Les Hiérarchies sociales de 1450 à nos jours*, Paris 1969

– *Les Institutions de la France sous la monarchie absolue*, Paris 1974

Murphy, R., *An overture to social anthropology*, New Jersey 1979

Narbonne, P., *Journal des règnes de Louis XIV et Louis XV*, Paris 1816

Nicolet, C., *L'Ordre équestre à l'époque républicaine*, Paris 1944

– *Le Métier de citoyen dans la Rome républicaine*, Paris 1976

– *Des Ordres à Rome*, Paris 1984

Nietzsche, F., *Par delà le bien et le mal*, Paris 1951

Nisbett, R., *Social change and history*, New York 1969

Noblesse française, noblesse hongroise (XVIe-XIXe siècles), ouvrage collectif, éd. B. Kopeczi et E. Balazs; Budapest, Paris 1981

Normand, Ch., *La Bourgeoisie française au XVIIe siècle: la vie publique, les idées et les actions politiques (1604-1661)*, Paris 1963

Ollier, F., *Le Mirage spartiate*, Paris 1933

Orléa, M., *La Noblesse aux Etats-généraux de 1576 et de 1588*, Paris 1980

Östman, M., *Les Précepteurs muets: étude sur l'utilité morale du roman en France*, Stockholm 1981

Otterbein, K. F., *Comparative cultural analysis: an introduction to anthropology*, New York 1972

Pagès, G., *La Monarchie d'ancien régime en France*, Paris 1928

Parsons, Talcott, *Essays in sociological theory, pure and applied*, Glencoe, Illinois 1948

– *The Social system*, s.l. 1961

Patzer, G. L., *The Physical attractiveness phenomena*, New York 1985

Pernoud, R., *Histoire de la bourgeoisie en France*, Paris 1960

Petit, J., *L'Assemblée des notables de 1626-1627*, Paris 1937

Petitot, C. B., Monmerqué, L. J. N., *Collection des mémoires relatifs à l'histoire de France*, Paris 1829

Picard, C., *La Vie privée dans la Grèce classique*, Paris 1930

Picard, D., *Du code au désir: le corps dans la relation sociale*, Paris 1983

Picot, G., *Histoire des Etats-généraux*, Paris 1888

Pietsch, M., *La Vie populaire à Paris au XVIIIe siècle d'après les textes contemporains et les estampes*, Paris 1949

Piganiol, A., *La Conquête romaine*, Paris 1974

Pilon, E., *La Vie de famille au 18e siècle*, Paris 1923

Piton, C., *Paris sous Louis XV*, Paris 1916

Poliakov, L., *Le Mythe aryen*, Paris 1971

Powis, J., *Aristocracy*, Oxford 1984

Préaux, C., *Le Monde hellénistique*, Paris 1978

Proust, J., *Diderot et l'Encyclopédie*, Paris 1967

Proust, J. (éd.), *Recherches nouvelles sur quelques écrivains des Lumières*, ouvrage collectif, Genève 1972

Rathéry, E. J. B., *Histoire des Etats-généraux de France*, Paris 1845

Réau, L., *L'Europe française au siècle des Lumières*, Paris 1938

Reinhard, M., 'Elite et noblesse dans la seconde moitié du XVIIIe siècle', *Revue d'histoire moderne* 3 (1956), p.5-37

Ribbe, Ch. de, *Les Familles et la société en France avant la Révolution*, Paris 1879

Richard, G., *Noblesse d'affaires au XVIIIe siècle*, Paris 1974

Richard, J. C., *Les Origines de la plèbe romaine*, Rome 1978

Riesman, D., *La Foule solitaire*, Paris 1964

Roche, D., *Le Siècle des Lumières en province: académies et académiciens provinciaux*, Paris 1978

– *Les Français et l'ancien régime*, Paris 1984, t.ii

Rocher, G., *Introduction à la sociologie générale*, Paris 1968

Roederer, P. L., *Mémoire pour servir à l'histoire de la société polie en France*, Paris 1835

Rothkrug, L., *Opposition to Louis XIV*, Princeton 1965

Rouland, N., *Pouvoir politique et dépendance personnelle dans l'antiquité romaine*, Bruxelles 1979

Rustin, J., *Le Vice à la mode: étude sur le roman français de la première partie du XVIIIe siècle*, Paris 1979

Sagnac, Ph., *La Formation de la société française moderne*, Paris 1945

Sainte-Palaye, J. C. de, *Mémoires sur l'ancienne chevalerie*, Paris 1826

Saint-Priest, F. E. de, *Mémoires: règnes de Louis XV et de Louis XVI*, Paris 1929

Scullard, H. H., *Roman politics*, Oxford 1951

Sée, H., *Les Classes rurales et le régime domanial en France au Moyen âge*, Paris 1901

– *Les Idées politiques en France au XVIIe siècle*, Paris 1923

– *La Vie économique et les classes sociales en France au XVIIIe siècle*, Paris 1924

– *La France économique et sociale au XVIIIe siècle*, Paris 1925

– *Histoire économique de la France*, Paris 1939

Sekora, J., *Luxury: the concept in Western thought – Eden to Smollett*, London 1977

Shatzman, I., *Senatorial wealth and Roman politics*, Bruxelles 1975

Simon, R., *Henry de Boulainvillier*, Paris 1939

Sombart, W., *Le Bourgeois*, Paris 1926

– *Luxury and capitalism*, Ann Arbor 1967

Sorel, A., *Montesquieu*, Paris 1887

Sorokin, P., *Society, culture and personality*, New York 1947

– *Man and society in calamity*, New York 1968

– *Social and cultural dynamics*, New Brunswick, Oxford 1985

Soule, C., *Les Etats-généraux de France (1302-1789)*, Paris 1968

Stark, W., *The Sociology of knowledge*, London 1958

– *The Social bond*, New York 1980

Stobart, J. C., *The Grandeur that was Rome*, London 1961

Stoetzel, J., *La Psychologie sociale*, Paris 1978

Suleiman, S., *Le Roman à thèse, ou l'autorité fictive*, Paris 1983

Tallman, I., *Passion, action and politics*, San Francisco 1976

Tapié, V. L., *La France de Louis XIII et de Richelieu*, Paris 1952

Théâtre des auteurs du second ordre, Paris 1808

Thibaudeau, A. L., *Histoire des Etats-généraux*, Paris 1843

Thierry, A., *Essai sur l'histoire de la formation et des progrès du tiers état*, Paris s.d.

Thirion, H., *La Vie privée des financiers au XVIIIe siècle*, Paris 1895

Tisserand, R., *Au temps de l'Encyclopédie: l'Académie de Dijon de 1740 à 1793*, Vésoul 1936

Tocanne, B., *L'Idée de nature en France dans la seconde moitié du XVIIe siècle*, Paris 1978

Tocqueville, A. de, *L'Ancien régime et la Révolution*, Paris 1856

– *De la démocratie en Amérique*, Paris 1968

Toennies, F., *Communauté et société*, Paris 1946

Tréca, G., *Les Doctrines et les réformes de droit public en réaction contre l'absolutisme de Louis XIV*, Paris 1909

Tuétey, L., *Les Officiers sous l'ancien régime: nobles et roturiers*, Paris 1908

Tzonev, S., *Le Financier dans la comédie française sous l'ancien régime*, Paris 1926

Usher, J., *The Historians of Greece and Rome*, Exeter 1969

Vaissière, P. de, *Gentilshommes campagnards de l'ancienne France*, Paris 1903

Vallée, O. de, *Le Duc d'Orléans et le chancelier Daguesseau*, Paris 1860

Van Baal, J., *Symbols for communication*, Assen 1971

Van Effenterre, H., *L'Histoire en Grèce*, Paris 1967

Vaultier, R., *Les Gentilshommes beaucerons dans la littérature satirique*, Chartres 1933

Veblen, T., *The Theory of leisure class*, s.l. 1934

– *The Place of science in modern civilization*, New York 1961

Vernant, J. P., *Mythe et société en Grèce ancienne*, Paris 1976

Verriest, L., *Noblesse, chevalerie, lignages*, Bruxelles 1959

Villepelet, F., *Du luxe des vêtements au XVIe siècle*, Périgueux 1869

Viollet, P., *Histoire des institutions politiques et administratives de la France*, Paris 1890

Vlachos, G. C., *La Politique de Montesquieu*, Paris 1974

Vogüé, C. J. M. de, *Le Duc de Bourgogne et le duc de Beauvilliers: lettres inédites*, Paris 1900

Wade, I. O., 'The works of Boulainvilliers', dans *The Clandestine organization and diffusion of philosophic ideas in France from 1700 to 1750*, Princeton 1938

Weber, M., *The Protestant ethic and the spirit of capitalism*, New York 1958

Weulersse, G., *Le Mouvement physiocratique en France de 1756 à 1770* Paris 1910

Wiley, W. L., *The Gentleman of Renaissance France*, Cambridge, Massachusetts 1954

Wood, J. B., *The Nobility of the election of Bayeux (1463-1666)*, New Jersey 1980

Wright Mills, C., *The Sociological imagination*, New York 1959

Index onomastique

Leduc-Fayette, D., 191
Le Goff, J., 5
Lemaître, J., 21
Lemoyne, P., 125, 216
Leroy, M., 193
Leroy-Ladurie, R., 29
Le Sage, 125, 126
Lesconvel, P. de, 163, 191
Le Tors, 237
L'Hôpital, 239
Linguet, 191, 192, 343, 344
Lizerand, G., 149
Louis XIII, 104, 106, 107, 217
Louis XIV, 109-11, 293, 301
Louis XV, 113
Loyseau, C., 254
Lowe, D. M., 231
Luneau, A., 46
Lycurgue, 210, 213, 293, 320, 321, 328, 332, 340

Mably, Gabriel Bonnot de, 172, 187, 191-93, 250, 329, 343, 344, 354, 366
McLuhan, M., 231
Maignan de Savigny, 25
Malesherbes, 17-20, 31, 34, 35, 40, 41, 45, 47, 50, 58
Mandeville, 120, 167, 168, 190, 242-46, 259, 267, 289
Mandrou, R., 4, 123, 313
Marivaux, 125
Marmontel, J. F., 288
Martial, 248
Martin, J., 37
Marty, O., 23
Marx, K., 331
Masson, P. M., 26, 40, 290
May, G., 42
Mazarin, 93
Melon, 7, 166, 244-46, 258, 260, 267, 279, 289, 342, 346
Mély, B., 370
Meslier (curé), 191, 193
Mesnard, P., 158
Méthivier, H., 186, 194, 208
Michel, A., 207
Michel de L'Hôspital, 95
Miller, J., 370

Mirabeau, marquis de, 12, 138, 146, 148, 166, 175-79, 183, 185, 191, 199, 223, 224, 234, 253, 255, 260, 261, 263, 265, 272, 283, 329, 330, 343, 346, 348, 351, 356, 366
Moïse, R., 293, 321, 340
Molière, 220, 221, 224
Montaigne, 238, 249, 250, 285
Montchrétien, A. de, 88, 218
Montesquieu, 7, 12, 13, 15, 16, 116, 146, 148, 166-72, 174, 175, 177-79, 181, 183, 185, 187, 192-99, 208, 209, 213, 222, 223, 234, 239, 242, 257, 258, 260-62, 264, 265, 272, 278-86, 297, 317-22, 324-28, 342-44, 351, 355, 356, 366
Montfleury, 132, 224
Montluc, B. de, 86
More, Thomas, 130
Moreau, L., 32
Morellet, 288
Morelly, 187, 191-93, 366
Morize, A., 245
Morris, C., 275
Mortier, R., 195
Mouilhet, P. de, 88
Moultou, 258
Mousnier, R., 91, 137, 142, 146, 148

Namer, G., 304
Naville, P., 303
Nicolet, C., 207
Nietzsche, F., 9, 41, 220
Noailles, duc de, 146
Normand, J., 24
Nourrisson, J. F., 21
Numa, 340

Ollier, F., 209
Oltramare, A., 288
Orléans, duc d', 154, 155
Ostman, M., 125
Ovide, 248

Paris, A., 301
Payot, R., 369
Périclès, 293, 354, 355
Perret (avocat), 294
Pétrarque, 51, 52

Index des matières